HISTORY OF THE WORLD

DK儿童历史大百科

【英】英国DK公司编著　　向芬　译

中信出版集团 · 北京

嵌银的阿根
廷葫芦杯

阿根廷人的银吸管
（带过滤器的金属吸管）

13 世纪法国的搪瓷圣骨匣

非洲图瓦雷克人的骆驼鞍

用于仪式新
几内亚盾

珠鸡装饰的现代
尼日利亚容器

17 世纪西藏神金刚手菩萨

18 世纪晚期日本人的挂剑和
剑鞘

阿尔及利亚人的外
衣别针

7 世纪玻利维亚的圣
美洲豹形状的容器

HISTORY OF THE WORLD

DK儿童历史大百科

14 世纪英国烟
囱顶管装饰物

绿色印刷　保护环境　爱护健康

亲爱的读者朋友：

　　本书已入选"北京市绿色印刷工程——优秀出版物绿色印刷示范项目"。它采用绿色印刷标准印制，在封底印有"绿色印刷产品"标志。

　　按照国家环境标准（HJ2503–2011）《环境标志产品技术要求 印刷 第一部分：平版印刷》，本书选用环保型纸张、油墨、胶水等原辅材料，生产过程注重节能减排，印刷产品符合人体健康要求。

　　选择绿色印刷图书，畅享环保健康阅读！

北京市绿色印刷工程

9 世纪苏格兰剑鞘

5世纪伊特鲁里亚勇士
青铜像

哥伦比亚人的黄
铜像

图书在版编目（CIP）数据

DK儿童历史大百科/（英）英国DK公司著；向芬译.—北京：中信出版社，2015.2（2022.12重印）
书名原文：History of the World
ISBN 978-7-5086-4897-2
I. D… II.①英… ②向… III. 世界史–儿童读物 IV. K109
中国版本图书馆CIP数据核字（2014）第 245731 号

First published in Great Britain in 1994
This revised edition published in 2007 by Dorling Kindersley Limited
Original title: History of the World
Copyright © 1994, 2007 Dorling Kindersley Limited
Text copyright © 1994, 2007 Plantagenet Somerset Fry
A Penguin Random House Company
Simplified Chinese translation copyright © 2014 by China CITIC Press
ALL RIGHTS RESEARVED
本书仅限中国大陆地区发行销售

DK 儿童历史大百科

编　　著：[英] 英国DK公司
译　　者：向　芬
出版发行：中信出版集团股份有限公司
　　　　　（北京市朝阳区惠新东街甲 4 号富盛大厦 2 座　邮编 100029）
承 印 者：北京华联印刷有限公司

开　　本：889mm×1194mm　1/16　　印　张：25　　字　数：776 千字
版　　次：2015 年 2 月第 1 版　　印　次：2022 年 12 月第 26 次印刷
京权图字：01–2013–4980
书　　号：ISBN 978-7-5086-4897-2
定　　价：138.00 元

FSC
www.fsc.org
混合产品
纸张｜
支持负责任林业
FSC® C018179

For the curious
www.dk.com

巴西鹦鹉羽毛发夹

作者前言

　　地球已近 60 亿岁，然而，我们、智人或现代人的故事却几乎占据了整本书的篇幅，尽管我们只存在了 10 万年。这是因为我们不仅关注地质运动、摩天大楼般高的史前动物，还关注我们人类是如何从口齿不清的野蛮人进化为成熟老练的技术人员。研究历史的方法多种多样，我们可以将历史看成是强大民族统治弱小民族的枯燥记录的历史，也可以将其看成是人类群体以相似的方式解决政治、社会和经济问题的记录史。看完本书后你或许还会形成自己的理论。在所有动物中，只有人类能控制其环境和发展。我们究竟进步了多少？虽然我们有能力探索太空、分裂原子，但是奴隶制、种族歧视和不公平现象仍然存在。虽然战争历时数千年，但是我们才刚刚知道解决冲突的其他方法。最近的一些例子非常鼓舞人心。我们要让下一代在此方面多做努力，让他们更多地了解为什么早期人类发现这些问题是如此困难。

印度水兽雕带

塞尔柱王朝时期的碗

编者注

北美霍皮人使用的锅

　　本书分五大区域：非洲、亚洲、欧洲、美洲和大洋洲（澳大利亚、巴布亚新几内亚和太平洋岛屿）。俄罗斯被纳入欧洲（1917 年至 1991 年间，俄罗斯曾与其统治国合并形成苏联）。为清楚起见，文字、大地图和小地图中的国家、城市、河流以及其他地理特征一般使用的是它们的现代名。如果旧名字更合适，则保留旧名，尤其在殖民史中，有些特定名称，例如众所周知的波斯，则保留了旧名。由于小地图关注特定区域，为方便读者阅读，采用了一些灵活做法。例如，德国和意大利在统一之前，有时就被视为一个国家。大部分中文名字采用拼音拼写，已被普遍接受的拼写则保留。书中的人名一律采用英文形式（例如 Wilhelm 更换为 William）。人名之后括号中的日期为出生日期和死亡日期，但是如果某些统治者的在位日期更加重要，则采用在位日期。像金字塔高度或征服距离这类测量结果则采用公制单位。外来词和头衔第一次出现时一般会加上引号，其后附上简短的英文解释或翻译。

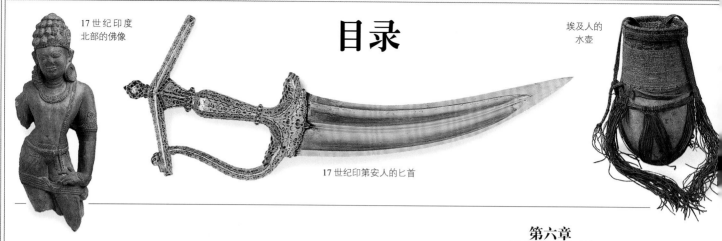

目录

17世纪印度北部的佛像

17世纪印第安人的匕首

埃及人的水壶

摩鹿加人的盾牌

美国印第
安人玩偶

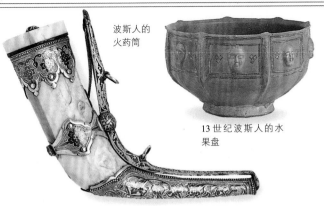

波斯人的
火药筒

13 世纪波斯人的水
果盘

镀金铜质的贝
宁人臂章

18 世纪
法国人的火绳杆

明朝中国人的菜盘

本书结构

英国DK公司编著出版的《儿童历史大百科》始于地球上的生命起源，终于21世纪。这是一次探索过去的视觉之旅。本书的时间跨度为20章，书中附上详尽的地图来介绍每一时期发生的重大事件。随后是专门设计的时间轴，标出每一大洲文化中的重要发展历程和重要事件。本书按时间顺序分别讲述各大洲发生的重要事件。每一章节会有专题页来探索该时期人们神秘的日常生活、宗教和文明。照片、绘画、地图和插图让每一主题活灵活现。查看综合索引可轻松找到任何一个话题。术语表对较难理解的词汇进行了详细解释，带插图的参考页附上最新信息，还详细介绍了英国国家历史。

每章节的起始页均为世界地图，以便让读者看到该时期的概况。投影图上每个大洲都同等重要。插图展现了该时期发生的重大事件，标签方便读者找到该时期重要的帝国、国家和城市。概况总结了该时期主要的政治、社会和文化主题。

插图显示了本章节将详细介绍的重要事件

简介将该时期的发展与整个历史进程联系起来

在整本书中，每个大洲都采用彩色编码，方便读者查找

日期旁边的符号[1]代表发明或发现

小地球仪上显示该大洲所处的位置

使用该时期的艺术品照片对条目进行说明

每一页上的时间轴都包含一个彩色时段，突出本章节的时间段

星号代表该事件将在各大洲章节进行介绍

以时间开头的条目提供了重要事件的细节

历史建筑的现代照片表明过去的建筑现在仍然存在

一卷展开的画轴上显示了重要事件和文明

卷轴边外的模糊区域是后来将发生的事情

世界地图的后面一页是图文并茂的时间表，分大洲排列，按照时间先后顺序列举重大事件和发展情况。让读者一看便知在某一时间世界的各个地方发生了什么事情。标上星号（*）的事件属重要事件，将在后面的章节做详细介绍。

时间表之后是重要事件页。该页会按照之前的时间表顺序分大洲进行阐述。在大洲章节，事件按时间顺序进行排列，并以时间开头。专题页则介绍了解该事件必须知道的日常生活和文化的方方面面。事实栏会提供额外信息，例如关键日期列表和简单传记故事。

缩写

一些词采用其缩写形式，解释如下。

cm	厘米
m	米
km	千米
sq	平方
c.	用在日期前表示"约"
BC	公元前
AD	"公元"，基督诞生后的时间
MYA	百万年前

关键日期栏列出了该主题的关键日期，包括本章时间段以内和以外的时间，并简述了每次的发展过程

信息栏提供该事件的有趣细节，传记栏（上方）回顾了重要人物的生平和成就

艺术品重现了日常生活场景，特殊点的会有详细注解

地图反映了国家和殖民疆土，有些地图则反映了帝国疆土、贸易路线和自然特征

专门拍摄的博物馆陈列物品照让历史跃然纸上

第一章

5.7 亿年前~公元前 40000 年

人类历史简介

雌性菊石化石

地球上的生命

我们的宇宙是如何形成的？科学家们认为，宇宙是在 137 亿年前的一次巨大爆炸（即宇宙大爆炸）中形成的。这个火球在短短几秒钟内膨胀，并从超高温的火球冷却成我们熟知的宇宙。大爆炸形成的超热气体冷却成不计其数的粒子，并在重力作用下开始围绕彼此旋转。粒子形成恒星和行星。众多行星之一——地球始于 46 亿年前。

阿基米德苔藓虫

石炭纪苔藓动物是有触角的生物，在海床上群居。这种阿基米德苔藓虫的螺旋状中央架为群体成员提供了栖息地。

超大陆——泛大陆

地球现在有五大洲，但并非一直如此。在漫长的时间里，大陆会漂移、汇合、分开。在石炭纪时期，所有大陆都汇合在一起形成一个超大陆——泛大陆。

古生代（5.7 亿~2.45 亿年前）

46 亿年前地球诞生。第一批原始生物，如细菌和藻类形成于 35 亿年前。过去的 5.7 亿年里进化出更复杂的生物。这一时间段分为三个时期：古生代、中生代以及新生代，每一时期又细分为更短的时期（见下方时间轴）。无颌鱼类和无脊椎动物（无脊椎的生物）的出现标志古生代的开始，后来，随着有颌鱼类和巨蝎出现在海洋，并以海洋生物为食，两栖动物（既能生活在陆地又能生活在水里的生物）爬到了陆地，以沼泽为家。有些两栖动物则进化成爬虫类。一直到近一半的地球被冰雪覆盖，物种灭绝，古生代结束。

球果化石横截面

鳞孢穗属（*Lepidostrobus*）植物有雪茄形的球果，它们生长在 40 米高的树上。

食肉动物的骨骼

两栖动物引螈（*Eryops*）可长到 2 米长，且长有锋利的牙齿，方便食肉。

寒武纪（5.7 亿~5.1 亿年前）	奥陶纪 5.1 亿~4.4 亿年前	志留纪 4.4 亿~4.1 亿年前	泥盆纪 4.1 亿~3.6 亿年前	石炭纪 3.6 亿~2.9 亿年前
古生代				
5.7 亿年前	5 亿年前	4.5 亿年前	4 亿年前	3.5 亿年前

中生代（2.45 亿年前~6500 万年前）

古生代末期大量生物灭绝后，迎来了中生代（也称爬行动物时代）新生命的鼎盛时期。爬行动物爬到陆地上进化成哺乳动物和恐龙，游入水里进化成鳄鱼和青蛙，飞入空中进化成翼龙。鱼龙与箭石、菊石生活在海里，被子植物和小型哺乳动物出现在陆地上。在侏罗纪时期，恐龙遍布。一些小型恐龙则进化成第一批鸟类。恐龙几乎统治了整个中生代，但在 6500 万年前突然灭绝。造成此次大规模灭绝的原因可能是巨型陨石撞击地球，使地球表面覆盖了厚厚的灰尘。

蜻蜓化石

这只侏罗纪蜻蜓落入一团淤积的烂泥中，被保存至今。烂泥是化石形成的最佳条件，使得这一宝贵动物化石留存至今。

新海洋

中生代时期，冰盖融化，产生大量水，形成了新的海洋，泛大陆断裂成几块较小的大陆。

鸟头骨

像 *Prophaethon* 这类鸟化石极其罕见。这一头骨清楚地显示出一个长长的类似鸥的喙，这表明 *Prophaethon* 可能是一只海鸟。

新生代（6500 万年前至今）

恐龙灭绝后，哺乳动物迅速统治地球，其种类遍布陆地、空中（进化成蝙蝠）和海洋（进化成鲸和海豚）。在与其他大陆隔绝的澳大利亚，哺乳动物进化成一种全新的有袋物种，即有袋类动物（如袋鼠）。其他进化物种包括第一批灵长类动物（猴子和猿）和生活在渐新世的剑齿猫。在中新世，非洲出现了新物种：羚羊、鹿、牛以及人类祖先。

猿类祖先

原康修尔猿是中新世早期的猿类，它生活在东非森林里，进化成长臂猿、大猩猩和人类。

新生代的地球

大陆和海洋的分布与今天更加相似。印度板块与亚洲大陆板块相撞形成喜马拉雅山脉。340 万年前南美洲与北美洲连接在一起。

长颈恐龙

重龙属是一种类似长颈鹿的大型恐龙。因为它脖子很长，所以能吃到树顶的叶子，而其他恐龙却够不着。重龙属成群迁徙，以抵御速度更快的食肉动物的捕食。

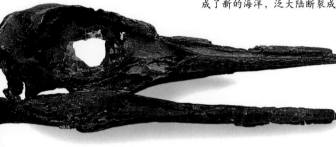

二叠纪 2.9 亿~2.45 亿年前	三叠纪 2.45 亿~2.08 亿年前		侏罗纪 2.08 亿~1.46 亿年前		白垩纪 1.46 亿~6500 万年前		古新世 6500 万~5650 万年前	始新世 5650 万~3540 万年前	渐新世 3540 万~2330 万年前	中新世 2330 万~520 万年前	上新世 520 万~180 万年前	更新世 180 万年前~公元前 40000 年
		中生代							新生代			
2.5 亿年前		2 亿年前		1.5 亿年前		1 亿年前			5000 万年前			公元前 40000 年

海洋生物发展史

　　6亿年前海洋中才出现生命，第一批小生物是单细胞生物，数百万年后才出现复杂的多细胞动物。对古老海洋生物的主要记录是化石，动植物的尸体埋在土里，自然保存了数百万年后形成化石。科学家们通过检查化石发现，长期以来大部分海洋动物都是无脊椎动物（没有骨骼），它们用壳当盔甲，来保护自己柔软的身体。第一批脊椎动物（有脊椎的动物）是鱼类，出现在奥陶纪（5.1亿~4.4亿年前），在泥盆纪时期（4.1亿~3.6亿年前）鱼类品种和数量不断增加，鲨鱼开始称霸海洋。从那以后，多种海洋动物相继出现又消失，造就了海洋形形色色的生物种类。

伯吉斯页岩虫

　　页岩虫是最早的多细胞生物之一，亿多年前生活在海床上。页岩虫的化石通常是它的骨骼，但在加拿大一处名为伯吉斯页岩的沉积中却发现了虫化石和其他软体无脊椎动物化石。化石包括三叶虫、体形扁平的动物和角质壳，原始甲壳类动物以及有外骨骼和触角的动物。

瓣状贝壳

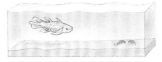

　　贝壳化石以及其中的生物即平扭贝（*Platystrophia*）。它出现在奥陶纪时期，生活在海床上，以浮游生物为食。它有马蹄铁状的瓣，瓣用来击水，将食物和氧气带入壳内。平扭贝属于腕足动物门，腕足动物门在奥陶纪非常常见。已发现30 000多个化石物种，但至今仍存在的仅300种。

挥腕的海百合

　　海百合类生活在海床上，是类似植物的有机体。灭绝物种有时也被称为石百合。海百合类的 *Sagenocrinites* 上表面有嘴，通过挥动腕来捕捉食物。它属于海百合纲，在志留纪（4.4亿~4.1亿年前）很常见。海百合类现存物种只有80种，至今已发现2 000种化石。

化石形成

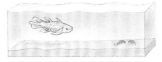
动物尸体沉入海床，被沉积层掩埋

较低的沉积层变成岩石，动物尸体硬化

岩石褶皱，水下岩石成为表层岩

表层岩被剥蚀后，化石暴露于地表

　　动植物尸体通常会腐蚀或腐烂掉。有时，像壳、骨骼和牙齿这些坚硬部位会很快被掩埋在沙或泥土这些沉积物中。海床提供的条件最佳。数百万年后，沉积物变成岩石。在此期间，构成动物坚硬部位的矿物质则会变成石头，形成化石。地球运动让岩石扭曲褶皱，从而使海下岩石成为表层岩。表层岩因日晒、雨淋、风吹而风化，化石暴露于地表。

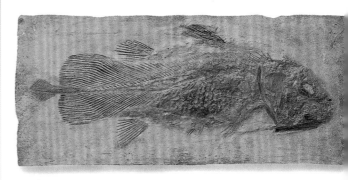

活化石

　　现存的一些动物，如腔棘鱼（*Coelacanth*），与化石上它们的祖先非常相似。第一批腔棘鱼化石可追溯到3亿年前的泥盆纪，当时出现大量鱼类，而腔棘鱼最常见的时期则是在三叠纪（2.45亿~2.08亿年前）。科学家们一直以为腔棘鱼在5000万年前已经灭绝，直到1938年一位渔夫在南非海岸抓到一条长达1.5米，重达57千克的钢铁蓝腔棘鱼，这个想法才被打破。自此次惊人的发现后，人类又捕获了60多条腔棘鱼。这种鱼有叶鳍，当作鱼的"四肢"。它生活在深海底部，以其他鱼类为食。

会游泳的捕食者

棱菊石（*Goniatites*）是一种软体动物，生活在炭纪时期（3.6亿~2.9亿年前）。软体动物如蜗，身体多肉，通常有壳保护。在整个化石记中，软体动物化石很常见，分为三组或三。棱菊石属于头足纲，头足纲动物通过喷前进，就像微型潜艇。很多现代头足类物已没有壳。它们是捕食者，包括很多度快、体型大的无脊椎动物，如乌贼，们速度之快堪比汽车。

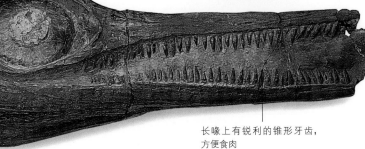

动物花

中生代时期（2.45亿~6500万年前），海百合类数量剧增，出现了无茎品种。图中的海百合保留了茎，且长出长长的臂以便捕食。

臂摊开将食物颗粒喂进嘴里

长茎使其能附在坚硬的表面上

海中龙

鱼龙是巨大的中生代生物。它属于爬行动物，但看起来像鱼，且极适应水中生活。它的尾巴像鲨鱼尾巴一样有力，把"臂"当作桨，脊椎柔软，可帮助它在水里轻松游动。它也把头露出水面进行呼吸。

长喙上有锐利的锥形牙齿，方便食肉

水下棒球手

白垩纪（1.46亿~6500万年前）时期海生物品种繁多，许多现存物种的祖先可以溯到这个时期。瘤状海胆（*Tylocidaris*）是一原始海胆，在白垩纪时期很普遍。它有很多球形腕，可用来击退捕食者，让小动物进入它的中。心形海胆属于海胆纲，但无腕，现在依然常见。

口

球棒形腕

石灰岩中有保存良好的骨骼

重要鱼类

Sparnodus 是硬骨鱼的"现代"品种。硬骨鱼形成于白垩纪，在随的1 000万年里成了海里和淡水里最常见的硬骨鱼，至今仍然很常见。的种类繁多，包括潜伏在海床的行动缓慢迟钝的比目鱼，以及行动迅的箭鱼和枪鱼。

强大的掠食者
体型庞大的噬人鲨极少袭击人类。

尖嘴

锋利的尖牙

鲨鱼

鲨鱼可以看作活化石。在泥盆纪时期，它们是海洋里的捕食者。现代鲨鱼与其侏罗纪时期（2.08亿~1.46亿年前）的祖先很相似，尽管当时的鲨鱼种类比现在多得多。鲨鱼的骨骼是软骨，比骨头软，极少成为化石。大部分鲨鱼的遗骸是鳍棘和牙齿。鲨鱼是肉食动物，尖锐的牙齿是它们的致命武器。它们巨大的颚上长了许多排牙齿，有钝齿和脱落的牙齿时，新牙能很快补上，替换旧齿。

大牙齿化石
上新世（520万~180万年前）噬人鲨属（*Carcharodon*）鲨鱼的牙齿长达11厘米，鲨鱼长达12米。

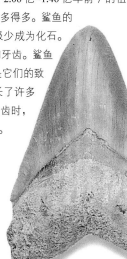

陆地动物进化史

　　数百万年以来，生命只存在于海洋中。到了志留纪时期（4.4 亿~4.1 亿年前），苔藓植物开始在水域附近的湿地中生长。这使得以植物为食的节肢动物出现在陆地，并在陆地上生存，而它们又成为第一批离开水的食肉节肢动物的食物。由于泥盆纪时期（4.1 亿~3.6 亿年前）陆地长满了茂密的植物，青蛙的祖先——两栖动物离开了海洋。它们进化出肺，用来呼吸空气，还进化出强壮的四肢便于爬行。节肢动物家族的昆虫成员，例如蜘蛛、蜻蜓和蟑螂也进化形成。3亿年前，陆地出现了两栖类和爬行类动物以及鳞状皮肤动物，它们大部分时间生活在水里，直到爬行类动物进化出可以在干燥的陆地上孵化的卵。从那以后，陆地成了大量生物的家园，例如恐龙、鸟类、哺乳动物，以及最终的人类。

植物性食品

　　泥盆纪以前，陆地上没有生命，直到泥盆纪时期才出现第一批植物，其中就包括古羊齿（*Archaeopteris*）。古羊齿可长到 18 米高，它属于前裸子植物门，前裸子植物是种子植物的祖先。植物为第一批陆地动物提供庇护和食物。

早期爬虫

　　泥盆纪时期的类似蜘蛛的虫类遗体被发现，标志着泥盆纪时期陆地上出现了第一批昆虫。第一批容易辨认的蜘蛛出现在石炭纪（3.6 亿~2.9 亿年前），包括 *Graeophonus*（见右图）。从古至今，蜘蛛的变化都不大。与现代种类一样，*Graeophonus* 有丝囊，可分泌丝来织网，将不幸的猎物困住。

上齿尖弯曲，像手术刀的刀片

脑袋可扭转，看见身后的猎物

眼窝

强壮的四肢

四肢陆地动物

　　西洛仙蜥（*Westlothiana*）是最早的爬行动物，石炭纪中期出现在地球。爬行类动物的卵可以在陆地上孵化，第一批不依靠水生存的动物也是如此。它们可能吃昆虫，这是现成的食物来源。爬行动物在干燥的二叠纪（2.9 亿~2.45 亿年前）生活得很好。

颌骨肌肉

恐龙的祖先

　　里约鳄（*Riojasuchus*）是生活在三叠纪（2.45 亿~2.08 亿年前）的爬行动物。它体型小，类似蜥蜴，牙槽长有尖锐的牙齿，便于食肉。里约鳄属于槽齿类爬行动物，它们用后腿行走，尾巴强劲有力。它们可能是恐龙、翼龙和鳄鱼的祖先。

恐龙王

　　恐龙统治陆地的时间长达数百万年，一直从三叠纪时期到白垩纪（1.46 亿~6500 万年前）末期。雷克斯暴龙（*Tyrannosaurus rex*）是恐龙之王，它是陆地最大的肉食动物，当它用后腿站立时，宽约 12 米，高约 6 米。雷克斯暴龙牙齿大而弯曲，颚大，脚趾上还有致命的爪。它会跟踪迁移的鸭嘴龙和角龙，袭击年轻弱小的恐龙，并以恐龙尸体为食。

尾巴重，以平衡身体

每个脚有三个脚趾

羽毛痕迹像
是鸟类

鸟飞行时将昆虫
逮住

喙里长有小尖牙，
将挣扎的猎物紧
紧夹住

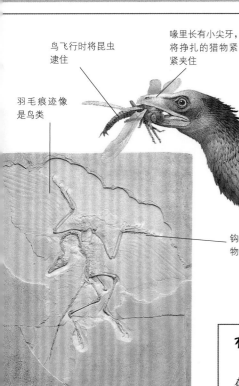

钩爪像爬行动
物的爪

鸟类或爬行类动物

人类已知最早的鸟是始祖鸟，生活在大约 1.5 亿年前。它的眼睛、牙齿、尾巴、爪与爬行类动物非常相似，据说始祖鸟从小型的两腿恐龙进化而来。但清晰的羽毛花纹表明它肯定是鸟类，很长时间它可能生活在陆地上，也会飞起来捕食昆虫。与大部分现代鸟类相比，它的飞行技能不高。

每个翅膀上有三
个钩爪

大翅膀表面宽而密闭

有角幸存者

角龙，如巨型三角龙，在白垩纪时期进化形成。它是草食性恐龙，有两个骨角，脖子和肩膀周围还有一圈巨大的骨质褶边，用来保护自己免受攻击。三角龙属于幸存到最后的恐龙种类之一，一直到白垩纪末期才最终灭绝。

厚密、粗糙的
鳞状皮

强壮的蹄状爪

灭绝

许多动物物种都曾在地球上出现过，但是大部分都已经不复存在或已经灭绝，例如恐龙。气候变化经常会导致物种灭绝。在二叠纪末期，半个地球都被冰覆盖，上千物种在这样恶劣的条件下灭绝。恐龙灭绝于 6500 万年前的白垩纪末期，可能是由于陨星撞击地球，使地球表面覆盖了厚厚的灰尘，恐龙的生存环境被大范围破坏。

无价的痕迹

始祖鸟标本被视为世界上最稀有的化石。今只发现 6 个。

有蹄的食草动物

始祖马是第一种马，出现在古新世（6500 万~5650 万年）晚期的北美洲和欧洲。始祖马体型小得出奇，仅 25 米高，用四趾足奔跑。它生活在树林及森林里，以软的树叶为食，始祖马后来进化成现代马及与之有缘关系的动物，如斑马。

背大猩猩幼仔

哺乳动物是指温血、多毛的动物，其幼仔以亲奶水为食。第一批哺乳动物出现在三叠纪（.45 亿~2.08 亿年前）。第一批灵长类动物，即手抓取物体的哺乳动物出现在 3200 万年以。从那之后，又出现了体形各异的灵长类动。猴子、猿和人类都属于灵长类动物，但所应的环境却各异。猴子习惯荡在树上，大猩猩幼仔却更适合生活在陆地上。

眼睛长在头的
前部，具有三
维视觉

前额低

眉脊凸出

前人类

现代猿和人类的共同祖先是原康修尔猿，它是一种体型小、会爬树的灵长类动物，生活在 2500 万年以前。它的后代能够适应各种不同的环境。有些生活在热带森林，进化成猿；其他适应了草原生活，如南方古猿（头骨见上图）学会了直立行走，用双手来完成其他任务。它们最终进化成人类。

前肢在身体一侧

拇指和手指灵巧

人类祖先

　　化石证据显示，400 万年以前人类已经进化得与其他灵长类动物不同了。人类及其最近的祖先被称为原始人。存活至今的只剩下一种，即人类，但在 200 万年以前至少有 3 种，也许有 6 种或更多的原始人种。第一批原始人化石只出现在东非和南非。第一批原始人可分为两大类：南方古猿（*Australopithecus*），头小颊齿大；人属（*Homo*），头大颊齿小。所有原始人种都是两足动物（用双腿行走），也许都生活在灌木丛或稀树草原林地。第一批会制造工具的原始人是能人。第一批离开非洲的原始人是直立人。与其直系祖先相比，它们的身材更高大，大脑也更大，使用的工具种类也更多，并且知道如何取火。直立人最终进化成早期智人，早期智人又进化成晚期智人，即现代人类。

利特里脚印

　　350 多万年前，东非一个名叫利特里的地方火山爆发，炽热熔岩覆盖了周围的陆地。很多动物走过这片冷却的熔岩，其中就包括一个南方古猿（两个成年古猿和一个幼年古猿），它们在此留下了脚印。1978 年，人们发现了这些脚印化石，这是一项非常重要的发现，因为它们证实了南方古猿用双腿行走。

第一位露西

　　左图的南方古猿名叫"露西"（Lucy），根据披头士的一首歌《缀满钻石天空下的露西》（*Lucy in the Sky with Diamonds*）来命名，因为发现露西时考古挖掘家的帐篷正在放这首歌。由于挖掘出她 40% 的遗骨，因此，露西的发现揭示了南方古猿的很多特征。露西生活在距今 300 万年前的东非哈达尔（Hadar）。她体型娇小，像人类一样用双腿行走，但是她的双腿跟猿的双腿一样短。露西行走时，也许膝盖稍微弯曲，她很多时间在爬树，可能是为了睡觉、觅食或躲避天敌。露西的脑袋小，像黑猩猩，颅骨长而低，颚有力。她的牙齿坚硬，方便吃各种植物。南方古猿可能使用石头和木棍做很多事，例如撬开坚果。

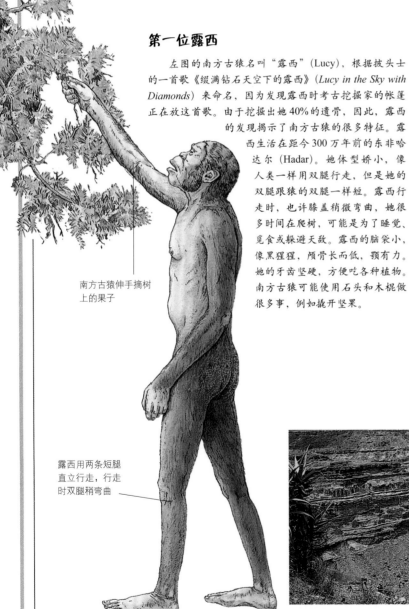

南方古猿伸手摘树上的果子

露西用两条短腿直立行走，行走时双腿稍弯曲

奥杜瓦伊峡谷的化石遗迹

　　奥杜瓦伊峡谷（见下图）位于东非坦桑尼亚北部塞伦盖蒂平原，因原始人化石而著名。这里曾经苍翠繁茂，湖泊环绕，吸引了很多动物，包括原始人类。现今它成了 100 米深，50 千米长的大峡谷。人们在这里发现了南方古猿、能人和直立人的遗体化石以及许多已知的最古老的石制工具。

这些工具非常简单，可能用来切肉或切植物食品。一些骨头上也检测到有被工具切过的痕迹。

路易斯·利基

　　路易斯·利基（Louis Leakey）和他妻子玛丽（Mary）证实了非洲是早期原始人类的家园。1959 年他们在奥杜瓦伊峡谷发现了第一批东非南方古猿化石，随后又发现了第一批能人化石。

人

　　这是被普遍接受的最早的原始人模——能人。它与南方和东非的南方古猿生在同一时期，230万年前至180万年前。们在奥杜瓦伊峡谷发现第一批原始人化石，及第一批石制工具，因此该原始人类被称能人，即"手巧之人"。能人的大脑比南方猿的大，但比人类的小很多。与南方古猿样，能人身材矮小，手指弯曲，手臂修长，意味着它也是爬树高手。能人被直立人代，或进化成直立人。

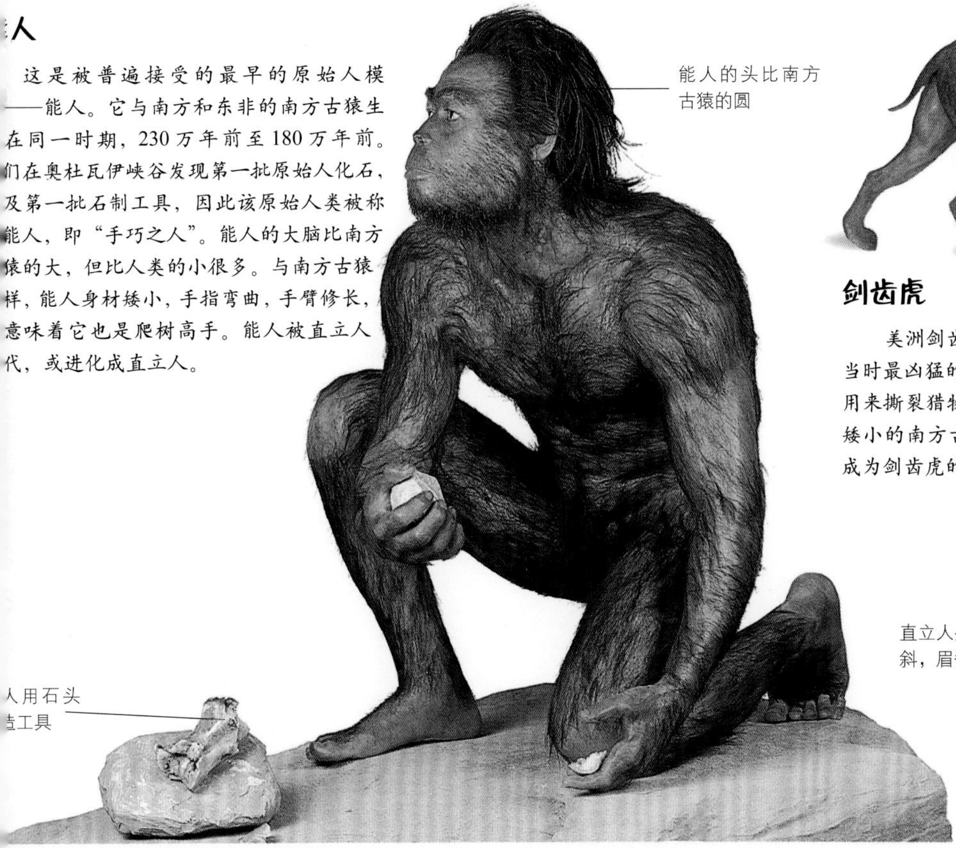

能人的头比南方古猿的圆

人用石头
造工具

剑齿虎

　　美洲剑齿虎（*Smilodon*）与原始人生活在同一时期，是当时最凶猛的动物之一。它的长牙很有特色，长达15厘米，用来撕裂猎物。许多人认为，原始人群居是为了抵御天敌。矮小的南方古猿最易受到攻击，它们可能会爬到树上避免成为剑齿虎的口中食。剑齿虎在更新世灭绝。

直立人头骨厚，前额倾斜，眉脊大

直立人的头骨

　　大约200万年前出现了新的原始人物种——直立人（见右图），它们头骨长，眼眶上方的眉脊大，大脑比早期原始人的大。直立人体型高大，四肢长，肌肉发达。直立人的生活比早期原始人的生活更复杂多样。它们是第一批离开非洲移居亚洲，随后又移居欧洲的原始人。它们是效率高、有组织的捕猎者，发明了新工具，住在"家"中，且会取火。

手斧被凿过，表面不均匀

巨大的下颌与头骨相连

斧

　　直立人所使用的具比早期原始人的大，如手斧、镐、劈刀。这些工具被称为两面器，用石制成，两面都经过加工。上图所示的水滴型石斧是型的新技术，被称为阿舍利。手斧沉重，刀刃锋利，能被当成斧头或刀，用它们来削骨、切肉、削木，果不错，还可用来切粗糙的兽皮，如大象的皮。

第一把火

　　原始人何时开始用火，我们不得而知，因为火经常自然出现，早期原始人可能正是利用了这一点，然而，我们知道直立人会用火。人们在中国周口店洞穴发现了烧焦的骨头和石头、厚厚的灰渣层和木炭，这表明50万年前原始人就已经开始使用火了。在气候较凉爽的欧亚大陆，原始人用火让急需的同伴取暖，也用火来烹饪、抵挡天敌。

尼安德特人

　　1856年，人们在德国尼安德河谷首次发现尼安德特人的遗迹。尼安德特人属于原始人的一种，生活在12万年前~35000年前冰河时代的欧洲和亚洲。他们体型强壮，肌肉发达，生活在洞穴或户外有遮蔽的地方，以抵御寒冷和严酷的环境。尼安德特人的生活方式与我们——智人非常相似。他们也许能有效地使用语言，尽管没有证据可以证实。尼安德特人是已知的最早懂得埋葬死人、照顾病人和老人的原始人。考古证据显示，一位尼安德特男子的眼眶被碾碎，手臂萎缩，但仍然在其他成员的帮助下存活下来。后来亚洲和欧洲出现了现代人，尼安德特人就逐渐灭绝了。

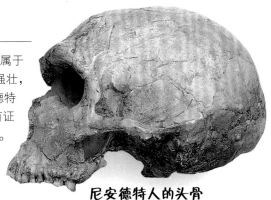

尼安德特人的头骨

该头骨清楚显示了尼安德特人特有的大眉脊。

燧石工具和武器

　　尼安德特人改革了燧石的使用方式，他们从一个燧石上切下一片锋利的燧石薄片，当成工具和武器。

有时会在死人旁边放置一些祭祀品，例如动物角制成的环

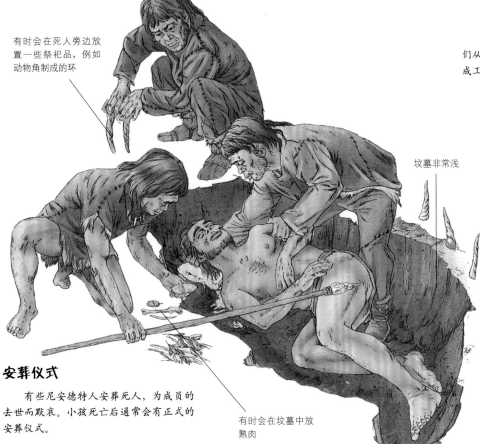

坟墓非常浅

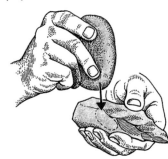

1. 用石头从燧石上切下一片燧石薄片，粗略地凿制成型。

安葬仪式

　　有些尼安德特人安葬死人，为成员的去世而默哀。小孩死亡后通常会有正式的安葬仪式。

有时会在坟墓中放熟肉

2. 用骨头或石锤将燧石薄片磨成工具或武器。

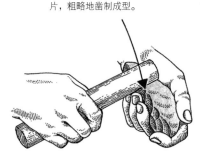

查尔斯·达尔文 1809~1882年

　　查尔斯·达尔文是英国的一位自然学家，1859年他写了一本非常重要的书《物种起源》。达尔文意识到了动植物由于争夺食物和配偶，很长一段时间后会发生改变。只有"最好的"或"最适应的"生物才能存活，存活至今的生物都是数百万年进化的结果。这就叫物竞天择。达尔文将这一理论运用到人类身上时，这一观点在19世纪的英格兰引起了轰动。尼安德特人化石的发现证实了人类也是进化的产物。

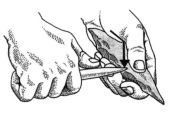

3. 用锋利的石头或骨头削燧石表面，进一步打磨该武器或工具。

第二章

公元前 40000 年~公元前 5000 年

早期人类

冰期用骨头制成的猛犸象

公元前 40000 年~公元前 5000 年世界情况概述

在这一漫长时段的初期，可辨认的现代人类（智人）散布世界各地，他们甚至造船穿越将东南亚与澳大利亚隔开的浅水水域。大约 35000 年前，尼安德特人灭绝，原因尚不明确，而智人由于足智多谋成了唯一能在冰期幸存的人种，冰期最冷的时期大约在 20000 年前，当时海平面降低了 100 米。到了大约公元前 13000 年，第一批定居者穿越连接西伯利亚和阿拉斯加的冰冷大陆桥，开始了一段漫长的迁移。到了大约公元前 9000 年，他们到达巴塔哥尼亚，南美洲的尽头。

艺术的诞生

没有人知道早期人类为何要装饰他们的生活环境，但这段时期孕育了世界上最早的艺术。在欧洲、非洲和大洋洲，人们用生动的动物形象装饰洞穴。随后，他们又用骨头雕刻人类和动物形象。早期人类靠狩猎和采集野果为生，为了生存他们从一个地方搬到另一个地方。自从开始种植农作物，以及后来建农场、驯养野生动物，人们便在一个地方定居下来。随后发展出村庄和城镇。到该时期末期，世界上出现了第一个文明。

大约公元前 20000 年，与猛犸象和大象有亲缘关系的乳齿象出现在北美洲。

北美洲

大约公元前 9000 年，北美大平原的狩猎者和采集者狩猎野牛。

大约公元前 7000 年，早期农民在墨西哥种植作物。

大西洋

南美洲

大约公元前 9000 年，狩猎者和采集者在秘鲁制造石制工具。

太平洋

冰期狩猎　　岩画　　早期农业

| 40000 BC | | 10000 | 5000 | 1000 | 500 | AD 1 | 200 |

大约公元前 12000 年，西伯利亚出现乳齿象。

大约公元前 11000 年，西北欧的穴居人用黑曜石制造手斧。

欧洲

大约公元前 6000 年，欧洲出现了木屋村庄。

非洲

干草原

亚洲

日本

中国

大约公元前 9000 年，日本绳纹时代，艺术家制造带图案的陶壶。

公元前 6000 年前后，土耳其的加泰土丘（Catal Hüyük）发展繁荣。

尼罗河

大约公元前 6000 年，中国农场驯养猪。

大约公元前 8000 年，西非的早期艺术家用画装饰洞壁。

大约公元前 15000 年，印度尼西亚狩猎者用矛猎杀猎物。

大约公元前 30000 年，南非的狩猎者和采集者采摘果子补充饮食。

印度洋

北

大洋洲

澳大利亚

大约公元前 28000 年，澳大利亚原住民居民凿制石器，制造有用的工具。

大约公元前 40000 年，澳大利亚原住民居民的祖先航行到澳大利亚，并在此定居下来。

| 600 | 800 | 1000 | 1200 | 1400 | 1600 | 1700 | 1800 | 1900 | 2000 |

公元前 40000 年

公元前 30000 年

非洲

大约公元前 40000 年，现代人类已经进化形成。*

大约公元前 35000 年，人们在南非边界洞发现了用狒狒腓骨制成的简单计数装置。

大约公元前 34000 年，狩猎者和采集者占领了莱索托和赞比亚地区。

大约公元前 33000 年，扎伊尔人在制造的工具上装饰石英石。

在莱索托和赞比亚地区，鸵鸟属于早期狩猎者和采集者的食物之一

大约在公元前 24000 年，非洲西南部被描绘在纳米比亚阿波罗的洞壁上。这些岩画被认为是世界上最古老的岩画。

洞壁绘画以马、北美野牛和野牛为主

亚洲

从工具上削下的石片

大约公元前 40000 年，人们在以色列发现了小型的石制工具，工具上通常带木制或骨制手柄。

大约公元前 38000 年，人们在北婆罗洲的石灰岩洞里发现了人类生活的遗迹。

欧洲

大约公元前 38000 年，克罗马侬人（早期智人）从非洲迁移至欧洲。

大约公元前 24000 年，欧洲狩猎者和采集者开始建造有黏土屋顶的永久性住房，包括位于欧洲中部 Dolni Vestonice 的一座房屋。

大约公元前 23000 年，狩猎者和采集者制作第一尊黏土雕像。

大约公元前 21000 年，在波兰，人们制造了象牙回飞镖，这种飞镖最早是在欧洲制造的。

大约公元前 20000 年，在法国拉斯科洞和西班牙奥尔塔米拉，人们开始用画装饰洞穴。

东欧出土的特色陶俑

克罗马侬村民的生活包括打猎、把皮肤晒成古铜色以及准备食物

法国劳日里巴斯（Laugerie Bas 出土的骨头上有雕刻画，画是一个人在追一头野牛

美洲

大洋洲

大约公元前 40000 年，原住民居民的祖先到达澳大利亚，开始打猎、采集水果和蔬菜。*

大约公元前 40000 年，澳大利亚出现了岩石雕刻。

大约公元前 38000 年，新几内亚出现了腰斧。

澳大利亚的岩石雕刻

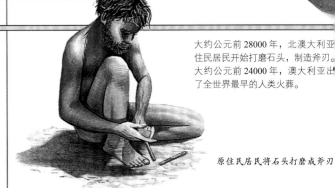

大约公元前 28000 年，北澳大利亚住民居民开始打磨石头，制造斧刃。

大约公元前 24000 年，澳大利亚出了全世界最早的人类火葬。

原住民居民将石头打磨成斧刃

公元前 20000 年

大约公元前 18000 年，狩猎者和采集者在非洲扎伊尔定居。

大约公元前 13000 年，北非阿尔及利亚人制造陶俑。

早期地中海人无花果和枣

狩猎者扛套索和小动物用的包

大约公元前 17000 年，提比里亚湖（加利利海）附近出现最早的野生谷类。

大约公元前 13000 年，亚洲的狩猎者和采集者靠打猎为生。

大约公元前 11000 年，在日本长崎附近的福井，人们住在洞穴里。

地中海西岸仍然有野生二粒小麦

西伯利亚地区的猛犸象骨小屋

约公元前 16000 年～大约公元前00 年，欧洲尤其在俄罗斯西部出用猛犸象骨做屋顶的小屋。

约公元前 11000 年，黑曜石首次为希腊穴居人用于制作工具。

大约公元前 13000 年，亚洲狩猎者和采集者第一次穿越白令海峡，到达阿拉斯加州和北美的育空。

大约公元前 11000 年，早期人类到达智利。

一头巨型乳齿象的第二颗白齿

公元前 18000 年～大约公元前00 年，人们居住在澳大利亚塔斯尼亚南部的 kutikina 岩洞，他们也用石制工具。

约公元前 17000 年，澳大利亚出现一幅岩石画。

澳大利亚的 kutikina 岩洞为早期人类提供了庇护所

公元前 10000 年

大约公元前 10000 年，非洲很多地方制造石制工具的技术普遍改进。

大约公元前 8000 年，狩猎者和采集者在北非岩石上画人类。

大约公元前 7000 年，北非撒哈拉地区出现渔民。

大约公元前 6000 年，撒哈拉地区开始驯养牛。

野原牛

大约公元前 10000 年，冰期晚期结束，导致亚洲气候变化，随之而来的降雨让人们开始农耕、驯化动物。*

大约公元前 9000 年，日本进入绳纹时代。

大约公元前 8000 年，耶利哥人定居，建造住所。

大约公元前 8000 年，西亚地区出现最早的泥砖建筑。

大约公元前 7000 年，西亚地区开始农耕。

大约公元前 6500 年，印度河流域开始农耕。

公元前 6000 年前后，第一批小镇兴起，包括土耳其的加泰土丘。*

大约公元前 6000 年，中国黄河流域的人们种植粟，驯养猪。

大约公元前 6000 年，美索不达米亚的田地出现灌溉渠道。

大约公元前 5000 年，中国黄河流域的居民从西伯利亚进口玉石。

大约公元前 5000 年，中国长江流域开始种植水稻。

日本绳纹时代的陶器

美索不达米亚广泛种植粟

大约公元前 8000 年，贝类包括牡蛎，成为欧洲沿海居民获取蛋白质的重要来源。

大约公元前 6500 年，欧洲东南部的人最先开始种植谷类植物。

大约公元前 5000 年，欧洲人最先开始进行铜和黄金加工。

欧洲沿海居民收集并食用牡蛎

大约公元前 9000 年，美洲大平原上的克洛维斯狩猎者和采集者开始猎捕野牛。

大约公元前 7500 年，人们在美国北部阿肯色州发现了世界上已知的最早的墓地。

大约公元前 7000 年，墨西哥最早开始种植农作物。

大约公元前 6500 年，南美洲秘鲁人种植谷物。

美洲大平原上的野牛

| 600 | 800 | 1000 | 1200 | 1400 | 1600 | 1700 | 1800 | 1900 | 2000 |

大约公元前40000年

现代人类的分布

早期人类——智人,大约在50万年前首次出现在非洲和欧洲。虽然他们的眉脊依然凸出,其他直立人的特点也依然有所保留,但是头骨比他们祖先直立人的头骨更大更圆。欧洲的这些早期智人进化成了尼安德特人,而非洲和东亚智人的进化趋势却有所不同。一些专家认为,非洲智人是所有现代人类(晚期智人)的祖先,他们替代了尼安德特人和东亚人。其他专家则认为非洲、欧洲和东亚的三个人种分别进化成不同种类的晚期智人。无论哪种观点正确,事实是到了公元前40000年现代人类已经遍布全球各地,他们甚至造船到达澳大利亚。他们学会了艺术创作、制作骨器和石制艺术品,并发明了复杂的埋葬和耕作方法。

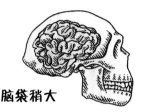

脑袋小

最早的原始人南方古猿现已灭绝,他们的大脑比唯一幸存的原始人晚期智人的大脑小。

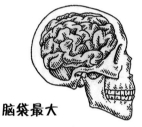

脑袋稍大

生活在距今170万年以前的直立人大脑是南方古猿大脑的两倍。

脑袋最大

这是现代智人的头骨。它的脑容量范围是1 200~1 600ml,大约是南方古猿大脑的三倍。

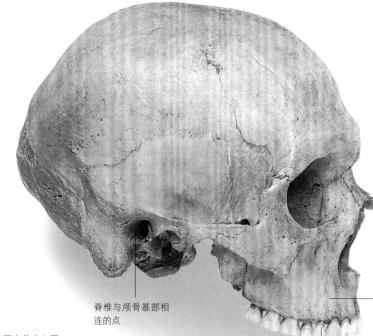

完全现代化

这个早期智人牙齿小,颅高而圆。智人尼安德特人的特更突出一些。下巴突出,前额后倾斜,眉脊凸显。

脊椎与颅骨基部相连的点

下巴小

牙齿挤在一起,直接长在额正下方

早期人类使用手边的一切材料(尽管不常见)来建造房屋

猛犸象颌骨压在兽皮上面,避免它们被大风撕碎

屋顶由弯曲的猛犸象长牙建成

甜蜜的家

晚期智人建造的住所比其祖先的住所更大,更持久耐用。最常见的房子估计是用木柱建成,上面盖上兽皮。18000年前至12000年前,乌克兰梅日里奇(Mezhirich)的小屋都用猛犸象骨头建成,因为木材稀缺。

计数的刻痕

人们在南非边界洞发现了几个雕刻的木头和骨头。考古学家认为这是简单的计数器。早在37000年前的非洲也许就已经有人使用类似这样的工具。这根狒狒腓骨(小腿胫骨)上有29个平行的刻痕。这与南非科伊桑族仍在使用的木棍相似。

40000 BC		10000	5000	1000	500		200	

大约公元前 40000 年

原住民人祖先定居澳大利亚

　　大约公元前 40000 年，晚期智人（现代人类）从东南亚来到澳大利亚。当时印度尼西亚还与亚洲大陆相连，新几内亚与澳大利亚相连，因此大部分路程人们靠步行完成，靠木筏或独木舟航行的距离仅有 100 千米。这些居民，即现在原住民人的祖先（原住民人是指早期居民），最初主要住在海岸附近，发展以捕鱼为基础的经济。他们也猎捕动物，采集水果蔬菜。第一批内陆居民也许居住在南部的湖区。内陆原住民人或许使用"取火棒"的方法来控制当地环境，将某区域边缘点燃，限制动物觅食的范围，这样更容易猎杀动物。到了大约公元前 30000 年，原住民人使用磨尖的石斧砍树，腾出空间来建造房屋。大约公元前 10000 年，海平面上升，沿海地区被淹，迫使更多原住民定居内陆。

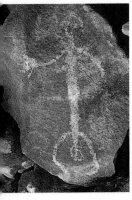

岩画

　　大约公元前 40000 年，原住民人开始在岩石上刻圆、弧，以及人类和动物图案。这也许是最早的艺术。现在的原住民人认为这些图是他们的祖先所画，代表了创造这些先人的灵魂。

创世传说

　　原住民人的宗教说，神灵在地球诞生时到来，创造了山脉、河流、树木，以及第一批澳大利亚人。先古之魂所创造的地方都是圣地，例如位于澳大利亚中部的乌鲁鲁巨岩（艾尔斯岩）。

漂泊者的栖息所

　　当地食物消耗殆尽后，原住民人便从一个地方迁移到另一个地方。他们建造的这种临时住所根据栖息地和季节的不同而不同。气候寒冷时，他们通常在食物富足的湖边用树枝或石头建造房屋；而在炎热干燥地区，他们用防风草建造房屋。由于食物稀缺，他们只在一个地方住一个星期就搬走。原住民人在住所附近修建石壁炉，用于取暖、照明、吓跑野生动物。

树皮独木舟一般用于航海和捕鱼

边缘磨平的石斧是最早用石头磨制工具的例子之一

大片厚的树皮盖在木架上成为住所

狩猎与采集

　　居民们不仅遇到了他们在亚洲就已经知道的动物，例如鳄鱼，还遇到了从未见过的奇怪生物，例如大袋鼠和 3 米高、长得像狗、凶猛的塔斯马尼亚虎，以及长得像犀牛的双门齿兽（现已灭绝）。他们通过钓鱼、捡贝类和海龟，猎杀袋鼠、沙袋鼠和毛鼻袋熊，采集坚果、水果和薯蓣来获取食物。大约在公元前 16000 年，气候变得更干燥了，广阔的草原变成了沙漠。一些原住民人适应了沙漠环境，在相隔很远、接近食物和水的住所之间来回迁移。他们通过唱歌告诉同胞他们的住处。

袋鼠

熟练的猎人跟随着袋鼠的足迹，越过岩石地面追踪袋鼠。

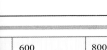

觅食

　　贻贝（见右图）很容易采集，而布冈夜蛾（见上图）只有在特定季节才能在山上抓到。

大约公元前 13000 年

移民穿越白令海峡进入北美洲

在整个早期历史的不同时期，北欧、亚洲和北美的大部分地区都被茫茫冰冠和巨大的冰川所覆盖。这段寒冷期被称为冰期，大约每 10 万年发生一次，冰期后紧接着就是回暖期，每个回暖期长约 2 万年。末次冰期始于公元前 110000 年，到了大约公元前 13000 年才差不多结束。由于大部分水都已结冰，海平面下降了约 90 米。因此，此前被海洋分开的大陆又连在了一起，并出现了一座横跨白令海峡的大陆桥，连接俄罗斯东北部和阿拉斯加。已经定居亚洲的狩猎者和采集者在大约公元前 13000 年开始迁移，进入北美洲现在的阿拉斯加和育空。大约公元前 12000 年后，白令海峡再次被淹，切断了亚洲人返回家乡的路。因此，他们穿越北美洲继续南行，到达南美洲，一直到大约公元前 9000 年才抵达南部遥远的阿根廷巴塔哥尼亚和智利。

南迁

变化的气候改变植被，抗寒树种如银杉向南蔓延到欧洲大部分地区。

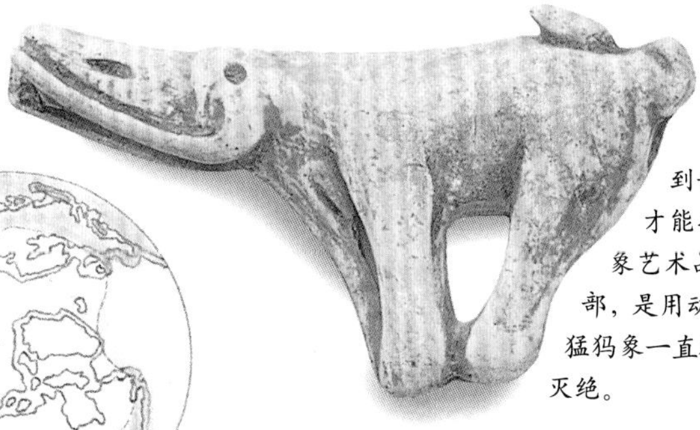

猛犸象

随着人类迁移到世界各地，他们的才能也有所进步。这个象艺术品，大长牙弯曲环绕部，是用动物的肩胛骨雕刻而猛犸象一直很常见，到了冰期灭绝。

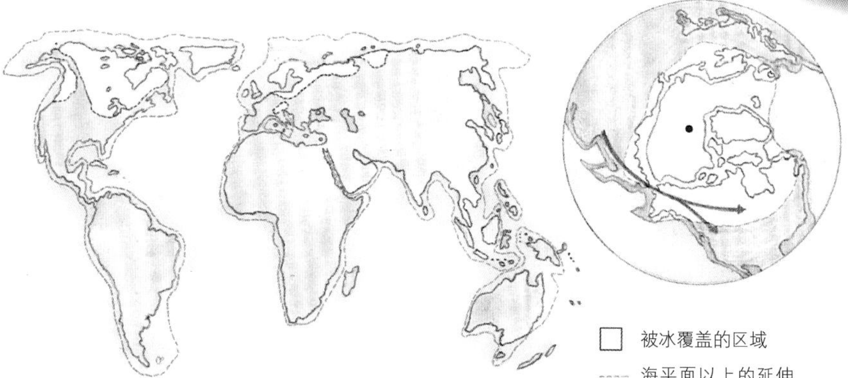

□ 被冰覆盖的区域

---- 海平面以上的延伸大陆

寒冷的世界

地球的形状与一万年前的形状完全不同。该地图显示了末次冰期时位于海平面以上的可见陆地。圆形地图上的箭头表示人类穿越白令海峡大陆桥的迁移路径。

冰川以每天 4~5 米的速度移动

冰川之间的尖岭叫刃脊

冰川中心的冰一般比两边的冰移动得快

由于冰流动时会急转弯，越过山脊，因此会裂开形成很深的裂缝，叫作裂隙

鹿角可伸展到 3.5 米

谷冰川

谷冰川是指在陆地上形成的一大块冰，靠其自身重量缓慢向下移动。在冰期，这些冰川极大地改变了周围的景观。移动的冰块刮损、冲刷、打磨着底层岩石，形成许多现在的山谷和山脉。

卵石和其他碎石在冰川底部堆积

体型如马一般大

末次冰期时，长得像鹿的大角鹿生活在野外。

艺术的开端

即使是公元前 40000 年的最早期人类也会绘画、雕刻及制作雕像。人类在其居住的洞穴的岩石上或墙壁上会雕刻或画上一些图像。雕像通常是用鹿角、骨头、象牙和石头刻成的人像或动物像。绘画所使用的颜料也源自石头，人们似乎很早就已经发现石头可以当作颜料。没人确定为什么要创造艺术作品，可能的动机包括：也许这属于宗教仪式的一部分，也许是为了记录早期人类工作和娱乐的环境，也可能只是为了好玩。有些动物画像栩栩如生，肯定是经过了长时间的仔细研究。世界很多地区都出现了早期艺术，例如非洲、亚洲和大洋洲，但是至今没有在美洲发现早期艺术。

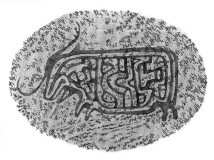

比莫贝卡特野牛

公元前 11000 年以前，印度比莫贝卡特洞穴栖身地盛行岩画。岩画要么是抽象的轮廓要么是填充画，如这头野牛。

作画

洞穴艺术家将矿物质研磨成粉状，然后加入水，做成颜料。红色颜料来源于赤铁矿（氧化铁或红赭石），白色颜料来源于高岭土或白垩，黑色颜料来源于二氧化锰或木炭。人们将一些矿物质加热，来制作新的颜料。大部分可制作颜料的矿物质是现成的，只需在当地采集即可，而有些矿物质必须开采才能得到。大约在 42000 年前，人们首次利用在非洲发现的赭石矿石制作颜料。

高岭土

木炭

赤铁矿

动物艺术

位于澳大利亚北部领地 Ingaladdi 的岩棚动物绘画可追溯至末次冰期。保存最好的澳大利亚岩画也可追溯至该时期，它由原住民居民所绘。

拉斯科壁画

欧洲有很多很著名的壁画，其中包括法国西南部的拉斯科洞窟的壁画。它们由克罗马侬人经过长达多个世纪的时间创作完成，而这些幸存下来的壁画，可以追溯到公元前 15000 年到公元前 10000 年。这些壁画有公牛、母牛、鹿和马。1940 年，一些男学童在洞穴中漫步时无意中发现了这些壁画。

照明

艺术家们如何在岩洞里照明仍然是一个谜。大部分艺术家可能在平石上放上燃烧的动物脂肪，当作火炬和灯来照明。25 000 年前的石窟艺术中被确定的灯仅 300 盏，拉斯科的这种灯属于其中一种。

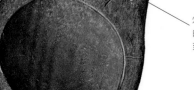

灯手柄上的装饰雕刻画

约公元前 13000 年
狩猎者与采集者以杀戮为生

晚期智人不得不以狩猎为生。男人们猎杀各种动物，例如马、野牛、驯鹿、麋鹿和长毛猛犸象，居住地不同，猎杀物种也不同，而女人和孩子们则采集水果和坚果。大约在公元前 13000 年至公元前 10000 年，末次冰期结束，人们的狩猎技术有了很大进步。人们发明了木制投矛器，矛的射程范围和穿透力都有所增加，用鹿角做的鱼叉可以高效地刺中鱼。大约公元前 10000 年，人们发明了弓和箭。世界各个地方都有了很大的进步，例如西伯利亚、南非、日本、埃及、西班牙、法国、波斯、阿拉斯加和加拿大。但是狩猎者对大型哺乳动物（如长毛猛犸象）的过度猎杀导致这些物种的灭绝。

多功能工具

大约公元前 13000 年，狩猎者和采集者仍然在使用 200 万年前直立人发明的手斧。因为它属宰肉类、切割兽皮很方便。

长牙用来建造房屋

用围困的方法杀戮

人们合力将猛犸象围困住。他们首先进行伏击，然后跟踪它，直到它倒下，再接近猎物，完成杀戮。

受伤的猛犸象要几天后才会死

遮风避雨之地

在恶劣、寒冷的冬季，狩猎者和采集者居住在洞里，天气稍暖后，他们会在户外建造住所。在冰期，欧洲和俄罗斯的狩猎者和采集者用猛犸象骨头和木头当支柱，再盖上兽皮来建小屋。大约公元前 10000 年，波斯人和印度人开始用石块建房子，上面盖上枝条和胶泥或者乱蓬蓬的茅草。

波斯人用枝条和胶泥建造的小屋

俄罗斯，猛犸象狩猎者居住的地方

狩猎者将矛插在木制长杆上，猎杀猎物

杀一头猛犸象可供一群人吃好几个月

女人的工作

男人出去打猎，女人和孩子们则上山采集野果。他们每天带上燧石斧和挖掘棒，采集坚果、浆果、根茎以及其他可食用的食物，如鸟蛋、蜥蜴和蜂蜜，装入皮袋和芦苇篮里。

这些用树皮制成，用来装浆果和坚果

大约公元前 10000 年

种植作物的首批农民

末次冰期（约公元前 13000 年~公元前 10000 年）结束后，冰川融化释放出大量的水，气候也发生了改变，定期降雨使荒漠地区变得更加肥沃。人们很快就学会了如何驯养动物及开垦农田。从土耳其到地中海东部沿岸，从美索不达米亚到波斯扎格罗斯山脉，人们在控制食物来源上取得了很大的进步。随后在大约公元前 10000 年，狩猎者和采集者发现，如果在水田里种植谷类种子，第二年就会长出新的谷类作物。大约公元前 9000 年，西亚出现了最早的农场。农民还学会了如何挑选野生动物，对其进行圈养，让它们繁殖后代。大约公元前 8700 年，伊拉克首次出现了家养的羊。大约公元前 7200 年，土耳其首次出现家养的猪。农民很快学会了储存食物，这意味着他们不必为了让自己和家人吃饱穿好而每年迁移。在 1000 年的时光里，小型农耕聚落扩大，文明的种子首次萌芽。

点火

早期人类发现了如何用黄铁取火。黄铁矿是一种含硫的天然矿物化合物。当用燧石敲击黄铁矿时会出现火花，待火花落在干草上，风一吹便会形成火焰。火可以用来烤肉、取暖、吓跑危险的野生动物。

黄铁矿

燧石

种植植物

到了公元前 8000 年，西亚人越来越依赖作物。野生的一粒小麦是早期非野生小麦的祖先，亚洲部分地区至今依然能找到这种小麦。非野生小麦的种子更大，茎坚韧，为了方便种子传播，需要进行打麦。

野生的一粒小麦

人工种植的小麦

谷物研磨

农民收获粮食后再将其研磨成粉。大约 4000 至 6000 年前的人们使用这种石制推磨或称手磨。将谷物放置在平面上，用光滑的砂岩将其磨成粉。

墙用晒干的泥砖制成

房梁盖上芦苇和稻草，铺上泥土，便成了屋顶

农场用栅栏围住，不让野生动物进入

在石板上擀面团，制成扁面包蛋糕

捡木材当柴火

早期农舍

早期农场有几间泥砖房，挤奶的庭院，打水的井，做饭和烧制陶器的炉灶以及敬拜神灵的神龛。

用室外火焰硬化长矛尖

	800		1200	1400	1600	1700	1800	1900	2000

公元前6000年前后
首批小镇出现

一些西亚农民种植的农作物有了剩余，于是他们开始与邻居进行交易。随着聚居地的繁荣，他们使用耐用材料，例如石头或泥砖用来建立永久的住所。他们的房子排列有序，方便家庭之间相互交流，并修建公共设施，例如公路、商店和排水设施。首先出现的两个镇是土耳其的加泰土丘和耶利哥（现为争议领土）。加泰土丘位于一个肥沃的平原，紧邻一条河流。镇上有很多紧凑的泥砖房。公元前6000年前后这里有5 000多人居住。经济以农业、养牛业和贸易为主。农作物包括谷类、杏仁和沙果树。人们还开采当地的黑曜石（火山岩）制造切削工具。

女性生育力雕像

此雕像是加泰土丘众多石头雕像和黏土雕像的一种。她的肚子很大，代表有了身孕，她或许是母爱或性欲女神。

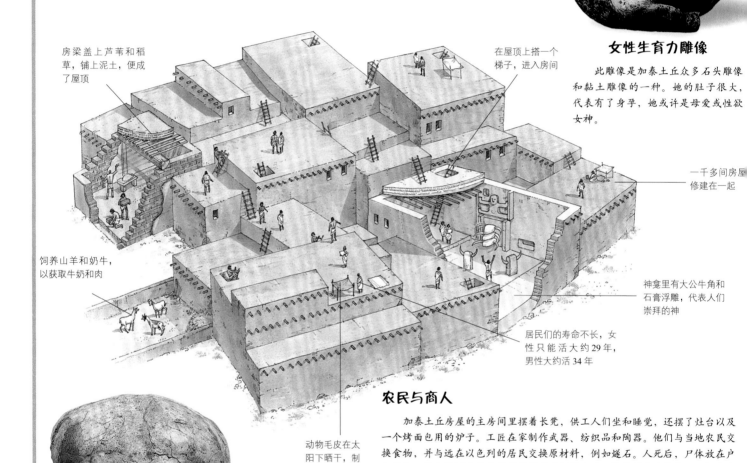

房梁盖上芦苇和稻草，铺上泥土，便成了屋顶

在屋顶上搭一个梯子，进入房间

一千多间房屋修建在一起

饲养山羊和奶牛，以获取牛奶和肉

神龛里有大公牛角和石膏浮雕，代表人们崇拜的神

居民们的寿命不长，女性只能活大约29年，男性大约活34年

动物毛皮在太阳下晒干，制成衣服

农民与商人

加泰土丘房屋的主房间里摆着长凳，供工人们坐和睡觉，还摆了灶台以及一个烤面包用的炉子。工匠在家制作武器、纺织品和陶器。他们与当地农民交换食物，并与远在以色列的居民交换原材料，例如燧石。人死后，尸体放在户外腐化。骨头则埋在房屋里的长凳下或是神龛里，神龛用壁画装饰，人们在此祭拜他们信奉的神秘神灵。

来生

耶利哥女人的头骨在生前被刻意拉长。死后，头骨覆盖上灰泥，眼窝放上玛瑙贝，或许是用来祭祀。

耶利哥巨塔

大约在公元前8000年～公元前7000年，耶利哥的农民在石地板上用泥砖建造房屋，房屋可从底层进入。他们在小镇周围建立了防御石墙，约3米厚，4米高，还有一处宽9米的圆形塔。相对于小镇生活，漂泊的狩猎者更喜欢游牧生活，他们用捕获的猎物与耶利哥人交换粮食作物或牲畜，如羊。

第三章

公元前 5000 年~公元前 1200 年

古老的文明

古代埃及人的心形圣甲虫宝石

公元前 5000 年~公元前 1200 年世界情况概述

公元前 5000 年，世界大部分人口以狩猎和采集食物为生。中国、印度、尼罗河谷、地中海东部、欧洲部分地区，以及中美洲和南美洲出现了小村庄，但全球人口仍以游牧生活为主。在随后的 3 000 多年里，情况出现了巨大的转变。农业的发展让更多人在城镇定居下来，因而出现了世界上最早的文明。首批文明出现在苏美尔、底格里斯河和幼发拉底河之间的肥沃农田里。随后不久，尼罗河岸的农民开始建造小镇，这些小镇在大约公元前 3100 年结合在一起形成了埃及王国。

世界更加安定

公元前 1200 年，中国、印度河岸和希腊也开始出现文明。尽管这些文明各有特点，但相同点很多。他们都修建大型建筑，用于举行仪式，把坟墓装饰得无比华丽，尤其是埃及。他们都与邻居进行交易，使苏美尔拥有了世界上已知最早的商人文字系统。但在该时期结束前也并非每个人都定居下来。在美洲、非洲大部分地区、欧洲、亚洲以及整个大洋洲，人们一直延续着传统的游牧生活。

大约公元前 2000 年，因纽特人在北极定居下来。

格陵兰

北美洲

大约公元前 5000 年，在加利福尼亚州，丘马什人开始了以捕鱼为生的生活方式。

大约公元前 1500 年，腓尼基人与地中海东岸城市的贸易非常广泛。

安第斯山脉

秘鲁

大约公元前 2000 年，带仪式中心的安第斯群落在秘鲁发展起来。

大西洋

南美洲

太平洋

冰期狩猎　　岩画　　　　　古埃及

早期农业

40000 BC		10000	5000	1000	500	AD 1	200	40

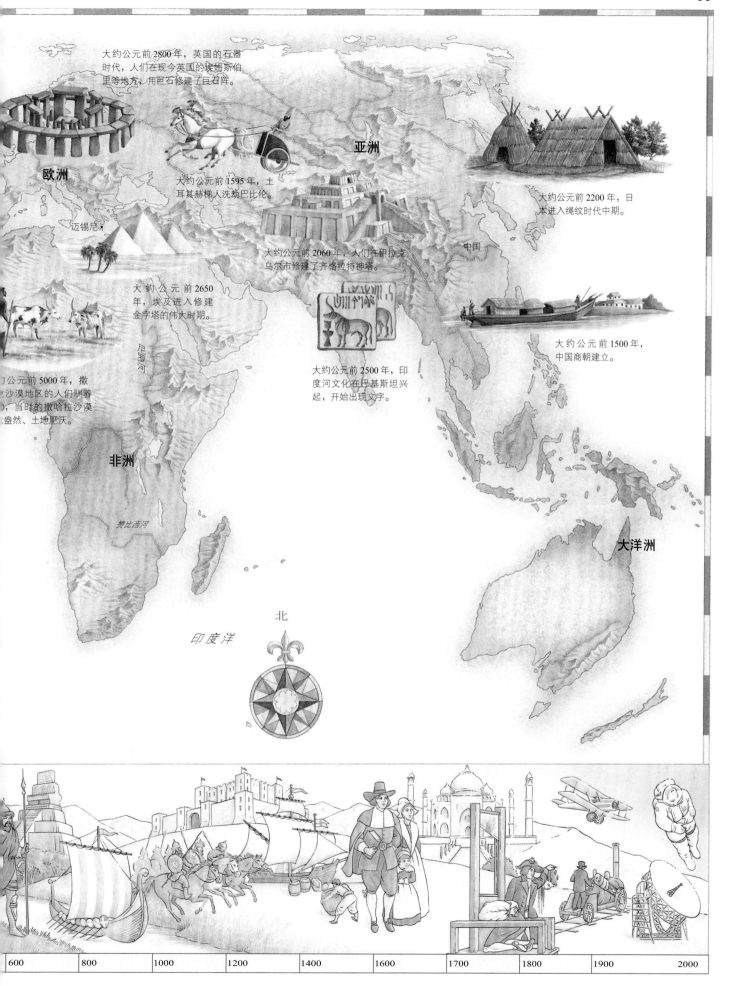

大约公元前 2800 年，英国的石器时代，人们在现今英国的埃姆斯伯里等地方，用巨石修建了巨石阵。

大约公元前 1595 年，土耳其赫梯人洗劫巴比伦。

亚洲

欧洲

迈锡尼

大约公元前 2200 年，日本进入绳纹时代中期。

中国

大约公元前 2060 年，人们在伊拉克乌尔市修建了齐格拉特神塔。

大约公元前 2650 年，埃及进入修建金字塔的伟大时期。

尼罗河

大约公元前 1500 年，中国商朝建立。

大约公元前 5000 年，撒哈拉沙漠地区的人们驯养牛，当时的撒哈拉沙漠绿草盎然、土地肥沃。

大约公元前 2500 年，印度河文化在巴基斯坦兴起，开始出现文字。

非洲

赞比西河

大洋洲

北

印度洋

| 600 | 800 | 1000 | 1200 | 1400 | 1600 | 1700 | 1800 | 1900 | 2000 |

公元前5000年

公元前4000年

非洲

大约公元前5000年，埃及村庄种植小麦和大麦，放牧。
大约公元前4500年，努比亚人（现在的苏丹）制造陶器。

大约公元前4000年，撒哈拉沙漠的农民驯养动物。*
大约公元前4000年，在埃及的尼罗河，人们首次在船上使用船帆。
大约公元前4000年，西非加纳的沿海居民制作陶器。
大约公元前3500年，涅伽达文化在埃及兴起。
大约公元前3200年，埃及出现最早的象形文字。

大约公元前3100年，美尼斯统一上、下埃及。*

撒哈拉沙漠地区的人是熟练的艺术家，此图是阿尔及利亚塔西利岩画的一部分

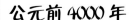

这把燧石于涅伽达

亚洲

大约公元前5000年，中国首次种植水稻。
大约公元前5000年，中国出现石器时代群落。
大约公元前5000年，西亚苏美尔出现首批城市。*
大约公元前5000年，美索不达米亚首次使用铜。

中国石器时代的人用篱笆和泥建造房屋，屋顶是圆锥形的

大约公元前4000年，美索不达米（伊拉克）的城市埃利都向外扩张。
大约公元前3500年，美索不达米地区的城市乌尔建立。
大约公元前3500年，苏美尔出现形文字。
大约公元前3100年，比布鲁斯在地中海东部海岸建立。
大约公元前3100年，美索不达米尝试制作青铜器。

楔形文字是通用的书写形式，众多民族都在使用

欧洲

大约公元前5000年~公元前4000年，罗马尼亚出现古梅尔尼察文化。
大约公元前5000年，法国南部出现农庄。
大约公元前5000年，卡拉诺沃居民在保加利亚定居。
大约公元前4500年，前南斯拉夫出现文卡铜文化（Vinca copper culture）。

此陶器碎片图案独特，约有6000年的历史，源自罗马尼亚

约公元前4000年，欧洲西部，法国西北部的卡尔纳克建成首座通道式坟墓。
大约公元前4000年，不列颠群岛的农民开始种植农作物。
大约公元前3350年，丹麦修建了Jordhoj坟墓。

法国布列塔尼的仙女岩（Fairies Rock）由41块大石板建成

大约公元前3300年，西班牙洛米利亚雷斯建成了用于集体埋葬通道式坟墓。
大约公元前3200年，爱尔兰建了纽格兰奇通道式坟墓。*

美洲

大约公元前5000年，墨西哥人首次种植玉米。
大约公元前5000年，北美西南部兴起科奇斯文化。

大约公元前5000年，智利北部的Chonchorros人开始定居。
大约公元前5000年，加利福尼亚州丘马什人的生活方式得以发展。

丘马什人建造大木船来捕鱼

大约公元前3750年，秘鲁出现以海洋经济为基础的奇尔卡纪念碑谷聚落。
大约公元前3500年，秘鲁首次用美洲驼来驮物品。
大约公元前3500年，加拿大西北岸出现海达文化。
大约公元前3500年，南美洲秘鲁海岸建起了渔村。
大约公元前3500年，秘鲁沿岸村庄将棉花当成作物来种植。

大洋洲

雕刻的翡翠鱼，住在秘鲁海岸的艺术家经常受到海洋生物的启发

大约公元前5000年，原住民人在澳大利亚安居乐业。

公元前 3000 年

公元前 2000 年

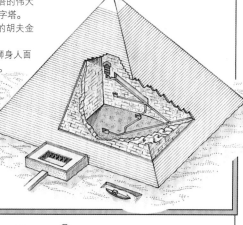

门公元前 2650 年，修建金字塔的伟大
开始，修建埃及的左塞尔金字塔。
门公元前 2600 年，修建埃及的胡夫金
。
门公元前 2500 年，吉萨修建狮身人面
守住通往哈夫拉金字塔的路。

去世的法老遗体被放置
在金字塔的墓室里

大约公元前 3000 年，美索不达米
亚出现了轮子。
　　大约公元前 3000 年，中国人首
次使用犁。
　　大约公元前 3000 年，东南亚进
入新石器时代。
　　大约公元前 2700 年，国王吉尔
伽美什统治苏美尔乌鲁克。
　　大约公元前 2500 年，叙利亚西部的
埃勃拉城统治者与美索不达米亚人进
行贸易。
　　大约公元前 2500 年，巴基斯坦兴起印
度河文明，该时期出现文字。
　　大约公元前 2300 年，阿卡德国王萨尔
贡统治苏美尔。
　　大约公元前 2200 年，日本进入绳纹时
代中期。

火焰形状的
陶器是绳纹
代的器具
之一

约公元前 3000 年，克里特岛
入铜器时代。
　约公元前 3000 年~公元前
00 年，马耳他建成第一座
庙。
约公元前 3000 年，新石器时代的村庄斯
拉布雷在苏格兰的奥克尼群岛建立。
约公元前 2800 年，英格兰建成巨石阵建
物，可能是为了举行仪式以庆祝节日。
约公元前 2500 年，始于低地国家的漏斗
文明（因在战士坟墓中找到了饮酒器皿
得名）进入法国。
约公元前 2200 年，爱尔兰进入铜器
代。

此铜牛源自克
里特岛中部
的锡博里塔
（Sybrita）

时期广泛种植

大约公元前 2500 年，
位于秘鲁海岸的奇尔卡河
谷帕洛玛遗址被弃。
　　大约公元前 2500 年，在美洲中部，
玉米成为人们的主食。
　　大约公元前 2100 年，人们在南美洲的
安第斯高地种植玉米。

大约公元前 1786 年，巴勒斯坦移
民——希克索斯人统治埃及。
　　大约公元前 1550 年，雅赫摩斯一世
将希克索斯人驱逐出埃及。*
　　大约公元前 1379 年~公元前 1362
年，阿肯那顿法老统治埃及。
　　大约公元前 1290 年，拉美西斯二世
巩固了埃及的政权。*

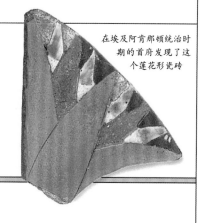

在埃及阿肯那顿统治时
期的首府发现了这
个莲花形瓷砖

巴比伦、安纳
托利亚
和亚述等国的统治
者相互交换类似赫
梯国王黄金雕像这
类礼物

大约公元前 2000
年，西伯利亚南
部开始了阿凡
纳谢沃新石器
文明。
　　大约公元前 2000 年，
苏美尔结束了在美索
不达米亚的统治。
　　大约公元前 1790
年~公元前 1750 年，
巴比伦汉谟拉比国
王的统治期开始。*

大约公元前 1595 年，大约公元前 2000 年
定居土耳其的赫梯人洗劫巴比伦。*
　　大约公元前 1590 年，来自伊朗扎格罗斯
山脉的喀西特人占领了巴比伦尼亚。
　　大约公元前 1500 年，中国商朝兴盛。
　　大约公元前 1500 年，小亚细亚出现楔形
文字。
　　大约公元前 1500 年，喀西特人掌管了
遭受洪水和地震侵袭的一个印度河文明
区域。
　　大约公元前 1400 年，腓尼基人发明了第
一种字母型文字。
　　大约公元前 1380 年，苏庇路里乌玛一世
成为赫梯族国王。
　　公元前 13 世纪，希伯来人走出埃及。*

大约公元前 2000 年~公元前 700 年，苏
格兰进入铜器时代。
　　大约公元前 2000 年，克里特岛的米诺斯
王宫文明兴盛起来，该岛居民发明了有
鸟类和鱼类图案的彩陶。
　　大约公元前 1600 年，迈锡尼人开始统治
爱琴海。
　　大约公元前 1500 年，克里特岛的米诺斯
王宫文明毁灭。
　　大约公元前 1250 年，在迈锡尼修建狮
子门。

此迈锡尼罐上
有章鱼图案

这串奥尔梅克翡翠
项链上有一个人头
图案，统治阶级成
员曾佩戴过

大约公元前 2000 年，因纽特人定居北
极，他们靠猎捕驯鹿和海豹为食。*
　　大约公元前 2000 年，带仪式中心的安
第斯群落在秘鲁发展起来。*
　　大约公元前 1800 年，秘鲁科托什建成
可供举行仪式的平台。
　　大约公元前 1800 年，秘鲁利马附近的
埃尔帕拉伊索建成仪式中心。
　　大约公元前 1500 年，墨西哥圣洛伦索
奥尔梅克建成首座砾石平台。
　　大约公元前 1400 年，洪都拉斯科潘的
农业和乡村生活有所发展。
　　大约公元前 1350 年，人们在墨西哥
南部的圣·约瑟·莫格特（San Jose
Mogote）定居。

| 600 | 800 | 1000 | 1200 | 1400 | 1600 | 1700 | 1800 | 1900 | 2000 |

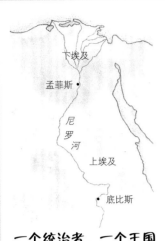

公元前 5000 年~公元前 1200 年非洲

埃及是非洲的第一个文明，始于公元前 4000 年的尼罗河沿岸，一直持续到本时期末，甚至更久，主要标志是巨大的坟墓建设项目，以及象形文字和青铜技术的发展。同时，撒哈拉部分地区以农作物种植和动物繁育为基础的社区繁荣起来。在西非，金属工艺开始发展，一直持续到本时期末。

一个统治者，一个王国

美尼斯统一了上埃及和下埃及，并定都孟菲斯。

埃及的文字

埃及人从苏美尔人那里学会了文字，并开始发展自己的象形文字。他们的文字由图构成，为了使意思明确还会添上一些标志。

约公元前 4000 年

撒哈拉农业社区

大约公元前 4000 年至公元前 2000 年，北非撒哈拉地区还不是现在的沙漠地带，大部分地区气候潮湿，草原遍布，人们可以放养牛和其他牲畜。那里的农业蓬勃发展，可能与尼罗河沿岸的埃及农业一样多产高效。大约在公元前 2000 年前，气候发生了改变，每年的雨季变短，土地变得难以耕作，最终人们无法继续按照之前的生活方式生活。很多农民开始迁移，有些农民去了埃及，有些则往东去了遥远的亚洲，另一些人则去了南方。

约公元前 3100 年

美尼斯统一埃及

尼罗河谷是继苏美尔之后全世界第二个建立社区的地方。尼罗河提供了安居所需的一切：食物、水、交通运输。从大约公元前 5000 年起，尼罗河沿岸出现了一些小镇，人们挖运河来灌溉农田。大约在公元前 3100 年，美尼斯统一分裂了几个世纪的上埃及和下埃及，并定都孟菲斯。前两个埃及王朝从大约公元前 310〇年持续到公元前 2686 年。从第三个王朝（到公元前 2613 年）起，国王开始被埋葬在金字塔里。

壁画

撒哈拉农民当中有很多有才华的艺术家。他们在洞壁上雕刻、绘制野生动物及家养动物图案。上图岩画来源于阿尔及利亚的塔西利。

石碗

撒哈拉地区的农民制作上图样式的精致石碗。

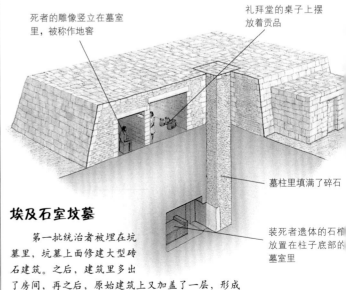

死者的雕像竖立在墓室里，被称作地窖

礼拜堂的桌子上摆放着贡品

墓柱里填满了碎石

装死者遗体的石棺放置在柱子底部的墓室里

埃及石室坟墓

第一批统治者被埋在坑墓里，坑墓上面修建大型砖石建筑。之后，建筑里多出了房间，再之后，原始建筑上又加盖了一层，形成了阶梯形金字塔。

40000 BC				10000	5000	1000	500	AD 1		200	

古埃及的来世

　　古埃及人相信来世，希望他们的灵魂能够永远存在，因此他们发明了一种保存尸体的方法：用药物涂抹尸体，或者将其制成木乃伊。经过处理后的尸体被放置在棺材中保存，将灵魂锁在里面。最初只有法老的尸体被制成木乃伊，后来到了大约公元前 2300 年，特权扩大到只要能担负得起费用的人都可以在死后被制成木乃伊。在这个时期，尸体被放置在双层棺材里，里面的棺材是木乃伊形状，而外面的棺材就只是简单的矩形盒子。第一批金字塔是阶梯形金字塔，意味着法老需要爬很多阶梯才能成为天空中的太阳神。随后金字塔改进成光滑的斜边。法老的棺材放置在石棺（石头做的盒子）里，然后埋在金字塔深处。

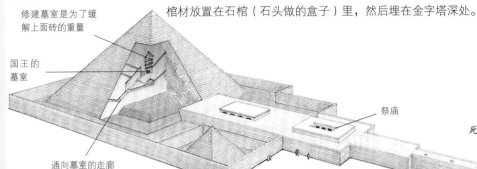

修建墓室是为了缓解上面砖的重量

国王的墓室

通向墓室的走廊

祭庙

连接祭庙的堤道

埃及猫神

献给猫神巴斯特的猫死后也要制成木乃伊。

法老的墓地

　　葬礼船将尸体运输到尼罗河边的河谷庙，然后沿着堤道进入金字塔。随后，抬着尸体穿过通道进入金字塔中心位置，安葬在皇家墓室里。

吉萨金字塔的皇家墓室

　　吉萨金字塔修建于公元前 2550 年至公元前 2470 年。最有名的是国王胡夫的金字塔，有 148 米高，使用了约 230 万块石头。

古代木乃伊艺术

　　"木乃伊"一词源自阿拉伯语，是指"保存完好的尸体"。人们将尸体的内脏全部掏空，但心脏保留，因为据称心脏用来控制思想和行为，思想和行为来世都需要。随后，用香料和棕榈酒清洗尸体，并抹上泡碱盐（一种干燥剂和防腐剂），让尸体变干。再用麻布和香料把尸体保存成型，再涂上树脂防水。最后，用亚麻绷带将木乃伊裹起来放置在棺材里。

防护衣

　　木乃伊箱能保护木乃伊不被盗墓贼偷走，这个箱子也被认为装有死者的灵魂。大约公元前 650 年，一名叫 Seshepenmehit 的女子被埋葬在这些棺材里，一副棺材套在另一副里面。

储存罐

　　木乃伊的内脏存放在四个罐子里。这些罐子上面画着女神或死者的头像。

大约公元前 1550 年

雅赫摩斯一世将希克索斯人驱逐出埃及

大约公元前 1785 年，埃及处于无政府状态，只在底比斯有一个法老。这个法老受到其他统治者的威胁，特别是来自亚洲后来定居在尼罗河三角洲的希克索斯人。他们从大约公元前 1650 年开始建立法老王朝，并威胁底比斯法老。在大约公元前 1550 年，一位底比斯法老，雅赫摩斯一世，打败了希克索斯人，将他们逐出埃及。雅赫摩斯继续向外扩张，往南攻打努比亚，向东攻打迦南（以色列）。他在埃及建立了稳固政权，在底比斯等地修建庙宇祭奠埃及的神灵。雅赫摩斯死后又由几位伟大的法老继任。大约公元前 1379 年，阿蒙霍特普四世即位。他是一位宗教改革者，他改变了埃及人的信仰，让他们从多神信仰变成一神信仰，只信奉太阳神阿顿。他还将自己改名为阿肯那顿，在底比斯和孟菲斯之间建立了阿肯那顿城。大约公元前 1335 年，阿肯那顿逝世，多神信仰再次恢复，底比斯复兴，成了埃及的首都。

美丽的妻子

这尊著名的石灰石半身像是阿肯那顿的王后——娜芙蒂蒂，她和国王生育了六女，但无一子。

图坦卡蒙

图坦卡蒙为阿肯那顿的第二任妻子所生。大约公元前 1333 年，他还是个小男孩时就继承了埃及王位，但只统治了 9 年时间。他的坟墓位于底比斯的帝王谷，一直到 1922 年才被英国古埃及文化学家，卡纳封伯爵及霍华德·卡特（Howard Carter）发现。在坟墓前厅摆放着大量的古文物，数量之多，令人惊叹。图坦卡蒙的黄金宝座就是出土的宝物之一。

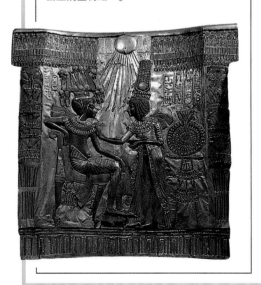

青铜兵器

埃及的工匠在很多方面受到了希克索斯人的影响，如制造武器。这些希克索斯斧头由铜制成。

刻在石头上的双轮马车

这个石浮雕出土自上埃及阿拜多斯的拉美西斯二世之庙，浮雕上是一个埃及人驾马拉战车。

大约公元前 1290 年

拉美西斯二世巩固埃及政权

阿肯那顿热衷埃及宗教改革，却忽略了政权的稳固，有一段时间埃及处于被外敌攻击的极大危险中。他死后政权继续衰退，但到了大约公元前 1290 年，一位新的法老拉美西斯二世巩固了埃及政权。他与叙利亚和巴勒斯坦作战，甚至挑战安纳托利亚（土耳其）的赫梯人。大约在公元前 1285 年，拉美西斯二世率军在叙利亚卡迭石与穆瓦塔里二世率领的赫梯军队拼死作战。战争结束后，双方陷入僵持状态，穆瓦塔里二世保持对叙利亚北部的统治。

石窟庙宇

拉美西斯二世在位时修建了许多建筑。右图是他在阿布辛贝修建的两座石窟庙宇。

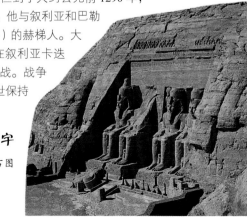

公元前 5000 年~公元前 1200 年 亚洲

大约公元前 5000 年，西亚出现了世界上第一个文明——苏美尔文明。公元前 3000 年，巴比伦尼亚、赫梯帝国，以及地中海东部沿岸的一些贸易城市也出现了其他文明。在东方，大约公元前 2500 年，印度河沿岸出现城市，公元前 1500 年，商朝统治了中国黄河流域。

史诗中的人物形象

这个杯子上的图案是一个长了胡子的人在与一头牛或两只狮子摔跤。这或许是一则有关乌鲁克国王吉尔伽美什的美索不达米亚神话故事。这个故事讲述了吉尔伽美什寻找永生的冒险之旅。

大约公元前 5000 年
苏美尔建立首批城市

大约公元前 5000 年，农民在美索不达米亚南部（伊拉克）的底格里斯河和幼发拉底河之间的肥沃土地上定居，这块土地就是苏美尔。他们挖运河，将河流分支，便于灌溉大麦、亚麻等农作物，饲养猪、牛和羊。苏美尔人用多余的食物与远在现今阿富汗和巴基斯坦的人们交换金属制品、工具和容器。他们建立村庄，随后又建立城镇。一些管理周围土地的大城市则被称为城邦。在公元前 2700 年至 2300 年间，最大的城邦是乌尔。城邦里有寺庙，寺庙祭司权力很大，是城邦的统治者。一些城邦会修建神塔或庙塔。从大约公元前 2330 年至大约公元前 2275 年，位于苏美尔北方的阿卡德国王萨尔贡建立了帝国，帝国疆土从叙利亚一直延伸到波斯湾，并掌控了所有的苏美尔城市。

交战城市

苏美尔的所有城市都位于河边，或通过运河与其他城市相连。商人通过水路航行到波斯湾或更远的地方。这些城市居民经常为争夺水资源和土地资源而开战。在南方，乌尔和拉格什经常联合起来攻打乌玛。这些城市还经常遭受当地山区人民和阿拉伯沙漠游牧民族的袭击。

地基锥

在乌尔，人们在墙壁里放上砖锥来记录建筑物的地基。苏美尔人还将彩色的锥子压进石膏墙，形成正规图样，来装饰神塔。

阿卡德国王萨尔贡

萨尔贡，意思是"公正的国王"，他最初种水果，后来成了当地统治者的斟酒人，最终成为阿卡德国王。阿卡德贸易繁荣，萨尔贡征服了这块土地，以控制贸易路线，阻止当地统治者征收苛捐杂税。他的帝国被具有威慑力的军队守护，据称 5 400 名战士每天都与他共同进餐。

最早的文字

大约公元前 3500 年，苏美尔人发明了最早的文字系统。他们用芦苇笔在黏土板上刻上代表词或声音的图画，通常用来记录商业交易。由于笔为楔形，因而书写的文字被称为楔形文字（英文 cuneiform，拉丁文是 "cuneus"，意思是 "楔"）。过了一段时间，图画只画一边，简化了许多。常用词只有 200~300 个。楔形文字是横着写而不是竖着写，从左往右读。

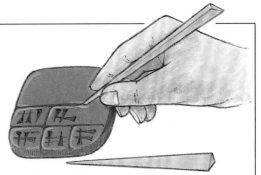

黏土板与笔

楔形文字很复杂，因此，只有受过专门训练的人才会在黏土板上书写。

600	800	1000	1200	1400	1600	1700	1800	1900	2000

印度河文明

位于现今巴基斯坦的印度河谷土地肥沃，大约公元前2500年，农民从遥远的西方搬到此地。他们开掘运河，以便控制洪水，提高农作物产量。河边聚落发展成了城市，最大的城市分布在哈拉帕、摩亨佐–达罗和洛塔。哈拉帕或许是最强大的城市，控制着其他城市。哈拉帕和摩亨佐–达罗的面积均超过了2平方千米。每个城市都有一座高耸的城堡，城堡里有庙宇、集中供热的公共澡堂、大厅（可能是宫殿）以及谷仓。这些城市是网格设计：主大街是平行的，街道两旁是整齐的排屋，有些房子是两层。房子用烧结砖建成，墙壁和屋顶涂上沥青防湿。他们的水管设施是全球最先进的。大房子里有井，供人们饮用、洗澡，还有排水系统。城市繁荣了近1 000年，但大约在公元前1700年被地震和洪水摧毁。后来，西北部的喀西特人入侵，城市进一步衰败。

早期分布广泛的聚落

考古学家已经在1 770千米的范围内发现了近100个印度河聚落。印度河文明的面积或许大于美索不达米亚和埃及两个文明的总面积。

骄傲的统治者？

人们在摩亨佐–达罗的废墟里找到了这尊石头雕像。考古学家认为它代表的是神或祭司王。雕刻家用赤陶土和石头来雕刻。

城堡建在用泥土和泥砖堆成的人工土堆上

窗户和木制阳台面向庭院

平坦的屋顶铺上垫子方便人们休息

铺设的主干道为南北走向

棕榈树为人们提供了烈日下的余荫

摩亨佐–达罗

摩亨佐–达罗有40 000人居住。笔直的主大街有10米宽，挤满了卖手工艺的小摊儿和作坊。副街窄一些，房屋之间有蜿蜒的小巷道。

公牛印章

人们在摩亨佐–达罗发现了数千个平方厘米大小的印章，印章上雕刻了动物以及尚未被破译的文字符号。印章用来标记棉花包和粮食袋。人们也在伊拉克发现了印度河文明的印章，这表明贸易路线将印度河文明与美索不达米亚连接起来。

排水系统

摩亨佐–达罗的居民修建了世界上第一个排水系统。房子里有浴室和厕所。自来水和污水管道（见右图）排出，进入街道下方的排水沟。排水沟每隔一段就会装上一个盖子，以便城市清洁工爬下去清理。废水最终排到城市外面的处理点。

约公元前 1790 年
汉谟拉比统治巴比伦

公元前 2000 年以后，居住在美索不达米亚巴比伦城（巴格达以南）及周围的居民日益强大。巴比伦最伟大的国王——汉谟拉比，是统治王朝的第六代国王（大约公元前 1790 年至公元前 1750 年在位）。他征服了苏美尔和阿卡德，建立了一个强大的美索不达米亚帝国，首都是扩大的巴比伦。他励精图治，推行社会改革，颁布法律法规。该法律被记录在石柱和泥板上，汉谟拉比法典是世界上现存的最古老的法典。今天看来，有些法规似乎有些苛刻，但大部分很公平，该法典明确表明了汉谟拉比坚决不允许强者压迫弱者。

石头铸成的法典

人们在伊朗南部发现了这根黑的玄武岩柱，在汉谟拉比雕像下，现今保存最完整的汉谟拉比法典。2 条法律涵盖范围广泛，包括所权、租金以及医疗。法典最有名是"以眼还眼"原则。这意味着，到人身伤害的受害者应对罪犯进同样的伤害。

约公元前 1595 年
赫梯人洗劫巴比伦

公元前 2000 年，赫梯人到达土耳其，在首都哈图萨斯附近定居。赫梯人的一个国王哈图西里一世（公元前 1650 年~公元前 1620 年）入侵叙利亚。他的继任者穆尔西里一世继续南征，征服了巴比伦（大约公元前 595 年），但是他最后被杀，征服的地区也随之流失。到了大约公元前 1380 年，伟大的国王苏庇路里乌玛一世统治赫梯人，他所建立的帝国可以与埃及相媲美。他入侵叙利亚，控制领域几乎到达迦南（现在的以色列）。他的后裔穆瓦塔里在卡迭石与埃及法老拉美西斯二世作战，穆瓦塔里战无不胜。大约公元前 1200 年，在爱琴海的海上民族攻击下，赫梯帝国的势力衰落了。

赫梯帝国和巴比伦王国

赫梯国王任命家族成员为各地的统治者，以保持对领土的控制权。巴比伦国王通常与当地统治者约定条款。当时的所有条款都写在阿卡德的泥板上。

炼铁工人

人们炼铁的具体时间和地点尚不明确，但是大规模用铁的第一个文明国是赫梯帝国，时间大约在公元前 1500 年。铁由铁矿石制成，人们开采铁矿石，然后用木炭加热，经过反复加热、淬火和锤击，再制作成工具、器具或武器。赫梯人不公开炼铁技术，使用金属的技术也是几个世纪后才得以传播。炼铁工人也炼钢。

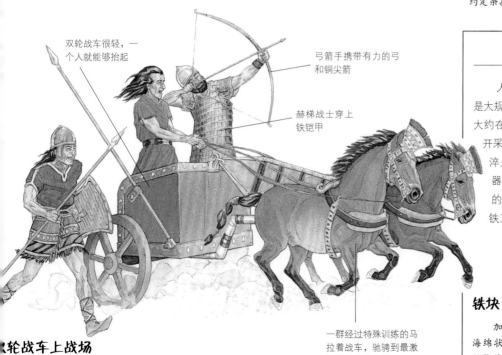

双轮战车很轻，一个人就能够抬起

弓箭手携带有力的弓和铜尖箭

赫梯战士穿上铁铠甲

一群经过特殊训练的马拉着战车，驰骋到最激烈的战斗中

铁块

加热后的铁矿石变成海绵状硬块或块铁，然后趁热将其锤打成形。

双轮战车上战场

赫梯帝国能成为霸主主要因为他们的军事技能，尤其马拉战车的发展。

大约公元前 1500 年
中国商朝

大约公元前 2200 年，中国出现了早期的文明，称为夏。夏朝集中在黄河流域，考古学家发现夏朝农民使用石制工具。大约公元前 1700 年，商朝国王定居于现在的安阳，大约在公元前 1500 年，商朝文明达到鼎盛。中国人学会了如何使用铜，用它来制造圣器、发明战车的配件以及武器。商朝人也生产丝织品，使用复杂的文字系统。商朝的建筑物（可能包括庙宇）用土、木材和泥砖建造。他们将国王的祖先视为神。大型皇家陵墓里葬有金银财宝，以及陪葬的人类遗体和动物尸体。大约公元前 1045 年，周朝夺取政权，商朝灭亡。

铜制戟刃

把青铜浇铸在不同部件的模具里，再将各部件精确地组装起来。使用这种方法，商朝工匠不仅能制造用于宗教仪式的超大型器皿，还能制造日常使用的小型器皿、工具以及武器。这个戟就是当时最常用的武器。

中国商朝

商朝统治者的权力集中在黄河流域，但是他们的影响远达南方的长江流域。商朝制造金属的方法和文字系统在长江流域传播开来。

甲骨文

商朝人试图预测未来。的预测方法是加热牛的肩胛骨壳。然后将热金属工具放在骨骨头断裂，先知通过分析断裂来做出预测。官吏在骨头和龟刻上代表问题和答案的符号。已知最早的中国文字记录。

十诫

该场景取自电影《十诫》，当时希伯来人正离开埃及。《圣经》里讲述了摩西在旅程中如何接受上帝的十诫或十条规定。犹太人相信希伯来人是他们的祖先，因此至今仍然信奉当时的规定。

公元前 1200 年前后
希伯来人走出埃及

希伯来人曾经是游牧农民和雇佣兵。公元前 1400 年时一些希伯来人生活在迦南。埃及法老拉美西斯二世在位时（大约公元前 1304 年~公元前 1237 年），埃及的一些外来人口移民至迦南，其中就有希伯来人。《圣经》讲述了希伯来人的迁移事迹，但是没有考古证据证明确有此事。《圣经》讲述了希伯来人如何被奴役和虐待。一位希伯来人领袖摩西恳求拉美西斯二世允许他带领他的族人去迦南。最后，拉美西斯二世让步，希伯来人由此开始了一段穿越西奈沙漠的旅程，即《出埃及记》。流浪数年后他们到达了迦南，并在摩西继承人约书亚的带领下征服了迦南。

生育之神雕像

迦南人崇拜各种神灵，包括雷雨神巴力和生育女神阿施塔特，金匾上就是阿施塔特的雕像。希伯来人只信奉一个神，他们相信是这个神把迦南赠予他们。

地中海商人

地中海东部沿岸，即现在的叙利亚、黎巴嫩和以色列，居住着很多民族。他们种植雪松树（用来建房）、玉米和橄榄，生产油、酒和布，与克里特岛、埃及、塞浦路斯以及远在土耳其西部海岸的特洛伊城做交易。他们建立了沿海城市，例如乌加里特（大约公元前 4000 年）和比布鲁斯（大约公元前 3000 年），这两座城市几个世纪以来一直是贸易中心，他们还建立了内陆贸易镇，例如埃勃拉（大约公元前 3000 年）。人们在埃勃拉发现了 15 000 块泥板，上面刻有楔形文字记录这个城市发生的事情：布匹出口，进口税收，以及小城镇向国王进贡的黄金和白银数量。大约公元前 1500 年，地中海沿岸建立了新城市，这些城市成为商业中心，其中最大的城市就是推罗和西顿。该地区被称为"腓尼基"，来自希腊语，意为"紫色"，因为该城市因染色织物而闻名，他们把织物染成紫色，这一过程价格昂贵。

特洛伊

因为一次又一次被灾难和战争摧毁，特洛伊城先后修建了 9 次。希腊诗人荷马所描述的可能就是其中一个经过修建的特洛伊城。荷马描述了希腊人如何围攻并最终占领了特洛伊（大约公元前 1200 年）。希腊人制作了一个木马，放在特洛伊城外，然后乘船离开。好奇的特洛伊人将这匹木马拉进城里，当晚，藏在木马里面的希腊士兵爬出木马，打开特洛伊城门，让离开的希腊士兵进入城内。士兵进来后洗劫了整座城。上图就是木马的模型。

城市链

腓尼基的城市位于狭窄的沿海地带，现在被叙利亚、黎巴嫩和以色列瓜分，是从土耳其和克里特岛到美索不达米亚这一贸易路线的中心。

乌加里特商人的印章

商人们都有自己的印章，当时的印章就像现在公司的商标一样。他们把印章附在商品上便于识别和保证质量。买家倾向于选择带著名商家印章的产品。穷一点儿的商人则会模仿著名商家印章欺骗买家购买他们的产品。

繁华的腓尼基港口

腓尼基人出售农产品，但他们的繁荣却是依靠出售手工制造的奢侈品——精致的玻璃器皿、精美象牙雕刻和精致的金银饰品。原料则是进口的，奴隶、乌木和埃及绘画也是进口的，精明的腓尼基商人重新出售后获得利润。紫色纺织品则会卖给高级别的人物，罗马皇帝就穿深紫色的长袍。

用雪松木建造的大帆船运载着货物航遍地中海

腓尼基航海家知道如何在晚上通过北极星引导船航行

大船上坐着两排桨手，一边坐一排桨手，保证船的行驶速度

600	800	1000	1200	1400	1600	1700	1800	1900	2000

梅肖韦 · 斯卡拉布雷
苏格兰
爱尔兰
纽格兰奇
英格兰
西肯尼特 · 巨石阵
法国
· 卡尔纳克

公元前5000年~公元前1200年
欧洲

大约公元前5000年，欧洲出现了金属加工。种植业开始蓬勃发展，而在埃及建造金字塔很久以前，欧洲的很多地方就已经出现了大型石建筑。大约公元前3000年克里特人开始使用铜制工具，公元前2000年以前，青铜技术已经在整个西欧传播开来，一直传到了不列颠群岛，在不列颠群岛一直持续到大约公元前500年。克里特的米诺斯文明兴盛了数百年，后来被一场地震摧毁，大约公元前1450年，米诺斯文明被希腊大陆日益壮大的迈锡尼文明征服。

墓遗址和石圈

在欧洲、英格兰、爱尔兰、苏格兰和法国都有很多奇观。

大约公元前3200年
纽格兰奇通道式坟墓

新石器社会最特别的文物就是用巨石凿成的坟墓。在巨石存在的地方这种坟墓非常普遍，人们的目的是将死者集体埋葬，有时候几代人都葬在一起。其中之一就是位于爱尔兰纽格兰奇的通道式坟墓，此坟墓建于大约公元前3200年，苏格兰奥克尼的梅肖韦墓室修建没多久便建了此坟墓。它比第一批埃及金字塔的建成年代还要早600年。在欧洲很多地方，将死者埋葬在通道式坟墓是很常见的。例如丹麦的Jordhoj坟墓（大约公元前3300年），西班牙洛斯米利亚雷斯（大约公元前3300年~公元前3000年）以及法国的Mané Karnaplaye（约公元前3500年~公元前3300年）都是重要的通道式坟墓。

陪葬品

坟墓的遗体旁埋葬了很多漂亮的物品。人们在爱尔兰发现了这个金色的礼服纽扣。

纽格兰奇

纽格兰奇有一个圆形土丘，土丘里面有一个中央室，通过一个狭窄的通道就可到达，通道两边是巨大的石板。

大约公元前3000年
斯卡拉布雷村

斯卡拉布雷是位于苏格兰海岸外奥克尼群岛上的一个新石器时代的村庄，大约于公元前3000年建成。公元1850年，人们偶然发现这个村庄，当时一场可怕的风暴扬起海岸上的沙子，掀开了这座沉睡了几个世纪的建筑。这个村庄里有大约10座用当地石头建起来的房子。平坦的石头做墙，更大的石块当顶板。家具用石头当底座，或是嵌入到墙壁里面。工具和器皿用石头制成，有时也用骨头制成。由于奥克尼没有树木，因此没有木头可用。

40000 BC			10000	5000	1000	500	AD 1	200

立石

从大约公元前 4000 年起，新石器时代和早期青铜时代的西欧人，尤其是法国西北部和英国的居民用矗立的大石块（巨石）围成一个石圈或一条石林。这些巨石要么单独竖起，要么两块并排竖起，第三块水平放在上面。这些石块的间隔遵循数学规律或天文图，但是没人确定这些石圈和石林究竟是用来做什么的。这里可能是散布各地的农耕部落聚会的地方，也可能用于宗教事务。人们可能在巨石林举行过葬礼、献祭活动、节日庆典，牧师或智者也可能在此举行过占卜仪式来试图预测未来或找寻灾难发生的原因。这些神秘的石圈内极有可能举行过动物和人类祭祀活动。

卡尔纳克

法国卡尔纳克的石林和石圈可追溯至大约公元前 2400 年，可能用来观测星象。

巨石阵

英格兰南部的巨石阵建于大约公元前 2800 年。它可能是举行仪式、庆祝节日的中心。

德鲁伊

德鲁伊是凯尔特高卢（法国）和不列颠的神职人员。石圈建成后的几个世纪，德鲁伊在石圈里举行宗教仪式。罗马人经常试图压制德鲁伊，但人们对宗教的兴趣很快便恢复了。

古坟

用立石建立石圈的同时期，人们经常被埋葬在集体坟墓里，这些坟墓形式多样。在英格兰，集体坟墓通常是一个长方形的墓室，上面盖上土，形成土墩或古坟。而墓室里则是一排排巨石、小圆石或木板。一些古坟是圆形的，因为他们埋葬的都是重要人物，也许是统治者。人们还发现了一小群圆形古坟，这可能是整整一个朝代居民的墓地。古坟的大小以及集体式的埋葬方式表明建造者变得越来越社会化。考古学家现在认为这些墓地不仅仅是墓，还是人们祭祀祖先的神圣之地。部落牧师用死者遗体，如头骨或骨头，举行"神奇"仪式，来造福活着的人。人们在古坟入口处放上祭祀品，例如用罐子装上食物和酒，供来世享用。

主通道有 12 米长，两边是小屋

坟墓葬满后就用大石块封住入口

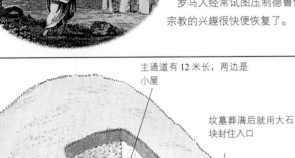

西肯尼特古坟

英格兰威尔特郡的西肯尼特古坟是欧洲最壮观的古坟。用来建造墙壁和屋顶的大石头至今仍可见。并排挖两条沟渠，为古坟提供土壤，古坟立在沟渠中间。古坟有 100 多米长，大约要花 15 700 小时才建成。西肯尼特的这个古坟可能是要多次使用，来埋葬一群人，而非一个人。当 20 世纪 50 年代西肯尼特古坟出土时，考古人员在里面发现了 46 具人骨。

| 1200 | 1400 | 1600 | 1700 | 1800 | 1900 | 2000 |

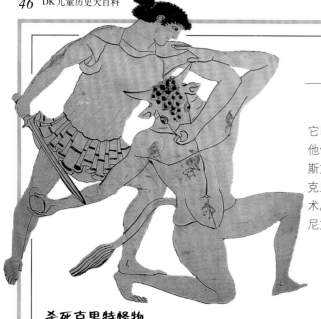

宫殿文明

大约公元前 3000 年~公元前 1450 年，地中海克里特岛的米诺斯文明繁荣起来。它以克里特岛传说中的国王米诺斯命名。米诺斯因与地中海东部进行贸易而致富。他们用这些财富修建城镇和港口，随后又建造华丽的宫殿。公元前 1500 年以后米诺斯文明突然急剧衰退。大约公元前 1450 年，希腊东部阿尔戈斯平原的迈锡尼人入侵克里特，并在克里特定居下来。他们接手并进一步发展了米诺斯的贸易、宫殿和艺术。他们自己最有名的古迹是广阔的皇家陵墓和迈锡尼城堡。公元前 12 世纪时迈锡尼文明衰落。

克诺索斯宫殿翻修

米诺斯宫殿中最有名的宫殿位于克诺索斯（见左图），部分已经修复。

杀死克里特怪物

希腊神话讲述了每年人们用雅典的小孩祭祀一个叫弥诺陶洛斯的克里特半人半牛怪。它生活在一个迷宫里，最终被年轻的雅典王子忒修斯所杀。

米诺斯荣耀

公元前 2000 年，米诺斯的影响力已经遍布整个地中海东岸。随后的 300 年里，他们制作精美的陶器和金铜制品，并发明了更加先进的文字来代替早期的图像文字。他们在克诺索斯、马利亚（Mallia）、费斯托斯和扎克罗斯修建宫殿。大约公元前 1700 年之后，米诺斯文明达到鼎盛，大约 200 年后又走向衰落。或许是因为锡拉岛（现在的圣托里尼岛）附近岛屿发生了大地震，引起了海啸，破坏了米诺斯大部分船只、宫殿和城市。

建造克诺索斯宫殿

克诺索斯宫殿像是一个小城镇。很多艺术品，如这个杯子就是在那里制成的。宫殿有很多庭院，还有工匠的作坊和住宅区。

米诺斯王国

1894 年，英国考古学家阿瑟·埃文斯爵士（1851 年~1941 年）在克诺索斯发现了最大最著名的米诺斯宫殿。在他几年的辛苦挖掘下，拥有几百间房间的宏伟建筑物遗迹出土，震惊了世人。他甚至修复了部分宫殿，以便知晓最初的宫殿是什么样子的。这座奢华建筑用石头和泥砖建成，里面用颜色鲜艳的壁画和灰泥浮雕装饰，反映了米诺斯建筑师、工程师和艺术家的才能。

手执牛角制服公牛

在希腊神话中，天神宙斯爱上一位名叫欧罗巴的公主。宙斯化作一头白牛，把公主放在牛背上游到克里特岛。他们生了三个儿子，其中一个叫米诺斯，后来成为克里特国王。因此，米诺斯人将牛视为神兽，斗牛成为崇拜它的一种方式。这个青铜像就是一个男孩抓着牛翻跟头。

迈锡尼

迈锡尼人生活在希腊东部的阿尔戈斯平原上。他们的伟大时代始于大约公元前 1600 年。当时他们开始在梯林斯、皮洛斯和迈锡尼建造有防御墙的城镇。从 13 世纪开始，迈锡尼城由山坡上的巨大城堡控制，城堡有一个巨大的石门，叫"狮门"。米诺斯文明衰落后，迈锡尼人占领了克里特，接管了米诺斯的海上贸易。他们在罗得岛和塞浦路斯建立殖民地，航行到地中海西岸，与西西里岛人和意大利人进行交易。他们将米诺斯文字变成希腊文字供自己使用。公元前 12 世纪时，迈锡尼被入侵了不止一次，终于在大约公元前 1120 年迈锡尼城被摧毁后，迈锡尼文明衰落。它被摧毁的原因尚不清楚。

文明的兴亡

海运贸易让米诺斯和迈锡尼变得富裕，他们的奢华宫殿是早期地中海的一个奇迹，但公元前 1100 年，他们的荣耀却成了一种记忆。在公元前 12 世纪时，迈锡尼文明遭到了破坏，而其中的动荡我们知之甚少。希腊进入了黑暗时代，一直持续了近 300 年。

传统的延续

这个用黏土制成的牛头在宗教仪式上被用作洒水器。牛头嘴部有很多小孔，方便水喷出。尽管这些洒水器有时会做成其他动物头的形状，但是牛头是最普遍的。迈锡尼借鉴了米诺斯的多种艺术形式。其金属制品主要是铜和黄金。工匠们制作黄金面具和结实的青铜器、铠甲及武器。

取悦国王的杯子

这个优雅的高脚饮水杯是迈锡尼人发明的。包括陶艺家在内的迈锡尼艺术家经常为国王干活，他们的作坊也建在靠近皇宫的地方。

阿伽门农面具

埋葬在迈锡尼竖穴墓的 5 位王室成员戴着金箔葬面具。当施里曼摘掉其中一个面具的一瞬间，他看到面具下方死者干燥的脸，很快脸就碎裂了。施里曼认为这个面具是特洛伊战争时期迈锡尼传说中的国王——阿伽门农的。但是施里曼错了，因为这个面具所属的年代更久，属于公元前 1550~公元前 1500 年，但施里曼为它取的名字保留了下来。

这个饮水杯上画了一条别具一格的墨鱼

宝库

德国考古学家海因里希·施里曼（1822 年~1890 年）寻找了很多年特洛伊古城遗址。1870 年，他在靠近现在土耳其的地中海沿岸找到了它。四年后，他找到了一个囤积大量黄金的宝库（在"二战"时期又神秘消失了）。随后，他挖掘出了迈锡尼城，1876 年，他在那里发现了黄金首饰，这些首饰可追溯到大约公元前 1550 年。

公元前 5000 年~公元前 1200 年 美洲

本时期初期，墨西哥的粮食种植兴盛起来，北美洲西南部开始出现农业聚落。随后，加拿大北极地区和白令海峡附近的岛屿也出现了聚落。在南美洲，沿海地区捕鱼和棉花产业发展繁荣。在内陆，居民种植玉米，玉米成为墨西哥和中美洲的主食。本时期末期，秘鲁和墨西哥修建仪式中心和金字塔。

典型住所

在气候较温和的北极圈以南地区，用驯鹿皮搭建的帐篷是当地人的典型住所。

因纽特人的皮艇

因纽特人划着用皮覆盖的船，在冰冷的北极水域里前行。敞舱船叫木框皮艇，上图所示的闭舱船则叫皮艇。

大约公元前 2000 年
因纽特人在北极建立殖民地

大约公元前 8000 年，北极已经有史前人类居住了。大约公元前 2000 年出现了更先进的文明。其中一个是使用小工具的北极人，他们可能是俄罗斯东北部西伯利亚人的后裔，末次冰期存在大陆桥时，他们跨越白令海峡从亚洲到达美洲。大约公元前 2000 年，他们到达了远东的格陵兰，随后分裂成亚文化，被称为因纽特文化，但是随后被欧洲人归类为"爱斯基摩"。北极气候寒冷，改变了因纽特人的生活方式。他们以猎捕驯鹿和海豹等动物为生。

雪刀

在极其寒冷的地区，因纽特人生活在圆顶小屋里。他们用刀切雪块来建造圆顶小屋。刀上画了动物、猎人和房子。

大约公元前 2000 年
秘鲁的安第斯聚落繁荣发展

早在大约公元前 6000 年，南美洲的安第斯地区就已经出现狩猎者和采集者。大约公元前 3500 年，秘鲁海岸的许多村庄繁荣发展，他们的主要产业是渔业。内陆地区，其他聚落种植棉花，后来又种植玉米，还从安第斯山脉采石头建造房屋、制作首饰。灌溉技术使人们可以在更多地区耕作，大约公元前 2000 年，出现了几个较大的聚落。其中一些聚落有大型建筑、宗教仪式举行中心以及重要的市政工程。大约公元前 1800 年，一个巨大的金字塔建于利马附近的埃尔帕拉伊索，建造用的岩石采自附近的山丘。

棉纱锭

芦苇编织的篮子

女人用田里种植的棉花织衣服。她们死后，针线篮也会被一同埋葬。

染色的棉线

玉米形状的容器

安第斯人通常模仿他们种植的水果和蔬菜形状来制造陶器。玉米是当时的主要农作物。

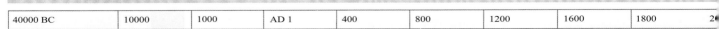

| 40000 BC | 10000 | 1000 | AD 1 | 400 | 800 | 1200 | 1600 | 1800 | 2 |

第四章

公元前 1200 年 ~ 公元前 500 年

商人与勇士

亚述牧师的象牙牌匾

公元前 1200 年~公元前 500 年世界情况概述

这段时期，世界上的一些主要文明开始发展。在南美洲，查文人建立了复杂的宗教和贸易中心，而位于其北部的奥尔梅克人在美洲中部和北部建立了第一个文明。在欧洲，伊特鲁里亚城邦、希腊和随后的罗马都拥有了比较先进的社会形态。腓尼基发展成地中海地区的海洋贸易大国。在亚洲，亚述帝国面对巴比伦政权，势力衰退。这片区域最终成为世界上最伟大的强国——波斯帝国。这些不同的社会都通过贸易和商业繁荣起来，很多国家通过军事手段维持其政权。

技术与文化

公元前 2000 年以前，地中海东部的人们开始尝试制作铁器。几个世纪以来，铁的使用很有限，直到公元前 700 年，铁才在欧洲、印度和中国流行。铁矿石供应彻底改革了狩猎和农耕的方式。大约公元前 800 年，希腊人使用字母同样也是革命性的进步，新的文艺形式诞生。剧院成为希腊新民主最流行的娱乐形式。

北美洲

落基山脉

韦拉克鲁斯·

·阿尔班山

大约公元前 800 年，韦拉克鲁斯的奥尔梅克绿岩像是一个男孩抱着一尊"半人半美洲豹"神像，它既有美洲豹特征又有孩子的特征。

安第斯山脉

南美洲

·查文德万塔尔

大西洋

太平洋

大约公元前 850 年，位于查文德万塔尔的 U 形古庙成为查文文明的宗教中心。

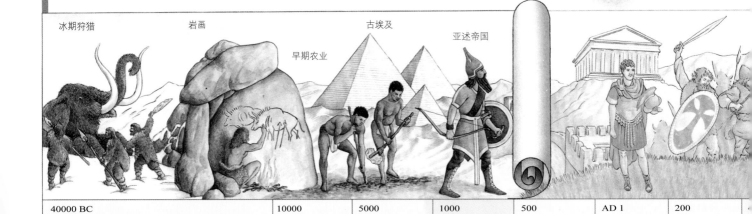

冰期狩猎　　岩画　　　　　　　　　　　　古埃及　　亚述帝国

早期农业

40000 BC		10000	5000	1000	500	AD 1	200

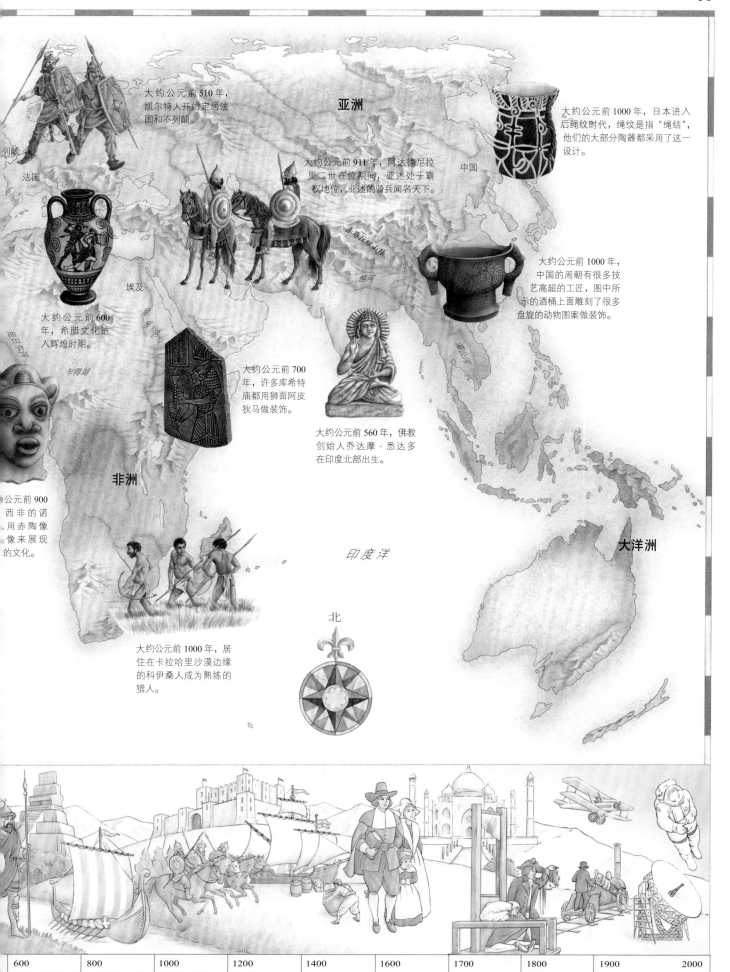

大约公元前510年，凯尔特人开始定居法国和不列颠。

亚洲

大约公元前1000年，日本进入后绳纹时代，绳纹是指"绳结"，他们的大部分陶器都采用了这一设计。

中国

大约公元前911年，阿达德尼拉里二世在位期间，亚述处于霸权地位，亚述的骑兵闻名天下。

列颠

法国

大约公元前1000年，中国的周朝有很多技艺高超的工匠，图中所示的酒桶上面雕刻了很多盘旋的动物图案做装饰。

埃及

大约公元前600年，希腊文化进入辉煌时期。

尼罗河

恒河

乍得湖

大约公元前700年，许多库希特庙都用狮面阿皮狄马做装饰。

大约公元前560年，佛教创始人乔达摩·悉达多在印度北部出生。

非洲

公元前900西非的诺用赤陶像像来展现的文化。

印度洋

大洋洲

北

大约公元前1000年，居住在卡拉哈里沙漠边缘的科伊桑人成为熟练的猎人。

公元前 1200 年

公元前 1025 年

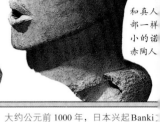

和真人
部一样
小的诺
赤陶人

非洲

大约公元前 1200 年，西非人种植薯蓣为食。

大约公元前 1182 年~公元前 1151 年，埃及法老拉美西斯三世保卫埃及免受利比亚和地中海人民的袭击。

大约公元前 1085 年~公元前 945 年，埃及政权交由北方的法老控制。

大约公元前 1050 年，埃及底比斯的祭司王基本摆脱法老的束缚。

大约公元前 900 年，尼日利亚的诺克人制作赤陶器。

大约公元前 900 年，苏丹库施王国繁荣发展，在纳巴塔建立首都。*

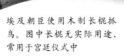

埃及朝臣使用木制长棍抓鸟。图中长棍无实际用途，常用于宫廷仪式中

亚洲

大约公元前 1200 年，十年战争过后，希腊摧毁了土耳其的特洛伊城。

大约公元前 1100 年~公元前 900 年，美索不达米亚北部（伊拉克）的第一个亚述文明衰落。

公元前 1045 年，商朝灭亡，周朝建立。*

黏土做的灯，上面画的是荷马所著诗文《伊利亚特》里描述的场景

亚述的艺术和建筑气势恢宏，但人们记住的却是这个帝国的暴虐。萨尔玛那萨尔三世曾吹嘘自己摧毁了 250 多座敌方城市

大约公元前 1000 年，日本兴起 Banki（最新的绳纹文化）。

大约公元前 1000 年，雅利安人开始扩东部恒河平原上的领地。

大约公元前 970 年~公元前 935 年，列国王所罗门执政，他在耶路撒冷修一座伟大的寺庙。

大约公元前 911 年~公元前 891 年，国的阿达德尼拉里二世执政，晚期业明复兴。*

公元前 853 年，夸夸之战（Battle of Qarqaa以色列国王亚哈和大马士革的哈大底谢联合打败了亚述国王萨尔玛那萨尔三世。

欧洲

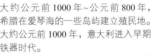

大约公元前 1120 年，迈锡尼城被毁灭，迈锡尼文明结束。

迈锡尼遗址出土了上千尊小型赤陶像，赤陶像身形似女性，可能代表的是生育女神

大约公元前 1000 年~公元前 800 年，希腊在爱琴海的一些岛屿建立殖民地。

大约公元前 1000 年，意大利进入早期铁器时代。

大约公元前 900 年~公元前 800年，地中海贸易复兴。

伊特鲁里亚的金上装饰着藤叶、和笑脸

公元前 900 年，北方的多利安人希腊南部建立了斯巴达国。

大约公元前 900 年，奥地利的哈施塔特人开采盐，他们继续使用种铁制品，例如剑和马具。

公元前 900 年~公元前 700 年，出现几何学。

美洲

查文德万塔尔庙里的头雕可能代表正在转化为美洲豹神的祭司

双臂上举，像是女性在拜祭

长裙

大约公元前 1200 年，墨西哥湾沿岸的奥尔梅克文明崛起。*

大约公元前 1200 年，在秘鲁海岸的塞钦山的查文文化发展起来。

大约公元前 1100 年，位于圣洛伦索巨大的礼仪中心附近的奥尔梅克文化兴盛。

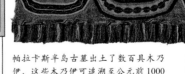

帕拉卡斯半岛古墓出土了数百具木乃伊，这些木乃伊可追溯至公元前 1000年~公元前 200 年，美丽的棉纺织品用来包裹木乃伊，或者用来陪葬

大约公元前 1000 年，位于圣洛伦索西部奎尔科（Cuicuilco）的奥尔梅克城向外扩张。

大约公元前 1000 年，拉本塔成为奥梅克城的居住和商业中心。

大约公元前 900 年，位于秘鲁南岸的帕拉卡斯半岛人修建了礼仪中

大约公元前 900 年，秘鲁安第斯山的查文德万塔尔周围兴起查文文化。

大洋洲

大约公元前 1200 年，澳大利亚原住民人的和平文化继续发展。

公元前 850 年

公元前 814 年，地中海东部沿岸的腓尼
基商人在突尼斯的迦太基建立殖民地。*
大约公元前 800 年，埃塞俄比亚继续生
产谷类。
大约公元前 770 年，苏丹库希特统治者
出兵攻打埃及，并在埃及建立王朝。
大约公元前 700 年，埃及制作铁制工具
和武器。

这块墓碑来自迦太基
的一个腓尼基墓地

公元前 675 年

公元前 671 年，埃及被美索不达米亚北
部的亚述人侵占。
大约公元前 650 年，希腊人在北非的昔
兰尼建立殖民地。
大约公元前 600 年，尼日利亚的诺克人
开始开采铁矿。*
大约公元前 600 年，迦太基远征队从
北非出发往南航行，可能环航了整个
非洲。
公元前 525 年，波斯国王冈比西斯占领
了埃及。

此门属于库希特大庙的一部分，库希特
庙是王室威望和权力的中心，此门是为
了祭祀库希特的四臂狮神阿皮狄马而建

公元前 771 年，周朝首都东移到洛阳
附近。
公元前 721 年~公元前 704 年，亚述
国王萨尔贡二世执政。
大约公元前 720 年，亚述国王萨尔贡
二世征服以色列。
公元前 704 年~公元前 681 年辛那赫
里布统治亚述。
大约公元前 689 年，辛那赫里布入侵
巴比伦尼亚，洗劫了巴比伦。*

巴比伦尼亚统治者（公元前 699
年~公元前 694 年），亚述王子
Assurnadin-Sumi 在界石上雕刻神像，
作为庇护

大约公元前 625 年，巴比伦再次成为西亚大
国之一。
公元前 612 年，亚述首都尼尼微被巴比伦人
和米底王国的人洗劫。*
大约公元前 605 年，尼布甲尼撒二世成为巴
比伦尼亚国王。
公元前 586 年，尼布甲尼撒二世占领了犹大
王国，将犹太人逐出巴比伦尼亚。*
大约公元前 560 年~公元前 482 年，是印度宗
教之师、佛教创始人乔达摩·悉达多的一生。
公元前 557 年~公元前 529 年，波斯帝国创
始人居鲁士大帝执政。
公元前 539 年，居鲁士大帝攻占巴比伦。*

波斯艺术品上经常会发现外来文化的痕迹，这个波
斯银碗上的黄金图案采用的就是埃及神贝斯的头

大约公元前 800 年，伊特鲁里亚
在意大利中西部建立城邦。*
公元前 776 年，希腊举办首届古
奥运会。
公元前 753 年，罗马建立在
意大利台伯河边。*
公元前 753 年，希腊人在西
西里岛锡拉库萨建立殖民地。

中欧出土的装饰镜

公元前 616 年~公元前 578 年，
伊特鲁里亚国王卢修斯·塔克
文·布里斯库在罗马执政。
公元前 590 年前后，雅典首席执
政官梭伦在希腊制定法律，废除
债务人奴役制。

这个公元前 6 世纪的
希腊杯子上画的眼睛
据称能给物体赋予生
命和权力

公元前 578 年~公元前 535 年，塞维
斯·图里乌斯在罗马执政，他在城市周
围修建城墙。
公元前 509 年，罗马共和国成立，布鲁
特斯成为两位执政官之一，也就是当选
为共同行使权力的法官。
公元前 508 年，雅典政治家克里斯提尼
在希腊推行民主改革。

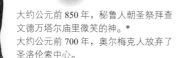

大约公元前 850 年，秘鲁人朝圣祭拜查
文德万塔尔庙里微笑的神。*
大约公元前 700 年，奥尔梅克人放弃了
圣洛伦索中心。

在靠近现在墨西哥城的特拉蒂尔科
(Tlatilco)，人们在几百个奥尔梅克墓
地里发现了戴着帽子的白瓷娃娃

大约公元前 600 年，墨西哥的瓦哈卡文
化发展得比奥尔梅克文化更强大。
大约公元前 550 年，瓦哈卡在墨西哥南
部的阿尔班山建立中心城。

阿尔班山庙里的石板上画有男性
画像，这些画像里的人可能是被
杀的俘虏

600	800	1000	1200	1400	1600	1700	1800	1900	2000

麦罗埃金字塔

库施深受埃及影响，但也逐步形成了自己独特的文化。

公元前 1200 年~公元前 500 年 非洲

西非的诺克人使用铁、陶器和其他艺术品，也采用新的艺术风格。地中海东部的腓尼基人在北非海岸线上建立殖民地以发展贸易，最著名的是突尼斯的迦太基殖民地。在东北部，努比亚库施特人统治了埃及，统治期长达一个世纪，随后又南移到麦罗埃。

大约公元前 900 年

库希特文化复兴

古埃及南部属于努比亚（现为苏丹）国土，大约公元前 2000 年至公元前 1600 年间，这里由埃及统治。上努比亚区域是库施国。在这段时期，克尔马地区文化丰富多彩，独树一帜。大约公元前 1500 年~公元前 900 年，努比亚重新占领了埃及，库施也被侵占，但是不久埃及便失去控制，库施开始复兴，并在尼罗河第四瀑布北部的纳巴塔建立首都。大约公元前 770 年~公元前 716 年，库施国统治者带领军队讨伐埃及，推翻埃及的统治，建立了自己的王朝，一直持续到公元前 671 年。由于库希特人在埃及的势力衰退，库希特文明中心逐步南移，到达麦罗埃。这段时间，库施出现制铁工艺，麦罗埃的铁矿石和木材供应充足。

库施领土

库希特文明发展起来后，慢慢离了埃及的思想和信仰。

麦罗埃的陶器和金属制品很有名

猎人使用弓箭和长矛

大家合作建造茅草屋

科伊桑人

公元前 1000 年，说科伊桑语的居民在赤道下方的非洲各个地区、西南部的卡拉哈里沙漠及沙漠周围居住了上千年。科伊桑人以打猎为生，不种植农作物。他们使用石制工具，打猎时使用弓箭，箭采用的是石制箭头。公元前 100 年后说班图语的居民从喀麦隆移居此地，从那时起他们就学会了炼铁，也开始养殖牛羊。大部分科伊桑人逐渐被班图人同化，但是一些居住在卡拉哈里沙漠边缘的居民仍然保留着自己的生活方式。现在还有几千人仍居住在那里。

心灵手巧的人们

科伊桑人用鸵鸟蛋装水，并在箭头上涂上毒药。

狩猎人的艺术

科伊桑人的岩画技术惊人，他们用黏土、赭石和石膏再加入油和血来制作颜料，将颜料装在牛角罐内，用羽毛、毛发或骨骼绘画。

公元前814年
腓尼基人建立迦太基城

大约公元前1500年~公元前1000年，腓尼基人就在地中海东部沿岸（今天的黎巴嫩一带）建立了贸易城市。在这一时期的最后几年，他们开始向西航行，探寻地中海的其他海岸线。他们探索的目的是繁荣本城市经济，因为他们的海岸地带不够宽，土壤也不太肥沃，不足以保障腓尼基人的生活。公元前814年，他们在突尼斯建立了迦太基城。迦太基迅速扩张，成为埃及西部、北非沿岸最大的城市和贸易中心，连接非洲内部和地中海各地之间的贸易。大约公元前600年，迦太基人口剧增，国家富裕而独立，足以挣脱腓尼基人的控制。迦太基人建造船只，组织远征队，据称一名迦太基海军上将在这段时期航遍了整个非洲。

美丽的玻璃杯

腓尼基人是娴熟的玻璃制造者，这个漂亮的花瓶就出自他们之手。

旅行与贸易

与迦太基一样，腓尼基人的殖民地乌提卡、大莱普提斯和摩加多尔均位于北非沿岸。腓尼基人旅行和贸易范围广阔，却导致了腓尼基人与希腊人的矛盾，以及随后与罗马人之间的矛盾。

互相让步

腓尼基人在整个地中海地区进行贸易。这个精美绝伦的象牙雕刻出自一名腓尼基工匠之手，刻的是一名女子戴着埃及风格的假发。这个象牙雕刻出土于亚述的第一个首都尼姆鲁德。

大约公元前600年
诺克人开采铁矿

诺克人居住在西非的尼日利亚。大约公元前600年，这个农业社区开始开采铁矿石，并在较浅的地坑炉里炼铁，地坑炉周围是黏土做成的筒状墙。由于该村庄出土了多个赤陶像，因而得名诺克，诺克人制作箭头、刀、矛头，以及用来砍伐和耕种热带雨林的斧刃、锄刃。他们也擅长制造石制工具。随着诺克地区陶器和雕塑的出土，诺克人神秘的生活方式也慢慢揭晓。例如，他们会挂一串珠子作为首饰，他们制造的斧头有木柄。诺克文化可能结束于公元200年~300年，但是它的很多文化特征，特别是陶器和其他手工艺品的艺术风格，融入到了西非文化里，在伊费文化的大型自然主义雕塑上体现得尤为明显。

高原居民

诺克文化集中在尼日利亚北部的乔斯高原，位于贝努埃河以北大约160千米的地方。

赤陶头像

人们在乔斯高原附近开采锡矿时发现了许多诺克赤陶像。其中大部分赤陶像都有精心编织的发型和孔状的眼睛，例如这尊赤陶头像。

600	800	1000	1200	1400	1600	1700	1800	1900	2000

亚述瓷砖

这个装饰瓷砖上的图案是爱神尼努尔塔。

公元前 1200 年~公元前 500 年 亚洲

这段时期，亚述帝国经历了从兴到衰的转变，而其邻国巴比伦尼亚统治西亚长达几十年之久，直到波斯的居鲁士大帝建立了波斯帝国，征服了巴比伦尼亚。中国正上演封建君主争夺之战，国家四分五裂，而日本人开始种植农作物，在思想和手工技艺方面受到中国及朝鲜的影响。

公元前 1045 年
中国周朝建立

大约公元前 1045 年，周武王灭商朝建立西周。公元前 771 年，他们被迫将首都迁到了东部。各地诸侯势力纷纷崛起，有些自封为王，有些仍然效忠周朝。战国时期（公元前 481 年~公元前 221 年），七雄相争，周王（死于公元前 256 年）势力日渐衰落。周朝时期被认为是幸福时代。

响铃

贵族的马会戴上青铜响铃，如右图这种。主人去世后马有时要随葬。

带扣

周朝人是技术娴熟的艺术家，这枚银质带扣出土于中国西北部的郭尔多斯。

四季之神

克利须那神是印度所有神灵中最受欢迎的神，他的画像贴满了印度各个地方。克利须那神是毗湿奴神的化身，传说与人类极其相似。这位帅气迷人的神小时候很淘气，长大后成了一位充满激情的爱人，是战胜邪恶的胜利者。

印度教

大约公元前 1500 年，印度的印度河文明被中亚的雅利安游牧民族侵略。他们的最早记录是四本圣书《吠陀经》，公元前 1500 年至公元前 500 年被称为吠陀时代。雅利安社会可分为四大种姓制度，或四大阶层。最高层或瓦尔那是牧师和学者，第二层是士兵，第三层是农民和商人，最后一层是最底层，为前三层服务。到了吠陀后期，被征服民族的宗教与瓦尔那传统宗教相结合形成了早期的印度教。这是一种不同寻常的宗教传统，它的社会单元，即种姓制度比瓦尔那小很多，成员少很多。印度教最重要的是"业力"，即相信往世的行为决定今生的条件状况，今生的行为也将影响来世的条件状况。印度最重要的三大神是创造之神梵天、维持之神毗湿奴和毁灭之神湿婆，他们主宰着人的生死。

恒河

印度的主要河流恒河被印度教教徒视为圣河。据说，在恒河中洗澡可以洗走所有世俗罪恶。

公元前 911 年
国王阿达德尼拉里二世登基

　　至少在公元前 2000 年，亚述王国便在美索不达米亚建立。公元前 10 世纪，亚述国王开始向外扩张，以便获得贸易路线的控制权。在接下来的 200 年中，亚述军队继续扩张，在其顶峰期，新的亚述帝国疆土从埃及边界一直延伸到波斯湾，往北几乎到达亚拉腊山。公元前 911 年，国王阿达德尼拉里二世即位，标志着亚述进入了鼎盛时期。为了庆祝领土扩张，亚述人修建奢华宫殿，在石板上刻下他们的丰功伟绩。亚述的几位武士国王用武力和暴力进行统治，导致几个附属国反叛。尽管亚述统治残暴，但贸易和工业繁荣。公元前 7 世纪 20 年代，内乱和军事惨败导致亚述帝国解体，公元前 612 年它最终被巴比伦人和米底王国的人占领。

好战之人

　　提格拉特帕拉沙尔三世（公元前 745 年～公元前 727 年）是亚述武士国王。他的军队征服了叙利亚和亚美尼亚部分地区，且吞并了巴比伦尼亚，使整个亚述王国处于王室的控制之下，并任命亚述统治者管理被征服的土地。

精心雕刻的花朵

　　亚述人喜欢艺术，这块象牙牌匾上的是一位亚述牧师握着一根莲花茎。

绳纹时代

　　大约公元前 9000 年日本进入绳纹时代，一直持续到至少公元前 300 年。这是日本早期历史上第一个文明，也是迄今为止持续时间最长的文明。这段时期被称为绳纹时代，其字意为"绳索"，大约公元前 7000 年，绳纹时代的人们首次制作的陶器上就用这种绳索进行装饰。绳纹时代的大部分时间，人们都居住在沿海、河口和山底的小村落里。他们住在茅草屋里，这种屋子一半陷入地里，屋顶则用树枝和叶子覆盖而成。沿海村民的基本饮食是贻贝、牡蛎和其他贝类，山里的村民则靠猎捕哺乳动物和采集浆果、坚果为生。当时的人们已经开始种植蔬菜和小米，一直到绳纹时代末进入弥生时代时，他们才开始种植水稻。

日本第一位天皇

　　《古事记》分三卷，收录了早期日本的传说和历史事实，用中文撰写，大约在公元 712 年完成。书中提到一位来自九州（位于日本西南部）东南部的天皇带领人民北迁。这位天皇叫神武天皇。神武自称是太阳女神天照的后裔。公元前 5 世纪，大和族在本州岛中南部（即现在的京都附近）建立政权，大和族自称是神武天皇的后裔，虽然神武天皇的历史真实性不得而知，但是日本传统却将他视为日本的第一位天皇。

赤陶首饰

　　图中精美的赤陶耳环制作于大约公元前 500 年。

抛光壶

　　这些漆陶罐可追溯到大约公元前 700 年，有证据显示当时的绳纹文化受到了中国的影响，主要是因为绳纹人在陶器制作上模仿了中国的青铜制品。

公元前612年

尼尼微城的毁灭

　　亚述国王萨尔贡二世（公元前721年~公元前704年）战死后，他的儿子辛那赫里布（公元前704年~公元前681）在首都尼尼微建造了一个奢华的宫殿。公元前689年，辛那赫里布洗劫了巴比伦，但是8年后被他的儿子阿萨尔哈东所杀，阿萨尔哈东重建了巴比伦。阿萨尔哈东的儿子亚述巴尼拔（公元前668年~公元前627）是亚述国最后一位伟大的国王。他不仅是一位成功的将军，还是艺术赞助人，他修建了许多伟大的建筑。大约公元前627年亚述巴尼拔去世的时候，亚述再次成为一个强国。巴比伦尼亚几乎立刻挣脱亚述的统治，并与其他附属国一举征服了亚述国。公元前612年，经历了三个月的围攻后，尼尼微和其他城市沦陷。一个虽然残酷但是伟大的文明终结。

巴比伦沦陷

　　这个石头浮雕刻于公元前7世纪，画的是亚述士兵从巴比伦押送战利品和俘虏。

巴比伦尼亚人使用楔形文字，这种文字呈楔形

刻在黏土上

　　美索不达米亚泥桶上记载了尼布甲尼撒二世修复西帕的太阳神沙玛什庙宇的事迹。

大约公元前605年

尼布甲尼撒二世统治巴比伦尼亚

　　亚述灭亡后，巴比伦尼亚国王那波帕拉萨（公元前626年~公元前605年）试图扩大疆土，将其发展成一个帝国。他派遣他儿子尼布甲尼撒二世带兵攻打埃及，在卡尔凯美什打败埃及士兵，占领了叙利亚。公元前605年，尼布甲尼撒二世继承王位，执政40多年。他修建了一条新路，神圣之路，扩大巴比伦城，重建了庙宇，祭祀巴比伦尼亚神马尔杜克，为自己建造宫殿，宫殿两侧是著名的空中花园。考古学家没有发现花园的遗迹，花园构造可能是一层建在另一层的拱门上，这样绿色植物像瀑布般生长。尼布甲尼撒二世还增高了巴别塔，巴别塔是九层高的金字形神塔，气势宏伟，人们修建此塔是为了到达天堂。

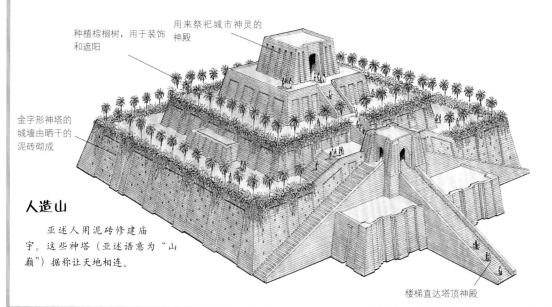

种植棕榈树，用于装饰和遮阳

用来祭祀城市神灵的神殿

金字形神塔的城墙由晒干的泥砖砌成

楼梯直达塔顶神殿

人造山

　　亚述人用泥砖修建庙宇。这些神塔（亚述语意为"山巅"）据称让天地相连。

伊什塔尔城门

　　尼布甲尼撒二世在城墙上新了一扇漂亮的城门。这扇门以爱伊什塔尔命名，位于巴比伦北门方15米处。

公元前 586 年

巴比伦之囚

多年以来，巴比伦尼亚国王尼布甲尼撒二世一直镇压犹大国（巴勒斯坦南部）的犹太人叛乱。他前后三次镇压犹太人，公元前 586 年，在围攻 16 个月后，终于攻下他们的首都耶路撒冷，包括所罗门庙在内的整个城市都被摧毁。尼布甲尼撒二世迫使大部分存活下来的犹太囚犯前往巴比伦，在巴比伦沦为奴隶。这次犹太人被掳往巴比伦尼亚的事件就是有名的巴比伦之囚事件，也是大批犹太人第一次流落他国。留在犹大国的都是农民，他们可以进行耕作，但是犹大国的城镇几乎不存在了。邻国人对犹大国领土虎视眈眈，于是搬来定居。他们与当地农民发生冲突，等到巴比伦尼亚犹太人回到祖国后，冲突进一步加深。尼布甲尼撒二世后来又发起战争攻打埃及，他于公元前 562 年逝世。

罕见的野兽像

这尊出土于巴比伦尼亚基什的青铜雄鹿可追溯至公元前 750 年～公元前 650 年，这是巴比伦尼亚保留下来的少数雕塑之一。

青金石项链

这串项链出土于基什的一个坟墓，用阿富汗的青金石和巴基斯坦的雕刻玛瑙制成。

公元前 539 年

波斯居鲁士占领巴比伦

米底人属于印欧人，生活在伊朗北部，统治着周边国家的一些民族。公元前 612 年，他们帮助巴比伦人战胜亚述人。米底国军队的弓箭手很厉害，而这对于战争的胜负起着决定性作用。被米底国统治的民族中有占领了西南部土地的波斯人。波斯国王是伊朗国王阿契美尼斯的后裔，因此波斯王朝也被称为阿契美尼德王朝。公元前 557 年，年轻的王子居鲁士二世即居鲁士大帝执政。大约公元前 550 年，他动员人民摆脱米底王国的统治，建立了波斯帝国，并成为西亚霸主，称霸时间长达两个世纪。他继续入侵巴比伦尼亚，在公元前 539 年攻下巴比伦城，并释放了被尼布甲尼撒二世于公元前 586 年囚禁的犹太人。居鲁士将帕萨尔加德小镇定为波斯帝国的首都。公元前 529 年，居鲁士在参与现今阿富汗境内的一场战斗中牺牲。

征服者的硬币

富裕的利迪亚王国（Lydia）位于土耳其西部，是第一个制作硬币的国家。公元前 547 年，居鲁士二世占领并吞并了利迪亚。这枚硬币上印的就是居鲁士的头像。

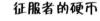
托米丽司王后观看浸在血里的居鲁士首级

嗜血女王复仇

据记载，居鲁士战死沙场，但是希腊历史学家希罗多德却持不同观点。他讲述了附属国的王后托米丽司如何向居鲁士复仇的残忍故事。她将居鲁士首级砍下，将其浸在盛血的杯中，说道："既然你如此嗜血，我就让你喝个够。"

佛教

佛教是一种信仰，源于乔达摩·悉达多（大约公元前560年~公元前482年）的教义。乔达摩·悉达多是北印度的一名贵族，他早年生活在庇护下，生活奢华，但到了29岁时，他冒险进入真实的世界。一天时间里他就遇上了一位病人且一名老乞丐和一个死人，这深深触动了他，于是他决定放弃富有但无意义的生活，找寻生命的真正意义。大约公元前528年，他坐在菩提伽耶村庄的一棵菩提树下，突然找到了他一直苦苦追寻的道理，解开了谜团，找到了痛苦之源。他将漫长的余生用来讲学，将观点传授给愿意听的人们。他没有自称为神，但是他死后，追随者创立了一种新宗教来祭拜他，传播他的观点。这种新的信仰被称为佛教，来自印度语Buddha（佛陀），意为"得道"。

日本东照宫神社

一些佛教寺庙留有佛陀的遗物，例如僧袍或檀香。崇拜者们去神社烧香，并留下水果、鲜花等贡品。现在已有3亿佛教徒，主要分布在亚洲，信仰简单的小乘佛教和复杂的大乘佛教。

得道者

全球有多尊佛陀雕像，这尊大的雕像来自仰光大金塔，这是缅甸早期佛教遗址。

佛陀诞生

这块木牌上画的是佛陀的诞生，木牌可追溯至公元2~3世纪。

西藏僧侣

西藏僧侣领袖被称为喇嘛，他们不被允许喝酒，也不被允许结婚。

西藏转经筒

公元7世纪末，大乘佛教传到西藏。藏传佛教在转经筒上写上祈祷文，据称，转筒就是"念祈祷文"。

修道院

印度和亚洲其他地区出现了供僧侣住的佛教寺院以及供尼姑住的尼姑庵。僧侣必须放弃大部分的财物，只能保留僧袍、针、剃刀、滤水杯，以及一个每天化缘用的碗。他们过着纪律严明的生活，大部分时间用于讲经、冥想和祷告。一些寺院成为学习的地方，僧侣和尼姑在此学医，照顾社区里的病人和老人。

僧侣穿简单的僧袍

公元前 1200 年～公元前 500 年 欧洲

这段时期出现了三大文明：希腊、伊特鲁里亚以及后来的凯尔特。希腊文明，大约于公元前 900 年发展形成，集中在一些城邦国，最强大的是雅典和斯巴达。伊特鲁里亚也在一些松散的小城邦国联盟基础上建立了文明。罗马就在这段时期建立。

危险游戏

罗马人可能从伊特鲁里亚人那里学会了战车赛。

伊特鲁里亚勇士

伊特鲁里亚雕塑和青铜器备受世人钦佩。这个奇怪的设计很独特。

大约公元前 800 年
伊特鲁里亚城邦形成

公元前 8 世纪，伊特鲁里亚人建立了意大利中西部的城邦文明国。他们的起源不明，语言至今也没有被完全破译，他们的艺术成就显著，尤其是他们的坟墓，简直就是宝库。曾有一段时间他们统治了意大利中西部，并与意大利中部的拉丁人争夺台伯河岸的罗马控制权。伊特鲁里亚人不团结，只是一个松散的城邦联盟，因此，势力不断增强的罗马可以逐个攻打，全部歼灭。衰退很长一段时间后，伊特鲁里亚最终被罗马占领。

伊特鲁里亚湿壁画

伊特鲁里亚因艺术和建筑而出名。他们对罗马影响很大，特别是对罗马的宗教、建筑和工程的影响。

大约公元前 753 年
"不朽之城" 诞生

早在公元前 753 年，罗马人便在台伯河上建立了自己的首都罗马。当时居住在此的有几个民族，主要是伊特鲁里亚人和拉丁人，但是他们很快结合成一个聚落。罗马传统认为他们先后有 7 位国王，第一任国王是城市的创立人罗慕路斯。有些国王是拉丁人，有些是伊特鲁里亚人，例如塔奎尼乌斯·苏培布斯就是伊特鲁里亚人。他是一个暴君，带领罗马人征战，代价惨重，还常常恐吓市民，管理国家的方式极其糟糕，以至于人们共谋除掉他。公元前 509 年，他被赶下台后，罗马人认为他们已经受够了国王的统治，决定成立共和国，由两位执政官轮流管理国家，每位执政官执政一年。

一切的起源

台伯岛是古代台伯河流经的地方。早在公元前 1500 年，青铜器时期的人们就居住在这附近，这是罗马有人类存在的最早的痕迹。

狼孩

传说，一对双胞胎婴儿罗慕路斯（Romulus）和勒慕斯（Remus）被人遗弃在台伯河边，被一头母狼救走，婴儿靠喝狼奶才免于一死，后来被牧羊人发现。罗慕路斯继续修建罗马，罗马就是以他的名字命名的，实际上，罗慕路斯是一位拉丁首领，可能被选为罗马第一任国王（公元前 753 年～公元前 716 年）。

古希腊

迈锡尼文明衰落后，希腊并没有发展成一个统一的国家，而是分裂成一个个分散的城邦，城邦之间经常交战。其中最强大的城邦是斯巴达勇士国，雅典是其商业和文化中心。大约公元前 700 年，希腊人开始征服希腊和爱琴海岛以外的领土，公元前 6 世纪末期，新建立的波斯帝国对希腊人构成严重威胁，因此之前处于敌对状态的城邦临时团结在一起，共同对抗敌军。虽然困难重重，但希腊人创造的灿烂文化对文明产生很大的影响，直至今天，影响依然深远。

希腊奴隶

这尊青铜雕像是一个非洲奴隶男孩，他手里拿着一只鞋，表明希腊社会对奴隶的依赖。

权力与政治

大约公元前 600 年，富裕的地主控制着雅典人。一些统治雅典的地主专横跋扈。大约公元前 590 年，一位叫梭伦的城市贵族颁布了一套激进的改革方案。人民赶跑专横的地主，获得了权力和自由。新政府成了民主主义的开端。公民大会成为政治生活的中心，公民可以在会上投票，参与国家决策。

埃尔金大理石雕塑

埃尔金是驻土耳其宫廷的英国大使，1815 年，他将这些大理石雕塑从帕提侬神庙带回英格兰。现藏于大英博物馆。

思想流派

希腊人是伟大的思想家。他们的哲学或"对智慧的热爱"涉及生活的方方面面，包括宗教和科学。早期希腊思想家关注对物理世界的看法。宗教思想家毕达哥拉斯和与他同时代的哲学家也相信灵魂可通过其他人的身体再生（转世）。哲学和艺术都属于宗教的一部分。圣歌赞颂神秘的生命，解释神灵的起源。希腊人制作精美的物品，不仅可以献给神灵，还可供自己使用。

帕提侬神庙

大约公元前 447 年，雅典政治家伯里克利下令在一座名叫阿克罗波利斯的岩山山顶修建帕提侬神庙。帕提侬神庙是为了祭祀智慧女神雅典娜，同时也为了庆祝雅典打败波斯，统领希腊众城邦。

陷入沉思

这幅漂亮的湿壁画名为"雅典学院"，由意大利艺术家拉斐尔（1483~1520）所绘，图上中间为希腊两位著名的哲学家亚里士多德和柏拉图。

40000 BC		10000	5000	1000	500	AD 1	200

师鹫金头

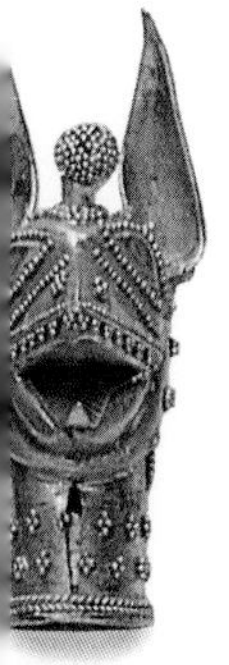

希腊领土扩张

公元前8世纪，希腊开始在自己的国土之外，远在尼罗河三角洲的地方建立贸易站。这些贸易站或殖民地仿照殖民者的城市而建，政府形式相同，城市的街道设计也类似。在“母州”的最初帮助下，这些殖民地很快打开市场，建立了自己的产业。一些地方，例如西西里岛的锡拉库萨，成了主要贸易中心。一些殖民地非常富有，谣传意大利南部的锡巴里斯人睡在玫瑰花瓣铺成的床上。

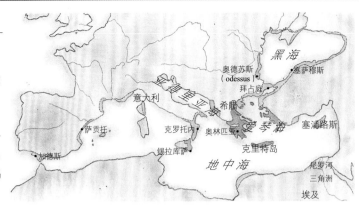

希腊殖民

希腊中心地带（褐色部分）面积狭小，因此在有港口和肥沃土地的地方建立殖民地（绿色部分）。西西里岛的锡拉库萨建立于公元前730年前后，博斯普鲁斯的拜占庭建立于公元前650年前后。

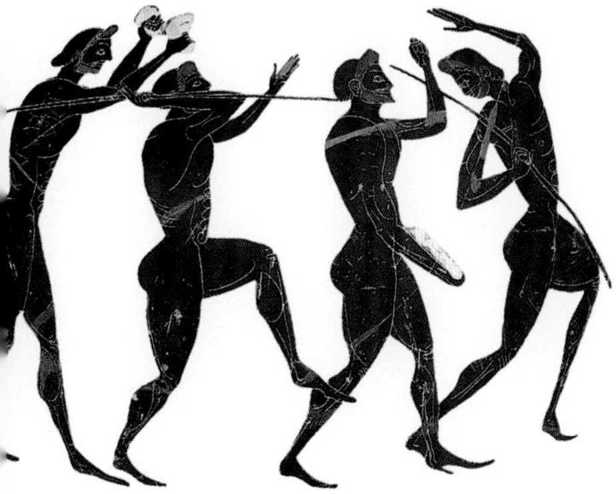

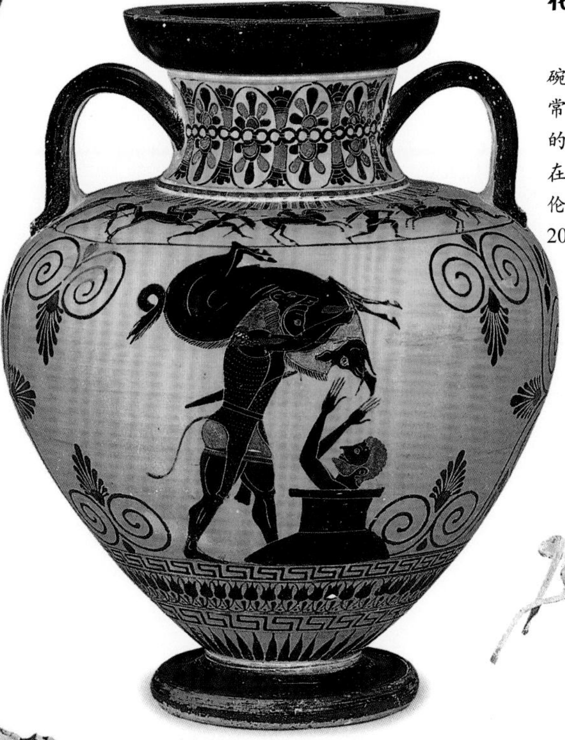

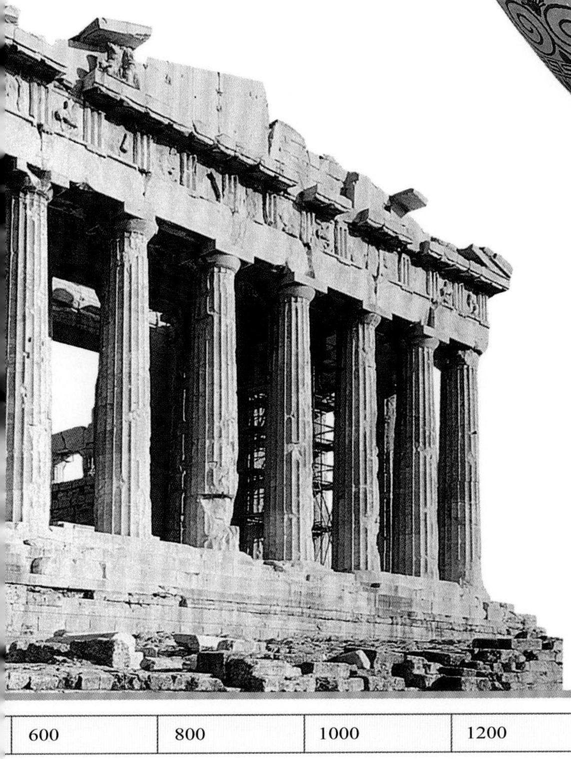

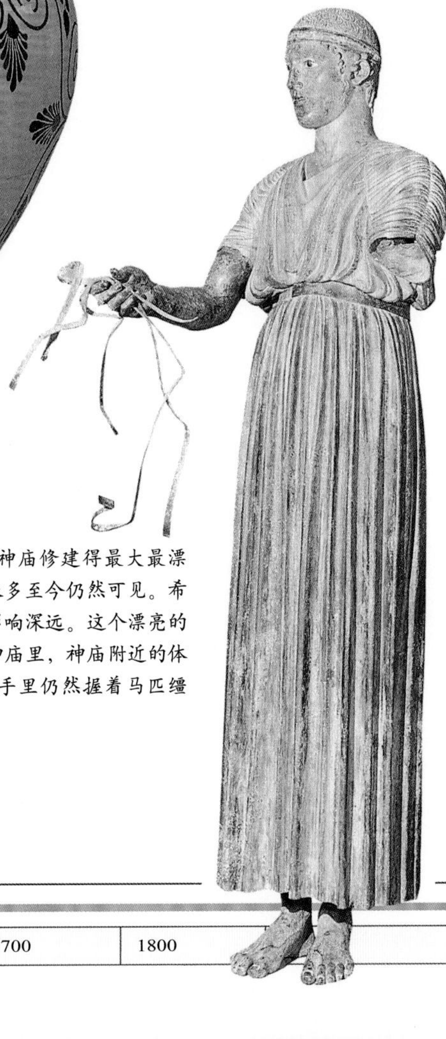

戏与运动

对希腊人来说，运动和游戏非常重要。久负名的运动比赛就是奥运会，奥运会每四年举办次，为了纪念奥林匹亚的主神宙斯。上图展示运动员在进行五项全能比赛，该比赛由铁饼、仓、跳远、摔跤和赛跑项目组成。比赛纪律严犯规者将受到严惩。

花瓶与器皿

古希腊制作各种精美的陶器，有盘、碗、花瓶和杯子。大部分陶器会画上日常生活场景图、传说或宗教故事。左图的花瓶上画的是希腊英雄赫拉克勒斯正在完成12件苦差中的一件。1993年，在伦敦拍卖会上，另外一个花瓶售价超过200万英镑。

神灵纪念碑

希腊受宗教支配，因此古希腊神庙修建得最大最漂亮，神庙用雕带和雕像进行装饰，很多至今仍然可见。希腊雕塑家非常擅长人物画，对雕塑影响深远。这个漂亮的青铜车夫雕塑位于特尔斐的阿波罗神庙里，神庙附近的体育场会进行赛车以祭奠神灵。车夫手里仍然握着马匹缰绳，尽管马早已消失。

600	800	1000	1200	1400	1600	1700	1800	2000

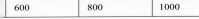

公元前 1200 年~公元前 500 年 美洲

这段时期有两大重要文明：第一大文明是南美洲的查文文明，查文人在安第斯山脉中部的查文德万塔尔修建礼仪中心；第二大文明是墨西哥中部的奥尔梅克文明，奥尔梅克人极具艺术天赋，该文明繁荣了 600 年，主要集中在圣洛伦索和拉本塔。本时期末期出现了其他文明，例如受到查文文明影响的秘鲁帕拉卡斯文明，以及继承了奥尔梅克特征的墨西哥瓦哈卡文明。

动物形状的碗

查文德万塔尔的艺术家制作大量的陶瓷，在整个秘鲁进行交易，很多陶瓷形状受到动物的启发。

大约公元前 1200 年
奥尔梅克文明的进步

奥尔梅克文明被认为是北美洲和中美洲的第一个文明。大约公元前 1500 年，奥尔梅克只是位于韦拉克鲁斯沼泽低地的面向墨西哥海湾的村落群。大约公元前 1200 年，村庄合并成更大的聚落，礼仪中心周围是公共建筑、房屋和商店。其中一个中心位于拉本塔。拉本塔位于沿海河口附近，粮食和食盐丰富，是一个富裕的社区，里面有渔民、农民、商人以及熟练的工匠。他们居住在用篱和茅草盖的屋子里，屋顶是泥制的，以玉米、鱼和海龟为食。修建纪念碑的石头必须使用巨大的筏从西北边的图斯特拉山通过水路运输。

坐着的雕像

这尊雕像眼睛斜视，鼻子扁平，嘴唇肥厚，富有奥尔梅克艺术特征。

绿石面具

奥尔梅克面具可追溯到公元前 300 年~公元 300 年，由于太沉无法佩戴，可能是殡葬贡品。

鸽子脚趾

查文德万塔尔出土了 200 多个做工精细的石雕。这个石碑上雕刻了一名勇士，他的一只手拿着一根手杖，另一只手拿着小型的盾。这是查文德万塔尔及附近区域的典型艺术风格。

大约公元前 850 年
查文人祭拜微笑的神

公元前 13 世纪，北美洲出现查文文化，一直持续到大约公元前 300 年。查文文化以出土查文德万塔尔的大型遗迹命名，查文德万塔尔位于秘鲁安第斯山脉东面山坡上的小山谷中，查文文化因其独特的艺术风格而著名，这种艺术风格在安第斯山脉的大部分地区传播。查文德万塔尔的历史可追溯至大约公元前 850 年，这里是伟大的宗教中心，主要特征是大型的 U 型石庙，石庙内有画廊和房间，房间之间通过楼梯和坡道连接。石庙中心是一块圣地，里面有一尊大型石头雕像，人身猫脸，名叫兰松（Lanzon）或微笑的神。查文德万塔尔可能是来自秘鲁各地的人们朝圣的地方。

第五章

公元前 500 年~公元 1 年

帝国发展史

来自波斯波利斯的波斯人头石雕

公元前 500 年~公元 1 年世界情况概述

本时期初期出现了很多伟大的思想家：印度的佛陀，中国的孔子，希腊的毕达哥拉斯、苏格拉底、柏拉图和亚里士多德。他们对人们的思想和宗教信仰产生了深远的影响。在希腊，哲学家对民主政治建设做出了贡献，使民主思想深入人心。民主是指选举代表来表达人民的心声，这一思想出现后的大约2 500 年，它成了当今全球政治组织中最常见的形式。

大帝国

当希腊分裂为小城邦时，世界大部分地区出现了地域广阔、实力强大的帝国。波斯帝国在公元前 480 年前后达到顶峰，但最终被亚历山大大帝征服，亚历山大大帝在 13 年里建立起一个庞大的帝国，疆土西至希腊，东至印度。在这段时间，中国首次成为统一的帝国，罗马成为欧洲最强大的国家。本时期末，世界上一多半人口（2.5 亿中的 1.5 亿）生活在这三个帝国——欧洲的罗马、西亚的帕提亚帝国以及中国的汉朝。这段时期还出现了几个较小的帝国：中美洲的玛雅和秘鲁的莫切（Moche）。

大约公元前 100 年，白令海峡附近居民制作漂亮的象牙手工艺品。

北美洲

落基山脉

大约公元前 500 年，阿登纳人修建大型坟冢作为集体坟墓。

大约公元前 480 年，迦太基海军上将汉诺（Hanno）在非洲沿岸探索。

安第斯山脉

秘鲁

南美洲

大西洋

大约公元前 500 年，独眼人形象出现在秘鲁帕拉卡斯人的织物和刺绣上。

太平洋

冰期狩猎　　岩画　　古埃及　　亚述帝国　　古希腊

早期农业　　中国长城

| 40000 BC | | | 10000 | 5000 | 1000 | 500 | AD 1 | 200 |

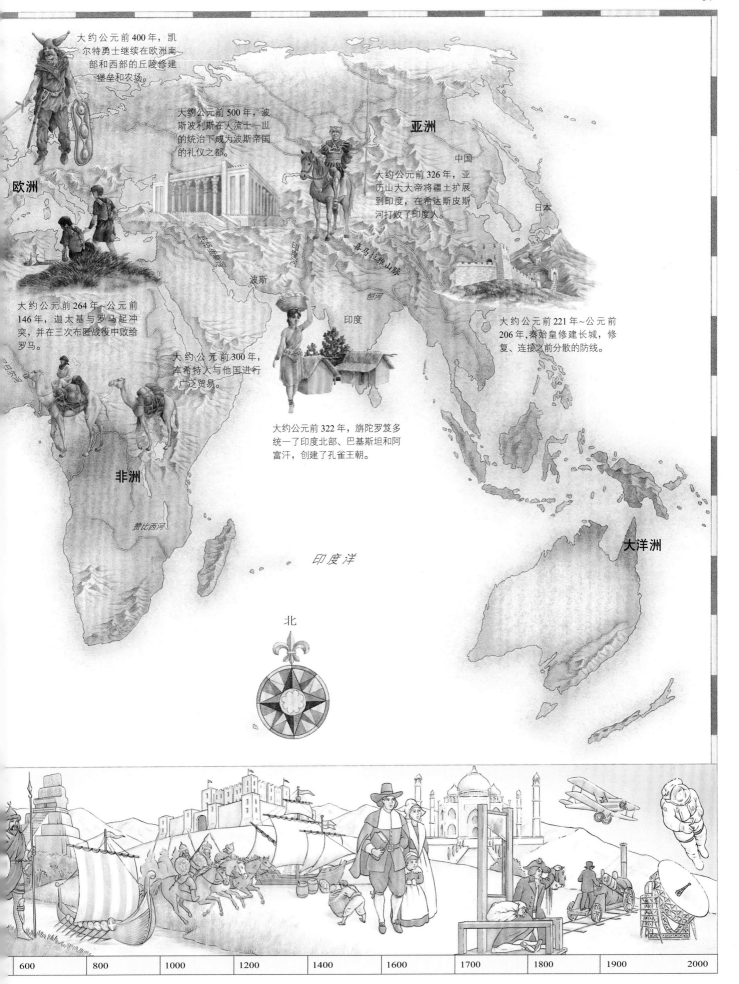

大约公元前 400 年，凯尔特勇士继续在欧洲南部和西部的丘陵修建堡垒和农场。

大约公元前 500 年，波斯波利斯在大流士一世的统治下成为波斯帝国的礼仪之都。

亚洲

中国

大约公元前 326 年，亚历山大大帝将疆土扩展到印度，在希达斯皮斯河打败了印度人。

日本

欧洲

大约公元前 264 年~公元前 146 年，迦太基与罗马起冲突，并在三次布匿战役中败给罗马。

波斯

大约公元前 221 年~公元前 206 年，秦始皇修建长城，修复、连接之前分散的防线。

大约公元前 300 年，库希特人与他国进行广泛贸易。

喜马拉雅山脉

恒河

印度

非洲

赞比西河

大约公元前 322 年，旃陀罗笈多统一了印度北部、巴基斯坦和阿富汗，创建了孔雀王朝。

大洋洲

印度洋

北

公元前500年

公元前375年

埃及仪式用的头部镂空的斧头

非洲

大约公元前500年，阿拉伯南部的闪米特人移居厄立特里亚和埃塞俄比亚，他们交易的货物包括象牙、香料、薰香。

大约公元前480年，迦太基海军上将汉诺沿着西非海岸航行。

撒哈拉沙漠西部毛里塔尼亚的铜制箭头

大约公元前400年，撒哈拉沙漠西部的毛里塔尼亚开始炼铜，制作锋利的箭头。

公元前332年，亚历山大大帝征服埃及。

公元前305年，埃及建立托勒密王朝，托勒密在亚历山大市修建大图书馆。

大约公元前300年，库施王国向外扩张，库希特人从麦罗埃向东、向南、向西开拓贸易。*

公元前285年，托勒密二世开始与父亲一起统治埃及。*

亚洲

大约公元前500年，波斯国王大流士一世（公元前521年~公元前486年）改组帝国的政府，改善交通状况，开始修建从苏萨到艾菲索斯的公路。

石雕上的人爬上波斯波利斯皇宫的阶梯，向波斯国王进献贡品

公元前336年~公元前323年，马其顿统治者亚历山大大帝征战。

大约公元前322年，旃陀罗笈多在印度建立孔雀帝国。

大约公元前300年，弥生文明在日本发展起来。*

大约公元前265年，孔雀帝国统治者阿育王占领卡林加。*

来自波斯帝国的镀银角状酒器

欧洲

公元前490年，在马拉松战役上，雅典的希腊人打败了发起战役的波斯人。

公元前480年，在萨拉米斯海战上，波斯国王薛西斯舰队被歼灭。

大约公元前461年，天才政治家伯里克利被选为民主派领导人，治理雅典，一直到429年。

公元前449年，罗马共和国颁布了罗马历史上第一部成文法典——《十二铜表法》。*

公元前431年，雅典和斯巴达爆发大伯罗奔尼撒战役。

公元前390年，高卢酋长布伦努斯（Brennus）洗劫了罗马城。

这枚硬币上刻的是雅典领导人地米斯托克利（Themistokles）

公元前264年~公元前241年，第一次布匿战役，罗马打败迦太基，夺取西西里岛大部分领土。

希腊士兵被称为"重装备步兵"（hoplites），"hoplites"这个词来自"hoplon"一词，意为"盾"，只有有钱人能够支付得起必要的盔甲和武器费用

美洲

大约公元前500年，秘鲁的帕拉卡斯文化兴起。*

大约公元前500年，俄亥俄州的阿登纳文明达到顶峰，他们开始修建大型坟冢作为集体坟墓。*

大约公元前450年，加拿大西北岸和阿拉斯加出现了专业的木工工具。

大约公元前400年，农户首次占领玻利维亚的的喀喀湖附近的蒂瓦纳科。

大约公元前325年，位于墨西哥的奥尔梅克文化中心，拉本塔文明结束。

秘鲁的纳斯卡人是伟大的陶器匠和织工。这个罐上画的是一名妇女手上拿着一个纺锤

秘鲁出土的莫切镫形喷嘴容器，形状像青蛙

大洋洲

大约公元前300年，北美洲霍普韦尔文化进入坟冢后期。

大约公元前300年，秘鲁的查文文明终结。

大约公元前300年，莫切文明在秘鲁北岸兴起。

大约公元前300年~公元前100年，不断强大的特奥蒂瓦坎城开始统治墨西哥山谷。

大约公元前500年，澳大利亚的原住民文化继续发展。

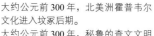

公元前 202 年，汉尼拔在突尼斯扎马被罗马人打败。*
公元前 146 年，迦太基被摧毁。

巴太基港口的船由海军大厦统一控制

公元前 30 年，克里奥佩特拉是埃及托勒密王朝的最后一个统治者，自杀身亡；埃及成为罗马一个省。

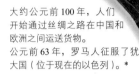

用来画眼妆的埃及玻璃管以及涂敷器

大约公元前 250 年，阿尔沙克一世在波斯边缘建立帕提亚王国，在公元前 2 世纪成为帕提亚帝国。
公元前 221 年，嬴政改称号为秦始皇，成为中国的第一位皇帝。*
公元前 202 年，中国进入西汉王朝（一直到公元 9 年）。*
公元前 171 年，米特里达梯一世成为帕提亚的国王 。*

这个雕像是中国汉朝时在葬礼上使用的

大约公元前 100 年，人们开始通过丝绸之路在中国和欧洲之间运送货物。
公元前 63 年，罗马人征服了犹大国（位于现在的以色列）。*

这个青铜祭坛小模型出土于比布鲁斯的腓尼基城，比布鲁斯曾是一个重要的港口，后来在罗马时期沦落成一个小镇

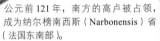

公元前 121 年，南方的高卢被占领，成为纳尔榜南西斯（Narbonensis）省（法国东南部）。
公元前 105 年，在阿劳西奥战役中，日耳曼民族辛布里人打败了克温图斯·凯皮欧带领的罗马军队。
公元前 102 年，盖乌斯·马略在阿克韦-塞克斯提亚（Aquae Sextiae）打败了条顿人，公元前 101 年又在韦尔切利打败了辛布里人。
公元前 88 年，前任执政官科尔内利乌斯·苏拉带兵攻打并占领了罗马。
公元前 73 年～公元前 71 年，斯巴达克斯在意大利举行大规模奴隶起义，反对罗马政府和军队，但以失败告终。
公元前 60 年，第一任"三头政治"，克拉苏、庞培和恺撒统治罗马。*
公元前 59 年，尤利乌斯·恺撒成为执政官。
公元前 58 年～公元前 50 年，尤利乌斯·恺撒占领高卢，将罗马帝国领土扩展到西欧。

这个罗马陶制碗产于法国一家工厂，然后出口到英格兰

公元前 45 年，内战（公元前 49 年～公元前 45 年）以后，尤利乌斯·恺撒成为罗马世界的统治者，但在公元前 44 年被暗杀，更长时间的内战爆发。
公元前 31 年，尤利乌斯·恺撒的甥孙屋大维在亚克兴角战役中取得决定性胜利，最终结束内战。
公元前 27 年，屋大维成为罗马第一个皇帝，被尊称为"奥古斯都"。

公元前 238 年，撒丁岛和科西嘉岛受罗马共国控制。
公元前 225 年，在意大利北方的泰拉蒙战役中，罗马人打败高卢人。
公元前 218 年～公元前 201 年，罗马和迦太基始第二次布匿战争。
公元前 216 年，在坎尼会战中，罗马军队被尼拔歼灭。
公元前 212 年，罗马人围攻并占领西里岛的锡拉库萨，数学家阿基米在围攻中被杀。
公元前 207 年，发生在意大利的美陶（Metaurus）战役，罗马人打败了帮助汉尼拔的增援部队。
公元前 197 年，发生在希腊北部的基诺斯山役，罗马人打败了马其顿国王腓力五世。
公元前 147 年～公元前 146 年，罗马占领顿，让希腊置于罗马管制之下。

右图的罗马青铜小雕像是胜利利女神手握月桂叶冠

大约公元前 200 年，中美洲进入玛雅文明早期古典时期。
大约公元前 200 年，纳斯卡文明在秘鲁南部兴起。

特奥蒂瓦坎出土的绿石面具，特奥蒂瓦坎文化是中美洲最有影响力的文化

大约公元前 100 年，霍霍坎文化进入拓殖期，尤其在亚利桑那州的斯内克敦（Snaketown）。
大约公元前 100 年，阿纳萨齐文化在美国西南部首次出现。

左图是笛子演奏家，这是斯内克敦的一个霍霍坎碗上的图案

役畜

这个库希特雕刻的是来自 Musawaret es-Sofra 的大象。

公元前 500 年～公元 1 年 非洲

迦太基的军事和商业势力强大，但是汉尼拔带领军队攻打罗马失败后，持续了几个世纪的势力瓦解。在苏丹，麦罗埃文明扩展贸易范围，同时，亚历山大大帝攻陷埃及，埃及由托勒密王朝统治。最后，屋大维终结了托勒密王朝，埃及成为罗马的一个省。非洲进入铁器时代。

大约公元前 300 年

库施王国扩张

公元前 300 年以前，苏丹库希特人的大部分贸易主要依赖埃及。公元前 300 年前后，库施政府迁到南方城市麦罗埃，并开始开辟新的贸易路线。王国的不断扩张使得库施的文化慢慢从埃及的影响下脱离出来。多年以来，库施将象形文字改成复杂的文字，至今无人破译。麦罗埃发展成大城市，建有神庙、宫殿和房屋，这种文化被称为麦罗埃文化。麦罗埃统治者被视为半神，埋葬在金字塔一样的坟墓里，与埃及人修建的金字塔类似。

神庙守护者

随着麦罗埃文化的逐渐强大，库希特人开始把注意力从埃及的神灵转移到自己的神灵上。麦罗埃最重要的一个神是狮神阿皮狄马。他被刻在那伽的一座石庙墙上。

公元前 285 年

托勒密二世与父亲共同统治埃及

公元前 323 年亚历山大大帝去世后，埃及交由马其顿的托勒密将军统治。大约公元前 305 年，托勒密成为埃及国王，并将首都迁至地中海沿岸的亚历山大市，这里后来成为贸易和学术中心。公元前 285 年起，托勒密与儿子托勒密二世共同统治，托勒密公元前 282 年去世后，托勒密二世继续加强该国的贸易。托勒密三世继续巩固埃及政权，但他的继任者权力逐渐衰弱。公元前 31 年，在亚克兴角战役中，恺撒继承人屋大维打败马克·安东尼（Mark Antony）带领的埃及和罗马联合舰队，托勒密王朝结束。

克里奥佩特拉

克里奥佩特拉是埃及托勒密王朝的最后一个统治者。她因才貌出众、聪颖机智而闻名于世。尤利乌斯·恺撒和马克·安东尼都曾追求过她。公元前 30 年，安东尼在亚克兴角战役中被打败后，克里奥佩特拉自杀，据推测是被蛇咬死。在以萧伯纳戏剧为蓝本拍摄的电影《恺撒与克里奥佩特拉》中，克里奥佩特拉由费雯·丽饰演。

大理石塔高达 130 米

塔基座燃起的火焰光被铜镜反射到海上

海上照明

由于埃及海岸线低，为了避免航行中遇到危险，人们于公元前 297 年～公元前 280 年，在亚历山大港修建庄严的亚历山大灯塔。亚历山大灯塔被誉为古代七大奇观之一。公元前 285 年～公元前 246 年，托勒密二世执政时期修建了图中这座灯塔，他还在亚历山大市修建了其他伟大的建筑物。

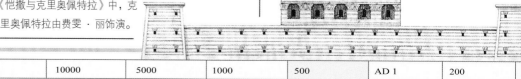

迦太基硬币

这枚银币是用来支付布匿战争时期的迦太基军队的。迦太基的徽章是一匹马，图示为珀伽索斯飞马。

公元前 202 年

汉尼拔在扎马战役中被打败

公元前 5 世纪，迦太基在地中海攻打希腊人失败后，沿着非洲北岸向西继续扩张。公元前 3 世纪，迦太基与罗马发生冲突，导致在公元前 264 年～公元前 241 年、公元前 218 年～公元前 201 年、公元前 149 年～公元前 146 年爆发了三次战争。在第一次迦太基战争即布匿战争中，迦太基人失去了海上霸主地位。后来在公元前 3 世纪 30 年代，哈米尔卡·巴卡（Hamilcar Barca）将军带兵进攻西班牙，将迦太基帝国领土扩展到了欧洲。大约公元前 226 年，他的女婿哈斯德鲁巴（Hasdrubal）在西班牙建立了新迦太基城（现在的卡塔赫纳）。公元前 221 年，哈斯德鲁巴被杀，哈米尔卡（Hamilcar）的儿子汉尼拔（大约公元前 247 年～公元前 183 年）在西班牙成为指挥官。公元前 218 年，第二次布匿战争爆发。汉尼拔带兵通过西班牙东岸进入高卢（法国），越阿尔卑斯山，准备直接拿下罗马。接下来的 15 年里，他带兵赢得了场战役，但是攻打罗马失败。他回到非洲，公元前 202 年，在距离太基西南部 161 千米的扎马，被西庇阿（Scipio）带领的罗马军彻底打败，迦太基被迫签署不公平条款。

恐怖的贡品

迦太基用活婴儿来供奉太阳神巴力·哈蒙（Baal-Hammon）。婴儿尸体则放入骨灰瓮里，置于墓室中，如上图的墓室。

从北非招募的努米底亚骑兵

专门训练大象参加战斗

迦太基军队由佣兵构成，例如这个西班牙士兵

在战斗中，罗马士兵用弧形长盾牌保护自己

这些凶猛的士兵从高卢招募，他们穿着宽松的裤子和有图案的束腰外衣

迦太基士兵站成密集的方阵向前迈进，他们戴着闪亮的青铜头盔，穿着红色的外衣，露出腿部，手持长枪，随时准备开战

伟大的将军

汉尼拔是一位杰出的将领。他带领 30 000 名士兵和约 40 头大象穿越阿尔卑斯山进入意大利，途中失去了许多士兵和大部分大象，但他仍然击败了一支又一支罗马军队。他取得的最大胜利是公元前 216 年的坎尼会战：60 000 名罗马士兵被杀或被俘。这场战役后，罗马已经毫无反击之力，但是汉尼拔的军队累了，没有攻击罗马城。随后的 13 年里，汉尼拔洗劫了意大利大部分城市，但是没有取得重大胜利，因为迦太基政府不再提供支持。扎马战役过后 19 年，他自杀了而不是向罗马人投降。

是国王还是贵族?

石头上刻的这位波斯人戴着一个皇冠，皇冠看起来像用羽毛制成，而实际上是带褶的织物，其主人身份不明。

公元前500年~公元1年
亚洲

这段时间亚洲大陆变化很大。波斯王国发展成西亚最强大的帝国，孔雀王朝也获得了印度中部和西部的控制权，秦王嬴政统一中国，任命自己为第一任皇帝。秦朝灭亡后进入汉朝，汉朝时期中国出现了很多重要的发明。公元前330年前后至公元前320年前后，亚历山大大帝率军征服了西亚大部分地区。

约公元前500年
波斯修建国王公路

波斯的居鲁士大帝死于公元前529年，当时，他已经创建了一个帝国，建立了政府，将疆土分为多个省，各省的税收一致。居鲁士大帝最伟大的继承人之一是大流士一世（公元前521年~公元前486年），大流士一世向外扩张，帝国疆土东至北印度，西至土耳其，省份从个增至31个。他热衷建设，大约公元前500年，他修建了一条2 400千米长的公路，从现在伊朗的苏萨直到土耳其的艾菲索斯（Ephesus），中途还设有公路站，公路站里养了马，供皇家使者更换。公元前499在包括雅典在内的希腊大陆城市的帮助下，土耳其的希腊居民起来反抗。大流士成功镇压，并于公元前年，派兵惩罚雅典。在雅典附近的马拉松，他被只有他的军队一半人数的雅典军队打败，引发了希腊和斯之间的"波希战争"。大流士一世的继承人薛西斯一世于公元前480年烧毁雅典，但随后同年的萨拉米海战中，他的舰队被击沉。薛西斯一世逃回亚洲，希腊人获得独立。

闪亮的山羊雕像

这尊银山羊据称来自大流士一世宫殿，宫殿位于波斯波利斯城（现在伊朗设拉子附近），是大流士一世的礼之都。

火神牧师

波斯人崇敬多个与自然、社会以及经济关系有关的神灵，且信奉真理和正义的思想。例如这块金匾上的这位火神牧师，手拿一捆细枝，给圣火添柴。

政府中心

波斯波利斯的楼梯上刻有朝臣、勇士以及外国统治者端着贵金属和象牙等进贡品的图案。皇宫里的许多事务，例如为官员发俸禄，都由抄写员记载在泥板上。

统一庞大的帝国

波斯帝国是世界上最大的帝国，一直从北非穿越南亚到印度。统治者修建公路，连接遥远的大陆，并颁布标准砝码，铸造硬币。该帝国的大部分规定很开放，允许附属国享有宗教自由。

公元前550年~公元前330年，波斯帝国历史

公元前550年，居鲁士成为波斯第一任实际国王。
公元前539年，居鲁士攻占巴比伦斯。
公元前529年，居鲁士去世。
公元前525年，居鲁士之子冈比斯入侵埃及。
公元前521~公元前486年，大流士一世统治波斯。
公元前499~公元前479年，希腊波斯爆发波希战争。
大约公元前479年，波斯人在马拉松战役（公元前490年）和萨拉米斯海战（公元前480年）中被希腊人打败后放弃了征服希腊计划。
公元前358年~公元前336年，波斯衰落后，又在两任国王阿尔塔薛斯三世和阿尔塞斯的带领下复兴。
公元前334年~公元前330年，大流士三世在三大战役中被亚历山大大帝打败，亚历山大大帝将波斯纳入自己的帝国。

40000 BC			10000	5000	1000	500	AD 1	200	

孔代表米神的
眼睛

铎有 1.2
高

木桩没有装饰

铜铎

弥生时代的人制
作钟形青铜器或铜铎，
并用狩猎、耕种、钓
鱼等自然世界的图案
进行装饰。有些照片
上的建筑物类似后来
的神殿和农舍。铜铎
可能装在木桩上，在
举行仪式时使用。

大约公元前 300 年
弥生文化在日本得到发展

大约公元前 300 年，来自亚洲大陆的商人和居民抵达日本西
部的九州，并影响东部居民。该文化以东京的一个聚落弥生命名。
他们采用中国的水稻种植、灌溉和金属加工方法。弥生人同时把
青铜和铁带入日本，用来制造金属工具、武器和器皿。弥生人还
引进陶轮，他们制造了早期日本人物、动物和房屋陶瓷像。弥生
人死后可能葬在石墓或木制棺材里，也可能将骨灰放在骨灰盒里。
一些大型坟墓里摆放了很多精致的陪葬品，以此表明他们是贵族，
控制着很多劳动力。

神秘的"大钟"

铜铎有时会几个一起埋在稻田边
或山坡的土墩里。

大约公元前 265 年
阿育王占领羯陵伽

大约公元前 322 年，旁遮普（印度西北部和
巴基斯坦）爆发起义，反抗亚历山大大帝任命的州
长。起义领袖是一位名叫旃陀罗笈多·孔雀的贵族，他第一个尝试建立统一的印度，将印
度北部的整个区域纳入孔雀帝国。他创立了一个强大的中央政府和一支高薪军队，于公元前
305 年击败了亚历山大的前将军塞琉古的攻击。签署的和平条约将兴都库什山脉的山峰定为
边界。旃陀罗笈多的儿子向南扩张，大约公元前 265 年，阿育王战胜了小国羯陵伽。阿育王
皈依佛教后目睹了人民的悲惨境遇惊骇万分，因而推行与邻国和平共处的方针。他派传教士
说服缅甸和斯里兰卡的人民皈依佛教。

人民英雄

阿育王将法律刻在柱子上，柱
子顶部放的是雕塑。这尊狮子雕塑
现在是印度的国徽。阿育王的法律
旨在消除贫困和不安全事件，为人
们修建公路和房屋，挖掘水井。阿
育王减少军队人数，把官员派
到各个地方，解决当地人的需
求。阿育王是一位严格的素食
者，他禁止杀戮多种动物。

兴都库什山脉
旁遮普
孔雀帝国
巴连弗邑
摩揭陀
羯陵伽
阿拉伯海
孟加拉湾
缅甸
斯里兰卡

首个印度帝国

旃陀罗笈多占领印度东北部的大
国摩揭陀，同时占领旁遮普。他定都
巴连弗邑，打赢塞琉古后获得了现今
位于巴基斯坦和阿富汗的大部分地区，
他的儿子控制了印度南部大部分地区。

巨大的石女像

孔雀王朝的人擅长雕塑和抛光石材。
他们雕塑巨大的石女像或生育女神"药
叉"，表达他们理想中的女性美。

| 600 | 800 | 1000 | 1200 | 1400 | 1600 | 1700 | 1800 | 1900 | 2000 |

公元前 221 年
中国的第一位皇帝

战国时期（大约公元前 485 年~公元前 221 年），中国分裂为 7 个大国和几个小国，包括周国。这些国家相互征战，抢夺对方的土地，直到公元前 221 年，秦国国王打败所有对手，建立了中国第一个统一帝国，改称号为秦始皇。他着手整理田地和人口，以便协调工作，遏制犯罪，建立一支可靠、训练有素的军队。为达到这些目的，他秉公执法，统一文字、度量衡和货币。

兵马俑

秦始皇下令雕刻真人大小的雕像，数量有一个军队之多。7 000 多个穿着战袍的陶俑形象无一雷同，涂上了绚丽的颜色，手持真武器。陶土车夫和陶马都装上了真战车。兵马俑排成战斗队形，埋在第一位皇帝的坟墓旁，守护他的灵魂。

望楼为交战方提供庇护

硬烤过的砖层之间用黏土填筑

征召入伍的士兵和囚徒被迫修建长城

长城

早期统治者修建城墙以抵御中国北方的匈奴攻击。秦始皇修复这些城墙，并将其连在一起，筑成了长城，近 6 400 千米长。

疆土扩大

汉朝统治者扩大秦帝国疆土到了朝鲜和越南部分地区。汉初统治者定都西部的长安，这一时期被称为西汉。大部分人生活在中国北方。

中国长城
长安
秦帝国疆土
汉朝疆土
中国南海

公元前 202 年
汉朝统治中国

公元前 210 年，秦始皇逝世后中国发生内战，一直到刘氏家族在秦朝基础上建立汉朝。汉朝统治者延续了秦朝统治者的管理方法，并在接下来的两个世纪进一步发展，巩固中国的统一，保护中国疆土免受北方侵略者的入侵。从公元前 100 年开始，中国商人经常沿着一条贸易路线即丝绸之路，带着丝绸从中亚到西欧进行交易。

孔子 大约公元前 551 年~公元前 479 年

汉朝官员被教导要遵循中国伟大哲学家孔子的教导。孔子认为，人们应当遵循社会礼法，把自己当成秩序井然社会中的一员，而不是寻求个人利益。仕途生涯失败后，他创办私学，教育弟子尊重与善待父母、老人和其他人。他的弟子把他的言行编撰成《论语》。

准备晚餐

汉朝时，埋葬高官、贵族以及他们的妻子时，会提供五颜六色的漆碗，碗里盛满了食物。

公元前171年

米特里达梯一世成为帕提亚国王

公元前334年~公元前330年，亚历山大大帝入侵波斯，他去世后，波斯由他的一位将军塞琉古统治。大约公元前250年，中亚的一位强硬领导人阿尔沙克在波斯东部建立了帕提亚王国。公元前171年，阿尔沙克的亲戚米特里达梯一世即位，执政33年。他决心征服300多年前伟大的波斯王大流士一世统治的广大疆土。经过数次交战后（大约公元前160年~公元前140年），米特里达梯一世占领了里海与波斯湾之间的领土，往东延伸到印度边界。他在底格里斯河上修建了一个面朝塞琉西亚城的军事营地，将两座城市合并成一个城市泰西封，即帕提亚的首都。公元前138年，米特里达梯一世逝世，他的阿萨息斯王朝统治了300多年。帕提亚在很长时间内仍保持着大国地位。亚历山大征服波斯后，传遍波斯的希腊文化被复兴的波斯文化所代替。

回马箭

帕提亚骑射手身手过人，骑马时也能向后射箭（"帕提亚回马箭"），这让他们在战场上占尽优势。

公元前63年

罗马征服犹大王国

公元前198年，在叙利亚基础上建立起来的塞琉古王朝的国王——安条克大帝，控制了以色列的犹大王国。他试图逼犹太人接受希腊文化和宗教。犹太人通过大祭司保留了独立的体制，一些大祭司却触犯犹太法律，讨好安条克大帝。公元前168年，一些犹太人在犹大·马加比兄弟的率领下造反，想要建立一个属于自己的严肃宗教国家。他们占领犹大国的首都耶路撒冷，建立统治王朝，一直统治到公元前63年，罗马人吞并犹大国，让马加比·许干（Maccabean Hyrcanus）成为傀儡统治者。公元前37年，罗马人封有一半犹太血统的牧师为犹大国王希律王。

哭墙

希律王重建耶路撒冷的大寺庙，在公元70年，罗马人为镇压犹太人起义，洗劫了耶路撒冷，摧毁了这座宏伟建筑。数百年以来，犹太人只能一年来一次耶路撒冷，在残留的庙墙（即哭墙）前祈祷，哀悼他们失去的城市。

光明节

犹大·马加比率领军队席卷耶路撒冷时，他们发现神殿已遭到破坏，祭坛上放着一尊希腊神像。于是，马加比举行了一次庄严的仪式，点燃灯台或7盏灯台，在神殿重新供奉犹太神。他规定，每年这一天，犹太人都必须庆祝这一节日即光明节。他们要连续8天点灯，每天晚上点燃一盏烛台，通过唱歌来赞美和感谢上帝。

犹太人的象征

无论身处顺境还是逆境，对于所有年龄段的犹太人而言，马加比的故事不会影响那些决心自由从事宗教活动、按照自己的方式生活的人们。这盏烛台代表了斗争与胜利。上图这盏烛台位于现在的耶路撒冷。

马萨达最后的抵抗

马加比在耶路撒冷以南的一座荒山山脊上修建了一座堡垒，即马萨达。希律王把马萨达修建成一座宫殿式堡垒，带热水浴室，几间大储藏室和一个犹太教堂。希律王去世后，宫殿也被废弃，但是耶路撒冷被洗劫时几位幸存者逃到此地。他们为反抗罗马的攻击坚守了3年。公元73年，当罗马人终于攻破时，他们发现守卫者及其家人为了不被擒获而选择了自杀。

亚历山大大帝

在短短的13年里，亚历山大大帝就将希腊王国的疆土扩展到了遥远的印度。亚历山大大帝是马其顿腓力二世（公元前382年~公元前336年）的儿子，他随父亲参战，接管军队后，因他的勇敢和出色的领导才能受到称赞。他决心完成父亲的愿望：让希腊城邦摆脱波斯的统治，从公元前334年到公元前330年，他征服了叙利亚、土耳其、腓尼基、波斯和埃及，并在埃及建立了亚历山大城。他继续进入印度，但是波斯人起义，他不得不返回镇压。公元前323年，亚历山大大帝在回家的路上逝世，他没有子嗣，因此帝国被几大将军瓜分。

巴比伦货币

这枚硬币上印的是骑在马背上的亚历山大大帝在与两名印度勇士决战。

亚历山大帝国

亚历山大去世时，他的帝国疆土西至马其顿，东至印度河。他让希腊人定居在新成立的城市，以巩固对占领土地的控制，他还鼓励希腊人与亚洲人通婚。

亚历山大（公元前356年~公元前323年）

亚历山大大帝是一位伟大的将军，他的性格很坚强。亚历山大的很多军队把他视为神。不管是步行战斗还是骑在他的黑马布西发拉斯上战斗，他总是冲在前面。他战斗时经常受伤，但无论是艰辛、不愉快，还是胜利后获得的战利品，他都会与部下分享。他死于发热，年仅33岁。

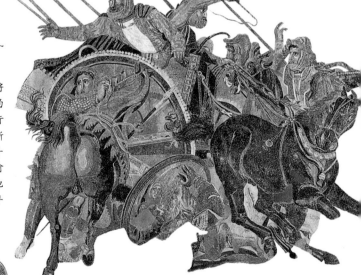

亚里士多德（公元前384年~公元前322年）

亚里士多德是希腊哲学家柏拉图的学生。

亚历山大的良师

亚历山大年轻时，父亲极力为他安排了最好的教育。他在马其顿皇宫内接受伟大的希腊哲学家亚里士多德的教育，亚里士多德培养他对于自由表达观点的巨大热忱。亚历山大在位时热切地鼓励希腊艺术和文化的发展。

伊苏斯战役

公元前333年，亚历山大军队在叙利亚伊苏斯战役中打败了大流士三世率领的波斯军队。这场胜利成为亚欧大冲突的转折点，并以镶嵌画的形式纪念，这是古代尚存的最大的镶嵌画（细节见上图），1831年，这幅画在庞培出土。

公元前 500 年~公元 1 年 欧洲

在这段时期，希腊和后来的罗马繁荣起来，它们把文明强加于大陆其他地区。公元前 400 年，马其顿在腓力及其儿子亚历山大的率领下占领希腊。罗马人摧毁了迦太基，并夺走了地中海的控制权。最后，尤利乌斯·恺撒征服了高卢（法国），罗马成为欧洲一大强国。

罗马公民

托加长袍是罗马公民的标志。罗马帝国时期，只有在重要场合人们才穿托加长袍。

罗马帝国

为了巩固政权，罗马人在意大利各地修建公路，扩展贸易，加强与海外的联系，尤其是与希腊、地中海东部地区和北非的往来。

公元前 449 年

罗马共和国的发展

罗马共和国每年选举两名新执政官，以避免选出的领导人专政。人们出于相同的目的选举地方法官来辅佐执政官，从而鼓励更多人参与管理城市事务。最初这种体制运行得很好，但是后来占据高职位的贵族与想要更多话语权的平民起了冲突。公元前 449 年，平民赢得选举保民官（代表）的权利，保民官可参与制定法律。后来，这些保民官持"否决"票，阻止元老院（政府）的决议。奴隶阶层大部分是战争俘虏，他们根本没有权利。

法官和其他官员的托加长袍有紫边

（地图标注：高卢　黑海　大西洋　意大利　马其顿　帕提亚帝国　罗马　希腊　叙利亚　撒丁岛　雅典　塞浦路斯　西西里岛　克里特岛　迦太基　地中海　非洲　埃及）

| ■ 200 BC | ■ 133 BC | □ AD 1 |

伯里克利

公元前 461 年~公元前 429 年，伯里克利（大约公元前 490 年~公元前 429 年）是雅典领导者，他正直廉洁，因高超的政治才能而赢得了良好的声誉，在大伯罗奔尼撒战争中，他唤起了雅典市民的民族自豪感和爱国热情，让市民积极参战。公元前 429 年，他在一场严重的瘟疫中逝世。

公元前 431 年

大伯罗奔尼撒战役

古希腊的城邦之间经常交战。雅典和斯巴达这两大最重要城邦之间的对抗相持了一段时间，公元前 459 年发生的第一次伯罗奔尼撒战争终于让两国的对抗达到了高潮，伯罗奔尼撒战争以希腊南部的伯罗奔尼撒岛屿命名，岛屿上有斯巴达及其盟国。交战结果是斯巴达胜利。15 年以后，即公元前 431 年，雅典侵略斯巴达的一个盟国科林斯，引发了第二次战争，即大伯罗奔尼撒战争。战争一直持续到公元前 404 年才结束，而在公元前 403 年，雅典整个舰队在伊哥斯波塔米战役中被摧毁，最终在围攻中投降。

雅典与斯巴达

在伯罗奔尼撒战争中，交战双方实力相当，凶猛的斯巴达军队在陆上实力更强，而雅典海军有段时间在海上称霸。

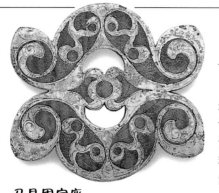

凯尔特人

大约公元前 500 年，凯尔特人居住在中欧。他们擅长马术，对炼铁也很在行。凯尔特人是凶猛而骄傲的战士，热爱打仗喝酒，他们大摆宴席，喝酒庆祝胜利，一摆就是好几天。他们还很有艺术天赋，很多精致的金属制品至今仍可见。凯尔特人没有文字，凭着记忆，通过诗意朗读和对话等方式口头传承历史。凯尔特人在高卢和西班牙部分地区定居，他们建农场，精心保护丘陵要塞，相关人员则住在不列颠群岛。他们的军队组织松散，从未打赢过训练有素的罗马军团。

马具固定座

凯尔特人是金属制造专家。他们制作漂亮的珠宝首饰，例如金手镯、胸针、装饰双轮马车的马具固定座，见上图。

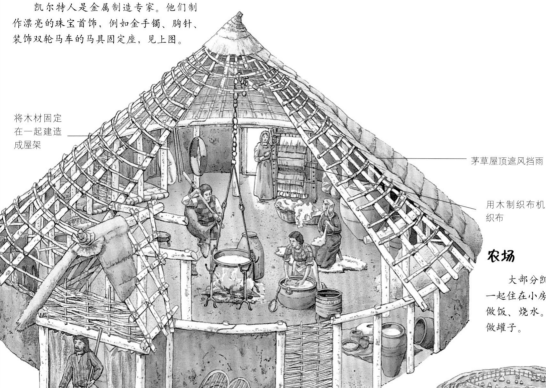

将木材固定在一起建造成屋架

茅草屋顶遮风挡雨

用木制织布机织布

兽皮挂在入口处防风

泥巴建成的墙

在战争中使用，或贵族旅行用的双轮马车

凯尔特领导人

维钦托利是高卢中部阿维尔尼部落的王子，公元前 52 年，他率领凯尔特军队攻打罗马人，但是失败了。

农场

大部分凯尔特人居住在村庄或农场。家人一起住在小房子里。屋子中央生火，用来取暖做饭、烧水。家庭成员用织布机织布，耕种做罐子。

丘陵要塞

凯尔特人在某些地方修建丘陵要塞，其目的有多种，可以作为避难所，也可用来储物，有些要塞经过了精心设计，例如上图的丘陵要塞。

凯尔特人早期家园

公元前 6 世纪~公元前 5 世纪时扩张

公元前 4 世纪~公元前 3 世纪时扩张

凯尔特领土

凯尔特人生活在欧洲许多地方。公元前 3 世纪，一些人迁到土耳其，成为加拉太人。

有角的头盔

这个铜制头盔只用来展示，打仗时不用。

40000 BC		10000	5000	1000	500	AD 1	200

公元前 60 年

罗马首次出现三人执政局面

公元前 109 年，意大利受到来自高卢和日耳曼野蛮民族的威胁。一些日耳曼军队被打败。一位身份卑微的前任执政官，盖乌斯·马略（Gaius Marius）再次当选执政官，他调动新军，在阿克韦-塞斯提亚（公元前 102 年）和韦尔切利战役（公元前 101 年）中彻底打败了野蛮民族。盖乌斯从政由于不采纳反对意见，于公元前 88 年，被卢基乌斯·科尔内利乌斯·苏拉（L. Cornelius Sulla）逐出罗马。苏拉加强元老院权力，并对小亚细亚开战。赢得几场战役后，他于公元前 82 年回罗马成为掌握绝对权力的独裁者，但三年后辞职。政客们争夺权力让国内乱作一团。终于，在公元前 60 年，三名男子团结起来恢复秩序。这三名男子是：马库斯·克拉苏，一位有政治野心的富有金融家；格涅乌斯·庞培；以及注定成为古代世界伟大人物的尤利乌斯·恺撒。他们成立了首个三人执政政府（三人一起统治），恺撒于公元前 59 年成为执政官。

罗马军队

数百年以来，罗马军队一直由工人组成，他们会在特殊战役中自愿参战。第一支专业军队成立于大约公元前 104 年。在恺撒执政时期，军队由军团组成，在主要的一线部队中，所有军人都是罗马公民。每个军团算上步兵、骑兵、医疗人员和技术兵等，共计 5 000 名。军团兵戴着头盔，手拿高高的盾牌，备有短剑和标枪。

罗马剑

这把短剑，有木制或骨制剑柄，双刃刀片，是一把非常有效的刺伤利器。

恺撒遇刺

公元前 44 年，几位元老院议员密谋谋杀恺撒，3 月 15 日，他们把他刺死。虽然杀害了恺撒，但他们保证他的想法仍然有效，恺撒的养子屋大维完成了他的工作。

尤利乌斯·恺撒

公元前 80 年，恺撒在土耳其首次服兵役时，因表现英勇荣获槲叶环。

公元前 60 年，恺撒与格涅乌斯·庞培、马库斯·克拉苏组成首个三人执政团，并于公元前 59 年被选为执政官。

公元前 58 年～公元前 50 年，恺撒参战，征服高卢。

公元前 49 年，恺撒进入意大利，内战爆发。

公元前 45 年，恺撒被推举为终身独裁官。

公元前 44 年 3 月 15 日，恺撒在罗马被刺杀。

尤利乌斯·恺撒

恺撒是一位天生的演说家、作家、战士和政治家。在战争中，他展示出了一名指挥家、军事家和组织者应有的非凡才能。他有时也会为了追求自己的利益而不择手段。

公元前 45 年

恺撒成为罗马世界的领导人

作为执政官，恺撒推行建设性的改革，随后，在精心策划的 8 年战争中（公元前 58 年～公元前 50 年），他征服了高卢，并将其合并成罗马的一个省。公元前 49 年，他回国后本以为他的忠实军队会得到奖赏，而他自己也会获得荣誉，但没想到自己成了公敌。因此，他进军罗马，赶走了敌人，成为独裁者。公元前 45 年，他成为罗马世界的领导人。他继续推行改革，例如更新日历，重新制定罗马法律，让元老院更加民主。公元前 44 年，恺撒被刺杀。他的朋友马克·安东尼以及甥孙兼养子屋大维为恺撒报仇，杀死了很多罗马主要人物。公元前 31 年，屋大维成为罗马世界的领导人，公元前 27 年，他获得奥古斯都的称谓，意为"尊敬"。

马克·安东尼

公元前 31 年，屋大维与马克·安东尼争吵，并在亚克兴角战役中打败了安东尼。这幅安东尼肖像印在红碧玉做成的印章戒指上。

🌎 公元前 500 年~公元 1 年 美洲

通过种植在当地生长的植物，北美出现了新的耕作方法。这种新的种植而非采摘的方法让俄亥俄河谷沿岸的阿登纳人的生活繁荣起来。在南美的秘鲁，帕拉卡斯的艺术文化发展标志着早期查文文化向后期纳斯卡文化的重要过渡。

帕拉卡斯容器

人们通常把精致的陶瓷，例如这个头形的容器，放置在墓穴里，供死者来世使用。

具眼生物

这个有着巨大眼睛和多条腿的超自然生物出现在帕拉卡斯的很多物品上，例如衣服和面具上。

大约公元前 500 年

秘鲁兴起帕拉卡斯文化

公元前 500 年至公元 200 年间，秘鲁利马南部一小块受风侵袭的土地上兴起了丰富多彩的帕拉卡斯文化。帕拉卡斯人种植多种农产品，例如玉米、豆类、花生、地瓜和丝兰。他们是技艺精湛的刺绣工和纺织工，使用不为其他人所知的先进技术。在一件 2 000 多年后出土的衣服上，人们发现了 100 多种不同的颜色。刺绣设计包括人物、鸟类、猫、狐狸和魔鬼。帕拉卡斯还沿袭了木乃伊制作技术和安葬仪式。尸体干燥或熏干后放在地下室里进行保存，旁边放着纺织品、假头和陶器。

沙漠中的树

帕拉卡斯人在沙漠山坡上雕刻了一棵类似烛台的树，这棵树俯瞰着现在的帕拉卡斯港入口。

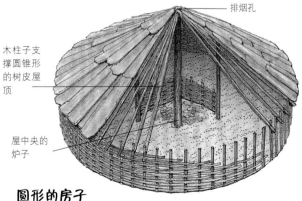

— 排烟孔

木柱子支撑圆锥形的树皮屋顶

屋中央的炉子

圆形的房子

阿登纳房子是圆形的，直径为 4 米~10 米。墙壁由紧密排列的柱子和枝编镶板制成。

大约公元前 500 年

阿登纳修建坟堆

阿登纳人居住在美国俄亥俄河谷沿岸，他们靠狩猎、采集和种植农作物为生，种植的农作物包括玉米、豆类、瓜类和向日葵。阿登纳人居住在一起形成聚落。阿登纳人是北美中西部第一个修建坟堆埋葬重要人物的人群。这些坟堆里有用泥土堆成的盆地，以及装尸体的大型原木坟。陪葬的物品有铜手镯、石雕碑，以及在烟熏仪式上使用的雕刻烟斗。

第六章

公元 1 年~400 年

古代世界的衰落

罗马马匹的盔甲

公元1年~400年世界情况概述

称霸古代的三大帝国——中国（汉朝）、波斯和罗马，在这段时期瓦解，导致亚洲和欧洲局势不稳定。中国（汉朝）分裂为三个独立的王国，波斯王朝被萨珊王朝推翻，萨珊王朝增强了波斯的势力，对控制该地区的罗马构成了威胁。罗马也进入长期低迷期，国家一分为二，并在君士坦丁堡的基础上创立了东方帝国。新基督教成为官方宗教。

新帝国的崛起

随着旧帝国的衰落，新帝国逐渐建立起来。印度的笈多王朝通过和平、智慧的手段治理国家，使其成为亚洲最强国。该时期是艺术和文学兴盛的黄金期。在世界的另一端，秘鲁的莫切以及安第斯山脉的蒂亚瓦纳科发展成为艺术丰富的社会。在中美洲，玛雅文明兴起，技术高度发达，社会文明，数学和科学比当时享誉欧洲的任何学科都先进。

北美洲

落基山脉

大约100年~200年，北美洲东部兴起霍普韦尔文化。

大约250年，中美洲的玛雅文明达到鼎盛。

大约100年，秘鲁沿海西潘的莫切文明开始发展。

南美洲

大西洋

太平洋

大约100年，的的喀喀湖岸，蒂亚瓦纳科城开始发展，人们乘芦苇筏荡漾在湖上。

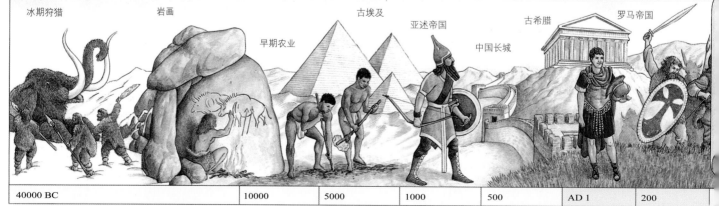

冰期狩猎　岩画　古埃及　亚述帝国　古希腊　罗马帝国
早期农业　中国长城

| 40000 BC | | 10000 | 5000 | 1000 | 500 | AD 1 | 200 |

年，马可 · 奥勒留（Marcus
lius）死后，长达150年的
和平期结束，罗马军队参
加频繁。

360年前后，中亚匈奴
首次入侵欧洲。

亚 洲

大约33年，犹太人宗教领
袖和基督教创始人耶稣基
督，在以色列被钉死在
十字架上。

25年，中国进入东汉
王朝。

• 大莱普提斯

，塞普蒂米乌斯 · 塞
（Septimius Severus）
修建雄伟的建筑物，
化他的家乡利比亚大
是斯。

226年，波斯进入萨
珊王朝。

376年，印度的旃陀
罗 · 笈多二世执政，笈多
帝国进入鼎盛时期。

大约350年，可能被阿克
苏姆王国入侵，麦罗埃的
库希特文明结束。

非 洲

大约300年~400年，非
洲东南部的班图人种植
谷物，饲养牛。

恒河

印度洋

大洋洲

北

| 600 | 800 | 1000 | 1200 | 1400 | 1600 | 1700 | 1800 | 1900 | 2000 |

1年

100年

17年~24年，努米底亚领导人塔克法里那斯（Tacfarinas）反抗罗马在北非的统治。
40年，毛里塔尼亚（位于今摩洛哥北部和阿尔及利亚西北部）被罗马吞并。
61年~63年，罗马军队沿着尼罗河谷往上进入苏丹。

大约100年，阿克苏姆成为埃塞俄比亚北部厄立特里亚境内一个大国的首都。
115年，昔兰尼加（利比亚东北部）的犹太团体反抗罗马的统治。
193年~211年，利比亚人塞普蒂米乌斯·塞维鲁成为罗马皇帝。*

罗马斗兽场位于突尼斯帝斯德路斯（今埃尔杰姆），可容纳50 000人

亚洲

罗马士兵的头盔可保护头部、脸部和脖子

9年~23年，王莽成为中国皇帝。
25年，中国进入东汉王朝。*
大约33年，犹太宗教领袖耶稣被钉死在十字架上。
大约50年，佛教传入中国。

纸模：造纸工把纸模浸泡在盛装潮湿纸浆的大桶里，再取出摇一摇，让纸浆落在篾席上

以色列和其他国家使用左图所示的陶制储存罐

1 大约105年，中国人蔡伦发明了造纸术。
1 大约120年，中国人张衡发明了地动仪。
大约120年~162年，贵霜王朝的国王迦腻色伽统治了印度北部、巴基斯坦、阿富汗和中亚大部分地区。

184年~205年，黄巾起义，严重打击了中国东汉政权。
大约190年，位于印度南部坦贾武尔的印度朱罗王朝崛起。

欧洲

14年，罗马皇帝奥古斯都逝世。*
43年，罗马皇帝克劳狄乌斯（Claudius）入侵不列颠。
60年~61年，爱西尼女王布狄卡（Boudicca）反抗罗马对不列颠的统治。
64年，罗马发生大火灾。
68年~69年，皇帝尼禄逝世后，罗马开始内战。
大约80年，罗马斗兽场竣工。

罗马人喜欢看角斗士在斗兽场格斗，角斗士一般是奴隶或罪犯

116年~117年，罗马帝国在图拉真皇帝（98年~117年）的统治下达到鼎盛。
122年~138年，人们修建哈德良长城来保卫不列颠省。
166年~167年，罗马帝国出现了瘟疫，实力大减。
180年，马可·奥勒留皇帝逝世，罗马和平期结束。*

罗马士兵使用这种镐（修复后）

美洲

大约1年，危地马拉北部的埃尔·米拉多尔（El Mirador）进入发展高峰期，这或许是玛雅早期最先进的城市。
大约1年，墨西哥谷的城市特奥蒂瓦坎正在发展中，人口超过了40 000。
大约50年，秘鲁沿海的纳斯卡文化兴起。纳斯卡人在沙漠里创造了广袤而神秘的线条和图案。

大约100年，秘鲁沿岸兴起的莫□明，在西潘日益繁荣。*
大约100年，密西西比河上游兴起□韦尔文化。
大约100年，美洲西南部兴起莫□（Mogollon）文化，人们发明了有□彩陶。
大约100年~200年，在墨西哥瓦□地区，一座位于阿尔班山的城市□力达到顶峰。

这个艺术品是一个巨大的手掌，用□母矿切割而成，出土于美国东北部□亥俄州霍普韦尔遗址的一个土墩中。

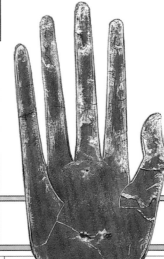

大洋洲

纳斯卡艺术世界闻名，包括纺织品和金属制品，最重要的是彩陶

200 年

大约 200 年，罗马皇帝塞普蒂米乌斯·塞维鲁修筑堡垒和长沟渠，加强北非边防。

238 年，非洲人开始反抗罗马的统治，动荡持续了半个世纪。

非洲人发明锛子刮掉树干上的树皮，用来制作栅栏、木屋和梯子

日本的古冢里会放上埴轮，例如这个黏土马制品

212 年，罗马国籍正式授予给帝国所有自由民。

235 年~284 年，罗马帝国进入长时间的内战和混乱期。

271 年~276 年，罗马人在周围修建奥勒良墙。

284 年~305 年，戴克里先成为罗马皇帝，推行改革，创立四帝共治。*

印在陶器上的玛雅文字，与其他已知的文字没有任何相似之处

300 年

295 年~300 年，戴克里先（Diocletian）皇帝重组北非地方政府。

大约 300 年~400 年，南非班图种谷物的农民开始饲养牛。

大约 330 年~340 年，主教弗鲁门修斯使埃塞俄比亚一厄立特里亚的阿克苏姆开始信奉基督教。

大约 350 年，或许是因为阿克苏姆王国的入侵，麦罗埃的库希特文明结束。

大约 397 年，柏柏尔王子吉尔多开始反抗罗马皇帝霍诺留斯的统治。*

利比亚罗马皇帝塞普蒂米乌斯·塞维鲁在位时所使用的硬币

220 年，中国汉朝衰落，之后是三国时代及晋代。

大约 224 年，波斯帝国的帕提亚王朝结束，进入阿尔达希尔一世（224年~241 年）统治的萨珊王朝。*

260 年，波斯国王沙普尔一世在战役中打败罗马皇帝瓦莱里安，瓦莱里安被俘。

中国出土的越瓷葬品——关在圈里的狗

大约 320 年，印度恒河流域的笈多帝国崛起。

360 年，斯里兰卡弥迦梵那王的大使到达笈多宫廷，斯里兰卡来宾宗教纪念碑建成。

376 年，旃陀罗·笈多二世继位，进入笈多黄金时期。

386 年，中国进入南北割据时期（到 589年割据结束）。

399 年，中国佛教史学家法显开始印度之旅。

313 年，整个罗马帝国人都接受了基督教。

324 年，君士坦丁大帝成为罗马世界唯一的皇帝。

330 年，人们在欧洲土耳其的古希腊拜占庭城遗址上修建君士坦丁堡新城（今伊斯坦布尔）。

公元 360 年前后，中亚匈奴首次入侵欧洲。

378 年，在阿德里安堡战役中，罗马被西哥特打败，瓦伦斯皇帝被杀。

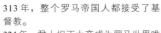

这块金色玻璃碎片上画的是早期的基督教家庭以及用希腊语写成的基督名

284 年，罗马士兵戴克里先自封为皇帝，他恢复秩序，推行改革

这个陶像是一个香炉，出土于危地马拉北部的玛雅城市蒂卡尔，一位玛雅神拿着一个装人头的盘子，可能是一种宗教祭祀品

大约 375 年~600 年，蒂亚瓦纳科城继续发展，最终有 5 万人住在那里。

大约 378 年，玛雅城蒂卡尔入侵并征服乌夏克堡（Uaxactún），两城之间的战争结束，蒂卡尔继续发展。

大约 200 年~375 年，玻利维亚的的喀喀湖附近的蒂亚瓦纳科城开始第一阶段主要的建设。

大约 250 年，墨西哥东部、洪都拉斯、危地马拉进入玛雅文明古典期。

大约 300 年，早期东部波利尼西亚文化开始。

波利尼西亚人使用这种小船前往附近的岛屿，且用来捕鱼，空心木则用于建造主船体

公元 1 年~400 年 非洲

非洲中部和南部体验到了炼铁技术带来的好处，某些地区也从事更大的贸易活动。4 世纪时，东北方的阿克苏姆王朝趁着国王更替之时引入基督教。大陆北岸大部分地区受罗马控制，贸易繁荣，国家富裕，北非还诞生了罗马最伟大的皇帝之一——塞普蒂米乌斯·塞维鲁。

硬币上的肖像

塞普蒂米乌斯·塞维鲁出生于莱普提斯（现在的利比亚），并成为罗马皇帝，他的在位时间为 193 年~211 年。

193 年

塞普蒂米乌斯·塞维鲁成为罗马皇帝

公元前 146 年，罗马人摧毁了迦太基，并将其纳入罗马控制之下。他们还吞并周边城邦，到了公元 1 世纪末期，北非的罗马人从摩洛哥向东进入埃及的尼罗河三角洲，并在那里建立新城市，发展贸易和农业。2 世纪，罗马每年近 2/3 的粮食由北非提供。193 年，生于北非的士兵塞普蒂米乌斯·塞维鲁成为罗马皇帝，罗马化达到顶峰。他拨款发展城市，并计划让整个罗马帝国的公民成为自由人。

狮子镶嵌图

北非因"罗马"时期精湛的镶嵌工艺而著名。4 世纪时，以动物为主题的镶嵌画在突尼斯很受欢迎，例如这幅狮子写实照。

非洲境内的罗马废墟

罗马人 3 世纪时在埃尔杰姆修建了斗兽场（位于突尼斯）。

大约 397 年

吉尔多反对罗马统治

4 世纪 80 年代，罗马皇帝狄奥多西一世（379 年~395 年）封柏柏尔酋长吉尔多（Gildo）为非洲伯爵，并任命他为非洲省罗马行政长官。他是个暴君。397 年，他决定与罗马脱离关系，切断非洲到意大利的粮食供应，打破罗马人几个世纪以来的传统，因此罗马派遣高卢军队到非洲解除残暴的吉尔多的职务，吉尔多被高卢军队打败后试图乘船逃离非洲沿岸，但不幸被抓，他被处以死刑。

突袭队

撒哈拉北部地区普遍使用骆驼，这扩大了游牧民族在沙漠里的生活范围，为游牧民族突袭罗马北非的边境城镇提供了机会。

公元 1 年~400 年 亚洲

3 世纪时，西亚帕提亚帝国衰落，新的萨珊王朝接管并恢复波斯的权力，对罗马亚洲的利益造成了严重威胁。3 世纪早期，中国汉朝在经历了两个世纪的懦弱统治后衰落。4 世纪末期，印度的笈多王朝兴起。

带壕沟的岗楼

汉朝时期，中国建筑流行修建高塔。高塔通常有装饰性的屋顶，可以用作岗哨或亭子。

25 年
东汉王朝

9 年，西汉末年外戚王莽推翻了西汉王朝。23 年，王莽下台，25 年，汉朝重新开始统治，并将首都从长安东迁至洛阳，该王朝被称为东汉。尽管东汉经济并不繁荣，但是出现很多重大发明，例如造纸术（大约 105 年）和瓷器。220 年，发生内战，东汉灭亡。

地动仪

大约 120 年，张衡发明地动仪，用来探测地震的一些征兆。如果有震颤，龙口会张开，所含铜珠便落入下方蟾蜍的口中。

日本古坟时代

3 世纪，日本的弥生文化经历了一些变化。进入铁器时代后，工具更加先进，农业更加高效。更有效的武器和盔甲让越来越多的贵族变得更强大，人们驯养马匹，让战士骑在马背上战斗。大部分变化发生在日本中西部，这里的人们为皇帝和其他重要人物举行华丽的葬礼，并将其埋葬在用巨石块制成的墓室里，盖上约 37 米高的巨土墩或封土堆。死者仰卧着，周围摆放着武器、矛和镜子。头盔放在头旁边，脚边放着葬礼用的陶饰品和珍珠项链。土墓模型叫埴轮，埋在坟墓周围的土里，保护死去的人免受恶魔的伤害。

封土堆

锁眼形封土堆

埋葬死人的封土堆最初是小丘状的，随后变成圆形或方形，最后变成了锁眼形。每个土墩都有一个石头墓室，里面放着一口或多口棺材，周围则是有水的壕沟。

贡品

坟墓里面放置着模型盘和碗，供死去的人在另一个世界使用。

基督教

公元 1 世纪，罗马统治以色列，这违背了犹太人的意愿。大约 30 年，一位名叫耶稣的木匠开始布道，他的教义广受欢迎，吸引了多名信徒。但是犹太人的宗教领袖认为耶稣对政治构成了威胁，于是，罗马行政长官庞提乌斯·彼拉多（Pontius Pilate）审判耶稣，耶稣被判有罪，于大约 33 年被钉死在十字架上。耶稣信徒相信他是救世主，或 "被拣选的人"（Chosen one），希腊语对应 "the Christ"，从而衍生出其宗教名，基督教。有位做帐篷的工人名叫扫罗（Saul），来自土耳其大数城（Tarsus），他最初不接受耶稣的教义，后来又突然改变。基督徒更了解的是圣保罗，他用余生来传播这一新信仰，成为最伟大的领袖之一。耶稣受难时，除了他的信徒外，很少有人会思索这一事件，但是他的信徒认为他死而复生。基督教义在罗马世界传播后不久，便在 313 年被罗马帝国正式接受。

基督教标志

罗马人将最坏的罪犯钉死在十字架上，因此，在基督被钉死在上面之前，十字架一直被认为是羞耻的象征。后来，十字架成了基督教的标志。

耶稣传奇

耶稣是以色列犹太人，出生于以色列北部加利利地区的一个贫困家庭。他之前一直是一位木匠，30 岁时，他放弃了工作，步行周游整个国家，将所有时间用来布道、治病救人。不久他就有了很多门徒（信徒），他挑选 12 名信徒组成了核心小组，即传道者。他最著名的教义是《登山宝训》。他根据对上帝的爱以及所有人的爱，为男人和女人制定了一套新的行为准则。但他激怒了犹太当权派，罗马行政长官庞提乌斯·彼拉多对他进行审判。审判结果不公平，彼拉多本该说他认为耶稣无罪，但是很多人要求处死耶稣，于是彼拉多将他交出，钉死在十字架上。一些耶稣信徒事后参观耶稣坟墓，声称耶稣死而复生，并升上了天。

《圣经》

基督徒的圣书《圣经》里包括了《旧约》（太圣经）和《新约》，公元 1 世纪在使徒的授下编写。基督徒相信它是 "上帝语录"。

彩色玻璃窗

基督徒认为耶稣（左图中的婴儿）出生在以色列耶路撒冷附近伯利恒的一个马棚里，当时他的父母还在旅行途中。

耶路撒冷教堂

基督徒把跟随耶稣的一群人的组织叫 "教会"，信徒聚会的场所则称为 "教堂"，通常布局成十字形状，有些教堂很小，有些宏伟而美丽。

《最后的晚餐》

耶稣受难前的最后一个晚上，他与使徒们共进晚餐，一起分享饼和葡萄酒。从那时起，基督徒在仪式上分享饼和葡萄酒就被称作圣餐（the Eucharist）或圣餐仪式。"Eucharist"在希腊语中的意思是"感恩"。一般情况下，牧师会在做礼拜时与教堂会众分享饼和葡萄酒。这幅《最后的晚餐》由伟大的意大利艺术家列昂纳多·达·芬奇（1452 年~1519 年）所绘。

圣餐杯

基督徒按照耶稣的指示举行洗礼和圣餐仪式。这些仪式及其他仪式统称为圣礼。

基督教教派

基督教历史有一个特点，即信徒之间已有上百年的分派历史，并伴随着以上帝名义进行的迫害、殉道、杀戮等。甚至在 313 年君士坦丁大帝接受罗马帝国的基督徒之前，很多群体已经脱离了主流信仰，时间越长，脱离程度越甚。几世纪以来，基督教分裂成两大教派：一派是西欧的罗马天主教，由罗马教皇领导；另一派是东正教，集中于君士坦丁堡，直到 1453 年都由拜占庭皇帝主导。当时君士坦丁堡落入土耳其人手中，东正教领导权也落入莫斯科的俄国人手中。

在欧洲，改革者路德（Luther）和加尔文（Calvin）摆脱了罗马教皇的控制。他们以及追随者被称为新教徒，是 17 世纪和 18 世纪福音派教徒以及当今新教教会的先驱。这一过程一直继续，全世界出现了不同的教会。尽管派别众多，但基督教几乎传到了每个国家。现今，全球有 30% 的人自称是基督徒。

洗礼的水

基督教洗礼时，水象征着信徒的灵魂得到净化。图中这次洗礼在非洲的莫桑比克举行。现在，基督教在撒哈拉以南的非洲以及中国和韩国等亚洲国家传播最迅速。

教皇

罗马天主教的教徒人数达 9 亿，天主教的领袖是教皇，总部设在罗马。

存放圣人遗物的匣子

根据罗马天主教和东正教传统，特别接近上帝的基督徒死后可被封为圣人。很多基督教徒向他们寻求帮助，他们相信圣人可以求上帝帮助他们。一些物品被称为圣人遗物，据说有治疗功效，因为它们与圣人或耶稣，或是他的母亲玛利亚有关联。

| 600 | 800 | 1000 | 1200 | 1400 | 1600 | 1800 | 1900 | 2000 |

约224年
阿尔达希尔一世在波斯建立萨珊王朝

公元前248年，游牧帕提亚人进入波斯，建立了强大的帝国。大约公元224年，最后一位帕提亚国王被手下士兵阿尔达希尔杀害，阿尔达希尔出生于显赫的萨珊家族，他夺得帕提亚王位后建立了萨珊王朝和帝国。他征服周边地区，重建古波斯帝国，对罗马在亚洲的利益构成了威胁。随后，萨珊王朝的宫廷所在地泰西封成为灿烂文化的聚集地。医学、天文、哲学、艺术和手工艺方面百家争鸣，一片繁荣景象。阿尔达希尔的儿子沙普尔一世下令在泰西封修建宫殿，宫殿遗址至今可见。大约642年，萨珊王朝在穆斯林阿拉伯人的猛攻下最终瓦解。

手牵美洲豹

这条埃及挂毯可追溯至6世纪。挂毯上是两个猎人，每人手里都牵着一头美洲豹。萨珊王朝的人经常抓美洲豹用来猎捕野生动物。

打败罗马皇帝

阿尔达希尔的儿子沙普尔一世因在260年的埃德萨战役中打败并俘获罗马皇帝瓦莱里安（Valerian）而被世人铭记。这块著名的石浮雕就是瓦莱里安下跪在沙普尔一世的马前求饶。

萨珊王朝人猎杀狮子、野猪等动物

琐罗亚斯德教

古代宗教琐罗亚斯德教主要基于琐罗亚斯德的教导，琐罗亚斯德是公元前6世纪的一位波斯先知。琐罗亚斯德教连续成为阿契美尼德王朝、帕提亚王朝和萨珊王朝这三代波斯王朝的国教。先知琐罗亚斯德认为，人类可自由选择信奉善神明智的主阿胡拉·马兹达，还是恶神安哥拉·曼纽。由于琐罗亚斯德教义强调天堂和地狱、复活、最后的审判，因而对后来的宗教，例如基督教、犹太教和伊斯兰教等有深远的影响。8世纪时，很多琐罗亚斯德教教徒离开伊朗，定居印度西北部，至今仍被称为帕西人。现在，琐罗亚斯德教在全球很普遍。

国王硬币

这枚硬币由萨珊王朝国王霍尔米兹德二世颁发，霍尔米兹德二世在位时间为302~309年。

国王追猎

国王最喜欢的运动是狩猎，因此设计了专门的狩猎公园，供国王、贵族和皇宫其他人员体验追逐的乐趣。这个精美的银盘子展示的就是皇室猎捕狮子的场景。这个盘子可能在萨珊帝国的宴会上使用过。

火神庙

琐罗亚斯德教教徒相信火代表纯洁。这座萨珊王朝时期的火神庙位于塔赫特苏莱曼，现在的伊朗西部。这栋综合建筑建于一座小山顶部的深湖旁，庙里燃起圣火。

笈多王朝

贵霜帝国瓦解后，印度北部被一些独立的王国和共和国占据。320年，摩羯陀的统治者旃陀罗·笈多一世（不要与6世纪以前的孔雀国统治者混淆）征服周边地区，迎娶了一个强大家族的公主，扩大疆土。他的儿子沙摩陀罗·笈多继续北征，挖掘出巨大的贸易潜能。376年~415年，旃陀罗·笈多二世在位期间通过和平智慧的手段治理国家，使印度成为当时亚洲最伟大的国家。继任的笈多国王继续维护帝国统治，直到467年，笈多王朝的最后一个皇帝死亡，笈多王朝开始瓦解。

苏利耶

太阳神苏利耶（Surya）是吠陀时期（公元前1500年~公元前500年）的神。然而，在笈多王朝时期，苏利耶代表佛。这尊苏利耶的砂岩佛雕像出土于马图拉地区。

学习的圣地

笈多王朝时期建立了很多优秀的大学。右图所示的佛教大学位于那烂陀寺，吸引了全亚洲的学生来此学习。在类似的机构，印度学者研究和讲授神学、哲学、逻辑学、语法和医学。

帝国扩张

笈多国王从摩羯陀国的心脏地带往外扩张，统治了大半个印度。笈多人把帝国变成许多半独立王国，这赢得了半独立王国的效忠。

玛卡拉

这个神话般的半水生怪兽玛卡拉是印度艺术界最受欢迎的神话动物。这座石浮雕属于笈多王朝时期及这时期之后印度北部一座砖庙的雕带。

阿旃陀石窟

印度德干西北部的阿旃陀山有30多座石窟佛寺和寺院殿堂，这些寺院已有几千年的历史。这个宫殿场景是笈多时期众多湿壁画之一，寺庙里到处都有这种湿壁画。

笈多人的荣耀

笈多时代通常被称为"黄金时代"。这段时间社会太平，艺术、建筑和文学发展繁荣。人们还修建了很多美丽的宫殿和寺庙，例如鹿野苑的浮屠（圆顶形龛），佛陀曾在这里进行首次演讲。印度最伟大的诗人和剧作家之一迦梨陀娑在鸠摩罗笈多一世（415年~455年）在位期间写下了很多抒情诗。音乐和舞蹈发展成印度古典形式，精美的印度教和佛教雕塑成为后期艺术的典范。文法家创造了梵文，用于传播宗教，创造古典文学，让全印度受过教育的精英人士阅读。

| 600 | 800 | 1000 | 1200 | 1400 | 1600 | | 1900 | 2000 |

女王朱诺

罗马国民允许崇拜任何神，只要他们同时尊敬国神以及皇帝的守护神。朱庇特是众神之王，这尊泥像是他的妻子朱诺，她的宝座旁是她的象征——孔雀。人们用食品、饮料和动物祭祀神灵，以求得神灵的庇佑。

公元1年~400年 欧洲

在这几个世纪里，罗马帝国发展迅速，罗马人把他们的独特文化带到了欧洲大部分地区。但是400年以前，罗马帝国实在太大了，为了便于管理，罗马皇帝戴克里先将其划分成两部分，君士坦丁大帝将首都迁至东部的君士坦丁堡。但是其他国家的人经常攻击边境地区，抢夺财富。

大约14年

罗马帝国和平而繁荣

奥古斯都在位时期（公元前27年~公元14年），罗马帝国国家太平，人民生活有序。他保卫了莱茵河、多瑙河和幼发拉底河的边界地区，派军队驻守每个边界。他持续推行尤利乌斯·恺撒时期开始的改革，在罗马修建精美的建筑和公路。奥古斯都（于公元14年逝世）至马可·奥勒留（于180年逝世）统治时期通常被称为罗马和平期，这段时期，除了一些戏剧性事件外，如64年罗马发生火灾，城市大部分地区被烧毁，国内几乎没有发生扰乱民心的重大事件。奥古斯都之后的几位继任者也很优秀。图拉真（97年~117年）对罗马的敌人宣战，大获全胜。哈德良（117年~138年）限制了帝国疆域大小，便于管理，并经常巡视各省，确保管理良好。

优雅的花园里，用大理石的长廊

在躺卧餐厅，人们斜躺在沙发上就餐

奥古斯都皇帝

右图的奥古斯都被赋予了君主的绝对权力，但他却是共和传统的保护者。他尊重元老院，让很多士兵退役，同时给他们补贴土地或金钱，既维持了士兵的忠诚度，又成功削减了军队的政治权力。奥古斯都还试图鼓励国民为家庭生活投入更多精力。

富裕的罗马人吃鸵鸟、红枣煮红鹤、烤鹦鹉等珍馐美味

联排别墅

罗马人的生活中心位于繁华的城市。城市中心修建了联排别墅、市场或广场。文化与娱乐在学校、图书馆、剧院和公共浴室中兴盛起来。大部分人居住在街道的劣质出租房里，街道上有商店和旅馆。公寓楼有五层高，没有水，也没有排水设施，墙上遍布涂鸦痕迹。相反，罗马富人却生活在私人别墅或公寓（domus）里。他们购买奴隶来做家务，这些奴隶经常是战争的俘虏。

40000 BC			10000	5000	1000	500	AD 1	200

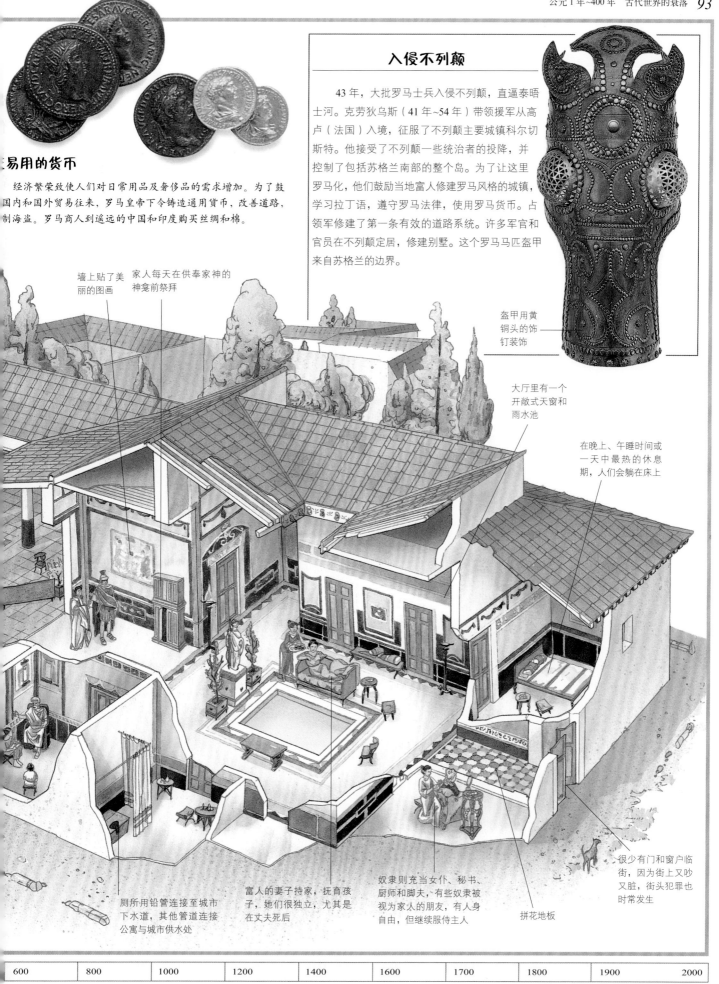

贸易用的货币

经济繁荣致使人们对日常用品及奢侈品的需求增加。为了鼓励国内和国外贸易往来，罗马皇帝下令铸造通用货币，改善道路，抑制海盗。罗马商人到遥远的中国和印度购买丝绸和棉。

入侵不列颠

43 年，大批罗马士兵入侵不列颠，直逼泰晤士河。克劳狄乌斯（41 年~54 年）带领援军从高卢（法国）入境，征服了不列颠主要城镇科尔切斯特。他接受了不列颠一些统治者的投降，并控制了包括苏格兰南部的整个岛。为了让这里罗马化，他们鼓励当地富人修建罗马风格的城镇，学习拉丁语，遵守罗马法律，使用罗马货币。占领军修建了第一条有效的道路系统。许多军官和官员在不列颠定居，修建别墅。这个罗马马匹盔甲来自苏格兰的边界。

盔甲用黄铜头的饰钉装饰

墙上贴了美丽的图画

家人每天在供奉家神的神龛前祭拜

大厅里有一个开敞式天窗和雨水池

在晚上、午睡时间或一天中最热的休息期，人们会躺在床上

厕所用铅管连接至城市下水道，其他管道连接公寓与城市供水处

富人的妻子持家，抚育孩子，她们很独立，尤其是在丈夫死后

奴隶则充当女仆、秘书、厨师和脚夫，有些奴隶被视为家人的朋友，有人身自由，但继续服侍主人

拼花地板

很少有门和窗户临街，因为街上又吵又脏，街头犯罪也时常发生

公共浴池

　　人们在公共浴池讨论新闻、观点以及皇帝和政客们的八卦消息。这些精心修建的建筑物里有温度不一的房间，有些房间很热，类似桑拿浴；有些房间很潮湿，类似蒸汽浴；还有寒冷的瀑布潭和温水游泳池。地板由柱子撑起，方便火的热气流通，为游泳池和房间加热。人们洗完后可以在运动庭院举重或玩球类游戏，按摩或吃点心。

180 年

罗马帝国开始衰落

　　180 年罗马皇帝马可·奥勒留逝世，标志着帝国长时间的和平稳定期结束。他的儿子和继承人康茂德治国不善，大部分时间用来玩乐，比如与专业的角斗士进行激烈的比赛。192 年，他被一位摔跤手勒死，没有留下继承人。经过短期的权力斗争后，一名出生于非洲的将军，塞普蒂米乌斯·塞维鲁于 193 年成为皇帝。他在位的 18 年里，国家太平，但是在他死后的 80 年里，40 多个人一个接一个或同时篡夺王位。有些皇帝只在位几个月就被谋杀或被废黜。在这段不稳定期，欧洲和亚洲的敌人多次挑衅罗马。260 年，皇帝瓦莱里安在土耳其的埃德萨战役中被波斯人打败。他被迫匍匐在地向波斯王求饶，并被关进波斯监狱。

角斗士

　　罗马人在斗兽场或圆形竞技场观看武装的角斗士（见左图的头盔）斗争至死。大部分角斗士是被迫应战的奴隶或罪犯。罗马富人甚至皇帝会赞助比赛来赢得人缘。受伤的角斗士可以求饶，如果观众同意，则可幸免于死。如果观众反对，大喊"Iugula"（杀了他），那么胜利者就会杀掉他。

284 年

皇帝戴克里先恢复秩序

　　284 年，年近 40 的戴克里先被他在土耳其指挥的罗马军队选为皇帝。他登基后立即着手抵御国外侵略，平息国内叛乱。286 年，他认为帝国太大，一个人无法管理，于是将其一分为二，西边领土归指挥高卢（法国）的将军马克西米安（Maximian）管理，东边领土则由他亲自管理。292 年戴克里先又选出两名司令君士坦提乌斯（Constantius）和伽列里乌斯（Galerius）统治划分出来的领土。这两位代表被称为"恺撒"，而戴克里先和马克西米安被称为"奥古斯都"。这段时期秩序良好。戴克里先在土耳其尼科米底亚成立政府，这里成为帝国东部最富有最重要的地区。他稳定帝国财政，改革军队和法律。305 年，戴克里先退休。

帝王会

　　这尊雕像显示的是戴克里先与共治皇帝们团结在一起，以强调政府的统一。为了显示他们的地位平等，两位低级别的皇帝和两位高级别的皇帝雕像一模一样。

道路

　　帝国最耐用的是道路，道路首先由军队修建，用来服务军队，但是大部分被帝国使者和商人占用。经过调查后，他们精心设计出一条最直接的道路，很多路又长又直。他们还跨越小山和河流，巧妙地建造桥梁。

40000 BC		10000	5000	1000	500	AD 1	200

拜占庭文明

305 年，君士坦提乌斯和伽列里乌斯成为戴克里先的继任者。但是君士坦提乌斯没多久便去世，他的儿子君士坦丁于 324 年统治了整个罗马帝国。同年，君士坦丁将首都从罗马迁到东部帝国的拜占庭，成立了拜占庭帝国，该帝国一直持续到 1453 年。6 年时间里，他在拜占庭修建了新城，后来被称为君士坦丁堡。313 年，他同意接受基督教，君士坦丁堡继而成为基督徒拜神的城市。君士坦丁于 337 年逝世，在他的几位继任者中，只有狄奥多西一世（388 年~395 年）握有整个帝国的控制权。狄奥多西一世死后，帝国被他的儿子分为东西两国，西部被侵略者蹂躏，而东部的拜占庭文明在两位皇帝的治理下发展兴盛：狄奥多西二世（408 年~450 年）修建长城保卫君士坦丁堡；阿纳斯塔修斯一世（491 年~518 年）改革帝国的财政。

君士坦丁大帝

君士坦丁是一位想象力丰富的政治家，他挖掘了帝国东部新城市的商业潜力。位于亚欧边界的君士坦丁堡成了这两大洲贸易路线的交叉点，变得非常富裕。

富人戴的珠宝

为了承担庞大军队所需的费用以及宫廷的奢侈生活，君士坦丁大帝决定遵循戴克里先的高税收政策。如果富人继续购买华丽的珠宝，例如右图的这枚金胸针，大部分人就会变穷。曾一度成为罗马传统生活中心的大城市开始衰落，因为工匠和商人变得贫穷。农民也无法放弃高税收农场，因为法律规定他们必须留在农场里，以保证粮食供应。

浮雕或主人的头部轮廓

拜占庭黄金胸针上的半宝石垂饰

新罗马

君士坦丁堡的正式名称是新罗马，由君士坦丁于 330 年 5 月正式建立，还举行了隆重的庆祝活动，包括在新球场上举行激烈比赛。全帝国的珍宝都用来装饰新建筑。上图的黄金雕像是这座城市的化身。市民试图保存希腊罗马文化，他们把图书馆里塞满了希腊书籍，法官也遵循罗马法律来执法。

基督教艺术

君士坦丁堡从建立起就是一个基督教城市，国王被视为基督教教会领袖，宗教是拜占庭居民生活的中心。人们做很多日常活动之前都会去寻求教会的祝福，所有艺术和建筑都用来赞美上帝。这幅镀金的拜占庭镶嵌画描绘的是《旧约》中的英雄诺亚。

祈祷对象

教堂、公共场所、家中都供奉着基督和圣母玛利亚的雕像或油画。艺术家们并没有尝试创新这些"图像"，而是以最美的方式模仿传统的姿势和颜色。

公元 1 年 ~400 年 美洲

这段时期美洲的多个文明兴盛起来。3 世纪时，墨西哥和美洲中部部分地区的玛雅人进入了殖民扩张和文化发展的伟大时代。在墨西哥瓦哈卡地区，其文明的中心——一座位于阿尔班山上的城市——实力和地位都达到了巅峰。在南美洲，莫切文明迁到了秘鲁沿岸的西潘，这里是南美洲最丰富的考古遗址之一。玻利维亚的蒂亚瓦纳科城里有很多宏伟的公共建筑都修建于这段时期。

陶珍品

莫切陶工创造了世界上最优秀的陶瓷传统之一。这些红泥人出土于西潘。

大约 100 年

西潘莫切文明兴盛

莫切文明控制了秘鲁北部约 400 千米的海岸带。莫切人是专业的农民，他们开凿河，灌溉农田，打扫干净水道，甚至使用鸟粪土壤肥料。他们变得富裕之后，修建类似金字塔的建筑，称之为"神庙"（huacas）。其中最大的是日月神庙，高达 41 米。西潘河岸也修建了一座神庙。莫切人还是伟大的艺术家。他们不用陶轮就能制成陶器，令人佩服，他们是南美洲第一批用模具生产黏土制品的陶工。他们的黄金加工技术也很先进。1987 年，西潘金字塔出土了两座君王坟墓，坟墓里埋了很多黄金制品，令人惊叹。

人与野兽

瓶子和水壶上画着莫切人生动的生活场景，例如上图的美洲豹攻击人类。大部分莫切陶器采用红色、白色或泥土色设计图案，主题广泛，从神到猫头鹰和蛇。

怪兽鱼

这是一个莫切花瓶上的一幅画，画的是一个神父或恶魔与怪兽鱼做斗争。

大约 100 年

莫戈永陶工

莫戈永人是农民，主要居住在美洲西南部的高地。他们与阿纳萨齐人为邻，居住的房子一半位于地下，屋顶则用石头和泥土做成。莫戈永因精美的彩陶制品而著名。大部分陶工是女人，最好的陶工是居住在新墨西哥明布雷斯河河岸的明布雷斯人。他们制作的碗极其珍贵，通常与主人一起埋葬。埋葬时，碗底会打一个孔，或许是为了释放画中人物的灵魂。

殉葬的碗

碗上画的是民族祖先和神话人物。

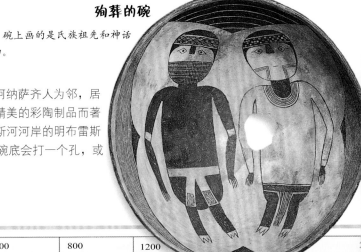

第七章

400 年~800 年

宗教世界

中国唐朝的镇墓兽

400年~800年世界情况概述

　　400年~800年，四大宗教主宰世界。在亚洲，世界上最古老的宗教——印度教仍然是印度人信仰的主要宗教，而佛教属于印度较新的宗教并传遍了中国，一直传到日本。在欧洲，基督教在拜占庭帝国以外的国家挣扎着生存，因为中亚的野蛮民族迁居此地，蹂躏西罗马帝国。这些人信奉自己的神，但是他们逐渐被基督教传教士感化，让基督教再次成为欧洲主要宗教。

新宗教

　　7世纪早期，阿拉伯开始信奉一种新宗教——伊斯兰教。受到新信仰启发的阿拉伯人尽可能多地征服东西方向的领土。当他们经过印度，横穿北非时，创造了灿烂的文化、艺术和学习中心，影响了征服地区的民族文化。并非全世界地区都受这四大宗教的影响，在美洲，人们实践自己的信仰，为他们的神灵修建华丽宏伟的寺庙金字塔和宗教仪式中心。非洲大部分地区也继续信奉古老的宗教，遵循旧习俗。

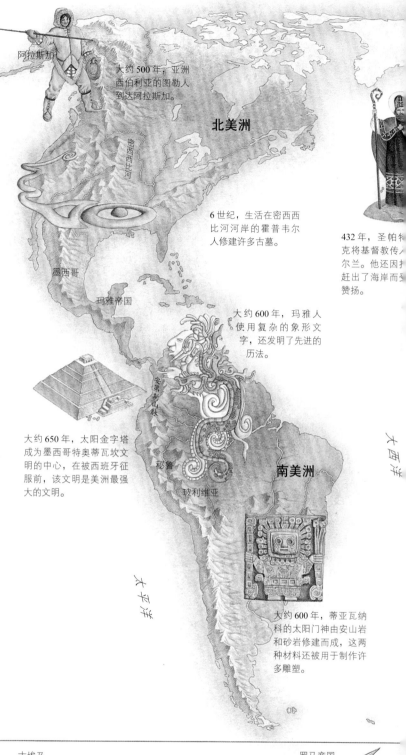

阿拉斯加

大约500年，亚洲西伯利亚的图勒人到达阿拉斯加。

北美洲

密西西比河

6世纪，生活在密西西比河河岸的霍普韦尔人修建许多古墓。

432年，圣帕特里克将基督教传入爱尔兰。他还因为被赶出了海岸而受赞扬。

墨西哥

玛雅帝国

大约600年，玛雅人使用复杂的象形文字，还发明了先进的历法。

安第斯山脉

大约650年，太阳金字塔成为墨西哥特奥蒂瓦坎文明的中心，在被西班牙征服前，该文明是美洲最强大的文明。

秘鲁

玻利维亚

南美洲

大西洋

太平洋

大约600年，蒂亚瓦纳科的太阳门神由安山岩和砂岩修建而成，这两种材料还被用于制作许多雕塑。

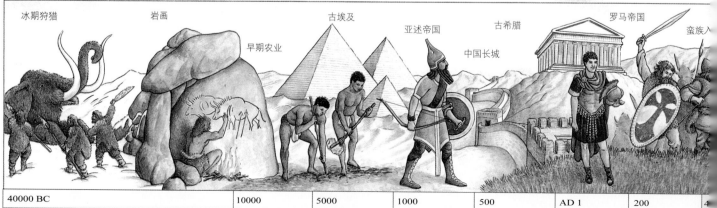

冰期狩猎　　　岩画　　　　　　　　　古埃及　　　　　亚述帝国　　　古希腊　　　　罗马帝国

早期农业　　　　　　　　　　　　　　　中国长城　　　　　　　　　　　蛮族入

5 世纪，干草原的蛮族入侵欧洲；他们随后摧毁了强大的印度笈多王朝。

大约 538 年，佛教传入日本，并被日本宫廷接受。

327 年，基督教在拜占庭帝国兴起。

欧洲

拜占庭帝国

亚洲

干草原

日本

耶路撒冷

尼罗河

麦加

632 年先知穆罕默德去世后，634 年，阿拉伯人开始向外扩张。

大约 700 年，波利尼西亚人划着专用于远航的独木舟到达太平洋岛中部。

世纪 70 年代，伊斯兰教迅……向东传遍亚洲，向西传遍……洲。

阿克苏姆

非洲

中国

印度

恒河

湄公河

8 世纪，尽管伊斯兰教发展了起来，但印度教依然是印度的主要宗教。

大约 400 年，铁的使用技术传遍了东非。

赞比西河

印度洋

大洋洲

澳大利亚

北

8 世纪，原住民人靠打猎、捕鱼和采集野生植物、昆虫为生，所有财产均由整个群体共享。

新西兰

对外争

玛雅帝国

| 600 | 800 | 1000 | 1200 | 1400 | 1600 | 1700 | 1800 | 1900 | 2000 |

400 年

大约400年，铁的使用技术传遍了东非。
5世纪，基督教在非洲东北部阿克苏姆帝国的传播越来越广。*

800年，阿克苏姆的基督教很受欢迎，这幅当代插图的原稿生动地画出了挪亚方舟

莲花手菩萨是笈多王朝时期被人们崇拜的印度神灵，他被称为"持莲花者"

大约400年，笈多王朝日益发展，疆土跨越了整个印度。
489年，中国修建了大型寺庙，佛教徒也使用石窟寺。

410年，日耳曼西哥特人的国王——西哥特人阿拉里克，洗劫了罗马。*
432年，圣帕特里克将基督教传入爱尔兰。
445年，匈奴王阿提拉攻击西欧。
大约450年，德国的撒克逊人开始入侵不列颠。
451年，阿提拉在沙隆战役中被打败。*
476年，日耳曼入侵者奥多亚塞将罗马末代皇帝罗慕路斯·奥古斯都驱逐出罗马，并控制了罗马城。

这个漂亮的鹰形饰针或胸针由西哥特人制作

这个墨西哥出土的萨波特克瓮里装了死人的骨灰，瓮放置在墓室里

大约400年，萨波特克国位于墨西哥南部，其首都在阿尔班山发展繁荣。

500 年

大约500年，加纳帝国成为西非最重要的大国。
525年，阿克苏姆国王加列布（Kaleb）征服南部阿拉伯的也门，并在也门修建多座教堂。
大约550年~600年，非洲东北部苏丹的努比亚人成为基督徒。

阿克苏姆国日益富裕，国王穿戴华派。这顶皇冠上镶嵌了很多宝□

□ 大约500年，印度数学家发明数字零。
大约500年~515年，匈奴（中亚一带的民族）摧毁印度强大的笈多帝国。
大约538年，佛教传入日本，并逐渐□个国家。*
570年，伊斯兰教的先知穆罕默德在麦加□
6世纪80年代，隋朝第一任皇帝隋文□了分裂的中国。
595年，印度数学家使用十进制。

日本睡佛的风格受到了朝鲜佛教艺术的影响

527年~565年，拜占庭皇帝查士丁尼统治国家，他试图统一东西部的基督教教会分支，这两个分支出现了严重的分歧。*
529年，圣本笃（St. Benedict）在罗马南部的卡西诺山修建修道院。
529年~534年，查士丁尼颁布法典。
552年~553年，僧侣从中国走私蚕茧到君士坦丁堡，拜占庭重要的丝绸工业开始发展。
563年~597年，爱尔兰的圣科伦巴（St. Columba）将基督教传入苏格兰。
597年，圣奥古斯丁（St. Augustine）传教士将盎格鲁-撒克逊人变成基督徒。*

查士丁尼（见右图）在君士坦丁堡（见下图）修建圣索菲亚大教堂，该教堂后来成为一座清真寺，并在屋顶上加了尖塔

大约500年，图勒人迁移到阿拉斯□
大约500年，北美的霍普韦尔人□建精美的坟墓，制作陶器，使用□武器。

图勒人划独木舟旅行

6世纪，原本来自东南亚的波利尼西亚人在夏威夷岛和复活节岛定居。

6世纪，波利尼西亚人继续向东航□

非洲　亚洲　欧洲　美洲　大洋洲

600 年

40 年~641 年，继承穆罕默德的伊斯兰教统治者哈里发欧尔（Omar）征服埃及。
约 640 年~711 年，信奉伊斯兰教的阿拉伯人向北非扩张。

约 600 年，爱尔兰进入文学艺术发展的重要时期。
约 602 年，斯拉夫部落在巴尔干半岛定居。
64 年，惠特比会议在英国召开，罗马基督徒倾向于凯尔特人教义。
约 670 年，叙利亚化学家卡里尼科斯（Callinicus）发明的"希腊火"是拜占庭军队在战场上使用的一种高度易燃液体，在大约 673 年发生的基齐库斯（Cyzicus）海战中首次使用。
约 675 年，俄罗斯大草原上的游牧民族保加利亚人在多瑙河南部的土地上定居。

《凯尔经》大约于 800 年绘制而成，之所以叫凯尔经是因为它藏在爱尔兰凯尔市的圣科伦巴修道院里。《凯尔经》是这段时期最好的手抄本之一

玛雅玉坠碎片

墨西哥尤卡坦半岛乌斯马尔的玛雅魔术师金字塔

642 年，阿拉伯人在埃及的新首都——福斯塔特修建第一座清真寺。
652 年，信奉基督教的努比亚人和埃及阿拉伯人同意将尼罗河上的阿斯旺作为阿拉伯向南扩张的边界。
697 年~698 年，阿拉伯人摧毁了北非迦太基的拜占庭城，并在附近建立突尼斯新城。

中国大运河水路成了一条主要的贸易路线

大约 605 年~610 年，中国修大运河连接长江与长安。
618 年，中国进入唐朝。*
626 年，佛教传入唐朝宫廷。
632 年，穆罕默德逝世。
634 年，阿拉伯帝国建立。*
645 年~784 年，日本宫廷模仿中国的统治模式。
646 年~700 年，日本开始政治和社会改革（大化革新）。
大约 650 年，穆罕默德的启示被编撰成文，即《古兰经》。
661 年~750 年，在叙利亚大马士革开始穆斯林倭马亚王朝的统治。

大约 600 年，玻利维亚进入蒂亚瓦纳科文明期。*
大约 600 年，玛雅文明达到鼎盛。
大约 600 年，秘鲁瓦里文明崛起。*
大约 650 年，霍普韦尔人在密西西比河上游沿岸定居。*
大约 650 年，墨西哥的特奥蒂瓦坎发展成重要的贸易中心。*

700 年

大约 788 年，阿拉伯首领伊德里斯成为摩洛哥统治者。

摩洛哥的穆莱·伊德里斯城以 8 世纪的阿拉伯首领命名

710 年~784 年，位于今京都南部的奈良是日本的首都。
711 年，倭马亚王朝征服信德，并在印度创建第一个伊斯兰国家。
751 年，在中亚的怛罗斯战役中，阿拉伯人获胜，伊斯兰教传入中国。
762 年，伊拉克进入阿拔斯王朝统治时期，首都定于巴格达。
786 年~809 年，哈伦·拉希德（Harun-al-Rashid）成为阿拔斯王朝最伟大的统治者。
794 年，平安京（京都）成为日本首都。
794 年~1185 年，日本进入平安时代，不再依赖中国。

这个骑在马背上的战士雕像是典型的唐代瓷制品，唐朝的艺术繁荣

715 年，穆斯林军队征服了西班牙的大部分地区，只有北部山区巴斯克人的故乡仍然保持独立。
732 年，法兰克的国王查理·马特（Charles Martel）在法国普瓦捷城打败穆斯林，阻止了穆斯林向北扩展。
768 年，查理大帝成为法兰克国王。*
784 年~796 年，英格兰中部麦西亚的国王奥法（Offa）在英格兰和威尔士之间修建堤坝。
787 年，维京人首次袭击英国海岸。

这幅麦西亚国王奥法的画像位于英格兰的圣奥尔本斯大教堂

特奥蒂瓦坎石雕人面，可能是祭祀用具，也可能是香炉的一部分

大约 700 年，密西西比文化在密西西比河流域兴起，人们修建平顶丘作为寺基。
大约 700 年~900 年，在亚利桑那州东部，普韦布洛人首次住在地上的房子里。
大约 750 年~800 年，墨西哥的特奥蒂瓦坎文明衰落。

波利尼西亚人相信每个职业都会得到神或灵魂的照顾，这个出土于库克群岛的木制独木舟神据称为渔夫带来好运

大约 700 年，复活节岛岛民用石头砌筑平台，作为仪式建筑的一部分。
大约 700 年，首批波利尼西亚人定居库克群岛。

| 600 | 800 | 1000 | 1200 | 1400 | 1600 | 1700 | 1800 | 1900 | 2000 |

400 年~800 年 非洲

在这段时期，没有一个单独的国家主宰非洲的历史。东北部，基督教传遍强大的阿克苏姆王国，阿克苏姆王国通过跨红海进行贸易而致富。7 世纪，穆斯林阿拉伯军队入侵非洲北岸，伊斯兰教传入该地区。再往南，穿过撒哈拉沙漠，强大的西非加纳王国通过黄金贸易致富。加纳因其巨额财富被后来的阿拉伯作家称为"黄金之乡"。在遥远的南方，欠发达国家因其人民擅长炼铁而日益繁荣。

屠龙

以《圣经》故事和圣人生活情节为题材的壁画在当地教堂很常见。这幅壁画来自拉利贝拉西部塔纳湖附近的教堂，画的是圣乔治屠龙。

5 世纪

基督教传入阿克苏姆王国

2 世纪，阿克苏姆帝国建立于非洲东北部红海边界。阿克苏姆人最初崇拜自己的神，但在 4 世纪早期，埃扎那（Ezana）国王成为一名基督徒，5 世纪末期，大部分臣民已经接受这一新宗教，基督教也慢慢传入邻国。从那时起，基督教在这一区域兴盛起来，人们修建很多宏伟的教堂，其中最著名的是位于拉利贝拉的圣乔治教堂，教堂用坚硬的岩石凿成。阿克苏姆曾是一大贸易国家，与远方的埃及、阿拉伯、波斯和印度进行贸易。阿克苏姆一直是该地区最强大的国家，直到 7 世纪中期，由于阿拉伯伊斯兰势力扩张而衰落。

岩石上的壁画

这幅壁画画在塔纳湖附近埃塞俄比亚教堂的岩壁上。

约 500 年

加纳崛起

加纳王国位于西非上尼日尔河和塞内加尔河之间，该国因开采国内河谷的黄金而致富。这些黄金最初以金粉的形式卖给当地人，后来又沿着撒哈拉商队路线进行贸易，换回铜、棉和盐。加纳国首都是昆比萨利赫。国王生活在首都的皇宫里，埋葬在土丘里。

石制方尖碑

阿克苏姆修建了 100 多座方尖碑。方尖碑是由一根石板雕刻而成，有些碑有 30 米高。有些碑至今可见，但巨大的尖碑只剩一座，这些方尖碑可能是埋葬王室成员的纪念碑。

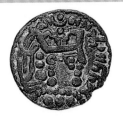

阿拉伯硬币

伊斯兰国家的人普遍使用这种银制迪拉姆。上图这枚迪拉姆可能是中亚的布哈拉铸造。

400 年~800 年 亚洲

这段时期亚洲以移民和宗教扩张为主。5 世纪，来自蒙古冰雪荒原的匈奴离开家乡，到欧洲和亚洲其他地方寻找新的住所。他们摧毁了印度笈多王国，并威胁到中国统治，但无法征服中国。两个世纪以后，阿拉伯军队开始传播伊斯兰教信仰，通过这种方式创建了一个大帝国，疆土从法国边缘延伸到中国边界。

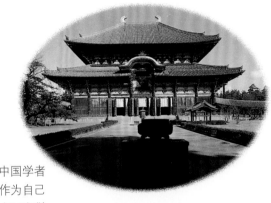

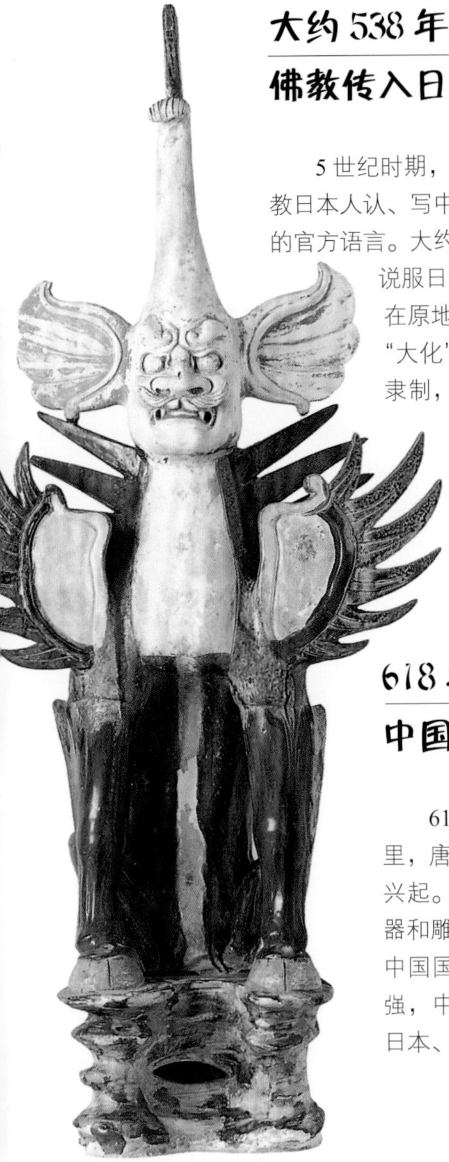

奈良县的东大寺

8 世纪早期，日本人模仿中国的首都长安在奈良修建新的首都。宫殿和寺庙拔地而起，房间里摆放的也是中国风格的新家具。

大约 538 年

佛教传入日本

5 世纪时期，中国开始对邻国日本产生巨大的影响。中国学者教日本人认、写中国字，日本将中国字进行修改，并将它作为自己的官方语言。大约 538 年，中国的影响力达到顶峰，当时中国高僧说服日本宫廷将佛教作为国教。人们把旧寺庙夷为平地，在原地修建新的寺庙。大约 640 年，孝德天皇定年号为“大化”，开始改革，按照中国的方式重组政府，废除奴隶制，设立学堂，建立文官制度。800 年，日本生活的方方面面几乎都受到中国的影响。

唐朝的镇墓兽

高官贵人墓室前会摆放一对镇墓兽，这个半人半兽像是其中的一只。

618 年

中国进入唐朝

618 年，唐朝取代了隋朝，建立起稳定的政权。随后几年里，唐朝出现了很多发明。出现了活字印刷术后，图书出版业兴起。这段时期的文学和艺术也蓬勃发展，尤其是陶器、瓷器和雕塑，因此唐朝有时也被称为中国的“黄金时代”。随着中国国力和财力的增强，中国文化也传入日本、朝鲜和西亚。

阉牛与车

唐朝时期首次出现瓷，它是一种用不同黏土制成的陶瓷材料。这个釉面饰品是典型的唐朝时期瓷制品。

600	800	1000	1200	1400	1600	1700	1800	1900	2000

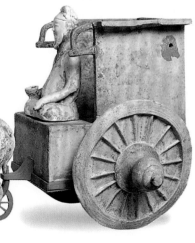

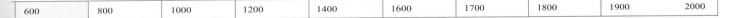

634 年

阿拉伯帝国

伊斯兰教先知穆罕默德鼓励信徒让全球尽可能多地区的人们皈依新宗教。632 年穆罕默德逝世后，他的岳父阿布·伯克尔即哈里发被选为继任者或统治者，成为伊斯兰教的最高领导人。634 年，阿布·伯克尔死后，阿拉伯征服也完成，但是在下一任哈里发欧麦尔的领导下，才真正开始改变世界的征服。新伊斯兰王朝建立，包括 661 年成立的最重要的叙利亚倭马亚王朝，其首都大马士革成为伊斯兰帝国的中心，并迅速从摩洛哥扩张到印度。直到 750 年，穆罕默德叔叔的后裔才推翻倭马亚王朝，建立阿拔斯王朝，并统治了 500 多年。

阿拉伯帝国
截至 632 年
截至 661 年
截至 750 年

帝国发展

截至 632 年穆罕默德逝世时，伊斯兰教已经传遍了大半个阿拉伯。他继任者完成了征服整个国家的使命，并继续入侵埃及。截至 670 年，他们已经向西扩张到北非的阿尔及利亚，向北扩张到伊拉克、叙利亚和波斯。阿拉伯军队从北非入侵西班牙和法国，但是 732 年在普瓦捷城被法兰克统治者查理·马特彻底击败。同时，其他军队占领了包括西印度在内的亚洲大部分地区。751 年，伊斯兰帝国在哈萨克斯坦怛罗斯战役中大获全胜，其疆土从国边界几乎延伸到亚洲中国。

圆顶清真寺

耶路撒冷清真寺由哈里发欧麦尔修建。据说寺内的石头表示的是先知穆罕默德在异象中升入天堂的地方。

阿拉伯军队在战斗

阿拉伯骑兵骑着单峰骆驼或马，手拿长剑进行战斗。他们骑着骆驼可以到达很远的方，速度飞快，也不用停下来进食喝水，因们和骆驼都已习惯炎热的沙漠气候。在近距斗中，马则更加方便。

贸易场所

随着阿拉伯帝国的扩张，贸易机会大大增商人可骑着骆驼从摩洛哥安全抵达印度。在中，两个阿拉伯商人到达一个村庄，停在此息，与村民交换物品，再继续上路。

阿拉伯征服史

632 年，穆罕默德逝世。
634 年，首位哈里发阿布·伯克尔征服阿拉伯。
635 年~642 年，哈里发欧麦尔带领军队占领大马士革，征服叙利亚和埃及。
642 年，阿拉伯人征服波斯。
670 年，阿拉伯人入侵拜占庭帝国领土突尼斯。
698 年，阿拉伯人占领迦太基。
711 年，倭马亚王朝在信德、印度建立穆斯林国。
711 年，穆斯林军队从北非入侵西班牙，715 年占领了西班牙大部分地区。
732 年，西班牙统治者阿卜杜勒–拉赫曼入侵法国，但在普瓦捷城被法兰克统治者查理·马特击败。
751 年，阿拉伯人在中亚的怛罗斯战役中打败中国军队。

762 年
定都巴格达

750 年，穆罕默德的家族后裔推翻了倭马亚王朝，创立了阿拔斯哈里发。762 年，他们将首都从大马士革迁到巴格达，建立了一个美丽的城市，并设了城墙。巴格达成为贸易帝国的繁华中心。人们扛着货物进出波斯湾的巴士拉，来自不同地方的船在波斯湾卸下黄金、象牙、皮草以及地毯，并装上香樟、铜、琥珀和珠宝。巴格达还是教育中心，这里有一所大学和多所中小学。

巴格达清真寺

带有精美圆顶和尖塔的 Shalia 清真寺是典型的伊斯兰教建筑。在哈伦执政期间，巴格达成为穆斯林的艺术中心。

哈伦·拉希德

哈伦·拉希德是阿拔斯王朝第五代哈里发，他将首都定在巴格达。哈伦执政时间是 786 年~809 年，执政期间，他扩张阿拔斯王朝，在战役中打败了拜占庭皇帝尼基弗鲁斯一世。哈伦声名远扬，誉满帝国之外。他与法兰克国王查理大帝通信，并送查理大帝一头大象，还与中国唐朝皇帝互派大使。

阿拔斯王朝的婚宴

阿拔斯宫廷有时会举行奢侈的婚礼大典。尽管婚礼本身只是一份简单的合约协议，但是之后的婚宴却经常极度奢华。据说，有一次，数百粒珍珠如雨般从金盘洒在这对幸福的夫妇身上，夫妇二人则坐在镶嵌着闪亮的珍珠和蓝宝石的金色垫子上，还安排了女奴隶来招待参加婚礼的客人。男人和女人出席的是不同的婚宴。

舞姬们拿着酒壶唱歌，招待客人

男客人双腿交叉坐在地毯上，一边吃一边聊。新郎新娘不在场，庆祝活动结束后，他们会在洞房里见第一面

男人们戴着头巾，因为按照伊斯兰习俗，头部要盖住

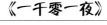

《一千零一夜》

哈伦·拉希德宫廷的豪华布置灵感来源于《一千零一夜》，这是后来用阿拉伯语写成的 1 001 个匿名故事。故事情节是一名女子嫁给了撒马尔罕传说中的国王，为了不让丈夫杀她，便每天晚上给他讲一个不同的故事，总共讲了 1 001 个晚上。这幅画中的妖怪出现在很多个故事里。

600	800	1000	1200	1400	1600	1700	1800	1900	2000

伊斯兰世界

7世纪早期，阿拉伯人做每件事都不团结。有些人种田，有些加入骆驼商队穿越沙漠做生意，他们信奉不同的神。大约在610年，一名叫穆罕默德的阿拉伯商人传入一种新宗教——伊斯兰教，意思是"顺从安拉的旨意"。伊斯兰传统穆罕默德没有画像。穆罕默德影响了整个阿拉伯，632年他逝世后，被他称为信徒的拥护者们继续传播这一信仰。他们迅速占领波斯、叙利亚、埃及和美索不达米亚。截至750年，穆斯林帝国疆土东至印度，西至西班牙，南至非洲撒哈拉沙漠。现今，伊斯兰教是全球信仰人数最多的宗教之一，有不同种族、肤色和民族的信徒，总计8亿。

随时随地祷告

无论身在何处，穆斯林每天都会祷告5次。他们面朝圣城麦加，跪在地上，以头触地。上图中的穆斯林正在沙漠里祷告。

伊斯兰教的象征

像土耳其和巴基斯坦这些拥有大量穆斯林的国家会在国旗上使用伊斯兰教的象征——新月和星星。

先知穆罕默德

570年，穆罕默德出生于麦加。他长大后成为一名商人，他在行商生涯里遇见过很多不同宗教的人，但是他认为这些人的信仰是错误的。大约610年，他放弃了日常工作，进山打坐。打坐时，他在异象中见到了加百列天使，天使让他宣扬以唯一真主安拉为中心的新信仰。他在同胞中讲授并传递这一信息，但622年却被官员逐出麦加，因为官员们认为穆罕默德威胁到他们的地位。他往北到达麦地那，并在那里吸引了很多支持者。630年，他返回并征服了麦加。两年后，他在麦地那与世长辞。

特殊之地

大部分穆斯林有一部《古兰经》，很多穆斯林有一个特制的盒子来安全存放《古兰经》。这个精致的盒子用象牙和珍珠母装饰，盖子的形状与清真寺的圆顶一致。

《古兰经》

《古兰经》是伊斯兰教的圣书。穆斯林相信里面是真主安拉直接启示先知穆罕默德的话。引用《古兰经》里的话通常加上"安拉说"。《古兰经》可能是所有书籍中阅读人数最多的，因为除了宗教功能外，大部分穆斯林会通过阅读来学习阿拉伯语。

圣城

先知穆罕默德的出生之地麦加是伊斯兰世界最神圣的城市。穆斯林尝试在有生之年至少去一次麦加，并在克尔白神殿朝拜。这座神殿里有一块黑石，据说是阿拉伯人民最受尊敬的祖先亚伯拉罕在几个世纪以前带到麦加的。麦加朝圣者们沿着克尔白神殿走7次，以表敬意。所有穆斯林朝拜时都面朝神殿。

人生指南

所有穆斯林都有义务学习《古兰经》。"古兰经"一词来源于阿拉伯语，意思是"诵读"。学龄儿童必须熟记并背诵圣书中的经文。除了官方土耳其版本外，无授权的翻译版本，但有私自翻译的几个语种版本。在世界上最大的穆斯林大学——开罗的爱资哈尔大学，《古兰经》是必学课程。穆斯林认为遵从《古兰经》的教义，生活会更圣洁。

逊尼派之城

穆罕默德后裔伊德里斯统治摩洛哥，定都非斯。这所位于非斯的古兰经学校现在成为一个逊尼派信仰的中心。

逊尼派与什叶派

632年穆罕默德逝世时，他留下了一个女儿法蒂玛，但没有儿子，也没有提名任何人继任。于是，信徒之间就爆发了一场大争论。什叶派认为只有法蒂玛和丈夫阿里的孩子能继任穆罕默德，而另一派逊尼派则认为伊斯兰的任何一位信徒都有资格继任穆罕默德。这一争论迅速成了一个政治和宗教问题，至今仍未得到解决。

西班牙盘子

阿拉伯人从很多方面影响了他们征服的国家。在被穆斯林阿拉伯人统治了数百年的西班牙，他们发明了两种陶器装饰新技术——涂上金属光泽，用锡做成不透明白色瓷釉上彩。这个漂亮的9世纪西班牙虹彩陶盘上有阿拉伯伊斯兰教图案、基督教的图案以及西欧纹章的组合。

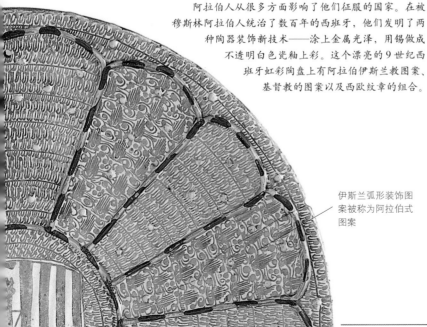

伊斯兰弧形装饰图案被称为阿拉伯式图案

宗教中心

耶路撒冷的圆顶清真寺是尚存且保持着原始样子的最早的伊斯兰建筑。对伊斯兰教、犹太教和基督教这全球三大宗教而言，它是世界上最神圣的地方之一。穆斯林认为圆顶清真寺是先知升往天堂时停留的地方。

400年~800年 欧洲

这段时期的大部分时间，欧洲局势一直动荡不安。野蛮人（来源于拉丁语"barbarus"，意思是"陌生人"）入侵并摧毁了西罗马帝国，将欧洲一分为二。唯一统一欧洲的力量是基督教。新的国家出现了基督教统治者，如法兰克王国。但是随着这些王国的建立，欧洲受到了两股非基督教力量的威胁。一支伊斯兰教阿拉伯军队从南方入侵西班牙和法国，而凶猛的维京入侵者则从北方攻击基督教城镇和聚落。

410年
罗马沦陷

4世纪末期，几个野蛮民族为了寻找财富和新的定居点，从罗马帝国的薄弱点入手，开始大规模入侵漫长的东部边境。410年，西哥特国王阿拉里克命令军队围攻当时世界上最强大的城市——罗马。罗马城里的人们快饿死时，愤怒的居民打开城门，西哥特军队涌入。

野蛮人衣服上的纽扣

德国北部的野蛮人伦巴第人，定居在北意大利。他们是出色的手工艺者，用黄金和宝石制成精致的珠宝首饰，例如上图这个纽扣。

亚瑟传奇

5世纪，朱特人、盎格鲁人和撒克逊人侵占了英格兰南部大部分地区，英国指挥官阿托利斯（亚瑟）迎战，并打赢了几场战斗。最初没有人知道他，12世纪时，一位威尔士编年史作家，蒙茅斯的杰弗里创作了著名的亚瑟王和圆桌骑士传奇，讲述了骑士们的很多英勇事迹。这幅画由詹姆斯·阿彻（1824年~1904年）所绘，描绘了亚瑟王之死。

西哥特侵略罗马

西哥特国王之子阿拉里克年轻时，自愿加入罗马军队并被提升为指挥官，成为西哥特国王后辞职。罗马皇帝何诺曾多次试图贿赂阿拉里克，劝他不要攻打罗马，但是一次都没有支付贿赂款，因此阿拉里克于410年攻打罗马城。西哥特士兵连续三天在罗马街道上横冲直撞，掠夺焚烧。阿拉里克是一位基督教徒，因此他命令士兵不得调戏妇女、摧毁教堂、偷盗基督物品。大部分士兵服从命令，因此，罗马没有被完全摧毁。

匈奴王阿提拉

当代基督教作家把阿提拉称为"上帝之鞭"。在意大利电影中，匈奴首领由安东尼·奎恩（Anthony Quinn）饰演。

451 年
阿提拉在沙隆战役中惨败

匈奴人来自蒙古。4 世纪末期，他们离开亚洲入侵欧洲。在伟大的领导者阿提拉的带领下，他们定居在多瑙河岸边，并从这里袭击高卢和意大利。451 年，罗马人、哥特人和法兰克人联合起来在高卢沙隆打败了匈奴人。453 年阿提拉逝世后，匈奴帝国解体，他们向西迁移，将其他野蛮民族赶出自己的家园，很快，汪达尔人、伦巴底人及其他民族的人在西欧游荡。455 年，罗马被盖塞里克带领的汪达尔人洗劫，476 年，西罗马帝国末代皇帝罗慕路斯·奥古斯都被罢黜，皇位被日耳曼首领奥多亚塞夺走。西罗马帝国灭亡。

西班牙黄金

西哥特人不仅是勇士，还是娴熟的手工艺者。这个金十字架出土于西班牙的托莱多。

非洲

350 年~600 年蛮族入侵

几个世纪以来，野蛮民族一直挑衅罗马边界地区。哥特和汪达尔等民族经济落后后，他们被迫掠夺新土地定居。在这段大入侵时期，所有人口全部迁移，有些人甚至迁到数千千米以外的地方。

萨顿胡宝藏

盎格鲁－撒克逊国王和贵族通常埋葬在拖上岸的船舶里，周围埋的都是宝藏，供他来生使用。英格兰萨顿胡出土了一艘船墓，里面有英格兰和其他国家制造的漂亮饰物。这个修复后的头盔可能来源于瑞典。

黑暗时代？

从前，人们认为，西罗马帝国崩溃后，欧洲陷入黑暗的野蛮时代，所有美好的事物和教育都毁于一旦。尽管有些事物丢失，但欧洲的艺术和教育没有被破坏，在爱尔兰发展得尤其好。432 年至大约 461 年，圣帕特里克让爱尔兰人改信基督教。新宗教地位稳定后，来自欧洲各地的手工艺者和学者到爱尔兰的修道院学习。艺术家制造缀满宝石的精美金银首饰，以及金属和石头雕塑。僧侣将重要作品复制在有精美插图的手抄本中，例如《凯尔经》。爱尔兰牧师和学者们走遍欧洲修建学校、寺庙、教堂，这些地方又成为著名的学习宗教和精湛工艺的中心。

亨特斯顿胸针

这枚漂亮的爱尔兰镀金银胸针可追溯到大约 700 年。

527年
查士丁尼统治帝国

西罗马帝国衰落后，东部的拜占庭帝国继续发展。其首都君士坦丁堡城内修建了巨大的城墙和塔楼，抵御蛮族入侵。527年，虔诚的基督徒查士丁尼一世即位，他希望统一东西帝国，建立一个基督大国。当他率军征服北非和意大利大部分地区后，他的愿望部分得以实现。他改组了帝国的法律制度，这一套制度影响欧洲法律数个世纪。565年，查士丁尼逝世。

商业中心

拜占庭帝国经济繁荣。该帝国的重要性表现在其货币享有盛誉。拜占庭金币纯度很高，可保存700年。

王位背后的支持力量

查士丁尼的妻子狄奥多拉皇后是一个坚女人，她对丈夫的影响很大。这幅镶嵌画挂韦纳的一个教堂里，拉韦纳曾是意大利拜占国的首都。

查士丁尼的帝国

查士丁尼率领军队抵御蛮族王国，以达到统一东西基督帝国的目的。由于波斯定期威胁帝国的东部边界，他还试图与波斯保持不稳定的和平关系。截至565年查士丁尼逝世时，查士丁尼的帝国疆土横跨北非，从西班牙一直延伸到波斯。

圣索菲亚大教堂

位于君士坦丁堡的圣索菲亚堂是最大的拜占庭建筑。圣索菲思是"神圣的智慧"。532年，丁尼下命开始修建，16世纪时堂里面加入阿拉伯圆雕饰，外面尖塔，成为一座清真寺，至今仍座清真寺。

猎号

这个雕刻精致的拜占庭象牙出土于意大利南部。拜占庭手工艺者受到了早期希腊和罗马艺术家作品的极大影响。

拜占庭帝国

330年，罗马皇帝君士坦丁一世在拜占庭城遗址上建立君士坦丁堡，并将其定为首都。
大约412年，狄奥多西二世在君士坦丁堡周围修建防护墙。
527年~565年，查士丁尼一世在位。
529年~533年，查士丁尼颁布法典，改革法律制度。
532年~537年，查士丁尼修建圣索菲亚大教堂。
674年~678年，阿拉伯人通过陆路和海路围攻君士坦丁堡，但仍没有攻下它，在海上使用的"希腊火"救了这座城市。

797年~802年，拜占庭第一任女皇艾琳（Irene）即位。
963年~1025年，巴西尔二世被称为保加利亚人的屠夫。
1054年，君士坦丁堡的基督教教会与罗马教会分裂。
1071年，塞尔柱王朝的土耳其人在曼齐克特打败拜占庭。
1204年，西欧的十字军战士洗劫君士坦丁堡。
1341年~1354年，拜占庭帝国发生大内战。
1453年，奥斯曼土耳其人占领君士坦丁堡，拜占庭帝国灭亡。

华丽装订

在拜占庭帝国，唯一能阅读或写字的人是僧侣和学者。书属于珍贵财产，封面通常会嵌入黄金和宝石，以显示它们的价值。

40000 BC		10000	5000	1000	500	AD 1	200

97 年
圣奥古斯丁到达英格兰

5 世纪与 6 世纪时，盎格鲁人、撒克逊人和朱特人定居英格兰南部，他们带来了自己的神。不久，罗马人传入的基督教便消失。大约 590 年，在罗马，教皇格里高利一世发现街头有一些金发碧眼的孩奴。当别人告诉他这是英国人（盎格鲁人）时，据说他说道："虽然他们可能是盎格鲁人，但却像天使一样可爱。"经历这件事情后，他派罗马一个修道院的院长奥古斯丁带领 40 位僧侣到英格兰，说服那里的人们改信基督教。597 年，奥古斯丁到达英格兰，受到了肯特国王埃塞尔伯特（Ethelbert）的热情接待。尽管传教士遭到了盎格鲁–撒克逊人的强烈反对，国王却很认同奥古斯丁的使命，且同意接受洗礼，成为基督徒。很快就有很多英国人跟随他改信了基督教。

奴隶市场

教皇格里高利在位时，罗马还很流行买卖奴隶。奴隶并不局限于某个年龄或某一阶层的人，任何人都可能被迫成为奴隶。当时，有些奴隶如果遇上好主人，可能比自由人生活得更好，而最贫穷的人则在极其恶劣的环境下生活。格里高利曾试图改善他们的生活。

768 年
查理大帝统治法兰克

罗马帝国衰落后，西欧分裂成几个王国，例如高卢（法国）的法兰克王国。711 年，阿拉伯人入侵，对这些新国家构成了威胁。阿拉伯军队从西班牙进入法国，但是 732 年，在普瓦捷战役中被法兰克统治者查理·马特打败，使法国和大部分西欧国家免受阿拉伯统治。768 年，查理·马特的孙子查理大帝成为法兰克国王。查理大帝最关注的是传播基督教。他是一位充满活力的军事领袖，通过向外扩张领土将基督教传入被征服的国家。除了军事成就外，他还欢迎所有学者来到他的宫廷，他鼓励教育，帮助僧侣，改善法律系统。

查理大帝统治的帝国

查理大帝逝世时，他的帝国疆土从丹麦延伸到罗马，再到西班牙边界。首都位于艾克斯拉沙佩勒（亚琛）。

圣诞节加冕

几年来，查理大帝一直支持教皇利奥三世，帮助意大利摆脱伦巴第（野蛮入侵者）和其他反对教皇的势力。在教皇的要求下，查理大帝于 800 年 12 月应邀来罗马。在圣诞节那天，当虔诚的查理大帝在圣彼得圣坛祷告时，教皇利奥为他加冕，让他成为罗马皇帝，第一位神圣罗马皇帝，并向他致敬。教皇就是通过这种方式向人民展示西部的重要性，并拒绝承认东部的拜占庭帝国。

法兰克胸针

尽管查理大帝可能是文盲，但是他对艺术和教育非常尊敬，并鼓励手工艺者在他的国家定居、工作。

法兰克帝国

大约 400 年，法兰克人定居高卢。
451 年，法兰克罗马军队在沙隆打败匈奴王阿提拉。
481 年，克洛维成为法兰克国王。
732 年，查理·马特在普瓦捷打败阿拉伯人。
768 年，查理大帝成为法兰克国王。
778 年，西班牙北部的巴斯克人在龙塞斯瓦耶斯（Roncesvalles）打败查理大帝。
800 年，查理大帝成为第一位神圣罗马皇帝。
814 年，查理大帝逝世。

| 600 | 800 | 1000 | 1200 | 1400 | 1600 | 1700 | 1800 | 1900 | 2000 |

蒂亚瓦纳科碗

陶器制作精美，重量轻，因此可以放在骆驼背上到集市去卖。

 # 400年~800年 美洲

美洲各国文明都发展得很繁荣。这些文明之间有很多相似点，例如种植玉米和红薯等多种农作物，饲养动物以获得动物毛和肉。人们还从附近的山上开采金矿、银矿和铜矿，做成漂亮的饰品，或者与邻居交换。贸易促进了不同文明之间的交流，但是跨越两个大洲很难，因为步行是主要的交通方式。

太阳门

这个巨大的门是在一块石板上凿出的。门通往卡拉萨（Kalasasaya）——蒂亚瓦纳科的主要寺庙。门上方是门神着一条印有美洲狮头的头巾。门神腰带处挂了一排人脸，是献祭者的头部。他手握两根秃鹰头手杖

大约600年

蒂亚瓦纳科和瓦里的发展

这段时期，这两大帝国开始在南美的秘鲁和玻利维亚蓬勃发展。蒂亚瓦纳科帝国以蒂亚瓦纳科为中心，位于玻利维亚的的喀喀湖附近；而瓦里帝国则位于秘鲁北部。多年以来这两大帝国联系紧密，有类似的艺术风格，也可能信仰同一种宗教。两大帝国一起控制着整个安第斯地区。蒂亚瓦纳科有举行仪式用的巨大石建筑，可能是联合帝国的宗教中心，由瓦里管理。9世纪时，帝国达到鼎盛，瓦里人口估计超过10万人。两大帝国都在10世纪时被摧毁。

尾部的喷口通过手柄与头部相连

美洲豹黏土像

这个粉红色的彩绘陶器是一个站立的美洲豹，豹背上有一个喷嘴，可能用于储油或施涂油礼。这个美洲豹在很多南美洲的宗教里都有重要的地位。

庞塞巨石

这尊石像正好竖立在卡拉萨萨亚里面，以玻利维亚考古学家命名，这位考古学家的大部分工作都在蒂亚瓦纳科进行。石像的面貌在蒂亚瓦纳科艺术品中很常见：脸如面具，方形的双眼，瞪得大大的。

蹲神

蒂亚瓦纳科人制作神灵陶器雕塑，例如这个坐在方盘里的彩绘雕塑。

大约 650 年
霍普韦尔社会

大约公元前 300 年至公元 700 年，霍普韦尔人居住在密西西比河上游河岸。他们以船长霍普韦尔的名字命名，19 世纪时，这里出土了大约 30 多座坟墓。霍普韦尔人沿袭了阿登纳人的很多习俗，尤其是埋葬死人的习俗。普通的霍普韦尔人采用火葬，有钱人则采用高级的埋葬方式——葬在有很多墓室的坟墓里，坟墓里还塞满了各种陪葬品，这些陪葬品用从北美洲各地收集的材料制成。霍普韦尔人的生活平静而富足，他们种植大量的玉米，似乎还设立了有组织的政府和世袭统治者。大约公元 700 年，霍普韦尔文化才逐渐衰落。

男巫

为死人修建坟墓这类工作由男巫来组织。

铜制鸟

霍普韦尔人从北美洲各地进口铜、银、贝壳以及鳄鱼牙齿，制作死者坟墓里的陪葬品。

大约 650 年
特奥蒂瓦坎城繁荣

特奥蒂瓦坎城位于墨西哥中部高原，在大约 250 年~大约 650 年达到鼎盛。城市土地广袤，面积大约有 21 平方千米，人口超过 10 万。没有人真正知道他们是谁，甚至不知道他们来自哪里。城市大部分地区都刷上油漆，神殿用黄金装饰。特奥蒂瓦坎城的附近是黑曜石（黑曜石是一种墨绿色的玻璃山岩）产地，因此，这里的人们可以把这种石头卖给玛雅人，供他们制作祭刀。附近洼地的农田可种植大量的玉米和豆子。大约 650 年，特奥蒂瓦坎城衰落，大约 750 年被摧毁。

铸件　　　模具

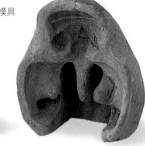

工艺品制作中心

这个小雕像在城市的一个作坊里铸成，娴熟的工匠还在作坊里制造工具和武器用来交易。

网格系统

特奥蒂瓦坎城里有 600 座金字塔、500 间作坊、1 个集市、2 000 栋复式住宅以及多个广场，所有这些都按照网格来布局。中间是一个 8 000 米长的礼仪大道，两旁是成排的神殿和坟墓，这条大道被称为死人街，街道通往羽蛇神殿所在的城堡。

墙上的文字

特奥蒂瓦坎神殿和房屋墙壁上的画表明，这里的人们发明了相当复杂的象形文字。对干旱高地的农民来说很重要的两种自然物质——玉米和水，是这种文字的主要主题。其他文字说的是宗教信仰。

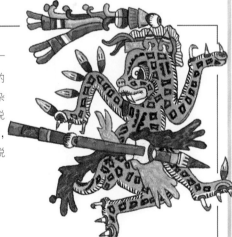

羽蛇

羽蛇是墨西哥早期最著名的神。他被称为文明之神，反对把人当成祭祀品。

美洲豹

美洲豹经常出现在特奥蒂瓦坎艺术作品中，它象征土壤肥沃。它的灵感来源于现实生活中的美洲豹，当时有美洲豹在中美洲周围徘徊。

玛雅帝国

墨西哥中部的玛雅人很聪明，他们所创建的文明很有系统，从大约公元前300年一直持续到公元1500年。玛雅帝国的每座城都有自己的统治者，还有一个仪式中心，人们在仪式中心用人做祭品来祭祀神灵。这些独立城邦的统治者经常为了争夺囚犯而交战，并把囚犯用作祭品来取悦他们的神。从公元前3世纪到大约公元800年，玛雅开始了一项伟大的建设项目，修建大城市，并在城市里修建寺庙金字塔、宫殿、球赛场地和社区活动中心。城外的玛雅人则是农民，他们砍伐森林，种植玉米、蔬菜、烟草和可可树，饲养火鸡和鸭子，用空心木头做蜂房养蜜蜂。农产品供应给乡下居民和城市居民。玛雅人的主食是玉米，但是他们也吃豆子、辣椒和炖肉。

骨灰盒

这个盒子可能用来装死人的骨灰。

帕伦克神庙

大约683年，强·巴鲁姆二世在位时修建了这座叶形十字神庙。神庙位于墨西哥南部玛雅帕伦克城的仪式中心。

兔子作家

这幅插图是8世纪一个彩绘花瓶上的图案，画的是一只兔神抄写员，他手握一只笔，在美洲豹皮封面的手抄本上书写。

玛雅帝国

4世纪到9世纪时期，玛雅帝国达到鼎盛，其疆土从墨西哥尤卡坦半岛的北部平原一直延伸到危地马拉佩腾省的茂密森林。玛雅文明首先传入中部低地，随后向上到达尤卡坦半岛。北部玛雅文明一直发展繁荣，直到16世纪。玛雅帝国由多个独立城邦构成，其中帕伦克、科潘、蒂卡尔以及后来的奇琴伊察和乌斯马尔是最强大的城邦。

文字与日历

美洲最先发明先进图画文字或象形文字的是玛雅人。他们在用树皮编成的书上写字，或在墓葬、建筑和石碑上刻画或刻图像字符。文字系统由职位高的抄写员控制，这些抄写员有自己的守护神，包括造物主和传说中的文字发明者伊扎姆纳，以及半猴半人神。玛雅人还是专业的天文学家和数学家，他们发明了两种日历。一种是根据地球绕太阳的轨道计算出来的年历，精确计算出一年有365天；另一种则是圣历，一年有260天，用来预知未来，躲避厄运。只有学习占星术的牧师才能读懂这种日历。人们在生小孩或结婚以前，会征询牧师的意见。如果孩子的出生日被认为不吉利，那么他的命名仪式可能会被延迟到下一个幸运日举行。

立石

这个雕刻精致的石碑位于洪都拉斯的科潘，石碑上画的是一位玛雅统治者的头和手。他的周围刻的是象形文字，记录了他一生中的重要事件。

寺庙和宗教

宗教仪式在玛雅人的生活中发挥着重要作用。很多城邦都由牧师和领主控制。寺庙金字塔是玛雅城中最重要的建筑，其风格可能模仿特奥蒂瓦坎的寺庙风格。领导人通常埋葬在金字塔内。20 世纪 50 年代，帕伦克碑铭神庙出土了一副石盖棺材，棺材里面有人骨头，包裹在棉寿衣里，上面覆盖了玉石和珍珠母饰品，表明他生前的重要地位。

巨型美洲豹神庙

这座庙位于一座 44 米高的蒂卡尔阶梯金字塔上。蒂卡尔是玛雅最大的城市，8 世纪至 9 世纪时期，这里人口达到 5 万人。

死者用陶器

这个陪葬瓮可追溯至 9 世纪或 10 世纪，瓮上雕刻着头骨和一只猫。玛雅人使用的工艺材料包括木、骨、贝、玉、燧石、黑曜石和陶器。

切削工具

所有的玛雅石制工具都用黑曜石制成，这是玛雅商人从特奥蒂瓦坎带来的一种绿色玻璃。这个锋利的刀片可能是在放血仪式上用于切人肉。

膜拜美洲豹

与特奥蒂瓦坎人和南美洲其他文化一样，玛雅人也崇拜神秘的美洲豹或猫神。在玛雅文明中，美洲豹掌管地狱，并且在战争中是英勇的象征。玛雅人还崇奉其他神灵。他们认为，献祭人血可以取悦神灵，因此他们用刀砍伤自己，收集血献给神，或者用活人祭祀。放血仪式据称是一种净化仪式。有时，还会杀害一些人，将其尸体放置在葬于寺庙金字塔里的伟人尸体旁，这样，这些人的灵魂死后还能保护伟人。

放血仪式

穿着美洲豹盔甲的统治者盾豹王（Shield Jaguar）手握一个火炬，放在妻子头上，妻子则拽着一根刺绳穿过自己的舌头，让血放得更快。

血碗

这只美洲豹形状的碗可能用来盛血，出土于危地马拉（曾是玛雅帝国的一部分）。

开心的美洲豹

这个简单的黏土花瓶上画着复杂的美洲豹图案。

400年~800年 大洋洲

这段时期，波利尼西亚船员几乎航遍了波利尼西亚东部的所有岛屿。他们在部分岛屿上定居，并在有效灌溉的农田里种植红薯、椰子、香蕉和芋头（长有大块可食用根的植物）。大约700年以后，复活节岛上的居民修建石头平台，用来举行宗教仪式。

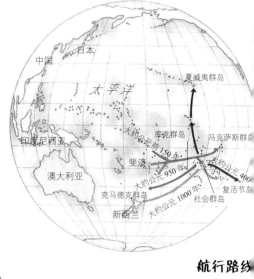

肥沃的岛屿

波利尼西亚人居住的夏威夷岛和其他岛屿茂密而肥沃，适宜种植农作物。

6世纪
波利尼西亚人航海史

波利尼西亚人乘船到达新岛屿，他们乘的船类似独木舟，有两个并排的船身。船上安装了固定帆和桨。船上载着男人、女人、小孩、动物以及有用的植物和种子，以便在抵达的岛屿上开始新生活。波利尼西亚航海家的航海技术高超，他们通过观察星星的运动计算波形，算出风的变化进行远距离导航。

双船身保证稳定性

木制桅杆，上面挂帆

覆盖区为人们挡风遮雨

航行路线

从大约400年至500年，波利尼西亚岛民向东南方航行，或许是从社会群岛出发航行大约3 200千米后定居复活节岛。他们还向北航行，到达太平洋中部的夏威夷群岛。大约800年，他们开始在库克群岛定居。

"康提基"号

挪威探险家和科学家托尔·海尔达尔（Thor Heyerdahl）认为，波利尼西亚人是南美洲人，9世纪时他们从南美洲迁到了太平洋岛。其他专家则认为波利尼西亚人更早以前便从印度尼西亚和新几内亚来到太平洋。1947年，海尔达尔亲自航海，以证明自己的观点。他建造了一艘轻木筏，取名叫"康提基"号，从秘鲁卡亚俄出发到太平洋岛。101天后，他到达波利尼西亚东部的土阿莫土群岛。这证明，原住民美国人可能走的是这条路，但无法证明波利尼西亚人来自哪里。大部分史学家至今仍然相信他们来自印度尼西亚。

托尔在太平洋上航行

"康提基"号是仿照一种木筏建造的，海尔达尔认为原住民美国人使用过这种木筏。

双体船

霍库拉（Hokule'a）号是波利尼西亚双体船复制品。1976年，该船从夏威夷出发，向南航行。船上载了17个人、食物和动物，与波利尼西亚人当年载的物品类似。35天后，船到达4 800千米外的社会群岛中的塔希提岛。这次远征里现了波利尼西亚人1 000多年前横跨太平洋的路线。

第八章

800 年~1000 年

新兴国家

为英格兰阿尔弗烈德大帝定制的珠宝

800年~1000年
世界情况概述

　　9世纪时，非洲、亚洲和欧洲的帝国纷纷瓦解，为新王朝的建立奠定了基础。在亚洲，中国唐朝分裂成多个割据政权，北印度也在阿拉伯人的入侵压力下分裂成几个新兴国家。在欧洲，查理大帝统治下的强大的法兰克帝国分崩离析，而来自斯堪的纳维亚半岛的维京入侵者以及后来的匈牙利马扎尔人对西欧大部分地区构成了威胁。

旧王朝与新王朝

　　北非继续受制于阿拉伯，但是有一部分穆斯林从以巴格达为中心的阿拔斯王朝分裂出来。建立了一个新的以埃及为中心的伊斯兰王朝——法蒂玛王朝。在西非，富裕的加纳王国依然占主导地位，但其他文化也在夹缝中逐渐繁荣，就像在尼日利亚的伊格博-乌科渥（Igbo-Ukwu）地区发展起来的那些小型文明一样。在美洲，墨西哥辉煌的玛雅文明继续在北方蓬勃发展，而托尔特克人则在墨西哥谷附近建立起一批新的中心。

秩序与统一

　　到1000年为止，全世界大部分地区的秩序都已经被重建。中国正处在宋朝的统治之下，高棉族也在东南亚建立了壮观的新王朝，这两大王朝都创造了一批领先世界的伟大文化成就。欧洲的新兴国家则由像德意志国王奥托大帝，以及基辅的弗拉基米尔一样的强权者统治着。

北美洲

墨西哥

约800年，霍霍坎人正在专门修建的球场上玩剧烈的球类运动。

约900年，托尔特克人经常用活人来祭神。

格陵兰

约986年，被称为"发埃里克"的维京探险家在格陵兰岛建立殖民地。

约891年，修士们开始编写《盎格鲁-撒克逊编年史》来记录英格兰历史。

安第斯山脉

亚马孙河

南美洲

大西洋

大平洋

北

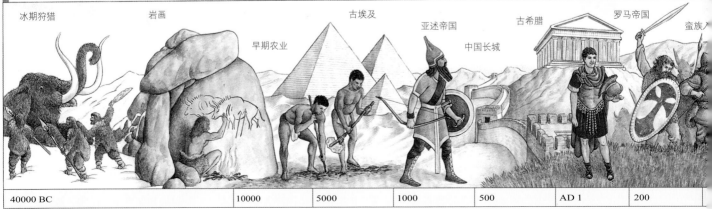

冰期狩猎　　　　岩画　　　　　　　　　　　　古埃及　　　　　　　亚述帝国　　　　　古希腊　　　　罗马帝国

早期农业　　　　　　　　　　　　　　中国长城　　　　　　　　蛮族

40000 BC		10000	5000	1000	500	AD 1	200

约 800 年，维京入侵者的舰队从斯堪的纳维亚半岛起航。

9 世纪 60 年代，日本农民自发起义反抗富裕地主的压榨。

欧洲

斯堪的纳维亚

神圣罗马帝国

保加利亚

罗马

拜占庭帝国

约 989 年，基辅的弗拉基米尔让子民都信仰东正教。

亚洲

日本

中国

约 995 年，中国人用可重复使用、可移动的泥活字做文字排版，泥活字块则存放在旋转的活字盘里。

10 世纪 70 年代，法蒂玛王朝在开罗爱资哈尔清真寺建立了一所大学。

997 年~1030 年，伽色尼穆罕默德军队进入印度，印度军队骑着大象迎战，却不敌穆罕默德骑兵。

旁遮普

印度

柬埔寨

吴哥

约 995 年，皇中宫殿上的石块金字塔成为吴哥高棉城的中心。

50 年，伊乌科渥文"失蜡"生产青

摩加迪沙

马林迪

蒙巴萨

基卢瓦

赞比西河

坦贾武尔

9 世纪，阿拉伯与波斯商人在非洲东海岸开拓市场，并建立了多家贸易站。

大洋洲

澳大利亚

印度洋

约 900 年，从库克群岛而来的移民们航行到新西兰的南岛。

新西兰

对外

玛雅帝国

600　800　1000　1200　1400　1600　1700　1800　1900　2000

800 年

非洲

800 年~900 年，艾格莱卜王朝统治北非沿岸的突尼斯；统治者在西西里岛建立殖民地（827 年~902 年），并入侵意大利南部。

约 800 年~约 950 年，阿克苏姆衰落后，埃塞俄比亚基督教帝国继续发展。

9 世纪，阿拉伯人和波斯人探索非洲东海岸，在马林迪、蒙巴萨、基卢瓦和摩加迪沙建立贸易站。

开往非洲的船从阿拉伯和波斯出发，船上满载着异国商品

845 年，日本僧侣圆仁目睹了唐朝"会昌灭佛"的暴力景象

802 年，柬埔寨的高棉国王阇耶跋摩二世建立了吴哥王朝，使吴哥成为高棉人生活的中心。*

813 年~833 年，阿拔斯王朝哈里发马蒙统治全国，他在巴格达建立智慧宫，后来成为阿拉伯世界最重要的学校。

9 世纪 20 年代，波斯数学家穆萨·阿尔·花剌子模发明了代数。

845 年，佛教在中国被禁。

这尊铜像是骑在马背上的伟大军事领袖——查理大帝

800 年，圣诞节当天，教皇在罗马圣彼得教堂加冕查理大帝为罗马皇帝。

约 800 年，西欧人修建了第一批城堡。

809 年~817 年，拜占庭帝国与保加利亚发生战争。811 年，保加利亚皇帝汗克鲁姆打败了拜占庭人，并杀了他们的国王。

814 年，查理大帝逝世。

841 年，维京人在爱尔兰东岸建立都柏林。

约 843 年，查理大帝统治的法兰克帝国瓦解。

843 年，肯尼思·麦克亚尔宾统一斯科特王国，成为苏格兰第一位国王（约 859 年逝世）。*

844 年~878 年，整个威尔士地区的第一位亲王罗德里·马维尔即位。

这个银碗是埋葬在苏格兰的皮克特宝藏里的其中一件物品

约 800 年，霍霍坎人向外扩张，并扩建房屋。*

850 年

868 年，土耳其后裔的埃及贵族，艾哈迈德·伊本·图伦，摆脱阿拔斯哈里发的控制，在埃及建立图伦王朝。

位于开罗的图伦清真寺以图伦王朝的建立者命名

9 世纪 50 年代，阿拉伯人完善了星盘。

858 年，藤原家族开始控制日本天皇。

866 年，藤原良房（804 年~87■年）成为清和幼帝的摄政王。*

868 年，尚存最古老的印刷书籍《金刚经》是中国采用雕版印刷术印刷的。

886 年~1267 年，定都坦贾武■的朱罗王朝统治了印度南部大部分地区。

887 年，藤原基经（836 年~89■年）成为日本天皇的首席顾问。

889 年，高棉人开始在柬埔寨吴哥建都。

这座用檀香木制成的有 11 个头的日本神像可追溯至藤原时期

约 860 年，维京人统治着俄罗斯的诺夫哥罗德。

862 年，东斯拉夫和俄罗斯北部的芬兰部落邀请留里克（Rurik）率领的维京人来统治他们。

871 年~899 年，英格兰国王阿尔弗烈德大帝在位。

878 年，阿尔弗烈德在爱丁顿战役中打败古斯鲁姆带领的维京人；《韦德莫尔和约》将英格兰一分为二，分别由两方统治。*

885 年~886 年，维京人袭击法国巴黎。

约 891 年，修士们开始编写《盎格鲁-撒克逊编年史》来记录英格兰历史。

一名维京战士曾用这枚胸针来固定沉重的斗篷

传说阿尔弗烈德大帝在一个农妇的小屋里休息时，把蛋糕烤糊了；他对烹饪的一无所知让她发觉了他的身份

这种玛雅燧石被称为"古怪的东西"，因为人们不清楚它的用途。这类物品常被放置在坟墓里，作为神灵祭祀品

约 850 年，墨西哥南部低地的玛雅文明衰落，很多城市被遗弃。

约 890 年，秘鲁的瓦里帝国开始衰落。

非洲　亚洲　欧洲　美洲　大洋洲

900 年

约 900 年，豪萨兰（Kasar Hausa）位于西非尼日尔河下游的肥沃地区，随着贸易和工业的发展而繁荣。

豪萨商人在本地交换食品，也会向东航行很远到邻国进行交易

这匹唐朝的马雕由黏土制成

906 年~907 年，经历了多年战争后，中国唐朝瓦解；接下来的 50 年里，中国进入分裂割据状态。
907 年~926 年，契丹蒙古人在耶律阿保机的带领下征服了内蒙古和中国北部的几个地区。
935 年，高丽国在朝鲜西部的中心地区建立。
941 年，藤原忠平成为日本摄政者。

约 900 年，中亚游牧民族马扎尔人入侵欧洲。
910 年，本笃会克吕尼修道院在法国勃艮第建立。
911 年，维京人首领罗洛在法国诺曼底定居。
912 年~961 年，阿布杜勒·拉赫曼三世成为西班牙科多巴倭马亚王朝的哈里发；在他和平执政期间，艺术和工业都得到发展，例如造纸业。
936 年~973 年，德意志国王奥托大帝在位，962 年，他被加冕为神圣罗马帝国皇帝。
937 年，在英格兰北部的布鲁南博尔战役中，英格兰国王埃塞尔斯坦打败了苏格兰、爱尔兰和丹麦的大批军队。
942 年~950 年，在威尔士亲王豪厄尔达（Hywel Dda）的命令下，威尔士法律开始被写下而得到记录。

这把精制刀是神圣罗马帝国王权的标志之一；它并不用作武器，而是用来表明身份

约 900 年~约 1000 年，墨西哥北部的玛雅势力开始衰退。
约 900 年~约 1100 年，普韦布洛人定居北美；居民修建带靠墙长凳的圆形房间。
约 900 年~约 1150 年，北美的亚利桑那州和新墨西哥州兴起霍霍坎文化。
约 900 年，托尔特克人在墨西哥图拉建立首都。*
919 年~1130 年，普韦布洛人在新墨西哥的查科峡谷的班尼托村庄定居。

在鼎盛时期，有超过 1200 人居住在班尼托村庄

约 900 年，毛利人祖先——从库克群岛而来的新西兰第一批定居者抵达新西兰南岛。

950 年

约 950 年~1050 年，尼日利亚东部兴起伊格博–乌科渥文化。*
969 年，法蒂玛王朝突尼斯向外扩张，从图伦王朝手里夺取埃及，并修建开罗，后来开罗成了埃及首都。*
10 世纪 70 年代，法蒂玛王朝在开罗建立爱资哈尔大学，属于全世界最早的一批大学。该所大学留存至今。

这个雕刻精美的象牙板是法蒂玛家具上的一个装饰品

伊格博–乌科渥人会铸造青铜饰品，例如这个带豹子像的青铜贝壳

979 年，宋朝统一中国。*
962 年，阿尔普特勒（Alptigin）土耳其的一名战奴，占领了阿富汗要塞加兹尼，建立伽色尼王朝。
970 年，中国政府开始发行纸币。
983 年，中国人编撰了百科全书《太平御览》，此书有 1 000 卷。
985 年，朱罗国王罗茶罗乍一世（985 年~1014 年）占领印度南部的喀拉拉邦，1001 年占领斯里兰卡。
997 年~1030 年，伽色尼的穆罕默德统治阿富汗帝国，并 17 次入侵印度。*

朱罗王朝时期，印度中部的人们制作了这个红砂岩板，板上画的是财富之神俱尾罗（Kurera）坐在一头牛身上

955 年，奥托在奥格斯堡附近的莱希费尔德战役中击败马扎尔人，并在雷希尼茨（Rechnitz）打败斯拉夫人。
963 年，梅什科一世建立了波兰王国，他的继承人波列斯瓦夫一世继位后大规模扩张领土。
976 年~1025 年，拜占庭帝国皇帝巴西尔二世于 1014 年打败保加利亚人。
978 年，弗拉基米尔一世成为基辅大公。*
约 986 年，维京探险家"红发埃里克"在格陵兰岛建立殖民地。

图中的雨果·卡佩在欢迎一名主教，之所以叫雨果·卡佩是因为他在担任图尔的圣玛尔定圣殿的非神职院长时披着一个短斗篷

987 年~996 年，雨果·卡佩成为法国卡佩王朝第一任国王。
约 989 年，基辅的弗拉基米尔把东正教定为国教。

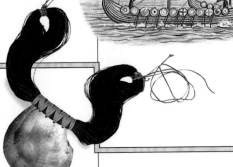

"红发埃里克"乘着一艘类似于图中的这种坚实的维京木船驶向格陵兰岛

10 世纪 90 年代，托尔特克人占领奇琴伊察。

这条贝壳项链来自于库克群岛，通常是首领及其家人会佩戴的饰品

 # 800 年~1000 年 非洲

这段时期，北非的阿拔斯王朝解体，但是该区域仍然由伊斯兰教控制。非洲西北部，反叛的什叶派王朝，即法蒂玛王朝发展强大，并占领了埃及。在西非，加纳帝国通过向北非销售黄金而致富，其他小型文明也发展起来，例如伊格博–乌科渥。

埃及纺织品

埃及织工因能纺出漂亮的织品而闻名，这些纺织品会销往欧洲。

约 950 年
伊格博–乌科渥文化繁荣

1938 年，伊格博–乌科渥地区尼日利亚镇的一个农民挖出了一些青铜碗。后来此地被挖掘后，人们发现了一个墓室，墓室里有青铜、铁和铜制品，还有多串珠子项链。铜制品通过"失蜡"的方法制作而成。用黏土将蜡模型覆盖进行加热，蜡熔化后从未被覆盖的地方流出来，再倒入熔化的青铜液体，青铜硬化成形后，黏土就会裂开脱落。这些制作精巧的物品表明，大约 950 年，伊格博–乌科渥地区就存在着灿烂的文化。历史学家对此了解不多，但是一些历史学家相信，这个文化区里人人平等，由国民选举出统治者、法官或军团司令官。

铜冠

珠子装饰的臂章

铜球包围着凳子

象牙

可能是某种安葬首领的方式

墓室里的发现表明，一具穿戴整齐的尸体坐在一个凳子上。这位男子头戴皇冠，表明其显赫的地位，历史学家认为，他可能是类似于埃泽·恩里（Eze Nri）的统治者，"埃泽·恩里"是该区域使用的首领的头衔名称，此头衔一直持续使用至今。

开罗城门

法蒂玛王朝的哈里发在开罗修建了一座富丽堂皇的城市。图中的建筑 The Great Gates 是尚存的最宏伟的法蒂玛建筑之一。

彩绘盘子

法蒂玛王朝在艺术创作时常赋予动物象征意义。这头瞪羚代表了美丽、优雅、受人喜爱的事物。

969 年
法蒂玛王朝征服埃及

什叶派领导人欧拜杜拉（马赫迪）自称是穆罕默德之女法蒂玛的后裔，909 年，他在突尼斯建立了法蒂玛王朝。他的目标是推翻阿拔斯王朝，成为所有伊斯兰教地区的统治者。他率领由当地山区人——柏柏尔人组成的军队向外扩张，截至 914 年，他征服了所有从摩洛哥到埃及边界的北非阿拉伯国家。969 年，他的曾孙入侵埃及，建立了新城镇开罗，这里后来成为法蒂玛王朝的首都。所有建筑中最伟大的是爱资哈尔清真寺。从 1100 年开始，法蒂玛帝国逐渐衰落，非洲多个省份宣布独立，对叙利亚和巴勒斯坦殖民地的掌控权也逐渐失去。埃及的一名库尔德裔将军萨拉丁从政，并于 1171 年推翻法蒂玛王朝。

法蒂玛星盘

法蒂玛时期的开罗成为科学尤其是天文学研究的中心。

800 年~1000 年 亚洲

8 世纪 50 年代，强大的阿拉伯帝国达到鼎盛时期。到 900 年，阿拉伯帝国已经瓦解成一些新兴王朝，比如伽色尼王朝。这些新王朝掌握王权，专注于建立独立的国家。中国也分裂成多个国家，直到 979 年宋朝时才实现统一。日本和柬埔寨摆脱中国的影响，发展了新的民族特性。

梵天

图片中的高棉纪念碑是印度教四头神灵——梵天的其中三个头。

小佛陀每个手掌上的轮代表佛法。

802 年

高棉帝国创立

柬埔寨的高棉族人在湄公河南部建立了他们的第一个国家——扶南，该国受印度影响很大，并在 6 世纪末期，被另一个高棉国真腊推翻。802 年，年轻的国王阇耶跋摩二世建立了吴哥王朝，使其成为高棉人的生活和宗教中心。臣民将他和继任者们奉为神灵，并在城市里为他们修建大量庙宇。多年以来，高棉帝国一直定都罗洛士，直到 900 年，阇耶跋摩的侄孙在不远处修建了新首都，并取名"吴哥"。神一般的帝王们还制订了先进的灌溉计划，他们建立的帝国一直持续到 1300 年。

神牛寺

神牛寺靠近罗洛士，寺里有两排塔，前排塔里供奉国王的男性祖先，后排供奉女性祖先。

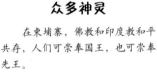

众多神灵

在柬埔寨，佛教和印度教和平共存，人们可崇奉国王，也可崇奉先王。

平安神宫

794 年，平安京（今京都）成为日本首都。平安时期，日本摆脱了中国的影响。这座神宫是日本早期修建的中国式宫殿建筑之一。

866 年

藤原良房

858 年，小皇子清和成为日本天皇。早前已有一名皇室成员被指派担任幼帝的摄政王，但是强大的藤原家族成员藤原良房想夺权。尽管他是小皇帝的外祖父，但并不是皇室成员。866 年，他除掉对手，自封为摄政王，甚至到清和成年后，他仍继续掌权。之后藤原良房的侄子藤原基经继任，成为第一位成年皇帝的摄政王和第一位文官独裁者（被称作"摄政关白"）。从这以后，皇室家族被孤立，国家相继由以武官或文官为首的政府机构管理。

皇帝的登基大典

清和即位时才 9 岁或 10 岁，但还是举行了复杂的登基仪式。从清和开始，仪式的规模和皇帝穿的衣服都改小了。

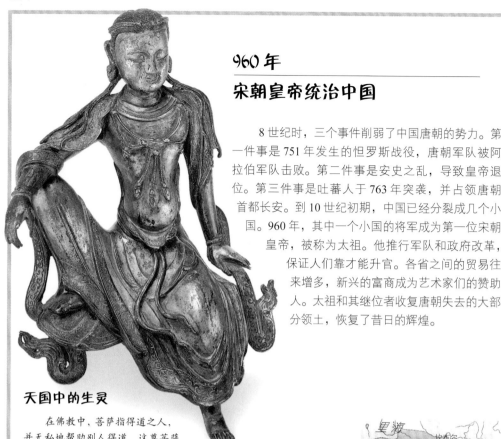

960 年
宋朝皇帝统治中国

8世纪时，三个事件削弱了中国唐朝的势力。第一件事是751年发生的怛罗斯战役，唐朝军队被阿拉伯军队击败。第二件事是安史之乱，导致皇帝退位。第三件事是吐蕃人于763年突袭，并占领唐朝首都长安。到10世纪初期，中国已经分裂成几个小国。960年，其中一个小国的将军成为第一位宋朝皇帝，被称为太祖。他推行军队和政府改革，保证人们靠才能升官。各省之间的贸易往来增多，新兴的富商成为艺术家们的赞助人。太祖和其继位者收复唐朝失去的大部分领土，恢复了昔日的辉煌。

天国中的生灵

在佛教中，菩萨指得道之人，并无私地帮助别人得道。这尊菩萨是宋朝时制作的。

997 年
穆罕默德统治阿富汗帝国

962年，波斯萨曼王朝统治者手下的一位土耳其奴隶士兵——阿尔普特勒造反，并夺取了阿富汗加兹尼城。他创立了穆斯林王朝，并与他的女婿苏布科特勒一起向外扩张，征服了亚洲大部分地区。997年，伟大的伽色尼王朝统治者穆罕默德继承了苏布科特勒的王位。穆罕默德在位的大部分时间都在率军攻打邻国，据说他曾17次远征进入印度，印度首领很容易被擒，穆罕默德让骑兵骑印度大象，并以伊斯兰教的名义杀死几十万敌人，掠夺财宝，破坏寺庙。在一次袭击中，5万名印度人被屠杀，一座很大的圣陵被毁坏。穆罕默德用战利品在加兹尼修建大学和图书馆，改善宫廷生活。1030年他逝世后，帝国受到了逐渐强大的塞尔柱人的威胁，逐渐衰落。

宋枕

这个陶枕出土于中国北部的河北省。像这样的硬枕头在中国古代很常见。

裹小脚

宋朝以及其后的几百年里，大部分有钱人家的年轻女孩都要裹脚。裹脚后会导致脚变形，走路不方便，使得女人无法离开丈夫。

伽色尼帝国

10世纪末期和11世纪早期，伽色尼帝国在穆罕默德的领导下达到鼎盛，其疆土范围西到里海，东至印度北部的旁遮普。

富人用的灯

这盏伽色尼王朝的青铜油灯经过了精心雕刻。只有穆罕默德帝国里的有钱人家里才有灯。穷人根本没有任何形式的灯，因此过着日出而作、日落而息的生活。

最后的安息之地

在首都加兹尼，宏伟的穆罕默德坟墓是中亚勇士们的安息之地。

 # 800 年~1000 年 欧洲

查理大帝统治时期，西欧实现统一，但814年查理大帝逝世后，西欧开始分裂，出现了很多由大地主统治的小国，大地主还有私人军队。政局分裂导致西欧成为凶残侵略者眼中的猎物。维京突袭者继续入侵，一直深入内陆地区。匈牙利和罗马尼亚的马扎尔人洗劫了德意志、意大利北部和法国，一些领导者通过增强王权击退侵略者。955年，德意志国王奥托在奥格斯堡附近的莱希费尔德战役中击败马扎尔人。在不列颠，苏格兰、威尔士和英格兰国王联合起来一起打败了维京人。

皮克特手镯

这个苏格兰手镯被埋在一个教堂地下，以免被维京突袭者夺走。

不列颠之围

不列颠岛上的各国国王们强力联合，一起对付入侵者，并成功击退了维京人的突击（路线由蓝色箭头标示）。肯尼思·麦克亚尔宾统治北方的苏格兰，罗德里·马维尔统治西部的威尔士大部分地区，而英格兰南部国王阿尔弗烈德还统领着维京部族在英格兰的聚居地——丹麦区。

苏格兰首位国王

859年肯尼思逝世时被认为是新成立的斯科特王国毋庸置疑的国王，斯科特王国位于福斯河北部。

843 年
苏格兰统一

9世纪30年代末期，苏格兰地区由几个王国组成，包括东部和北部的皮克特王国以及西部的达里亚达国。达里亚达国的国王是肯尼思·麦克亚尔宾，他想要统一苏格兰，以抵抗维京人的袭击。841年，他将维京人逐出达里亚达国，然后入侵并击溃了皮克特王国；843年，肯尼思成为皮克特王国的国王。在西部，格温内思国的王子罗德里·马维尔击退维京入侵者和英格兰军队，统治了威尔士大部分地区，威尔士王朝诞生。

加冕石

肯尼思将皮克特王国的斯昆定为自己王国的首都。他将"命运之石"带往斯昆，达里亚达的国王都是在这块石头上被加冕的。这块石头现在被置于威斯敏斯特教堂的加冕椅中。

878 年
阿尔弗烈德击败维京人

截至9世纪，英格兰最强大的王国是西南部的威塞克斯王国。871年，阿尔弗烈德成为威塞克斯的国王。接下来的几年中，他积极抵抗维京人的袭击，并最终于878年在爱丁顿战役中击溃了主要的维京军队。截至886年，阿尔弗烈德还占领了伦敦，被视为整个英格兰地区的国王。

维京领导者古斯鲁姆（Guthrum）及其部族人民被允许留在英格兰北半部区域——丹麦区，且必须视阿尔弗烈德为领主。阿尔弗烈德是唯一一位被称为"大帝"的英格兰国王，他改革了撒克逊法律，建立学校，聘请学者，推进了教育的复兴。他还组织了《盎格鲁-撒克逊编年史》的汇编，这是一部记录英格兰历史的图书。

阿尔弗烈德的珠宝

这个小的瓷釉的国王肖像被嵌在黄金和水晶制成的框里，上面刻了一行字："Aelfred me ech eh t gewyrcan"，意思是"奉阿尔弗烈德之命制作"。

600	800	1000	1200	1400	1600	1700	1800	1900	2000

维京世界

梳子

维京工匠用天然材料制作日常用品，这把梳子由骨头和鹿角制成。

350~550年间，蛮族入侵欧洲，其中一些人定居斯堪的纳维亚。截至700年，蛮族后裔——维京人散布在挪威、瑞典和丹麦，并通过贸易和农耕致富。他们还建立了高效的政府：当地聚落成员在大会上投票，来决定法律是否颁布和罪行如何判决。罪犯可能被贬为奴隶，在斯堪的纳维亚的农场里干活，也可能被卖到国外。随着人口的增加，耕地变得稀缺起来。大约800位爱冒险的维京人离开家乡去找寻新土地。这些勇士袭击英国、爱尔兰和法国的海岸，恐吓那里的居民。维京商人们则远航开辟新的贸易路线，跨越未知的海域到达新的地方。

臂环

维京人很擅长金属制造。这条银臂环用了动物头形状的雕刻来装饰。

维京妇女随身携带着农场的钥匙，以此表明丈夫出去战斗时，农场由她们来管理。

剑柄

这个精心打造的手柄上装了一把剑。维京人十分珍惜自己的武器。他们在战争、偷袭和决斗中都表现得很凶猛，其中最凶猛的战士被称为"狂暴战士"。

建在农场的家

大部分维京家庭和奴隶生活在农场里，他们辛勤劳作，自给自足。他们种植大麦和燕麦，将其做成面包和粥，饲养牛、绵羊、山羊和家禽，还从附近的湖泊和海洋里抓鱼。大部分维京人生活在长方形的农舍或长的房屋里。屋内，农场主妻子和奴隶生火做饭、取暖和照明。铁制工具通常在农场的熔铁炉制造，并存放在工具箱里。人们坐在高背椅或三脚凳上，围坐在支架支撑着的桌子前，晚上则睡在木制床或长凳上。

海洋领主

维京人航行到很远的地方进行突袭或贸易。商人运送货物到欧洲和西亚，第一次著名的航行是去冰岛、格陵兰和北美。其他维京人在外国海岸实行劫掠，尤其是在不列颠、法国和欧洲西北部。很多人在劫掠过的地方定居下来，成为农民或工匠。9世纪60年代，维京人在冰岛建立殖民地。

准备工作

工作前，维京妇女会使用类似这样的胸针在衣服外别上一件围裙。女人们负责家务、烹饪和纺纱。她们与丈夫共享财富，也可以拥有自己的土地。

盛装食物的碗

这个碗是用挪威皂石雕刻而成的，人们经常用这种软石制作烹饪工具。

丁

鱼油灯挂在从天花板上吊下来的绳子上，照亮没有窗户的房屋。

字形屋顶
盖着茅草

商人探险

维京商人向阿拉伯世界和拜占庭国家的人们出售珠宝、毛皮、皮革和奴隶，换回铜、玻璃、银器、陶器和纺织品。从800 年以后，他们开始在征服得来的土地上修建城镇，例如 9 世纪 40 年代建立了都柏林，或是在航行时经过的地方创建新的城市以开辟新的贸易路线。9 世纪 60 年代，瑞典商人在西亚建立了基辅和诺夫哥罗德。

银币

这两枚来自伊拉克巴格达的银币出土于瑞典一个维京人坟墓，显示出商人为了开拓新市场航行了多远的距离。

铅块

维京商人用铅块来衡量商品重量，计算出商品的价值。

秤

商人使用秤来称重金银这类用作现金的贵金属。

谷仓里有干熏鱼，以备冬季食用

农民用牛拉犁或浅耕犁耕种田地

船龙骨位于整条船的下方

诺尔船上装上了用来贸易的农产品和金属制品

长船船首雕刻着龙头以吓跑敌人

造船专家

维京人是欧洲最好的造船专家。他们建造结实的诺尔船来装载货物，建造长船来入侵其他国家和捕鱼。船体很浅，不用码头，也不用划到上游就可以停在海滩上。桅杆和帆待起海风时使用。到 800 年，维京人已经使用了船龙骨——沿着船底部铺的厚木板，这样，船即使在风浪最大的海上也能保持稳定。

神符石

维京人认为如尼文有神奇的力量，图中纹有图画的石头上刻的就是如尼文，讲述的是奥丁神的故事。

文字与故事

维京字母表中的字母叫作"如尼文"。日常的信息被用如尼文刻在木头、金属和石头上，一些石头上刻的如尼文讲述的是维京人的历史。有块石头讲述了一群被称作瓦兰吉亚人的维京人，为拜占庭帝国担任皇家卫士的故事。讲故事对维京人来说是生活中很重要的一部分。诗人们反复歌颂维京英雄的战斗和冒险经历，歌颂关于战争与死亡之神奥丁以及天空统治者雷神的传奇故事，许多故事后来被记录在《萨迦》中。其中很多故事是几个世纪之后被人在冰岛用文字记录而成。

600	800	1000	1200	1400	1600	1700	1800	1900	2000

962 年

奥托被加冕为神圣罗马帝国皇帝

814 年查理大帝逝世后，罗马帝国分裂成几个小国。已经饱受维京人袭击的中欧和西欧地区，成为匈牙利和罗马尼亚马扎尔人入侵的目标。936 年，奥托大帝成为德意志国王，955 年，他在德意志南部的莱希河击退马扎尔人，消除了他们对西欧的威胁。这场胜利为他当选神圣罗马帝国皇帝赢得了足够的支持，962 年，他被加冕为神圣罗马帝国皇帝，不久，又成为意大利国王，尽管当地的意大利王子不断反对他的统治。

帝国疆土

这张地图标出了 987 年神圣罗马帝国的疆土。

皇冠

神圣罗马皇帝奥托一世声称要领导欧洲所有基督徒。

976 年

巴西尔二世成为拜占庭统治者

巴西尔二世在位的长时间里（963 年~1025 年），拜占庭帝国达到了自查士丁尼之后又一鼎盛时期。巴西尔 5 岁时就被加冕，当时与军队首领共同执政；976 年，巴西尔成为唯一的皇帝。为了增强实力，他没收大地主的地产，把最高职位安排给忠诚，但不太富裕的人。990 年，他发动了一场运动，遏制沙皇塞缪尔统治下的保加利亚日益增长的力量。1014 年，巴西尔在斯特鲁马河战役中击败了塞缪尔。随后他把注意力转向西方，于 1018 年打败了意大利和诺曼军队。到巴西尔逝世时，拜占庭帝国疆土已经从意大利扩展到伊拉克的幼发拉底河。

978 年

弗拉基米尔一世成为大公

9 世纪 60 年代，瑞典的维京商人在留里克（Rurik）的领导下在俄罗斯建立了王国。他们在诺夫哥罗德和基辅定居，后来留里克的继承人奥列格（Oleg）统一了两地。978 年，奥列格的孙子弗拉基米尔成为基辅大公。为了让俄罗斯更欧洲化，他决定引入国教。据称，他选择了拜占庭基督教作为国教，因为该教允许他和臣民保留饮酒习惯！从那时起，拜占庭艺术和法律深深影响了俄罗斯的文化。弗拉基米尔还向西扩张俄罗斯的领土，建立了一些新城镇。

神圣罗马帝国

800 年，法兰克国王查理大帝被加冕为神圣罗马帝国第一位皇帝。

840 年，查理大帝的儿子和继承人路易斯逝世，帝国一分为三。

962 年，德意志国王奥托被加冕为神圣罗马帝国皇帝。

13 世纪，教皇和皇帝对西欧的政治统治出现分歧。

1273 年，奥地利公爵鲁道夫（Rudolf）是哈布斯堡王室中第一位出任神圣罗马帝国皇帝的人。

1519 年，在查理五世的统治之下，神圣罗马帝国成为势力遍布世界的哈布斯堡家族帝国的一部分。

1648 年，《威斯特伐利亚和约》承认了神圣罗马帝国统治下所有国家的独立。

1806 年，弗朗茨二世放弃神圣罗马皇帝的称号，帝国时代结束。

"保加利亚人屠夫"

巴拉西斯塔战役后，巴西尔下令挖去数千名保加利亚囚犯的双眼，然后再把他们遣送回国，沙皇塞缪尔见此惨状，因惊吓过度而去世。

弗拉基米尔的听众

选择宗教以前，弗拉基米尔听取了犹太教、伊斯兰教代表的意见，在这幅画中，国王在听取拜占庭基督教学者的意见。

800 年~1000 年 美洲

这段时期，好战的托尔特克人迁到中美洲的玛雅附近，将玛雅文化的许多方面与自己的文化相结合。在北方，霍霍坎人通过娴熟的耕种技术发展繁荣。相邻的普韦布洛人能够修建多层的连通房。在南方，奇穆文明在莫切国的土地上发展起来。

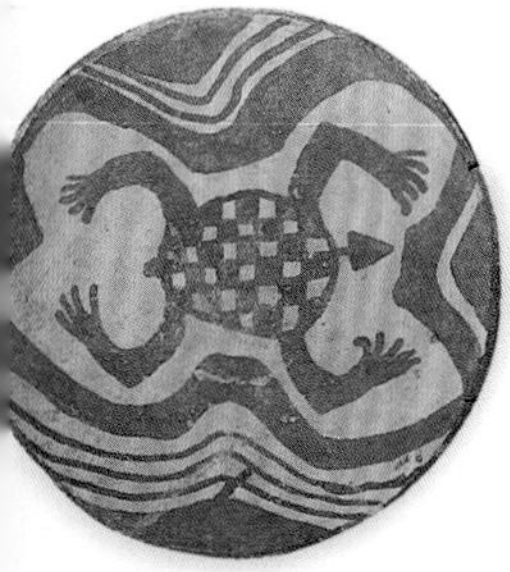

海龟盘子

霍霍坎作坊里生产红色与
色的陶器，上面画着动物或
物图案。这个盘子上面就有
个乌龟图案。

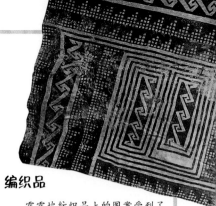

编织品

霍霍坎纺织品上的图案受到了墨西哥艺术家的影响。

约 800 年

霍霍坎文明兴盛

约公元前 100 年至公元 1400 年，霍霍坎人生活在
利桑那州南部，大部分人生活在肥沃的希拉河河谷
区。大约 800 年，他们向外扩张，面积最大的聚落现
称为“斯内克敦”，从他们生产的陶器、纺织品以及建造的
来玩墨西哥球类游戏的球场中可以看出，他们受到了南部
西哥文明的影响。公元 1400 年后，这块地方被遗弃，几乎
有留下痕迹。考古学家不知道这里的人去了哪里，因此把
文化命名为“霍霍坎”，意为“消失的人们”。

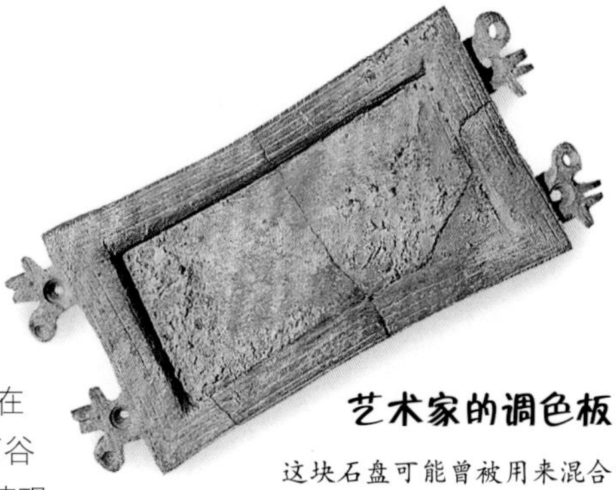

艺术家的调色板

这块石盘可能曾被用来混合人体彩绘用的颜料。霍霍坎人在玩游戏和举行宗教仪式时会在自己身上画上图案。这个盘子也可能被盛水当作一面镜子使用过。

第一批酸蚀画

霍霍坎人发明了酸蚀。他们从西海岸部落人手里换来贝壳，将贝壳酸蚀。用沥青在贝壳上画上动物图案，然后把贝壳浸入弱酸溶液里，让溶液腐蚀未涂沥青的地方，使沥青下方的图案突显出来。

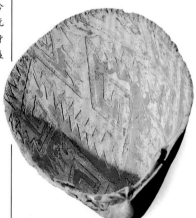

蚀刻的贝壳吊坠

这个贝壳吊坠出土于亚利桑那州的沙漠，是用仙人掌的酸汁腐蚀而成。

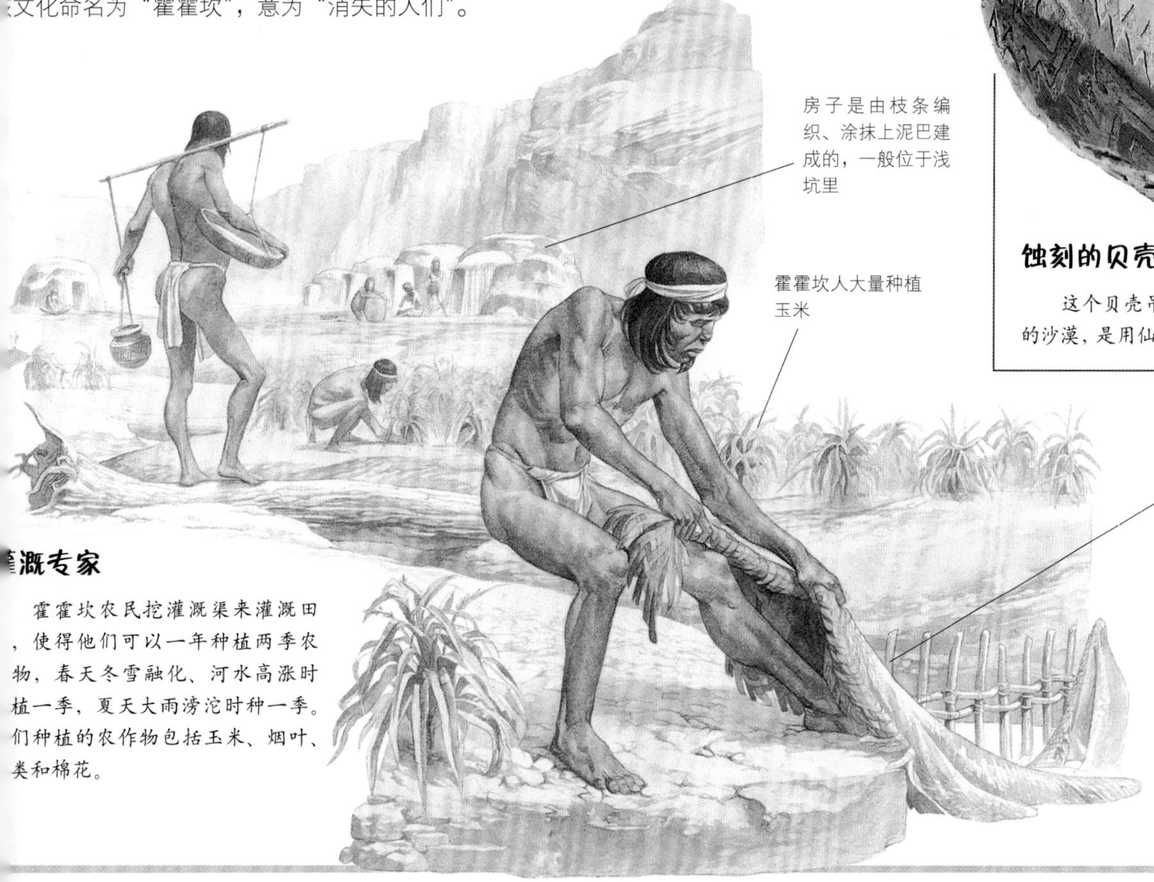

房子是由枝条编织、涂抹上泥巴建成的，一般位于浅坑里
霍霍坎人大量种植玉米
霍霍坎农民使用纤维编制的垫子搭建“水坝”，将水从一个地区引向另一地区

溉专家

霍霍坎农民挖灌溉渠来灌溉田
，使得他们可以一年种植两季农
物，春天冬雪融化、河水高涨时
植一季，夏天大雨滂沱时种一季。
们种植的农作物包括玉米、烟叶、
类和棉花。

600	800	1000	1200	1400	1600	1700	1800	1900	2000

约900年

托尔特克人在图拉建立首都

托尔特克人是中美洲的游牧民族。8世纪时，他们在墨西哥河谷定居，以农业为生，信奉魁扎尔科亚特尔，又称"羽蛇神"，是一位人神。到10世纪时，他们在统治者米斯科特尔（Mixcoatl）的率领下控制了墨西哥中部大部分地区。米斯科特尔之子托皮尔岑（Topiltzin）在图拉，一个位于墨西哥城北部大约60千米的地方，建立了托尔特克首都。图拉很快发展成一个拥有30 000~60 000人口的城市。在鼎盛时期，图拉面积大约为34平方千米，城内有多座寺庙和宫殿。10世纪末期，由托皮尔岑率领的羽蛇神追随者与另一位人神泰兹卡特里波卡的追随者发生了激烈争执，托皮尔岑及其追随者被逐出图拉城。于是他们向东发展，在玛雅奇琴伊察城定居，并建造了兼具托尔特克和玛雅建筑风格的房屋。

特拉洛克花瓶

这个花瓶上画的是特拉洛克，他是托尔特克的雨神，有时也被奉为战神。

奇琴伊察的查克摩尔神

托尔特克人雕刻了一批查克摩尔神的石像，是勇士们半躺在地上的形象，这些人用双手捧执盘子放在胸前，用于摆放人祭的心脏。

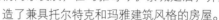

托尔特克寺庙金字塔

这座位于奇琴伊察的寺庙金字塔融合了托尔特克和玛雅两种建筑风格，它是由内战后从图拉逃出来的托尔特克人建造的。建筑宏伟，四面台阶直通顶部的寺庙。

勇士崇拜

虽然后世的阿兹特克人认为托尔特克人聪明、善良、爱好和平，但实际上，他们个个凶猛好战。托尔特克国首都位于图拉，因为图拉四面悬崖，俯瞰河流，是绝佳的防御阵地，领导者在此能对全国进行有效统治。11世纪至12世纪期间，托尔特克人获得了几场战役的胜利，占领了墨西哥中部大部分地区。国家内部也经常发生战乱，他们还用活人祭祀神灵。1168年，图拉受到北方凶猛的游牧民族的攻击，城市战火连天，人们仓皇逃离，宫殿和庙宇被洗劫一空，代表勇士的石像被推倒在地。托尔特克首都被彻底摧毁，托尔特克文明结束。

珍珠母装饰的勇士像

这尊出土于图拉的土狼勇士像是用珍珠母装饰的。

站立的勇士

托尔特克人在图拉为魁扎尔科亚特尔修建一座大型寺庙，寺庙屋顶上站立着几排勇士像即"男像柱"（见左图）。这些巨石勇士据称是来守卫寺庙的。

40000 BC	10000	1000	AD 1	400	800	1200	1600	1800

第九章

1000 年~1200 年

修士和入侵者

秘鲁出土的奇穆双鸣笛罐

1000 年 ~1200 年
世界情况概述

　　这段时期的大部分时间，欧洲的基督徒和西亚穆斯林都处于交战状态。这些战役被称为"十字军东征"。尽管宗教是战争的主要导火线，但是参战方的主要目的是夺取更多土地。在欧洲，以土地所有权和兵役为基础的封建制度，支配着人们日常生活的方方面面。

西方帝国衰落

　　在北非，伊斯兰世界发生了巨变。加纳在西非的主导地位被北方的阿尔摩拉维德夺走。扎格维王朝代替了阿克苏姆王朝统治埃塞俄比亚，并鼓励人们信奉基督教。在中非和南非，班图农耕民族建立了新王国。

建设与扩张

　　大西洋两岸的文化和文明经历了起起落落。北美的普韦布洛人在西南部的悬崖下建立起漂亮的村庄。强大的奇穆人从首都昌昌向外扩张，统治了南美大部分地区。在大西洋，波利尼西亚人乘着敞舱船远航，去寻找新的土地，特别是在新西兰地区的新土地。

北美洲

格陵兰

约 1000 年，莱夫·埃里克松从格陵兰岛出发向西航行，在北美洲登陆。

约 1100 年，阿纳萨齐人在悬崖上修建几层高的石屋。

约 1100 年，西岸的奇穆人编织多彩的纺织品。

南美洲

大西洋

秘鲁

太平洋

12 世纪，秘鲁的印加人为战士首领制作雕塑。

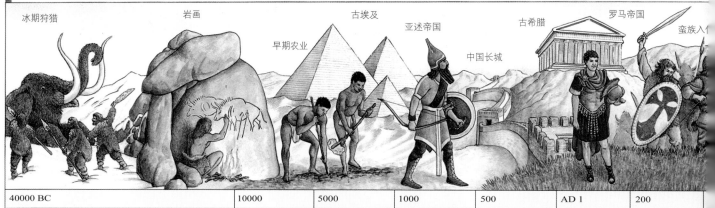

冰期狩猎		岩画		古埃及	亚述帝国		古希腊	罗马帝国	蛮族入侵
			早期农业			中国长城			

40000 BC			10000	5000	1000	500	AD 1	200

欧洲

世纪，欧洲西部的人们修建大的石头城堡。

君士坦丁堡

小亚细亚 · 曼齐刻尔特

1071 年，塞尔柱人在曼齐刻尔特击溃拜占庭军队。

亚洲

1199 年，大将军源赖朝逝世后，武士阶层获得统治日本的权力。

日本

约 1000 年，中国人在战争中使用火药。

阿富汗

波斯

中国

埃及

缅甸

1096 年，十字军东征开始：欧洲的基督徒决心从塞尔柱手里夺回巴勒斯坦。

印度

年，西撒哈拉的摩拉维德人在马什建立首都。

非洲

11 世纪，印度朱罗王朝的人们修建神殿来纪念在位的朱罗国王的权力和财富。

马来西亚

1113 年~1150 年，苏利耶跋摩二世在柬埔寨修建吴哥窟。

0 年，位日利亚西贵的约鲁与统治者电。

11 世纪，班图人打猎、耕种。

赞比西河

大洋洲

澳大利亚

印度洋

北

约 1000 年，毛利人定居新西兰，靠狩猎和采集为生。

新西兰

对外争

玛雅帝国

蒙古人向外扩张

修建城堡

维京人航行

| 600 | 800 | 1000 | 1200 | 1400 | 1600 | 1700 | 1800 | 1900 | 2000 |

1000 年

1050 年

非洲

11 世纪，班图人在非洲南部建立王国。

11 世纪，西非的台克鲁尔王国和加奥王国因黄金贸易繁荣。

1021 年~1035 年，法蒂玛王朝的哈里发查希尔在位期间，法蒂玛王朝开始衰落。

非洲大部分地区都分布着放牧的班图人

约 11 世纪 50 年代，位于西非尼日利亚伊费地区的约鲁巴文化兴盛起来，一直到 15 世纪才衰落。

从 11 世纪 50 年代到 1146 年，西撒哈拉的柏柏尔穆斯林——阿尔摩拉维德人占领摩洛哥、阿尔及利亚和穆斯林西班牙部分地区；1076 年，他们入侵加纳，并在此建立政权。

1062 年，阿尔摩拉维德人在马拉喀什建立首都。*

伊费的约鲁巴艺术家为当时的统治者雕刻漂亮的雕像

亚洲

《源氏物语》上的 18 世纪插图，画的是两名妓女

[1] 约 1000 年，中国人制造了火药，并开始用于战争中。

约 1008 年~1020 年，日本宫廷侍读女官紫式部创作了著名小说《源氏物语》。

1014 年，拉金德拉一世成为朱罗王朝的统治者，统治印度大部分地区。*

1044 年，阿奴律陀统治缅甸；他建立了一个大帝国，加强军队建设，培养能干的领导者。

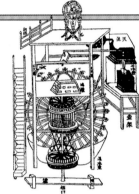

这个中国钟表通过水轮获得动力，使钟和锣鼓运转起来，并在整点的时候发出响声报时

1065 年，穆斯林塞尔柱人入侵小细亚。

1071 年，塞尔柱人在曼齐刻尔特击败拜占庭军队；1076 年，他们占领耶撒冷。

[1] 约 1090 年，用水驱动的机械钟在开封（中国北宋首都）出现。

1096 年，欧洲的基督教统治者开始一次十字军东征，从塞尔柱人手里夺回巴勒斯坦。

1099 年，十字军战士占领巴勒斯坦耶路撒冷。*

欧洲

约 1000 年~约 1200 年，罗马、佛罗伦萨和威尼斯等意大利城镇变成城邦。

1000 年~1038 年，匈牙利阿尔帕德王朝的第一位统治者史蒂芬在位，他允许臣民信奉基督教。

1014 年，爱尔兰的最高国王布赖恩·博鲁，在克朗塔夫大战役中打败了维京人，但在胜利之后被杀害。*

1016 年~1054 年，为克努特执政期，克努特是维京人，统治着英格兰、丹麦、挪威和瑞典。

1019 年~1054 年，基辅的统治者——智者雅罗斯拉夫，统一了俄罗斯的很多公国。

11 世纪 20 年代，波兰的波列斯瓦夫一世建立强国。

克努特大帝在位时，政绩良好，经济繁荣

1034 年，苏格兰统一，与英格兰之间的领界与现在并无两样。

1035 年~1066 年，法国诺曼底逐渐发展强大。

1037 年，西班牙的卡斯蒂利亚和莱昂两个王国联合起来。*

1054 年，罗马天主教教会和拜占庭的东正教教会分裂。

1066 年，诺曼底公爵威廉在黑斯廷斯战役中打败英格兰的国王哈罗德二世。*

1072 年~1091 年，诺曼军队征服西西里岛。

1077 年，教皇格里高利要把神圣罗马帝国皇帝亨利四世的教籍革除；亨利恳求宽恕，但是帝权和教皇权力的冲突一直持续到 12 世纪。

罗马骑兵在战场上使用马刺控制马

贵族们率领十字军前往耶路撒冷

1086 年，威廉一世下令调查英国土地情况，编写《末日审判书》。*

1098 年，西多会修道院在法国熙笃建立起来；西多会修士出现。

美洲

农民在热带雨林种植红薯

约 1000 年，秘鲁农民开始种植红薯和玉米。

约 1000 年，莱夫·埃里克松到达北美。*

大洋洲

约 1000 年，毛利人定居新西兰。*

约 1000 年，波利尼西亚人修建石庙。

毛利人以各种鸟类和植物为食，还会制作尖钩钓鱼

波利尼西亚人乘坐坚固的独木舟航行，找寻新的岛屿；这个船首甲板形状像一只鸟和海浪

00 年

0 年，西非加纳帝国衰落。

0 年，中非扎伊尔的加丹加可
一年建立起来。

，柏柏尔穆斯林建立的阿尔
王朝与阿尔摩拉维德王朝对
们占领马拉喀什，并继续征
尔摩拉维德统治下的西班牙、
利亚和的黎波里。*

柏柏尔商人把
西非的贵金属、
象牙和奴隶销
往欧洲

窟佛教
用用青
的那伽
来装饰

15 年～1142 年，法国教师皮埃
阿伯拉尔使巴黎成为神学中心。

～1153 年，圣伯尔纳铎在克
任职时期，他建立的修道院是
最重要的修道院。

年，博洛尼亚大学在意大利

～1153 年，大卫一世统治苏

年～1144 年，苏杰长老在巴黎
第一座哥特式教堂——圣德尼
院大教堂。

年～1185 年，阿方索一世成为
牙首位国王。

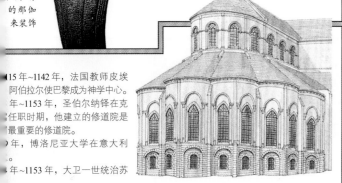

1200 年，圣德尼圣殿

印加人把古
柯叶放入袋
中，咀嚼叶片
时常佐以酸
橙，使叶片中
的可卡因释
放出来

纪，人们在之前修建的复活节
台上雕刻第一批雕像。

纪，夏威夷群岛出现有组织的
体。

，波利尼西亚人首次在皮特
定居。

毛利人的贝
壳喇叭

1150 年

12 世纪 50 年代，扎格维王朝统治
着埃塞俄比亚高原。

1171 年，埃及军队的穆斯林战士
和指挥官萨拉丁推翻法蒂玛王朝。

1173 年，萨拉丁自封为苏丹——埃
及最高统治者。

这幅波斯绸制
的肖像画的是
埃及苏丹萨
拉丁

1113 年～1150 年，柬埔寨的苏利耶
跋摩二世当政，他开始修建吴
哥窟建筑群。

[1] 约 1120 年，中国人开始
玩彩色的扑克牌。

1147 年～1149 年，
参加第二次十字军东征
的基督教军队在小亚细亚被
土耳其人打败，放弃围攻大
马革。

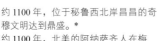

源赖朝是日本武士家族
的首领

约 1163 年，后来成为蒙古帝国的创建者
的成吉思汗出生。

1173 年～1193 年，萨拉丁征服巴勒斯坦
和叙利亚，占领了大马士革。

12 世纪 80 年代，朱罗王朝衰落。

1186 年～1187 年，伽色尼王朝的末代皇
帝被古尔王朝的穆罕默德废黜，穆罕默
德是北印度帝国的伊斯兰教创始人。

1187 年，萨拉丁在哈丁战役中打败基督
教徒，占领耶路撒冷。*

1192 年，信奉基督教的英格兰国王理查
一世与信奉伊斯兰教的萨拉丁签署休战
协定，第三次十字军东征结束。*

1192 年，日本源赖朝在漫长的内战中取
得胜利，正式出任征夷大将军。*

1152 年～1190 年，神圣罗马帝国皇帝弗
雷德里克一世执政，被称为"红胡子"。

1154 年～1189 年，安茹金雀花王朝的亨
利二世成为英格兰国王的执政时期，他
对法律和政府体制都进行了改革。

1171 年～1172 年，亨利二世入侵爱尔兰，
成为君主。

1180 年～1223 年，腓力二世·奥古斯都
统治法国，并征服了西部的安茹国。

1190 年，德意志军事集团——条顿骑士
团成立，保卫巴勒斯坦和叙利亚的基督
教领地。

这尊印度神——毗湿奴的漂亮青铜雕
像由朱罗王国的一名艺术家雕刻而成

约 1100 年，位于秘鲁西北岸昌昌的奇
穆文明达到鼎盛。*

约 1100 年，北美的阿纳萨齐人在梅
萨维德、查科峡谷和谢伊峡谷修
建悬崖居所。*

12 世纪，秘鲁出现印加人，
他们是一群农民，以武士
为首领。

1100 年～1200 年，北美亚
利桑那州的霍霍坎人开始
修建作为房屋地基的平台式
土墩。

图拉最令人印象深刻的建筑是一
座四层的金字塔神庙；托尔特克
建筑师的技术高超，举世有名

约 1150 年，北美洲的霍普韦尔文化
终结。

12 世纪 70 年代，墨西哥托尔特克的
首都图拉被来自北部沙漠地区凶猛
的奇奇梅克游牧民族推翻。

约 1180 年，托尔特克人被逐出奇琴
伊察。

约 1190 年，修建平顶土墩当作密西
西比河区域寺庙地基的第一期工程
结束。

约 1150 年，毛利人在新西
兰南岛北部的河口区域定
居，主要集中在怀劳沙洲。

1000 年~1200 年 非洲

这段时期里，非洲经历了帝国的起起落落。11 世纪中期，西北方的穆斯林柏柏尔人，即阿尔摩拉维德人日益强盛，并发起了一场圣战，入侵主宰西非几个世纪的加纳帝国。12 世纪 40 年代，阿尔摩拉维德人被另一派因宗教原因而反叛的柏柏尔阿尔摩哈德王朝征服。在东非，埃及的法蒂玛王朝被另一位伟大的勇士萨拉丁推翻，他还继续征战，统一了非洲部分地区与亚洲伊斯兰世界。

柏柏尔人

柏柏尔人是非洲西北部的第一批定居者。□世纪阿拉伯入侵后，他们成了穆斯林，有些人□过着游牧生活，有些人则成了农民。

马拉喀什

随着商人从阿尔摩拉维德帝国各地带回各种商品，马拉喀什城兴起了大市场，即集市。城市街道上挤满了商人、奴隶、买卖人、工匠、仆人和乞丐。

大约 1062 年
马拉喀什建立

在西撒哈拉，一群严格的穆斯林柏柏尔教徒发起了一场圣战来改造邻国。约 1062 年，□们在马拉喀什建立首都，这里后来成为北非□伟大的城市之一。柏柏尔将军阿布·伯克尔（Abu Bakr）率领大批追随者，即阿尔摩拉维□人，向南入侵加纳帝国。1076 年，他们占领□纳国首都昆比（Kumbi）。阿布·伯克尔的堂弟素福·伊本塔什芬（Yusuf ibn Tashfin）把阿尔摩拉维德王朝的势力扩展到北非，并进入西班牙打败了对□地穆斯林造成威胁的基督教军队。1100 年，所有穆斯林纷□下的西班牙地区都变成了阿尔摩拉维德帝国的一部分。

1147 年
阿尔摩哈德人占领马拉喀什

北非和西班牙的阿尔摩拉维德帝国没有存在很长时间。12 世纪 20 年代，在摩洛哥出现了柏柏尔人的另一个宗教派别阿尔摩哈德。他们指责阿尔摩拉维德在西班牙生活得太奢华，因此，他们的领导人伊本·图马特（Ibn Tumart）组建了一支强大的军队。1147 年，他们在哈里发阿布杜勒·慕敏的率领下，从阿尔摩拉维德手里夺走了马拉喀什，并继续征服摩洛哥和西班牙穆斯林。到 1163 年，阿布杜勒·慕敏已经统治了最远至利比亚的的黎波里的非洲东北部地区。阿尔摩哈德统治西班牙长达 60 多年，但在纳瓦斯德托洛萨（Las Navas de Tolosa）战役中被阿方索八世打败。

阿尔摩哈德旗帜

阿尔摩哈德人在战斗中举着旗帜，呼吁对教徒是否严格遵守伊斯兰教法进行更严厉的监管。伊本·图马特带头砸碎酒瓶，把没戴面纱的将军妻子从马上拉下来。

阿卡萨城堡

8 世纪阿拉伯人入侵后，穆斯林西班牙成了□斯兰文明的重要中心。阿尔摩拉维德和阿尔摩哈□统治者继续用税收修建学校、图书馆和华丽的宫□，比如塞维利亚阿卡萨城堡。他们都允许基督教和□太教教徒的共存。

	10000	5000	1000	500	AD 1	200

1000 年~1200 年 亚洲

这段时期，西亚的塞尔柱人向外扩张，对拜占庭帝国构成了威胁。他们占领了欧洲基督徒朝圣的圣地——巴勒斯坦。拜占庭和欧洲在几对十字军东征后，赶走了塞尔柱人。印度南部的朱罗王国日益强大，并扩大了在东南亚海域的海军势力。在日本，源氏家族取代藤原家族，成为主要统治者。

有故事的碗

塞尔柱艺术家把碗当作纸一样在上面作画。这只碗的边缘画有字母，中间是勇士骑马图。

1014 年
拉金德拉一世成为朱罗王朝的统治者

庙城

拉金德拉一世在首都坦贾武尔修建了一座寺庙，供数百人居住，其中包括 400 名舞女，还将它用作紧急情况下的避难所。

朱罗人是印度半岛东南部的印度人。880 年后，他们征服了印度南部的大部分地区，斯里兰卡岛以及北部远达恒河流域的一些地区。1014 年，拉金德拉一世成为朱罗王朝国王，他派遣商船去新水域，进行贸易探险。从阿拉伯到中国东海的贸易路线也被朱罗海军控制。朱罗商人因此变得富有，他们开始发行钱币，取代了物物交易。他们建立行会，行会会员可制定规则来管理商业贸易行为。朱罗统治者尤其受农民的尊重：村民可自由地管理自己的事务。

朱罗艺术

富裕的朱罗商人委托他人修建新建筑，制作艺术品。他们请来的艺术家制作的青铜神像都十分有名。

武器优势

塞尔柱勇士脚踩在马镫上，身体保持平衡，能在安全距离内射箭。塞尔柱的专业射击术成为拜占庭重枪骑兵（上图左）的心头大患。

1071 年
塞尔柱人攻击拜占庭帝国

11 世纪中叶，一群流浪在外的穆斯林，即塞尔柱人，从中亚南下，打败阿富汗伽色尼王朝，并穿过波斯最终到达巴格达。他们受到了阿拔斯王朝哈里发的欢迎，塞尔柱首领图格鲁勒·贝格被封为摄政王，并被赐予"苏丹"称号。图格鲁勒的侄子阿尔普·阿尔斯兰（Alp Arslan）继任后入侵小亚细亚和亚美尼亚。

1071 年，他在曼齐刻尔特战役中击溃拜占庭军队，俘获了拜占庭皇帝，后来又将其释放。大量塞尔柱人相继迁往小亚细亚，这里大部分地区的希腊语和基督教逐渐被土耳其语和伊斯兰教所取代。

《鲁拜集》里的插图

塞尔柱王朝统治时期出现了几位出色的波斯艺术家和思想家。欧玛尔·海亚姆（约 1050 年~约 1123 年），是一位数学家和皇室天文学家，他发明了新历法，还创作了著名的诗歌集《鲁拜集》。

600	800	1000	1200	1400	1600	1700	1800

1099年
十字军战士占领耶路撒冷

11世纪末期塞尔柱人推翻巴勒斯坦后,便开始攻击去圣地朝圣的基督徒们,这一举动激怒了东方和西方基督教教徒。拜占庭皇帝寻求各方帮助抵御塞尔柱人的压迫。1095年,教皇号召发动十字军运动,又称"圣战",来反抗穆斯林,有上千名平民响应。一位流浪的传道人——隐士彼得,率领由平民组成的十字军进行东征,但是在小亚细亚遭到了塞尔柱人的屠杀。1096年,一支欧洲官方军队加入君士坦丁堡的拜占庭军队。其中一些领导者加入是因为受到了宗教信仰的启发,而另一些则是为了趁机扩张自己的领土和获得财富。他们征服了小亚细亚和叙利亚的塞尔柱领土。1099年,他们占领了耶路撒冷。

布永的戈弗雷

1099年,第一次十字军东征的领导者——法国人布永的戈弗雷成为耶路撒冷的基督教国王。

耶路撒冷大屠杀

1099年7月,经过了长达5个星期的围攻后,十字军侵占了耶路撒冷。他们偷走了城里的珍宝,杀死包括犹太人和穆斯林等在内的所有居民。

1187年
哈丁战役

在恶劣的环境下,欧洲人被穆斯林包围,他们的亚洲征战并没有坚持多久。全副武装的基督教骑士在高温下挣扎,成为身手敏捷的穆斯林骑立射手攻击的目标。1144年,穆斯林收复了小亚细亚的埃德萨伯。第二批来自欧洲的十字军为了夺回埃德萨伯向东征战,但在长途跋涉过程中倒下:士兵们食不果腹,还受到土匪的伏击。那些好不容易到达小亚细亚的士兵又被穆斯林击败。在巴勒斯坦,基督教统治者为了争夺权力而整合资源,同时谨记保卫自己的领土。12世纪70年代,伟大的勇士萨拉丁统一了叙利亚和埃及穆斯林。1187年,在哈丁战役中,他击溃了基督徒,占领了阿克里和耶路撒冷。1189年,英格兰皇帝理查一世、德国皇帝红胡子弗雷德里克一世以及法国的腓力二世率领了第三次十字军东征。1191年,理查一世占领了阿克里。

亚洲的基督教国家

聚居在巴勒斯坦以及巴勒斯坦周围地区的十字军战士建立了4个小公国,合称为"十字军国家"。

圣殿骑士

医院骑士

僧兵

1118年,一帮保护巴勒斯坦基督朝圣者的骑士成立修士会,被称为"圣殿骑士团"。圣殿骑士与大部分修士不同,因为他们还是战士。在战役中,他们身着纯白色的长袍,上绣红色十字架。还有另一个既是军团又是修士会的组织,他们被称为"医院骑士团"。这些军团日益富裕强大。

坚不可摧的要塞

十字军战士修建巨大的堡垒,以守住通往亚洲大陆的关口。叙利亚境内雄伟的骑士堡(见左图)可容纳数百名医院骑士团成员以及他们的仆人。

40000 BC			10000	5000	1000	500	AD 1	200	4

"暗杀者"阿萨辛派

一支人数不多但很凶猛的什派穆斯林袭击逊尼派塞尔柱人和督徒。他们被称为"阿萨辛派"，源于阿拉伯词"hashshashun"，思是"吸大麻的人"。他们在害者的枕头上放一把锋利的然后再回来暗杀他。

萨拉丁（1138年~1193年）

萨拉丁是一位完美战士，他因行事勇敢、正直公正而广受赞誉。他出生于伊拉克，祖先是库尔德人，长大后成为一名指挥官，后来成为埃及法蒂玛王朝的最高领导者。1171 年他推翻法蒂玛王朝，占领了叙利亚和北非部分地区。他的联合部队差点将全部十字军从十字军国家逐出。萨拉丁很有教养，为人慷慨，他资助学者，修建学校和资助公共服务事业机构，例如医院。

1192 年
基督教徒与穆斯林签署休战协议

1192 年，英格兰的理查一世率领的军队在意图占领耶路撒冷的行军路上只行进了几个小时，就拒绝前进，因为他们急缺食物和水，士兵都已精疲力竭，于是，理查不得不撤退。他甚至不愿向耶路撒冷的方向看一眼，他说："不能征服，便不愿再见。"绝望的理查试图与萨拉丁签署休战协议。他采用最不平常的方法：将自己信奉基督教的妹妹嫁给信奉伊斯兰教的苏丹的哥哥。1192 年 11 月，理查和萨拉丁签署协议，协议规定基督徒保持对本国沿海城镇的控制权，并保证基督教朝圣者安全抵达圣地。虽然十字军战士历经艰辛，经历了数十年的征战，但是巴勒斯坦大部分地区仍然处于穆斯林的统治之下。

头盔

德意志十字军的头盔上装饰着十字形条，表明佩戴者信仰基督教。

92 年
赖朝成为征夷大将军

12 世纪中叶，藤原家族夺走了京都日本天皇的权力。藤原家与武士阶层的两大家族平氏和源氏发生了内战。1160 年，平氏寻者平清盛从藤原家族手里夺走了皇权，但是 1185 年，在坛之战役中，平氏被源氏打败。源氏领导人源赖朝以天皇的名义在仓成立军政府——幕府。1192 年，天皇封他为征夷大将军。

士参拜大将军

源赖朝是幕府首任征夷大将军，该图是他在接受高级武士家臣们的参拜。

日本武士

武士阶层最早可能是于 9 世纪时在日本形成。北部和东部的地方官员由于远离朝廷，便开始雇用骑兵射手和剑客来维持秩序。到 11 世纪，这些武士之主及其家族和家臣开始控制整个省。源氏和平氏成为日本最强大的武士家族。1192 年源赖朝成为幕府大将军后，起用武士家臣执法、维持秩序。高级别的忠诚武士则在各个省担任巡官，管家则被派去管理大片土地。这种日本政府的基本格局在形成后也维持了好几个世纪。

| 600 | 800 | 1000 | 1200 | 1400 | 1600 | 1700 | 1800 | 1900 | 2000 |

1000 年~1200 年 欧洲

　　这段时期，欧洲贸易增长，部分原因是十字军远征，信仰基督教的欧洲所有阶层都反对其共同的敌人——伊斯兰教。跨越国界的新道路和造船技术的进步都促进了商业集团的发展。由于王室统治者的强大，以及封建制度的发展，国家渐趋稳定。很多新的修道院制度出现，促进了教会的改革。教育方面也有了很大的进步，欧洲第一批大学——博洛尼亚大学和巴黎大学建立。

布赖恩逝世

　　维京人逃离克朗塔夫时，其中一位发现布赖恩在帐篷旁，于是将他杀害。

1014 年

克朗塔夫战役

　　约 1000 年，爱尔兰被分成几个敌对的王国，这让维京人很容易在不同地区安顿下来。1002 年，芒斯特国王布赖恩·博鲁自封为爱尔兰的最高国王。布赖恩·博鲁将在位时的大部分时间用来巩固王位。1013 年，定居都柏林的维京人与有不满情绪的领主一起挑战他的权威。1014 年，双方在都柏林附近的克朗塔夫交战。尽管布赖恩被杀，但是爱尔兰人仍然获胜，维京人统治爱尔兰的威胁消除。

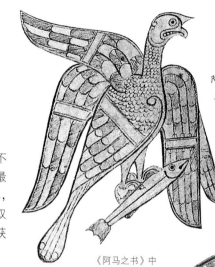

皇室来

　　1006 年，布赖恩走阿马，分发黄金。有些黄是献给他的贡品（他的字 Boru 就是"贡品接受的意思），因此，在纪的《阿马之书》里，在这次访问中被加上个注解"爱尔兰皇室

《阿马之书》中的老鹰插图

熙德（1043 年~1099 年）

　　1072 年后，阿方索六世试图征服穆斯林西班牙时得到了最强大贵族之一的帮助，这位贵族叫罗德里高·迪亚兹·德·维瓦尔，人称熙德（El Cid, Cid 来源于阿拉伯语"Sayyid"，意为贵族）。熙德出生于卡斯蒂利亚，他率军进入穆斯林领土，一直到达南方的加的斯。熙德虽然勇敢，但不可靠，1081 年他与阿方索闹翻后投奔一位穆斯林首领。迪亚兹留下了很多伟大事迹，被人们称为"熙德冠军"。后来，他与阿方索和好后，俘获穆斯林巴伦西亚，并把巴伦西西囚禁了 5 年直至他去世。尽管熙德有些不可靠，但至今仍被认为是西班牙的一位民族英雄。

好莱坞英雄

　　1961 年，查尔顿·赫斯顿在一部奇特却广受欢迎的电影中饰演熙德。

1037 年

西班牙王国统一

　　11 世纪初期，西班牙半岛被中部和南部的穆斯林城邦，以及北部的几个基督教国王瓜分。1037 年，卡斯蒂利亚国的斐迪南完成了从父辈就开始的征服邻国莱昂的事业。一直到了 1072 年，斐迪南之子阿方索六世才鼓足勇气，继续挑战南方的穆斯林霸权。冲突又持续了 400 年，终于，1492 年，穆斯林国王格拉纳达被征服。

联合盾徽

　　这个西班牙的盘子上画是卡斯蒂利亚王国（一座城和莱昂王国（一头狮子）的联盾徽。

西班牙王国

　　截至 1150 年，西班牙北部和中部大部分地区的居民都是基督徒，但有很多穆斯林居住在阿拉贡，南方也住着一些基督徒。14 世纪时，只有以格拉纳达为中心的较远的南方地区仍然在穆斯林的统治之下。

教会生活

这段时期，基督教的宗教信仰和宗教活动在人们的日常生活中占据主要地位，上千名居民的大部分时间都是去教堂、工作、学习、去修道院和修女院祷告。这些修士和修女也会帮助外面的居民，照顾病人，接济穷人。人们修建了很多教堂来做礼拜，其中最大的大教堂里还有供该区域主教使用的主教席。

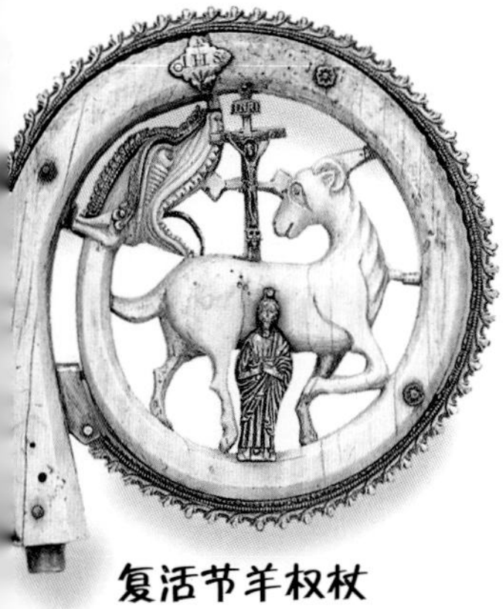

复活节羊权杖

这根权杖（主教的权杖）上的羊代表忠诚的救赎，而蛇代表的是地狱之爪。

修士就寝
的地方
回廊
教堂是修士生
活的中心
药草园是食物
和药物的主要
来源地
果园
修士就餐的食堂
修士照顾病人
的医务室
旅客经常住在
修道院

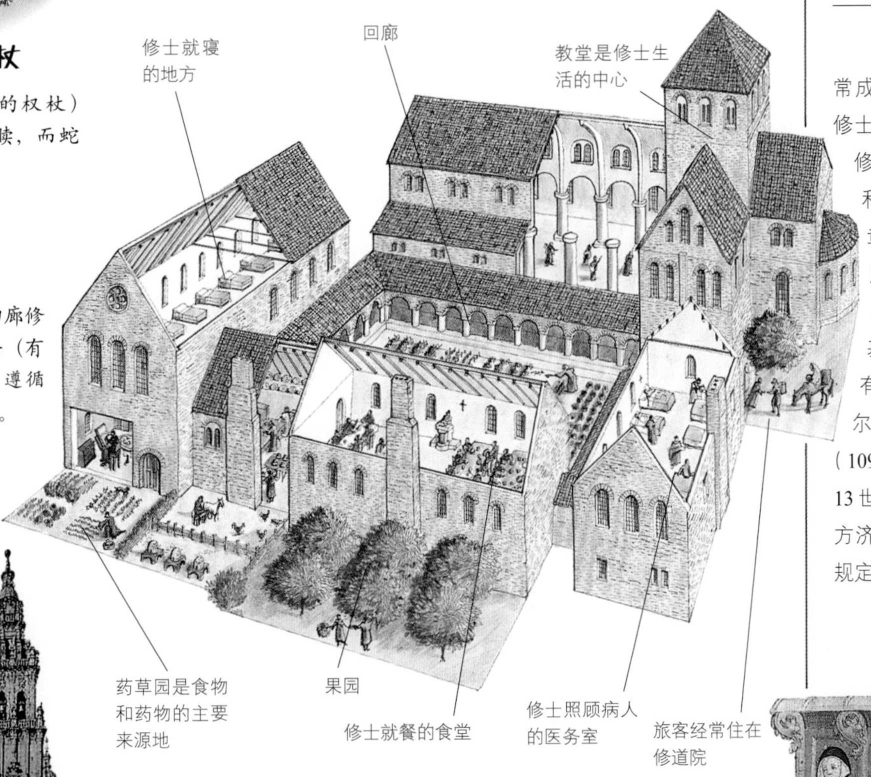

修道院

修道院是一排围绕回廊修建的建筑。里面住着修士（有时候也住着修女），他们遵循世纪圣本笃定下的规矩。

修道院制度

选择献身于基督教的男士通常成为修士，女士则成为修女，修士住在修道院，修女则住在女修道院。529 年，圣本笃在意大利编写了第一份《本笃会》规章，修士的生活方式必须遵循严格的规章。随着欧洲形势的改变，新规章不断出现，但基本遵循相同的规则。新规章有《克吕尼改革》(910 年),《加尔都西会》(1084 年),《西多会》(1098 年),《吉尔伯会》(1131 年)。13 世纪又订立了新的规定，例如方济会和道明会的会规，但这些规定都是开放性的。

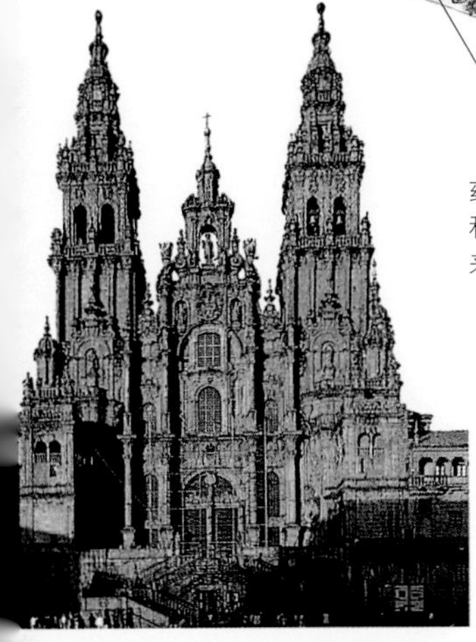

圣地亚哥－德孔波斯特拉

圣詹姆斯安葬于此，使得这座教堂成为西班牙朝圣圣地。

朝圣之旅

多名基督徒常常步行或乘船长途跋涉来到埋葬耶稣基督或早期圣徒的神圣之地。他们希望自己的罪行得到宽恕，疾病得到治愈。像罗马这样的地方，因为据称圣彼得和圣保罗安葬于此而大受朝圣者的欢迎。

600	800	1000	1200	1400	1600	1700	1800	1900	2000

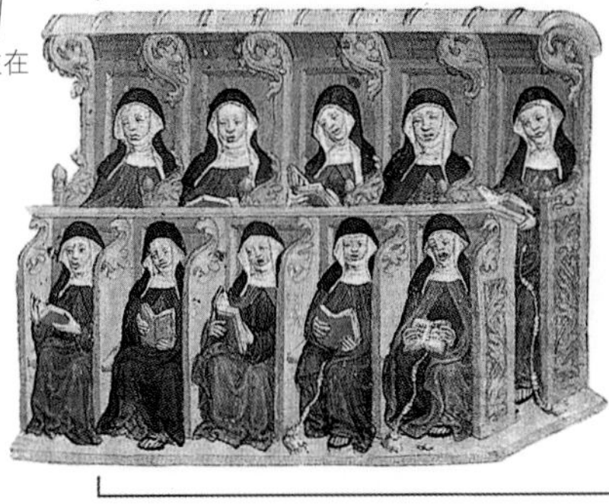

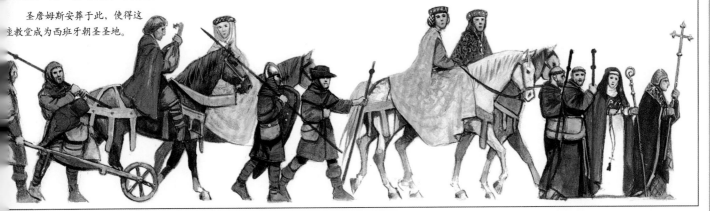

诺曼人的
矛和箭

1066 年

黑斯廷斯战役

1066 年英格兰国王忏悔者爱德华逝世后，没有留下子嗣，他曾答应把王位传给诺曼底公爵威廉，但是英国领主不想让外国人当自己的国王，因此把王位给了威塞克斯伯爵哈罗德。威廉性格狂暴，没几个月便组织了一支庞大的军队从诺曼底起航，第二天便到达黑斯廷斯。哈罗德二世和军队当时在英格兰北部，几天的时间向南行进了 400 千米，到达目的地后又累又饿。他们虽然勇敢作战，但还是输给了诺曼底人，哈罗德被杀，威廉加冕为国王。诺曼底人一拥而入，控制了整个国家，改变了英国历史。这是英格兰历史上唯一一次被外国势力征服，以后再没有过。

巴约挂毯

这条挂毯上绣了黑斯廷斯战役的整个过程，由 72 个故事组成。它是在巴约主教厄德的命令下制成的，厄德是威廉同母异父的兄弟。这条挂毯上的一只眼睛被箭射穿的士兵，曾被认为是哈罗德。挂毯现在挂在法国西北部的巴约。

征服者威

威廉是诺曼底公爵罗贝尔的私生子。征服英格兰后，把英格兰分割给诺曼底领他执政的大部分时间都在镇压英格兰各地义。这幅肖像选自马修·帕里斯的《大纪中 13 世纪的部分。威廉手里的教堂代表他对会的控制。

封建制度

8 世纪罗马帝国衰落后，欧洲建立起封建制度以稳定混乱的社会。为了有效控制国家领土，国王将土地租赁给诸侯（强大的地主），即封地，以换取诸侯们的忠诚宣誓，并达成协议，国家有需要时出兵相助。诸侯将封地再次租赁给手下地位略低的贵族或骑士。地位略低的家臣们则宣誓效忠诸侯，服从军事派遣，同时也效忠国王，因为国王级别最高，所有土地最终归国王所有。地位最低的是在土地上种植的农奴（或奴隶）。征服者威廉把有效的封建主义形式传入英格兰，亚洲一些国家也采用各种不同的封建制度。

封建等级树状图

这幅 14 世纪带图解的手稿显示了国王在最顶层的封建结构图。

1086 年

英国开始土地调查

1085 年，为了算出能够在全国征收多少税，威廉一世（征服者威廉）下令对英格兰进行全国调查（北方遥远的国家除外），录土地的价值、人口、面积、种植情况、所有权和租赁情况。国被划分为几个区域，每个区域各委派一个长官负责。公民必宣誓如实回答在调查期间及在 1066 年时土地的状态问题。108调查完成后，结果被汇编成《末日审判书》。

《末日审判书》

此书分为两卷，一卷记录了埃塞克斯郡、萨福克郡和诺福克郡这些富裕地区的情况，另一卷记录的是其余郡的情况。一个存放《末日审判书》的大箱子的复制品上展示着这本书。

城堡

欧洲的城堡最初建于 8 世纪，建设工作一直持续到 1600 年。城堡很结实，主要供国王和贵族居住。由于贵族之间，贵族与国王之间经常交战，也没有普遍的法律或规章来规划与保护，因此贵族们必须想办法捍卫自己的领土。城堡由木头或石头建造，很多木头城堡里有大型土建筑，顶部是木塔，木塔里住着贵族及其家人。塔可能会被木墙包围，或者独立建筑，这些城堡被称为木制城寨城堡。

攻城器具

这个投石机通过绳子的扭力运行，朝城墙投掷石块。

巨塔

英格兰伦敦塔中的白塔属于该国第一批可居住的石头巨塔，是征服者威廉 1078 年开始修建的。

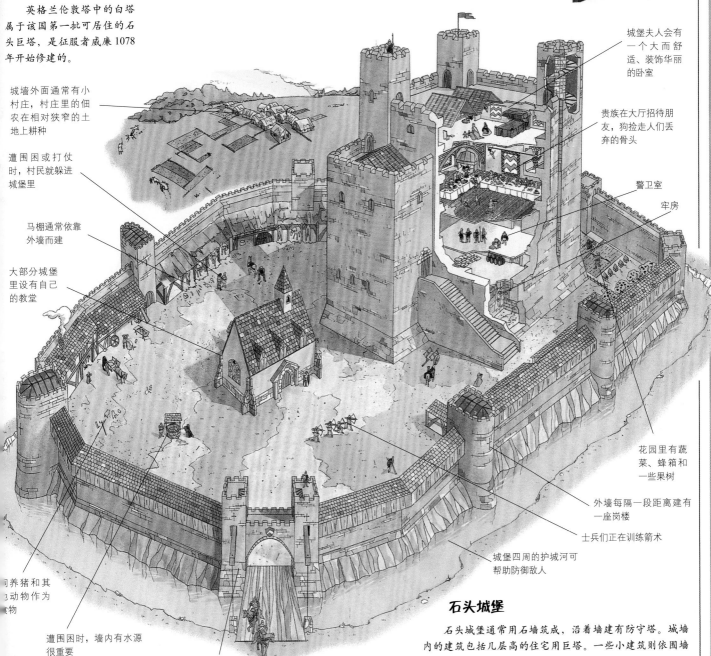

城墙外面通常有小村庄，村庄里的佃农在相对狭窄的土地上耕种

遭围困或打仗时，村民就躲进城堡里

马棚通常依靠外墙而建

大部分城堡里设有自己的教堂

饲养猪和其他动物作为食物

遭围困时，墙内有水源很重要

门楼和吊桥

城堡夫人会有一个大而舒适、装饰华丽的卧室

贵族在大厅招待朋友，狗捡走人们丢弃的骨头

警卫室

牢房

花园里有蔬菜、蜂箱和一些果树

外墙每隔一段距离建有一座岗楼

士兵们正在训练箭术

城堡四周的护城河可帮助防御敌人

石头城堡

石头城堡通常用石墙筑成，沿着墙建有防守塔。城墙内的建筑包括几层高的住宅用巨塔。一些小建筑则依围墙而建。

1000 年~1200 年 美洲

从格陵兰岛航行而来的维京冒险者来到北美洲，在纽芬兰靠岸，并探索了附近的海岸线，最南到切萨皮克湾。在西南部，阿纳萨齐人在悬崖上修建房屋，东部的密西西比人在巨大的长方形平顶土墩上修建寺庙。在南美洲，奇穆人掌握绝对权力，统治安第斯山脉北部的整个地区。

莱夫的小屋

冰岛有个传说，莱夫和船员在北美洲修建永久住房前会先搭建临时小屋，但是没有一间临时小屋存至今。

航行

莱夫·埃里克松和35位船员从格陵兰岛西岸的聚居地戈特霍布出发到达北美大陆，在这里发现了几个岛屿，于是莱夫·埃里克松将这些岛屿分别命名为赫尔陆兰、马克兰和文兰。文兰岛可能位于纽芬兰岛的北端。

大约 1000 年

莱夫·埃里克松到达北美洲

莱夫·埃里克松是最先到达格陵兰岛的红发埃里克的儿子。大约1000年，莱夫从位于戈特霍布的聚居地起航，寻找另一个维京水手先前航行时发现的新大陆，最终，他到达北美洲。航行结束后，莱夫又回到格陵兰岛。20世纪60年代，人们在纽芬兰北部发现了维京人聚落的遗迹。这些遗迹可追溯至约1000年，这表明维京人发现美洲的时间比哥伦布还早500年。

约 1100 年

奇穆首都昌昌

奇穆人居住在北部安第斯山脉附近的秘鲁沿岸，他们可能是该区域的莫切人的后裔。11世纪，奇穆人建立了强大的奇穆国，首都位于昌昌，由领主和祭司控制。昌昌附近的灌溉农田给居民们提供源源不断的食物。12世纪早期，大暴雨毁了这些田地，人们必须找寻新的土地。因此，奇穆人占领邻国领土，并修建公路将新农场与昌昌连接起来。

专业织工

奇穆人是娴熟的织工。这块彩色纺织品上是一个人站在一条蛇下方，这种图案在奇穆很常见。

双鸣笛罐

陶器在昌昌很普遍。这个黑色瓷罐上的鱼图案可能受到了奇穆海岸兴起的渔业的启发。

奇穆首都

昌昌面积达20平方千米。城市里有几个巨型的长方形围墙，围墙内住着奇穆贵族及其随从，围墙外是供穷人住的泥土房。

泥砖筑成的围墙

约1100年

悬崖居民阿纳萨齐人

阿纳萨齐，意思是"古代人"，是指约700年时居住在北美洲西南部的美洲原住民。多年来，他们发明了由泥砖建造而成的多层住宅。这些住宅连在一起，发展成小村庄或城镇，被称为"Pueblos"（印第安人的村庄）。约1100年，可能是为了防御敌人，也可能为了躲避恶劣的气候，阿纳萨齐人住进山里，并开始在悬垂的悬崖上修建石头村庄。村民在悬崖顶部的灌溉农田里种植玉米，工匠们则制作陶器，或用包括绿松石在内的宝石制作漂亮的饰品。

"古代人"的疆土

阿纳萨齐人居住在"四个角落"地区，即亚利桑那州、科罗拉多州、新墨西哥州和犹他州的交会点。主要居住点包括梅萨维德、查科峡谷和谢伊峡谷。

悬崖皇宫

大约1100年，人们开始修建梅萨维德悬崖皇宫。皇宫有上百间会室，建筑坚实，免受攻击。

陶杯

阿纳萨齐妇女手工制作陶器，因为当时北美地区人民还不知道使用陶轮，她们交替盘绕黏土绳，从而制成杯子和其他用具。

会堂

在悬崖房子的前方，阿纳萨齐人修建圆堂，被称为"kivas"，内墙周围装上凳子。这种房间只允许男士进入，用来举行会议、祈祷甚至用作学生上课的教室。

悬崖壁上的内置墙

为防御敌人，梯子可以被拉起来

钥匙孔形状的入口

会堂墙上绘有壁画

圆形靠墙长凳

600	800	1000	1200	1400	1600	1700	1800	1900	2000

1000年~1200年 大洋洲

波利尼西亚人继续定居在太平洋岛屿。其中最重要的是从库克群岛和南方群岛而来的人，他们航行至太平洋最大的无人岛屿——新西兰北岛和南岛。在澳大利亚，原住民人继续过着以狩猎和采集为主的生活，不受外界打扰。

文身艺术家

毛利人用尖锐的石头在脸和身体上文身。重要人物的身上有很多文身，因为文身是该聚落高地位的标志。

约1000年

毛利人定居新西兰

约1000年，一群波利尼西亚人乘着敞舱船航行数百千米到新西兰的两大岛屿——北岛和南岛上。他们带来在之前定居的岛上种植的农作物，如红薯、山药、芋头和葫芦，但只有红薯长得最好。他们在新西兰发现了其他食物来源，例如恐鸟、贝类和可食用的蕨类植物。据说，南岛岛民靠捕鱼和采集为生，直到1769年，英国航海家詹姆斯·库克船长来到这座岛上，情况才有所改变。而在北岛，岛民种植的红薯长得很好，但无论在哪个季节，农作物收获后没多久就开始腐烂。因此，毛利人在地下掘坑，让红薯在常温下储存，以保证红薯的新鲜，就这样，他们变成了自给自足的农民。

恐鸟

恐鸟体型庞大，可以长到3米高。它们不能飞，但双腿发达，速度极快。毛利人经常追杀它们，吃它们的肉。最终，恐鸟灭绝了。

战船

毛利人的船只很大。每只由一根30米长的原木制成，约100名勇士划动船桨前进。

水瓢

这个木制水瓢的手柄底部被刻成了一个头的形状。毛利人认为雕刻是一项半神圣性质的工作，神会通过雕刻来表达自己的意愿。

护身符

这个玉人颈饰能辟邪，给佩戴的人带来好运，它用南岛上的一种硬玉——绿石雕刻而成。

精心雕刻的船头

绿石颈饰

第十章

1200 年~1400 年

征服与瘟疫

蒙古武士的箭袋

1200年~1400年
世界情况概述

这段时期，蒙古帝国创始人成吉思汗及其家族统治了亚洲和欧洲。从东部的朝鲜到西部的基辅，凶猛的蒙古大军踏遍了这其中的每一寸疆土，甚至连中国也被征服。在这段时期，土耳其的奥斯曼人也强大起来，对拜占庭帝国构成了威胁。后来，黑死病——一种淋巴腺鼠疫肆虐欧洲和亚洲，欧洲人口的三分之一因此丧命。尽管可怕的瘟疫肆虐，但两大洲之间的交往还是日益频繁；欧洲人访问中国，开辟了通往亚洲大陆的新贸易路线。

新帝国

在蒙古军队未涉足、黑死病也未肆虐的其他地方，一些重要文明兴盛起来。在西非，拥有丰富金矿的马里通过与撒哈拉沙漠另一边国家的贸易往来而日益繁荣。在大西洋彼岸，北美的密西西比河人民在大型的土墩上修建庙宇和房屋。密西西比河南部的阿兹特克人在美洲中部修建起广阔的城镇。奇穆人扩展他们在秘鲁北岸的沿海王国，而安第斯山脉的印加人则不断加强对山地首都库斯科周围土地的控制。

约1200年，有数千人居于密西西比河卡俄基亚土丘。

1241年，德意志北部的城市结汉萨同盟，以保护商队的利益

14世纪，武士是阿兹特克社会的精英，其中美洲豹武士是最强大的集团。

14世纪，秘鲁的印加人成为技艺高超的石匠和建筑者。

北美洲

墨西哥

秘鲁

库斯科

南美洲

大西洋

太平洋

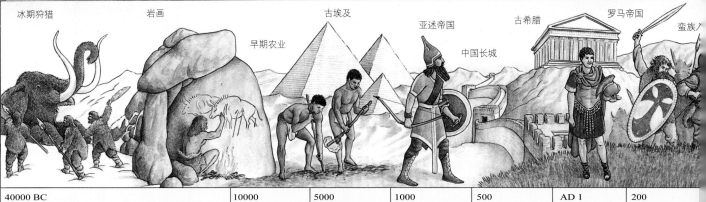

冰期狩猎	岩画		古埃及	亚述帝国		古希腊	罗马帝国	蛮族人
		早期农业			中国长城			
40000 BC	10000	5000	1000	500		AD 1	200	

1347 年，黑死病从亚洲蔓延至欧洲。

8 年，与欧洲其他地的情况相似，法国农民反抗封建主的统治。

欧洲

诺夫哥罗德·

威尼斯

拜占庭帝国

布尔萨·

叙利亚

埃及

约 1362 年，奥斯曼皇帝把奴隶训练成士兵，并用亲兵为保镖。

1324 年，马里皇帝曼萨·穆萨去麦加朝圣。

帝国

1200 年，埃塞俄比亚的皇帝拉贝拉命人用山岩石凿建成岩教堂。

非洲

300 年，班图语国家人耕种、狩猎、做生意。

1206 年，成吉思汗成为蒙古统治者。他的骑士横扫亚洲和俄罗斯。

亚洲

千草原

中国

日本

喜马拉雅山脉

恒河

约 1211 年，蒙古部落穿越长城，进攻宋朝。

约 1336 年，首都位于维查耶纳伽尔的印度王国建立，并向外扩张，统治了印度南部地区。

1281 年，蒙古人乘船攻击日本，但是反遭台风袭击，因此日本人认为这是神风。

约 1200 年，汤加群岛上的波利尼西亚人修建珊瑚石纪念碑，象征该国统治者的两个坚强的儿子。

大洋洲

印度洋

北

澳大利亚

新西兰

玛雅帝国

蒙古人向外扩张

修建城堡

贸易扩张

维京人航行

| 600 | 800 | 1000 | 1200 | 1400 | 1600 | 1700 | 1800 | 1900 | 2000 |

1200 年

非洲

约 1200 年~1230 年，埃塞俄比亚的皇帝拉利贝拉命人在岩石中凿建大教堂。
1218 年，阿尤布帝国瓦解，但是阿尤布人仍然统治埃及到 1250 年。
约 1220 年，坦桑尼亚的基卢瓦城邦日益繁荣。
约 1230 年，哈夫斯君主国击败了突尼斯的阿尔摩哈德王朝，并穿越撒哈拉沙漠与另一边的国家频繁进行贸易往来。
约 1235 年，伟大的勇士领袖松迪亚塔在西非建立了马里帝国，并不断向外扩张。*

穿越撒哈拉沙漠进行的贸易日益繁荣；在干旱的荒地里，骆驼是最可靠的运输工具

亚洲

约 1203 年，源赖朝逝世后，北条家族开始统治日本。
1206 年，曾是突厥斯坦奴隶的艾贝克在北印度建立德里苏丹国。
1206 年，成吉思汗建立蒙古帝国。*
1229 年，基督徒夺回耶路撒冷，但 1244 年再度被抢占。

这幅波斯绸制成的手绘画画的是成吉思汗坐在圆顶帐篷里

欧洲

1209 年，阿西西的圣方济各建立了方济各会宗教秩序。
1212 年，阿尔摩哈德王朝在纳瓦斯德托洛萨战役中被基督教徒打败。
1215 年，英王约翰签署《大宪章》，赋予贵族更多权力。*
1240 年，俄国的亚历山大·涅夫斯基率军在涅瓦河战役中打败瑞典人。*
1241 年，吕贝克与汉堡组成汉萨同盟，以维护其贸易利益并相互保护，汉萨联盟成立。*
1249 年，大学学院——牛津大学第一个学院在英格兰建立。

吕贝克的霍尔斯腾门，吕贝克是汉萨联盟的创始城市之一

美洲

这个简单的陶制雕像出土于秘鲁的库斯科

约 1200 年，北美的庙宇之城卡俄基亚达到鼎盛期。*
约 1200 年，秘鲁越来越多的印加人以库斯科为中心定居。
约 1200 年~1250 年，住宅与圆形会堂结合的复合型建筑在科罗拉多峡谷建成。

大洋洲

约 1200 年，图依汤加王朝在南太平洋汤加岛修建了一个珊瑚石台，用于祭祀。

这个汤加仪式所用的木桨用硬木制成，有时也被用作武器

1250 年

约 1250 年，乍得湖区域的卡内姆王国开始分裂为几大对立派别。
1250 年，埃及的阿尤布王朝末代皇帝被杀：马穆鲁克——阿尤布王朝的中亚奴隶兵夺取政权，并建立了军事帝国。*
1260 年~1277 年，马穆鲁克的司令拜巴尔成为埃及的苏丹。

这个烛台由埃及马穆鲁克王朝的工匠制成

这块波斯瓷砖上画的是一趟趟的骑手；波斯王国的人——蒙古人因其精湛的马著名

1256 年，成吉思汗的孙子旭烈了了波斯蒙古王国。
1260 年，成吉思汗的另一个孙烈成为大可汗。*
1260 年，阿音札鲁特战役——旭率领的蒙古军队在巴勒斯坦被马克军队阻止。
1271 年，威尼斯探险家马可·波发去中国。*
1281 年，"神风"将蒙古人从日本赶

约 1254 年，探险家马可·波罗在威尼斯出生。
1262 年，挪威人统治冰岛和格陵兰岛。
1273 年，鲁道夫一世成为奥地利哈布斯堡王朝的首位皇帝。
1282 年~1284 年，英格兰爱德华一世征服威尔士。
1284 年，剑桥大学的第一所学院——彼得学院在英格兰建立。
1 1284 年，意大利威尼斯开始铸造金币。
1 约 1290 年，意大利发明眼镜。
1291 年，瑞士三个州联合起来反抗哈布斯堡王朝的统治，要求独立。

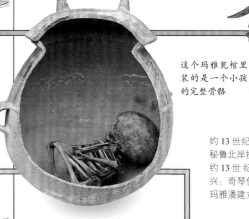

该图是伟大的探险家马可·波罗穿着一身鞑靼人的服装

这个玛雅瓮棺里装的是一个小孩的完整骨骼

约 13 世纪 50 年代，奇穆人沿秘鲁北岸扩展领土。
约 13 世纪 50 年代，玛雅复兴：奇琴伊察衰落后，人们在玛雅潘建立新首都。

约 1250 年，夏威夷岛开始实行密集的河谷灌溉计划。

40000 BC		10000	5000	1000	500	AD 1	200

300 年

年，西非伊费文化区产出著名
铜。
年，马里皇帝曼萨·穆萨开
往阿拉伯麦加的朝圣之行。
年，黑死病肆虐埃及。

这幅14世纪的地图画的是曼
萨·穆萨去麦加朝圣

1350 年

1352 年~1353 年，柏柏尔学者伊
本·白图泰游遍非洲，并把所见的
一切记录下来。
约 14 世纪 80 年代，人们在中非扎
伊尔的刚果河河口建立刚果王国。
约 1400 年，南非的大津巴布韦王
国靠黄金交易发展起来。

捕鱼在马里人的生活
中占据重要地位

约 1300 年，奥斯曼一世在土耳其建
立奥斯曼王朝。*
1321 年，图格鲁克王朝在德里建立。*
1335 年~1338 年，日本大将军足利
尊氏反抗天皇，成为足利幕府的第
一代征夷大将军。
1336 年，哈里哈拉一世在印度半岛
建立的维查耶纳伽尔印度帝国成为
抵制伊斯兰教的中心。*

这个宏伟的陵墓位于德里附近，里面
安葬的是被谋杀的图格鲁克王朝创始
人吉亚斯·乌德·丁·图格鲁克

1350 年，爪哇满者伯夷帝国开始在东南
亚扩张。
1368 年，朱元璋建立明朝，蒙古军队被
逐出长城。
约 1390 年，奥斯曼土耳其征服小亚
细亚。
1398 年，帖木儿洗劫德里。*

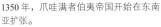

明朝以赞助艺术活动而著名，这尊铜
像是一位神仙，也是长生不老的象征

08 年，教皇法庭迁到阿维尼翁；接着
会出现巨大分裂。
14 年，苏格兰人在班诺克本战役中打
英国人。*
37 年，英格兰的爱德华三世获得了法
王位——百年战争（1337 年~1453 年）
始。*
46 年，英格兰人在克雷西会战中打败
国人。
47 年，黑死病传到欧洲。*

格兰的爱德华三世及其儿子"黑王子"
得百年战争其中几场战役的胜利

1358 年，法国爆发扎克雷起义——法国巴
黎北部的农民起义。
1370 年，杰弗雷·乔叟写了第一本书——《公
爵夫人之书》。
1373 年，英格兰与葡萄牙达成友好合作协
议，英国与葡萄牙至今仍保持着盟国关系。
1381 年，瓦特·泰勒领导英国农民起义。*
1389 年，在塞尔维亚科索沃战役中，信
奉基督教的塞尔维亚人被奥斯曼土耳其
人打败。
1397 年，卡尔马协议让三个斯堪的纳维亚
王国——丹麦、挪威和瑞典联合在一起。

愤怒的农民聚会。欧洲大部分地区
的生活条件太差，多国出现起义

1300 年，印加人开始在安第斯山脉
邻地区扩大领土。
1325 年，阿兹特克人在特斯科科湖
一个岛上建立特诺奇蒂特兰城（现
墨西哥城）。*

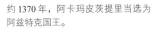

这个阿兹特克人雕刻的木鼓曾
在正式场合使用，可能是祭祀
仪式上的伴奏乐器

约 1370 年，阿卡玛皮茨提里当选为
阿兹特克国王。
约 14 世纪 90 年代，维拉科查成为印
加第八任统治者，印加传说，他去往
太平洋后就没再回来。*

大部分印加人都徒步旅行，
但是印加皇室和贵族经常坐
在轿子上出行，阵势庞大

1300 年，由于农业促进了经济增长，
或夷人开始出现不同的社会阶层。
1300 年，人们在库克群岛上的拉罗汤
岛以及社会群岛上的莫雷阿岛修建石
复合建筑，即毛利人集会地。
1300 年，人们在复活节岛上修建巨大
石像。*

复活节岛屿上的石雕有时
被放置在死火山的火山口

约 1350 年，毛利人在新西兰
北岛蓬勃发展；第一座阶梯形
要塞建成，被称为"pa"（意为
"村寨"）。

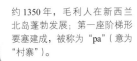

这种仪式用的雕刻而
成的扁斧出土于新西
兰，一般给地位高的
人使用

1200 年 ~1400 年 非洲

13 世纪，在西非，曾经强大的加纳王国被马里新王国代替。马里仍然继续依靠商队穿越撒哈拉来往于北非做生意来促进经济发展。在埃及，阿尤布王朝被曾效忠阿尤布王朝的士兵——马穆鲁克推翻。在扎格维王朝的伟大统治者拉利贝拉的统治下，埃塞俄比亚开始复兴；基督教广受欢迎，人们修建了很多教堂。14 世纪末期，南方的刚果王国在扎伊尔的刚果河流域崛起。

骑兵

这幅图大约绘于 1348 年，画的是马穆鲁克骑兵在驯马。

西非

大约 1235 年

马里帝国建立

加纳帝国衰落后先后由曾处于自己统治下的两个民族苏苏（Susa）和凯塔（Keita）接管。13 世纪 30 年代，凯塔族被勇士领袖松迪亚塔统治，他在马里建立了新的西非王国。马里帝国向北方、南方和西方扩张，控制了南撒哈拉的贸易中心——廷巴克图和加奥，变得比加纳王国和在其之前的王国还要大。松迪亚塔改信伊斯兰教，他最有名的继任者曼萨·穆萨（1312 年 ~1337 年）还曾去麦加朝圣。1337 年，马里帝国成为非洲最伟大的帝国之一。宽容的法律制度让马里成为一个富裕且和平的国家。

马里

14 世纪，马里把尼日尔河和塞内加尔河河谷地区发掘的黄金出口到北非。

帝国中心

基里纳镇是尼日尔河沿岸的一个镇，也是马里帝国的中心。图中的小粮仓建在头上，以保证粮食干燥且不被老鼠偷吃。

马穆鲁克的权杖

马穆鲁克建立了军事精阶层，培养了强大的将领和效的军队。

1250 年

马穆鲁克篡夺埃及政权

1250 年，萨拉丁建立的埃及阿尤布苏丹国被马穆鲁克推翻。"马穆鲁克"一词来源于阿拉伯语，意思是"拥有"，因为马穆鲁克最初是穆斯林统治者的奴隶兵。1258 年，蒙古大军占领巴格达，震惊了伊斯兰世界。1260 年，蒙古领导人旭烈兀派兵攻打埃及，但是在巴勒斯坦阿音札鲁特战役中被击溃。马穆鲁克的一位司令拜巴尔随后夺取政权，自封为苏丹，而他曾是一名土耳其奴隶。拜巴尔是一名伟大的领导者，他组织开展重要工程的建设，规划灌溉，并建立高效的邮政服务体系。

清真寺灯

苏丹拜巴尔统治时期，马穆鲁克人制作了很多精美的物品。14 世纪时，由于朝廷的贪婪和腐败，统治逐渐衰落。

马穆鲁克帝国

马穆鲁克帝国通过掌握叙利亚和巴勒斯坦的丝绸和香料之路而致富。

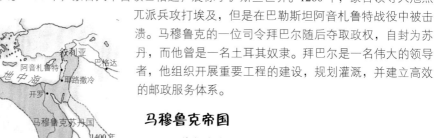

1200 年~1400 年 亚洲

这段时期，亚洲被蒙古人成吉思汗及其家族征服和控制，但是仍有部分地区处于独立状态。土耳其领袖奥斯曼在小亚细亚建立奥斯曼王国。德里信仰伊斯兰教的苏丹统治了北印度的大部分地区，但是南方的维查耶纳伽尔仍然保持独立。

骄傲的骑兵

成吉思汗的军力强大，主要因为骑射手速度极快，征战凶猛。

受人尊敬的弓箭手

蒙古骑兵们背着一个弓、几个箭袋和大约 30 支箭。最熟练的骑兵会骑到最遥远的蒙古边界，带回有关敌人的消息和边境人民的担忧。

蒙古武士的箭袋

蒙古帝国

帝国统治下的几个区域逐渐恢复独立。忽必烈统治时期，波斯的伊儿汗国、俄罗斯南部的金帐汗国就不在其控制之下。

俄罗斯
成吉思汗和忽必烈帝国的一部分
成吉思汗的帝国
北京
忽必烈帝国　中国
印度

蒙古统治历史

1167 年，成吉思汗在蒙古出生。

1206 年，蒙古部落选铁木真为可汗，即统治者。

1211 年，蒙古军队进军宋朝。

1215 年，北京被围攻，并落入成吉思汗之手。

1227 年，成吉思汗逝世，其子窝阔台继任。

1260 年，忽必烈当选大可汗。

1279 年，忽必烈统治全中国。

1294 年，忽必烈逝世。

1368 年，蒙古人被明朝军队赶出长城。

1395 年，成吉思汗的后裔帖木儿入侵俄罗斯南部的大部分地区。

1398 年，帖木儿占领德里。

1402 年，帖木儿在安卡拉打败奥斯曼人。

1405 年，帖木儿逝世。

1206 年

成吉思汗的统治

蒙古人是中亚的游牧民族。1206 年，他们的英勇领袖——39 岁的铁木真被选为可汗，尊称"成吉思汗"，又称"绝对之主"，他的目标是征服世界。1211 年，他率军进入宋朝，1215 年，占领中都，后改名为北平，就是现在的北京。接着，他们侵占中亚、阿富汗和波斯大部分地区。1227 年成吉思汗逝世时，疆土广阔，正如他自己所说，从帝国的一端骑到另一端，来回需要将近一年的时间。他的继任者不久就征服了俄罗斯南部地区，又很快入侵东欧，接着打败了分裂的俄罗斯北部地区，并让他们上交贡品。

1260 年

忽必烈当选大可汗

成吉思汗家族不断扩张蒙古帝国，征服了伊拉克和波斯剩余地区。他的其中一个孙子忽必烈于 1260 年当选为大可汗，并迁至北京，击败了南宋，于 1279 年被选为整个中国的统治者。忽必烈不仅是政治家，还是一名勇士。他下令广建公路，连接广阔疆土的各个地区。他为病人组织慈善活动，并为百姓提供粮食以防止饥荒发生。

旅行帐篷

蒙古人住在圆形帐篷里，女人们会用四轮马车来把帐篷从一处移到另一处聚居地。

1271 年

马可·波罗前往中国

　　1271 年，来自意大利威尼斯的兄弟二人尼科洛·波罗和马费奥·波罗，带着尼科洛 17 岁的儿子马可启程前往中国。他们经过巴勒斯坦、波斯、中亚，并穿越蒙古戈壁沙漠，于 1274 年到达北京忽必烈的宫廷。这些欧洲人受到了大元朝皇帝的欢迎，皇帝对年轻的马可一见如故，派他去大帝国的很多地方执行任务，甚至封他为行省长官。波罗一家在中国待了 17 年，终于在 1295 年回到威尼斯。他们带回很多珍贵的宝石，以及叙说中国富有和辉煌的美妙传说。马可的游记震撼了欧洲读者。

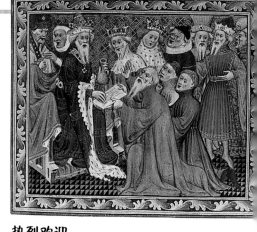

热烈欢迎

　　这幅画画的是波罗一家抵达忽必烈宫廷的情景。代艺术家把可汗画成了欧洲国王的形象。

成功的代价

　　日本内战后，士兵们获得了占领的土地。但"神风"一役后，由于拿不出奖励给士兵，导致了国家动荡和政府垮台。

那些挣扎上岸的人被日本士兵砍倒

1281 年

台风拯救了日本

　　忽必烈成为中国皇帝后，吸收了很多中国特色文化，但他还是一直想扩大蒙古势力。1274 年，他派舰队攻打日本，但是船在暴风雨中被摧毁。1275 年，他派特使去日本，要求日本投降，但日本人杀了特使。因此，1281 年，忽必烈又派了一支舰队，载着 15 万名士兵进攻日本。日本在抵抗中坚持了 7 个星期，就在此时，台风来袭，把蒙古的进攻势力削弱了一半。日本人把这种及时的台风称为"神风"。

奥斯曼一世

　　奥斯曼王朝连续统治了 600 多年。

奥斯曼帝国

　　1326 年，帝国只占土耳其部分领土。到 1400 年，帝国面积已达大约 43.3 万平方千米。

约 1300 年

奥斯曼帝国建立

　　13 世纪末期，蒙古在亚洲的势力逐渐衰落，被占领的拜占庭帝国土地上开始出现新公国，每个公国由其首领或王子统治。最先出现的一批首领中就有奥斯曼，约 1300 年，他在土耳其东北部建立了奥斯曼公国，并逐渐扩张，引进了伊斯兰法律和统治观念。1317 年，他开始围攻处于要塞的布尔萨，坚持了近 9 年才成功占领。布尔萨被占领后成为奥斯曼首都。1326 年，奥斯曼逝世。

黑海
君士坦丁堡
马尔马拉海
·布尔萨
奥斯曼帝国

禁卫军

　　约 1362 年，奥斯曼人从奴隶招兵，组成精锐步兵军团。后来从奥斯曼帝国的非穆斯林臣民中制征募青少年补充军团。

40000 BC		10000	5000	1000	500	AD 1	200

1321 年

图格鲁克王朝崛起

13 世纪末期，信仰伊斯兰教的德里苏丹国花了几年的时间攻打蒙古国，但是 1316 年后国家陷入一片混乱。1321 年，贵族选举了一位母亲是印度人的土耳其将军为苏丹，他就是吉亚斯·乌德·丁·图格鲁克，图鲁克王朝的创建人。他鼓励兴修建筑，发展农业，但是后来被己的儿子穆罕默德所杀，在穆罕默德的统治下，图格鲁克王朝到鼎盛。1351 穆罕默德逝世那年，他以往的暴政激发了各省义。他的继任者菲罗兹·沙把图格鲁克王朝的核心领土集中管起来，组织兴建大型工程，建立了几个新城，但 1388 年他逝世后，国再次解体。

致命建筑

穆罕默德·宾·图格鲁克修建了一座宏伟的建筑，庆祝他的父亲结束战争回国。但是，他的设计初衷是大象在游行时将建筑撞倒。而这一切发生后，吉亚斯·乌德·丁·图格鲁克意外被杀，其子继任。

马杜赖神庙

维查耶纳伽尔的统治者们在位期间，下令修建了一些大型印度教庙宇，庙宇用绘画和雕塑装饰得异常华丽。

1336 年

印度教教徒反对伊斯兰教

即使在强大的图格鲁克王朝统治时期，穆斯林也从未成功征服过全印度地区。一个由五兄弟在南方成立的新印度王国——维查耶纳伽尔成了反对伊斯兰教的中心。兄长哈里哈拉一世创立了健全的社会服务机制管理成长中的帝国，并训练了一支强大的军队来维护国家秩序。首都维查耶纳伽尔城里有众多宏伟而独特的宫殿和庙宇。这个帝国一直到16 世纪中期才灭亡。

1398 年

洗劫德里

14 世纪中期，蒙古帝国已处于严重分裂状态。1369 年，帖木儿自封为撒马尔罕皇帝。他自称是成吉思汗的后裔，并开始重建伟大的成吉思汗帝国。他率领精湛的骑兵大军征服了波斯、伊拉克、叙利亚、阿富汗和俄罗斯部分地区。1397 年，他入侵印度，攻打图格鲁克帝国。1398 年，他洗劫德里，杀害了大部分臣民。他最终目的是征服中国，但是 1405 年他死在了去往中国的征途中。

帖木儿

帖木儿是一位才将领，他信奉伊斯兰教，且惯于用恐政策来对付反抗的人。

1397 年，帖木儿的帝国

1397 年，帖木儿出征德里——一座通往东亚路上的要塞城市。

墓砖

这块 14 世纪的琉璃瓦据说来自蒙古领主巴颜合里汗的坟墓。人们用这种砖瓦装饰撒马尔罕统治者的坟墓。

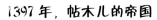

1200年~1400年 欧洲

成吉思汗及其家族发起的亚洲征战，开辟了通往欧洲的贸易路线，商人因为两个大陆之间贸易的增加而获利。北欧的商业城镇联合起来组成汉萨同盟，控制波罗的海和北海地区的贸易。随着基督徒被奥斯曼土耳其人永远逐出西亚，十字军东征的热情也减退了。1348年，黑死病肆虐欧洲的大部分地区，使得生存环境恶化，导致了英格兰和法国的工人起义。

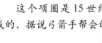

银项圈

这个项圈是15世纪下半叶在荷兰制成的，据说弓箭手帮会的领袖曾佩戴过。

1215年

国王约翰与《大宪章》

英格兰国王约翰在位期间（1199年~1216年），君主与贵族出现了严重分歧。贵族希望更多地参与到政府治国事务中，而国王则试图把所有权力揽于一身。由于在与法国的交战中屡战屡败，国王与教会也发生了争执，使得约翰越来越不得人心。1215年6月15日，在英格兰南部的兰尼米德，贵族向他递交了《大宪章》，并逼他同意其中的条款。但是教皇英诺森三世解除了约翰签署宪章的权力，因为他认为被涂过圣油的君主不应该被强迫签字放弃他的权力。

《大宪章》

《大宪章》的63条条款中，只有少数几条与老百姓的利益相关。

签字仪式

与贵族数次讨价还价后，约翰国王最终还是用玉玺在《大宪章》上盖了印，表明他同意上面的条款。

1240年

涅瓦河战役

13世纪早期，俄罗斯乌戈尔山脉西部地区由诺夫哥罗德、弗拉基米尔和基辅等几个国家组成。1237年至1240年，蒙古人占领了俄罗斯大部分地区。1240年，瑞典军队入侵诺夫哥罗德。诺夫哥罗德的王子亚历山大在涅瓦河大战中击败瑞典人，两年后又驱逐了以德国人为首的入侵军队。随后，他与蒙古领导人拔都签署和平条约。这三件事确保了亚历山大的王国在可预见的未来不会落入外族人手里。

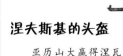

涅夫斯基的头盔

亚历山大赢得涅瓦河战役后获得"涅夫斯基"的尊称，也让他成为俄罗斯最伟大的民族英雄之一。

汉萨船的船梁宽，船底平，船有一个平台，非常适合在北部海域的交易。

40000 BC		10000		1000	500	AD 1	200

241 年

汉萨同盟

12 世纪期间，德国人开始扩张他们在本国北海岸及其河（尤其是莱茵河和易北河）沿岸的贸易。同时，他们为了拓市场，开始向东部的波兰移民。早期兴盛的贸易城镇是易北河上的汉堡和波罗的沿岸的吕贝克。1241 年，这两个镇为了相互保护而组成了一个同盟。没多久，其他镇也相继加入该同盟，到 14 世纪早期，这个被称为"汉萨同盟"的商业和防御联完全建立起来。到 14 世纪中叶，该同盟已有 70 个城镇加入，从西弗兰德省的布鲁到俄罗斯的诺夫哥罗德。这一强大同盟主要是商业性质的，在没有一个强有力的德政府保证贸易安全的情况下，该同盟可以保护成员的贸易利益。通常情况下，汉萨同盟不参与战争，但是在丹麦国王瓦尔德玛四世统治时期，同盟成员不得不两次作战，反抗瓦尔德玛四世对同盟事务的干预。

最重要的城市

吕贝克是繁荣的贸易中心。汉萨同盟其他城镇的代表会聚在这里商讨贸易政策和规定。

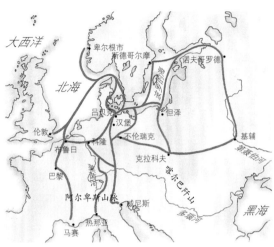

城镇与贸易路线

北欧的汉萨同盟城市控制了北海和波罗的海的贸易。

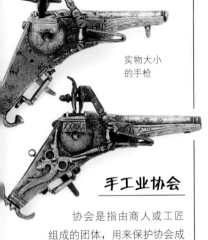

实物大小的手枪

手工业协会

协会是指由商人或工匠组成的团体，用来保护协会成员及其家人。手工业协会控制行业工资和商品价格，培训学徒，保证工作质量。某个手枪制造商的学徒制造了这些小型手枪作为他的能力的体现。

上贸易现场

汉萨港口通常都十分繁忙。船只在这装货卸货，商家则在开放的市场上进交易。

中心室内市场

独立的市场摊位出售食物、布匹、皮革和其他货物

| 600 | 800 | 1000 | 1200 | 1400 | 1600 | 1700 | 1800 | 1900 | 2000 |

1314 年
班诺克本战役

从 11 世纪起，英格兰国王就一直希望征服并统治苏格兰。1296 年，英格兰国王爱德华一世打败了苏格兰军队，并直接对苏格兰进行统治。

1307 年，爱德华逝世后，一位名叫罗伯特·布鲁斯的苏格兰人要求继承王位，并发动了一场将英格兰人驱逐出苏格兰的运动。他占领城堡，袭击军队。1314 年，他们在苏格兰中部的班诺克本迎战爱德华二世率领的英格兰军队。苏格兰军队打赢了这场战争，获得了后来持续 300 多年的独立，尽管几年以后英格兰才正式承认苏格兰的独立地位。

战场上

虽然双方兵力三比一，但在罗伯特·布鲁斯杰出的军事领导下，完全没有数量优势的苏格兰人在班诺克本战役中打败了英格兰人。

莫尼马斯克圣骨盒

莫尼马斯克圣骨盒是一个类凯尔特小教堂的木盒子，苏格兰布罗斯修道院的院长带着它参加班诺克本战役。1320 年签署的《布罗斯宣言》主张承认苏格兰的独立地位。

1337 年
百年战争

1327 年，爱德华三世成为英格兰国王。他认为自己还有资格取得法国王位，但是被腓力六世抢先即位。因此，1337 年，爱德华向法国宣战，这便是百年战争的开端，战争一直持续到 1453 年。1346 年，爱德华率军横渡英吉利海峡到达法国，在克雷西大败腓力。1360 年，爱德华放弃法国王位继承资格，以换取法国西部领土，但后来英格兰国王亨利五世也提出继位要求，战争再次爆发。

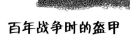

百年战争时的盔甲

这件男士防护衣大约由 50 000 个铁链制成，重达 9 千克。

秘密武器

这个 13 世纪由威尔士人发明的长弓彻底变革了陆上作战方式。它可以射穿 180 米射程内的盔甲，装填的速度也比早期的弩快很多，因为弩在每次射击前都要重新上弦。英格兰王国的军队在克雷西战役中获胜就是因为使用了这种强大的长弓。法国在此次战役中损失了 10 000 多人，而英格兰才损失了不到 200 人。

百年战争

1337 年，爱德华三世向法国宣战。
1346 年，爱德华三世在克雷西战中大败法国军队。
1356 年，在普瓦捷会战中，黑王子大胜法国；法国国王约翰二世被俘。
1374 年~1415 年，偶发的小型战和沿海袭击打破了英法之间长时的和平。
1415 年，英格兰国王亨利五世（14年~1422 年）再次要求继任法位，向法国宣战，并在阿金库尔役中打败法国军队。
1420 年，《特鲁瓦条约》让亨利成法国王位的继承人，他娶了法国王查理六世的女儿凯瑟琳。
1422 年，亨利五世逝世，英格与法国的战役再次打响。
1429 年，圣女贞德率领法国队在奥尔良和帕提打败英格军队。
1431 年，圣女贞德被英格兰人在火柱上烧死，法国人开始驱英格兰人。
1449 年，法国夺回诺曼底。
1453 年，百年战争结束，法国夏蒂荣取得胜利（1452 年），仅加莱还在英格兰人手里。

黑王子

黑王子是爱德华统帅的儿年仅 16 岁，也是爱德华手下名军官。之所以被称为"黑王是因为他总是穿黑色的铠甲克雷西战役而出名。

40000 BC				10000	5000	1000	500	AD 1	200

1347 年
黑死病传到欧洲

瘟疫携带者

这场瘟疫是通过老鼠身上的跳蚤传播的。老鼠死后，跳蚤又转移到人身上。

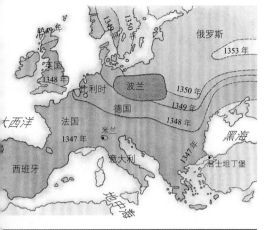

黑死病是一种淋巴腺鼠疫。它始于 13 世纪末期印度喜马拉雅山脉的山麓丘陵地区，并通过商队路线迅速传到各地。14 世纪 30 年代，黑死病传到中国；1347 年，黑死病传到拜占庭帝国，并对那里造成了严重破坏。在君士坦丁堡，黑死病被称为"大灭绝"，后来又很快传到一些欧洲城市，例如与拜占庭帝国有贸易往来的威尼斯。1351 年，这种富人和穷人都感染上的疾病传遍了大半个欧洲。欧洲约有三分之一的人都因感染黑死病而去世。

瘟疫传播路线

瘟疫到达拜占庭帝国后的一年之内，又传播到意大利、法国、西班牙和英国。1351 年，俄罗斯也被传染。但未传播到米兰、波兰、比利时、法国西南部和德国东部。

死神带走瘟疫感染者

当代插图经常把黑死病描绘成一个掐死感染者的恶魔。感染瘟疫后的症状包括皮肤发黑，高烧不退，大部分感染者会以死亡告终。医生也无法找到治愈这一可怕疾病的方法。

1381 年
英国农民起义

黑死病过后，因为很多工人染病去世，各地出现用工荒。幸存的工人不得不加倍努力工作，但工资丝毫未涨，这让工人感到愤愤不平，后来，英格兰政府又颁布了一项新的人头税，于是农民决定起义。他们前往伦敦，向年仅 14 岁的国王理查二世请愿，途中抢劫、烧毁房屋。年轻的国王会见起义者，并与起义领导瓦特·泰勒谈话，同意了他们的要求。同时，其他一些起义者闯入并洗劫了国王寝宫，杀死了坎特伯雷大主教和财政大臣。当第二天国王再次会见农民起义者时，双方发生了争吵，瓦特·泰勒被杀。国王取消了人头税，赦免了部分起义者，但国王又很快收回了承诺。

法国农民的生活

这条法国挂毯上的图画表现了农民努力压碎葡萄制成酒的情形。他们的脸上有不满之色，与衣着华丽的雇主脸上的优越表情形成鲜明对比。1358 年，法国北部爆发的扎克雷起义主要是农民和贵族之间的阶级战争。农民因无法继续忍受不公平的处境而起义，杀死了许多贵族及其家人，随后的政府镇压中，许多农民被屠杀。

抗议游行

瓦特·泰勒是一名退伍士兵，他率领英格兰南部上千名愤怒的农民去伦敦向国王申诉，英格兰东部上千名农民也加入泰勒的队伍中。这幅画画的是两组农民势力会合时的场景。瓦特·泰勒站在左边，中间骑马的是约翰·鲍尔，他是一位支持农民起义的教士。

600	800	1000	1200	1400	1600	1700	1800	1900	2000

1200年~1400年 美洲

这段时期，北美洲密西西比河附近新建起了一批大城镇和礼仪中心，其中最重要的是伊利诺伊州的卡俄基亚镇和亚拉巴马州的芒德维尔（Moundville）镇。阿兹特克游牧民族在中美洲的墨西哥谷定居，1325年，他们在特斯科科湖上的岛屿建立了特诺奇蒂特兰城，后来发展成帝国的首都。定居库斯科的印加人在更南部的秘鲁建立首都，并开始向外扩张。随着印加统治者越来越强大，他们大约于1400年征服了其周边领土。

来自土墩的瓶子

这个瓶子来源于卡俄基亚，它被塑造成一位母亲抱着一个孩子的形象。

大约1200年

卡俄基亚修建起土墩

密西西比河附近典型的村庄里会有长方形的平顶土墩，用来作为木建的寺庙和重要人物住所的地基。土墩聚集在广场周围，或宽阔的街道两旁。最大的村庄可能是伊利诺伊州南部的卡俄基亚，有超过100多座土墩，其中最大的是僧侣墩，高达30多米。卡俄基亚的社会结构并不为人所知，但是可能是首领领导人民的形式，且首领被奉为神灵。在这里发掘了一些首领的豪华坟墓，其中一个坟墓里埋葬了2万粒贝珠。附近的尸体表明他的家人和仆人都被当作陪葬品而遭到杀害。

土墩的横截面

早期来到美洲的欧洲移民者挖掘密西西比河的土墩时由于粗心大意，毁坏了能告诉我们土墩里有什么、土墩是如何建成的证据。这幅画反映了19世纪考古学家蒙特维·狄更生博士对1000座土墩进行的精心调查。它清晰反映了他手下较为谨慎的工人发现的土墩分层、架构和陪葬品。

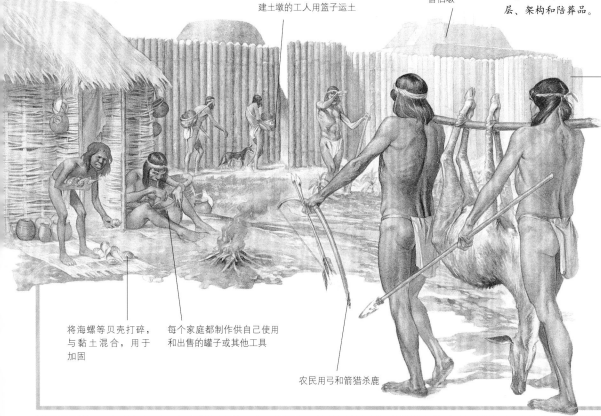

建土墩的工人用篮子运土

僧侣墩

中心广场有木栅栏围绕

卡俄基亚的生活

卡俄基亚大部分居民是农民，他们生活在土墩周围的大巴房里，以及靠近河岸土壤肥沃的地区的村庄里。他们用锄头锄地，再种上玉米、豆子和南瓜。每家都把大部分剩余粮食存放在屋外的坑里。另一些剩余粮食则被运进城，重新分配给政府官员和手工艺工人，或者用来与外国商人交换云母、铜和贝壳。

将海螺等贝壳打碎，与黏土混合，用于加固

每个家庭都制作供自己使用和出售的罐子或其他工具

农民用弓和箭猎杀鹿

40000 BC				10000	5000	1000	500	AD 1	200

阿兹特克人建立特诺奇蒂特兰

13 世纪，阿兹特克人流浪到墨西哥山谷，在特斯科科湖南部的两座沼泽岛屿上定居。精力旺盛的农民将装满泥土的大篮子沉入沼泽地里，建立起一块肥沃的高地，阿兹特克人称其为"查那巴斯"（Chinampas）。随后，他们在上面种树，以固定这人工土地。14 世纪 20 年代，他们开始在其中的一个岛屿上建特诺奇蒂特兰城，将其四等分，每个家族管理一个独立的区域。特诺奇蒂特兰的第一位统治者是祭司王特诺奇，据说于 1370 年逝世。为了保护新领地不受外人攻击，阿兹特克人与当地敌对部落的强大首领结盟，有时也做他们的雇佣兵。特诺奇蒂特兰城逐渐发展成一个拥有 25 万多居民的大首都城市。

特诺奇蒂特兰城：仙人掌之乡

在阿兹特克人传说中，战神会向祭司领袖们显现神兆：一只老鹰停歇在仙人掌上，暗示他们应该在哪儿修建特诺奇蒂特兰城。这张阿兹特克书页显示该城的十字路口有这个标志，仙人掌的果实是红色的，其中那些心形的东西是人们用来祭祀战神的人的心脏。

阿兹特克历石

阿兹特克农民需要知道何时种植，何时收割。于是，他们把一年 365 天分成 18 个月，一个月 20 天，剩余的 5 天则被认为是不吉利日子。历石上有代表每天的花纹。

14 世纪 90 年代

维拉科查成为印加统治者

12 世纪，一些印第安人从秘鲁山区向下迁至库斯科谷。这些人都是农民和工匠，没有向外扩张的野心。很快，朝代统治时期到来，每位统治者的头衔都是萨帕·印卡（Sapa Inca），意思是独一无二的君主。14 世纪 90 年代，哈图恩·塔帕克（Hatun Tupac）成为萨帕·印卡，采用印加人信奉的最高神灵的名字——维拉科查·印加。维拉科查是印加帝国的首位建设者，他吞并邻国的一些土地，通过与当地强大统治者结盟来提高自己的威信。他安排自己的家人和受其控制的亲信担任国家、军队和教派的高官。他和其后裔被视为全能神，去见他们的人必须鞠躬，不穿鞋，背上背一个包，以显示自己地位的卑微。

羽毛头饰和衬衫

印加人的服装反映他在社会中的地位。萨帕·印卡穿的衣服材质最好，上面镶嵌着黄金，插上热带鸟类的鲜艳羽毛。

存储在山里的雪中

土豆是印加人的主食之一。印加人把多余的土豆进行干燥冷冻处理，以便饥荒时食用。这些土豆已有 500 多年历史。

草鞋

男人和女人一起农耕。他们需要穿上结实的鞋，以便在崎岖的山路上行走。

1200 年~1400 年 大洋洲

在波利尼西亚群岛，汤加塔布岛进入图依汤加帝国统治时期。新西兰北岛上的毛利人向外扩张。遥远东方的复活节岛上，波利尼西亚人在石台上竖立大石雕像，而他们的前辈早在大约公元 1100 年，甚至更早以前就开始在沿海竖立石像了。

戴头饰的石像

石像竖立了几世纪后，欧洲人才头一次到达这里，当时很多石像还戴着头饰。

1. 用绳子把"V"形石橇绑在石像前面。

2. 几名男子拉绳子，让木头支撑物前倾，使得石像随之摆动下陷。

大约 1300 年
复活节岛上的石像

复活节岛位于波利尼西亚群岛的东部边缘地区，与离它最近的岛屿之间也有数百千米的距离。6 世纪时，波利尼西亚人定居于此地，他们在当地种植红薯、芋头、香蕉和葫芦，并饲养鸡和猪。他们还沿着海岸修建矩形平台，称其为"ahu"（石台）。但是一直到大约 1300 年，岛民修建了数百个石台，并在石台上竖立大型雕像时，才进入复活节岛纪念碑和雕像的伟大时代。石台靠海的一面不断经受海浪的拍打，因此大而光滑。一块石台长 45 米，可承受 15 座石像的重量。至于为何建石像，无人得知，可能是有某种宗教意义。

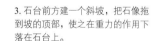

用绳子把石像与木头支撑物绑在一起

3. 石台前方建一个斜坡，把石像拖到坡的顶部，使之在重力的作用下落在石台上。

木橇保护石像正面，因为会让它沿着地面拖行

用杠杆把石像放在石台的垂直位置上

绳子控制石像着斜坡边缘落下

石台

矗立的石像

复活节岛上的大部分石像在死火山口内部的采石场雕刻。在岩壁上雕刻出石像的轮廓，待除了背脊那面之外的其他面都雕刻成形后，再凿去背脊，把石像放倒在地面进行打磨。然后把石像单独或成排地移至放置的平台上。有些石像有头饰，头饰是用从另一个采石场采来的暗红色石头雕刻而成的圆柱形盘。

关键数据

复活节岛上的石像大且重，高 3~12 米。迄今为止发现的最大石像重达 84 吨。波利尼西亚人在采石场雕刻出宏伟的艺术作品，然后用双手将它们拖到远处海岸边的石台上，这是一件很不寻常的事情。人们现在仍然可以在海边见到很多石像。

第十一章

1400 年~1500 年

知识的扩展

法国学校木雕

1400年~1500年
世界情况概述

15世纪，由于所有大陆板块和文明再也无法孤立地发展，历史进程开始发生变化。非洲人与亚洲和欧洲人进行贸易，中国商人跨越印度洋寻找珍贵的原材料，葡萄牙逐渐开辟通往印度的海上航线，哥伦布在世纪末横渡大西洋，所有这些都促进了全世界人们的相互联系。一个全球化的经济形态开始形成和发展。

文艺复兴

在欧洲，13世纪末期南方开始的艺术和教育复兴席卷整个欧洲大陆。财富的增加和活字印刷术的传入让信息传播得更快，从而促进了文艺复兴的发展。

美洲

美洲大陆仍然处于孤立状态，与全球其他地区相互影响而进步的节奏并不同步。在中美洲，强大而勤劳的阿兹特克人建立了一个幅员辽阔的帝国，其南方的印加国也同样强大和有序，国土占据了大约南美洲大陆的三分之一。

北美洲

15世纪，航海家从葡萄牙起航，寻找通往亚洲的新航路。

1492年，热那亚探险家克里斯托弗·哥伦布横跨大西洋，到达加勒比海。

加勒比群岛

15世纪，阿兹特克首都——特诺奇蒂特兰城在墨西哥特斯科科湖的一个岛上建立起来。

15世纪，印加人用骆驼运输，也用骆驼与他人交易。

南美洲

巴西

秘鲁

库斯科

智利

太平洋

北

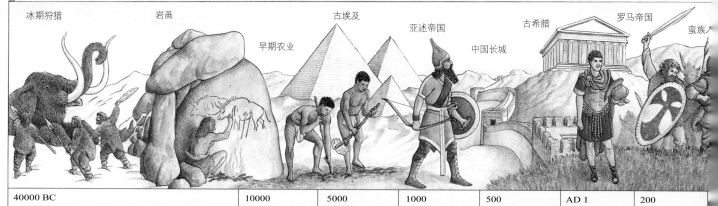

冰期狩猎　　岩画　　早期农业　　古埃及　　亚述帝国　　中国长城　　古希腊　　罗马帝国　　蛮族入

40000 BC		10000	5000	1000	500	AD 1	200

欧洲

1462 年，伊凡三世成为俄罗斯的统治者。

莫斯科

俄罗斯

亚洲

日本

1467 年，日本发生应仁之乱，这是一场关于争夺幕府继承权的纷争。

1429 年，圣女贞德率领法国人在奥尔良对抗英国人。

约 1460 年，朝鲜中国明朝出口的瓷器。

1453 年，奥斯曼人占领君士坦丁堡。

阿拉伯

1411 年~1442 年，印度古吉拉特的苏丹艾哈迈德·沙阿建立艾哈迈达巴德城。

朝鲜

1419 年~1450 年，朝鲜世宗大王即位，他创制官方版韩文。

吉达

1431 年，明朝舰队到达阿拉伯。

印度

泰国

1431 年，明朝舰队从南京出发，沿途收集其他国家的贡品。

5 世纪，非洲与亚洲和欧洲之间的贸易十分繁荣。

加奥

1432 年，明朝船队到达非洲东海岸港口。

斯里兰卡

马林迪

非洲

1498 年，瓦斯科·达·伽马到达印度，与科泽科德统治者会面。

大洋洲

1450 年，大巴布韦达到盛期。

索法拉

印度洋

约 1400 年，汤加人为去世的人修建古墓。

好望角

1497 年，葡萄牙航海家瓦斯科·达·伽马绕过好望角，继续向印度航行。

玛雅帝国　蒙古人向外扩张　修建城堡

贸易扩张

维京人航行

| 600 | 800 | 1000 | 1200 | 1400 | 1600 | 1700 | 1800 | 1900 | 2000 |

1400 年

1425 年

非洲

15 世纪，津巴布韦的黄金通过东海岸的索法拉出口至亚洲。*

约 1400 年，恩加鲁卡人在坦桑尼亚耕种田地。*

约 1420 年，葡萄牙水手开始探索非洲西海岸。

15 世纪 20 年代，西非加奥王国的桑海人开始袭击马里帝国。

津巴布韦人雕刻了这只鸟

约 1430 年，东非沿岸的基卢瓦苏丹开始了宏伟的建筑计划。

1434 年~1468 年，信仰基督教的札拉·雅各布成为埃塞俄比亚皇帝；他扩大教堂，推进大寺院的修建。

15 世纪时基卢瓦大清真寺扩建

亚洲

福狮在中国被视为镇宅辟邪之物

1402 年，来自中亚蒙古的征服者帖木儿在土耳其的安卡拉战役中打败奥斯曼人。

约 1403 年~1409 年，中国编撰了百科全书《永乐大典》，这部书有 2 万多卷。

1405 年~1433 年，信仰伊斯兰教的中国人郑和率巨大的船队 7 次下西洋，联络亚洲各国对中国的友好关系。

1411 年~1442 年，印度古吉拉特的苏丹艾哈迈德·沙阿即位，并建立了辉煌的首都艾哈迈巴德城。

1419 年~1450 年，在世宗大王的统治下，朝鲜走向繁荣；他还创制了官方版韩文。

1420 年~1421 年，明朝首都从南京迁至北京。

这尊泰国白色釉陶像的制作时间可追溯至查洛王统治时期

15 世纪 30 年代，东南亚的高棉帝国衰落；1431 年，泰国军队洗劫吴哥，吴哥从此被废弃。

1431 年~1433 年，郑和第七次也是最后一次下西洋，航行至非洲东岸。

1448 年~1488 年，查洛王统治下泰国扩张；查洛王推行行政和律法改革。*

1449 年~1474 年，幕府将军足利义政统治日本。

欧洲

1403 年，吉贝尔蒂在佛罗伦萨洗礼堂的铜门上雕刻写实人体，预示着文艺复兴的到来。

1415 年，扬·胡斯，波希米亚宗教改革者，被绑在火刑柱上烧死。

1417 年，天主教会分裂时期结束，在罗马选出了一位教皇。

这枚纪念扬·胡斯的硬币上面有他的肖像

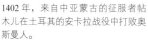

1429 年，圣女贞德率领法国军队在奥尔良阻攻战中打败英国军队。

1431 年，圣女贞德被英国人绑在火刑柱上活活烧死。

15 世纪 30 年代，德国的金属工匠古腾堡进行铅活字印刷试验。

1447 年，波兰国王卡齐米日四世促进波兰王国和立陶宛大公国的合并。

约翰内斯·古腾堡（1397 年~1468 年）发明了用熔融的金属制作铅字的方法

美洲

密西西比河流域艺术通常喜欢刻画泪眼汪汪的形象，正如这个花瓶

约 1400 年，普韦布洛人放弃北方土地，聚集到大城镇里。

15 世纪，阿兹特克帝国在墨西哥扩张。*

15 世纪，印加帝国进入向外扩张期。*

阿兹特克人制作大量有独特图案的绘盆

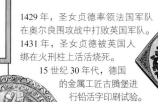

1426 年~1440 年，特诺奇蒂特兰的阿兹特克人与周边城市特斯科科和特拉科潘组成"三方联盟"；国王伊兹科亚特尔对国家进行改组，把权力集中到自己手里。

约 1438 年，印加皇帝维拉科查的继任者帕查库特克把印加帝国疆土向北扩张至厄瓜多尔。

15 世纪 40 年代，印加人在库斯科建造大堡垒。

1440 年~1468 年，阿兹特克皇帝蒙特祖马一世在位时期，他和勇士们占领墨西哥东部的大部分地区，俘虏了一大批人。

大洋洲

约 1400 年，汤加人在南太平洋汤加塔布群岛中最大的岛屿上的中心城市姆阿修建大型仪式中心。

15 世纪，夏威夷群岛岛民广泛种植湿芋头。

芋头这种含淀粉的根茎类蔬菜，常用于在外出时食用

450 年

1450 年，南非大津巴布韦的建达到鼎盛。

□2 年，桑尼·阿里成为桑海国的□治者，并继续建立桑海帝国。*

桑海人以村庄为生活中心

约 1460 年，中国景德镇的御瓷窑厂成功将明朝陶瓷出口至国外。

1463 年~1479 年，奥斯曼土耳其人与威尼斯人开战，最终土耳其人胜利。*

1467 年~1477 年，日本正经历应仁之乱。这是一场为了争夺幕府大将军的继任权而引发的内战，结束了足利幕府的统治时代。*

明朝时期的两尊笑脸盈盈的男孩雕像

□3 年，奥斯曼人围攻并占领了君□旦丁堡，拜占庭帝国灭亡。*

□453 年，百年战争结束；英国人被□出加莱以外的其他法国地区。*

□5 年~1456 年，欧洲出现第一本由古□□用铅活字印刷机印刷的《圣经》。

□6 年，匈牙利人在贵族匈雅□·亚诺什的率领下攻占贝尔格莱□赶走土耳其人。

15 世纪，法国人在鞋上套上鞋套，避免鞋子沾泥

□2 年~1505 年，莫斯科公国的大□——伊凡三世（伊凡大帝）在位。*

□6 年，伊拉斯谟诞生，他是一名荷兰□者，也是北欧人文复兴的领导人。

这尊圣塞巴斯蒂安雕像是文艺复兴时期的北欧艺术的突出代表

大约 15 世纪，印加人雕刻了这尊金银制羊驼像

约 1450 年，印加城马丘比丘在秘鲁乌鲁班巴河上的高山脊上建立。

1455 年，特诺奇蒂特兰城建起大型神庙，来祭祀阿兹特克的神慧兹罗波西特利。

15 世纪 70 年代，秘鲁北部的奇穆文化衰落。

1471 年~1493 年，国王图帕克·印卡把印加帝国领土扩张至玻利维亚、智利和阿根廷。

1473 年，特诺奇蒂特兰城吞并了周边特拉特洛尔科的阿兹特克城。

1475 年

1482 年，葡萄牙人发现了刚果河河口。

1491 年，刚果王国的统治者接受葡萄牙人的洗礼，成为基督徒。

葡萄牙探险家乘着本图所示的大帆船前往非洲

1483 年，足利义政主持修建的银阁寺在日本京都落成，它又被称作慈照寺。

1488 年，日本发生首次一向一揆起义，即佛教徒的集体起义。

1488 年，明朝皇帝下令重建长城，以抵御北方侵略者入侵。

1492 年，德里苏丹西坎德尔·罗迪（1489 年~1517 年在位）吞并比哈尔，将本国首都迁至阿格拉，以便征服拉贾斯坦邦。

足利义政计划用银来装饰这座寺庙，因而得名"银阁寺"

1478 年~1492 年，为文艺复兴时期的艺术赞助人——洛伦佐·德·美第奇的统治期。

1479 年，在斐迪南和伊莎贝拉统治下，西班牙地区的阿拉贡和卡斯蒂利亚实现统一。

1480 年，西班牙修建宗教裁判所以惩罚异端教徒。

1485 年，亨利七世在博斯沃思战役中打败金雀花王朝国王查理三世，成为统治英格兰和威尔士地区的都铎王朝国王。

西班牙宗教裁判所迫害犹太人和穆斯林

1492 年，西班牙基督教国王接管了西班牙穆斯林王国格拉纳达。

1492 年，克里斯托弗·哥伦布在巴哈马群岛、古巴和伊斯帕尼奥拉岛登陆；他是继维京人之后第一位到达美洲的欧洲人。

1497 年~1498 年，葡萄牙航海家瓦斯科·达·伽马绕过好望角，继续向印度航行。

1498 年，意大利宗教改革者萨佛纳罗拉被绑在火刑柱上烧死。

1486 年~1502 年，阿兹特克皇帝亚威佐特在位，墨西哥的阿兹特克帝国达到鼎盛。

这尊漂亮的阿兹特克雕像是花神，雕像位于寺庙的顶部

1400 年 ~1500 年 非洲

富裕的西非马里帝国被桑海人控制，桑海国渐增的实力也影响到了邻近的豪萨城邦和卡涅姆–博尔努王国。廷巴克图、杰内和加奥这三大城镇是与欧洲和亚洲贸易的重要中心。在东部的坦桑尼亚和肯尼亚，当地几大文化蓬勃发展，尤其在恩加鲁卡，出现了灌溉农业。南非生产黄金的津巴布韦文明达到鼎盛，那里的人们修建了巨大的城墙。

贝壳货币

一些非洲人使用玛瑙贝作为货币。

大约 1400 年
恩加鲁卡人

恩加鲁卡是坦桑尼亚北部一个自给自足的农业社区，位于乞力马扎罗山西部约 160 千米的地方。由于地处陡峭的斜坡，恩加鲁卡人不得不先修建干石平台，待平台平整后再在上面建房。恩加鲁卡人在 20 平方千米的定居点旁边修建阶梯状的山坡种植农作物。这些梯田用石墙支撑，人们顺着石砌的水渠从恩加鲁卡河引水灌溉。20 世纪 60 年代，人们发掘了这片遗址，有证据显示，这片区域上的人类活动持续了很多年。目前尚不清楚恩加鲁卡文化如何走到尽头，但是有可能是因为长时间的干旱，使得人们无法继续耕种。

1462 年
桑尼·阿里成为桑海帝国统治者

西非的桑海人居住地毗邻富裕的马里帝国。15 世纪初，桑海人开始入侵马里，15 世纪中叶，已对马里构成了严重威胁。在统治者桑尼·阿里（1462 年~1492 年）的率领下，他们占领了东部马里帝国的大片土地，形成了桑海帝国。桑尼·阿里是一位军事指挥官，他在位的大部分时间都在征战。他管理和发展马里的几大贸易中心，如廷巴克图和杰内，以及扩大首都加奥来巩固自己的实力。占领了马里大部分地区后，他保护该地区的特色文化，采用更好的管理方法进行开发。1492 年，桑尼·阿里逝世后，其子继任，但是仅在位一年就被桑尼手下的一位大将军阿斯基亚·穆罕默德·杜尔所替代。

靠河帝国

桑海帝国位于西非尼日尔河的弯道流域。

农作物有小米和玉米

茅草屋顶可能是用附近的长得较高的草编织而成

玉米被捣烂成面粉，用来做面包

生活区

恩加鲁卡人住在用木材、泥土和茅草修建的圆形房屋里，房屋周围修建有防御用石墙。

商业首都

桑海首都位于加奥，加奥也是重要的贸易中心，控制着往来撒哈拉沙漠的贸易。

15 世纪

大津巴布韦

大约 9 世纪，生活在非洲中南部赞比西河和林波波河之间的巴布韦广阔高原上的人们耕种农作物，饲养牲畜，学习如何在附近矿山开采黄金。很快他们就打破了只与近邻交易的格局，13 世纪时，人们穿越印度洋将津巴布韦的黄金和铜出口到亚洲，以换取各种物品，如中国瓷器。津巴布韦统治者通过贸易将王国发展成富裕而强大的帝国。12 世纪，人们开始修建巨大的石墙，称其为 "mazimbabwe"。到 1450 年，大津巴布韦的住所建设达到鼎盛，人们将主围墙加盖得更加宏伟，还修建了一座巨大的塔。这时期，它已成为一个重要的宗教、政治和贸易中心。

外墙墙基厚 5 米，高 9.75 米

石屋

大津巴布韦主墙已经有大约 400 年的历史。后来被遗弃，可能是因为周围的土地不再肥沃，无法保证居民正常生活。

石砌的圆锥塔很坚实

统治者及其随行人员住在城墙内部用茅草做的圆形房顶的屋子里

皂石雕刻的鸟

大津巴布韦宫殿外的围墙上嵌有用皂石雕刻的鸟。1980 年，大津巴布韦从英国独立出来时，其中的一只鸟成为津巴布韦国家的象征。

部分外墙用 "V" 形图案装饰

没有屋顶的遗迹

大津巴布韦的椭圆形外墙都没有屋顶。该遗迹最初只是堆积了很多巨石，后来被人们开发，有些巨石被建筑成了建筑物的一部分，其他巨石则分成一块一块的，用来筑墙。

虚构的统治者

据说 15 世纪时，这名虚构的皇帝梅托塔成功向外扩张了大津巴布韦的领土。

	1200	1400	1600	1700	1800	1900	2000

非洲贸易

非洲大陆拥有丰富的天然资源，如黄金、铜和盐。15 世纪，非洲商人将此类货物出口到阿拉伯、印度、中国和欧洲，以换取奢侈品，如瓷器和丝绸。西部的古加纳帝国以及后继的帝国——马里和桑海帝国，通过黄金贸易致富。15 世纪和 16 世纪时，欧洲对黄金的需求量很大，北非的穆斯林商人通过骆驼队穿越撒哈拉沙漠，把黄金运到欧洲。南部的津巴布韦通过索法拉港口把黄金和铜出口到遥远的印度和中国，以此致富。15 世纪末期，葡萄牙探险家驾船环游非洲海岸，为 16 世纪葡萄牙人在东海岸建立贸易站开辟了道路。非洲与欧洲的联系对奴隶贸易也起到促进作用。

非洲遗址

亚洲商人去非洲内陆做生意时，可能会在非洲东岸的盖地镇停留。

外交关系

非洲使节出国，把礼物献给国外统治者，希望与其保持良好的贸易关系。这头长颈鹿是送给中国皇帝的礼物。

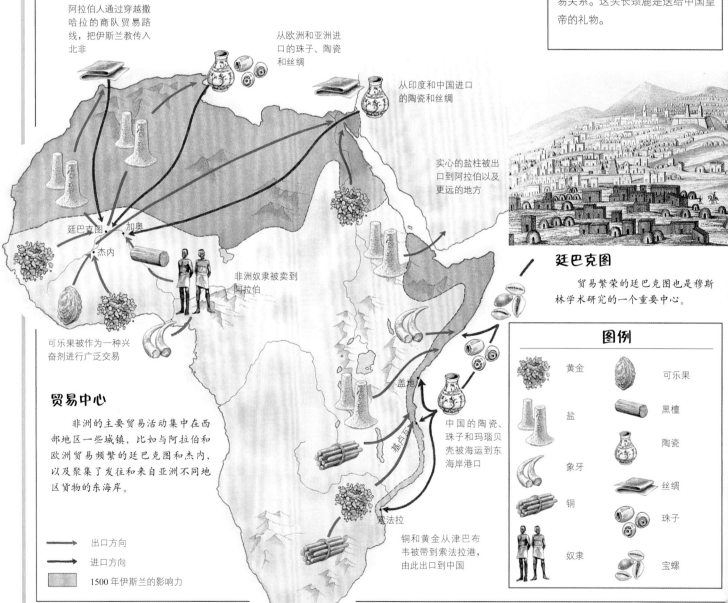

阿拉伯人通过穿越撒哈拉的商队贸易路线，把伊斯兰教传入北非

从欧洲和亚洲进口的珠子、陶瓷和丝绸

从印度和中国进口的陶瓷和丝绸

实心的盐柱被出口到阿拉伯以及更远的地方

廷巴克图　加奥

杰内

非洲奴隶被卖到阿拉伯

可乐果被作为一种兴奋剂进行广泛交易

廷巴克图

贸易繁荣的廷巴克图也是穆斯林学术研究的一个重要中心。

贸易中心

非洲的主要贸易活动集中在西部地区一些城镇，比如与阿拉伯和欧洲贸易频繁的廷巴克图和杰内，以及聚集了发往和来自亚洲不同地区货物的东海岸。

盖地

中国的陶瓷、珠子和玛瑙贝壳被海运到东海岸港口

索法拉

铜和黄金从津巴布韦被带到索法拉港，由此出口到中国

图例

黄金		可乐果
盐		黑檀
象牙		陶瓷
铜		丝绸
		珠子
奴隶		宝螺

→ 出口方向

➡ 进口方向

■ 1500 年伊斯兰的影响力

1400 年~1500 年 亚洲

蒙古侵略亚洲的势头消退，个别国家开始重新宣布独立。中国旧势力重建，并开始扩大影响力。泰国改革持续了几百年，李氏朝鲜崇尚学术，东部的日本因内战陷入混乱。在印度，德里苏丹国迅速衰落，远离中心的省份宣布独立，在当地建立穆斯林王朝。

朝鲜王陵

韩国首尔附近李氏王陵里的雕像可追溯至 15 世纪。

精致的窗户

这个石刻窗出土于艾哈迈达巴德清真寺。

1411 年

艾哈迈德·沙阿建立艾哈迈达巴德

1320 年以来，由图格鲁克统治的印度德里苏丹国，在 14 世纪 90 年代分裂成一个个独立的小苏丹王国。1401 年，西印度古吉拉特的首领扎法尔汗宣布独立。1411 年，扎法尔汗的孙子艾哈迈德·沙阿继任。艾哈迈德严厉但公正，在他的统治下，贸易往来繁荣。他在艾哈迈达巴德建立新首都，使之成为印度最繁荣的城市之一。他在位的大部分时间都在进行领土扩张，率领的军队常胜不败，给士兵的报酬一半用现金支付，一半用分地的方式支付，这让他们在自己的国家有了"股份"。1442 年，艾哈迈德·沙阿逝世。

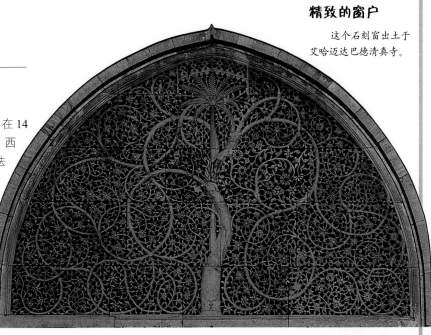

1419 年

世宗大王统治朝鲜

多年以来，朝鲜一直是从属于中国的一个半独立地区。13 世纪 50 年代，蒙古人入侵朝鲜，占领了这个君主国，并统治了一个多世纪。约 1354 年，朝鲜地区一位军事首领李成桂领导起义，反对蒙古人统治，并取得了成功，让朝鲜重返中国。1392 年，他推翻了统治朝鲜的高丽王朝，建立了李朝，定都汉阳，即现今的首尔。1419 年，他的一位亲戚——世宗成为朝鲜国王，在位 32 年。世宗大王崇尚学术，在位时发明了官方版韩文，被称为"韩语"，他还对活字印刷术产生了极大的兴趣。除了他的学术贡献外，世宗大王还成功地击退了朝鲜沿海的日本海盗。

崇尚学术

世宗大王是一位热心的改革者，并鼓励学术研究。

御诗

这首诗是世宗大王 1447 年为他已故的妻子昭宪王后所作。

| 600 | 800 | 1000 | 1200 | 1400 | 1600 | 1700 | 1800 | 1900 | 2000 |

餐盘

这个明朝时的家用餐具可能被用来盛装食物。

1431年

郑和七下西洋

明朝统治者鼓励对外开放，郑和（1371年~1433年）对此贡献很大。郑和是一位信仰伊斯兰教的中国人，永乐帝任命他为总兵正使。1405年~1433年，郑和七次远征西下印度洋，在多个港口停靠，联络西洋各国与明朝发展关系，还会带上黄金、瓷器、丝绸和香料卖给当地人，扩大中国在国外的影响力。1424年，永乐帝逝世后，郑和最后一次下西洋，这次规模可能是最大的。1431年，郑和从明朝第一个首都南京起航，一直到达遥远红海上的吉达市，由于他自己是穆斯林，因此他在那里与当地穆斯林建立了良好关系。接着他继续航行到非洲东岸的港口，例如摩加迪沙和马林迪，1433年他于归国途中积劳成疾，在印度古里病逝。船队回国后，明宣宗赐葬南京牛首山。

明朝第三位皇帝

明永乐帝朱棣（1360年~1424年）。

明朝（1368年~1644年）

洪武帝是一位农民，他领导起义反抗并最终赶走了元朝军队，1368年，他在南京建立新王朝——明朝。他重拾了汉民族的自信心和自豪感，这对于受元朝蒙古人统治多年的中国来说意义重大。洪武帝还开始重新控制周边国家，建立政府，确保国家的长期和平与繁荣。为了让中国社会更加平等，他废除元朝的奴隶制、将没收的房产分给穷人，向富人征收高税。同时加强军队，修复并加固长城，以抵御外国侵略。1398年，洪武帝的孙子继任，后来的几任皇帝继续完成他开创的一些伟大工程。

中国帆船

明朝船队由一批平底载货用帆船组成。

木制板条让帆保持平整

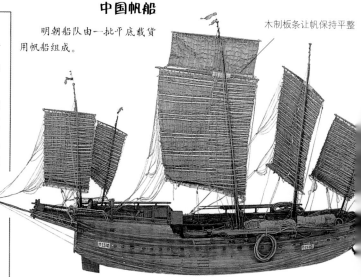

屋顶装饰

永乐帝崇尚艺术，因此，明朝是一个创新的朝代。这个漂亮的马脊瓦可能被用来装饰屋顶。

郑和七次下西洋

郑和率领数万人组成的巨大船队七次下西洋，到达过东南亚、斯里兰卡和印度，后来又去了阿拉伯和非洲东海岸，遍访亚洲和非洲30多个国家和地区，建立并巩固了海上丝绸之路，传播友谊，促进贸易，增加明朝与各国的交流，为世界文明与进步做出了巨大贡献。

40000 BC		10000	5000	1000	500	AD 1	200

青铜佛像

15 世纪时，佛教已经成为泰国最重要的宗教，泰国人制作了很多佛陀像。

1448 年

查洛王在泰国推行改革

　　12 世纪和 13 世纪时，东南亚某区域（即现在的泰国）有几个城邦，为了争夺中部肥沃低地的控制权而互相残杀。14 世纪中叶，南方建立了阿瑜陀耶王国，该国也参与到这块令多国垂涎的低地的争夺战中，后来发展成为暹罗国。1448 年，查洛王成为暹罗国皇帝，他是一位伟大的皇帝，他推行的法律改革一直持续到 19 世纪中叶。他的管理方式很务实——设立军事和行政部门，以及地方政府、金融部门和法律部门等。他还把暹罗人分成不同阶层，每一阶层人员都拥有一定的土地，即使是最穷的人也有土地，因此无人会挨饿。查洛王在位的大部分时间都在与北方城邦作战。随着帝国的扩张，他将首都迁至彭世洛。1488 年，查洛王逝世，任命其子为"第二任国王"，这一官职的设立一直持续到 19 世纪中叶。

泰国珍宝

这头美丽的金象上镶有半宝石。

63 年

耳其－威尼斯冲突

　威尼斯是意大利北部的一个城邦，建于约 6 世纪，洲贸易来往频繁，海军势力越来越强大，国家日益。自 1100 年起，威尼斯人在地中海东岸建立前哨，为该区域的强国。15 世纪，奥斯曼土耳其人挑衅大国威尼斯。1463 年，两国爆发大战，战争持16 年之久，有一次几乎打到威尼斯的中心，，奥斯曼人获胜。1479 年，两国讲和，威被允许保留在地中海东岸的前哨，但是每年向奥斯曼苏丹支付大量金钱。

致命武器

与奥斯曼人交手时，意大利士兵使用的战锤。

商业城

朝圣者在前往圣地的途中经常在威尼斯停留。

1467 年

日本"应仁之乱"

　　日本足利幕府的封建领主们经常发生内部战争，战争一直持续到 15 世纪中叶。领主获得对领土和居住于此的人们的更多控制权，导致农民起义。1467年，幕府将军足利义政自知无法应付这些纷乱而引退。两大敌对氏族——细川氏和山名氏都想提名自己氏族的人为继任者，因而在首都京都开战。应仁之乱断断续续持续了 10 年。1473 年，王位争夺者逝世，细川氏的一位成员担任代理将军，一直到 1493 年，战争再次爆发。

| 600 | 800 | 1000 | 1200 | 1400 | 1600 | 1700 | 1800 | 1900 | 2000 |

1400年~1500年 欧洲

这期间，一些强大的王国有了建立帝国的野心。法国、西班牙、葡萄牙和英格兰都开始把目光投向海外，对于繁荣的渴望让它们踏上前往未知的土地、探索新的自然资源和贸易机会的旅途。探险家试图寻找通往亚洲老交易伙伴的更近途径。同时，文艺的觉醒和创造的热潮带来了伟大的艺术成就——文艺复兴。

和平时期的财富

百年战争后，法国成了富裕且昌盛的国家。这幅画选自一本为法国国王之子贝里公爵而做的宗教书籍，该画显示了当时贵族的富有。

珍·茜宝在19□年的电影《圣贞德》中饰演女贞德

1453年

英国人被逐出法国

百年战争暂停几年后，1414年，英格兰的亨利五世再次声明要求继承法国王位，并于1415年在阿金库尔战役中打败法国。1420年，亨利继承了法国王位，但于1422年逝世，导致英国对法国的控制力严重削弱。圣女贞德的伟大胜利以及英国人杀死她的残酷方式点燃了法国人的爱国热情，他们赢回了法国大部分领土。1453年，百年战争结束，只有加莱还处于英国控制之下。法国国王路易十一决定建立团结而繁荣的法国，还征服了一些强硬的地方势力，例如勃艮第公爵。1480年，几乎所有法国领土都集中到了国王的控制之下。

攻下英国军队的河岸要塞对法国军队来说至关重要

英国人控制着通往城市的关键河道

奥尔良之围

1429年，奥尔良之围已持续了7个月。圣女贞德清楚地知道英国没有足够兵力迅速攻下这座城。她穿过围攻的缺口补充驻军、提高法国军队的士气，并在要塞上发动猛烈还击，很快就取得了胜利，这是百年战争中法国命运的一个转折点。

圣女贞德（1412年~143□年）

圣女贞德是一位农夫之女。她快满16岁时，她说圣人曾显灵让她领导法国迎战英国。她说服国王位继承人查理王子让她指挥军队，解奥尔良之围，并在帕提打败另一支英国军队。1430年，她试图重振巴黎，但被勃艮第军队俘住，交给了英国摄政王贝德福公爵。1431年5月30日，她被当成女巫烧死。1920年，贞德被封为圣徒。

穆罕默德二世

穆罕默德二世是一位心胸开阔、有修养的领导人。

1453 年
君士坦丁堡衰落

拜占庭帝国已经衰落了很长一段时间。1450 年，帝国的领土只剩下君士坦丁堡和西部的几个小地方。1451 年，穆罕默德二世成为奥斯曼新上任的苏丹。他是一位非常伟大的指挥官和战术家。他想把君士坦丁堡作为帝国扩张后的首都。君士坦丁堡经常被各国敌人围攻，但每次都成功脱险，是因为它地处博斯普鲁斯海峡和黑海之间，居高临下，海防强大。但是 1453 年，穆罕默德用一排攻城炮攻打君士坦丁堡。在长达大约 8 个星期的猛烈轰炸后，一支由大约 8 万人组成的奥斯曼军队站在通往这座城市的罗曼努斯门前。罗曼努斯门很快倒下，但是进入城内后，奥斯曼军队面对的却是由皇帝君士坦丁十一世亲自率领的猛烈抵抗，君士坦丁十一世最后在抵抗中牺牲。他的死标志着君士坦丁堡城的瓦解，以及拜占庭帝国的终结。

路要地

君士坦丁堡地处地中海和红海之间，位其重要。对金角湾（图中央的水域）的是防御的关键，因为它为海堤的最弱地供了避风港。

如梅利堡垒

穆罕默德二世在博斯普鲁斯海峡最狭窄的地方修建了这座城堡，阻断了君士坦丁堡从西欧盟国获取食物和海军援助的路线。

克里姆林宫

俄罗斯有一座城堡被称为"克里姆林宫"。伊凡三世下令重修莫斯科克里姆林宫，让其更加气派。15 世纪中叶，一场火灾后，伊凡四世重修了圣母领报大教堂的小克里姆林宫教堂（前景中的建筑）。

1462 年
伊凡三世成为大公

13 世纪，俄罗斯大部分地区被蒙古人占领，蒙古人在伏尔加河边建立了一个王国，被称为"金帐汗国"，该国人民则被称为"鞑靼人"。只有莫斯科公国坚决抵抗，决不妥协。15 世纪时，鞑靼国势力减弱，莫斯科公国则扩大了对周边小国的控制。1462 年，伊凡三世成为莫斯科公国的大公，继续向外扩张，鞑靼人对此感到惊慌，1480 年鞑靼人向莫斯科公国的首都莫斯科进军，但未能占领莫斯科。伊凡自封为"全俄罗斯的沙皇"（"沙皇"来源于拉丁语"恺撒"，罗马皇帝的头衔）。1500 年，莫斯科公国成为欧洲强国之一。

圣像

圣像是指圣人或神圣事件的画，通常用油墨画在木板上。对于俄斯的东正教教堂而言，圣像是崇拜人的一个重要部分。安德烈·卢布夫（1370 年~1430 年）是俄罗斯最大的圣像画家之一。这幅天使长米勒的画像可能是他为圣母领报大教所画。

朴实的铠甲

来自俄罗斯的骑士与鞑靼祖先一样身穿皮铠甲，扛着弓箭。

文艺复兴

14 世纪，意大利再次兴起对古希腊罗马艺术、建筑和文学研究的热潮。学者们意识到了知识的重要性，试图缓和希腊罗马思想与基督教信仰的矛盾。人们更强调现世的生活意义，较少关注不确定的来生。艺术家开始更真实准确地表现人类，甚至在画基督和圣徒时也更加真实。文学也是如此，伟大的意大利诗人，例如但丁（1265 年~1321 年）和彼特拉克（1304年~1374 年），开始探究人性。这一新运动从意大利开始传遍了欧洲。随着教会的绝对权威遭到挑战，统治者开始强调自己的权力。他们资助艺术家创作壮丽的画作，雕刻宏伟的雕塑，修建华丽的建筑，以强调自己的重要性，其中很多作品被现代人视为欧洲最伟大的艺术巨作，艺术家开始被视为社会的重要人物。虽然他们的许多作品在当时很难被世人所见，但在今天，全球数百万人都能在教堂和博物馆欣赏到它们的美，理解它们的重要意义。

漂亮的书籍

这个设计复杂的字母摘自 15 世纪的北意大利圣歌集。

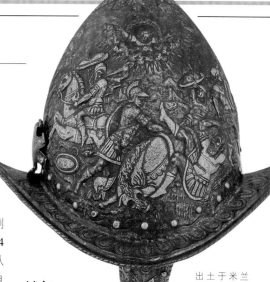

出土于米兰的一项 16 世纪的头盔

城邦

文艺复兴时期，意大利由几大区域构成。有财有势的人大部分居住在热那亚、比萨和威尼斯，以及后来的米兰和佛罗伦萨，这些城都是繁荣的商业自治中心。随着城邦财富的增加，其现欲望也随之增加。政府下令采用新技术修建房屋，作绘画和雕塑，并大胆尝试新的主题。

古典作品的艺术灵感

参与装饰梵蒂冈西斯廷教堂的艺术家——桑德罗·波提切利（1444 年~1510年）在洛伦佐·德·美第奇的赞助下主要在佛罗伦萨工作。古希腊和古罗马的神话故事是文艺复兴时期艺术家的灵感来源，波提切利根据这些神话故事创作了几幅画作。在《春》这幅画中，作者讲述了女神克洛里斯（右边）被西风神仄费罗斯追求的故事，仄费罗斯将她变成了春天女神佛罗拉。

埃斯特家族

埃斯特家族是意大利东北部城市费拉拉的公爵世家。他们的宫廷是学习和交流新思想的中心。

赞助人

意大利贵族希望通过伟大的艺术作品来炫耀自己的财富和地位。米兰的维斯康蒂家族和斯福尔扎家族曼托瓦的贡扎加家族，以及佛罗伦萨有钱有势的美第奇家族都曾赞助过提香、波提切利、勃鲁盖尔和米开朗琪罗等艺术家修建伟大的建筑、雕刻精美雕塑以及创作美丽画作。

佛罗伦萨的美第奇家

美第奇家族成员，尤其洛伦佐·德·美第奇，赞过多名伟大的艺术家。

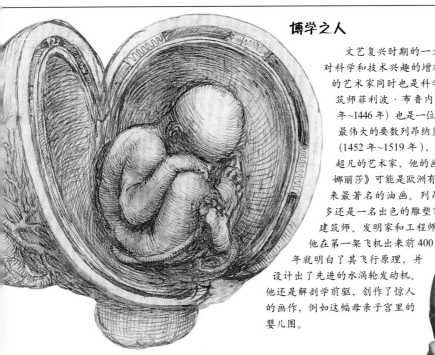

博学之人

文艺复兴时期的一大特点是人们对科学和技术兴趣的增加，许多伟大的艺术家同时也是科学家。例如建筑师菲利波·布鲁内莱斯基（1379年~1446年）也是一位工程师。但是最伟大的要数列昂纳多·达·芬奇（1452年~1519年），他是一名超凡的艺术家，他的画作《蒙娜丽莎》可能是欧洲有史以来最著名的油画。列昂纳多还是一名出色的雕塑家、建筑师、发明家和工程师。他在第一架飞机出来前400年就明白了其飞行原理，并设计出了先进的水涡轮发动机。他还是解剖学前驱，创作了惊人的画作，例如这幅母亲子宫里的婴儿图。

罗伦萨大教堂

圣母百花圣殿的大穹顶建于□○年至1436年，由建筑师布鲁内□基设计，高耸于佛罗伦萨中心之□。大教堂本身始建于1296年，建□65年多才完工。很多著名艺术家□参与到其中，例如画家乔托。文□兴时期的建筑家在很多地方采用□腊和罗马风格，包括穹顶、高柱□口。

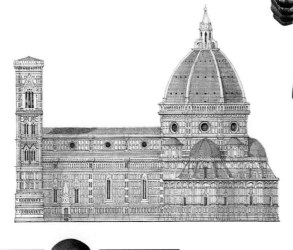

治国之道

文艺复兴鼓励新思路和新想法。尼可□·马基雅维利（1469年~1527年）□佛罗伦萨的一位外交家、历□学家和政治哲学家，他编□治国之道，把自己认为□主应当如何统治国□的观点总结起来，编□著作《君主论》。统治□应当做有益于国家的事□，必要时可动用武力。所□的决策应当顺应形势，不要照□固定的规则或理论。一些人认为马基雅维利是现代政治学之父。

尼可罗·马基雅维利

血肉

在古希腊，像菲狄亚斯这些雕刻家最得意的是自己对人体的精确再现。文艺复兴时期的雕刻家恢复了自己的信仰。米开朗琪罗·博那罗蒂（1475年~1564年）是文艺复兴时期最伟大的人物之一，他是一位天才画家、雕刻家、建筑师，而雕塑是他最喜爱的艺术形式。这尊雕像是圣普罗库卢斯，由米开朗琪罗雕刻于1494年至1495年间，这一年他住在意大利北部的博洛尼亚。雕像的细节处理方式十分惊人，无论在现实性还是在宏伟程度上都堪比古希腊的雕塑英雄。

北方复兴

吕贝克祭坛装饰品

北欧文艺复兴时期兴起了木雕。此木雕是约 1480 年至 1490 年间在德国完成。

文艺复兴传遍欧洲后呈现出更多宗教性质。与意大利学者们一样，北方学者们回顾过去，以找寻如何最好地活在当下的办法。但是他们回顾更多的是早期基督教，而更少回顾古希腊和罗马。他们学习古希腊文和希伯来文，以便更好地研究原版《圣经》，反对教会和公共生活的腐败。他们围绕自己的新想法重建教育，更加注重个性发展，而非实际训练，这种方法被称为"人文主义"。佛兰德斯的画家们引入了一种新的细节写实主义。15 世纪 30 年代末期，德国的古腾堡改革了印刷方式；1500 年，200 多个欧洲城市出现了印刷机。这意味着新思想传播速度更快，影响力更大，这正是宗教改革希望呈现的。

德国伟大艺术家阿尔布雷特·丢勒所绘

伊拉斯谟（1466 年~1536 年）

荷兰学者德联邦德国里乌斯·伊拉斯谟引领了新人文主义运动。他在全欧洲教学和写作，推进教育和神学的发展。在所著的《愚人颂》一书中，他讽刺了教会权力的滥用，并用幽默的方式引导读者追求更美好的生活。

想象的风景

荷兰画家耶罗尼米斯·博斯（约 1450 年~1516 年）把奇异的想象与重视细节和清晰的风格相结合。

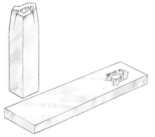

1. 铅字印刷的第一阶段，在硬金属上刻上字母，再敲进一块软金属，做成字模。

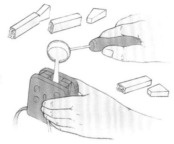

2. 把字模放入托架，再用长柄勺把熔融金属（锡、铅和锑的混合物）倒入字模，形成铅字。

3. 把铅字字母排成字词，放入被为排字手托的小盘中。字母必须真倒过来，从右向左排列。

印刷车间

1438 年，德国金匠约翰尼斯·古腾堡发明了铅字印刷术，这是一种用熔融金属制造活字（一个字母在一个字块上）的方法。1455 年，他印制了《圣经》副本，这是欧洲第一本大型印刷书籍。图中的印刷工人们正在古腾堡的车间里排字、操作印刷机。印刷过的纸张则被挂起来，等待油墨变干。印刷降低了书籍价格，让书籍更加普及。这意味着知识可以传播得更远、更快，保存起来更方便。不识字的穷人则齐聚一堂，聆听别人朗读画满插图的书籍和小册子。

葡萄牙人航海史

未知的世界

继 15 世纪世界地图绘制成功的 100 年里，欧洲人对地理的了解比前 1000 年进步了很多。

15 世纪时，欧洲人开始寻找去亚洲的海路，希望采用与陆路运输相比更为便宜的海路进口货物。葡萄牙人最先踏上探索之路。1385 年，葡萄牙从西班牙独立出来后便开始向外扩张，攻打南非伊斯兰国家和海上的穆斯林舰队。若昂一世任命其子亨利王子组织海上探索。1444 年，亨利手下的船员到达西非的塞内加尔河。1471 年，他们到达加纳国。1482 年~1484 年，迪亚哥·卡奥率领的探险队到达扎伊尔的刚果河。1487 年~1488 年，巴尔托洛梅乌·迪亚士绕过非洲南端的好望角。10 年后，瓦斯科·达·伽马沿非洲东海岸而上；1500 年，佩德罗·卡布拉尔到达巴西，两人当时都在前往印度的途中。

航海家亨利

航海家亨利王子（1394 年~1460 年）是葡萄牙发现之旅的伟大倡导者。虽然他自己不是一个出色的水手，但 1416 年他在葡萄牙西南端的萨格里什成立了一所航海学校。他每年至少外出一次去探索非洲海岸地区。

美丽"新"世界

欧洲人在试图找寻去亚洲的海路时首次到达美洲，并绕过非洲。他们希望通过贸易致富，却意外发现了做梦也没有想到会存在于世的人群、土地和大洲。

哥伦布

西班牙也瞄准了海外地区。1492 年，意大利人克里斯托弗·哥伦布（约 1451 年~1506 年）说服西班牙国王和王后为他横越大西洋的航行提供经费。他到达过加勒比海，并在随后的三次航行中抵达中美洲和南美洲的委内瑞拉。

发明船舶

早期的大部分葡萄牙航海家乘着帆船航行。这种帆船比以前的船要长和窄，帆扬开的面积更宽，因而更容易操纵，抵御风浪的能力更强；货舱很大，能装下足够支持远航所需的大量货物。多亏航海家亨利王子，让葡萄牙水手从改进的地图、星盘和航海培训中受益。

航行史

1416 年，亨利王子建立航海学校。

1444 年，探险队到达塞内加尔河。

1472 年，罗博·贡萨尔维斯跨越赤道。

1482 年~1484 年，迪亚哥·卡奥到达刚果河河口。

1487 年~1488 年，迪亚士绕过好望角。

1497 年~1498 年，达·伽马绕过好望角，到达印度。

1500 年，卡布拉尔到达巴西，继续前往印度。

1400 年 ~1500 年 美洲

墨西哥的阿兹特克人向外扩展帝国领土，同时扩建首都特诺奇蒂特兰城。他们修建宏伟的寺庙和宫殿，但因与邻国战争不断，并把抓来的俘虏当作宗教仪式上的祭祀品，随后被决意要复仇的人包围。秘鲁的印加人建立了一个管理严谨的帝国，他们让信差通过复杂的道路系统送信，以此来管理这个帝国。

欧班手抄本

阿兹特克人使用象形文字进行交流，把象形文字画在桦树皮制成的纸（抄本）上。

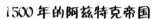

15 世纪

阿兹特克帝国的崛起

1426 年，阿兹特克国王伊兹柯阿特尔与周边两大城市特斯科科和特拉科潘结盟，共同推翻了强大的邻国特帕尼克斯（Tapanecs）的统治。不久之后，阿兹特克人成为这一庞大帝国的统治者。他们擅长经商，管理着一个商队，这个商队由商人行会"波其德卡"（Pochteca）控制。他们还修建宏伟的金字塔、宫殿和神庙。特诺奇蒂特兰城的神庙位于帝国的正中心，是一个神圣的地方。每当战争结束后，会在此地进行活人祭祀，有时祭祀的活人数量一天可多达 2 万名。

1500 年的阿兹特克帝国

1500 年，阿兹特克帝国有 1 000 上的居民，还是墨西哥大部分地区的最主，大部分都是征服来的土地。

宗教仪式

阿兹特克人认为自己生活在第五个太阳纪，而这块地方终有一天会毁灭。为了将这个不幸的日子延后，他们必须每天祭祀和取悦神灵，尤其是伟大的神慧兹罗波西特利。阿兹特克人认为他们的神圣职责是为神提供 "chalchiuhuatl"，这是人体血液里的一种珍贵液体。没有血，他们认为整个宇宙都会停止运作。对阿兹特克人来说，人类心脏象征着生命本身，因此，必须把血和心脏都献给慧兹罗波西特利，这样他才不会对阿兹特克人愤怒。祭祀太阳神是战士们的职责，他们不停征服邻国，把为神灵找寻祭祀品视为一项光荣的使命，阿兹特克就是以慧兹罗波西特利的名义建立的帝国。

鹰武士

阿兹特克战士分为不同的军级。声望最高的是豹武士和鹰武士。披着豹皮或插着鹰羽毛的战士是阿兹特克社会的特权阶级。

祭祀太阳神

阿兹特克艺术家画的这幅当代画作展示了把人类的心脏献给慧兹罗波西特利时的场景。

15 世纪
印加帝国

15 世纪 30 年代，印加帝国被邻国入侵，首都库斯科受到袭击。年迈的统治者维拉科查·印加将保卫国家的任务交给儿子尤潘基，并给他取名帕查库特克。帕查库特克击退了入侵者，并在接下来的 30 年里改革政府，发展库斯科。帕查库特克及后来的继任者向外扩张，吞并了智利、玻利维亚和厄瓜多尔部分地区。印加帝国被治理得很好，贵族有等级之分，省级长官和官员的称号都加上萨帕·印卡。中央行政部门控制新市镇的建设情况，监测自然资源的使用情况。即使是艺术和陶器都要符合库斯科的统一风格。

马丘比丘

15 世纪中叶，印加城建在安第斯山脉两座山峰之间的高原上，位于乌鲁班巴河之上。印加城由梯田和石建筑群组成，设计得异常漂亮整齐。

印加领地

帕查库特克之子图帕克·印卡（1471 年~1493 年）在位时，印加帝国进行大规模扩张。图帕克征服了玻利维亚和智利北部地区，其继任者还吞并了厄瓜多尔。

信差到达路站后会吹响海螺

印加帝国有很多吊桥，由一名被称为 "chaca suyoyoc" 的守桥人监管

陆路信差

尽管印加人还没有发明车轮，但是印加统治者在一些偏远地区修建了总长约 3 万千米的大规模道路系统，以控制其广袤的领地。政府通过建立信使和信差驿站，与省级和地方官员保持密切联系。小驿站建在路边，每隔 2.5 千米就有一个，信差在此等待信息、命令、报告等，并继续往下传。一道命令一天可传递 250 千米远。

黄金羽毛

这根黄金羽毛可能是某种仪式头饰上的一部分。黄金经常与死人埋葬在一起。印加统治者被视为不朽的人物，其尸体被做成木乃伊，而财富和财产则由继承人管理。继承人会让木乃伊出席所有重要仪式。

奇普

印加人没有文字，因此他们用一条细绳和被称为"奇普"的可以打结的东西记录诸如数字、清单之类的信息，甚至用来记录历史。细绳的一端被挂起绑好，染上不同颜色代表不同信息。结的位置代表更详细的信息，有时非常复杂，通常都是以数字的形式记录。奇普破译人员（抄写员）还被要求记下更多细节。

波利尼西亚仍然与世隔绝，但这并不妨碍其中某些岛屿的发展。在萨摩亚岛、汤加岛，包括塔希提岛在内的社会群岛，以及夏威夷群岛和土阿莫土群岛已经出现了先进社会。在汤加岛，图依汤加王朝已经统治了两个多世纪，其影响力已经传到了汤加岛之外的波利尼西亚群岛的其他地方。

双体船

波利尼西亚人乘着类似图中的船在不同的岛群之间进行每年一度的迁徙，其他时候，它会被分成两艘独立的独木舟，以作他用。

约 1400 年

图依汤加王朝在姆阿修建仪式中心

早在公元前 13 世纪，波利尼西亚人就在南太平洋上的汤加群岛定居。他们住在汤加塔布一个大岛北部的大潟湖边缘。虽然经过了很长时间岛上才出现统治阶层，但是大约在公元 1200 年，以汤加塔布北部的姆阿区为根据地的图依汤加王朝出现并统治全岛。大约 1400 年，他们在姆阿建立主仪式中心，周围是防御沟渠和斜坡，内部是很多平台，平台上修建供首领及其家人和仆人居住的房子。汤加岛是波利尼西亚群岛中为数不多的有人类社会的岛屿之一，高阶层人员统治着其他阶层的人员。高阶层人员的理事会会议会伴随着特殊的仪式，在仪式上，人们会喝一种用植物的根酿的烈性卡瓦酒，喝了之后会使人昏昏欲睡。大约 1500 年，另一个王朝取代图依汤加王朝开始进行政治领导，后来这个王朝又被图伊卡诺库柏鲁王朝所取代。

颈饰

人们用面包树胶把热带植物的种子粘在木板上制成了这条项链。首领在举行仪式时可能会戴上它。

墨鱼饵

汤加渔民在贝壳里装诱饵来钓墨鱼这类小鱼，也可用来抓大鱼，例如鲨鱼和金枪鱼。

集市

农民去当地的集市出售农产品，主要有香蕉、红薯、椰子干、木薯、薯蓣以及面包果（有面包口感的白色水果）。汤加肥沃的土壤和热带气候很适合发展农业。

第十二章

1500 年~1600 年

伟大的统治者

贝宁出土的黄金豹纹面具

1500 年 ~1600 年 世界情况概述

随着在船舶设计上取得新进步以及航海科学的普及，欧洲航海家开始去本国海岸线之外的其他地方探险，勇敢面对辽阔的海洋。早期，克里斯托弗·哥伦布横跨大西洋，1519年至1522年，斐迪南·麦哲伦周游世界，再加上其他人的探索航行，让欧洲人发现了非洲、亚洲和美洲的更多海岸，也让各大洲处在了欧洲的干预范围以内。

强大的统治者

这段时期，世界上许多国家长期处于强大政府的统治之下。在欧洲，尽管宗教改革的争议导致国家混乱，但俄罗斯、法国和英格兰仍处于几任强大君主的统治之下，而哈布斯堡家族控制着西班牙、神圣罗马帝国和意大利大部分地区。然而，腓力二世无敌舰队的毁灭为英国和荷兰开辟了海外扩张的道路。亚洲的情况类似：奥斯曼帝国统治着土耳其，波斯、缅甸和日本出现新的统治者，印度建立起莫卧儿帝国。

北美洲

1576 年，弗罗比舍出发探索一条到达中国的西北航道。

1543 年，卡蒂埃去加拿大探险。

1588 年，一支牙舰队，即"舰队"试图征服兰，但以失败告

1513 年，巴尔沃亚横穿美洲，到达太平洋东岸。

1519 年，麦哲伦跨越大西洋到达热内卢。

1519 年~1521 年，科尔特斯率领西班牙军队消灭墨西哥的阿兹特克帝国。

南美洲

1532 年~1533 年，皮泽洛与不到 200 名士兵击败印加帝国。

1500 年，葡萄探险家卡布拉在前往印度的中在巴西登陆。

1520 年，麦成为欧洲航行过南美洲最的第一人。

1520 年~1521 年，麦哲伦跨越太平洋。

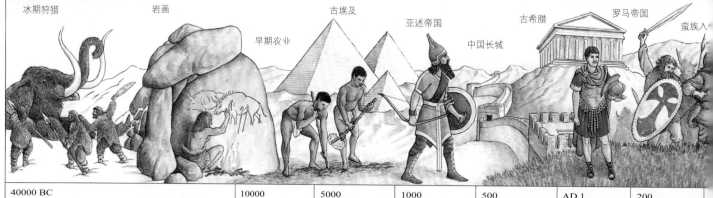

冰期狩猎　　岩画　　　　　　　　古埃及　　　　　　　亚述帝国　　　　　　古希腊　　　　罗马帝国

早期农业　　　　　　　　　中国长城　　　　　　　　　蛮族入

40000 BC　　　　　　　　　10000　　5000　　　1000　　　500　　　AD 1　　　200

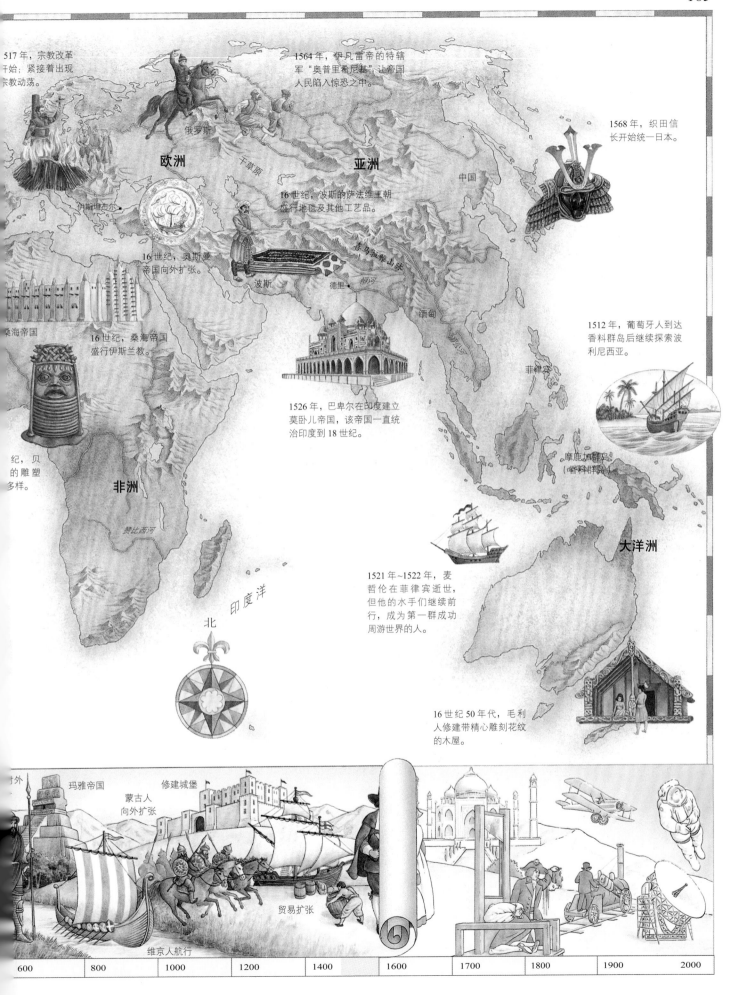

517 年，宗教改革
开始；紧接着出现
宗教动荡。

1564 年，伊凡雷帝的特辖
军"奥普里希尼基"让帝国
人民陷入惊恐之中。

1568 年，织田信
长开始统一日本。

欧洲

俄罗斯

干草原

亚洲

中国

16 世纪，波斯的萨法维王朝
盛行地毯及其他工艺品。

伊斯坦布尔

16 世纪，奥斯曼
帝国向外扩张。

波斯

喜马拉雅山脉

德里 恒河

缅甸

桑海帝国

16 世纪，桑海帝国
盛行伊斯兰教。

1512 年，葡萄牙人到达
香料群岛后继续探索波
利尼西亚。

菲律宾

纪，贝
的雕塑
多样。

非洲

1526 年，巴卑尔在印度建立
莫卧儿帝国，该帝国一直统
治印度到 18 世纪。

摩鹿加群岛
(香料群岛)

赞比西河

大洋洲

印度洋

北

1521 年~1522 年，麦
哲伦在菲律宾逝世，
但他的水手们继续前
行，成为第一群成功
周游世界的人。

16 世纪 50 年代，毛利
人修建带精心雕刻花纹
的木屋。

玛雅帝国

修建城堡

蒙古人
向外扩张

贸易扩张

维京人航行

| 600 | 800 | 1000 | 1200 | 1400 | 1600 | 1700 | 1800 | 1900 | 2000 |

1500 年

1525 年

非洲

16 世纪，西非的桑海帝国在阿斯基亚王朝穆罕默德·杜尔的带领下开始大规模向外扩张。

16 世纪，贸易活动促进了西非豪萨城邦的发展。

1505 年~1507 年，葡萄牙人占领东海岸的索法拉，建立了莫桑比克，开始与非洲人进行交易。

1507 年，恩津加·姆邦巴信仰基督教，他是葡萄牙盟友，后来成为中非刚果国的国王。

1517 年，奥斯曼人打败马穆鲁克，征服埃及。

1529 年，穆斯林在辛姆布拉科尔战役中打败埃塞俄比亚的基督教军队，推翻了埃塞俄比亚王国。直到 1543 年，埃塞俄比亚在葡萄牙军队的帮助下打败了穆斯林。

约 1530 年，葡萄牙开始进行跨越大西洋的奴隶贸易。

一些非洲国王和商人向欧洲人出售奴隶

这个用珠子装饰的豪萨鼻烟壶用编织皮革制成

亚洲

1501 年~1524 年，波斯萨法维王朝的第一位沙阿——伊斯迈尔在位。*

1520 年~1566 年，苏莱曼大帝在位，奥斯曼帝国达到鼎盛。*

这把精美的匕首属于苏莱曼大帝

1526 年，莫卧儿帝国的首位皇帝巴（蒙古统治者成吉思汗和帖木儿的后裔）入侵印度。*

1546 年，莽瑞体占领了孟人建立的，成为缅甸国王。

1549 年~1551 年，耶稣会士圣方济各·沙勿略前往日本传教。

欧洲艺术家把日本人描绘成暴力的反基督教人种

欧洲

[1] 1500 年，英格兰人开始使用黑铅铅笔。

1506 年~1612 年，罗马修建圣彼得大教堂。

1517 年，德国学者马丁·路德发表了反对天主教的 95 条论纲。*

1519 年，奥地利查理大公（西班牙国王）当选为神圣罗马帝国皇帝（1556 年退位）。

1519 年，文艺复兴时期的意大利艺术家列昂纳多·达·芬奇逝世。

1527 年，神圣罗马帝国皇帝查理五世的军队洗劫罗马，俘获教皇克莱孟七世。

1534 年，英格兰国王亨利八世断绝与罗马的关系，自封为英国教会的最高领袖。*

1541 年~1564 年，约翰·加尔文在瑞士日内瓦执政。

1545 年~1563 年，意大利召开特伦托会议，天主教内部努力改革。

1547 年，伊凡四世，也称"伊凡雷帝"，（1533 年~1584 年在位）被加冕为沙皇。*

米开朗琪罗·博那罗蒂设计了罗马圣彼得大教堂的穹顶

安妮·博林是亨利八世的第二任妻子

美洲

16 世纪，法国人开始探索加拿大。

1502 年~1504 年，哥伦布第四次航海，抵达洪都拉斯、尼加拉瓜、哥斯达黎加、巴拿马和哥伦比亚。

1513 年，西班牙探险家瓦斯科·努涅斯·德·巴尔沃亚首次看见太平洋。

1519 年~1521 年，西班牙士兵及探险家埃尔南·科尔特斯，消灭墨西哥的阿兹特克帝国。

西乌阿科阿特莉是阿兹特克神话中的蛇女

印加排箫用秃鹰的羽茎制成

1532 年~1533 年，西班牙兰西斯克·皮泽洛入侵并秘鲁的印加帝国。

1534 年，法国雅克·卡蒂埃远征到达加拿大。

16 世纪 40 年代班牙人到达加亚洲。

大洋洲

约 1500 年，复活节岛上出现由椭圆形的石屋组成的村庄。

约 1511 年，葡萄牙航海家开始探索太平洋。*

1519 年~1522 年，斐迪南·麦哲伦试图周游世界，他航行到了太平洋，但不幸逝世，他的船员完成了这次航行。

斐迪南·麦哲伦（约 1480 年~1521 年）是一名葡萄牙水手，1521 年在菲律宾被当地人杀死

1525 年，西班牙官方地图绘制者迪亚哥·里贝罗，绘制了第一张覆盖了太平洋的科学的地图。

1525 年，葡萄牙人可能到达新几内亚东北部的加罗林群岛以及附近的帕劳群岛。

1526 年，葡萄牙人在新几内亚的巴布亚岛登陆。

这个出土于新亚南部的盒子有一种红色颜可用来在人的和身体上绘画

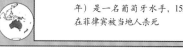

1550 年

世纪 60 年代，西非廷巴克图建立了第一个葡萄牙驻外大使馆。

2 年，约翰·霍金斯爵士开始贩卖奴隶，把西非的奴隶卖到美洲。

1570 年~约 1610 年，非洲中西部的卡内姆-博尔努王国达到鼎盛；与奥斯曼帝国结盟让他们获得枪炮、良好的军事训练和阿拉伯骆驼部队。

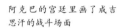

这尊非洲雕像是一位葡萄牙士兵带着他的猎狗

阿克巴的宫廷里画了成吉思汗的战斗场面

1551 年，莽应龙继承缅甸王位，推翻了泰国政权。*

1556 年~1605 年，印度莫卧儿帝国的皇帝阿克巴在位。

1568 年~约 1600 年，日本全国统一时期，封建主织田信长占领首都京都。*

西班牙的腓力二世是一位笃信宗教的人

这个约 1570 年时的佛兰芒马鞍上画的是取得胜利的核心人物

1556 年~1598 年，西班牙腓力二世在位。

年~1603 年，英格兰伊丽莎白一世在位。*

年~1584 年，马德里郊外修建起埃斯科里亚尔皇宫。

世纪 60 年代至 90 年代，法国发生宗教，少数新教徒与多数天主教徒发生冲突主要是因为瓦卢瓦王朝时期，王权力弱，大贵族们以宗教名义争权夺利。

1564 年~1616 年，是英国剧作家威廉·莎士比亚的一生。

1568 年~1648 年，荷兰摆脱西班牙统治的独立战争。

1571 年，奥地利唐·胡安在勒班陀战役中打败了奥斯曼军队。*

1572 年，圣巴托洛缪大屠杀，8 000 名新教徒在法国巴黎被杀。

1572 年，荷兰"海上乞丐"战船攻占布里尔全城。*

这只毛利人独木舟上雕刻的船首类似于恐鸟头部

16 世纪 50 年代，新西兰北岛和南岛的毛利人修建坚实的围墙，并取名为"pa"。

1567 年，西班牙水手阿尔瓦罗·德·孟丹努厄，从秘鲁的卡亚俄出发，向西穿越太平洋，到达新几内亚东部的埃利斯群岛和所罗门群岛；1569 年，他返回到卡亚俄。

1575 年

约 1575 年，葡萄牙人开始在安哥拉建立殖民地，紧接着爆发了一场长达一个多世纪的战争。

1590 年~1591 年，摩洛哥军队推翻桑海帝国。

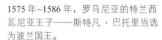

1575 年~1586 年，罗马尼亚的特兰西瓦尼亚王子——斯特凡·巴托里当选为波兰国王。

1577 年~1580 年，英国水手弗朗西斯·德雷克周游世界。

1580 年~1640 年，西班牙与葡萄牙合并。

1588 年，英国舰队击败西班牙无敌舰队，将其逐出英格兰南部海岸。

1598 年，法国波旁王朝的第一位国王亨利四世授予新教徒平等权利。

波斯沙阿阿拔斯大帝在位期间，萨法维帝国处于鼎盛时期

约 1598 年，第一批荷兰贸易站在西非几内亚海岸建立。

1573 年~1620 年，中国万历皇帝（明神宗）在位。这个时期，绘画和瓷器盛行，景德镇的御窑大量生产瓷器。

1587 年~1629 年，波斯的沙阿阿拔斯一世（大帝）在位。他巩固领地，向外扩张。

1592 年~1598 年，朝鲜成功击败了日本侵略军。

约 1590 年~1605 年，缅甸分裂成几个小国。

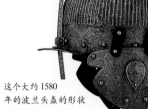

这个大约 1580 年的波兰头盔的形状反映了东方的影响力之大

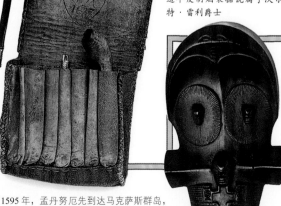

1576 年，英国探险家马丁·弗罗比舍决心找寻通往中国的西北航道。他到达了加拿大海岸，弗罗比舍湾因其而得名。

1584 年，沃尔特·雷利爵士派探险队到北美的弗吉尼亚州，一年后又进行殖民远征，但是以失败告终。

这个皮制烟袋据说属于沃尔特·雷利爵士

马克萨斯群岛的岛民雕刻的木棒，用于宗教仪式

1595 年，孟丹努厄先到达马克萨斯群岛，后来到达 Nderic（圣克鲁斯）。*

脚链

通过艺术品可以看出贝宁国的富裕和先进，这些艺术品通常属于王室，或用于宗教活动。

1500年~1600年 非洲

伟大的皇帝穆罕默德·杜尔在位时，桑海帝国统治着古老的马里国以及其他一些地区。他死后，内部纷争使帝国实力下降。1590年~1591年，桑海帝国被摩洛哥人占领。非洲大陆开始引起欧洲人的兴趣，尤其吸引了葡萄牙探险家和商人的注意，他们侵占了东部海岸历史悠久的非洲贸易路线，在此建立贸易站，与内陆建立联系。在西岸，他们则开始把大量的奴隶运往美洲。

16世纪
伟大的桑海帝国

1492年，桑海帝国统治者桑尼·阿里逝世后，他手下的一名将军穆罕默德·杜尔开始在马里的加奥建立阿斯基亚王朝。杜尔建立了一套高效的行政监管系统和一支警察势力，引入税收政策和标准度量衡，在尼日尔河上兴修运河以提高农业产量。他还建立常备军，率领着这支常备军向北扩张，开采撒哈拉沙漠丰富的盐矿，同时还向西扩张。他的生活奢华，仅装长袍就用了70个豹皮包。据说，1495年他去麦加朝圣时沿途分发了25万金币。

西非艺术

西非艺术被广泛推崇。该时期的荷兰游客将贝宁城比作阿姆斯特丹。沿岸的工艺品有雕刻、象牙盐瓶、匙、叉、手镯、猎角以及编织品。内陆最著名的则是贝宁国的用象牙、木头、石头、赤陶、黄铜和青铜制成的雕刻品，还有铸件和雕塑。

国王宫殿里的柱子

图中的这类牌匾可以用来装饰贝宁国奥巴（国王）宫殿里的木柱子。这块牌匾展现的是一种宗教仪式。

贝宁剑

奥巴及其手下的长官们在宗教仪式上携带这种武器作为装饰。

1. 浇铸的失蜡工艺首先从制造一个土芯开始。

2. 在土芯上建成一个蜡模，然后在周围形成一个外模。

3. 将模加热，蜡熔化后将铜灌进去浇铸。

杰内：古代伊斯兰教城市

杰内是尼日尔河上最重要的贸易城市之一。上图用泥砖修建的清真寺建于14世纪，寺内有永久的木制脚手架，以便后期经常翻修。

1500 年~1600 年 亚洲

16 世纪时，亚洲出现了强大的帝国和出色的统治者。广袤的奥斯曼土耳其帝国在苏丹苏莱曼的统治下达到鼎盛。莫卧儿帝国统治印度，其统治者是成吉思汗和帖木儿的后裔，信仰伊斯兰教。他们修建了宏伟的建筑，组建广泛的贸易网络。波斯分裂了几个世纪后终于在新王朝——萨法维王朝的统治下统一。织田信长及其继承者丰臣秀吉统一日本，终于在局势混乱这么多年后首次建立起健全的政府。

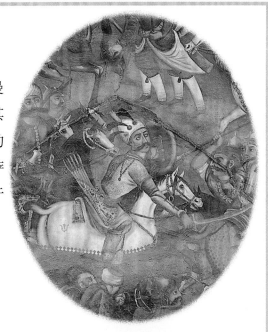

沙阿阿拔斯

沙阿阿拔斯一世（1587 年~1629 年）是萨法维王朝最出色的统治者，他组建了一支常备军，将敌人驱逐出波斯。他在伊斯法罕修建豪华宫殿，成了东西方游客参观的一大奇观。他也很残忍，由于担心自己的儿子会成为自己的对手而弄瞎了儿子的双眼。

波斯帝国

萨法维王朝统一了波斯，并向邻国扩张。什叶派穆斯林同逊尼派的奥斯曼人和乌兹别克人之间不断发生冲突。条纹区域是与奥斯曼人有争议的区域。

1501 年

沙阿伊斯迈尔建立萨法维王朝

萨法维王朝由波斯西北部（现在的伊朗）的什叶派穆斯林建立起来，什叶派领导人自称是穆罕默德的堂弟——阿里的后裔。1501 年，萨法维王朝的统治者沙阿伊斯迈尔占领大不里士，并将首都定于此。他征服了全波斯和伊朗部分地区，将那里的人们都变成了什叶派。1514 年，沙阿伊斯迈尔在波斯北部的阿塞拜疆被奥斯曼人打败，这是他唯一一次战败，据说此后他再未笑过。1524 年，沙阿伊斯迈尔逝世，尽管土耳其人和乌兹别克人的持续攻击让继任者很苦恼，但波斯仍然实现了统一，让人们第一次感觉到他们属于同一个民族。

波斯地毯

萨法维王朝统治者建立工厂，制作闻名于世界的精美地毯。工人们坐在织布机上，用羊毛和丝手工编织地毯，有花朵、动物和卷形花纹等多种复杂精细的图案。地毯在河里清洗后卖给商人，商人带着这些地毯穿越土耳其到达欧洲，欧洲人将这种地毯叫作"土耳其地毯"。工人工资每三年调高一次，工人的后代一般从 12 岁起便开始工作，这时工人也退休了，工资便发给他们的后代。

600	800	1000	1200	1400	1600	1700	1800	1900	2000

1520 年

苏莱曼一世成为奥斯曼苏丹

到 1500 年，奥斯曼帝国已经成为全世界几大强国之一。由于承担着让邻国人民皈依伊斯兰教的宗教义务，奥斯曼苏丹占领了西亚和欧洲东南部的大部分地区。苏莱曼一世（1520 年~1566 年）让帝国达到鼎盛，因而被人民称为"立法者"，更被欧洲人称为"奥斯曼大帝"。1526 年，他入侵匈牙利，三年后围攻维也纳，并继续入侵北非部分地区和伊拉克，其舰队控制了地中海海域。

钢上的诗歌

这把钢刀片上刻有几行诗人内雅迪创作的诗。这不是一把战场上用的匕首，而是一位奥斯曼绅士在伊斯坦布尔的托普卡帕宫中佩戴的饰品。

三个世界的中间区域

奥斯曼帝国横跨三个大洲：亚洲、欧洲和非洲。苏莱曼在位时，疆土北至匈牙利的布达佩斯，南至伊拉克的巴格达和埃及尼罗河上的阿斯旺。

苏莱曼的政府

苏莱曼在国内拥有最高权力，他独自做重大决定，手下的高级行政官都曾是奴隶。每五年，有才华的基督教男孩就会被从家里带出来，皈依伊斯兰教并参加训练，以在日后能担任重要的政府职位。这些奴隶与土耳其贵族毫无关联，因此没有理由与他们结盟来反对苏丹。奥斯曼部长将征服来的领地上的人根据宗教信仰来分组，每组的领导人代表其成员参与到奥斯曼政府事宜中。

苏莱曼清真寺

1453 年，奥斯曼人占领了君士坦丁堡，屠杀当地居民。这座城市也逐渐变成了伟大的城市伊斯坦布尔。苏莱曼组织修建了清真寺、医院、桥梁和公共浴室。他死后，城里修建起一座漂亮的清真寺来安置他的坟墓，足以衬得上他的名声。

奥斯曼女人

伊斯兰教法律允许男人娶 4 个妻子，并对她们有绝对控制权。女人一般特意被安置在房子里某个隔开的部分，叫作"后宫"。苏莱曼也有一个后宫，但是只供来自俄罗斯地区的妻子洛克塞拉娜居住。

伊兹尼克陶器

随着奥斯曼帝国的扩大，外国文化的影响也渗入到艺术家的作品里。在伊兹尼克镇制作的陶器结合了明代青花瓷的工艺和萨法维人对陶器制造的高标准。

奥斯曼帝国

约 1300 年，奥斯曼在土耳其西北部建立奥斯曼王朝。

1359 年~1451 年，奥斯曼王朝征服了土耳其和巴尔干的大部分地区。

1453 年，奥斯曼王朝占领君士坦丁堡（伊斯坦布尔），领地扩展至亚洲和欧洲。

1520 年~1566 年，苏莱曼大帝在位期间，帝国达到鼎盛。

1571 年，基督教海军在勒班陀战役中打败了土耳其军队。

约 1600 年，奥斯曼帝国开始衰落。

1918 年，结束第一次世界大战的条约导致帝国瓦解。

1923 年，凯末尔·阿塔蒂尔克总统成立土耳其共和国。

1526 年
莫卧儿帝国入侵印度

1500 年，印度被交战的印度教和伊斯兰教城邦瓜分。成吉思汗和帖木儿的后裔巴卑尔是穆斯林土耳其人，他占领了阿富汗的喀布尔王国。巴卑尔雄心勃勃，他带兵入侵印度，于 1526 年打败了德里苏丹国，一直打到孟加拉边界。巴卑尔所控制的领土即莫卧儿帝国，"莫卧儿"是"蒙古"一词的变体，取这个名字是为了铭记巴卑尔的祖籍。1530 年，巴卑尔逝世，却留下了一个软弱的政府。他的儿子胡马雍根本无法让整个帝国团结在一起。1540 年，阿富汗首领舍尔沙王占领阿格拉和德里，但是 1555 年，胡马雍又收复了阿格拉和德里。胡马雍的儿子阿克巴改革了莫卧儿帝国，并向四面八方扩张。他允许印度教教徒自由信教，降低税率，因而赢得了印度教教徒和农民的支持。他重组政府，允许高官拥有军事级别和文职级别。高官们的报酬很高，但是不被允许在一个地方永久居住。

莫卧儿帝国

1504 年，莫卧儿帝国的首位皇帝巴卑尔占领了喀布尔。

1526 年，帕尼帕特战役：巴卑尔打败了德里的苏丹。

1540 年，阿富汗的舍尔沙王从巴卑尔的儿子胡马雍手里夺取了政权，一直统治到 1555 年。

1556 年~1605 年，阿克巴在位，改革政府。

1628 年~1658 年，沙贾汗在位时艺术盛行。

大约 1664 年，印度马拉塔挑衅西部的莫卧儿帝国。

18 世纪 20 年代，莫卧儿帝国开始瓦解。

1739 年，波斯国王纳迪尔汗劫掠了德里。

1858 年，莫卧儿帝国末代皇帝被英国人流放。

狂热的园艺爱好者

巴卑尔不喜欢待在印度的家里，正如他提到那里受到了"热、灰尘和风"的诅咒，他试图通过修建花园来美化那里。这个安静之地里面有树木、鲜花，还有小溪，这让他想起了他撒马尔罕的家以及穆斯林天堂。图中是他在指挥他的园丁。

印度帝国

巴卑尔征服了北印度的大地区。阿克巴不断扩张他的印度帝国，直至帝国疆域西至古吉拉特邦，东至孟加拉，南至德干北部地区。

猎虎

莫卧儿军队以战斗凶猛而闻名。阿克巴为了锻炼他最好的士兵而安排了大规模的狩猎活动。士兵们围成一个圈，从四面八方攻击猎物，再由皇帝和贵族猎杀这只动物。

沙贾汗

沙贾汗在位时，把莫卧儿皇宫建造得最宏伟。沙贾汗是艺术方面的伟大赞助人，作为莫卧儿皇帝（1628 年~1658 年），他修建了许多华丽的建筑，例如泰姬陵，这座纪念他死去的妻子的建筑。

锡克教

16 世纪初期，印度出现了一种新宗教——锡克教。该教的创始人和第一位宗师是拿那克（见左图），他认为上帝是唯一的，反对种姓制度。第十位也是最后一位宗师是戈宾德·辛哈（1675 年~1708 年），他赐给每位锡克教徒一个姓——辛格（Singh），并在莫卧儿帝国反对的情况下，对锡克教徒进行军事化培训。他规定了一个穿着习俗，即随身携带匕首和梳子，永不剪发。

匕首

莫卧儿匕首的刀把上有两个黄金制成的虎头，上面镶嵌着宝石。

1551 年

莽应龙统治缅甸

16 世纪，两位强大的统治者试图在缅甸建立一个帝国。16 世纪初期，缅甸只是一群小国的集合。1531 年，莽瑞体成为东南部一个小国——东吁国的国王。从 1535 年起，他征服了伊洛瓦底江三角洲的人们，占领南部孟王国的首都勃固，并将其变成本国首都。很快，他又征服了北方的蒲甘王国，后来在镇压孟国人起义时牺牲，死前没有成功征服泰国。1551 年，他的妹夫莽应龙镇压了起义，继承王位。莽应龙是缅甸最伟大的征服者，他占领了泰国，但是在他远征泰国时，勃固发生了起义，城市大部分地方被摧毁。后来他镇压了起义，重新把勃固建成了一座华丽的城市。

绿魔

莽瑞体通过装饰佛教寺庙来庆祝自己的胜利。这对长着大象头的恶魔战士趁佛陀打坐时试图打扰他，被用来装饰当时的寺庙。

防弹建筑

从欧洲进口的强大枪炮让军阀们不得不修建坚实的城堡。城堡周围出现了繁华的小镇。

1568 年

日本开始统一

16 世纪初期，日本领主内战不停，国力衰弱。最后出现了强大的军事领袖整顿和统一全国。织田信长是一位雄心勃勃的小地主，1568 年，他占领首都京都，1573 年，他罢黜了最后一位足利幕府将军，即军事统治者。他攻打附近省的地主，强迫他们服从自己。1582 年，织田信长逝世，他手下的大将丰臣秀吉于 1585 年成为"关白"（政治独裁者），之后丰臣秀吉便开始巩固实力，直到 1591 年，他成为日本毋庸置疑的统治者。他的目标是把所有亚洲国家变成一个帝国。他入侵朝鲜，但是中国介入，他的军队被中国士兵逐出朝鲜。在日本，丰臣秀吉试图通过划分阶级来建立秩序。新法律禁止武士离开领主，禁止农民离开农场。

在日本的欧洲人

16 世纪中叶，葡萄牙商人到日本。耶稣会传教士也跟来想要说服日本人改信基督教。进行改革的日本统治者十分欢迎外国人的到来，因为与他们交易既可以增加财富，又可以交换理念和产品。日本地主争先恐后地购买一种新产品——步枪。

日本历史

1560 年，织田信长在桶狭间合战中击溃今川氏家族。

1568 年，织田信长进入首都京都，开始推行一系列重大政府改革。

16 世纪 70 年代，织田信长手下的大将丰臣秀吉和盟军德川家康征服了东西部的反对势力。

1571 年，长崎市成为日本与欧洲交易的主要港口。

1582 年，织田信长逝世，丰臣秀吉即位。

1580 年~1598 年，土地调查，以便征收农田税。

1588 年，日本颁布"刀狩令"，收缴除了武士以外的所有阶层的武器。

1598 年，丰臣秀吉逝世。

1600 年，德川家康在关原之战中获胜，于 1603 年成为首位德川幕府征夷大将军。

首位改革者

织田信长（见右图）一上任便开始推行改革，以建立一个强大政府、把国家团结在一起为目的。他控制货币，通过撤销收费站和维修公路来促进国内贸易。织田信长不允许任何人挑战他的权威，还下令屠杀了反对他的佛教僧兵。1582 年，一名反叛地主攻击织田信长，而织田信长宁愿自杀也不愿意被杀。

亨利八世的马镫

这些马镫属于英格兰国王亨利八[世]。亨利把年轻时光都用在了狩猎、[骑]踏和其他的享乐上。

1500 年~1600 年欧洲

16 世纪最重要的事件是宗教改革——一场改革天主教教会的运动。这场运动始于德国，后来传遍北欧。尽管天主教教会最终进行了内部改革，但是天主教徒和改革者（称为"新教"）之间的暴力冲突还是接踵而至。

宗教改革

1517 年，马丁·路德抗议教会滥用职权。

1520 年~1521 年，路德为教会改革编写改革计划。

1526 年，神学家威廉·廷代尔将《新约》翻译成英文。

1534 年，亨利八世与罗马教会断绝关系。

1536 年，法国改革家约翰·加尔文在几内亚、瑞士开始教会改革，影响扩大到整个欧洲。

1545 年，意大利召开罗马天主教的特伦托会议（1545 年~1563 年），以制订适合教内情况的改革方案。

1517 年

宗教改革

德国神学家和宗教改革者马丁·路德（1483 [年]~1546 年）激起了社会对教会的普遍不满。他对[教]会一些做法的批评引发了抗议的轩然大波，席卷[了]远离教皇的北欧大部分地区和罗马天主教教会。[在]路德、瑞士改革者胡尔德莱斯·慈运理和法国神学[家]约翰·加尔文等人的启发下，新的新教教会兴起。[他]们希望以《圣经》为唯一教导，摆脱教会传统，这一[思]想受到几位强大的国王和王子的支持。

《九十五条论纲》

1517 年，路德在当地教会的门上贴出《九十五条论纲》，反对出售赎罪券。赎罪券是指教徒通过购买这种券来获得上帝的赦免。路德的行为引发了一场革命。

[艺]术、《圣经》和宗教纷争

天主教徒和新教徒都使用带插图的小册子和书来宣[传]本教观点，新的印刷技术促进了思想的传播。本图摘[自]路德翻译的《圣经》（约 1530 年）。改革者希望人手[一]本《圣经》，因而印刷新译本，并提高全社会的教育[水]平。路德的德文版《圣经》以及后来的英语标准版影[响]巨大，甚至帮助塑造和发展了德语和英语语言。

1534 年

亨利与罗马教会断绝关系

亨利八世（1491 年~1547 年）因为教皇不同意他与妻子离婚，而夺权成为英格兰王国教会的最高领袖。他解散了修道院，没收了教会地产，但是允许教会以旧形式继续服务。其子爱德华六世（1537 年~1553 年）在位时，某个新教徒政府将宗教改革带入英格兰，教会服务发生了改变，教堂里的装饰也简化了。爱德华逝世后，他同父异母的姐姐玛丽，一位虔诚的天主教徒，试图恢复教会在英格兰的权威，因此迫害了很多新教徒。1558 年，"血腥玛丽"逝世后，伊丽莎白一世支持温和的新教，反对天主教徒和激进的新教徒，例如清教徒，因为他们让英格兰的教会改革不彻底。

亨利八世

亨利八世年轻时英俊潇洒，很受欢迎，但是随着年纪的增长变得越来越专制。

1547 年

伊凡四世统治沙皇俄国

1533 年，年仅 3 岁的伊凡四世成为莫斯科公国的大公，随后莫斯科公国进入暴政期。先是伊凡母亲执政，后来是波雅尔（贵族）理事会执政，暴政一直持续到 1547 年，伊凡自己加冕为沙皇。伊凡统治数年，得到了他选择的理事会的支持，理事会成员由地主和波雅尔贵族成员组成。他改革军队和法律，扩大对外贸易，征服了鞑靼人建立的喀山汗国和阿斯特拉罕。但是 1560 年他第一任妻子的逝世导致他精神错乱。他将国家一分为二：一部分由波雅尔理事会管理，另一部分则由他自己专制，并由一支令人闻风丧胆的特辖军"奥普里希尼基"协助执政。他推行恐怖统治，这为他赢得"雷帝"称号，但也摧毁了这个国家，导致大部分领地被波兰和瑞典占领，尽管 1584 年伊凡逝世前不久征服了西西伯利亚，稍稍弥补了领土上的损失。

伊凡雷帝

伊凡性格复杂，残忍到无法形容。他结过 7 次婚，且认为英格兰女王伊丽莎白也应该嫁给他，但伊丽莎白没有理会他的追求。

童贞女王

伊丽莎白一生未婚，但是曾喜欢能干且爱冒险的弗朗西斯·德雷克爵士。

1558 年

英格兰女王伊丽莎白一世

1558 年，信仰新教的伊丽莎白公主即位。她选择中产阶级的文职人员威廉·塞西尔担任她的首席国务大臣，威廉·塞西尔成为英格兰君主最好的顾问之一。他们宣布信奉新教，但是允许天主教徒保持自己的信仰，只要他们忠实于女王即可。多年来，女王的位置一直受到信奉天主教的苏格兰女王玛丽的威胁。此外还受到其他统治者的威胁，尤其是拥护天主教的西班牙腓力二世。1588 年，腓力二世派无敌舰队攻打英格兰，但是被彻底击败。次年，伊丽莎白逝世，英国历史上的辉煌时期也随之逝去。

不适合女王

这对精美的手套是献给伊丽莎白的礼物，但是尺寸太大。

莎士比亚环球剧院

威廉·莎士比亚（1564 年~1616 年）被认为是用英语创作的最伟大剧作家。他经常在伦敦的环球剧院出演戏剧，他的多部戏剧作品也都在这里写成。他的语言精练幽默，人物塑造生动，使得他的戏剧在今天仍维持着首次创作和出演时的受欢迎程度。

西班牙无敌舰队

据说，发现由 130 艘船舶组成的无敌舰队时，弗朗西斯·德雷克爵士正在玩球，但是他仍然冷静地打完了这一局。英格兰舰队在霍华德上将和德雷克的指挥下迎战西班牙，将无敌舰队赶到了北海，无敌舰队后被暴风雨摧毁。

40000 BC		10000	5000	1000	500	AD 1	200

1571 年

勒班陀战役

16 世纪大部分时间，穆斯林奥斯曼帝国都在与基督教国家交战，以争夺地中海贸易路线和城市的控制权。威尼斯、西班牙和罗马教皇组成了"神圣同盟联合舰队"。西班牙腓力二世同父异母的弟弟——奥地利的唐·胡安被任命指挥由 200 艘船组成的舰队。与其规模差不多的土耳其舰队在希腊科林斯附近的勒班陀湾准备着。1571 年 10 月 7 日，双方舰队会面，展开了激烈战斗。三个小时后，土耳其人被打败，200 多艘船沉没。欢欣鼓舞的神圣同盟联合舰队认为土耳其舰队被永远打败了，但是不久，土耳其人又夺回了地中海几乎所有地区的控制权。

战

在勒班陀战役中，双方舰队使用的都是大型战舰，船上大批桨手，与古希腊和罗马时期的战舰十分类似。这场战是船员之间的残酷白刃战。

哈布斯堡王朝

哈布斯堡家族是奥地利贵族。1273 年，鲁道夫一世（1218 年~1291 年）当选为神圣罗马帝国皇帝。随着家族影响力渐增，从 1438 年至 1806 年，除了一个例外，每届神圣罗马帝国皇帝都是哈布斯堡家族的人。既是神圣罗马帝国皇帝又是西班牙国王的查理五世（1519 年~1556 年）在位时，家族的势力达到鼎盛。1558 年，查理退位之前将庞大的国土一分为二，一部分给儿子腓力（西班牙腓力二世），另一部分给自己的弟弟斐迪南。哈布斯堡家族统治欧洲直到 1806 年，神圣罗马帝国被法国的拿破仑一世推翻。

哈布斯堡家族的酒壶

这个酒壶上刻有西班牙和奥地利的盾徽。

埃斯科里亚尔修道院

埃斯科里亚尔宫殿正好位于马德里之外不远处，专为腓力二世而建。这座庞大而复杂的修道院围绕一系列庭院而建，里面有皇宫、修道院和教堂。腓力将其视为远离外界诉求的避难所，在危急时刻隐居于此，例如无敌舰队失败后。

腓力二世

腓力是查理五世的儿子，生于 1527 年。查理把帝国分给腓力和腓力的叔叔斐迪南后，腓力统治了西班牙、南尼德兰和西班牙在美洲的殖民地。腓力负责任、虔诚，但他有些顽固无趣。他执行的很多项目都失败了，尤其是他阻止荷兰独立，以及派无敌舰队攻打英格兰。1598 年，腓力逝世。

皇帝的盾牌

这块盾牌可能属于查理五世。查理比其子腓力更宽容，他允许帝国的臣民信仰天主教和新教。

1572 年
圣巴托洛缪大屠杀

当宗教改革席卷欧洲时，与其他国家一样，法国国民也分成了新教徒（主要是加尔文教徒，被称为"胡格诺派"）和天主教徒。国王查理九世和他的母亲凯瑟琳·德·美第奇都是天主教徒，但是部分国民对天主教的拥护发生变节，国家很快陷入残酷的内战局面。1572 年，胡格诺派的所有领导人来到巴黎参加信奉新教的王位继承人纳瓦拉的亨利（后来成为法国国王亨利四世）的婚礼。在凯瑟琳的许可下，大部分新教领导人，包括总领导者海军上将德科利尼，还有其他几千名新教徒遭到屠杀。1589 年亨利即位，试图结束内战，同意成为天主教徒。1598 年，他颁布了《南特敕令》，承认了法国境内的宗教自由。

街头屠杀

当巴黎的普通民众被纳入到大屠杀的范围中后，信奉新教的男人、妇女和儿童都遭到杀害。屠杀很快就蔓延到法国其他地区，又有上千人被杀。

结婚礼物

这把镶嵌着珍珠母的黄金匕首是巴黎市赠给亨利四世与瓦卢瓦的玛格丽特的结婚礼物。

1572 年
"海上乞丐"战队占领布里尔

16 世纪，荷兰由 17 个发展繁荣的自治省份（现在的荷兰和比利时）构成。它们曾属于西班牙帝国，向西班牙交纳高额税费。荷兰人对此愤愤不平，当腓力二世决定对其进行直接统治时，荷兰人发动了起义。起义由奥兰治王子威廉领导，他组织了游击战。1572 年，起义的水手们，即"海上乞丐"，占领了由西班牙占据的荷兰港口布里尔。1584 年，威廉被暗杀，但他的儿子慕黎斯王子继续战斗。1597 年，慕黎斯在蒂伦豪特战役中打败了庞大的西班牙军队。1609 年，西班牙签署了《十二年休战协定》，似乎承认了北方七省（联合省）的独立，但是战争随后又再次爆发。

沉默者威廉

奥兰治的威廉被称为"沉默者威廉"，实际上他很健谈，但是必要时会掩饰自己真实感受，隐藏真实意见。

纪念大屠杀的杰作

腓力二世派阿尔瓦公爵率领大部队粉碎荷兰的抵抗，导致上千人被屠杀。小彼得·布吕赫尔（1564 年~1637 年）借用《圣经》主题——希律王屠杀无辜者，来反映当时的场景。《屠杀无辜者》反映的是荷兰普通民众被西班牙士兵屠杀的情景，这位冷酷的指挥官指代的是希律王或阿尔瓦公爵。

荷兰独立史

1568 年，荷兰人开始反抗西班牙的统治。

1572 年，"海上乞丐"战队占领布里尔。

1576 年，签署《根特协定》，荷兰人决定无论是何种信仰的西班牙人，都要将其逐出荷兰。

1579 年，乌得勒支同盟成立：北方七省缔结为联合省。

1597 年，蒂伦豪特战役。

1609 年，西班牙与荷兰各省签署《十二年休战协定》。

1648 年，《威斯特伐利亚和约》确认荷兰独立。

1500 年~1600 年 美洲

欧洲人相信美洲存在大量黄金，再加上欧洲人口爆炸性增长，让探险家萌生横跨大西洋去寻找财富和新土地的想法。位于美洲中部和南部的古阿兹特克帝国和印加帝国很快被西班牙占领，而法国人和英国人也在为国王寻找黄金和肥沃土地这一欲望的驱使下，决定在美洲北部永久定居。

黄金的诱惑

许多冒险者为了挖掘黄金来到美洲。这个用金箔制成的鼻环出土于哥伦比亚。

16 世纪

法国人发现加拿大

在哥伦布航行到加勒比海（1492 年~1504 年）之后的一个世纪里，很多欧洲水手来到美洲寻找黄金和其他资源，并建立殖民地。1534 年，一位勇敢的法国航海家雅克·卡蒂埃（1491 年~1557 年）发现了加拿大东海岸的贝尔岛海峡，并称加拿大地区属于法国。他第二次远航到了法国渔民曾发现的圣劳伦斯河，还去到两个休伦人村落，这两个地方后来成为魁北克和蒙特利尔。1541 年，法国人没能在蒙特利尔成功建立殖民地。接下来的一个世纪，法国开始在加拿大建立殖民统治。

平安着陆

当卡蒂埃到达圣劳伦斯河时，遇到了当地休伦村民，并与他们成了朋友。休伦人把村庄称作"kanata"，法国人正是通过这个单词给这个地区取名"加拿大"。

菠萝

花生

辣椒

红薯

土豆　西红柿

新世界带回的新食物

欧洲探险家在美洲发现了从未见过的食物，包括菠萝、西红柿等，并把这些食物带回国。

北美洲

英格兰

纽芬兰

西班牙

葡萄牙

大西洋

加勒比海

南美洲

巴西

太平洋

西北通道

很多欧洲探险家向西横跨大西洋，试图发现西北通往亚洲的海上通道。但却意外发现了一片新大陆——北美洲。

巴尔沃亚　➡️
卡伯特　➡️
卡布拉尔　➡️
卡蒂埃　➡️
弗罗比舍　➡️
哈得孙　➡️

发现美洲

1494 年，《托尔德西里亚斯条约》教皇将"新世界"分给西班牙和葡萄牙。

1497 年~1498 年，意大利的约翰·卡伯特离开英格兰前往北美洲，到达纽芬兰。

1500 年~1501 年，葡萄牙航海家佩德罗·卡布拉尔登陆巴西，宣布该地区属于祖国葡萄牙。

1502 年~1504 年，克里斯托弗·哥伦布到达中美洲的洪都拉斯和巴拿马。

1513 年，西班牙的瓦斯科·德·巴尔沃亚瞄准并前往太平洋。

1534 年~1535 年，雅克·卡蒂埃前往北美洲的圣劳伦斯河。

1577 年~1580 年，英国探险家弗朗西斯·德雷克环游世界。

| 600 | 800 | 1000 | 1200 | 1400 | 1600 | 1700 | 1800 | 1900 | 2000 |

预测厄运

当特诺奇蒂特兰城上空出现彗星时，阿兹特克占星家将其解释为预示国家将出现骚动的迹象。

1519 年

阿兹特克帝国灭亡

1519 年 2 月，作为一名西班牙士兵的探险家埃尔南·科尔特斯（1485 年~1547 年）离开古巴前往墨西哥。陪他一同前往的还有 500 名武装人员。11 月，他到达阿兹特克首都特诺奇蒂特兰。科尔特斯看到这座庞大的城市后大吃一惊：宏伟的宫殿和庙宇，宽阔的街道。当他到达这座城市时，伟大的阿兹特克皇帝蒙特祖马二世坐着轿子前来迎接。蒙特祖马二世隆重接待了这位旅客，但是科尔特斯背叛了他，很快就将他逮捕，且屠杀了上百名阿兹特克贵族。阿兹特克其余领导人对这一切感到万分震惊，因此在 1520 年科尔特斯离开后发动起义。很多西班牙人被杀，但是科尔特斯后来却成功地集合邻国人民一起反抗阿兹特克。蒙特祖马二世被杀，特诺奇蒂特兰被摧毁，科尔特斯成了墨西哥的管理者。

美洲豹战士手持柳条盾抵挡西班牙长枪

美洲豹勇士向前进攻

被俘虏的□□牙士兵很□处死

枪支和马匹

西班牙勇士手持枪骑在背上战斗，而枪和马对于阿□特克人来说很陌生。尽管西□牙人占优势，阿兹特克人仍□英勇奋战。

1532 年

印加帝国衰落

1525 年，印加皇帝瓦伊纳·卡帕克逝世。他的儿子们为继承王位而争得头破血流，1532 年，阿塔瓦尔帕即位。正当他前往库斯科接受加冕时，阿塔瓦尔帕及其随从被 168 名骑马的铁甲骑士袭击，这帮骑士由西班牙征服者法兰西斯克·皮泽洛率领。除了阿塔瓦尔帕外，所有印加随行人员都被杀，阿塔瓦尔帕向西班牙人支付了巨额赎金——装满一间大房子的黄金和白银，之后被迅速执行绞刑。他的逝世标志着伟大印加帝国的结束。

金臂章

印加人用黄金和白银来装饰自己。

入侵带来的后果

科尔特斯入侵特诺奇蒂特兰城后，整个阿兹特克帝国瓦解。很多阿兹特克人被折磨、被杀害，或者成为征服者的奴隶。西班牙人带来的疾病，如天花，也害死了很多阿兹特克人。同样，阿塔瓦尔帕逝世后，强大的印加帝国也随之陷入混乱。

征服者的帽子

西班牙士兵戴的是类似右图的散开式头盔。

40000 BC				10000	5000	1000	500	AD 1	200

1500 年~1600 年 大洋洲

欧洲大国开始组织航海活动探索太平洋。葡萄牙人发现了太平洋上的一些岛屿，例如新几内亚，西班牙水手们也发现了那里。斐迪南·麦哲伦是一名为西班牙政府效力的葡萄牙探险家，他在太平洋上航行时发现了菲律宾，但是被愤怒的岛民杀害。同时，新西兰的毛利人修建防御围墙，汤加人建立了两个新王朝，但是他们对欧洲人进行的这些航海探险活动一无所知。

马克萨斯雕像

图中的物件是用抹香鲸的牙雕刻而成，佩戴的时候用绳子串起来挂在脖子上。

大约 1511 年
葡萄牙人寻找传说之地

1511 年，葡萄牙人占领了马来西亚的马六甲交易中心，并将其变为葡萄牙在马来西亚的主要基地。随后，他们向东探寻岛屿，发现了穿越印度尼西亚进入太平洋的航道。当他们到达太平洋后，听到了一个传说：《圣经》中的所罗门王采金运宝之地——俄斐，就位于西班牙所处的半球，即太平洋西南部。这一传说鼓舞他们继续探索，很快就发现了很多群岛。例如，1512 年，他们发现了摩鹿加群岛，即著名的香料群岛，那里贸易利润丰厚，激发了他们的占有欲。另一位航海家迪亚哥·戈麦斯·德·西奎拉可能在 1525 年发现了加罗林群岛和附近的帕劳群岛。1526 年，其他葡萄牙船只到达新几内亚。

雅蒲岛

雅蒲岛是加罗林群岛中较重要的岛屿之一，葡萄牙人在 16 世纪早期来过这里。

壁挂

这个上漆的木制祭莫盾出土于新几内亚，可能是挂在神庙墙壁上用作装饰。

1521 年
西班牙横跨太平洋

由葡萄牙航海家斐迪南·麦哲伦（约 1480 年~1521 年）带领的西班牙环游世界探险队的三艘船成功到达浩瀚的太平洋。途中穿越了两个波利尼西亚小岛，包括普卡普卡岛。最终，麦哲伦带着筋疲力尽的船员到达关岛——马里亚纳群岛中最大的岛屿。1521 年 3 月 16 日，麦哲伦在菲律宾的萨马岛登陆，但几周后被愤怒的岛民杀害。1522 年 9 月，麦哲伦手下的一名上尉塞巴斯蒂安·德尔·卡诺带领着仅剩的一艘船回到祖国西班牙，完成了首次环游世界的任务。

哲伦的船

这幅画是安东尼奥·皮加费塔 1525 年画"麦哲伦之旅"。皮加费塔是意大利人，曾同麦哲伦远航，最后存活下来，并向世人讲了这番经历。

麦哲伦的赞助人

麦哲伦环球航行所乘的西班牙船"维多利亚"号是神圣罗马帝国皇帝查理五世赞助的。

600	800	1000	1200	1400	1600	1700	1800	1900	2000

16世纪50年代

毛利人修建防御围墙

新西兰北岛和南岛上的毛利人都修建围墙或"Pa"，来举行一些活动。围墙大小不一，小则0.2公顷，大至40公顷。很多"Pa"都修筑了防工御工事，大型"Pa"则用于社区居住。防御的方法有三种：建带露台的围墙、在山脊或海角上建围墙，以及在围墙周围挖沟渠。人们挖掘出了几个"Pa"，发现了存储武器的痕迹，存放粮食作物的坑，升高的战斗平台和"人"字形屋顶。18世纪下半叶欧洲人首次达到新西兰时发现毛利人仍然住在"Pa"里。

木制喇叭

毛利人打猎时会使用喇叭。

毛利人的战舞

这幅场景是毛利勇士在重重加固的大型"Pa"前跳战舞，该"Pa"位于北岛罗托路亚城的奥希奈姆图。

1595年

孟丹努厄到达马克萨斯群岛

阿尔瓦罗·德·孟丹努厄（1542年~1595年）

孟丹努厄是西班牙人，生活在秘鲁。他首次从卡亚俄出发时年仅25岁。

马克萨斯群岛位于波利尼西亚东部，公元前200年，萨摩亚移民首先在这里定居。当时他们以鱼、龟和海鸟为食，后来开始种植农作物。他们在石台上建造房屋，在附近的神庙祭拜。欧洲人发现的首个波利尼西亚群岛就是马克萨斯群岛。1567年，西班牙探险家阿尔瓦罗·德·孟丹努厄从秘鲁的卡亚俄出发，第二年到达所罗门群岛。他计划继续探索，以建立殖民地，然后回到美洲组织远征。最终1595年4月，他与380名男人和妇女起航。领航长是葡萄牙航海家佩德罗·费尔南德斯·德·基罗斯。7月，远征队到达马克萨斯群岛，与当地岛民发生了争吵，并杀害了一些岛民。孟丹努厄继续向西航行，没发现所罗门群岛，却到达了圣克鲁斯。孟丹努厄的殖民计划最终失败，当年还未结束，他就与其他人死于发热。

独木舟神雕像

这尊木雕出土于所罗门群岛，它被固定在独木舟船头用来辟邪。

群居

所罗门群岛岛民之间关系亲密，他们生活在一个社区里，但对可疑的陌生人很不友好。

第十三章

1600 年~1700 年

商业和殖民地

来自古吉拉特邦的荷兰东印度公司官员的雕像

1600 年～1700 年
世界情况概述

　　17 世纪，欧洲开始称霸世界，直到现在。葡萄牙、西班牙、荷兰、英国和法国的商人们为了找寻黄金、香料等珍贵商品，在世界各大洲都建立了贸易站。常有欧洲家庭为了逃避宗教迫害或摆脱经济困难的状况，跟随商人来到美洲，建立殖民地。1700 年，欧洲主要大国因国际贸易收益丰厚而日益繁荣，这几个国家控制着全球经济，海外领土面积是本国的好几倍。

独立的世界

　　并不是每个国家都受到日益强大的欧洲势力的影响。1683 年，强大的奥斯曼土耳其帝国在攻打维也纳时差一点儿就推翻了欧洲中部的政权。中国清朝时期，利润丰厚的陶瓷和丝绸出口贸易让国家的经济保持长期繁荣。日本则专注于内部事务，开始脱离欧洲，这种状态一直持续了 200 多年。印度莫卧儿帝国皇帝们的权力和地位达到顶峰，但是在本世纪末期，帝国因为过度扩张而濒临瓦解。尽管西非和安哥拉因奴隶贸易而逐渐衰落，但是非洲很多王国正繁荣发展。

北美洲

大约 1608 年，定居魁北克省的法国人用枪支与原住民印第安人交换皮毛。

●魁北克

1629 年，英国封锁了圣劳伦斯上的法国船只，两国为控制贸易发生冲突。

1621 年，马萨诸塞州的朝圣者准备感恩节大餐，庆祝首次丰收。

大约 1600 年，荷兰船只到委内瑞拉，船员们在此采盐矿，并装上货船。

南美洲

大西洋

太平洋

安第斯山脉

北

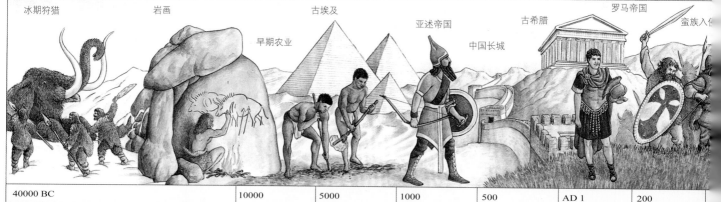

冰期狩猎　　岩画　　古埃及　　亚述帝国　　古希腊　　罗马帝国

早期农业　　中国长城　　蛮族入侵

40000 BC		10000	5000	1000	500	AD 1	200

8 年~1648 年，欧洲大部分国家的军队参与了天主教和新教的三十年战争。

17 世纪 20 年代，忠于新德川王朝的日本武士把大部分欧洲人逐出日本。

1683 年，庞大的奥斯曼军队穿越欧洲中部，围攻维也纳。

17 世纪，贩卖奴隶的商人押着两名被铐起来的非洲奴隶，准备把他们送往加勒比地区的甘蔗种植园。

1605 年，印度锡克教徒在阿姆利则完成了圣祠——金庙的修建。

1644 年，清朝。在康熙皇帝（1661 年~1722 年）的统治下，艺术发展繁荣。

1604 年，新成立的英国东印度公司的商人与荷兰东印度公司争夺香料贸易的控制权。

1658 年~1707 年，莫卧儿皇帝奥朗则布强制民众信仰严格的逊尼派伊斯兰教，但是遭到印度教和什叶派教徒的反抗。

17 世纪 20 年代，恩东戈王国的恩津加女王手下的战士攻击葡萄牙士兵，恩津加拒绝向葡萄牙提供更多奴隶。

17 世纪 20 年代，荷兰东印度公司商人启程去爪哇总部，以便从周围的岛屿获得香料。

1642 年~1644 年，阿贝尔·塔斯曼——荷兰东印度公司的一名船长，到达新西兰和塔斯马尼亚。

52 年，荷兰东印度公司派了 80 名殖者在非洲南端的开普敦建立贸易站。

欧洲

亚洲

日本

法国

奥斯曼帝国

千草原

中国

关原盆地

非洲

摩鹿加群岛

爪哇

新几内亚

托雷斯海峡

大洋洲

印度洋

澳大利亚

塔斯马尼亚岛

新西兰

玛雅帝国

蒙古人向外扩张

修建城堡

欧洲人移民北美洲

莫卧儿帝国

贸易扩张

维京人航行

1600 年

1625 年

非洲

17 世纪，赞比西河区域北部的卡隆加王国通过象牙贸易致富。

17 世纪，豪萨兰控制着去撒哈拉的贸易路线。

17 世纪，大津巴布韦被德兰士瓦、博茨瓦纳和津巴布韦几个地区首府取代。

17 世纪 20 年代，恩东戈王国的恩津加女王在安哥拉迎战葡萄牙人。*

人们大量屠杀大象，以获取象牙，进行交易

1627 年，满族人向朝鲜扩张，使成为自己的属国。

大约 1628 年，缅甸王国分裂成几个

1632 年~1648 年，沙贾汗在印度修建泰姬陵。

1641 年，荷兰人占领马来半岛的

1644 年，中国的清朝取得政权。

沙贾汗为了纪念死去的妻子姬蔓·芭奴而修建美丽的泰姬陵

亚洲

荷兰人开始与现在被称为印度尼西亚群岛的岛民做生意，这种短剑被卖到欧洲

大约 1600 年，阿拔斯一世（1587 年~1629 年在位）在波斯推行改革，并向外扩张。

1600 年，日本爆发关原之战，德川家康战胜对抗势力而即位，日本进入德川时代，也叫江户时代。*

1600 年~1614 年，英国、荷兰、丹麦和法国东印度公司成立。*

1607 年，儒家思想开始成为德川时代政治和社会的主要思想。

1612 年~1639 年，日本迫害基督徒。

1619 年~1624 年，荷兰在摩鹿加群岛和印度尼西亚群岛垄断香料贸易。

17 世纪 20 年代，日本实施限制与外界接触的国策。

西班牙圣体匣是一个展示代表耶稣的圣体或圣饼的盒子，在天主教宗教仪式上会用到圣体匣

1625 年，荷兰的胡果·格劳秀斯发表《战争与和平法》，这部作品后来成为国际法的依据。

1627 年~1628 年，天主教徒在法国西海岸的拉罗歇尔围攻胡格诺教徒。

1628 年，英格兰会议通过《权利请愿书》，限制国王的权力。

1629 年~1640 年，英国国王查理一世试图摆脱议会的牵制。

1632 年~1654 年，瑞典的克里斯蒂娜女王在位。

1640 年，葡萄牙摆脱西班牙统治，获得独立。

欧洲

1605 年，鲍里斯·戈东诺夫统治沙皇俄国。

1605 年，火药阴谋失败。

1609 年，意大利的伽利略·伽利莱确定太阳是宇宙中心。

1611 年~1632 年，古斯塔夫·阿道夫统治瑞典。

1613 年，米哈伊尔成为沙皇，罗曼诺夫王朝开始。

1613 年~1629 年，加布里埃尔·柏瑟伦统治匈牙利。

1618 年~1648 年，三十年战争几乎涉及除英国之外的所有欧洲国家。*

[1] 1619 年~1628 年，英国伦敦的威廉·哈维发现了血液循环现象。

1624 年，迪普莱西·黎塞留成为法国首位首相。

火药阴谋是天主教徒企图炸毁英国议会的阴谋。人们在地下室发现了主谋之一盖伊·福克斯，当时他手里正提着这盏灯

1642 年~1647 年，英格兰、苏格兰和爱尔兰发生内战。*

[1] 1643 年，意大利物理学家托里拆利发明气压计。

1643 年，法国在三十年战争的罗克鲁瓦战役中打败西班牙。

1643 年~1715 年，为法国路易十四时期。*

1645 年~1669 年，威尼斯与奥斯曼帝国爆发干尼亚战争。

1648 年，签署《威斯特伐利亚和约》，三十年战争结束。*

1648 年~1653 年，投石党运动，是为了反抗法国马扎然的统治。

1649 年，英格兰和苏格兰国王查理一世被处死。

英格兰国王查理一世

美洲

魁北克是加拿大最古老的城市，也是最漂亮的城市之一

1607 年，英国人在北美弗吉尼亚州建立第一个永久殖民地——詹姆斯敦殖民地。

1608 年，法国移民在加拿大建立魁北克。*

1610 年，亨利·哈德逊发现哈德孙湾。

1620 年，一批清教祖先乘着"五月花"号航行到美洲。*

1625 年，法国人在加勒比地区（圣克里斯多福）定居。

1626 年，荷兰人在北美洲建立新阿姆斯特丹。

1629 年，马萨诸塞州建立。

[1] 1638 年，美国引入第一台印刷机。

1642 年，加拿大蒙特利尔建立。

1646 年，英国在巴哈马建立殖民地。

17 世纪初期的欧洲，吸烟是司空见惯的事情，烟草贸易兴盛发达，这个荷兰象牙人的碎烟器非常流行

大洋洲

17 世纪，复活节岛岛民开始修建"图帕"建筑，一种带内室的石塔。

大约 1600 年，汤加的政治领导权从图依汤加王朝进入图依卡诺库珀鲁王朝。

1606 年，路易斯·韦兹·德·托雷斯从西班牙出发，绕过新几内亚，到达托雷斯海峡。该海峡以他的名字命名。

这种雕刻工具出土于汤加岛

1642 年~1644 年，阿贝尔·塔斯曼到达新西兰和塔斯马尼亚。*

1650 年

世纪 50 年代，葡萄牙人在赞比西河区域
穆斯林发生冲突。
约 1650，埃塞俄比亚驱逐葡萄牙传教士
和外交官。
52 年，荷兰人在南非建立开普敦。*
世纪 60 年代，莫雷·阿里·拉希德
（awlay-al-Rashid）重建摩洛哥苏丹国。
世纪 70 年代，法国人定居塞内加尔。
7 世纪 70 年代，富拉尼牧民获得了对塞
内加尔南部的代德苏木（Bondu）的
控制权。

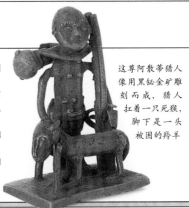

这尊阿散蒂猎人
像用黑钬金矿雕
刻而成，猎人
扛着一只死猴，
脚下是一头
被困的羚羊

中国人发展了陶器制
作技艺

这个鼓很可能来自
塞内加尔，是将一
整块木头掏空，装
上薄膜和大量的大
象皮而制成

1657 年，德川光圀开始编写《大日本史》。
1658 年~1707 年，奥朗则布时期的莫卧儿
帝国由盛转衰；1707 年后，莫卧儿帝国开
始瓦解。
1661 年~1722 年，康熙皇帝统治中国，中
国的领土得到扩张，书籍出版、学术得到
发展。
1664 年，荷兰人逼泰国国王授予他们垄
断鹿皮出口贸易以及与中国进行海运贸
易的权力。

世纪 50 年代，荷兰繁荣发展，艺术
得新成就。*
52 年~1654 年，第一次英荷战争爆发。
3 年~1658 年，奥利弗·克伦威尔在
国担任护国公。
4 年，葡萄牙人把荷兰人逐出巴西。
9 年，法国与西班牙签署《比利牛
条约》。
1 年，儒勒·马扎然逝世，路易
四亲自统治法国。
5 年，伦敦大瘟疫。
6 年，伦敦大火。
0 年，英法签署《多佛秘密条约》。
4 年~1696 年，扬·索别斯基统治
兰。

1660 年，英
格兰国王查
理二世夺回
王位。经历
了护国公克
伦威尔过激
的清教戒律
的束缚，查
理二世享乐
的生活方式
很受欢迎

17 世纪 80 年代，西非的阿散蒂王国
崛起。
17 世纪 80 年代，津巴布韦平原上的布
图阿（Butua）王国蓬勃发展，葡萄牙人
被赶到赞比西河谷以及河谷以东地区。
1686 年，法国路易十四正式吞并马达加
斯加。
1698 年，葡萄牙人被逐出东海岸的
蒙巴萨。

这时期，歌舞伎座在日本非常流行

1690 年，英国东印度公司官员约伯·查
诺克在印度东北部孟加拉胡格利河边的沼
泽地带建立加尔各答市。

1678 年，提图斯·奥茨编造了不存在
的"天主教阴谋"，想推翻英格兰国王
查理二世的统治。
1679 年，英格兰颁布的《人身保护法》
规定，没有法院签发的逮捕证，不得进
行逮捕行为。
1682 年~1725 年，沙皇俄国彼得大帝在位。
1683 年，土耳其人围攻维也纳，被扬·索
别斯基击退。*
1685 年，法国的《南特敕令》被废除。
1688 年，英格兰发生反抗詹姆斯二世的
运动，致使威廉·奥兰治即位。

彼得一世（彼得大帝）
掩盖身份，在欧洲学
习对沙皇俄国有
用的文化和技
术。本图是他
乔装成一名
造船的木匠

1689 年，哈布斯堡王朝、荷兰和英国组
成大同盟，共同对抗法国。
1697 年，法国与大同盟签署《里斯维克
和约》。
1697 年~1718 年，瑞典国王查理十二世
统治时期。
1697 年~1698 年，沙皇俄国的彼得一世
（彼得大帝）乔装游遍西欧。
1699 年，《卡尔洛夫奇条约》签订，哈布
斯堡王朝几乎获得了匈牙利所有土地。

路易十四或许是最伟
大的国王，他
让法国成
为欧洲文
化中心及
最强国

纽约古老房屋
的阶梯式"人"
字屋顶明显反
映了荷兰创立者
的影响力

5 年，英国占领了西班牙殖民地牙
。
4 年，英国占领荷兰殖民地新阿姆斯
，将其改名为"纽约"。

塔斯曼在斐济建立了灿烂的文化，
很多工匠制作了惊艳的珠宝首饰。
这条斐济项链就是用经过雕刻和
打磨的抹香鲸牙齿制成的

1679 年，亨内平神父在加拿大发现尼
亚加拉大瀑布。
1681 年，北美的一块土地被赐给英国
教友会教徒威廉·佩恩，那块土地就
是现在的宾夕法尼亚州。
1681 年~1682 年，法国人拉萨尔探
索密西西比河，从源头一直到
达河口，并且建立了路易斯安
那州。

亨内平神父是耶稣会传教士，他是第一
个到达壮观的尼亚加拉大瀑布的欧洲人

17 世纪 80 年代，复活节岛上的雕像
工程结束，资源和人口减少导致内战
的爆发。

1600 年~1700 年 非洲

欧洲人在非洲的奴隶交易始于 16 世纪初期，这个时期交易的规模已经很庞大。非洲领导人对欧洲奴隶贩抓获的奴隶数量感到震惊。位于安哥拉的恩东戈王国的统治者恩津加女王，强烈反对奴隶交易，部分原因是她看到了报告，了解到奴隶的运输环境十分糟糕。非洲内陆的强国仍然蓬勃发展，例如位于尼日利亚奥约州的约鲁巴帝国。荷兰人开始在非洲南端定居且发展迅速。由于波斯湾的阿曼穆斯林与沿岸的北方贸易中心结盟，东非葡萄牙人的势力逐渐衰落。

陌生的白种人

这个象牙雕使非洲了解了全副武装的葡萄牙人。

多个地区被破坏得满目（疮痍）

葡萄牙人为了获得奴隶袭击了很多地区，从最初的罗安达到后来吉拉。

17 世纪 20 年代
恩津加女王奋起反抗

1623 年，位于安哥拉的恩东戈王国的国王逝世，第二年，他的妹妹恩津加当上女王。没过多久她便与葡萄牙人交战，因为她拒绝提供运往巴西殖民地的奴隶。她与邻国结盟来反抗葡萄牙人。当葡萄牙人逼她离开恩东戈王国后，她率领邻国马塔姆巴王国继续反抗。1663 年，恩津加逝世后，马塔姆巴仍然是独立的王国。

女王的凳子

当恩津加女王与葡萄牙人谈判时，葡萄牙人拒绝为她提供凳子，因此她便坐在随从的身上。

1652 年
开普敦的建立

1652 年，荷兰东印度公司派了 80 名殖民者在约翰·扬·范里贝克的带（领下）在非洲南端建立贸易站，为往返于欧亚大陆的船舶补充供给。贸易站位于好望（角），被称为"开普敦"。最初的定居者极力挣扎着，但 17 世纪 80 年代法国胡格诺（派）难民抵达这里，并对这里进行了改造。从一开始，非洲人和欧洲人的相处就既不平等也不愉快。为了满足对劳动力的需求，欧洲人开始雇当地人为仆人和劳工，并从几内亚、马达加斯加和安哥拉购买奴隶。17 世纪 90 年代，每年停靠在开普敦的船只数量约 200 艘。该港口成为"两海交会的旅舍"。

扬·范里贝克声称拥有开普敦的所有权

南非现代国家的发展由此开始。荷兰东印度公司花了近 150 年的时间来发展该殖民地，以满足自己的商业利益。

欧洲农场，非洲工人

殖民者使用非洲劳工来干农活

贩卖奴隶

奴隶制的实行，是在违背奴隶意愿的情况下进行奴隶买卖，这种制度退回到了上古时期。奴隶没有权利也没有自由，他们的权利和自由被主人全权占有。大约1000年前，阿拉伯人占领了非洲大部分地区，从此，阿拉伯人便开始把非洲人当作奴隶进行大规模贩卖。后来欧洲人也希望奴隶为他们在美洲的种植园和矿山工作，因而出现了对奴隶的新需求。非洲人很擅长在热带地区耕种和采矿。奴隶被奴隶贩子运到美洲、加勒比群岛、亚洲和欧洲等世界各地，并在那里过着痛苦且辛劳的生活。葡萄牙人最早涉足奴隶市场，欧洲其他国家的人也很快追随加入。

贩卖奴隶的基地

1482年，加纳的葡萄牙人向当地统治者索要一块土地修"房子"，然后修建了这座城堡，作为奴隶买卖交易的基地。这里只是伸向非洲海岸和更远地方的强化基地链中的其中一条。

装满不幸的船队

阿拉伯人和欧洲商人、非洲"国王、富人和主要商人"都因贩卖奴隶而致富。

比棺材还窄

英国奴隶船的俯视图。

奴隶的生活环境

究竟有多少人被卖为奴隶，无人知晓，据估算，1701年~1810年间，有700万非洲人被运往美洲。由于船上的条件极其恶劣，100多万人在运输途中死去。他们被赶进非常狭小的空间，挤在只有1米高的货舱里。他们可能几天也不能动弹一下，疾病很容易传播，尤其在经常没有新鲜食物或水的情况下。船员自己就受到非人的待遇，因而对这种惨无人道的工作也毫不心软。

非洲大出血

从非洲买来的劳动力充实了其他大洲的土地。1800年，巴西一半的人口都是非洲裔。在非洲部分地区，整个王国都因奴隶贸易而被削弱，而其他国家依靠腐败带来的利益巩固政权。

水手们常常因贩卖奴隶而变得冷酷无情

铁项圈

东印度公司

东印度公司的所有分公司都有自己的盾徽，上图是英国东印度公司的盾徽。

1600 年~1700 年 亚洲

独霸与亚洲的贸易多年后，葡萄牙人被迫让更强大的欧洲国家加入，包括英国、法国和荷兰这些成立了新东印度公司的国家。17 世纪 40 年代，中国北部一个强大的族——满族统治了中国，统治时间接近 300 年。前四位满族皇帝都很能干，中国在他们的统治下日益繁荣。在日本，伟大的关原之战结束了内战，随后日本进入与世隔绝的状态。

1600 年

英国东印度公司成立

葡萄牙人率先开辟出前往印度和东亚的航道后，抓住机会在摩鹿加群岛（香料群岛）、中国澳门、印度果阿建立殖民地。在欧洲，香料被视为一种奢侈品，葡萄牙人垄断了利润丰厚的香料贸易，垄断时间近一个世纪。英国和荷兰都意识到了这种贸易带来的巨额利润，于是决定打破葡萄牙在东亚的贸易垄断。1599 年，80 位伦敦商人建立了东印度公司，1600 年经伊丽莎白一世特许，授予公司在东印度群岛的独家交易权。两年后，荷兰东印度公司成立。1623 年，荷兰和英国东印度公司在摩鹿加群岛的安汶岛（荷兰从葡萄牙夺取的基地之一）的竞争进入白热化时期，当时有 10 名英国商人因在此地经商而被处死。荷兰加强了对香料贸易的控制，1638 年，他们说服日本人让他们接手葡萄牙在日本的贸易。英国人被迫将注意力转移到了印度，在此地进行利润丰厚的纺织品贸易。

东印度港口

贸易站或工厂建在印度沿岸。英国大工厂则建在马德拉斯、加尔各答和孟买。

储藏室

东印度商人把商品存放在大型仓库里。

荷兰总部

荷兰把东部地区的总部设在爪哇的巴达维亚（现在的雅加达），因为这里的港口深而宽阔。

荷兰人

这尊彩色木雕雕刻的可能是荷兰东印度公司的一位官员，它原本是贵族家里的装饰品。

日本独裁者丰臣秀吉因病逝世后，国家内部开始争权夺利。丰臣秀吉的亲密盟友德川家在竞争中领先，而德川家康最大的对手石田三成是丰臣秀吉最喜欢的能将，且对德川家怀恨在心。于是，石田三成煽动德川家康的敌人，挑起双方的斗争。1600 年 10 月，内暴发。在日本中部的关原进行的一场激烈的战争中，德川家康大获全胜，标志着内战的结日本进入德川时代，也叫江户时代。石田三成很快被处死。1603 年，德川家康被封为大将军。他是第一位德川幕府的征夷大将军。

征夷大将军

从理论上说，征夷大将军是由天皇直接任命，维持和平与秩序的军事领导人。实际上，大部分天皇在政治上软弱无能，被迫选出最厉害的军事领导人担任征夷大将军一职。首位有影响力的征夷大将军是源赖朝，他于 1192 年出任征夷大将军。源氏去世以后，天皇便从不同家族选出傀儡将军。丰臣秀吉因个人出身问题无法出任征夷大将军，但是德川家康（见左图）由于是源氏后裔而有权出任。他和继任者们一直担任此职到 1868 年。

关原之战

在关原之战中，交战双方各出动 10 万人的兵力，但因德川家康的作战计划周全，最终获胜。

1616 年德川家康逝世后，他的儿子德川秀忠继续出任征夷大将军一职，直到 1623 年。川秀忠继续推行父亲迫害基督徒的政策，还采取更严酷的迫害手段，致使欧洲传教士首波逮捕处死。基督徒之所以被迫害是因为大将军担心外国势力会入侵、影响日本。德川忠的接班人德川家光（1623 年~1651 年在位）更胜一筹，他把所有传教士和大部分商人逐渐逐出日本。这种迫害伴随的是限制与外国往来的极端政策。日本人不被允许出国，出国的人则不被允许回国。远距离贸易用的大型船舶建设也遭到禁止。唯一被允许在日本生活和经商的外国人是中国人和荷兰人，与朝鲜人的贸易也可继续。这种限制外交的政策没有促进日本国内的稳定和团结。几世纪以来占主导地位的信仰——佛教，也被征夷大将军所控制，强调学习和忠诚的儒学的复兴阻止了叛乱和内战的发生。

死在十字架上

1622 年，55 位基在长崎被钉死在架上。基督教的力被认为是对将力的威胁。

荷兰商人被关在出岛

荷兰商人被限制在出岛的一个小工厂里活动。出岛是长崎湾的一座人工岛屿。他们只是偶尔才有机会去日本本土参拜征夷大将军。

拇指护套

满族弓箭手戴玉扳指来保护拇指，因为常用弓的人手指会被磨破。

外国人像

这个外国人像的景泰蓝瓷器制造于17世纪。清政府鼓励与欧洲之间的贸易。

1644年
满族人在中国建立清朝

1643年，农民起义军反抗明朝并占领首都北京。明朝最后一任皇帝明思宗自杀。明朝大将吴三桂请求在华北的摄政王多尔衮助他镇压起义，多尔衮答应了。1644年，顺治皇帝在北京登基称帝标志着清朝建立，但是受到了一些地区汉族人的阻挠。而满族人则试图对汉族人公平友好，尊重汉人的习俗和政策，给汉人封高官。1661年，顺治帝逝世，他7岁的儿子康熙帝即位。康熙在位早年试图继续镇压明朝反动势力，并在与蒙古人的战争中获胜。康熙是一位非常能干的皇帝，他力图团结满族人和汉人，并巡游全国视察各级政府。他鼓励人们为共同利益而工作。康熙在位61年，是中国历史上在位时间最长的皇帝之一。

清朝

1644年，顺治帝成为清朝首位皇帝。

1661年，顺治帝的儿子康熙帝继位（1722年退位）。

1736年，康熙帝的孙子乾隆帝登基（1796年退位）。

1736年~1750年，景德镇御窑发明了粉彩瓷。

1839年~1842年，中国与英国发生鸦片战争。

1850年~1864年，太平天国运动差点儿推翻清王朝。

1895年，中日签署《马关条约》。

1912年，民主革命成功推翻清朝统治，孙中山当选为中华民国临时大总统。

犀牛角杯

这个中国酒杯用犀牛角制成，用来给神灵敬酒。

包装瓷器

这个场景是人们正在包装用于出口的瓷器。康熙皇帝是艺术、手工艺和学术的热心赞助人，他鼓励瓷器制造、绘画、文学和其他学术活动。

40000 BC		10000	5000	1000	500	AD 1	200

1600 年 ~1700 年 欧洲

1618 年发生的三十年战争震撼了欧洲，除了获胜的法国外，欧洲其他国家并没有从战争中获得什么好处。英国没有参与三十年战争，但是英国国内发生了内战。国王被处死，伟大的战士和政治家奥利弗·克伦威尔上任。另外一位能干的领导人，波兰国王扬·索别斯基阻止了奥斯曼土耳其人进军欧洲东南部。

上帝之剑

这把 17 世纪 30 年代的德国剑上的铭文刻着：它的主人为上帝而战。

"北方雄狮"

瑞典国王古斯塔夫二世·阿道夫（1594 年~1632 年）在战争前半场率先领导新教运动。他赢得战争，并说服代表天主教的法国帮助新教徒。他在 1632 年的吕岑会战中牺牲，被瑞典人视为杰出的将军和政府改革家。

1618 年

三十年战争爆发

宗教改革后，统治欧洲的天主教哈布斯堡家族，试图让帝国内的新教国家恢复天主教信仰。1618 年，波希米亚新教徒不堪忍受天主教的压迫，将神圣罗马帝国哈布斯堡王朝的皇帝马蒂亚斯掷出窗外，这成为三十年战争的开端，这一战争几乎波及欧洲所有国家。哈布斯堡军队击败波希米亚军队，又战胜了德国新教统治者和以丹麦国王为首的盟军。瑞典国王古斯塔夫二世·阿道夫以及后来的法国国王虽然信仰天主教，但也加入德国新教队伍中，一起对抗哈布斯堡。法国赢得几场战役后签署《威斯特伐利亚和约》，三十年战争结束。信仰天主教的国家仍然维持原状，但是新教国家获得了独立。

三十年战争

1618 年，波希米亚国王被掷出窗外。

1620 年，帝国军队在白山战役中打败新教波希米亚人。

1629 年，信奉新教的丹麦国王克里斯蒂安四世战败后退出战役。

1631 年~1632 年，古斯塔夫二世·阿道夫在布雷滕费尔德和吕岑击溃天主教势力。

1635 年，法国向西班牙哈布斯堡王朝宣战。

1643 年，法国在罗克鲁瓦战役中打败西班牙军队。

1648 年，签署《威斯特伐利亚和约》。

逃兵则被当众绞死以警示其他士兵

了在战争中获牛奶和肉，士偷农民的牲畜

一些步兵扛着不太可靠的武器——步枪，其他士兵则扛着近 5.5 米长的矛

一些妇女跟随着当兵的丈夫，她们通常在战争结束时或军队突袭村庄后抢劫尸体上的财物

加布里埃尔·柏瑟伦

战乱为一些人创造了契机。特兰西瓦尼亚（罗马尼亚）的新教统治者——加布里埃尔·柏瑟伦是一位杰出的指挥官和外交官。1619 年，他入侵匈牙利哈布斯堡王朝，被当地新教贵族选为国王。与哈布斯堡签署协议后，他放弃了国王头衔，但仍被视为斯洛伐克统治者。

军队追随者

整个战争期间，零零散散的大部队穿越德国。士兵通常是没有报酬的雇佣兵。他们掠夺村庄和农场，烧杀抢掠，让受惊吓的居民食不果腹。随军的普通民众则在他们周围忙碌着：妻子们和孩子们，卖食品的小贩和武器商人，他们把货物装进货车，跟随军队从一个营地到另一个营地。

1642年

英国陷入内战

　　在得到议会同意后，女王伊丽莎白一世（1558年~1603年在位）和大臣们将政权让给詹姆士一世（1603年~1625年在位）和查理一世（1625年~1649年在位）。这两位国王认为是上帝选中了他们，因而不听从议会和人民的意见。查理一世的行为导致了议会改革。1629年以后，他一直不召开议会，后来议员逼他接受《权利请愿书》，以保证他们的权力，例如税务审批权。国王对天主教的明显袒护让他更遭新教徒的厌恶。1640年，查理一世为了筹集资金平息苏格兰叛乱而召集议会。他同意了几项改革，但在1642年他试图逮捕5名议员，这一举措引发了内战。国王离开伦敦，前往米德兰兹郡寻求帮助。皇室胜利后，国会议员奥利弗·克伦威尔建立职业军队，于1645年在纳斯比战役中击溃国王的军队。

死刑执行令

59名高级法庭成员签署了这份同意处死国王的文件。

头盔

国会议员约翰·布雷萧在内战时戴过这顶头盔。头盔内衬金属，保护头部。

护国公

　　查理一世被斩首后，不列颠在历史上〔第一〕次结成英联邦，或称共和国。奥利弗·克〔伦〕威尔是一位伟大的议员领导，他被议会赋〔予〕新的权力，成为英格兰、苏格兰和爱尔兰〔的〕护国公。在政府改革时期，一直到他1658〔年〕逝世，他都致力于改革法律，扩大英国的〔贸〕易，并鼓励各类新教的信仰。

国王被斩首

　　战争失败后，查理一世与一个又一个派系谈判，直到1648年，军队将他囚禁。军队领导只允许60名议员出席议会。他们成立了高级法院，判处国王死刑。1649年在伦敦，查理一世在震惊的民众面前被处死。他的继任者逃往法国，克伦威尔逝世后，于1660年回到伦敦，成为查理二世。

克伦威〔尔〕

　　克伦〔威〕尔虽然是〔严〕格的新教〔徒〕，但他热爱〔音〕乐、跳舞和〔狩〕猎。他被后人〔描〕述为"仪态威〔严、〕样貌清秀"。

郁金香盆栽

　　在代尔夫特镇，陶器匠使用锡釉在陶器上涂上蓝白相间的花纹，这种样式至今仍然很受欢迎。

17世纪50年代

荷兰的贸易和艺术繁荣

　　1609年，荷兰北部的七大新教省份从哈布斯堡王朝中独立出来。17世纪50年代，这个新建立的国家通过与亚洲和美洲的贸易而变得非常富有。聪明的犹太人和新教徒难民纷纷从天主教西班牙和法国来到荷兰。开放的荷兰社会促进了思想自由交流。科学家惠更斯提出了惊人的光以波动形式传播的新理论，列文虎克发现了血的形态结构。富裕的商人修建有三角墙的高楼，用伦勃朗和维米尔这些大艺术家的画作来装饰房子。

《称量黄金的女人》

　　维米尔画的是微光中平静〔的〕室内场景。日常生活是当时荷〔兰〕的典型主题。

国王的礼物

1667 年，路易重组的法国军队占领了南尼德兰的里尔。里尔镇上的人们把这些手枪送给国王。

17 世纪 60 年代

路易十四加强法国君主制

路易十四漫长的执政期表明了法国君主制的成功。他成功地把国王的神圣权力付诸实际。他是上帝在地球上的荣耀代表，任何臣民不得挑战他的权威。路易在凡尔赛修建了一座华丽的宫殿，远离巴黎的政治阴谋。重要人物争先恐后地来到此地，他们忙着参加国王精心准备的仪式，而路易则忙着决策国家大事。他任命有能力的人为部长，但不让他们发展得太强大。财政大臣科尔伯特扩大贸易，在国外建立法国殖民地，在法国各地修建运河和道路，方便运输货物。路易重组法国军队，赢得了法国东北边疆领土。但是从 1701 年至 1713 年，路易率领法军对抗英国及其盟国，并为此付出了昂贵的代价。他通过向百姓征税来支付战争经费，导致大部分百姓憎恨国王和朝臣们的奢侈生活。

路易十四游览凡尔赛

凡尔赛宫于 1661 年开始动工，国王雇用了 36 000 多名工匠。施工环境很艰险，每天都有工人死亡，夜晚他们的尸体就被人用手推车运走。

跟着 "太阳王" 而转

凡尔赛宫因国王的奢华而闻名全球，宫殿内的家具也很快被欧洲人仿造。宫殿常常挤满了贵仆人，他们全都挤进不带厕所的狭小房间，争看这位杰出的国王，他们把国王称为 "太阳王"。国王给自己喜欢的人发奖赏、封高官。

君主专制政体的制定者

两名枢机主教为法国王权奠定了基础。左图的黎塞留（1585 年~1642 年）是路易十三的首相，他通过控制地方官员，即 "地方行政长官"，来削弱大贵族的势力。他先通过外交手段，后来又通过武装干涉，来支持新教国家在三十年战争中反抗强大的天主教哈布斯堡王朝。他的继任者马扎然（1602 年~1661 年）辅佐年轻的路易十四执政，确保了法国军队的胜利。

1683 年

波兰国王在维也纳打败奥斯曼人

1665 年，波兰贵族扬·索别斯基成为波兰军队的总司令。他身材魁梧，精力超凡。中欧一直受到奥斯曼土耳其人的入侵威胁。1673 年，扬在霍齐姆战役中击溃土耳其军队。这次胜利让他当选为波兰国王，并提高了波兰在欧洲的声望。1683 年，大臣卡拉·穆斯塔法帕夏率领庞大的土耳其军队进军并包围维也纳。扬也率领一支训练有素的精兵赶走了土耳其军队，土耳其军队损失惨重。欧洲从此再未受到土耳其的威胁。

维也纳之围

大约 10 万名土耳其士兵在维也纳城外扎营。他们攻打城墙，并且挖隧道以便从地下进城内。维也纳人誓死保卫国家，后来波兰解救了他们。

国王的帽子

扬·索别斯基曾戴过这顶大帽子。

1600年~1700年 美洲

法国商人和传教士在北美洲进行大范围探索，最终在加拿大定居下来。英国商人和反宗教人士在北美洲东海岸建立殖民地，包括弗吉尼亚州的詹姆斯敦（1607年），新英格兰的普利茅斯（1620年）和马萨诸塞湾（1630年）。瑞典人和荷兰人也纷纷来到美洲。西班牙人发现了南美的加利福尼亚州，建立新墨西哥，并把领土扩张到墨西哥和秘鲁。葡萄牙人继续在巴西殖民。

有用的耕种提示

友好的印第安原住民教新来的欧洲移民如何种宜的农作物。他们种植小麦、豌豆、南瓜和大量的

"加拿大之父"

萨缪尔·德·尚普兰（1567年~1635年）的父亲是一位海军将领。萨缪尔·德·尚普兰一生致力于在加拿大创建法兰西帝国，即"新法兰西"。

1608年

萨缪尔·德·尚普兰建立魁北克

雅克·卡蒂埃在加拿大圣劳伦斯河发现魁北克不久，法国便尝试在那里建立殖民地，但几次尝试都没有成功。1593年，法国人萨缪尔·德·尚普兰加入探索加拿大的远征队，并发现了圣劳伦斯河和遥远的拉欣急流。回到法国后，他说服亨利四世（1553年~1610年）出资帮助他在圣劳伦斯河沿岸建立殖民地。他带着28名随从起航，沿河而上，在1608年7月初建立贸易站，后来成为魁北克——加拿大第一座城市。他继续探索，余生都留在加拿大生活。1663年，他去世28年后，魁北克成为"新法兰西"的首都。

毛皮

印第安原猎人用野生动皮和殖民者交洲枪支、珠朗姆酒。

"五月花"号本来是一艘货船，并不打算搭载人

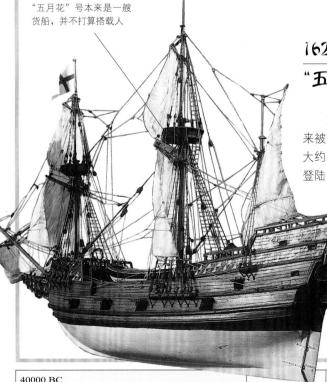

1620年

"五月花"号之旅

16世纪早期，很多英国新教徒对英国教会不满。一群反宗教人士，即独立派来被称为朝圣者）决定在北美洲定居，希望在那儿和平地生活、朝拜。1620年9大约100名独立派人士登上"五月花"号船离开英格兰。他们本来打算在弗吉尼登陆，但遭遇一场暴风雨后到达新英格兰海岸。在登陆之前，朝圣者签了一项即《五月花号公约》，建立一个管理自己殖民地的政府，取名为"普斯种植园"。在美洲的首个冬季，一半移民没有挺过去，要是没有印原住民的帮助，整个殖民地计划可能就失败了。但是普利茅斯存来了，并最终发展繁荣。朝圣者登陆10年后，大批英国新教徒来英格兰。

"五月花"号

这是移民来北美洲时乘坐的船舶模型。

1 新罕布什尔州
2 纽约
3 马萨诸塞州
4 罗得岛州
5 康涅狄格州
6 宾夕法尼亚州
7 新泽西州
8 特拉华州
9 马里兰州
10 弗吉尼亚州
11 北卡罗来纳州
12 南卡罗来纳州
13 佐治亚州

美洲移民

16 世纪末期至 17 世纪，很多英国、法国和荷兰移民去北美洲寻找黄金和白银，但没有找到。因此，移民们不得不种植烟草、木蓝和水稻等农作物，通过将这些农作物销往欧洲来维持生活。其中一些移民是清教徒家庭，试图远离国内的宗教迫害，创造新生活，其他移民则希望通过经商致富。种植园的大部分工人都是奴隶或受合同约束的仆人。最初，移民与印第安原住民相处融洽，友好的印第安人帮助移民种植适宜当地土地和气候的农作物，并与他们交换货物。

哈佛

1636 年，清教徒在马萨诸塞州建立哈佛大学。

移民北美洲东海岸

北美洲东海岸建立了 13 个殖民地，最后一个殖民地是 1733 年建立的佐治亚州。

首个聚落

第一批欧洲移民在清扫干净的土地上修建简易的木屋。每个聚落周围都有防护栅栏。他们的生活环境恶劣，很多移民都因疾病、烈日暴晒和缺少粮食而死。1587 年，男人、女人和孩子共 117 个移民到达北卡罗来纳州的罗阿诺克岛，但后来几乎都消失得无影无踪。

宝嘉康蒂

宝嘉康蒂（大约 1595 年~1617 年）是一位年轻的原住民印第安女人，她从本民族人手里救出了弗吉尼亚州詹姆斯敦殖民地的领袖——约翰·史密斯上校。1612年，英国人将她劫持，希望以她为筹码与她的父亲讲和。一年以后的 1613 年，她嫁给了另外一位殖民者约翰·罗尔夫，并与他去了英格兰。

从旁边的森林砍伐树木建造木屋

种植烟草和农作物出口到英国

移民饲养火鸡食用

1600年~1700年 大洋洲

17世纪时，第一批荷兰人登陆大洋洲，找寻更多的贸易资源。阿贝尔·塔斯曼发现了塔斯马尼亚岛、新西兰、汤加和斐济。威廉·扬松绘制了澳大利亚北海岸部分地区的地图。西班牙和葡萄牙水手冒险深入到太平洋。基罗斯到达瓦努阿图，托雷斯到达新几内亚和澳大利亚之间的地方。

神奇的岛屿

这个新几内亚护身符出土于英国西部，里面装了具有神奇功能的干药草。

零散的地图

17世纪的航海家没有一位能够完整绘制出南方土地的地图。

- 基罗斯航行路线
- 塔斯曼1642年~1643年航行路线
- 塔斯曼1644年航行路线
- 托雷斯航行路线

1606年

托雷斯考察新几内亚海岸

西班牙人和葡萄牙人从16世纪起便开始探索亚洲和大洋洲岛屿，一直持续到17世纪。1605年，曾在1595年与孟丹努厄一起航行的葡萄牙领航员佩德罗·德·基罗斯（1560年~1615年）在找寻南部新土地时发现了瓦努阿图。他手下的一位上校路易斯·维·德·托雷斯（大约1615年逝世）向西航行，1606年到达新几内亚南海岸，发现了将新几内亚与澳大利亚隔开的海峡，现在此海峡以他的名字"托雷斯"命名。同时，一位荷兰航海家威廉·扬松到达澳大利亚北部的卡奔塔利亚湾，并在地图上绘制出部分海岸线，以为这是新几内亚的领土。

太平洋岛屿出土的饰物

这条项链来自库克群岛上的曼加伊亚岛，上面串有用牙齿或骨头制成的小饰物。

1642年

塔斯曼探索未知之地

17世纪早期，荷兰在亚洲和大洋洲海域建立了自己的海军。他们对贸易的兴趣超过了探索本身，但是他们从开普敦前往印尼时，发现了未知的澳大利亚大陆的西海岸。1616年，德克·哈托格首次在这里登陆，后来又登陆了很多次。1642年，驻于印度的巴达维亚（现在的雅加达）的荷兰东印度公司的总督，安东尼·范·迪门（1593年~1645年），决定派阿贝尔·塔斯曼率探险队探索澳大利亚水域。他的目的是发现更多存在南方大陆的信息，并找寻一条较短的通往南美洲的航道。塔斯曼首次到达现在的塔斯马尼亚岛，并命名为"范·迪门之地"。随后，他发现了新西兰、汤加和斐济。1644年，他第二次远征时绘制了澳大利亚北海岸的地图。除了当地居民外，其他人对广阔的澳大利亚大陆仍一无所知。

塔斯曼在家中

阿贝尔·塔斯曼（1603年~1659年）一生中的大部分时间都不在家。

波利尼西亚独木舟

塔斯曼乘坐图上的这艘船回到荷兰。

第十四章

1700 年~1750 年

变革的时代

波斯一位蹄铁匠的装饰华丽的工具箱

1700年~1750年
世界情况概述

在全球范围内，18世纪都被认为是一个追求新想法和新思维方式的时代。在欧洲，人们对于如何管理自己有了新的看法，数学家和科学家在新知识的获取上有了巨大进步。人类首次建立起将植物和动物区分开的系统，科学家们也开始了解物理学的基本原理，如重力和运动。在中国，清朝皇帝下令编撰了百科全书，日本开始模仿和引进欧洲技术与科学以增强国力。

世界革命

18世纪早期，英国农业革命对全世界几乎每一个国家都影响深远，为工业发展铺平了道路。农业新技术和土地的广泛使用，加上新机器的开发，意味着更少的农民可以生产出更多的粮食。粮食增产可以养活不断增长的人口，但是靠种植公共土地为生的贫穷村民不得不沦为乞丐，或移居城镇寻找其他工作。18世纪末，新工厂的出现为流离失所的农民工提供了工作机会。

北美洲

落基山脉

大约18世纪，长期在东海岸定居的印第安人被逐出自己的家园。

18世纪，欧洲殖民者在加勒比地区建立甘蔗种植园。

加勒比群岛

新格拉纳达

巴西

18世纪，传教士说服南美印第安人皈依天主教。

1727年，人们在巴西米纳斯吉拉斯州发现了钻石。

太平洋

南美洲

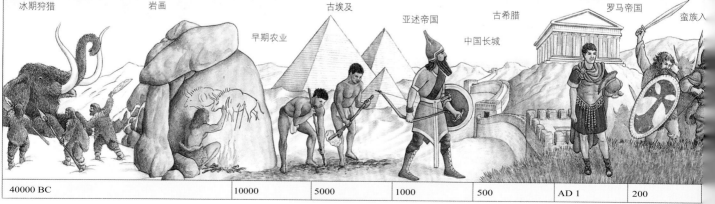

冰期狩猎　　岩画　　早期农业　　古埃及　　亚述帝国　　中国长城　　古希腊　　罗马帝国　　蛮族入

| 40000 BC | | 10000 | 5000 | 1000 | 500 | AD 1 | 200 |

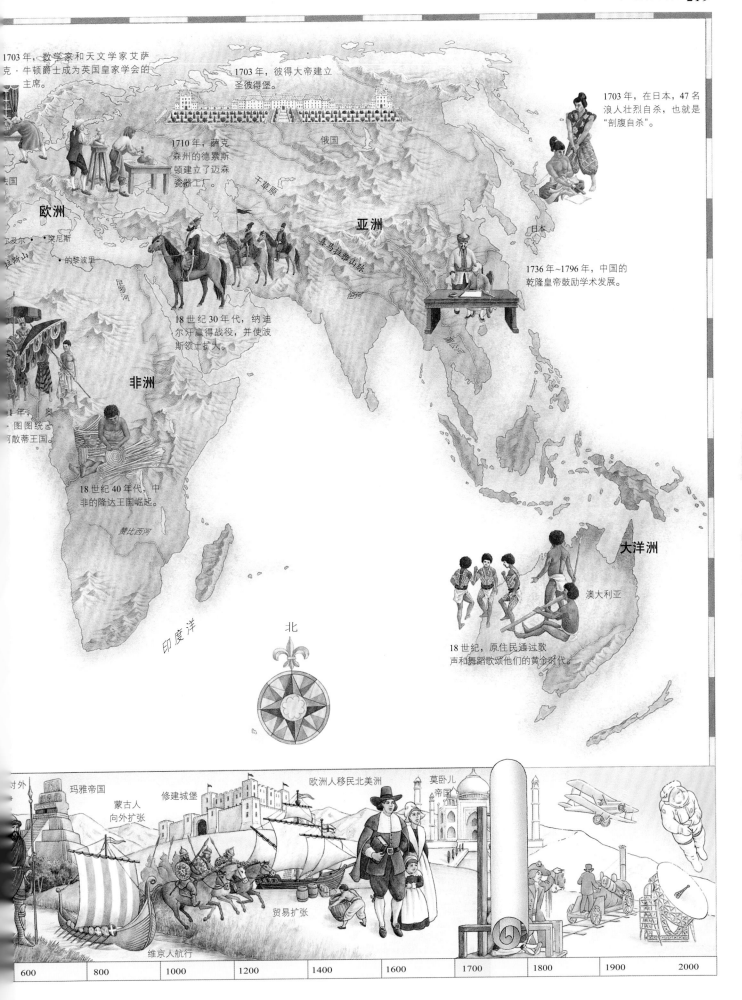

1703 年，数学家和天文学家艾萨克·牛顿爵士成为英国皇家学会的主席。

1703 年，彼得大帝建立圣彼得堡。

1703 年，在日本，47 名浪人壮烈自杀，也就是"剖腹自杀"。

1710 年，萨克森州的德累斯顿建立了迈森瓷器工厂。

俄国

千草原

欧洲

亚洲

喜马拉雅山脉

恒河

1736 年~1796 年，中国的乾隆皇帝鼓励学术发展。

日本

18 世纪 30 年代，纳迪尔汗赢得战役，并使波斯领土扩大。

非洲

尼罗河

湄公河

1 年，奥
图图统治
河散蒂王国。

18 世纪 40 年代，中非的隆达王国崛起。

赞比西河

大洋洲

澳大利亚

印度洋

北

18 世纪，原住民通过歌声和舞蹈歌颂他们的黄金时代。

时外

玛雅帝国

蒙古人向外扩张

修建城堡

欧洲人移民北美洲

莫卧儿帝国

贸易扩张

维京人航行

| 600 | 800 | 1000 | 1200 | 1400 | 1600 | 1700 | 1800 | 1900 | 2000 |

1700 年

1712 年

非洲

1701 年，奥塞·图图在西非建立自由的阿散蒂王国。*

大约 1705 年，侯赛因·伊本·阿里统帅在北非突尼斯建立王国。

1705 年，刚果先知唐纳·比阿特里斯创立新的宗教，并帮助结束内战。

1710 年，军事领袖成为阿尔及尔的帕夏（总督），统治阿尔及利亚北部地区。*

卢巴人制作的凳子。扎伊尔（现刚果）南部的卢巴国移民对隆达王国的兴盛有很大的影响

1714 年，法国占领印度洋的毛里求斯岛。

18 世纪 20 年代，约鲁巴国家中的奥约王国仍然控制着西非尼日尔河以西的地区。

1722 年～1723 年，阿散蒂征服了西非阿肯森林北部的博诺曼索（Bono-Mansu）王国。

1750 年左右，西非每年大约进口多万支步枪

亚洲

1703 年，日本 47 名浪人自杀，以纪念他们死去的主人。

1707 年，莫卧儿皇帝奥朗则布逝世，帝国开始瓦解。

1709 年，米尔维斯率领吉尔扎伊人打败波斯军队，阿富汗不再是波斯帝国下属的省份。

1709 年，日本将军德川纲吉逝世。

日本能剧表演时会用到 5 种不同的木制面具

西藏的金刚手菩萨雕像，代表了法律与秩序

1716 年～1745 年，改革者德川吉宗统治日本。*

1716 年，清朝皇帝康熙派兵将准噶逐出西藏；1720 年，康熙册封七世为向清朝中央政府朝贡的西藏最高

1722 年，开明的清朝皇帝康熙逝世

1722 年～1735 年，雍正继任清朝与沙皇俄国签署《恰克图条约》，戈伯利亚与蒙古的界线。

欧洲

18 世纪，启蒙运动将改革新思想传入欧洲。*

18 世纪，英国开始农业革命，随后传遍欧洲。*

1700 年～1721 年，大北方战争中沙皇俄国获胜，它取代瑞典成为欧洲东北部的主导力量。

1701 年～1713 年，欧洲大部分国家被卷入西班牙王位继承战争；1704 年，法国在布伦海姆战役中被打败。*

1703 年，彼得大帝建立圣彼得堡。*

1707 年，《联合法案》将英格兰与苏格兰合并为一个国家。

布伦海姆挂毯上画的是庆祝马尔博罗公爵胜利的场景

[1]1712 年，英国的汤玛斯·纽科门发明了一种可在矿区使用的蒸汽泵。

1712 年，瑞士发生宗教战争。

1713 年～1740 年，普鲁士国王腓特烈·威廉一世在位。*

1715 年，英国出现詹姆斯二世同党的首次起义，他们试图让流放在外的斯图亚特王朝重掌政权。

1720 年，南海泡沫事件——英国经济丑闻发生。

1721 年～1742 年，罗伯特·沃波尔是第一位，也是任职最久的英国首相。

艾萨克·牛顿年～1727年）镜。牛顿对物学的发展产生的影响

美洲

18 世纪，欧洲移民开发加勒比地区。*

18 世纪，北美殖民地逐渐繁荣起来。

1701 年，安东尼·德·凯迪拉克在北美建立底特律城，控制伊利湖和休伦湖之间的航道。

1711 年，移民与北卡罗来纳州的印第安人之间爆发了塔斯卡洛拉战争。

这条"萨满教道士"的项链来自于巴拿马，巴拿马是成立新格拉纳达总督辖区的国家之一

1715 年，雅马西国攻击南卡罗来的殖民地，杀害了上百名英国移民

1716 年，法国人在加拿大路易斯建堡垒，这座路易斯堡堡垒成为洲最坚实的堡垒之一。

1717 年，西班牙在南美洲建立新纳达总督辖区。

1718 年，新奥尔良市在密西西比岸建立。

1718 年，宾夕法尼亚州的创始人友谊会成员威廉·佩恩逝世。

1718 年～1720 年，法国与西班牙克萨斯领地发生争执；得克萨斯西班牙殖民地。

大洋洲

欧洲人到达北美洲，建立新城镇

塔希提提基代表神灵。有几个这样的小雕塑被带回了欧洲

18 世纪，塔希提人与欧洲人首次建立联系，他们在莫雷阿岛的奥普努胡谷会面。

1722 年，荷兰航海家罗赫芬到达太平洋上的萨摩亚群岛和复活节岛。

40000 BC		10000		1000	500	AD 1	200

1724 年

1724 年~1734 年，西非达荷美王国的王阿加扎暂停了奴隶贸易，18 世纪年代才恢复了贸易。

1725 年，富拉尼帝国的穆斯林教阿尔法·伊伯拉罕担任西非富塔贾的"忠诚者指挥官"（commander Faithful）。

1727 年，穆莱·伊斯梅尔逝世后，摩洛哥进入长达 30 年的无政府状态。

中国生产大量陶瓷，出口欧洲

阿散蒂王国的黄金雕像通常是民间故事中的生物形象

1724 年，莫卧儿帝国首相阿萨夫·贾，退位到德干，成为一位独立的统治者，自称海得拉巴的首位尼扎姆（Nizam）。

1725 年，《古今图书集成》付印，这是有史以来最大的百科全书，全书共 1 万卷，由清朝皇帝雍正下令编写。

1729 年，雍正设立军机处，由军事顾问组成，是一个非正式的灵活组织。

1735 年，纳迪尔汗是波斯萨非王朝末代皇帝的首席顾问和大将，他在伟大的 Baghavand 战役中打败土耳其人，占领了第比利斯。

1724 年，彼得大帝建立俄国科学院。

1726 年~1743 年，安德烈·弗勒里统治法国，国家太平。*

1733 年~1735 年，法国和奥地利参加波兰王位继承战，以确保自己国家的候选人成为波兰国王。

许多沙皇俄国人不得不剃掉胡须

咖啡最初生长在埃塞俄比亚，阿拉伯人把它带到欧洲，欧洲人再把它带到巴西

萨摩亚人的梳子。在萨摩亚人的政治生活中，个人成就远比家庭出身重要

1726 年，西班牙在乌拉圭建立蒙得维的亚城，以阻止葡萄牙从巴西继续向南建立殖民地。

1727 年，欧洲人首次在巴西种植咖啡树。

1727 年，人们首次在巴西米纳斯吉拉斯地区发现钻石，这里曾发现黄金。*

18 世纪 30 年代，受雇于俄国的丹麦探险家维他斯·白令到达亚洲与北美洲之间的海峡，后来这座海峡以他的名字来命名。

1735 年，纽约的约翰·彼得·曾格被指控犯有诽谤罪，这一事件促使北美洲获得新闻自由。

1736 年

18 世纪 40 年代，隆达人建立新王国，王国发展繁荣。*

1746 年，东非蒙巴萨的马兹鲁伊王朝脱离阿曼国的统治而独立。

波斯人的火药筒。波斯人经常打仗，尤其在纳迪尔汗征服奥斯曼以前，经常与奥斯曼人交战

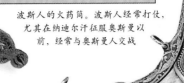

1736 年~1747 年，纳迪尔汗成为波斯沙阿。*

1736 年~1796 年，乾隆成为清朝皇帝，中国疆土面积达到历史最大，人口剧增，镇压起义无数。*

1739 年，纳迪尔汗入侵印度，洗劫德里，夺走莫卧儿皇帝的孔雀宝座和大量财富。

18 世纪 40 年代，印度中部的马拉塔势力扩张至印度北部。

1740 年~1786 年，腓特烈大帝统治普鲁士，他进行大规模扩张，使普鲁士成为欧洲大国。

1740 年~1748 年，普鲁士攻击奥地利，让欧洲大多数国家参与到奥地利王位继承战争中。

1741 年~1761 年，彼得大帝的女儿——伊丽莎白一世继承沙皇俄国王位，她在莫斯科建立沙皇俄国第一所大学。

1745 年~1746 年，小王子查理在英国领导第二次二世党人起义，试图恢复斯图亚特王朝的统治，但是失败了。

第二次二世党人起义被国王军队无情镇压，在卡洛登沼地战役中失败

路易斯堡要塞是为了保卫前往法属加拿大的大西洋航道而建。1745 年，这里被新英格兰移民和英国海军组成的联合军队占领

1739 年，詹金斯的耳朵战争爆发；西班牙与英国为了控制北美洲和加勒比海域而战。

1739 年，南卡罗来纳州发生奴隶起义。

18 世纪 40 年代，13 个殖民州的人口数达到 150 万，其中包括 25 万奴隶。波士顿和费城是最大的城市。

1742 年，胡安·桑托斯以阿塔瓦尔帕二世的名义领导秘鲁印第安人反抗西班牙统治，但是起义失败。

1745 年，包括新英格兰移民在内的英国势力占领法属加拿大的路易斯堡要塞。

⬚1 1736 年，在秘鲁的潮湿雨林里发现天然橡胶。

1736 年，葡萄牙耶稣会士在巴西建立圣保罗大学和圣若瑟大学。

18 世纪中叶，原住民文化继续发展。*

| 600 | 800 | 1000 | 1200 | 1400 | 1600 | 1700 | 1800 | 1900 | 2000 |

1700年~1750年 非洲

这半个世纪，奴隶贸易继续发展。18世纪30年代，每年有5万多名奴隶被运至美洲种植园。在西非，新成立的阿散蒂王国成为周边国家的霸主。在安哥拉，欧洲商人继续购买那些从卢巴国和隆达国等内陆王国运来的奴隶。

新兴国家

这段时期出现的西非阿散蒂王国和中非隆达王国都已发展成强国。

1701年

奥塞·图图建立自由的阿散蒂王国

17世纪末期，西非出现了丹基伊拉、达荷美和阿散蒂等新国家。它们组织严密，将商品运至沿岸进行贸易，不让欧洲商人进入。阿散蒂和丹基伊拉国位于黄金海岸的阿肯区。起初为了逃避丹基伊拉国的控制，部分阿散蒂人向北迁移，控制了贸易小镇塔福。大约1680年，阿散蒂人的一位首领奥塞·图图（约1680年~1717年）建立了新王国，即阿散蒂王国，定都库马西。他因"阿散蒂王"的称号而著名。他建立了一支国家军队。1701年，他打败了丹基伊拉，从此无须向丹基伊拉朝贡。1717年，奥塞在边境战争中被杀，阿散蒂王国成为联邦国。他的继任者通过征战和建立商业公司的方式继续向外扩张。

阿散蒂王国的雕像

据说有个金凳子从天而降，成为阿散蒂王国统一的象征。金凳子与被阿散蒂国打败的几位将军的黄金雕像（例如上图的雕像）挂在一起。

阿散蒂王国的陶瓷管

日常用的物品通常都经过精心装饰。这根陶瓷管就被做成了海龟的形状。

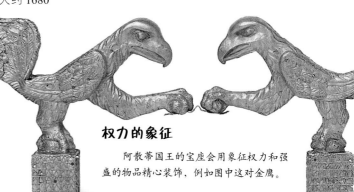

权力的象征

阿散蒂国王的宝座会用象征权力和强盛的物品精心装饰，例如图中这对金鹰。

阿散蒂王国庆祝节日

每年，阿散蒂王国的人都会在节日里聚集在库马西，庆祝阿散蒂王国的强盛。

10 年
尔及尔被军队控制

奥斯曼帝国的疆土太大，因此苏莱曼一世（1520 年~1566 年在位）和其继任者不得不在全国划分省进行管理，由身处伊斯坦布尔的苏丹任命各地的帕夏（总督）。多年后，各省份，尤其是北非各省，变更加独立，官员为争夺控制权而战。阿尔及尔位于北非沿岸有时被称为巴巴利海岸的地方，是臭名昭著海盗窝点。海盗们劫掠基督教船舶，绑架旅客以勒索赎金。突尼斯和的黎波里也从海盗贸易中获利，尽他们对海岸贸易的依赖程度低于阿尔及尔。1700 年，海盗数量减少，权力从海盗手里转移到捍卫小镇士兵手里。这些士兵最初是奥斯曼帝国的精锐军队，即禁卫军，是阿尔及尔的统治阶级。他们实行自治，选择自己的指挥官，即台伊。1710 年，台伊采用帕夏称号，宣布脱离苏丹的控制。他逼内陆民族交纳巨额贡品，鼓励海盗事业，以此筹钱。阿尔及尔在事实上已经不再属于濒临崩溃的奥斯曼帝国。

历史的权杖

这根权杖是卡拜尔人在典礼上用的权杖，来自阿尔及利亚。阿尔及利亚文化有深远而多样的渊源，既有伊斯兰教的元素，也有伊斯兰教创立之前的元素。

吊坠

这条阿尔及利亚珊瑚银吊坠来自阿特拉斯山脉。阿尔及利亚内陆的民族有自己古老的柏柏尔文化，与沿岸的城市居民非常不同。

海盗城

16 世纪，伟大的海盗领袖开尔·艾尔廷（Khair al-Din），即巴巴罗萨，把阿尔及尔作为自己的基地。此后，阿尔及尔因贸易和海盗变得富有而闻名。

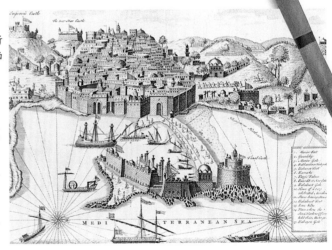

18 世纪 40 年代
隆达建立新王国

17 世纪末期，卢巴国和隆达国这两个说班图语的民族统治了中亚。他们的财富主要来自于区域贸易，尤其是铁、盐和铜贸易。最初的隆达国被姆瓦塔·雅姆沃统治，他任命卡曾贝率领远征队征服和开拓周边区域，使它们成为附属国。18 世纪 40 年代，卡曾贝在卢阿普拉河下游区域（赞比亚和扎伊尔之间的边界区）立足。隆达国要求西部地区进贡铜和盐，同时控制东部地区的铁矿。18 世纪 80 年代，卡曾贝通过姆瓦塔·雅姆沃向西部出口奴隶，同时向东出口铜和象牙。

精心雕刻的发型

雕像用珠子项链来装饰

髦的枕头

这个卢巴人使用的木枕头于扎伊尔，上面刻了一对面的男女。这种枕头可确保梳发型在睡觉时不被弄乱。

| 600 | 800 | | | 1600 | 1700 | 1800 | 1900 | 2000 |

1700年~1750年 亚洲

莫卧儿帝国最后一位伟大的皇帝奥朗则布逝世后，莫卧儿帝国开始瓦解。1740年，德里、拉合尔和喀布尔等大城市被纳迪尔汗统治的波斯复兴帝国占领。康熙在位的最后几年以及康熙的孙子乾隆在位前几年为"康乾盛世"，中国繁荣发展。日本在德川吉宗大将军的统治下开始鼓励学习欧洲的一些思想和技术，同时，以家庭为基础的农业得到发展，也为国家创造了财富。

玉玺

这些是清朝乾隆皇帝的玉玺，1736年~1796年由他统治着中国。在文件上盖上玉玺是为了证明文件是真实有效的。

通过种植水稻来发展经济

大米是大部分日本人的主食，因此当收成不好时，百姓和官员都会发生暴动，正如1732年的动乱。德川吉宗通过推行改革，增加种植水稻的土地面积，稳定米价，来改善这种一触即发的形势。

传说中的日本忍者

日本武士属于日本军事阶层，是高贵的战士，他们忠于自己的领主，战斗时无所畏惧。他们不愿面对耻辱和羞愧，因而选择剖腹自杀，认为这是一种光荣的死亡方式。相反，忍者则是间谍和刺客，对他们来说荣誉没有任何意义。在整个内战期间，领主们几乎都雇用忍者。黑衣忍者战士更被视为带有法力的传奇英雄。

1716年
德川吉宗成为大将军

1716年，德川吉宗（1684年~1751年）被任命为江户幕府第将军。他能力非凡，希望在自己担任大将军期间统治幕府（军政）他推行经济改革，采用各种办法来促进农业发展，引进机械设备高水位、改善灌溉条件。在他统治的最后几年，他编撰法典，以官能更好地理解。德川吉宗还开始对外开放，不再排斥外来影响来越多的人开始学习欧洲的科学、医学、军事战略、炮术和天文1745年，德川吉宗退位，并于1751年逝世。

《四十七浪人》（ The 47 Yonin ）

1701年，一位备受尊敬的领主浅野长矩被迫自杀，因为他伤害了位侮辱他的军官。浅野长矩手下的47名武士成了浪人（没有主人的武士于是他们发誓要复仇。1703年，他们谋杀了这名军官。实施这种报复为的人通常会被处死，但是儒家思想认为，领主惨遭横祸，为领主报仇一件光荣的事情，因此，他们被允许自杀。此事后成为多部剧本、书电影的主题。

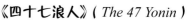

1736 年

乾隆即位

清朝乾隆皇帝（1736 年~1796 年在位）在位时间很长，他的执政能力与他的祖父康熙一样出色。他执政这段时期，中国的发展达到鼎盛。乾隆是一位工作勤奋、庄重严肃、能力超凡的统治者，他注重礼节，曾多次到全国各地巡访，让臣民很是钦佩。他也是一位成功的大将，曾摧毁了中亚的蒙古势力，让尼泊尔接受中国的宗主权。在国内，他推进农业和工业的发展，促成了中国社会的繁荣景象，与欧洲的贸易也急剧增加。乾隆在位年间，中国人口迅速增长，数百万人从农村移居到在皇室帮助下建立的新城镇。乾隆还经常赞助艺术和文学创作，尤其喜欢赞助大型文学作品的创作，例如，他特地修建了几所图书馆，有一个图书馆内共收藏了 3.6 万册图书，包括古代图书、历史类、哲学类等书籍。

帝王权杖

乾隆某个权杖的一端是灵芝的形状，据说拥有者能长命百岁、精力旺盛。

乾隆皇帝

这尊雕像是在乾隆的权力和威望都处于鼎盛时期雕刻的。乾隆在位年间，中国政府的实力和效率创下新高。人口剧增使国家收入大幅增加。皇宫内盛行华丽、奢侈的生活方式。乾隆扩大圆明园的规模，并聘请耶稣会传教士将新建筑设计成欧洲风格。

大赞助人

乾隆对他在位时期制作的很多艺术品兴趣浓厚。这个装饰华丽的大□用铜鎏金制成，并涂上瓷釉做装饰。

1736 年

纳迪尔汗统治波斯

波斯国王塔赫玛斯普二世（1722 年~1731 年在位）执政的大部分时间都受到了阿夫沙尔人的领袖纳迪尔·库利汗的帮助。1732 年，纳迪尔废黜塔赫玛斯普，扶植他的儿子成为阿拔斯三世。1736 年阿拔斯三世逝世后，纳迪尔成为沙阿。在接下来的 11 年里，他多次征战以扩大波斯领土。他征服了阿富汗，入侵印度，占领喀布尔、拉合尔和白沙瓦，最后洗劫德里。纳迪尔统治了印度河以北和以西的几乎所有印度地区。

□国瓦解

纳迪尔汗的轻骑兵助他打了多次胜□，虽然纳迪尔汗是一位杰出的统帅，□是一位优秀的政治家，也没有使帝□到发展。1747 年，他被一位阿夫□人谋杀，导致帝国瓦解。

无价的战利品

纳迪尔汗的军队从德里掠夺了大量财宝，包括光之山钻石。这颗大宝石最终被英国收购，成为装饰英国王冠的宝石。

| 600 | 800 | 1000 | 1200 | 1400 | 1600 | 1700 | 1800 | 1900 | 2000 |

1700年~1750年 欧洲

18世纪初期，欧洲大部分国家为了控制西班牙及其帝国，卷入到了西班牙王位继承战争（1701年~1713年）中。战争之后长期的和平使农业取得了巨大发展，英国的农业最先取得进步。在所谓的启蒙时代，科学和哲学思想的出现让人们开始重新审视生活的方方面面，甚至传统形式的政府也遭到质疑。在西班牙王位继承战争中屡次惨败的法国仍然很强大。彼得大帝让沙皇俄国发展成为欧洲的一个重要强国。

鼓励剃须的命令

彼得大帝要求统治阶级剃掉自己的胡须，作为接受改革的可见标志。他首先要贵族和商人留胡须，后又放宽政策，允许他们留，但要出钱购买留须权，于是他们保留了过时的装扮。农民和教师则可免费留须。

1703年

彼得大帝建立圣彼得堡

1682年~1696年，彼得大帝与同父异母的哥哥伊凡五世联合执政，一直到1725年，他独掌政权，将闭关锁国、经济落后的国家发展成欧洲主要强国。彼得大帝在西欧待了18个月（1697年~1698年），主要是为了学习那里的先进知识，回来后改革沙皇俄国的制度和生活。他改革了旧政府制度，推行教育，重整教会，挑选优秀人才管理国家事务。他派遣俄国年轻人到西欧留学，学习那里的陆军、海军和工业技术，组建起一支由30万人组成的专业陆军军队及俄国的第一支海军。他反抗并打败瑞典（1700年~1721年），获得了出入波罗的海的权利。1703年，他在波罗的海沿岸建立一座新城，取名圣彼得堡，1712年，他将圣彼得堡定为沙皇俄国首都。1721年，彼得大帝自封为统治沙皇俄国所有地区的皇帝。

帝国

彼得征服波罗的海对沙皇俄国发展至关重要，让圣彼得堡与海的联系更加紧密。

彼得大帝

彼得约有2米高，魁梧而健壮，他的体形与令人难忘的强势性格十分相衬。他精力充沛、意志坚强，残酷起来也很可怕，对于反对自己的人，包括自己的亲生儿子也毫不仁慈。他做事很有激情，因而获得了很多技能，例如造船、手表修补、炮术、做鞋、木雕和拔牙。他永远地改变了沙皇俄国。

俄国第一支海军

1714年，彼得的波罗的海舰队在甘古特会战中打败了瑞典海军。他还在黑海成立了一支舰队，但在1711年败给了奥斯曼军队。

圣彼得堡

在修建圣彼得堡时，上千名农奴死在涅瓦河岸的沼泽地里。彼得大帝把这座城市称为"欧洲之窗"。

西班牙王位继承战争

1701年，西班牙王位继承战争爆发；萨伏伊欧根亲王入侵意大利。

1704年，布伦海姆战役，马尔博罗公爵首次战胜法国军队。

1706年，拉米伊战役，马尔博罗公爵第二次获胜。

1708年，奥德纳尔德战役，马尔博罗公爵第三次获胜。

1709年，马尔普拉凯战役，马尔博罗公爵第四次获胜。

1711年，反抗法国军队的大联盟解散，马尔博罗公爵被安妮女王解职。

1712年，维拉尔元帅率领法国军队在德南战役中获胜。

1713年，签署《乌德勒支和约》，战争结束，欧洲各国领土和势力达到均衡状态。

1713年，法国路易十四的孙子腓力五世成为西班牙国王，路易同意法国和西班牙从此不再合并。

1704年

布伦海姆战役

西班牙的查理二世（1665年~1700年在位）没有子嗣，他逝世后，把王位传给了法国安茹王朝的王子腓力，路易十四的孙子。不希望法国和西班牙以这种方式合并的其他欧洲国家组成了一个大联盟。1701年，西班牙王位继承战争爆发。1704年，联盟统帅之一，马尔博罗公爵约翰·丘吉尔战胜了法国，接着又连胜三场。法国虽然连连战败，但实力仍然强大，1713年，双方签署《乌德勒支和约》，战争结束，安茹王朝的王子腓力被允许保留西班牙王位。

马尔博罗公爵

约翰·丘吉尔（1650年~1722年）是一名英国士兵和政治家，1702年，他担任大联盟的统帅。

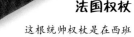

法国权杖

这根统帅权杖是在西班牙王位继承战争中法方所用的权杖。

布伦海姆宫

布伦海姆宫是1704年马尔博罗公爵在布伦海姆战役中获胜的奖励。

1713年

腓特烈·威廉统治普鲁士

1701年，腓特烈是勃兰登堡的选帝侯，后来成为普鲁士国王，称作"腓特烈一世"。他的儿子腓特烈·威廉（1688年~1740年）在1713年继任，成为普鲁士国王。腓特烈·威廉在位时取得了两项重要成就，为建立强国奠定了基础。第一项是，他把普鲁士政府发展成一个高效的集权政府，由他亲自管理中央和地方政府的行政办公。第二项是，他建立了一支强大的普鲁士正规军，扩大规模至8万名士兵，成为欧洲规模最大的军队之一。腓特烈积极改革农业，让儿童接受义务教育，从而改善普鲁士经济状况。

吸烟大会

国王腓特烈·威廉邀请了普鲁士军官和其他重要人士参加吸烟大会。虽然很多人讨厌吸烟，但是他们不得不一边吸烟一边讨论政策。

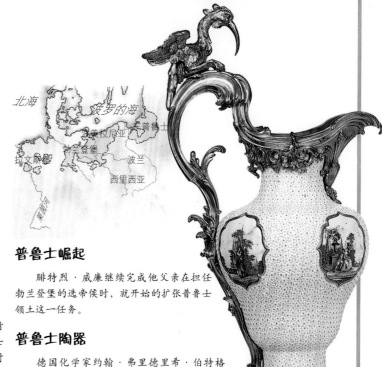

普鲁士崛起

腓特烈·威廉继续完成他父亲在担任勃兰登堡的选帝侯时，就开始的扩张普鲁士领土这一任务。

普鲁士陶器

德国化学家约翰·弗里德里希·伯特格发现使用德累斯顿黏土可以制造出纯洁而有光泽的中式瓷器。1710年，德累斯顿附近建起了第一家迈森瓷器工厂。图中的水壶就是迈森瓷器工厂制造的。

塞夫尔瓷器

塞夫尔皇家瓷器厂之所以成功，主要是得到了路易十五的情妇蓬帕杜夫人的赞助。她在塞夫尔有一栋漂亮的别墅。

1726 年
弗勒里统治法国

经历了西班牙王位继承战争后，法国需要时间来恢复繁荣。1715 年，路易十四逝世后，留下了 5 岁的儿子路易十五，接着法国进入摄政政府的不稳定期。路易十五满 16 岁后，任命他的老师红衣主教弗勒里为首席大臣。弗勒里政府鼓励工业和商业发展，推行国家财政改革，编纂法典。他与外国建立联盟，建立法国海军。最重要的是，弗勒里政府使国家保持稳定，但是由于忽视了工人阶级的问题，导致这段时期工人阶级出现越来越多的不满。

首席大臣

红衣主教弗勒里开始统治法国时已经 73 岁了。他为人谨慎、平易近人，是一位伟大的外交官。他执政的□年为法国做出了很多贡献。

启蒙运动

"敢于求知"是启蒙运动的指导原则。启蒙运动始于 17 世纪末，止于 18 世纪，当时欧洲哲学家提出了有关政府、个人自由和可靠性以及宗教信仰等方面的新颖想法。这些新出现的思想家摈弃旧观念，发展自己的学说。他们的一些观念来源于英国哲学家约翰·洛克（1632 年~1704 年）的著作，约翰·洛克认为，人人平等而独立，只有得到被统治人民的支持，政府才具有统治权威。这一观点直到现在仍然是现代民主的基础。新思想在法国尤为活跃，像伏尔泰和卢梭这样的法国哲学家敢于挑战君主专制思想以及贵族和神职人员享有的传统特权，他们还认为，人人都应享有受教育权。启蒙运动影响了欧洲生活的方方面面。

太阳系的奇迹

启蒙运动激发了人们对自然界的兴趣。本图是一家人正在研究太阳系模型。

启蒙运动的思想家

法国哲学家伏尔泰（1694 年~1778 年）在启蒙运动中发挥了主导作用。他的思想太开放，导致他两次被关进巴黎的巴士底狱。

大型书籍

法国作家和批判家德尼·狄德罗（1713 年~1784 年）编写了《百科全书》，这是一本体现了法国启蒙运动精神的书籍。

瑞典植物学家

卡尔·林奈（1707 年~1778 年）是瑞典动物学家、植物学家，他是将动植物进行分类的第一人。他写了很多关于动植物分类的书籍。

科学发展

欧洲启蒙运动的思想家受到了 17 世纪科学知识增长的影响，当时的传统观念已开始遭到人们的质疑。知识被赋予了更多的实用价值，所有科学分支都取得了进步。英国的艾萨克·牛顿证明了地球引力的存在，提出运动三定律，引入了探究科学的新方法，启发了很多科学家。瑞士的莱昂哈德·欧拉出版了第一本系统的力学教科书，法国的化学家和物理学家安托万·拉瓦锡提出了新的燃烧理论。

	10000	5000	1000	500	AD 1	200

杰斯洛·图尔的播种机

　　杰斯洛·图尔（1674 年~1741 年）发明的播种机使种植农作物更便捷。这种播种机可以让农民成行地种植并且除去行间的杂草。在此之前，种子必须人工播撒。

农业革命

　　18 世纪时，英国发生了一场农业革命，极大地改善了耕种方式。农民引进了荷兰人种植的新方法，即"轮作法"，这种农耕方法让他们种出果实又大又好的作物。新的科学技术也帮助他们喂养家畜、改良家畜品种。新机器如杰斯洛·图尔发明的播种机和改良版的犁，让耕种更高效，更节省劳动力。这些变化带来的是出现更多用围墙或灌木篱墙围起来的封闭田地。新型的小块土地代替大块的开放土地，因为把大块土地分割成狭长的一小条进行耕种的方式效率很低。曾经放牧食草动物的公共土地也不再供公共使用，而是被圈起来。这些改变并不受农民欢迎，因为贫穷农民的土地被剥夺，他们不得不进城谋生。

轮作法

　　以前，农田每三年休耕一次，以保持土壤的肥沃。现在，人们采用轮作法，每年在农田上种植不同的作物，以免将土壤里的营养耗尽。第一年种玉米，第二年种块根作物（例如芜菁），第三年则种苜蓿，这样可以大大增加作物产量。

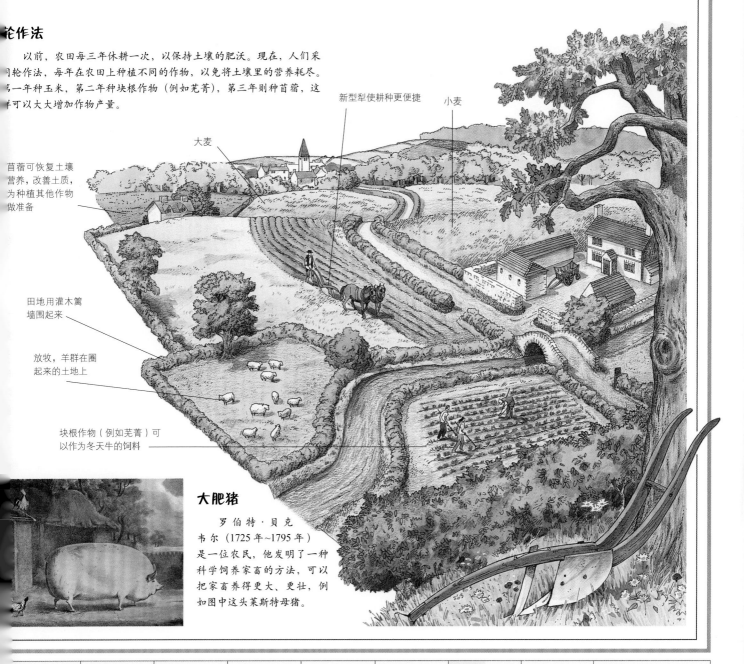

苜蓿可恢复土壤营养，改善土质，为种植其他作物做准备

大麦

新型犁使耕种更便捷　　小麦

田地用灌木篱墙围起来

放牧，羊群在圈起来的土地上

块根作物（例如芜菁）可以作为冬天牛的饲料

大肥猪

　　罗伯特·贝克韦尔（1725 年~1795 年）是一位农民，他发明了一种科学饲养家畜的方法，可以把家畜养得更大、更壮，例如图中这头莱斯特母猪。

1700 年 ~1750 年 美洲

在北美洲，欧洲移民继续进行殖民活动，他们毁坏印第安人的遗产。在南美洲，西班牙将所有领地合并成一个省——新格拉纳达，由一名总督统一管理。在巴西发现了黄金和钻石后，巴西的葡萄牙移民蜂拥而至，采矿赚钱。其他欧洲人则将非洲奴隶运至加勒比地区，让他们在甘蔗种植园工作。

印章（BODY STAMP）

西班牙入侵以前，居住在加勒比地区的人遗留下来的少数物品之一就是这个印章。在这个印章上涂上红色颜料和赭色，按在物品上可以显示出图案。

糖带来的痛苦

大量加勒比本地人被欧洲人屠杀，或因患上欧洲疾病而死。但糖类产业繁荣，需要大量劳工，因此，几十万非洲奴隶被运到加勒比地区。很多奴隶因种植园繁重的劳动、粗劣的食物以及恶劣的住房条件而死去。活下来的非洲人后来统治了这片岛屿。上千名奴隶参与到频繁的起义中，有一些奴隶则从种植园逃出来，建立属于他们自己的繁荣聚落。

欧洲国家殖民

截至 1750 年，西班牙、法国、英国和荷兰控制了加勒比海的岛屿。

佛罗里达
巴哈马（英国殖民地）
古巴（西班牙殖民地）
大西洋
伊斯帕尼奥拉（西班牙殖民地）
波多黎各（西班牙殖民地）
牙买加（英国殖民地）
瓜德罗普（法国殖民地）
加勒比海
马提尼克（法国殖民地）
库拉索（荷兰殖民地）
格林纳达（法国殖民地）
特立尼达岛（西班牙殖民地）
南美洲

18 世纪
欧洲人在加勒比的剥削

16 世纪，西班牙殖民者移居到加勒比地区的一些岛屿上。其他欧洲国家忌妒西班牙通过殖民贸易获得大量财富，因而 17 世纪，在政府的默许下，英国、荷兰和法国海盗占领西班牙殖民的加勒比城镇，并在这些地方定居下来。他们建立甘蔗种植园，以满足欧洲不断增长的需求，并从非洲进口奴隶作为种植园工人。18 世纪，世界大部分的糖都产自加勒比地区。西班牙在欧洲的势力衰落，其他国家拥有了更多的海外贸易优势。1713 年，英国获得了为西班牙在加勒比地区的其他殖民地提供奴隶的垄断权。

东部林地的印第安人

欧洲人最先到达的北美洲存在各种各样的印第安文化，印第安人的人口总数可能达到了 90 万人。到 18 世纪中叶，印第安人数量大大减少，疾病是一个原因，探险家和移民带来了毁灭性的疾病，例如天花。与东部英国、荷兰和法国的殖民者，以及西南部的西班牙殖民者发生冲突，也造成大量印第安人死亡。在早期，移民与印第安人通常会成为朋友，他们一起合作。随后，信仰新教和天主教的移民试图让他们皈依基督教，按照欧洲人的生活方式生活。印第安人对此十分抗拒，移民就以此为借口杀人。到 18 世纪，移民想要占有更多的土地，于是印第安人与他们签署土地条约。对印第安人而言，他们没有土地的拥有权，只有使用权，但是移民把土地看作财产，用篱笆围起来，并将印第安人驱赶到远离家乡的西部地区。

鹿皮鞋

易洛魁人以家庭为单位住在长方形的木屋里。他们穿鹿皮制成的衣服，衣服上通常镶嵌着珠子。

易洛魁小孩的玩具

易洛魁人在孩童时期都与母亲的家族住在一起。男孩儿们长大结婚后，就会搬去妻子的家里居住。

1717 年

新格拉纳达设立总督

　　西班牙在南美洲大部分地区建立的殖民地由西班牙国王直接控制，后来设立独立派人士组成的理事会来制定法律、监管财务。西班牙国王派遣总督代表自己来管理这一大片区域。1717 年，新格拉纳达设立总督一职，辖区包括现在的巴拿马、厄瓜多尔、哥伦比亚和委内瑞拉。总督负责管理地区性的法院，在当地行使法律、财务和行政权力。总督和法院官员都是西班牙人，而那些富裕的西班牙裔地主，由于出生在美洲，被剥夺了政治权力和贸易特权，对这些官员深恶痛绝。

盛大的欢迎仪式

　　总督从西班牙到达殖民地时，他的属下们会为他举行盛大的欢迎仪式。他们把城市街道打扫得干干净净，挂上挂毯。总督走在由官员、牧师和战士组成的长队伍前头，随后在宫殿举行斗牛比赛和宴会，活动可持续好几天。

总督骑马游行时，法院官员们为他撑天篷

外帝国

　　西班牙殖民地的面积是欧洲面积的倍。葡萄牙殖民地即现在的巴西。

基督徒的使命

　　欧洲天主教神父前往南美洲想要改变印第安人的信仰。天主教修会的耶稣会信徒在巴拉圭建立城镇，当地居民都改信了天主教，并在此生产商品、交换食物和衣服。耶稣会的财富和权力让西班牙国王查理三世很担忧，因为他不喜欢这种"在帝国内建立小帝国"的方式。1767 年，他将耶稣会赶出西班牙及其领地。本图是电影《战火浮生》（The Mission）中烧毁耶稣会村落的场景。

1727 年

巴西发现钻石

　　欧洲人来到南美洲寻找黄金和白银。截至 18 世纪，世界大部分白银都来自秘鲁和墨西哥的西班牙矿山。17 世纪末期，一帮葡萄牙奴隶贩子在巴西中东部的米纳斯吉拉斯省发现了黄金。巴西海岸的甘蔗种植园工人蜂拥而至。1727 年，在米纳斯吉拉斯省又发现了钻石。更多甘蔗种植园的工人来到此地，导致糖业几近崩溃。矿区工人都是非洲奴隶和领取低额工资的印第安人。很多工人在矿区病死、饿死、受伤而死。

美洲的银链

　　银矿工人扛着重物爬上陡峭的阶梯，进入用蜡烛照亮的隧道。很多人在矿工作时受伤或死去。

簪子

　　巴西印第安人会在头上插上金刚鹦鹉的羽毛。金刚鹦鹉在南美热带雨林很常见。

1700年~1750年 大洋洲

欧洲人继续寻找横跨太平洋更快、更便捷的航路，于是他们开始采取随机登陆的方式，而不再制订计划。1722年，荷兰航海家雅可布·罗赫芬在复活节岛登陆，并写了一篇有关岛上雕像的文章。之前就有人登上澳大利亚的岛屿，但是欧洲人并没有意识到该岛的面积有多大，也不知道这是一个独立的大陆。与此同时，澳大利亚部分地区的原住民人继续过着不受干扰的平静生活，这种生活大约自公元前4万年起就已经存在。

澳大利亚原住民人

这根腰带用人的头发制成，上面装饰了带氏族标志的贝壳。

网袋

澳大利亚的原住民人认为，疾病是邪恶的巫术导致的。这个网袋里装了符咒，挂在身上可以避邪。

18世纪

原住民人的和平生活

几千年以来，澳大利亚原住民人已经发展出一种与环境相适应的和平生活方式。他们不种植农作物，不饲养牲畜，也不修建城镇，过着以狩猎和采集为生的游牧生活，平静而祥和。在漫长的历史中，没有任何有关战争的记录，各民族、各氏族和谐共存。各氏族就像是一个大家庭，他们每天分开去打猎、捕鱼、采集水果和坚果，只在重要场合聚在一起，例如举行仪式。

木勺

这个原住民人的勺子上画的是一只乌龟在推独木舟。乌龟的形象经常出现在澳大利亚原住民神话"黄金时代"的故事里。

"黄金时代"

澳大利亚原住民人相信，动物、植物和人类都有自己的祖先，是这些祖先创造了世界以及世界上的一切。这个创造一切的时期被他们称为"黄金时代"。原住民人创作了很多有关黄金时代的歌曲和神话传说，通过口述方式代代相传，据说这样能让创世祖先长生不死。在仪式上，人们将创世的英雄事件以哑剧的形式表现出来。原住民人所唱的歌曲涉及灵魂性的祖先创造的地理风貌，这些地理风貌对于灵魂祖先来说是神圣的，原住民人甚至长途跋涉，探访这些类似的地区，以保持与祖先的联系。

重现历史

原住民人在迪吉里杜管和鼓槌的伴奏下，通过歌曲和舞蹈重现他们祖先的英雄事迹。

袋鼠画

这幅长条状的袋鼠树皮画代表不同的原住民氏族，也代表梦世纪的传奇。

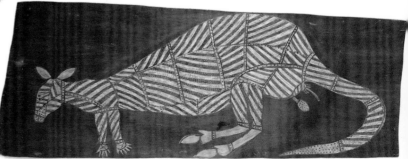

40000 BC	10000	1000	AD 1	400	800	1200	1600	1800	2

第十五章

1750 年~1800 年

革命时代

法国国王路易十六和王后玛丽·安托瓦内特的纪念勋章

1750 年~1800 年 世界情况概述

本时期的两次革命让世界发生了天翻地覆的变化。第一次革命是北美英属 13 个殖民地摆脱殖民统治组成了美国，这是世界上第一个摆脱欧洲殖民统治获得独立的国家。第二次革命是法国处死国王，宣布建立自由、平等、博爱的共和国。这两次暴力革命、欧洲正在进行的农业革命以及正逐步加快步伐的和平工业革命所带来的冲击，对下一个世纪造成了深远的影响。

绘制地球

欧洲探险家首次探索非洲内陆。在地球的另一端，库克、布干维尔以及其他航海家详细绘制了太平洋岛屿图。1788 年，欧洲在澳大利亚成立了第一个永久殖民地。英国人打败了加拿大的法国军队，控制了加拿大的欧洲殖民地。在印度次大陆，罗伯特·克莱芙的胜利为未来英国的统治奠定了基础。1800 年，除日本和中国外，亚洲和非洲很多国家都感受到了欧洲的影响力，因为日本继续孤立着，而中国，虽然国家比以往更富有，实力更强大，但统治阶级愈加腐败、堕落。到 18 世纪末，清朝已经过了鼎盛期。

北美洲

加拿大

·魁北克

·波士顿

1759 年，法国将军蒙特卡尔姆和英国将军沃尔夫都在魁北克战役中阵亡。

1776 年，殖民反叛者签署《独立宣言》。

1773 年，波士顿倾茶事件：殖民反叛者把英国船上的茶全部倒入波士顿港口。

18 世纪 90 年代，杜桑·卢维杜尔在海地领导了反抗法国种植园主的起义。

1780 年，图帕克·阿马鲁领导秘鲁人反抗殖民统治者。

大西洋

太平洋

安第斯山脉

南美洲

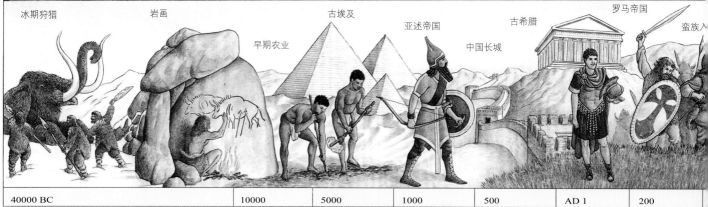

冰期狩猎　岩画　早期农业　古埃及　亚述帝国　中国长城　古希腊　罗马帝国　蛮族入

| 40000 BC | | | 10000 | 5000 | 1000 | 500 | AD 1 | 200 |

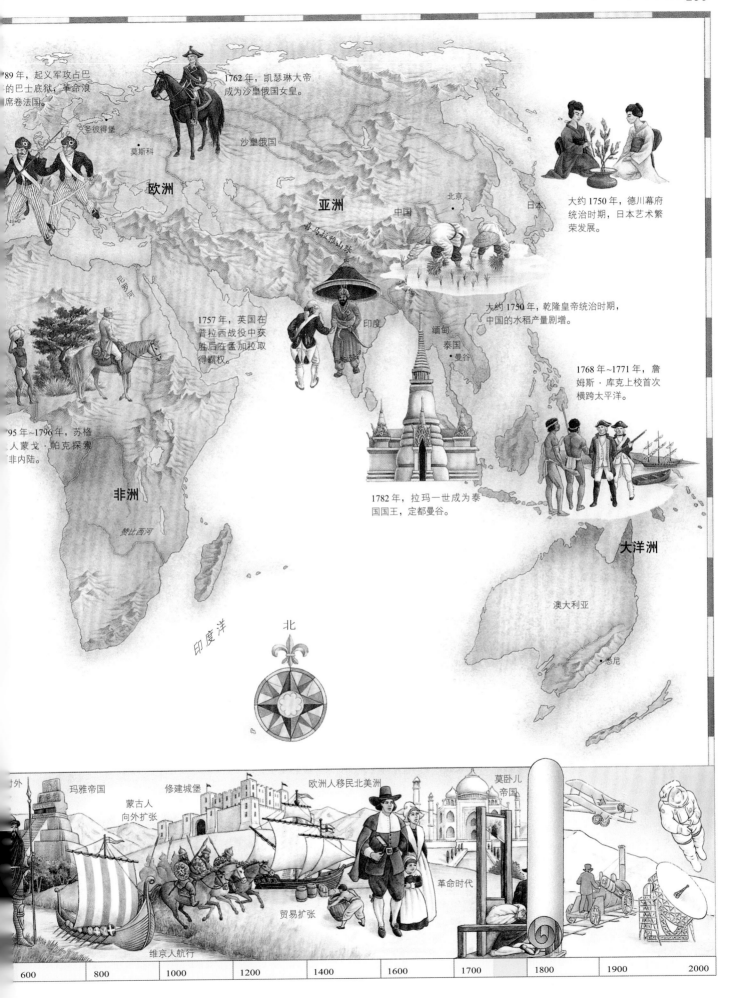

"89 年,起义军攻占巴
的巴士底狱,革命浪
席卷法国。

1762 年,凯瑟琳大帝
成为沙皇俄国女皇。

圣彼得堡

莫斯科

沙皇俄国

欧洲

亚洲

北京

中国

日本

大约 1750 年,德川幕府
统治时期,日本艺术繁
荣发展。

喜马拉雅山脉

尼罗河

1757 年,英国在
普拉西战役中获
胜后在孟加拉取
得霸权。

印度

缅甸

泰国 · 曼谷

大约 1750 年,乾隆皇帝统治时期,
中国的水稻产量剧增。

1768 年~1771 年,詹
姆斯·库克上校首次
横跨太平洋。

95 年~1796 年,苏格
人蒙戈·帕克探索
非内陆。

非洲

赞比西河

1782 年,拉玛一世成为泰
国国王,定都曼谷。

大洋洲

澳大利亚

印度洋

北

悉尼

玛雅帝国

蒙古人
向外扩张

修建城堡

欧洲人移民北美洲

莫卧儿
帝国

贸易扩张

革命时代

维京人航行

| 600 | 800 | 1000 | 1200 | 1400 | 1600 | 1700 | 1800 | 1900 | 2000 |

1750 年

1762 年

非洲

1755 年，南非开普敦首次暴发天花病，最初由水手带来，后来很快传遍国内；天花导致多名科依桑猎人和牧人死亡。

赞比亚洛齐人的吹风器

1764 年~1777 年，西非阿散蒂国王奥塞·克瓦多在位。
1768 年~1773 年，苏格兰探险家詹姆斯·布鲁斯发现了埃塞俄比亚。*
1768 年，马穆鲁克军官阿里贝伊成为埃及国王。

18 世纪 70 年代，图库洛尔王国
对西非的桑海国的统治权。
1773 年，阿里贝伊与阿布·扎
（Abu'l-Dhahab）领导的起义军交
受伤，一个星期后逝世。

阿散蒂王国的黄金砝码

亚洲

戴上这个西藏的祭天面具可避邪

1750 年，中国在拉萨重新建立西藏地方政府。
1750 年~1779 年，卡里姆汗成为波斯南部国家的独裁者。
1752 年，艾哈迈德·沙·杜兰尼（1747 年~1773 年）统一阿富汗，入侵印度，占领拉合尔；1755 年洗劫德里。
1753 年，雍笈牙再次统一缅甸，建立了缅甸最后一个王朝——贡榜王朝（至 1885 年）。
1756 年，加尔各答"黑洞"建立。
1757 年，罗伯特·克莱芙在普拉西战役中击溃了孟加拉总督西拉杰·乌德·达乌拉。*
1758 年，日本学者青木昆阳将红薯引入日本，编写了《荷日辞典》。
1761 年，马拉塔与阿富汗的艾哈迈德·沙·杜兰尼在帕尼帕特交战，阿富汗获胜。*

1762 年，英国舰队从西班牙手里夺
菲律宾群岛的马尼拉。
1763 年，《巴黎条约》签署后，英
成为印度的霸主。
1767 年，缅甸军队入侵泰国，破坏
首都阿瑜陀耶，并迫使泰国接受缅
的霸主地位，但中国军队入侵缅
因此缅甸军队不得不从泰国撤军。

这个印度莫卧儿帝国时期的鼻烟壶上镶嵌着钻石、红宝石和一块翡翠

欧洲

1750 年~1777 年，塞巴斯蒂安·德·卡尔瓦略（后来的彭巴尔侯爵）被任命为外交大臣，成为葡萄牙国王若泽一世的总理大臣，他推行改革。*
1754 年，西班牙教会与罗马教廷签订宗教协定，脱离罗马教廷。
1755 年，葡萄牙里斯本发生大地震，上千人死亡。
1756 年~1763 年，七年战争，普鲁士和英国对战法国、奥地利和沙皇俄国。
1757 年，罗斯巴赫战役：普鲁士国王腓特烈大帝打败法国和奥地利。*

七年战争结束后，很多士兵被迫重新找工作。有些士兵成为补锅匠，如图中的银雕像。

1762 年，法国哲学家让-雅克·卢梭的《社会契约论》出版。
1762 年~1796 年，沙皇俄国女皇凯瑟琳大帝在位。*
1764 年~1795 年，波兰末代皇帝斯坦尼斯瓦夫·波尼亚托夫斯基在位。
1772 年~1795 年，波兰被沙皇俄国、奥地利和普鲁士瓜分。
1773 年~1775 年，叶梅利扬·普加乔夫领导哥萨克人和沙皇俄国农民起义。

凯瑟琳大帝的冰激凌冷冻机——塞夫尔瓷器

美洲

1753 年，法国人占领北美洲的俄亥俄河谷。
1754 年~1763 年，北美洲发生英法战争。
1759 年，英国陆军少将詹姆斯·沃尔夫在魁北克战役中打败法军。*
1759 年，葡萄牙当局将耶稣会信徒逐出巴西。
1760 年，加拿大所有领土都转至英国人手里。

法国将军蒙卡尔姆在魁北克战役中牺牲

1762 年，英国远征队占领古巴
从西班牙手里夺走哈瓦那。
1763 年，里约热内卢成为巴西首都。
1763 年，庞蒂亚克起义：北美
第安人反抗英国殖民统治。
1765 年，英国向美洲的殖民地征
收印花税。
1773 年，波士顿倾茶事件：北美
殖民者反对英国税收。*

这条来自巴西的项链用美洲豹爪子与红色羽毛制成

大洋洲

1767 年，英国上校塞缪尔·瓦利斯成为到达塔希提的第一位欧洲人；6 个月后，法国航海家布干维尔到达此岛屿。
1768 年~1771 年，詹姆斯·库克船长第一次横跨太平洋。*
1770 年，西班牙水手登陆复活节岛。
1772 年~1775 年，库克船长第二次横跨太平洋。

库克的
"奋勇"

7 年，摩洛哥国王西迪·穆罕默德（57 年~1790 年在位）废除奴隶制。

9 年，开普殖民地的荷兰农民与有组织科萨抵抗军发生冲突。

1 年，伊斯兰教信徒提加尼在阿尔及利亚建立提加尼教团。

5 年，阿曼统治者再次控制桑给巴尔。

尔农民在大鱼河沿岸与科萨人交战

1787 年，撒哈拉的游牧民族图瓦雷克人废除了廷巴克图的摩洛哥帕夏管辖地区。

大约 1788 年，富拉尼神职人员奥斯曼·丹·福迪奥，向豪萨王宣战。

1788 年，英格兰成立非洲协会，以探索非洲内陆国。

1795 年，英国首次从荷兰手里夺走开普殖民地。

1795 年~1796 年，苏格兰探险家蒙戈·帕克穿越冈比亚，到达尼日尔。

图瓦雷克人的马鞍

日本的大象形状的香炉

1774 年~1785 年，沃伦·黑斯廷斯成为英属印度总督。

1777 年，中国耶稣会士将基督教传入朝鲜。

1782 年~1809 年，拉玛一世统治泰国，建立了却克里王朝。

1783 年~1788 年，日本遭遇严重饥荒。

1784 年，美国开始与中国开展贸易。

这把黄金剑的剑柄上印有东印度公司的饰章

1792 年，尼泊尔侵略中国西藏，清乾隆帝下令兴兵进剿。

1792 年，沙特阿拉伯建立者谢赫·穆罕默德·本·阿布德阿·瓦哈卜逝世。

1794 年，阿迦·穆罕默德建立卡扎尔王朝，统一波斯。

1796 年，中国的乾隆皇帝退位，但仍然主持朝政（一直到 1799 年）。*

1799 年，兰季德·辛格在印度旁遮普建立锡克帝国。

4 年~1792 年，法国国王路易六执政。

7 年，玛丽亚成为葡萄牙女王，女遂蓬巴尔，但蓬巴尔继续工作。

8 年，普鲁士与奥地利开始争夺王位继承战。

0 年，玛丽亚·特蕾西亚女王逝其子约瑟夫二世开始单独统治地利，在此之前是母子二人共同台。约瑟夫二世开始推行为期 10 的重要改革。

3 年，沙皇俄国政府吞并克里米亚。

3 年~1801 年，小威廉·皮特成英国首相。

这把椅子是路易十六在枫丹白露棋牌室的六把椅子之一

1787 年~1792 年，土耳其为夺回克里米亚向沙皇俄国宣战，但失败了。

1788 年~1790 年，瑞典攻打沙皇俄国，但和平条约确定了战前边界。

1789 年，法国大革命爆发；巴黎的巴士底狱被攻占（7 月 14 日）。*

1795 年，法国占领尼德兰，成立独立的荷兰共和国。

1798 年~1799 年，沃尔夫·托恩领导爱尔兰人反抗英国统治。

这块金表是土耳其苏丹塞利姆三世（1780年~1807 年）的

1787 年，美国制定宪法。

1789 年，巴西蒂拉登特斯造反，米纳斯吉拉斯金矿工人起义。

1789 年~1797 年，乔治·华盛顿成为美国首任总统。

18 世纪 90 年代，杜桑·卢维杜尔在海地领导了反抗法国统治的起义，卢维杜尔曾统治海地一段时间。*

1791 年，《加拿大宪法法案》将加拿大分裂成上加拿大和下加拿大。

1793 年，加勒比海的特立尼达岛脱离西班牙统治。

罗·列维尔是国独立战争中的国英雄

1775 年，莱克星顿的小规模战争成为美国独立战争的首战。

1776 年，美国发表独立宣言（7 月 4 日）。*

1776 年，西班牙在南美洲拉普拉塔设立总督一职。

1777 年，《圣伊尔德丰索条约》确定了西班牙和葡萄牙在巴西的殖民权。

1780 年~1782 年，印加后裔图帕克·阿马鲁在秘鲁起义。

1781 年，英国的康沃利斯侯爵在约克镇投降，结束了美国独立战争。*

1783 年，《巴黎条约》承认美国独立。

这个包来自魁北克北部，是用驯鹿皮和两只潜鸟的喉咙制成

年~1779 年，库克第三次航行。在往太平洋的路上，他登陆夏威夷，被用棍殴打致死或刺死。

年，法国航海家拉彼鲁兹伯爵穿过洋和美洲西北部到达日本；1788 年洋上失踪。

1770 年，与库克船长一起横跨太平洋的博物学家约瑟夫·班克斯发现了这只蝴蝶。

1787 年~1789 年，海军上尉威廉·布莱驾驶"慷慨"号进入太平洋寻找面包树，但是船员叛变，把他扔进大海。

1788 年，英国首个囚犯被发配到澳大利亚的博特尼湾。

1790 年，布莱回到英格兰。

1793 年，首批英国自由殖民者到达澳大利亚。

1798 年，巴斯和弗林德斯发现了澳大利亚大陆与塔斯马尼亚之间的海峡。

1799 年，汤加发生内战。

面包树

| 600 | 800 | 1000 | 1400 | 1600 | 1700 | 1800 | 1900 |

1750年~1800年 非洲

在西非，富拉尼人的伊斯兰复兴影响了整个地区。尼日利亚西南部的奥约帝国处于鼎盛时期。更西部的阿散蒂统治着黄金海岸。18世纪80年代，每年有9万名非洲奴隶被运到大西洋的另一端，很多奴隶来自安哥拉。在东非，桑给巴尔的奴隶贸易规模赶上了蒙巴萨。欧洲人开始探索非洲，以便增加对非洲的了解，促进贸易。在南非，荷兰人与非洲人发生冲突，1795年，英国人夺走了荷兰的开普殖民地。

渴望成名

1795年，苏格兰人蒙戈·帕克（1771年~1806年）到达尼日尔，后来出海时溺死。

埃塞俄比亚风格

一位埃塞俄比亚妇女的腿部银饰，詹姆斯·布鲁斯可能在寻找尼罗河源头时见过。

1768年

欧洲人探索非洲内陆

欧洲人对非洲海岸贸易的兴趣被压制了几个世纪后，他们开始调查非洲大陆的内部情况，尤其是奴隶贸易。他们调查的还有很多，包括科学、地理和商业。在1768年至1773年间，苏格兰探险家詹姆斯·布鲁斯探索了埃塞俄比亚。当他找到青尼罗河的源头时，他以为自己找到了尼罗河主流的源头。1788年，一群英国科学家和赞助人，在约瑟夫·班克斯爵士的牵头下组成了非洲协会，以促进探索非洲和寻找新的贸易出口。1795年，协会赞助蒙戈·帕克去西非的第一次旅行。他探索冈比亚河，到达了尼日尔，确认了尼日尔河向东流。

大西洋

撒哈拉

塞内加尔

尼罗河

富拉尼帝国

埃塞俄比亚

喀麦隆

→ 蒙戈·帕克 1795年~1796年航海路线

→ 蒙戈·帕克 1805年~1806年航海路线

→ 詹姆斯·布鲁斯 1768年~1773年航海路线

第一步

截至1750年，欧洲对非洲内部的了解自罗马帝国起就一直没有再深入。布鲁斯和帕克向前迈出了一小步。

大约1788年

圣战的第一波浪潮

富拉尼人在西非大部分地区放牧。很多人生活在尼日利亚北部的豪萨兰，一些人则被吸引到城镇，他们信仰伊斯兰教，甚至成为穆斯林学者和牧师。大约1788年，奥斯曼·丹·福迪奥（1754年~1817年）是生活在豪萨城邦戈比尔的一名富拉尼牧师，他批评国王没有按照伊斯兰教法律管理国家。奥斯曼身边聚集了一帮支持者，到18世纪90年代，他已经对戈比尔城邦构成了严重的威胁。1804年，奥斯曼离开戈比尔，发动了反对豪萨所有国王的圣战。1812年，豪萨兰大部分地区都加入富拉尼统治的新帝国。奥斯曼自封为哈里发，他死后将王位传给他的儿子穆罕默德·贝洛，贝洛成立了一个新镇——索科托。

富拉尼妇女

富拉尼人是西非唯一一个游牧族（随着牧群迁移）。他们从塞内加尔出发，向东迁移到北部遥远的尼日利和喀麦隆。

动物饰品

这个豪萨城邦的饰品包戴在主人的脖子上。

40000 BC		10000	5000	1000	500	AD 1	200

1750 年~1800 年 亚洲

莫卧儿帝国衰落后，英国人和法国人乘虚而入，追逐他们在印度的商业和军事利益。罗伯特·克莱芙在战役中打败了孟加拉总督（统治者），他将孟加拉纳入英国统治之下。同时，一位出色的阿富汗将军艾哈迈德·沙·杜兰尼占领了印度北部大部分地区。在东南亚，拉玛一世加强了泰国实力，中国在乾隆皇帝的统治下继续发展。

大象的盔甲

这头印度象穿的盔甲被克莱芙的人购买。

1757 年

英国控制孟加拉国

印度东部的孟加拉国曾是一个强大的国家，在 18 世纪早期就脱离了莫卧儿帝国的统治。英国和法国东印度公司都对孟加拉有兴趣。1756 年，孟加拉总督将英国人逐出大本营加尔各答。第二年，由东印度公司官员改行当士兵的罗伯特·克莱芙夺回加尔各答，然后在普拉西战役中击溃了总督西拉杰·乌德·达乌拉。这使得孟加拉落入英国东印度公司的控制之下。在接下来的几十年里，英国加强了对这片区域的控制，而这里也通过贸易变得很富裕。然而，18 世纪末，法国再次显现出控制印度的野心，让英国再次受到严重威胁。

孟加拉的"迪瓦尼体[①]**"文件**

普拉西战役结束后，英国又参加了几次战役，巩固了英国在孟加拉的势力。1764 年，在布克萨尔打了胜仗后，莫卧儿皇帝沙·阿拉姆授予英国从孟加拉收税的权力，这幅画就是罗伯特·克莱芙接受沙·阿拉姆的授权书。

① 迪瓦尼体形成于奥斯曼帝国的土耳其，曾被定为官方正式公文的书写体。——译者注

1761 年

艾哈迈德·沙·杜兰尼在帕尼帕特战役中获胜

波斯国王纳迪尔汗被暗杀后，他的一位阿富汗将军艾哈迈德·沙·杜兰尼占领了纳迪尔汗曾控制的阿富汗省，并建立了杜兰尼王朝。艾哈迈德入侵印度的次数不少于 9 次，他宣称获得了对纳迪尔汗曾征服领地的统治权。18 世纪 50 年代，艾哈迈德·沙·杜兰尼与中印度联邦的马拉塔发生冲突。1761 年，艾哈迈德在德里附近的帕尼帕特战役中战胜了马拉塔的军队。随后，他的军队叛变，他丢失了一些领地，但是保住了对印度西北部地区的控制权。1773 年，艾哈迈德·沙·杜兰尼逝世。

帕尼帕特战役

在帕尼帕特战役中，艾哈迈德·沙·杜兰尼的军队将马拉塔的军队赶回自己的领地。

1782 年

泰国的新国王

18 世纪 60 年代末期，泰国大将郑信入侵泰国并摧毁其首都阿瑜陀耶，将纸人逐出泰国。1776 年~1777 年，泰国统一，新首都定于曼谷。但是郑信被战争弄疲惫不堪，精神出现了问题。他的统帅却克里接管了泰国政府。1782 年，却克里称王，郑信被处死。却克里后来成为拉玛铁菩提或称拉玛一世。拉玛一世在位时大部分时间都在与缅甸作战，缅甸雄心勃勃的新统治者波道帕耶于 1785 年入侵泰国，但被击败。后来拉玛集中精力让帝国强大起来，任命曾在多场战争中服务于他且值得信赖的人为政府部长。1809 年，拉玛一世逝世。

泰国耳环

拉玛一世赞助艺术，尤其是文学。这对精致的耳环用动物皮制成，再涂金，这是 18 世纪精致珠宝的典型代表。

缅甸人的长矛

入侵泰国的缅甸军队屡次惨败，最后只能进行无效的边境袭击，拉玛一世并没有反击。

泰国人的染料

拉玛一世在位时，工匠制作图案复杂的艺术品，例如这只瓷碗。

1796 年

乾隆皇帝退位

1796 年，乾隆皇帝在位 60 年后退位，但是退位后的他仍然主持朝政。他在位期间，国家欣欣向荣。他通过引入生长期较短的水稻（在某些地区，每种作物生长期只需短短 30 天，一年三季），增加进口作物，例如从美洲进口玉米和红薯，为日益增长的人口提供粮食（据说，18 世纪时，中国人口从 1.5 亿涨到了 3 亿）。大约 1770 年以后，乾隆的生活开始变得奢侈无度，身边都是阿谀奉承之士，尤其是他最喜欢的仪表俊雅但能力不足的官员——和珅（1750 年~1799 年）。和珅靠贿赂和贪污晋升得很快，而贿赂和贪污是降低朝廷办事效率的罪魁祸首。一些省份出现叛乱，至 1799 年乾隆逝世后，华北地区的叛乱仍在继续。

装饰艺术

这个白色的小型玻璃鼻烟壶于乾隆时期制作，上面装饰了经雕琢的光玉髓。

英国使节参见皇帝

1793 年，乾隆皇帝接见了英国使节马戛尔尼伯爵。英国希望与谈判达成一项贸易协议。但是，乾隆皇帝对这位英国使节不太满意，与欧洲国家的贸易也没有兴趣，因此两国没有签署协议。

日本艺术与文化

从 17 世纪早期至 19 世纪中叶，日本便很少与外界接触。这让日本有绝佳的机会发展新艺术，这些艺术反映了他们的生活方式、经济繁荣程度、宗教（佛教与神道教），以及对自然世界的理解。在新式的净琉璃文乐木偶戏中，木偶活动很灵活，让观众几乎相信它们是活的。其他新的艺术形式如歌舞伎，这是一种音乐剧，演员们穿着五颜六色的服装表演现代社会生活或历史事件。17 世纪末期，日本艺术家开始创作木刻版画以及人物画。有些画是临摹经典作品，另一些则是生动的、原汁原味的日常生活场景，即浮世绘。一些浮世绘艺术家，例如葛饰北斋（1760 年~1849 年）举世闻名。

摔跤艺术

古代宫廷仪式上举行了首届相扑比赛，比次比赛还伴有戏剧和舞蹈，比赛是为了祈祷来年有一个好收成。在相扑比赛中，一名选手会努力将另一名选手扔出或推出比赛台外，或迫使对方除脚底以外的身体任何地方触地。在日本，相扑至今仍很受欢迎。

微型自然

日本人通过各种方式来表达对自然美的欣赏。其中一种是盆栽艺术，一些树木被专门种植在花盆里，成为真实树木的微型版。它们可种植在室内，也可种植在室外。现在，世界各地的人都在种植盆景树。

剑

日本武士的剑是荣誉的象征。打造剑的铁匠则被视为宗教仪式上最重要的艺术家。剑身不得有任何瑕疵，配件的制作也极其复杂，通常会镶嵌贵金属。

茶道

喝茶是一种优雅的仪式，茶道的传统至今仍保留着。茶道大师希望为喝茶的人带来和平与宁静。茶道有时在露天举行，但通常在专门修建的、小而简单的木制茶馆举行。进入茶馆后，客人必须严格遵守规矩行事。他们要对茶碗、茶具和插花进行鉴赏，赞美一番。客人啜饮一口特制绿茶后，擦一下碗，再递给下一位客人。这种仪式是 500 年前佛教僧人发明的。

浪花

葛饰北斋的著名木版画《神奈川冲浪里》是《富岳三十六景》系列之一，于19 纪 30 年代问世。画中的船只和船员被巨浪吞没，人类的渺小与大自然的雄伟形成鲜明对比。

600	800	1000	1200	1400	1600	1700	1800	1900	2000

1750 年 ~1800 年 欧洲

在强硬统治者彭巴尔统治葡萄牙时期，葡萄牙人在巴西发现了钻石，这使得葡萄牙日益繁荣。欧洲经历了几场战争，特别是七年战争让普鲁士国王腓特烈二世（腓特烈大帝）险些失去自己的王国，但却使他获得军事天才的荣誉。法国在七年战争中战败，被逐出加拿大。另一位伟大的国王，沙皇俄国的凯瑟琳大帝试图仿效法国的统治方式，但还是维持了她的独裁统治。18 世纪末，法国大革命几乎影响了欧洲每一个国家。

腓特烈二世（1712 年~1786 ）

普鲁士国王腓特烈二世是一位国王，在他统治时期，普鲁士达到了

彭巴尔侯爵（1699 年~1782 年）

彭巴尔的第一项重大成就是积极应对地震对里斯本的破坏。当其他人都恐慌不已时，他镇定自若，并开始着手城市的重建工作。

1750 年
彭巴尔统治葡萄牙

葡萄牙是一个伟大的航海国，在非洲、南美洲和亚洲都建立了殖民地。1年，在西班牙统治葡萄牙 60 年之后，葡萄牙重新获得独立。1750 年，塞巴斯安·德·卡尔瓦略（后来的彭巴尔侯爵）被葡萄牙国王若泽封为高官，1756 年被命为总理大臣。彭巴尔可能是现代葡萄牙历史上最伟大的政治家。在担任总理的多年里，他改革葡萄牙的财政、军事和教育，促进工业和殖民地发展，削减贵族力，撤销宗教裁判所，驱逐耶稣会士。他统治严格，处罚反对派的方式残酷。1777国王若泽逝世后，彭巴尔被撤职。

里斯本地震

1755 年，葡萄牙首都里斯本发生地震，这场地震是 18 世纪最严重的自然灾害。万圣节这一天，教堂挤满上千名市民做弥撒，强震持续了 15 分钟之久，动摇了城市根基。三分之二的建筑物，无论大小，均倒塌成一片废墟，碎石导致 5 万人伤亡。正是彭巴尔指挥重建首都。他从巴西的葡萄牙富裕侨民那里征收黄金和钻石，来支持重建工作。

自然灾害

里斯本地震导致塔霍河水退去，后来，一次大海啸来袭，将首都郊区淹没。很多天以后，城市又发生了一场大火灾。

地震以前

里斯本是一个富裕的沿海大城市。地震发生后，里斯本重建了几十年才恢复之前的繁荣。

1756 年，权力和利益冲突导致了七年战争的爆发。普鲁士和英国对战法国、奥地利和沙皇俄国。

1756 年，腓特烈大帝入侵东北部的中立国萨克森。

1757 年，腓特烈在罗斯巴赫战役中战胜了法国和奥地利同盟军。

1758 年，腓特烈在曹恩道夫战役中战胜了沙皇俄国。

1762 年，新沙皇彼得三世退出战争，将占领的领地归还腓特烈。

1763 年，双方签署《胡贝图斯堡条约》，腓特烈被逼撤出萨克森，但允许他继续控制西里西亚。

1757 年

罗斯巴赫战役

1740 年，腓特烈二世成为普鲁士国王。他统治下的国家秩序良好，军队英勇善战，帮助他提高了普鲁士在欧洲的地位。腓特烈二世修养很高，他最擅长的是军事领导。在奥地利王位继承战争（1740 年~1748 年）和七年战争（1756 年~1763 年）中，他为普鲁士夺得了领地。最大的一次胜利是罗斯巴赫战役，他率领 3 万名士兵击溃了法国和奥地利的 8 万多名同盟军。战争结束后，普鲁士成为一个大国，腓特烈也从此采取和平政策。在国内，他是一位开明的专制君主，他相信只有拥有绝对权力的君主才能改善人们的生活状况。为了到达这一目的，腓特烈二世推行经济改革，保证宗教自由，废除酷刑，但是农民仍然受封建制度的束缚。

防御时使用的火绳杆的尖端

在硝石里浸泡过的绳子穿过龙嘴，然后点燃

法国火绳杆

这根火绳杆是一根用来点燃大炮的长杆，可追溯至七年战争。

1762 年

瑟琳大帝成为沙皇俄国女皇

1762 年，凯瑟琳大帝废黜了丈夫彼得三世后，成为沙皇俄国女皇。她聪明伶俐、精力充沛，还受到了启蒙运动哲学家伏尔泰和孟德斯鸠的影响。她的主要成就包括向外扩张、发展工业贸易、改革地方政府、普及教育，尤其是女性教育。凯瑟琳还是一位作家，她鼓励文学、艺术、版业的发展以及欧洲文化的传播。她最受批评的政策是保留农奴制、共谋分割波兰。她的成是在彼得大帝建立的基础上，将沙皇俄国发展成一个强国。

前膛枪

这支前膛燧发枪来自凯瑟琳大帝的军械库，曾在对外扩张时的多场战争中被使用。

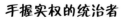

手握实权的统治者

凯瑟琳（1729 年~1796 年）是一位专制君主，她没有抵挡住地主的反对，因而没有废除农奴制。她的聪明伶俐吸引了欧洲多位艺术家和知识分子，使得她的宫廷成为一个文化中心。

叶梅利扬·普加乔夫
（1726 年~1775 年）

1773 年，由于对经济政策的不满，乌拉尔哥萨克人起义。顿河哥萨克人叶梅利扬·普加乔夫领导了这场起义。他冒充 1762 年被凯瑟琳拥护者暗杀的彼得三世，建立模拟法庭，用凯瑟琳的大臣们的名字为他身边不识字的追随者命名。愤怒的农民都加入他的队伍中，起义军顺着乌拉尔河和伏尔加河下游发展，达到了农民战争的规模。1775 年，普加乔夫被捕，并被处死，起义遭到残酷镇压。

攻占巴士底狱

巴黎的巴士底狱是王室和贵族暴政的象征。1789年，民众攻占巴士底狱时，监狱里只关了7名囚犯。这一场景为一位革命者所画。

1789年

法国大革命

法国大革命是一场不同阶级反抗整个社会秩序的深刻革命。它源于长期的不满。1740年以来的3场大战让国家一贫如洗，粮食收成不好导致物价剧增。政治权力集中在凡尔赛皇宫，批评政府的人一概被视为违法。贵族阶级还像封建地主一样统治，向贫穷农民收取的苛捐杂税越来越高，而农民还要承担交税的重任。中产阶级由于受到启蒙运动哲学家著作的影响，也开始鼓动改革。1789年，国王路易十六近175年以来首次召集三级会议，试图签署国家改革协议。这一举措成为改革催化剂。7月14日，巴黎骚乱达到了高潮，愤怒的民众攻占巴士底狱。后来，国王和部长被迫推行改革。三级会议成为国民代表大会，颁布了《人权和公民权宣言》，接受新版民主宪法。1792年，法国废除君主政体，建立共和政体。旧社会体制消失，一个自由、平等、博爱的社会出现。

红白蓝三种颜色组成的三色旗是法兰西共和国的新国旗

激进的领导者

最初，温和派曾试图统治法国，但是被更激进的领导者，例如乔治·雅克·丹东和雅克·埃贝尔赶下台。后来，激进派自身分裂，丹东和埃贝尔被极端派马克西米连·罗伯斯庇尔（1758年~1794年）（右图坐着的人）处死。罗伯斯庇尔呼吁民众不要信任那些追求循序渐进的人，但是他在推行恐怖统治后被送上断头台。罗伯斯庇尔政权被温和派理事会接管，即督政府。

受害者被带上断头台阶，双手被绑在背后，等待着被处死

革命支持者包括商人、工人、普通士兵、农民，他们都感觉受到了统治者的虐待

法国国王路易十六

1774年，路易十六（1754年~1793年）继承他祖父路易十五的王位，成为法国国王。16岁时，他与奥地利女王玛丽亚·特蕾西亚的女儿玛丽·安托瓦内特结婚。路易是一位善良但软弱的国王，革命爆发时，他试图向所有阶级做出让步。但这并没有让他保住王位，也没有保住妻子性命，1792年，他被赶下台。1793年1月21日他被送上断头台。

观众中有"编织工人"，她们每天都坐在断头台旁织毛衣

40000 BC		10000	5000	1000	500	AD 1	200

亡地点

　　盖勒廷博士将断头台传入法国后，断头台很快成为法国大革命的象征，断头台位于巴黎市中心的协和广场。恐怖统治时期，死刑场面一片血腥，引来了普通民众中的支持者前来围观。

干绳子后，刀就会
到受害者的脖子上

断头台的刀锋利无比，可以
快速处死上千名罪犯，这
种方式相对人性化

死者的头和身体被装进篮子里，丢进乱葬岗

玛丽·安托瓦内特

　　玛丽·安托瓦内特 (1755 年 ~1793 年) 是路易十六的妻子，她一直不被法国民众喜爱。她因奢侈无度的生活方式遭到民众的蔑视，尤其在她和路易十六刚结婚的前几年。据说，当她听到巴黎人因没有面包吃而发生暴乱时，说道："让他们吃蛋糕啊。"这句话反映了她置百姓生死于不顾。当她丈夫被处死 9 个月后，她也被革命者送上了断头台。

国外革命

　　法国大革命也影响了欧洲其他国家。在爱尔兰，沃尔夫·托恩得到法国支持反政府起义的承诺，发动起义，反抗英国统治。但起义失败了，托恩被捕后自杀。右图的英国首相威廉·皮特 (1757 年 ~1806 年) 意识到法国军队可能通过爱尔兰攻击英国，被迫与爱尔兰议会联合。1800 年，爱尔兰正式并入英国。

法国大革命

1789 年 7 月 14 日，愤怒的巴黎民众攻占巴士底狱，引发了法国大革命。

　　1789 年 8 月 27 日，《人权和公民权宣言》颁布。

　　1790 年，路易十六接受新版民主宪法。

　　1791 年，路易十六与王后玛丽·安托瓦内特试图逃离法国，但被阻拦并押回巴黎。

　　1792 年，全国代表大会废除君主政体。

　　1793 年 1 月，路易十六被处死，10 月，玛丽·安托瓦内特被处死。

　　1793 年 ~1794 年，马克西米连·罗伯斯庇尔开始恐怖统治。

　　1794 年 3 月，埃贝尔被处死，4 月丹东被处死。

　　1794 年，罗伯斯庇尔被捕，7 月被处死，恐怖统治结束。

　　1795 年，督政府成立。

阿尔贡金的棍棒

说阿尔贡金语的印第安人经常受到强大的英国殖民者盟友易洛魁人的袭击。

法国–印第安人战争

在詹姆斯·沃尔夫获胜之前，英国人在北美洲屡次惨败。1754年，法国人和他们的印第安同盟埋伏在森林里，伏击布拉道克率领的英国军队。本图是电影《最后的莫希干人》中的场景，英国的莫希干盟友正在与支持法国的休伦勇士战斗。

1750年~1800年 美洲

在北美洲，英国人在东海岸英国殖民者的帮助下从法国人手里夺走了加拿大。后来，英国政府征收新税，以加强对殖民地的统治。殖民者起来反抗，获得了独立，建立了美国。南美洲爆发了起义，反抗西班牙和葡萄牙的统治。

1759年
英国在加拿大打败法国

18世纪50年代以前，北美洲的英国人和法国人就经常为了贸易而发生战争，这些战争属于两国在欧洲战争的延续。1753年，法国人从南部的加拿大迁移，占据了俄亥俄河谷部分地区。东海岸的英国军队和殖民者再次被派过去参战。双方都打赢了战争，没有绝对的胜负之分。1756年，法国派了一名新指挥官蒙卡尔姆侯爵到加拿大，1758年，詹姆斯·沃尔夫将军也从英国到达加拿大。英国人袭击了法国的领土，包括法属加拿大首都魁北克。1759年，沃尔夫在魁北克附近打败了蒙卡尔姆，占领了魁北克。1763年签署的《巴黎条约》同意英国控制加拿大所有领地，《巴黎条约》结束了七年战争。

士兵爬上了53米高的悬崖

前30个登陆的船舶之一，船上载了1700名沃尔夫手下的士兵

沃尔夫与另一名军官讨论战术

1759年8月，沃尔夫驻扎在魁北克东部计划晚上在魁北克城前悬崖底部悄悄登陆，突袭。9月13日凌晨1点，他和士兵们起程晨4点时到达登陆点，然后爬上悬崖，黎明往亚伯拉罕平原。蒙卡尔姆手下士兵措手不及很快被打败，但是沃尔夫和蒙卡尔姆都身受重

	10000	5000	1000	500	AD 1	200

1773 年

波士顿人将茶叶扔出船外

18 世纪中叶，13 个美国殖民州开始反抗英国的统治。七年战争以后，英国政府开始向殖民地收税，殖民地居民则拒绝交纳，因为英国议会没有他们的代表。1767 年，殖民地居民进口的玻璃、铅、颜料、纸张和茶叶都要交税，但由于遭到强烈抗议，除茶税外的其他税收被取消。1773 年，殖民地居民登上波士顿装茶叶的船，将茶叶箱里的茶叶全部倒入海里。英国因此关闭了波士顿港口，削减地方政府的权力。殖民地成立了议会，并发布了权力声明。1775 年，殖民者在莱克星顿迎战英国军队，战争爆发。

《印花税法案》

英国采取的一系列措施激怒了殖民民，茶税就是其中一项。1765 年颁《印花税法案》要求对法律文件征殖民地人民则认为只有他们自己的才有权向他们征税。9 个殖民州的聚集在一起，呼吁商人停止购买英品，英国商人失去了生意。1766 年，被废除。这幅卡通画表现的是波士往一名英国收税员嘴里倒茶叶，《印法案》则钉在一棵自由树上。

波士顿倾茶事件

50 个男人分成 3 组装扮成莫霍克族人，经过欢呼的支持者前往装茶叶的船，然后将货船掀翻。其他港口也效仿波士顿开始倾倒自己港口的茶叶。

1776 年

国会宣布独立

美国反对英国统治的革命战争开始后不久，美国殖民地国会任命弗吉尼亚州的将军乔治·华盛顿为军队统帅。华盛顿将英国人逐出波士顿，这一举措促进国会宣布正式摆脱英国统治。1776 年 7 月 4 日，国会通过了经 13 个州代表签字的《独立宣言》。《独立宣言》称，联合的殖民地应该成为自由而独立的国家。随后便是 5 年的战争，华盛顿和他的将军们在大部分战争中获胜。

独立的思想

弗吉尼亚州才华横溢的年轻众议员托马斯·杰斐逊（图中穿红色背心士）起草了《独立宣言》。他重述了哲学家约翰·洛克的理论，约翰·洛为政府与国民签署了合约，应保护他们的生命权和自由权，杰斐逊加上条，追求幸福权。他列举了英国国王的罪行，认为英国国王违背了与殖的合约。并非所有殖民地人民都希望独立，有些"忠诚人士"移民加拿全民自由的思想促使一些殖民地居民开始宣扬奴隶自由。1804 年，奴隶废除，没有在东海岸掀起轩然大波。

女性工作性质的变化

殖民地的女性在战争中从事一些一直被认为只有男人才能干的活儿。传物"水壶茉莉"在战场上为男人送水，当她丈夫逝世后她接替了丈夫炮岗位。

"水壶莱莉"用推弹杆将火药装入大炮

美国独立战争

1775年，美国独立战争中的第一场战争在莱克星顿打响。

1775年，华盛顿率领殖民军队围攻波士顿的英军。

1776年，英军撤离波士顿，殖民地宣布独立。

1777年，英国军官约翰·伯戈因在纽约州的萨拉托加投降。

1778年，法国与美国结成联盟。

1780年，在南卡罗来纳州，康沃利斯率领英军在卡姆登战役中打败美军。

1781年，在北卡罗来纳州吉尔福德县府战役中，英军获胜；康沃利斯撤回到约克镇。

1781年，英军在约克镇投降，战争结束。

1781年
英军在约克镇投降

1781年春天，英军和美军在北卡罗来纳州的吉尔福德县府交战后，康沃利斯将军的军队撤回到弗吉尼亚州约克镇。美军迅速切断了他们的食物来源。10月，康沃利斯向华盛顿投降，结束了独立战争。1783年，英美双方签署《巴黎条约》，承认殖民地或美国的独立。新成立的国家面临了很多困难，中央政府软弱。1787年5月，国会召开各州会议，制定国家宪法，建立了强大的政府体制，一直持续到今天。

前往约克镇

在华盛顿（图中间）的精心策划下，英军在约克镇被围困。法军和殖民军从纽约出发与约克镇的法军司令拉法耶特会合。法国舰队驶入附近的切萨皮克湾，沿着约克河而上。在水路、陆路均被包围的情况下，英军投降，他们放下武器。美国乐队为了庆祝英军投降，演奏了歌曲《这世界颠倒过来了》。

穿红色军上衣的英国军人

独立战争中的大部分步兵都穿不同颜色的长尾服。通常情况下，民军穿蓝色，英军穿红色，因此，军被称作"穿红色军上衣的军人"。

《宪法》给政府和人民授权

宪法编写人谨记对英国国王统治的不满，希望权力不要过分集中于某一个人或某一群人手里。《宪法》规定成立联邦政府，中央政府和各州政府共享权力。《宪法》还规定建立政府的三大机构——行政、立法和司法部门，每个机构都能否决其他机构的决定。一些国会议员认为联邦政府会剥夺公民自由权，因此承诺颁布《权利法案》，作为《宪法》10条修正案。这保障了美国公民的基本权利，包括宗教信仰自由和言论自由。此法案还规定未经陪审团同意，不得对任何人实施残酷的惩罚。

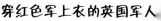

乔治·华盛顿
（1732年~1799年）

华盛顿出生于弗吉尼亚州，是国移民的曾孙。华盛顿最初是一名地测量师，同时也学习军事战略。世纪50年代，他加入殖民军，参加亥俄河谷战役，对抗法军。后来，代表弗吉尼亚州参加了美国独立战初期举行的第一次大陆会议，被任为殖民军指挥官。1789年，华盛顿选为美国第一任总统，连任两届，届4年。他在任期的最后几年受到邦党人和共和党人之间争论的困扰联邦党人相信强大的中央政府，而和党人则强调个人与国家的权利。

班牙士兵包围图帕克·阿马鲁

西班牙士兵为了镇压起义杀害了图帕克·阿马鲁和他的 10
追随者。一些秘鲁人，尤其是那些曾是西班牙人或祖先为西班
的秘鲁人，将这次起义当作是一次反抗西班牙裔印第安人的冲动起
此后，他们更忠诚于西班牙的统治。

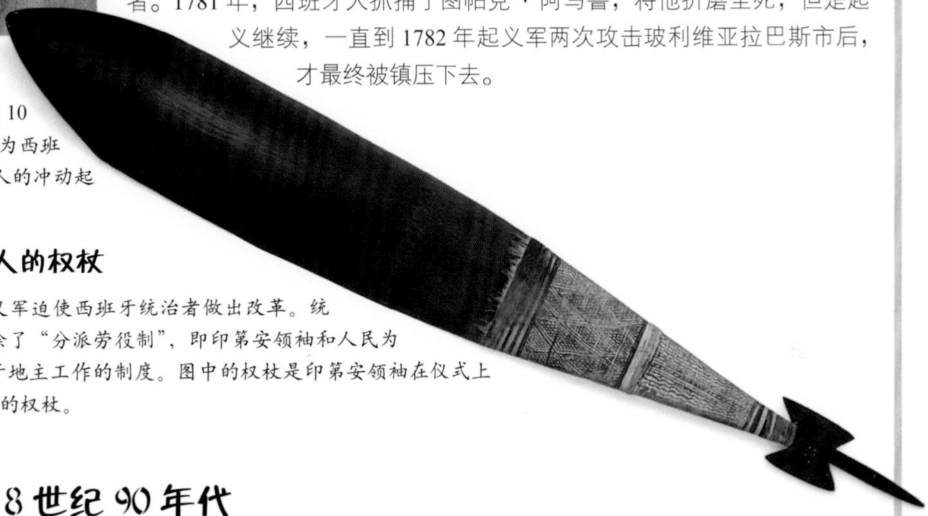

印第安人的权杖

起义军迫使西班牙统治者做出改革。统
治者废除了"分派劳役制"，即印第安领袖和人民为
西班牙地主工作的制度。图中的权杖是印第安领袖在仪式上
使用的权杖。

羽毛头饰

印第安人聚集在图帕克·阿马
鲁身旁，图帕克·阿马鲁这个名字
是为了纪念伟大的印加皇帝。与印
加祖先一样，他们在衣服上插上
鸟的羽毛。

1782 年
西班牙镇压秘鲁起义

18 世纪，南美洲首次发生反抗西班牙统治的起义。居住在安第斯山
脉的秘鲁印第安人被迫在西班牙经营的矿山和工厂工作，由于工作环境
恶劣，1780 年，他们纷纷揭竿而起。起义领导是何塞·加夫里尔·孔多
尔坎基，他是一位富有的西班牙裔印第安人，自称是 16 世纪印加皇帝图
帕克·阿马鲁的后裔，1771 年，他沿用了图帕克·阿马鲁的名字。起
义者侵占了大部分高地，攻击库斯科城。他们通过古印加传递信息的方
式——奇普，即在绳子上打结，将起义的消息秘密传递给玻利维亚的支持
者。1781 年，西班牙人抓捕了图帕克·阿马鲁，将他折磨至死，但是起
义继续，一直到 1782 年起义军两次攻击玻利维亚拉巴斯市后，
才最终被镇压下去。

18 世纪 90 年代
杜桑·卢维杜尔领导奴隶起义

18 世纪 90 年代，加勒比奴隶反抗海地政府，海地位于伊斯帕尼奥拉岛西部，由法
国控制。弗朗索瓦·布雷达是受过教育的奴隶，他自称杜桑·卢维杜尔，后来成为奴
隶领导人。1795 年，他与法国政府签订合约，岛屿大部分地区由他控制。他废除了奴
隶制，1801 年宣布海地独立。法国统治者拿破仑一世派遣探险队恢复法国的统治，并
将杜桑逮捕，带回法国。1803 年，杜桑死于法国。他的同僚让-雅克·德萨林将因生
病而变弱的法国军队逐出海地，1804 年德萨林再次宣布海地独立。

自由领导者

法国革命胜利以及所有
人都获得了自由和平等权的
消息，鼓舞了杜桑（左图）和
他的追随者，于是他们发动起
义，反抗法国奴隶主。

熊熊大火中的海地

奴隶在夜晚集会时通过击鼓将
起义开始的信号传给岛上的同盟们。
他们在被迫工作的田地里烧甘蔗、杀死
种植园主及其家人。从此，甘蔗产业再未恢复。

美国

大西洋

巴哈马
（英国殖民地）

古巴
（西班牙殖民地）

海地共和国

牙买加
（英国殖民地）

圣多明各
（西班牙殖民地）

1750年~1800年 大洋洲

这段时期，英国航海家詹姆斯·库克做了三次著名的跨太平洋远航（1768年~1779年）。他到达波利尼西亚大部分地区，向南进入南极水域，围绕新西兰航行一圈，绘制了澳大利亚东海岸地图，并收集了很多科学知识。库克航行回来后，英国将罪犯从英国运至澳大利亚服刑。

库克群岛领袖在举行仪式时所戴的头饰

海军上校詹姆斯·库克
（1728年~1779年）

库克是一位天才航海家，对手下人也照顾周到，与库克一起航行的人都对他既敬畏又忠诚。

1768年
探索南方海域

1768年至1779年间，海军上校詹姆斯·库克做了三次跨太平洋远航，对于增进欧洲人对大洋洲的了解，他的贡献比任何人都大。他是一位出色的航海家、探险家和领袖，他生于英格兰约克郡，出身卑微，因在七年战争中绘制加拿大部分地区的地图而名声大噪。他绘制的加拿大和太平洋地图比前人都精确。他虽严厉，但相当受尊重，为了保证船员的健康，他非常关注船员的饮食和卫生，也一直试图与波利尼西亚人建立良好的关系。随他一同出海的科学家和艺术家观察并记录当地的人民、动物和土地，不仅增加了科学知识，还提高了欧洲人对大洋洲的兴趣。

植物新品种

这种植物叫锯叶班克木，以约瑟夫·班克斯的名字命名，库克第一次远航时约瑟夫·班克斯负责科研工作。

三次远航

1768年至1771年，库克首先去了塔希提，然后围绕新西兰航行一圈，绘制了新西兰和澳大利亚东海岸的地图。这两个地方都属于"南方大陆"，是幻想出来的广阔大陆。第二次远航时（1772年~1775年），库克搜索冰障以南的南极海域，但什么也没发现，这证明了这块想象出来的大陆可能存在于高纬度地区。他几乎搜寻遍了南太平洋群岛。1776年~1779年，他找寻西北航道（从欧洲、加拿大北部和阿拉斯加到美洲）。一路上他发现了夏威夷，1779年，他在夏威夷被杀害。

不幸的结局

库克第三次远航的成员是到达夏威夷的第一批欧洲人。到达后，库克受到了如对待神灵一般的迎接，但第二次去时他和岛民关系恶化，库克在一次争吵中被杀。

阿拉斯加

加拿大

亚洲

库克第三次远航
1776年~1779年

北太平洋

北美洲

夏威夷

库克第一次远航，
1768年~1771年

斐济

塔希提

库克群岛

澳大利亚

南太平洋

新西兰

库克第二次远航，1772年~1775年

第十六章

1800年~1850年

国家独立与工业发展

乔治·史蒂芬森的火车模型

1800 年~1850 年
世界情况概述

这段时期，美国革命对新大陆造成了深远的影响。在北美洲，刚独立的美国迅速向西扩张。1803 年，美国从法国购买了密西西比河沿岸的大片土地，这个年轻的国家又接连与英国和墨西哥对战，直到 1848 年，收回俄勒冈州和加利福尼亚州，领土直通太平洋。在中美洲和南美洲，西班牙和葡萄牙殖民地人民反抗欧洲殖民统治者，获得了独立。1850 年，欧洲对美洲的控制仅限于加拿大和加勒比群岛。

工业发展

在欧洲，法国大革命之后，拿破仑一世建立了自己的政权，控制着欧洲大陆，一直到 1815 年被打败。旧派保皇党人要求恢复自己的权力，但是工业化和政治独立运动的双重影响导致形势日趋紧张，最终于 1848 年爆发革命，并迅速席卷整个欧洲。此时，工业革命的影响几乎深入到日常生活的方方面面。大型工业城市涌现，横跨欧洲大陆的铁路也铺设完成。欧洲大国为了找寻原材料支持新兴产业，继续在非洲和亚洲建立殖民地。

北美洲

1848 年，加利福尼亚州发现了金矿，1849 年便有 10 万多人为了致富而前往加利福尼亚州。

1836 年，加拿大第一条铁路竣工并投入使用。

圣安东尼奥

墨西哥

委内瑞拉

秘鲁

玻利维亚

智利

大西洋

太平洋

19 世纪 20 年代，何塞·德·圣马丁和西蒙·玻利瓦尔领导南美洲人民起义，以挣脱西班牙统治。

北

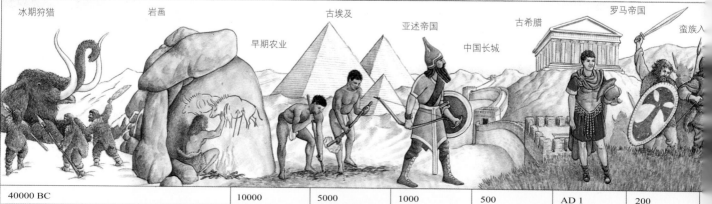

| 冰期狩猎 | 岩画 | 早期农业 | 古埃及 | 亚述帝国 | 中国长城 | 古希腊 | 罗马帝国 | 蛮族入 |

| 40000 BC | | 10000 | 5000 | 1000 | 500 | AD 1 | 200 |

大约1800年，工业革命时期，英国建立了很多工厂。

欧洲

1812年，法国皇帝拿破仑一世的军队从莫斯科撤军。很多士兵耐受不住沙皇俄国的寒冬冻死了。

亚洲

1827年，沙皇俄国、英国和法国舰队在纳瓦里诺海战中打败奥斯曼军队。

中国

1839年，英国对华倾销鸦片，使中国白银外流且社会风气日坏，中国实行禁烟运动后，中国遭到英国战船的攻击。

1805年~1848年，穆罕默德·阿里统治埃及，改革了政府、军队和教育体系。

喀土穆
苏丹

印度

1819年，印度中北部信奉印度教的马拉塔人被英国人打败，当时英国已控制了大半个印度。

越南

非洲

大约1840年，桑给巴尔成为东非商业中心，将丁香和其他香料出口到世界各地。

新加坡

大洋洲

澳大利亚

印度洋

大约1800年，上千名英国罪犯被运至澳大利亚殖民地。

1816年，恰卡成为祖鲁人的统治者。他的机动部队纪律严明，征服了非洲东南部的很多民族。

1840年，在新西兰，毛利人和英国人签署《怀唐伊条约》，该条约保证了毛利人的土地所有权，并授予他们英国公民的身份。

新西兰

玛雅帝国
蒙古人向外扩张
修建城堡
欧洲人移民北美洲
莫卧儿帝国

扩张贸易
革命时代

维京人航行

| 600 | 800 | 1000 | 1200 | 1400 | 1600 | 1700 | 1800 | 1900 | 2000 |

1800 年

1812 年

非洲

1804 年，富拉尼人在尼日利亚北部发动圣战。

1805 年~1806 年，蒙戈·帕克探索西非的尼日尔河流域。

1805 年~1848 年，穆罕默德·阿里统治埃及，埃及脱离了奥斯曼帝国的统治。*

1807 年，阿散蒂入侵芳蒂联盟。

1808 年，富拉尼人入侵乍得湖旁的博尔努国。

祖鲁妇女用的梳子

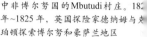

1814 年，荷兰将南非开普殖民地正式割让给英国。

大约 1816 年~1828 年，南非祖鲁统治者恰卡在位。

大约 1820 年，西非阿达马瓦建立富拉酋长国。

1820 年~1864 年，西非马里建立富拉尼国，由哈姆达拉希哈里发统治。

1822 年，西非建立利比里亚，成为被释放奴隶的家园。

中非博尔努国的 Mbutudi 村庄。182_ 年~1825 年，英国探险家德纳姆与克珀顿探索博尔努和豪萨兰地区

亚洲

这个类似图腾的公牛头权杖由波斯人制作，只在列队行进时使用，不用于战争

1802 年~1820 年，嘉隆帝统一越南。*

1803 年~1805 年，第二次马拉塔战争使印度中部地区陷入混乱。

1804 年，沙皇俄国特使访问日本长崎，试图与日本签署商业合约，但未能签成。

1811 年~1818 年，穆罕默德·阿里占领阿拉伯半岛大部分地区；第一沙特王国的统治结束。

一把日本火绳枪

1815 年，英国将爪哇归还给荷兰。

1817 年~1819 年，最后一次马拉塔战争，马拉塔被打败。英国统治了除旁遮普、信德和克什米尔之外的印度地区。

1819 年，斯坦福·莱佛士建立新加坡。*

1820 年，和平条约终止了海盗行为，波斯湾进入长达 150 年的英国统治期。

1820 年~1841 年，越南明命帝违反嘉隆帝在位时期的政策，驱逐基督教徒。

大约 19 世纪 20 年代，北太平洋鲸业得到发展；日本当局与船断发生冲突。

欧洲

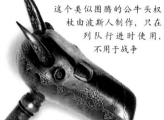

英格兰最伟大的海军上将霍雷肖·纳尔逊曾穿过这件礼服大衣

[1] 1800 年，意大利科学家伏特发明"伏特电堆"。

1801 年~1825 年，沙皇亚历山大一世在位。

[1] 1804 年，英格兰出现了第一盏油灯，此油灯由法国人阿尔冈设计。

1804 年，拿破仑一世成为法国国王。*

1805 年，特拉法加战役中英军获胜，奥斯特里茨战役中法军获胜。

1806 年，拿破仑一世结束了神圣罗马帝国的统治。

1807 年，英国禁止奴隶买卖，后来又允许这种行为，一直到 1833 年。

1808 年~1814 年，西班牙爆发半岛战争。

拿破仑一世年轻时的小画像

[1] 1812 年，英格兰生产出第一批锡罐来储存食物。

1812 年，拿破仑一世到达莫斯科，但在游击战和莫斯科大火的压力下，被迫撤回法国。*

1813 年，拿破仑一世在莱比锡各民族大会战中被打败。

1815 年，在滑铁卢战役中，拿破仑一世终于被打败。*

1815 年，拿破仑一世战败后，各国代表在维也纳召开会议，决定划分各国在欧洲的势力范围。

1821 年~1829 年，希腊反对土耳其统治的独立战争发生。

美洲

19 世纪的测量员使用的是图中这种亚麻卷尺

1801 年，托马斯·杰斐逊成为美国第三任总统。

1803 年，美国购买路易斯安那；美国从法国人手里购买了中西部大片土地。

1804 年~1806 年，刘易斯与克拉克进行跨越密西西比河的远征。

1807 年，葡萄牙国王若昂六世逃往巴西；他的儿子佩德罗于 1822 年宣布巴西成为自己独立统治下的地区。

1808 年~1809 年，南美洲爆发起义，反抗西班牙的统治。

1810 年，伊达尔戈在墨西哥领导起义，反抗西班牙的统治。

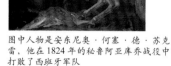

图中人物是安东尼奥·何塞·德·苏克雷，他在 1824 年的秘鲁阿亚库乔战役中打败了西班牙军队

1812 年~1814 年，美国与英国_，白宫被烧。

1816 年，玻利瓦尔在委内瑞拉班师，1821 年获得独立。

1817 年~1818 年，圣马丁在智利科战役中打败西班牙军队，获得_。

1820 年，美国《密苏里妥协案_由州与蓄奴州取得平衡。

1821 年，在圣马丁的带领下，_得独立。*

大洋洲

1801 年~1803 年，马修·福林达斯环绕澳大利亚岛屿航行，并将此岛命名为"澳大利亚"，意为"南方"。

1810 年，卡美哈梅哈一世成为夏威夷国王。*

大约 1850 年夏威夷的火奴鲁鲁岛

1815 年，俄国试图登陆夏威夷群岛。

1819 年，波马雷二世颁布社会群岛的第一部法典。

1819 年，夏威夷国王卡美哈梅哈一世逝世，他的继承者卡美哈梅哈二世废除了禁止男女接触的制度。

1821 年，新教传教士到达库克群岛。

这个塔鼓上有皮薄膜

824 年

5 年，埃及人在苏丹国建立喀土穆城。

28 年，巴塞尔派代表前往西非加纳（后坡称为黄金海岸）。

8 年，祖鲁统治者恰卡被同父异母的弟们暗杀，其中一个兄弟丁冈后来成祖鲁统治者。

0 年，法国人入侵阿尔及利亚，后来所占领了这个国家。

32 年~1847 年，阿卜杜·卡迪尔领阿拉伯人反抗法国在阿尔及利亚充治。

这个羚羊头骨来自加纳国，可作为一种护身符

1824 年~1826 年，英缅发生第一次战争。

1825 年~1828 年，波俄战争；沙皇俄国占领大不里士。

1825 年~1830 年，爪哇人反抗荷兰统治。

1828 年，印度的印度教教徒拉贾·罗姆·莫罕·罗易（Raja Ram Mohan Roy）创立改革性的印度教团体——梵社。

1829 年，寡妇殉夫习俗（火葬寡妇）在印度被视为违法。

1831 年，埃及的穆罕默德·阿里占领叙利亚，一直统治到 1840 年。

1835 年~1863 年，多斯特·穆罕默德统治阿富汗。

4 年，英国军队在第一次英缅战争中攻印光耍塞

1827 年，法国人尼塞福尔·涅普斯拍世界上第一张照片。

7 年，纳瓦里诺海战：英国、法国和俄国海军摧毁土耳其舰队。*

0 年，沙皇俄国镇压波兰起义。

1830 年，法国大革命。

1830 年~1831 年，比利时王国成立。

1832 年，第一次大改革法案让更多英国人拥有选举权。

1833 年，英国废除奴隶制。

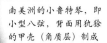

沙皇俄国弹药筒。沙皇俄国人民支持希腊人争取独立权

南美洲的小鲁特琴，即小型八弦，背面用犰狳的甲壳（角质层）制成

1825 年，玻利瓦尔建立新的国家——玻利维亚。*

1828 年，乌拉圭独立。

1831 年，为了进行科学研究，查尔斯·达尔文开始长达 5 年的太平洋航行。

1834 年，法国天主教传教士到达南太平洋土阿莫土群岛的曼加雷瓦岛。

4 年，夏威夷国王卡美哈梅哈二世访格兰，后来在英格兰去世。

5 年，荷兰吞并新几内亚西部地区的安置岸。

年，塔希提新教传教士到达斐济。

0 年，萨瓦伊岛的马列托亚·瓦伊奴为萨摩亚王国王。

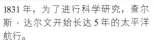

原住民人使用的带毛穗的发饰

1836 年

1836 年~1837 年，在南非的布尔人（荷兰农民）大批迁徙，摆脱英国人在当地的统治；1838 年，他们建立了纳塔尔共和国，1854 年建立奥兰治自由邦。

1840 年，阿曼统治者伊玛姆·赛义德·赛德（Imam Sayyid Said）（1806 年~1856 年）将非洲东岸的小岛桑给巴尔作为首都。

1843 年，英国人占领布尔人建立的纳塔尔，将其作为英国殖民地。

1836 年南非布尔人大迁徙中的迁徙者正在休息

这个日本木饰上画的是蘑菇上的蜗牛

1840 年，英国引入便士邮票；邮票的出现使邮政系统有了全新的改变。

1841 年，民族主义者领袖拉约什·科苏特创建倡导匈牙利自由改革的报纸。

1844 年，英国颁布第一部有效的《工厂法》。

1847 年~1848 年，瑞士在内战后成为一个联邦国。

1848 年，《共产党宣言》问世。

1848 年，革命浪潮席卷了整个欧洲大陆。*

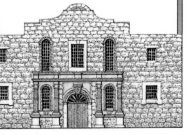

1836 年，在得克萨斯州的阿拉莫，一小支极其英勇的得克萨斯军队被墨西哥大部队打败

1837 年~1840 年，法国人儒勒·迪蒙·迪维尔试图绘制南极洲海岸线地图。

1838 年~1842 年，海军上尉查尔斯·威尔克斯带领美国远征队到达南极洲。

1840 年，英国人与毛利人在新西兰签署《怀唐伊条约》。

1840 年，卡美哈梅哈三世开始在夏威夷实行君主立宪政体，颁布了第一部成文的夏威夷宪法。

1837 年~1853 年，德川家庆担任征夷大将军。

1838 年，中山美伎在日本创建了天理教，推行靠祈祷等治病的信仰疗法。

1839 年，奥斯曼帝国苏丹阿卜杜勒·迈吉德开始"坦志麦特"改革，这是一项现代化的改革。

1839 年~1842 年，阿富汗与英国的第一次战争；一支英国军队被歼灭。

1839 年~1842 年，中英鸦片战争。*

1844 年，柬埔寨成为受泰国保护的国家。

1845 年~1849 年，锡克人与英国之间发生战争；英军强占旁遮普。

1848 年，纳赛尔丁即位，他是波斯卡扎尔王朝最能干的国王。

1848 年，维也纳强攻路障

1836 年，得克萨斯摆脱了墨西哥统治；阿拉莫之战爆发。*

1838 年，西进的血泪之路：美国几千名东印第安人被迫向西迁移，很多人死在路上。

1840 年，上加拿大和下加拿大统一成自治联盟。

1846 年~1848 年，美国对抗墨西哥；加利福尼亚州和新墨西哥州被割让给美国。

1848 年，在纽约州的塞内卡福尔斯召开的会议为美国妇女争取平等权利。

1849 年，加州淘金热。*

1842 年，法国吞并马克萨斯群岛，让塔希提成为受法国保护的国家。

1848 年，夏威夷国王卡美哈梅哈三世给臣民分配一定份额的土地。

毛利人的鲸须球棒，来自新西兰，上面有鸟头的设计

| 600 | 800 | 1000 | 1400 | 1600 | 1700 | 1800 | 1900 | 2000 |

南非人使用的酒瓶

这个用珠子装饰的酒瓶是用晒干掏空后的葫芦做成的，可用来盛液体。

1800年~1850年 非洲

19世纪早期，埃及脱离了奥斯曼帝国的统治，又征服了苏丹。因很多欧洲国家禁止了贩卖奴隶的行为，西非国家也受到影响。内陆的拉尼帝国继续发展。在南部，英国与布尔人因领土权和奴隶制度问题交战时，祖鲁族人建立了一个帝国，这让东南部的布尔人感到不满。

1805年

穆罕默德·阿里与奥斯曼帝国断绝关系

穆罕默德·阿里是阿尔巴尼亚人，是土耳其军队的 名军官。1805年，他不顾埃及名义上的统治者，奥斯曼土耳其帝国的苏丹——马哈茂德二世的反对，自立为奥斯曼帝国的埃及总督。6年后，在马哈茂德二世的鼓动下，开罗马穆鲁克派的反对情绪不断滋长，因此，穆罕默德·阿里邀请马穆鲁克的领袖们参加某个典礼，并将这些领袖一举杀死，从此他开始了对埃及的毫无阻碍的统制。穆罕默德·阿里改革军队，征收土地税来增加财政收入，鼓励教育。棉花成为主要出口产品，埃及势力不断扩大，沿着尼罗河直至苏丹。

屠杀马穆鲁克人

穆罕默德·阿里（1769年~1849年）狡猾且残忍 他在开罗萨拉丁古城堡屠杀了马穆鲁克派的领导者们。

布尔领导者

安里斯·比勒陀乌斯是大迁徙的领导人之一。

1836年

布尔人开始大迁徙

1814年，英国正式从荷兰手里夺走了开普殖民地。当时有4万名说荷兰语的白种移民，他们大部分是农民，或称"布尔人"，住在离开普敦城很远的东部地区。布尔人很讨厌英国的一些改革，例如废除奴隶制，于是，在1836年~1837年，6 000多名布尔人离开殖民地，前往内陆地区。经历一番艰辛，布尔人建立了两个共和国，其中一个是矿产资源丰富的德兰士瓦。19世纪50年代，两国得到了英国的承认。

逃离开普

布尔人为了脱离英国的控制，至南非内陆地区。1843年，英国人纳塔尔，切断了他们的出海通道。迁后来建立了两个共和国，德兰士瓦和治自由邦。

四轮马车又被称为颌骨马车，因为它的形状很像马或牛的下颌骨

大迁

布尔农民和非洲仆人驾着开始了他们史诗般的迁徙之旅。

祖鲁人

祖鲁人生活在南非纳塔尔省东北部，是恩古尼人的后裔。从 1816 年起，他们由恰卡统治，恰卡是小祖鲁酋长国的原首领。恰卡的军事才能使他把北部大批恩古尼人带到新的大祖鲁国来。1828 年，恰卡被同父异母的兄弟们暗杀。其中一位弟弟丁冈继承了他的王位。当布尔人大迁徙来到纳塔尔时，丁冈攻打布尔人，并杀死了布尔首领雷蒂夫。1838 年，布尔人回来报复，他们打败了丁冈，丁冈逃到北方之后被杀。1879 年，祖鲁人被英国人打败，1897 年，祖鲁兰被纳入纳塔尔，成为自治的英国殖民地。

祖鲁珠宝

这条祖鲁项链用五颜六色的珠子串成。祖鲁国王给勇士颁发的最高奖项是一条用橄榄木制成的项链。

为了不让动物碰到，食物都被储存在高处的小屋里

庄

祖鲁人的农庄通常位于靠近水、柴和牧草的东部坡地。蜂巢形的小屋围着中央牛棚建成一个圈。小屋是用小扁织成屋架，上面盖上茅草建成的。入是一个低矮的门，祖鲁人双手双膝着地进去。他们在明火上用陶罐做菜，晚上生草席上，白天则把草席卷起来收好。

农庄周围设置了防护围栏

屋内的火用来取暖照明，但也让屋子里烟雾缭绕

鲁国王

伟大的祖鲁王恰卡是一名勇士，国杰出的军事才能而闻名。他改革鲁军队，例如定期招兵，严明纪律，期操练，培养部队的灵活性，制定击战术。他还设计了一种新型的当这种矛从受害者身体里抽出时发出喷喷声，这种声音很像它名字lwa" 的发音。恰卡是一个冷酷无的人，后来变得越来越独裁、残忍。他死后的半个世纪里，祖鲁国仍然南非最强大的国家。

盾牌

战争是祖鲁人生活中很重要的一部分。他们的盾用牛皮制成，是血战中必要的防身武器。首先，将牛皮在地上展开，用针钉住，然后把牛皮剪成所需形状，在中间划开一条缝，缝中间穿一根木棍，做成手柄。有时，木棍顶部会用动物的尾巴装饰。

1800 年 ~1850 年 亚洲

阿富汗国内的权力斗争威胁到了英国在印度北□的利益。在泰国，新建立的却克里王朝扩大了与欧沙□家的贸易往来。嘉隆帝统一越南，斯坦福·莱佛士□立新加坡港口城市。在中国，英国人非法销售鸦片与□中国与英国开战。

奥德总督游行

上图是印度北部的奥德的总督与英国居民在勒克瑙的游行，两边是穿着英国东印度公司制服的士兵。

站稳脚跟

19 世纪，欧洲强国，尤其是英国、法国和荷兰开始巩固在印度和东南亚的利益。

1802 年

嘉隆帝统一越南

阮福映（1762 年~1820 年）是安南国的继承人，安南即现在的越南地区，当时由中国人统治。1777 年，起义爆发，阮福映逃亡。经过将近 25 年的斗争，他于 1801 年当上安南国国王。在法国的帮助下，他占领了北方的东京地区，统一了越南。他被称为嘉隆帝，并很快得到了中国的承认。他在全国推行改革，在越南设立州长，加强中央集权，与柬埔寨和泰国建立和平关系。他允许越南人信奉基督教，但 1820 年他逝世后，其继承者改变了这项政策。

越南首都

本图是嘉隆帝建立□新王国的首都——顺化□主大街。该王朝持续了□约 150 年。

1817 年

印度爆发最后一次马拉塔战争

马拉塔位于印度德干地区，这里都是反对莫卧儿穆斯林统治的印度人。当马拉塔西瓦吉（1627 年~1680 年）逝世后，莫卧儿皇帝奥朗则布占领了马拉塔的浦那城，但粉碎游击队势力。马拉塔势力逐渐强大，18 世纪 20 年代成为印度的强国。1761 年，汗领导者艾哈迈德·沙·杜兰尼（1747 年~1773 年在位）在德里附近的帕尼帕特战胜了马拉塔，允许英国扩大了领土。18 世纪 70 年代，英国征服印度的第一次马拉塔战争爆发，战争持续了 20 年，最后和平结束。1803 年，第二次战争爆发，英国获胜。1817 年，一位马拉塔首领在浦那攻击英国军队，导致第三次马拉塔战争爆发。英国军队为了报复，打败了另一位马拉塔首领。1819 年，英国统治了印度最北到印度河流域的地区。

辛地亚的营地

这个集市位于道拉特罗·辛地亚（Daulat Rao Sindhia）营地，辛地亚是瓜廖尔的统治者，他是与英军的对抗中最重要的马拉塔首领之一，但在第二次马拉塔战争（1803 年~1805 年）中被打败。

黑斯廷斯侯爵

黑斯廷斯是一位印度总督，是他最□打败了马拉塔。

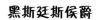

40000 BC				10000	5000	1000	500	AD 1	200

1819 年

斯坦福·莱佛士建立新加坡

11 世纪，新加坡岛屿最先被印尼人占领。后来，中国和泰国商人在那里建立了贸易站。16 世纪，马来半岛最新建立的马六甲港口抢走了大部分本地交易。马六甲最终成为荷属东印度群岛繁荣的前哨，直到 1795 年，荷兰在欧洲大陆被法军打败，马六甲被英国人占领。19 世纪早期，英国人为了扩大其在东南亚的利益，任命一位年轻的英国行政长官斯坦福·莱佛士为爪哇的代理总督。莱佛士在爪哇推行土地改革，试图废除奴隶制。1815 年，荷兰收复爪哇后，莱佛士想建立一个新的港口城市，以吸引中国商人和国际茶叶商人。1819 年，他与马来亚（现马来西亚）的柔佛苏丹王朝达成协议，新加坡被正式割让给英国。

加坡创始人

托马斯·斯坦福·莱佛士爵士（1781～1826 年）是东印度公司的一名员工。8 年，英国人计划把马六甲夷平，莱佛反对这个计划并上诉成功，这让他获得人可。

新加坡港

为了在一个 14 世纪的旧镇遗址上建立新加坡这个新的港口城市，莱佛士从一位马来首领那儿取得了这块土地的所有权。

839 年

国第一次鸦片战争

尽管中国清政府软弱无能，但是他们继续限制与欧洲人的贸易，开放广州和上海等港口城市。大约从 1800 年起，越来越多的人食被广泛用作药物的鸦片。英国人向中国人销售印度种植的鸦中国人则用白银、茶叶和丝绸交换。清政府担心白银外流，更关注吸食鸦片对人体造成的伤害，可是，清政府没能有效控制鸦片贸易。1839 年，清政府派官员到广州，在广州销毁了大约 2 箱英国鸦片，并禁止与英国的进一步贸易，英国为了继续从肮脏鸦片贸易获取利益，对中国发动了鸦片战争。

鸦片战争

鸦片战争过程中，英国人懿律率领英国舰船及士兵到达广州海面，攻击并摧毁了广州附近的中国船只。1842 年，战争结束，双方签署《南京条约》，清政府赔款大量白银并把香港岛割让给英国。

吸鸦片者

这块木制模型刻画了上海的两名鸦片吸食者。他们躺在桌旁，头靠在枕头上，通过一根长管吸食鸦片。当时的中国，鸦片馆遍地都是，清政府十分担忧这种危险的毒品对中国社会造成危害，但是，打击鸦片的努力收效甚微。

象牙烟枪

把鸦片放入烟枪的金属烟斗里，然后将鸦片放在火上加热。散发出的烟雾则通过烟枪底部被吸入人的呼吸道里。

1800 年~1850 年 欧洲

19 世纪前 15 年主要是法国国王拿破仑一世的军事行动。18 世纪中叶，始于英国的工业革命传到欧洲，拥有工厂和矿山的人因此发迹，而在工厂和矿山工作的工人则因此受苦。拿破仑一世被打败后，欧洲统治者不珍惜来之不易的权力，试图恢复旧的社会秩序，这导致人们对政治和社会改革的呼声很高，激进思想传遍了整个欧洲。

法国骑兵的帽子

拿破仑一世是一位出色的军事战略家，他将军队划分为一个个半独立的军团。各军团行动速度很快，靠自己找到或偷到的东西为生。在战争中，他们击破敌人的防线集合成列进行战斗。

从士兵到国王

拿破仑一世是律师之子，他出名时还是一名士兵。1793 年，他从英国军队手里夺走了土伦港；1797 年，他将奥地利人赶出了北意大利大部分地区，并在前往埃及之前促成和平协商。很多人认为他能够平息大革命后的不稳定，因此非常希望他来担任国王。

1804 年

拿破仑一世自己加冕为国王

1799 年，出生于科西嘉岛的在埃及的法军将领拿破仑·波拿巴回到法国。他决定废除统治法国的督政府，自己管理国家。两年时间里，他赶走了督政府，成为三名执政官中级别最高、实力最强的执政官，随后成为唯一的执政官。1804 年，拿破仑一世自立为法国国王。从 1804 年至 1812 年，他的军队穿越欧洲，从西部的葡萄牙到达东部的沙皇俄国边界。一些政权被摧毁，另一些则奋起反抗。他试图统治西班牙，但被西班牙游击队、西班牙部队和英国部队击败。拿破仑一世最大的成功是在 1809 年的瓦格拉姆战役中彻底打败了奥地利，后来他娶了奥地利国王的女儿为妻。

法国男人和女人

《拿破仑法典》规定，丈夫有权拿走大革命时期授予其妻子的产权。

《拿破仑法典》

拿破仑一世决定整顿法国。1804 年，他颁布了新法典，即《拿破仑法典》，此法典由律师委员会制定，而该委员会通常由拿破仑管理。《拿破仑法典》把法国大革命的一些原则视若神圣原则，它保护个人财产权，规定法律面前人人平等，允许人们自由地从事宗教活动。此法典包括 2 281 条条款。法军将《拿破仑法典》带到欧洲，成为当今很多欧洲国家法律系统的基础。

家庭财富

拿破仑一世提拔自己的亲戚控制帝国，任命他们担任他占领国家的国王，或让他们与该国统治家族的成员结婚。1796 年，拿破仑一世被约瑟芬的美貌和聪明吸引，迎娶她为自己的第一任妻子。但是由于约瑟芬没有生育男孩而与她离婚。

312 年

从莫斯科撤军

1806 年，拿破仑一世未能战胜英国，便封锁了与不列颠群岛的贸易，禁止欧洲其他国家进口英国商品。这种"大陆封锁"效果显著，对依赖英国贸易的欧洲国家来说很难，因此该计划并没有受到这些欧洲国家的欢迎，沙皇俄国更试图逃避封锁，于是，拿破仑一世发动 67.5 万名士兵入侵沙皇俄国。1812 年，拿破仑一世在博罗季诺打败亚历山大一世的军队。他继续前往莫斯科，希望占领一座富裕的城市，但是，到达后发现沙皇俄国的人民已经放火烧了这座城，城里的居民纷纷逃亡，留下的居民也拒绝投降。拿破仑一世只好下令撤军。这一年，沙皇俄国的冬天很早就来临了，没过几周，法国军队便体力不支。上千名士兵死于饥饿和严寒，只剩下几千名法国士兵能够继续作战。

拿破仑一世的帝国

拿破仑一世志在称霸全欧洲，将整个欧洲大陆变成一个只卖法国商品的市场。他还希望推广自己颁布的行政改革和《拿破仑法典》。1800 年，在成为法国统治者之后的第一次主要战役中，他在马伦哥粉碎了奥地利军队。1805 年至 1807 年，除了在 1805 年的特拉法加海战中输给了英军，拿破仑一世把其他欧洲国家打得一败涂地。1805 年他在奥斯特里茨打败奥地利军队，1806 年在耶拿打败普鲁士军队，1807 年在弗里德兰打败沙皇俄国军队。1809 年，他的帝国（图中绿色区域）覆盖了西欧大部分地区。

大军遭遇冰冻

一位法国将军这样描述撤军场景："路上满是冻死的人。士兵体力不支，只能扔掉枪，军官和士兵都只想着自己不被冻死。"米歇尔·内伊（图中央）保卫后方不受沙皇俄国士兵和农民的袭击。前方的士兵安全渡过了通往波兰的贝尔齐纳河。

315 年

滑铁卢战役

法军从沙皇俄国撤军后损失惨重，于是欧洲人趁机起义反抗法军。英国的威灵顿公爵将法军逐出西班牙，并于 1814 年进入法国。1813 年，拿破仑一世在莱比锡被奥地利、普鲁士和沙皇俄国联军打败。1814 年，拿破仑一世退位，被放逐到厄尔巴岛。路易十六的一个兄弟被推选为法国国王，但是因为他在位的三个月里不得人心，于是拿破仑一世趁机离开厄尔巴岛，组建军队，将他逐出法国，又重新统治了法国约 100 天。1815 年 6 月 18 日在比利时滑铁卢附近，威灵顿率领的军队与马歇尔·布鲁歇尔率领的普鲁士军队打败了拿破仑一世。拿破仑一世再次退位，被流放到南太平洋上的圣赫勒拿岛，1 年在那里逝世。

帝国徽章

法军每个军团都有一个青铜鹰标志，是荣誉和帝国的象征。这枚 105 号军团的鹰徽是英军在滑铁卢战争中的战利品。

牺牲与断肢

上千人在拿破仑一世发动的战役中牺牲。由于医疗援助有限，更多的人因伤而死。受伤的肢体只能被迅速截掉。英国骑兵司令阿克斯布里奇伯爵在滑铁卢战役中被炮弹击中后，医护人员就是戴着这只手套，用这个锯子截掉了他被炸烂的腿。

| 600 | 800 | 1000 | 1200 | 1400 | 1600 | 1700 | 1800 | 1900 | 2000 |

工业革命

19世纪早期的工业革命改变了英国人的生活。工业革命源于16世纪和17世纪，当时富裕的商人雇用大批工人在家生产纺织品。18世纪中叶，人们发明了可大规模生产纺织品的机器。有魄力的企业家投资建厂以容纳大批机器，雇用更多工人投入生产。炼铁厂和煤矿厂也纷纷建立，这些工厂提供原材料来制造机器，同时为机器提供动力。渐渐地，许多其他行业也实现了机械化。大规模生产的商品被低价卖到国内外。一些家庭也从乡下前往矿厂和工厂旁的小镇工作。他们挤在一间小屋里，男人、女人和小孩每天都工作12个小时，一周工作6天。工人们收入微薄，而工厂主越来越富有。运输货物和劳动力的需求也催生了运输革命：铁路系统得到发展。

纺好的线　　待纺的纤维

线轴

驱动轮

纺织工厂

几个世纪以来，纺织工人都是在纺车上手工纺线、织线，这叫作家庭作坊式生产。17世纪中叶机器发明后，纺织速度大大提高，但这对于家庭作坊式的生产工人来说太贵、太复杂。于是商人建立工厂，引进机器，雇用工人来操作机器。这就叫工厂式生产。

快速纺纱机

新型纺纱机叫"珍妮纺纱机"，纺纱机的机架上有多个纱锭，一次可纺几卷线，且只需一人操作。这台纺纱机是18世纪60年代英国的詹姆斯·哈格里夫斯发明的，紧接着在1769年，理查·阿克莱特又发明了水力纺纱机（见上图）。这种纺纱机用水力带动，线可以很快抽出，再迅速纺到几个锭子上。10年后，塞缪尔·克朗普顿发明"骡子"纺纱机，靠蒸汽或水力运行，一次可纺一千个锭子。

童工

在工业革命早期，雇主会使用童工。儿童充当苦力，例如沿着矿厂的轨道拉沉重的煤车，他们平均每天工作16小时以上。

对机器的愤怒

经济不景气时，工人工资下降，但磨坊主和工厂主的收益照样丰厚。于是有工人发起暴动。最早的一次暴动是学徒内德·卢德于1812年在诺丁汉发起的，因此后来的暴动者都被称为"卢德分子"。他们认为机器是导致他们悲惨命运的根源，因此他们不断毁坏新机器。

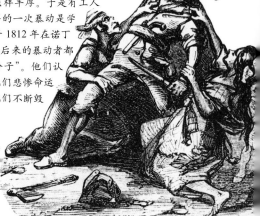

40000 BC		10000	5000	1000

治·史蒂芬森的火车头

18世纪60年代，苏格兰发明家詹姆斯·瓦特设计了一款冷凝蒸汽机，比早期的蒸汽机高效。起初，这些蒸汽机被用来为工厂中的磨粉机、起重机等提供动力。理查·特里维克和乔治·史蒂芬森分别于1803年和1814年把蒸汽机用在火车头上，使火车头能轨道拉动货车。随后，史蒂芬森用火车头拉载有乘客的车厢。1855年，数千千米的铁路覆盖英国，人类进入铁路运输的伟大时代。

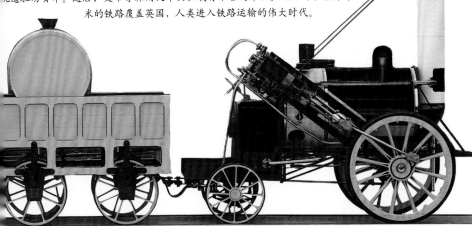

全世界第一座铁桥

几千年以来，人们用炭来加热铁矿石，炼成铁。这需要燃烧大量的木材制作木炭。18世纪早期，英国铁匠亚伯拉罕·达比和他儿子发现了用煤炼铁的方法，煤比木炭更容易获得，因此这一方法导致铁的产量剧增，人们可以用铁来制作工具和机器。达比的孙子在英国西部的塞文河上建造了第一座铁桥。

运货火车载着原材料和煤等燃料进出工厂

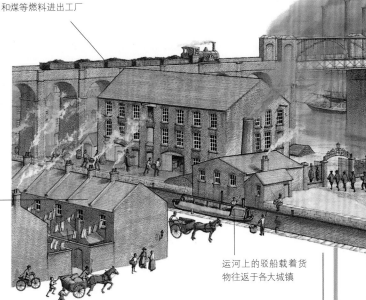

工人住在拥挤的小房子里

运河上的驳船载着货物往返于各大城镇

钢厂

2 000年前，人们发明了硬化的铁，即钢，但是炼钢成本极高。19世纪50，英国工程师亨利·贝塞麦发明了一种便宜的炼钢法。因为钢比铁寿命，这种方法被很多工厂采用，随后迅速地传遍欧洲。

气机漂洋过海

18世纪末期，造船专家试着用蒸汽机来推动船的运第一艘成功的汽船是1801年下水的"夏洛特·邓"号，在苏格兰被用作拖船。19世纪40年代，船用铁制作，出现了大型快速远洋邮轮。大型货物能从一个港口被运至另一个港口，这对于扩大全球贸线来说至关重要。英国不断地从殖民地进口原材料，地同时成了一个销售成品的最佳市场。

新城镇

炼铁和蒸汽机的运转都需要煤炭的及时供应。因此，英国的新工厂就建立在靠近煤层的地方，主要是威尔士南部、苏格兰中部和英格兰北部。寻找工作的人从农村搬到了靠近矿山和工厂的房屋里。小市场的城市迅速发展成以大工厂为主的城市，例如伯明翰、利物浦和曼彻斯特。

1827年
纳瓦里诺海战粉碎土耳其舰队

截至19世纪，奥斯曼土耳其已经统治希腊近400年。在世纪后半叶，希腊通过贸易日益繁荣，尤其是与沙皇俄国的贸增多，因此希腊人想要获得自由。在法国大革命的鼓舞下，希人成立了一个秘密组织以争取国家独立。1821年希腊发生了两起义，第一次失败了，但第二次很成功。1824年，奥斯曼苏丹法镇压起义，因而向埃及总督穆罕默德·阿里求助，阿里派兵希腊，赢得了几场战役。这一事件敲响了欧洲各国的警钟。18年，英国与沙皇俄国同意向土耳其人开战，1827年，法国加入争。1827年，三国联军在纳瓦里诺摧毁了土耳其–埃及舰队。

二年，沙皇俄国向土耳其宣战并在几场战役中获胜。1829年，战争双方签署《亚得里亚堡条约》，战结束。战胜国决定授予希腊独立权，但国王由战胜国任命。1832年，巴伐利亚的奥托王子即位。

欧洲大国获胜

英国、沙皇俄国和法国由阻止土耳其援军到达希腊开始，加入到对土耳其人的作战中。1827年，在纳瓦里诺海港，英国、法国和沙皇俄国联合海军在科德林顿上将的率领下歼灭了土耳其和埃及舰队。这标志着广袤的土耳其欧洲帝国的结束：在一个世纪内，土耳其只剩下了伊斯坦布尔。

优雅却致命的枪支

这支土耳其燧发枪上镶嵌着黄铜和珍珠母，枪管周围有银托架。土耳其人很强大，能够对付希腊人起义，但抵挡不了英国、法国和沙皇俄国联合军队。

浪漫英雄

乔治·戈登·拜伦，人称"拜伦勋爵"，是伟大的英国诗人。他同情希腊激进派，于1823年加入希腊起义。他通过写作和起义，让欧洲其他地方的人们也支持希腊，他前往希腊，但于1824年患疟疾而死。希腊和全欧洲的自由人士把他视为浪漫生活和自由爱情的象征。

共产主义

引领工业革命的工厂主获得巨额收益，而生产商品的工人则在恶劣环境下工作，拿着微薄工资，这两者形成了鲜明对比。全欧洲国家的人都要求政治和社会改革，这些人的领袖就是德国哲学家卡尔·马克思（1818年~1883年）。马克思认为，是经济塑造了人类历史。任何时代都有一个群体或一个阶级的人控制着商品的生产。马克思把他那个时代的工厂主称为"资产阶级"，把辛勤工作却报酬低微的工人称为"无产阶级"。他认为，资产阶级要为恶劣的工作环境负责，资产阶级与无产阶级的斗争无法避免。他预测全世界的工人都会起来反抗资产阶级，夺取他们的权力，然后建立一个无阶级差别的社会，人们共同拥有财产和生产权，这样的社会即"共产主义社会"。在1848年马克思和弗里德里希·恩格斯（1820年~1895年）共同出版的《共产党宣言》中，马克思详细阐明了自己的观点。

卡尔·马克思

马克思观点与普鲁士政府不一致，被普鲁士政府赶出了德国。从1849年起，他便住在英格兰，毕生都在写作。

新运动

马克思建立了国际工人联合会即"第一国际"，来传播自己的思想在图中这张卡片上，他的落款是"国通讯书记"。

1848 年，欧洲很多国家都发生了革命。尽管各国革命是独立发生的，但导致所有欧国家革命的原因都很普遍，例如收成不好引发饥荒，贸易衰退加重了城镇人口的不满绪，失业人数增加。除此之外，还有作家、诗人和哲学家持续不断发起的要求改革宪和社会的运动与像奥地利的梅特涅和法国的基佐一样的国家领导人保守的回应之间的突，这段时间发生革命的国家有法国、奥地利、匈牙利、德国和意大利，爱尔兰、瑞和丹麦也爆发了革命。到 1849 年年底，所有起义都遭到镇压，但是通过革命，获胜政府被迫聆听人民的心声，意识到了民族运动的重要性。

走在前列的法国

全欧洲的改革者都受到了法国二月革命胜利的鼓舞。中产阶级与工人阶级一起推翻了路易·菲利普的统治，菲利普是一位毫无创见，只想着增加富人权力的国王。1848 年，拿破仑一世的侄子路易·拿破仑当选为法国总统，1852 年成为帝国皇帝。

多瑙河畔的激进梦想

3 月，匈牙利革命作家和律师拉约什·科苏特发动革命，宣布匈牙利脱离奥地利统治。他手下的匈牙利人召集了 10 万大军。奥地利在沙皇俄国的帮助下，用了一年时间粉碎了起义军。民族主义者还启发了奥地利帝国的其他革命。捷克人、奥地利民主人士、罗马尼亚人、波兰人和意大利人也开始反对帝国统治。但由于他们是民族主义者，并没有联合在一起，因此被皇帝的军队一个一个地击败。

暂的希望在意大利破灭

意大利革命始于 1 月西西里岛巴勒莫起义。在统一意大利这一里的激励下，起义的精神向北传播。撒丁尼亚-皮德蒙的国王查·阿尔伯特率领意大利军队挑战控制意大利北部的奥地利。第一战役意大利获胜，但奥地利获得了最终的胜利。罗马起义迫使教亡，但是 1849 年 7 月，他在法国军队的帮助下恢复原职。

义者切身感受了普鲁士的强硬

3 月，普鲁士起义成功，接着整个德国发一系列起义。起义军受到自由主义和义主义的激励。统一德国的愿望使在法兰克福集会，开始计划德事宜。但是 10 月柏林发生使国王腓特烈·威廉被迫解普鲁士军队的束缚，普鲁士军一举粉碎了改革者。法兰克福很快就被解散。

| 600 | 800 | 1000 | 1200 | 1400 | 1600 | 1700 | 1800 | 1900 | 2000 |

1800年~1850年 美洲

经历了西班牙数个世纪的压迫和剥削，以及葡萄牙一定程度的剥削后，南美洲的西班牙殖民地在18世纪北美洲和法国大革命的激励下，开始为独立而战。1808年，拿破仑一世的哥哥约瑟夫代替斐迪南七世成为西班牙国王，这一事件引发了西班牙起义。最初，人们选择忠于斐迪南，但是很快所有殖民地都掀起独立运动。第一场运动没有成功，1830年，南美洲和墨西哥获得了独立，并纷纷建立共和国。1812年~1815年，在北美洲，英属加拿大趁美国与英国开战之际反抗美国入侵。1840年，加拿大统一。

秘鲁士兵

图中的士兵把靴子塞进绑在间的雨披里，这是典型的秘鲁风格。他的女随从背着行李跟在后面。

卡拉波波
委内瑞拉 1821
哥伦比亚 1819   圭亚那
利马   秘鲁 1821
巴西（葡萄牙统治）1822
玻利维亚 1825
查卡布科   乌拉圭 1828
迈普
阿根廷 1816
智利 1818

☐ 西班牙殖民地（与独立日期）
■ 荷兰、法国和英国殖民地

西班牙统治南美洲

1800年，西班牙统治着南美洲大片土地。到1830年，西班牙不再控制美洲大陆任一地区。

1817年

查卡布科战役

1810年，智利的西班牙总督被免职，军政府或政治委员会以西班牙国王斐迪南七世的名义掌权。但共和国领袖何塞·米盖尔·德·卡雷拉很快推翻了这个政权。但卡雷拉治国不力，1814年被另一位爱尔兰和智利混血的共和党人贝尔纳多·奥希金斯代替。两人的争斗削弱了共和党势力，保皇党军队很快夺回了西班牙政权。1817年1月，南美洲独立战争的两位伟大领袖之一何塞·德·圣马丁（另一位是西蒙·玻利瓦尔）与其副司令奥希金斯一起，率领5000名士兵穿越安第斯山脉，徒步翻越海拔3000米以上的山。2月，他们在圣地亚哥的查卡布科彻底打败保皇党军队，让西班牙猝不及防。在迈普战役中第二次获胜后，智利于1818年宣布独立。奥希金斯成为第一任独裁者，在位5年。1823年他被免职后退位。

街头游行

兴奋的智利人在新国家的旗帜下跳舞来庆祝国家独立。

贝尔纳多·奥希金斯

奥希金斯是一位私生子，他的父亲布罗西奥·奥希金斯是爱尔兰人，曾任智利第一任总督。奥希金斯被誉为智利独立战争英雄。

独立战争

808 年，南美洲独立战争开始。

816 年，阿根廷摆脱西班牙统治，获得
立。

17 年，圣马丁与贝尔纳多·奥希金斯
得查卡布科战役；1818 年，智利独立。

21 年，西蒙·玻利瓦尔赢得卡拉波波
役，委内瑞拉独立。

21 年，圣马丁宣布秘鲁独立。

22 年，葡萄牙国王约翰六世之子佩德
宣布巴西独立。

25 年，玻利瓦尔建立共和国，后人以
的名字将国家命名为"玻利维亚"。

30 年，西蒙·玻利瓦尔逝世。

1821 年
圣马丁为秘鲁赢得独立

圣马丁领导阿根廷获得独立后，又计划解放西班牙在南美洲殖民地
的中心——秘鲁。他在智利建立了一支作战舰队，1820 年，他组织了对
秘鲁海上和陆地的联合入侵。他前往秘鲁首都利马时，得到了当地人民的
支持，他试图说服西班牙总督投降，避免战争发生。1821 年，他率军进入
利马，但总督并未撤军。于是，圣马丁成为秘鲁的保护者，宣布秘鲁殖民地
独立。一年后，圣马丁退位，因为他不愿
参与到共和党领导人的内部争斗中。

何塞·德·圣马丁将军

圣马丁于 1778 年在阿根廷出
生，后来被带到西班牙接受军事训
练。当听到阿根廷在争取独立时，
他回到了祖国。

25 年
利瓦尔建立新的国家玻利维亚

西蒙·玻利瓦尔于 1783 年在委内瑞拉出生。当法国大革命的影响四处扩散时，
周游欧洲，受到了启发，决定为南美洲争取独立。1812 年，他成为委内瑞拉共和
领袖。1816 年，他领导起义，宣布委内瑞拉独立，但未得到西班牙认可。1819 年，
利瓦尔攻入哥伦比亚，打败了西班牙军队，成为哥伦比亚第一任总统。1821 年，
到委内瑞拉，在卡拉波波战役中打败了西班牙军队，占领了卡拉卡斯，这为委
瑞拉独立奠定基础。随后，他去南方，帮助其他殖民地组织起义。1822 年，当圣
丁不再担任秘鲁保护人时，共和党人请求玻利瓦尔帮助他们将西班牙残余势力逐出
鲁。玻利瓦尔将西班牙残余势力逐出秘鲁后，在 1824 年成为秘鲁独裁者。第二年他
迁移到了秘鲁内陆地区并成立共和国，后人则以他
的名字将国家命名为"玻利维亚"。

解放者

西蒙·玻利瓦尔（1783
年~1830 年）天赋极高。
他梦想以政治联盟的形
式统一西班牙在美洲的
所有殖民地，但是他的
抱负注定不会实现。

卡拉波波

1821 年，玻利
瓦尔在巴伦西亚附近
的卡拉波波平原帮助
委内瑞拉赢得战争。

门罗主义

美国第五任总统——詹姆斯·门
（1758 年~1831 年）在 1823 年向美
国会宣布，北美洲和南美洲两个大陆
允许欧洲人随意建立殖民地。此后，
罗主义就代表美国将外界对南美洲的
扰行为视为一种敌对行为。

詹姆斯·门罗

1836年

墨西哥军队围攻得克萨斯的阿拉莫

得克萨斯曾是西班牙殖民地。1821年，墨西哥脱离西班牙统治，得克萨斯成为墨西哥的一部分。随后的15年里，2.5万人从美国迁到得克萨斯。墨西哥反对奴隶制，但这并不适合生活在棉花产地的得克萨斯人，因为他们依赖奴隶工人。1835年，得克萨斯人反抗墨西哥军事独裁者安东尼奥·德·桑塔·安纳（1794年~1876年）的统治，并建立了一个临时政府。他们推举山姆·休斯敦为指挥官，占领了得克萨斯的圣安东尼奥镇。1836年2月，桑塔·安纳率领墨西哥军队进入得克萨斯镇压起义。他率军围攻圣安东尼奥镇的要塞阿拉莫，13天后阿拉莫失守。200名防卫军全部被杀。两个月后，得克萨斯人在圣哈辛托战役中击溃桑塔·安纳及其军队，随后建立了得克萨斯共和国，山姆·休斯敦成为总统。1845年，美国邀请得克萨斯加入美国联邦，这导致了1846年~1848年的墨西哥-美国之战，墨西哥在这次战役中失败。

得克萨斯叛军

出生于田纳西州的拓荒者戴卫·克洛科特（1786年~1836年）曾两次担任美国国会议员（182□年~1831年与1833年~1835年）。失去连任机会后，他加入得克萨斯叛军，在阿拉莫战役中牺牲。

鲍伊猎刀

吉姆·鲍伊（约1796年~1836年）发明了鲍伊猎刀，他是一位陆军上校，在阿拉莫战役中牺牲。

"勿忘阿拉莫！"

4 000名墨西哥士兵围攻阿拉莫，并将得克萨斯捍卫者歼灭。得克萨斯军队在圣哈辛托进行报复，他们的口号是："勿忘阿拉莫！"

1849年

淘金者蜂拥前往加利福尼亚

就在1848年墨西哥-美国战争结束后，双方签署《瓜达卢佩-伊达尔戈条约》的前几天，墨西哥加利福尼亚省的科罗马发现了黄金。1849年，数千名淘金者前往此地。尽管当时该省还属于墨西哥，但已被美国陆军和海军占领，并成立了军政府。思想自由且独立的移民要求建立国民政府。于是他们起草了宪法并提交美国国会，国会接受宪法，加利福尼亚成为美国的第31个州。加利福尼亚的淘金热也持续了很多年。

淘金

1848年，在瑞士移民约翰·萨特的锯木厂附近发现黄金，于是，很多淘金者蜂拥而至。他们洗河床，希望在碎石中发现黄金。一些人比较幸□，而另一些却一无所获。淘金者在萨特土地上的淘□活动严重破坏了他的生活，他的工厂破产，他也□1873年搬至宾夕法尼亚州。

旧金山

加利福尼亚淘金热导致旧金山这些城市人口剧增。随着全世界各地新移民的到来，加利福尼亚西海岸的港口城市变得越来越国际化。

1800 年~1850 年 大洋洲

19 世纪，欧洲国家对大洋洲的岛国的干预逐渐增加，英国、德国和法国占领了其中一些岛国，或在岛上形成自己的保护国。夏威夷在一个新的王朝统治下实现了统一。毛利人居住了几个世纪的新西兰也开始被英国殖民者占领，殖民者后来违反了与毛利人达成的相互尊重的协议。

夏威夷统治者

卡美哈梅哈一世（大约 1758 年~1819 年在位）勇于创新，雄心勃勃，他被称为"卡美哈梅哈大帝"。

羽毛权杖

这根仪式上用的羽毛权杖叫"卡西里"（kahili），来自夏威夷岛屿。

1810 年

卡美哈梅哈一世统一夏威夷

几个世纪以来，夏威夷岛都由不同的领袖统治。卡美哈梅哈一世出生在夏威夷岛，其父也是领袖之一。18 世纪 70 年代，年轻的卡美哈梅哈被叔叔卡兰尼欧蒲酋长雇来与詹姆斯·库克船长谈判。卡美哈梅哈一世看到了将所有岛屿归于自己统治下的好处，于是，18 世纪 90 年代早期，他入侵最大的岛屿之一——茂宜岛。到 1795 年，他占领了大部分岛屿。剩余未被占领的岛的岛民仍然坚持反抗，尤其是考艾岛岛民。1810 年，卡美哈梅哈终于成功占领所有岛屿，成为夏威夷群岛的统治者。从此以后，卡美哈梅哈开始推行和平政策，组建地方领导的委员会，并定期召开会议。他建立了垄断性的檀香贸易的组织（檀香在其他国家需求量很大），还促进其他国家的人参观夏威夷群岛。他支持当地工业发展。1819 年，卡美哈梅哈逝世。

考艾岛海岸

1810 年，卡美哈梅哈终于通过和平谈判而非战争手段占领了考艾岛。这样，他便控制了整个夏威夷群岛。

1840 年

《怀唐伊条约》

18 世纪 90 年代，欧洲商人来到新西兰，在新西兰居住了几个世纪的毛利人最初并未在意。1800 年，毛利人开始与这些商人进行贸易。1840 年，第一批英国殖民者来到新西兰，从毛利人手里购买土地，并建立了惠灵顿镇。英国宣布拥有新西兰主权，并任命威廉·霍布森船长为新西兰总督。霍布森与毛利首领签署协议，即《怀唐伊条约》，条约授予毛利人土地拥有权和英国国籍。但英国人并未完全履行条约，导致战争爆发（1843 年~1848 年）。

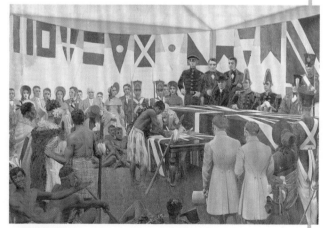

签署条约

1840 年 2 月 6 日，46 位毛利领袖签署《怀唐伊条约》，获得了土地拥有权和英国国籍。但他们的这些权利并未受到保护。

澳大利亚囚犯

早期移民澳大利亚的外国人是从英国运来的囚犯，当时英国这么做只是为了缓解监狱的过度拥挤。英国政府相信这些囚犯的到来能够阻止其他国家占领这片土地。1787 年，英国第一批远征队在船长亚瑟·菲利普的率领下，带着 759 名囚犯从英国来到此地。8 个月以后，1788 年，舰队到达博塔尼湾。这批囚犯中既有男囚犯也有女囚犯，有些犯了重罪，但很多是轻罪，且全都是因饥饿而被迫犯罪。在新殖民地的生活很艰苦，很多囚犯都病了，酗酒和偷窃成风。很多犯人服刑期满后仍然留在澳大利亚，并被授予土地。到 1868 年囚犯输送被终止，大约有 2.5 万名女囚犯和 13.7 万名男囚犯被带到澳大利亚。

绳子上的吊坠

这个原住民人的吊坠来自澳大利亚北部，吊坠上串了红色的种子，人们将吊坠戴在脖子上当作装饰。

劳役

作为惩罚，囚犯被迫努力地工作。他们被分配给自由农民和牧民作为劳工，就像塔斯马尼亚岛的岛民一样可以被随意地或好或坏地对待。

文化冲突

囚犯和移民与澳大利亚原住民人发生冲突，并挑起战争。移民有先进的武器，因此总是获胜，胜利后他们便屠杀原住民男人、妇女和儿童。1821 年，原住民人口已减少了大约一半，存活下来的也散落各地。

囚犯扛着 25 千克的木砖每天步行 50 千米

残酷的贸易

囚犯在船上看见澳大利亚东南海岸有鲸鱼，于是英国和美国捕鲸人便迅速地抓住商机前来捕鲸。他们残酷屠杀这些动物，让不断增长的移民获得巨额利润。很快，生活在澳大利亚的捕鲸人的数量就远远超过了囚犯数量。

仁慈的船长

1788 年，船长亚瑟·菲利普（1738 年~1814 年）到达澳大利亚后，在杰克森港建立了一处流放地。他对原住民人仁慈的态度保住了流放地囚犯的性命。

第十七章

1850 年~1900 年

民族主义的兴起

阿散蒂人的鼓

1850 年~1900 年世界情况概述

19 世纪下半叶，民族主义出现并成为一股重要的政治力量。它是指相信本国实力，以国家为重的信念。意大利和德国发展成独立且统一的国家，同时，欧洲东南部的人民开始脱离奥斯曼帝国的统治。法国和英国这两个领土辽阔的帝国仍然是全世界最重要的工业和经济大国，但在这段时期，它们的地位第一次受到美国的挑战，在 19 世纪最后几年又受到德国的挑战。

国际帝国

这段时期，欧洲国家几乎瓜分了整个非洲、东南亚和大洋洲岛屿。因为它们需要建立殖民地，为本国工业生产提供原材料。这段时期的成品市场达到了鼎盛。印度成为英国的一部分，日本加强了与其他国家的联系，实现经济和政府的现代化。美国虽然因内战导致实力暂时减弱，但仍然是一个经济大国，甚至在加勒比海和太平洋建立了自己的殖民地。这段时期盛行民族主义和帝国主义，新西兰国内兴起争取个人自由的狂潮，并授予女性选举权，是全世界第一个授予女性选举权的国家。

北美洲

19 世纪 60 年代，不断增加的欧洲移民对印第安人构成了威胁。

加拿大

1861 年~1865 年，美国内战：北部和南部各州因废除奴隶制问题而开战。

墨西哥

安第斯山脉

南美洲

巴西

大西洋

太平洋

乌拉圭

阿根廷

1865 年~1870 年，巴拉圭攻击邻国，但差点遭到毁灭。

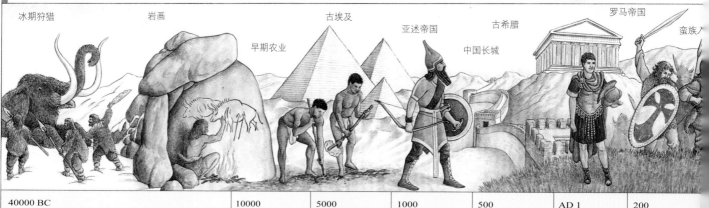

冰期狩猎　岩画　早期农业　古埃及　亚述帝国　古希腊　中国长城　罗马帝国　蛮族人

| 40000 BC | | | | 10000 | 5000 | 1000 | 500 | AD 1 | 200 |

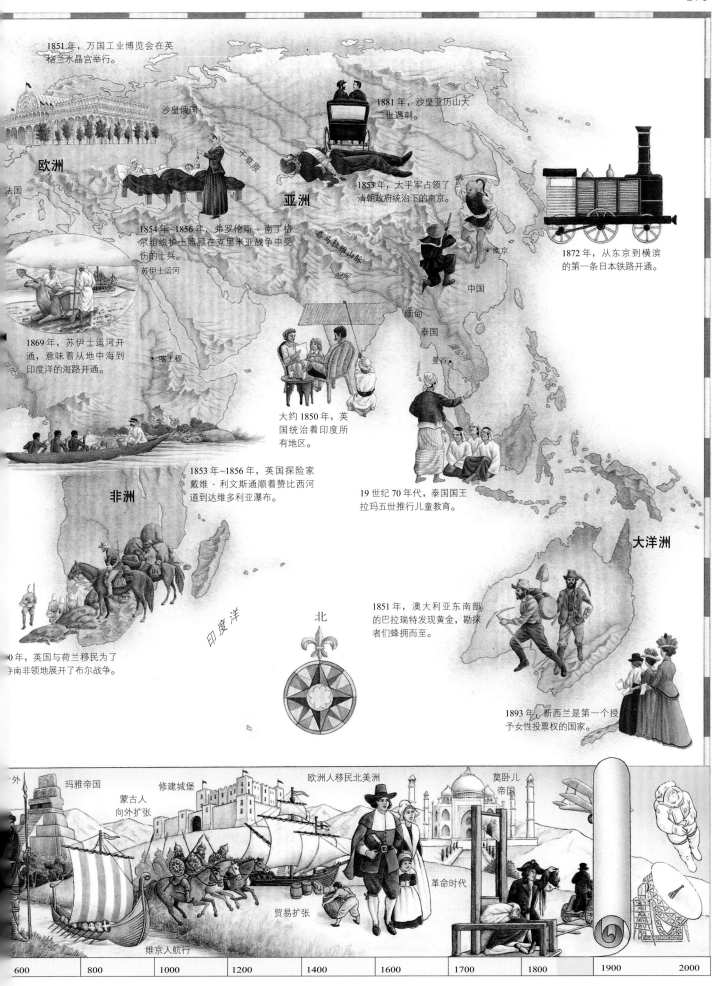

1851 年，万国工业博览会在英格兰水晶宫举行。

欧洲

法国

沙皇俄国

千草原

亚洲

喜马拉雅山脉

恒河

1881 年，沙皇亚历山大二世遇刺。

1853 年，太平军占领了清朝政府统治下的南京。

•南京

中国

1872 年，从东京到横滨的第一条日本铁路开通。

1854 年~1856 年，弗罗伦斯·南丁格尔组织护士照顾在克里米亚战争中受伤的士兵。

苏伊士运河

1869 年，苏伊士运河开通，意味着从地中海到印度洋的海路开通。

•喀土穆

大约 1850 年，英国统治着印度所有地区。

缅甸

泰国

湄公河

曼谷•

非洲

1853 年~1856 年，英国探险家戴维·利文斯通顺着赞比西河道到达维多利亚瀑布。

19 世纪 70 年代，泰国国王拉玛五世推行儿童教育。

大洋洲

印度洋

北

0 年，英国与荷兰移民为了争南非领地展开了布尔战争。

1851 年，澳大利亚东南部的巴拉瑞特发现黄金，勘探者们蜂拥而至。

1893 年，新西兰是第一个授予女性投票权的国家。

外

玛雅帝国

蒙古人向外扩张

修建城堡

欧洲人移民北美洲

莫卧儿帝国

贸易扩张

革命时代

维京人航行

| 600 | 800 | 1000 | 1200 | 1400 | 1600 | 1700 | 1800 | 1900 | 2000 |

1850年

1862年

维多利亚瀑布也叫"莫西奥图尼亚瀑布"
（雷鸣雨雾）

非洲

1852 年，图库洛尔领袖阿哈吉·乌玛尔在塞内加尔河和尼日尔河上游建立伊斯兰国家。
1852 年，英国承认南非德兰士瓦独立。
1853 年~1856 年，戴维·利文斯通顺着赞比西河到达维多利亚瀑布。
1855 年~1868 年，埃塞俄比亚皇帝提奥多尔在位。

1863 年，阿哈吉·乌玛尔占领廷巴克图。*
1865 年~1868 年，奥兰治自由邦人民与莫谢希手下的南非巴苏陀人开战。
1867 年，南非金伯利发现钻石。
1869 年，苏伊士运河开通。
1872 年，英国授予南非开普殖民地自治权。
1873 年~1874 年，阿散蒂王国与英国开战。

这散来纳列国皇

亚洲

这个波斯人用的亮漆笔盒上画的是花园里的一对爱人

1850 年~1864 年，中国太平天国运动。
1853 年，攻陷南京。*
1851 年~1868 年，拉玛四世统治泰国，允许与外国通商。
1852 年，纳西尔乌丁（1848 年~1896 年）统治波斯，维齐米尔扎·塔克推行重大改革。
1853 年~1878 年，能力超凡的敏东统治缅甸。
1854 年，《神奈川条约》签订，这是美国与日本缔结的第一份现代贸易条约。
1857 年~1858 年，印度兵变撼动了英国在印度的统治；1858 年，东印度公司被取消。
1860 年，英法联军抢劫、焚烧了北京郊区的圆明园。

1862 年，法国开始逐步占领中南（东南亚）。
1865 年~1870 年，朝鲜高宗迫害基督教徒，改革传统机构。
1868 年~1910 年，现代泰国之父五世在位。*
1868 年~1912 年，日本明治时期，化飞速进步；1868 年，日本首都江户，后来重新取名为东京，撤大将军职位；1875 年~1888 年，典颁布。*
1872 年，日本第一条铁路开通京到横滨）。

用虎眼石雕刻的中国兔

欧洲

1851 年，英格兰举行博览会。
1852 年，路易·拿破仑成为法国国王拿破仑三世。*
1853 年~1856 年，克里米亚战争：沙皇俄国与土耳其、英国、法国和萨丁王国交战。*
1860 年，意大利议会在都灵召开，加里波第占领意大利南部，意大利大部分地区实现统一。*
1861 年，沙皇亚历山大二世废除沙皇俄国奴隶制。

英军在 1853 年~1856 年的克里米亚战争中带着近 2.4 万把美国制造的柯尔特转轮手枪

1862 年~1890 年，俾斯麦担任德意志首相。
1863 年~1864 年，波兰人反抗沙皇俄国的统治。
1866 年，在七星期战争中，普鲁士在萨多瓦打败奥地利。
1867 年，迪斯雷利在英国颁布《第二次改革法案》。
1868 年~1874 年，格莱斯顿首次成为英国首相。
1870 年~1871 年，普法战争：拿破仑三世退位，法国成立第三共和国（1940 年垮台）。
1871 年，德意志统一：普鲁士国王威廉一世成为德意志皇帝。*

法国军帽，叫 kepi（平顶帽）

美洲

一名美国军官在内战时戴的帽子

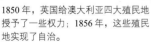

[1]大约 1850 年，牛仔裤在加利福尼亚州被发现。
1850 年，美国国会就奴隶制度的扩展问题做出妥协，但这未能解决南北的紧张局势。
1850 年~1889 年，巴西在佩德罗二世统治下取得了明显进步。*
1856 年，美国成立反奴隶制的共和党。
1858 年~1861 年，改革家贝尼托·胡亚雷斯成为墨西哥总统。*
1859 年，约翰·布朗领导奴隶起义，让美国南部的白种人大为惊慌。
1861 年~1865 年，美国发生内战，试图脱离美国的南方各州被打败。*

据说，这把战斧是伟大的阿帕切族首领杰罗尼莫战败后被流放至佛罗里达州后制作的

1862 年，美国土地被分给欧洲耕种。*
1862 年~1890 年，与美国西部印第安人的最后一次战争。
1863 年~1867 年，法国入侵墨西哥，并且让奥地利大公马克西米利安成为墨西哥皇帝。
1865 年，《美国宪法第十三条修正案》宣告奴隶制非法。
1865 年~1870 年，巴拉圭攻打几乎全军覆没。
1866 年~1877 年，美国北部的非通过彻底重建南部各州来增强国家
1867 年，英国把加拿大变成英自治领。*
1870 年~1880 年，安东尼奥·统治委内瑞拉，推行重大改革。

大洋洲

1850 年，英国给澳大利亚四大殖民地授予了一些权力；1856 年，这些殖民地实现了自治。
1851 年，澳大利亚东南部发现黄金。
1853 年，法国占领新喀里多尼亚。
1854 年，尤里卡栅栏事件；巴拉瑞特发生短暂的矿工起义。*
1860 年，罗伯特·奥哈拉·伯克和威廉·约翰·威尔斯由南至北穿越澳大利亚大陆。
1860 年~1870 年，新西兰发生第二次毛利战争。
1861 年，新西兰奥塔哥发现金矿。

澳大利亚东北部昆士兰的袋鼠牙项链

1864 年，法国第一批囚犯被押往新喀里多尼亚。
1865 年，第一批中国劳工来到夏威夷。
1865 年，新西兰政府从奥克兰迁至惠灵顿。
1869 年，德国获得加罗林群岛上的土地。

19 世纪 70 年代，新喀里多尼亚淘金热。
1871 年，斐济群岛的巴乌岛最的领袖萨空鲍在斐济建立君主制。

这个竹鼻笛来自斐济，笛子两端上面还有三个按孔，吹笛人用一孔吹，另一个则堵住

1874年

74 年，萨默里·杜尔在古老的马里建立曼奇帝国。*

79 年，祖鲁与英国开战：英军在伊桑德尔瓦纳战役中失败，但在乌伦迪战中获胜。

约 1880 年，欧洲开始"瓜分非洲"。

80 年~1881 年，第一次布尔战争，兰士瓦打败英国。

85 年，召开柏林会议，商讨瓜分非洲事宜。

85 年，苏丹穆斯林领袖"马赫迪"占领埃及的喀土穆，戈登将军牺牲。*

1879 年祖鲁战争结束后，人们在祖鲁国王塞奇瓦约的物品中发现了一名英国士兵的皮带和弹药袋

可坐着的大石佛像

1876 年，英国维多利亚女王成为印度女皇。

1876 年，日本逼朝鲜打开通商口岸。

1876 年~1878 年，印度南部德干地区发生饥荒，500 多万人饿死。

1877 年，日本发生萨摩起义：传统武士阶层的最后一级被击败。

1878 年~1879 年，第二次阿富汗战争，英国入侵阿富汗，以对抗沙皇俄国的影响。

1884 年，中国慈禧太后罢免军机大臣。

1885 年，印度国会建立，争取实现内部自治。*

1885 年~1886 年，第三次缅甸战争，英国吞并缅甸。

4 年~1880 年，迪斯雷利第二次也是最后一次担任英国首相。

6 年，土耳其残酷镇压保加利亚人民。

8 年，柏林会议结束了俄土战争（77 年~1878 年），一些巴尔干国家获得自由。

年，沙皇亚历山大二世被杀。

2 年，德国、奥地利和意大利结成三国同盟。

[1]1885 年，德国人卡尔·本茨首次销售汽车。

加州淘金热时期的开拓者需要结实牢固的衣物，因此奥斯卡·列维·施特劳斯发明了牛仔裤

本杰明·迪斯雷利，英国政治家和小说家

[1]1876 年，美国人亚历山大·贝尔发明了电话。

[1]1877 年，美国发明家托马斯·爱迪生发明了留声机。

1876 年~1911 年，墨西哥总统迪亚斯在位：大扩张时期。

1879 年~1884 年，智利、秘鲁和玻利维亚发生太平洋战争。

[1]1883 年，爱迪生发明灯泡。

1885 年，加拿大太平洋铁路开通。

1874 年，大卫·卡拉卡瓦成为夏威夷国王（1891 年去世）。

8 年，新喀里多尼亚人反抗法国统治。

9 年，英国在萨摩亚建立海军站。

0 年，澳大利亚最著名的丛林大盗内德·凯利被吊死。他被誉为民间英雄。

，法国在塔希提建立殖民地。

5 年~1886 年，巴布亚新几内亚建立矿区。

巴布亚新几内亚的狗牙项链，这些狗牙曾被用作货币

1886年

1886 年，德兰士瓦发现黄金。

1894 年，西非达荷美（贝宁）成为法国保护国。

1895 年~1896 年，詹姆森突袭德兰士瓦。*

1896 年，法国占领马达加斯加。

1896 年，埃塞俄比亚统治者孟尼利克在阿杜瓦击溃意大利军队。

1897 年，桑给巴尔废除奴隶制。

1899 年~1902 年，第二次南非布尔战争。

海尔·塞拉西的父亲马科南打败意大利入侵者

日本装饰艺术使用漆木、珊瑚和贝壳

1889 年，日本颁布新的《明治宪法》。

1890 年首届大选。

1894 年~1895 年，中日甲午战争，日本胜利，占领朝鲜半岛。

1896 年，英国说服马来亚组建联邦。

1898 年，中国慈禧太后杀害改良派人士。

1899 年，法国把东南亚的老挝变为自己的保护国。

1887 年，保加利亚选举科堡的斐迪南为国王；保加利亚成为巴尔干的第一强国。*

1888 年~1918 年，威廉二世统治德意志。

1891 年~1894 年，法俄签署协定。

[1]1895 年，法国的卢米埃兄弟发明了电影放映机。

1895 年，保加利亚首相斯塔姆博洛夫被暗杀。

[1]1895 年，马可尼发明无线电报。

早期的电影放映机。卢米埃兄弟在摄影机后面用一个强灯投射出电影影像

1840 年至 1889 年佩德罗二世统治巴西

1886 年，美国劳工联合会成立。

1888 年，巴西奴隶获得自由。

1889 年，第一次泛美会议在华盛顿举行。

1889 年，军队起义，佩德罗二世被罢黜，巴西成为共和国。

1891 年，智利发生内战。

1898 年，美西爆发战争，西班牙解放古巴，美国在波多黎各、关岛和菲律宾建立殖民地。

1889 年，萨摩亚国王马列托阿·劳佩帕被英国、美国和德意志视为萨摩亚的"联合监管人"。

1893 年，新西兰授予女性投票权。*

1897 年，新西兰推行 8 小时工作制。

1898 年通过了养老金制度。

1898 年，美国强占夏威夷。

1899 年，澳大利亚和新西兰军队前往布尔战争现场。

1893 年~1906 年，理查德·约翰·塞登担任首相，其政府授予女性投票权，并成为世界上最早建立福利制度的国家之一

 # 1850 年~1900 年 非洲

西非强大的穆斯林统治者向外扩张领土，但在扩张进程中与法军和英军发生冲突。南非发现了重要的矿物质，为这片区域增加了新的经济价值，英国和布尔人由此发生冲突。欧洲的多个国家开始瓜分整个非洲，这个过程即"瓜分非洲"，直到 1900 年，欧洲国家几乎控制了整个非洲。

津巴布韦鼻烟壶

这个容器用来存放烟草或鼻烟，当从鼻孔吸入鼻烟时，人会感到兴奋。

1863 年

阿哈吉·乌玛尔占领廷巴克图

阿哈吉·乌玛尔（1795 年~1864 年）是一位博学的穆斯林，他来自塞内加尔河中游的富塔托罗。在靠近尼日尔河源头的富塔贾隆，他加入了堤札尼亚弟兄会，随后出发去麦加朝圣，走了很多年才到达圣地。在回家的路上，他目睹了埃及国王穆罕默德·阿里面对欧洲人施加的压力，进行的改革。1821 至 1837 年，乌玛尔在索科托调查富拉尼圣战的影响。1840 年，他回到富塔贾隆，决定建立自己的伊斯兰王国。他从法国商人那里买枪，推翻了上尼日尔与塞内加尔之间区域的异教统治者。后来，他又在塞内加尔河谷与法军发生冲突，1862 年，他在附近的马希纳打败了哈姆达拉西哈里发。乌玛尔率军入侵廷巴克图，但是遭到各地人民的反抗。1864 年，乌玛尔被杀。他的儿子和继承者艾哈迈德好不容易才保住了帝国。

廷巴克图景

在 15 世纪与 16 世纪之间，廷巴克图是一个盛行商业和学术活动的小镇，很多伊斯兰教学者居住于此。但后来领导人管理不善让城市遭受攻击，廷巴克图日益衰落。1863 年，乌玛尔及随从入侵廷巴克图。

1874 年

萨默里·杜尔建立贸易帝国

19 世纪 60 年代末期，来自科尼扬（今几内亚）的军事冒险家萨默里·杜尔在上尼日尔建立曼德帝国。1874 年，曼德帝国用黄金和象牙与沿岸人交换枪支。1885 年，萨默里势力西至塞拉利昂，东至巴马科，这对法国军事计划形成了挑战。1886 年后，萨默里计划建立伊斯兰王国，导致国内发生动乱。他带领了一支庞大的军队，并从塞拉利昂买来枪，但 1892 年，法国逼他们迁移，进入象牙海岸。当他准备继续向东时，被英军堵住去路。1898 年，萨默里被法军抓住，流放到加蓬，1900 年死在加蓬。

杰出勇士

萨摩里·杜尔（大约 1830 年~1900 年）早年在为当地统治者效力时就取得了一些军事成就，后来又继续组建自己的军队。他积极开展军事行动，建立了广袤的帝国，持续统治了 20 多年。后来他在流亡中死去。

图曼水袋

苏丹大部分地区是沙漠。热穿越干燥地带时必须带上水袋。

1885 年
戈登将军在喀土穆逝世

19 世纪 20 年代，埃及总督穆罕默德·阿里征服了北非的苏丹国，尼罗河的大部分河段都流经此地。1825 年，阿里在喀土穆建立首都。1874 年，他的孙子赫迪夫·伊斯梅尔任命查理·乔治·戈登（1833 年~1885 年）为苏丹南部管理人；1877 年~1879 年，戈登被任命为总督。戈登对废除奴隶制贡献很大。1882 年，英国控制埃及。同年，自称"马赫迪"（穆斯林弥赛亚）的苏丹宗教领袖，领导起义军反抗埃及占领苏丹。英国政府意识到埃及占领军无法镇压起义，于是派戈登前往，率领埃及军队撤离苏丹。戈登进入喀土穆不久，马赫迪便开始围攻这座城市。戈登英勇地抵抗，但是 1885 年 1 月底，喀土穆失守，戈登被杀。1898 年 9 月，赫伯特·基奇纳伯爵在恩图曼战役中为戈登报了仇，苏丹再次被英军占领，由英国和埃及共同管理。

戈登之死

戈登将军被马赫迪手下的士兵杀死在总督府的台阶上。英国增援部队两天后到达，但来不及拯救他。

苏伊士运河开通

1856 年，埃及统治者塞得·帕夏授权法国外交斐迪南·德·雷赛布（1805 年~1894 年）开凿河来连通地中海与印度洋。1856 年，德·雷赛建立苏伊士运河公司。1869 年，运河通航，欧洲可以很快航行到东部。1875 年，埃及统治者，塞的侄子伊斯梅尔把他持有的运河公司股份卖给英国府。

95 年
姆森突袭

1886 年，南非德兰士瓦共和国境内的威特沃特斯兰德发了黄金。德兰士瓦总统保卢斯·克留格尔雇外国人来开采金，但拒绝授予他们政治权利。1895 年，在图谋德兰士瓦富的塞西尔·罗兹的秘密支持下，苏格兰籍的南非政治家德·斯塔尔·詹姆森（1853 年~1917 年）率军进入德兰士瓦，表面上看是在帮助外籍工人推翻克留格尔政府，然而却成了一场灾难。詹姆森和手下被布尔军抓获。罗兹蒙上辱，加之英国与布尔人的关系不好，最终导致战争爆发。

布尔战争（1899 年~1902 年）

1902 年，布尔人投降，他们建立的共和国沦为殖民地。交战中白人俘房的非洲人也受尽折磨。

资本主义和帝国主义

塞西尔·罗兹（1853 年~1902 年）控制着南非钻石矿山，希望建立一个由英国统一控制的南非帝国。

瓜分非洲

19世纪的最后25年，一些欧洲大国派探险队进入非洲，瓜分非洲领土。他们从探险家口里得知非洲大陆有大量未开发的资源，由此受到激励。这些资源可以为工业革命后全欧洲出现的新兴产业提供廉价的原材料。尽管遭到了阿散蒂和祖鲁这些非洲国家的反抗，但是欧洲各国仍然成功瓜分了非洲。最先行动的是法国、英国和德国，它们拥有先进的武器。1900年，欧洲控制了非洲大部分地区。

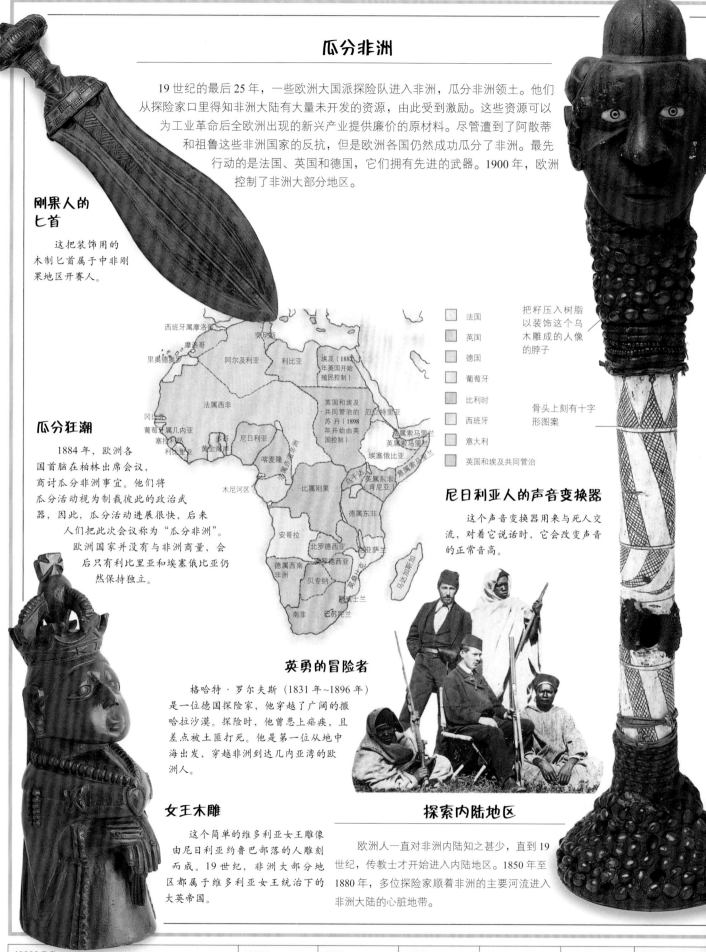

刚果人的匕首

这把装饰用的木制匕首属于中非刚果地区开赛人。

瓜分狂潮

1884年，欧洲各国首脑在柏林出席会议，商讨瓜分非洲事宜。他们将瓜分活动视为制裁彼此的政治武器，因此，瓜分活动进展很快，后来人们把此次会议称为"瓜分非洲"。欧洲国家并没有与非洲商量，会后只有利比里亚和埃塞俄比亚仍然保持独立。

法国
英国
德国
葡萄牙
比利时
西班牙
意大利
英国和埃及共同管治

把籽压入树脂以装饰这个乌木雕成的人像的脖子

骨头上刻有十字形图案

尼日利亚人的声音变换器

这个声音变换器用来与死人交流，对着它说话时，它会改变声音的正常音高。

英勇的冒险者

格哈特·罗尔夫斯（1831年~1896年）是一位德国探险家，他穿越了广阔的撒哈拉沙漠。探险时，他曾患上疟疾，且差点被土匪打死。他是第一位从地中海出发，穿越非洲到达几内亚湾的欧洲人。

女王木雕

这个简单的维多利亚女王雕像由尼日利亚约鲁巴部落的人雕刻而成。19世纪，非洲大部分地区都属于维多利亚女王统治下的大英帝国。

探索内陆地区

欧洲人一直对非洲内陆知之甚少，直到19世纪，传教士才开始进入内陆地区。1850年至1880年，多位探险家顺着非洲的主要河流进入非洲大陆的心脏地带。

艺妓

日本男子可以在受过唱歌、跳舞和交谈训练的专门提供陪伴服务的艺妓的陪同下放松一晚。

1850 年~1900 年 亚洲

这个时期，中国发生了大规模的太平天国运动，数百万人因此丧命。在日本，幕府将军政权被推翻，明治帝自己掌权，他鼓励与西欧和北美之间的接触和贸易。1900 年，日本成为世界工业大国之一。19 世纪 50 年代，英国政府控制印度，这段时期的印度被称为"英属印度"。

1853 年

太平军占领南京

19 世纪，中国清朝皇帝的威信已经下降，政府腐败无能，而秘密反政府组织日益发展壮大。宗教信奉者洪秀全就在华南地区建立了一个"拜上帝会"这样的组织。1850 年，他率农民起义军进攻南京，并于 1853 年成功占领南京。起义很快遍及 15 个省。太平天国领袖颁布重要的政策，例如废除私有财产，授予女性与男性一样的权利。欧洲列强帮助清朝政府镇压太平天国运动，以获得更好的通商贸易口岸以及"合法"的鸦片销售权。1864 年，洪秀全逝世，同年，清朝军队收复南京。人们所熟知的太平天国运动最终失败。

战争造成的灾难

洪秀全称自己为"太平天国"的统治者，因此他的军队得名"太平军"。太平天国运动是世界历史上最具破坏性的战争。上百个城镇和村庄被毁，有 2 000 万至 3 000 万人被杀。

战舰

人口剧增导致饥荒，揭不开锅的农民也加入起义。战斗中经常会用到战船。

1868 年

拉玛五世改革泰国

1868 年，年仅 15 岁的拉玛五世成为泰国国王。在他出国期间，摄政王代他执政。1873 年，拉玛五世开始亲自执政，当时的他是泰国最了解欧洲政治和文化的人。他推行一系列改革，让国家更接近现代欧洲。他建立内阁，废除奴隶制，教育贵族小孩，重新设定税收，修建铁路。

看得见的国王

拉玛五世之前的国王每年都会离开泰国首都曼谷的皇宫（左图）一次，进行全国巡视，但是老百姓必须关窗，这样他们就看不到他们的国王。相比而言，拉玛五世与臣民更亲近，他像欧洲各国元首一样，驱车到各地与臣民交流。

工业革命

日本人担心，如果本国的军事和科技实力赶不上美国和欧洲，就会威胁到日本的独立。明治帝雇用外国人将农业、工程和军事技术传授给本国人。他们建立工厂、造船厂，修建铁路，并建立全国教育系统。

1868 年

明治帝统治日本

1853 年与 1854 年，司令官马休·佩里代表美国政府访问日本，两国建立关系。1854 年，两国签约，日本开放两大港口，与美国进行贸易。随后，日本与其他国家，例如英国和沙皇俄国，也相继签署协议。到 1868 年，这些让步削弱了幕府将军的势力，很多日本武士希望能把实权还给天皇。领主联合推翻了幕府将军的统治，并说服年轻的睦仁天皇将首都从京都迁至江户，后来重新取名为东京。"明治"意思是"开明的皇帝"，是睦仁在位时的年号。日本政治、社会和经济的彻底改变使日本变成了现代化国家，成为世界强国。

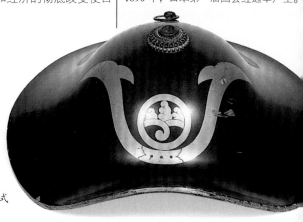

步兵的游行礼帽

1894 年~1895 年，日本与中国就朝鲜问题发生战争，最后日本获胜，证明了自己欧式武装的实力。

大官的夫人留在家中

印度每个区都有一个总部，里面住着英国官员及其家人，他们远离当地人，还配有很多仆人。在莫卧儿帝国时代，他们恢复了富裕的英式生活，参加舞会、野外聚餐、打马球等。

1885 年

印度国会建立

1857 年，印度军队叛变，因为数百万名印度人认为英国会强制他们改信基督教。起义被镇压后，英国政府解散了东印度公司，直接控制印度。1876 年，维多利亚女王即位，她任命了一位总督来代表她。印度人不能担任政府高层和军事职位。1885 年，印度国会成立，逼迫英国人在公共服务部门和立法机构使用更多印度人。这是反抗英国统治的开端。一些穆斯林印度人支持国会，但又担心印度教统治下的新政权会解散伊斯兰教。

缅甸金狮

1852 年，英国人控制着南缅甸大部分地区。1885 年~1886 年，他们占领了北缅甸，因此，缅甸成为印度的一个省。武装的缅甸人以游击战的形式反抗英国，结果英国损失惨重。

印度教的进步

19 世纪末期，印度人，尤其是上层印度教徒，将英语和欧洲教育视为进步的关键，因而支持本国学校和大学的发展。国会就是为新一代印度精英服务的压力集团。

印度教庙匾

1850 年~1900 年 欧洲

突然出现的德意志民族实力日益强大，引起了全欧洲的关注，尤其是德意志的邻国——法国。曾经强大的奥斯曼帝国逐渐瓦解，使巴尔干半岛上的一些国家获得独立。1853 年~1856 年，沙皇俄国、英国、法国和土耳其发生克里米亚战争，战后局势一直不稳定。意大利各个自治国统一为意大利帝国，定都罗马。

沙皇俄国的剑，沙皇俄国的钢

沙皇俄国在一定程度上以牺牲衰落的奥斯曼帝国来扩大自己的疆土和实力。其他欧洲大国将这种扩张视为一种威胁，于是决定限制沙皇俄国的扩张，不惜发动克里米亚战争。

宏伟之城

拿破仑通过公共工程建设来提高自己的公众形象。他把巴黎重建成一座宏伟之城。

1852 年

另一位拿破仑皇帝统治法国

路易·拿破仑（1808 年~1873 年）是拿破仑·波拿巴的侄子。在混乱的 1848 年，路易·拿破仑当选为法国国会成员。随后，他参加第二共和国总统竞选，以绝大多数选票当选。1851 年，在全国投票中，他说服法国人授予他独裁权，1852 年 12 月，他成为拿破仑三世。在他在位的 18 年里，他鼓励制造业发展，兴建公共工程，逐步让政府自由化。但他的外交事务不太顺利，尤其是在推选奥地利大公当墨西哥皇帝这件事上。1870 年，他最终向普鲁士宣战，但很快被击败，他本人也被普鲁士人抓获，他的政权也因此垮台。

1853 年

克里米亚战争

克里米亚战争（1853 年~1856 年）交战的一方是沙皇俄国，另一方是土耳其、法国、英国和撒丁王国。战争起源于巴勒斯坦圣地的保护问题，后来圣地被奥斯曼土耳其统治。1853 年 10 月，土耳其向沙皇俄国宣战。英国和法国害怕从黑海到地中海的路线被沙皇俄国控制，因此选择帮助土耳其。当土耳其舰队被沙皇俄国摧毁后，法国和英国舰队驶入黑海。1895 年 9 月，两国舰队到达克里米亚，围攻塞瓦斯托波尔长达一年。沙皇俄国和盟军的军队管理者都太无能，导致 70 万生命无辜死去。1855 年秋天，塞瓦斯托波尔失守，沙皇俄国于 1856 年初签署和平条约。

黑海旁的杀戮

盟军在巴拉克拉瓦战役和因克尔曼战役中两次打败沙皇俄国，试图解放塞瓦斯托波尔。

提灯女神

英国护士弗罗伦斯·南丁格尔到达前，医院死亡人数比战场死者人数还多。南丁格尔成立首个现代战地护理服务站。克里米亚战争是第一个被拍摄的战争，也是第一个允许电报发表现代新闻报道的战争。

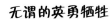

无谓的英勇牺牲

巴拉克拉瓦战役中，一道模糊不清的军令让英勇的英国轻骑兵无谓牺牲。

	1400	1600	1700	1800	1900	2000

一个意大利

意大利实现统一只花了十几年的时间。1866 年，威尼斯并入意大利；1870 年，教皇控制的领土也并入意大利。1871 年，罗马成为意大利联合王国的首都。

促成意大利统一的建筑师

意大利的很多自由主义者也同时是民族主义者，他们提倡在撒丁王国的基础上建立君主立宪制。1852 年，卡米洛·德·加富尔伯爵（1810 年~1861 年）成为撒丁王国首相。加富尔是一位出色的政治家，他会为了达到自己的目的，不惜使用各种实际性的手段和外交手段。

1860 年
意大利议会在都灵召开

几个世纪以来，意大利一直由几个自治国家构成。意大利北部的大部分地区由奥地利人控制。卡米洛·德·加富尔伯爵是撒丁王国国王维托里奥·埃马努埃莱二世的首相，他在法国拿破仑三世的帮助下将奥地利人逐出意大利。很快，帕尔马、托斯卡纳、伦巴第、摩德纳与撒丁王国统一，1860 年，维托里奥·埃马努埃莱在都灵召开意大利议会。教皇和遭人厌恶的两个西西里王国波旁王朝的统治者不希望意大利统一。

朱塞佩·加里波第（1802 年~1882 年），是一位经验丰富的革命者，他召集了大约 1 000 人，让他们穿上红衬衫前往西西里。他们很快占领了西西里岛和西西里王国其他地区。只有教皇国仍然反对统一。加富尔害怕加里波第军队的势力，所以派兵南下，打败了教皇军队。后来加里波第被说服，同意把自己征服的土地并入意大利。

被扶植的国王

维托里奥·埃马努埃莱成为意大利统一后的第一任国王，在这幅英国漫画中，加里波第正帮助维托里奥·埃马努埃莱即位。

1867 年
更多英国人获得投票权

英国自由党政府在 19 世纪的欧洲比较领先，但是并不具有代表性。工业革命时期涌现出的很多新城镇在议会中没有席位，而很多乡村席位则可通过买选票获得。只有富人才有权投票。1832 年，政府担心法国大革命的共和党宗旨会影响英国人，因此把更多选票分给中产阶级，但仍然有上百万人无法投票，进一步改革的呼声越来越高。1867 年，即将担任首相的本杰明·迪斯雷利（1804 年~1881 年）颁布第二次改革法案。法案重新分配了席位，为另外 100 万人授予了投票权。但是女性仍然没有投票权。

工人贵族

工业化的不断加深让越来越多从事技术工作的男性和女性要求更高的工资。他们相信教育和自助，并支持建立代表他们利益的合作社和工会。艾尔·克劳所画的《晚餐时间，维冈》描绘了高薪纺织厂工人的生活场景。

1851 年伦敦世博会

这场成功的大型世博会是维多利亚女王的丈夫阿尔伯特亲王的构想。世博会庆祝了全世界的工业和技术发展，是第一场国际展览会。世博会在一栋玻璃建筑水晶宫里举办。

40000 BC		10000	5000	1000	500	AD 1	200

1871 年
威廉一世统一德意志

1815 年拿破仑被打败后，很多德国人想建立一个统一的德意志国家。为了安抚他们，一个松散的联盟成立。1848 年，想实现真正统一的一些努力都失败了。1861 年，威廉一世成为德意志最大的国家普鲁士的国王。他的首相奥托·冯·俾斯麦（1815 年~1898 年）相信，建立统一的德意志国家只能通过战争实现。1864 年，俾斯麦开始发动进攻。他最先攻击并战胜了丹麦，后来又战胜奥地利，扩张了德意志领土。接着，他颁布新的自由宪法，试图拉拢德国北部的国家。1870 年俾斯麦挑衅法国拿破仑三世，两国爆发战争。德军很快击溃法军并抓获拿破仑，占领了法国东部疆土。1871 年，俾斯麦宣布威廉担任统一后的德国皇帝。

德意志国

1871 年，普法战争接近尾声时，威廉一世在法国凡尔赛成为德意志皇帝。俾斯麦站前排左侧。

铁和军火

19 世纪 70 年代，德国工业和商业发展迅速。克虏伯工厂位于鲁尔区埃森，是欧洲最大钢铁制造厂，拥有 8 000 名员工。

能源利用

德国走在欧洲汽车制造业的前列。

1886 年德国生产的奔驰汽车

1887 年
保加利亚成为巴尔干国家中的第一强国

保加利亚曾是一个重要的帝国，后来被拜占庭帝国占领，再后来被奥斯曼土耳其占领。19 世纪 70 年代，保加利亚人开始寻求独立。土耳其残酷地镇压了独立运动，激怒了欧洲各国，尤其是沙皇俄国。1877 年，沙皇俄国与奥斯曼帝国开战。后来，奥斯曼土耳其人得到英国支持。1878 年两国讲和，沙皇俄国签署了《圣斯特凡诺条约》。和平条约部分内容很大程度上扩大了保加利亚的领土范围，但很快南方又被奥斯曼土耳其夺回。1887 年，斯特凡·斯塔姆博洛夫（1854 年~1895 年）率领保加利亚人再次统一了南北保加利亚，并选举维多利亚女王的亲戚，科堡的斐迪南王子为统治者。但是 7 年中，斯塔姆博洛夫才是保加利亚的真正统治者。保加利亚已成为巴尔干国家中的第一强国，常被沙皇俄国视为其扩张的主要障碍。斯塔姆博洛夫为了调和与沙皇俄国旧敌土耳其的关系付出了很多努力。这激怒了斐迪南。1894 年，他罢免了斯塔姆博洛夫。1895 年，斐迪南与他的沙皇俄国同伙可能共同策划暗杀了斯塔姆博洛夫。

精致的保加利亚项链

政治家之死

斯塔姆博洛夫惨遭杀害（左图）。他可能是被想要脱离保加利亚的马其顿人杀害。

	1200	1400	1600	1700	1800	1900	2000

1850 年~1900 年 美洲

美国发生了可怕的内战，国家被分为南北两区，50 多万人牺牲。后来的几十年中，敌对的两地都被怨恨所笼罩。内战结束后，很多人向西迁移，前往落基山脉和西南沙漠地区，而印第安人则被移民赶出家园。中美洲和南美洲的自由党政府推行重大的政治和社会变革。

水运

新发明的蒸汽船和木筏载着人和货物过河。

割胶工人

巴西是世界上最大的橡胶出口国。工人蜂拥前往亚马孙森林割橡胶树。

1850 年

佩德罗二世改革巴西

1840 年，佩德罗二世开始统治巴西。佩德罗二世能力超凡、心胸宽广、知识渊博，他花了 5 年时间镇压起义，于 1850 年统治了全国。在接下来的 40 年里，巴西的农业、商业和工业都快速发展。政府鼓励兴修铁路，咖啡、蔗糖和橡胶产量剧增。人口数量从 1850 年的 800 万增长至 1889 年的 1 400 万。1870 年~1888 年，佩德罗废除了奴隶制。他在位的最后几年里，解放了奴隶，但未给奴隶主赔偿金，导致奴隶主联合起来反抗他，最终逼他退位。后来，君主制被废除，巴西宣布成立共和国。1891 年，佩德罗在流放中逝世。

皇帝与将军

1854 年，佩德罗二世（坐着的人）派兵前乌拉圭支持执政党，提升巴西在国外的影响巴拉圭为了迫使巴西人撤离乌拉圭，攻击巴乌拉圭和阿根廷，但是失败了，并导致三国同战争（1865 年~1870 年）爆发。多名巴拉圭战在战斗中牺牲。

1858 年

胡亚雷斯成为墨西哥总统

1858 年，墨西哥的保守党和自由党发生内作为自由党领袖的印第安律师贝尼托·胡亚雷成为墨西哥总统。1860 年，他率军打败了保守但却是通过向外国借款才赢得了战争。后来，法西班牙和英国入侵墨西哥，逼他偿还贷款。最后，西班和英国撤军，但 1863 年，法军占领墨西哥城。法国国王仑三世推选奥地利大公马克西米利安成为墨西哥皇帝。年，胡亚雷斯率军打败法军，处死了马克西米利安。胡亚雷再次当选总统，一直任职到 1872 年他逝世。

外籍军团

在墨西哥的法军里有 8 000 名士兵属于外籍军团，他们来自世界各地，自愿为法国效力。他们个个勇敢能干，主要分布在非洲的阿尔及利亚沙漠地区。很少有人知道他们的背景，因此给人一种神秘而浪漫的感觉。

1861 年

美国发生内战

美国北部实现了高度工业化而废除了奴隶制，而南方以农业为主，农场则由奴隶种植。1860 年，亚伯拉罕·林肯当选总统。他反对奴隶制向西部地区扩展。由于担心林肯会废除各地的奴隶制，于是，南方 7 个州从北方联邦中分离，形成了南方邦联。1861 年 4 月，南方邦联军在南卡罗来纳州的萨姆特堡向北方联邦军开枪。林肯呼吁志愿军保卫北方联邦。又有 4 个州加入起义军，双方开战。起初，能干的南方邦联军将军，例如"石墙"杰克逊，打赢了多场战争。但是北方联邦军的兵力更多，军备更先进，他们封锁了南部港口，阻止南方邦联军获得物资。南方势力渐渐被削弱。1865 年 4 月，南方邦联军司令官罗伯特·爱德华·李投降。内战导致 60 多万人牺牲。1865 年末期，国会通过了林肯 1863 年发表的要求解放黑人奴隶的宣言。

奴隶只是名义上得到解放

棉花是南方的主要经济作物，奴隶是种植园主的主要劳动力。南方人努力保持这种生活方式，但是由于战争，他们的土地遭到严重破坏。1864 年，北方联邦军的谢尔曼将军向田纳西州和佐治亚州进军，摧毁了那里的农作物。战争过后，这里先前的奴隶得到解放并且得到土地，但是由于没有任何资源，生活条件并没有比先前做奴隶时好很多。

国家区域图

11 个州（橘黄色区域）脱离北方联邦军（绿色区域）。北方 5 个蓄奴州（紫色）也属于北方联邦军，尽管其中有一些人支持南方邦联军。

方联邦军使用的弹药盒

交战双方的主要武器是来复枪（fle）。弹药盒里的火药被倒入枪口。战争中，来复枪的烟会让士兵流，空气中都是爆炸声。

代战争

20 世纪战争冲突的很多特征在南北战争中都有所表现：铁路和铁船运送人和物资至关重要；双方建立了大型营地，用来关押囚犯，营地多人患病而死，尤其是患痢疾而死；司令通过现场电报发送重要讯报纸大量刊登战争进展，士兵残酷的生与死也被拍了下来。

亚伯拉罕·林肯（1809 年~1865 年）

出生于肯塔基州的律师亚伯拉罕·林肯是战争时期一位精力充沛的总统。1865 年 4 月，他被一名同情南方的演员刺杀。林肯被视为美国最伟大的总统之一。

南北战争

1861 年，南方邦联军在萨姆特堡攻打北方联邦军。

1861 年，"石墙"杰克逊和博雷加德率领南方邦联军在华盛顿附近的奔牛河打败北方联邦军。

1862 年，罗伯特·爱德华·李率领南方邦联军在弗吉尼亚州里士满附近赢得七日会战的胜利。

1862 年，李将军在弗吉尼亚州的弗雷德里克斯堡战役中获胜。

1863 年，杰克逊在查尔斯韦拉战役获胜后被杀。

1863 年，南方邦联军在宾夕法尼亚州的葛底斯堡战役中被打败。

1864 年，尤利西斯·辛普森·格兰特成为北方联邦军的司令。

1864 年，谢尔曼率领北方联邦军穿过佐治亚州。

1865 年，南方邦联军被格兰特和谢尔曼围困，4 月 9 日，爱德华·李投降。

支撑杆

拍散烟雾

印第安人

印第安人是北美洲的原住民。数千年以来，一些印第安人住在中部大平原上，随野牛群、食物和材料来源而居。他们经常相互交战，并不是为了争夺领地，而是为了证明自己的勇敢。他们高度重视土地，扎营的领地神圣不可侵犯。19世纪，欧洲人移居草原。他们杀戮野牛，用栅栏将养殖场围起来。印第安人的生活被彻底摧毁。

丝毫不浪费

苏族人充分利用野牛身上的每一个部位。除了吃肉外，他们用牛角做汤匙，用骨头凿成刮刀或菜刀，膀胱则用来烹饪和储存食物，头骨上色后用于宗教仪式。他们还将水牛皮缝在一起做成帐篷。

用雪橇运送物资

女人们刮掉野牛皮上的肉和毛

苏族人

截至1850年，苏族人是平原上最大的印第安民族。他们分成几个帮派，冬天则分成几个家庭群体。每个家庭居住在一个帐篷里。虽然有部落领袖，但他并不强迫任何人做违背自己意愿的事情。苏族人崇拜自然神灵——太阳、地球和天空，他们相信伟大的神灵控制着世间万物。

1862年

为农民免费分地

1850年~1900年，数百万名贫穷的美洲和欧洲移民来到密西西比河以西的地区定居。1848年，加利福尼亚州发现了黄金，于是矿工们满怀信心地前往此地淘金，牧场工人则在平原上从事养牛业。而农民则被《1862年宅地法》吸引，因为《宅地法》规定，农民耕种5年后就可拥有一块0.65平方千米的土地。工人把铁路铺到了太平洋沿岸，铁路把更多工人和农作物带到那儿的市场。

马拉车

早期白种人赶着用帆布覆盖的货车向西行进。

40000 BC		10000				AD 1	200

帐篷可高达 6 米

人们把兽皮精心缝制成帐篷

志愿者离家，加入"战争一方"或苏族战士队伍中

战士的弓和箭

大部分男人的头发都很长

对抗入侵者

从 19 世纪中叶起，武装移民就在美军的支持下在平原建立农场，驱逐印第安人。他们屠杀野牛，清理土地。1850 年，平原上有数百万头野牛，但 1889 年只剩不到 1 000 头。印第安人在饥寒交迫、无家可归的情况下进行反击，当时印第安人已经成为专业的马背射手，因为 17 世纪时，西班牙为美洲带来了马匹和枪支。1866 年，苏族领袖红云迫使美军从苏族的狩猎场撤军。1876 年，在蒙大拿州小大角战役中，苏族勇士在"坐牛"和"疯马"的率领下伏击卡士达上校率领的 250 名美国士兵，但是反抗被暴力镇压。1890 年，美军在南达科他州的伤膝河杀害了 200~300 名手无寸铁的苏族妇女和小孩。

幸运符

这个用珠子装饰的护身符是一位妇女用蜥蜴皮缝制而成的，戴在身上用来避邪。

被限制的流浪者

1890 年，幸存的印第安人被限制在居留地——政府留给他们的一小块地。一些印第安人成为农民，其他人则处于无业状态。有 100 多万印第安人生活在居留地。他们在这时期仍频频示威，要求取回失去的土地，恢复祖先的生活方式。他们会在各种仪式上穿上传统服饰，例如戴上这个头饰。

867 年

拿大成为自治领

英军在七年战争中打败法军后，英国于 1763 年控制了加拿所有领土。1840 年，英国统一了上加拿大以英语为主要语言省份和下加拿大以法语为主要语言的省份。说英语的加拿大和说法语的加拿大人之间势不两立，但他们都担心美国的入很明显，加拿大需要一个强大的国家政府。1867 年，《英属法》将加拿大变成了自治领，即英帝国的自治国，并任命立英国总督进行管理。1905 年，今加拿大大部分地区在当时纳入自治领。

加拿大骑警

1873 年，因为商人与印第安人在这里常发生冲突，加拿大西北部成立了一支半军事化的警察队伍来维护法律和秩序。他们绰号叫"骑警"，无论是烈日当头、灰尘满天的夏天，还是冰天雪地的冬天，他们都骑马穿越数千里来维持秩序。年轻的英国人为了寻求冒险，也会加入骑警部队。

600	800	1000	1200	1400	1600	1700	1800	1900	2000

 # 1850年~1900年大洋洲

19世纪下半叶，澳大利亚和新西兰经历了巨大的社会和政治变革。这两个国家发扬民主，把为老人提供养老金作为一项法定权利，19世纪90年代，又授予女性投票权。两国都成为自治领，开始培养与英国完全不一样的文化意识。

尤里卡国旗

这面旗帜飞扬在巴拉瑞特矿工的栅栏上，成为激进民族主义的有力象征。

好运气

1851年，当听说维多利亚市发现黄金后，上千名探矿者蜂拥来到这里。1855年，维多利亚市的人口数从原来的7.7万增加到了33.3万。

尤里卡栅栏事件

尤里卡铅矿的矿工把自己关在木栅栏里4天，无视政府派去逮捕他们的军队。12月3日，栅栏倒塌。

1854年
尤里卡矿工起义

19世纪时，澳大利亚殖民地发展得一直很缓慢，直到1851年维多利亚市和新南威尔士州发现了黄金，殖民地才开始快速发展。维多利亚市巴拉瑞特地区发现金矿后吸引了大量想发财的人从远方的英国和美国赶来。政府为了控制这一局面，便让矿工购买挖矿许可证。这引起了矿工的极大不满，1854年11月，在巴拉瑞特金矿区的尤里卡矿山，有约150名矿工起义。政府军队杀害了大约30名矿工，并逮捕了幸存的领导者们。后来，他们又被释放，许可证制度取消。

1893年
新西兰女性被授予投票权

1870年至1890年的大部分时间，在偏袒富裕地主阶级的保守党政府控制下，新西兰经济严重衰退。在人们的强烈抗议下，1889年，政府终于同意授予21岁以上的男性投票权。在第二年举行的大选中，自由党政府上台，不久便推行社会变革。改革包括颁布工厂法，规定工作环境、工时标准和累进所得税税率，设置工业仲裁委员会和养老金制度，并在1893年9月19日授予女性投票权。

女权运动领袖

凯瑟琳·谢泼德是基督教妇女禁酒联盟选举部门的部长。该联盟秉承着基督教的价值观，以改变当地男的酗酒习惯为目标。

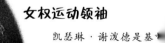

女性投票权请愿书

从19世纪80年代早期至1893年，多份请愿书被提交到国会。最大的一份请愿书有546页，是把纸张粘在一起形成了一个长达274米的卷轴，上面有来自179个不同地区的25 519个签名。选举法案最终通过。

各国授予女性投票权的时间

1893年，新西兰。
1894年，澳大利亚。
1907年，挪威。
1917年，俄国。
1918年，英国。
1920年，美国。
1944年，法国。
1971年，瑞士。

第十八章

1900年~1919年

世界大战

德意志帝国的军官的头盔

1900~1919年
世界情况概述

20世纪前几年，世界强国之间的竞争日趋激烈。由于在南非差点被布尔人击败，英国的实力遭受很大损失。法国国家内部丑闻使其实力衰弱，同时还要面对新统一的德意志帝国在经济和军事上的激烈竞争带来的压力。面对德意志帝国的威胁，法国和英国撇开长期的殖民竞争关系，开始携手合作。随着德意志实力增强，新联盟出现，到1914年，欧洲大陆形成两大军事阵营。在欧洲以外的地区，曾经强大的中国清朝最终在1912年瓦解，亚洲地区出现了一个新的强国——日本。1905年，俄国海军舰艇被日军击沉，这是现代亚洲国家首次打败欧洲国家。奥斯曼帝国继续衰落，1913年，几乎失去了所有欧洲领地。在美洲，美国的工业和经济继续增长。

技术革命

1903年，莱特兄弟在美国北卡罗来纳州的沙丘升空，世界上出现第一个飞行案例。当1914年欧洲大国开战时，人们才真正感受到这一重要时刻的影响力。第一次世界大战是人类历史上第一次在全世界范围内使用最新技术作战，造成人类重大伤亡的战争。飞机、坦克、潜艇和化学武器都在这场世界性的战争中被用来对付士兵和平民。

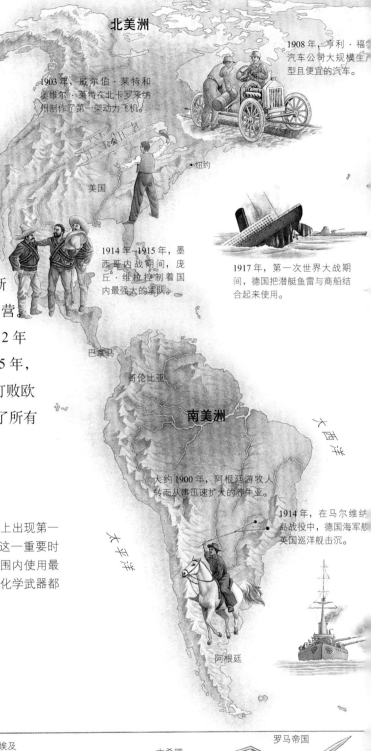

北美洲

1908年，亨利·福特汽车公司大规模生产型且便宜的汽车。

1903年，威尔伯·莱特和奥维尔·莱特在北卡罗来纳州制作了第一架动力飞机。

纽约

美国

1914年~1915年，墨西哥内战期间，庞丘·维拉控制着国内最强大的军队。

1917年，第一次世界大战期间，德国把潜艇鱼雷与商船结合起来使用。

巴拿马

哥伦比亚

南美洲

大西洋

大约1900年，阿根廷游牧人转而从事迅速扩大的养牛业。

1914年，在马尔维纳斯岛战役中，德国海军舰被英国巡洋舰击沉。

太平洋

阿根廷

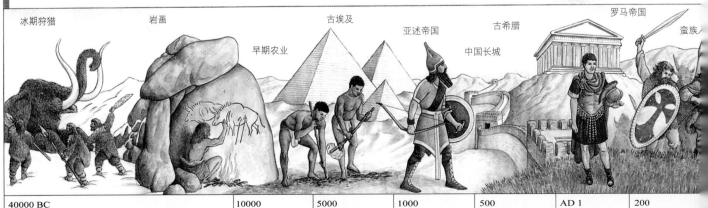

冰期狩猎　　岩画　　　　　　　　古埃及　　　　亚述帝国　　古希腊　　　　　罗马帝国

早期农业　　　　　　　　　　　　中国长城　　　　　　　　蛮族人

40000 BC			10000	5000	1000	500	AD 1	200

1915 年~1916 年，德国齐柏林飞艇轰炸英国。

1917 年，俄历 2 月，俄国革命结束了沙皇统治，10 月，布尔什维克在列宁领导下夺取政权。

欧洲

俄国

亚洲

中国

•北京

喜马拉雅山脉

日本

1905 年，日本在对马海峡打败俄国舰队。

914 年~1918 年，欧洲战争惨烈，数百万人丧生。

巴勒斯坦

恒河

湄公河

1900 年，义和团团民攻击在北京的欧洲传教士，粉碎了欧洲列强占领和影响中国的阴谋。

埃塞俄比亚

大约 1910 年，欧洲殖民者逼迫非洲人充当搬运工修建公路和铁路。

非洲

1900 年，南非黄金和钻石矿厂雇用了上千名非洲和欧洲移民。

大洋洲

大约 1900 年，澳大利亚工会会员在全世界率先展开为工人争取更好的工作条件的斗争。

北

南非

印度洋

澳大利亚

1911 年，挪威探险家、航海家罗尔德·阿蒙森到达南极。

惠灵顿

新西兰

外

玛雅帝国

蒙古人向外扩张

修建城堡

欧洲人移民北美洲

莫卧儿帝国

贸易扩张

革命时代

维京人航行

工业革命

| 600 | 800 | 1000 | 1200 | 1400 | 1600 | 1700 | 1800 | 1900 | 2000 |

1900年

1905年

非洲

1900 年，卡巴卡（布干达王国国王的称谓），即国王，在英国监管下统治东非布干达。

1900 年~1901 年，西非阿散蒂崛起，英国强占阿散蒂。

1902 年，《弗里尼欣和约》结束了南非第二次布尔战争，失败的布尔人很伤心，决定夺回政权。

1903 年，豪萨兰的索科托的王位被英国人夺走。

1904 年，法国建立法属西非联邦。

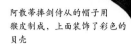

阿散蒂捧剑侍从的帽子用猴皮制成，上面装饰了彩色的贝壳

1905 年，德国国王恺撒·威廉二世访问丹吉尔，引发与法国的危机。

1905 年，坦桑尼亚（德属东非）发生马及马及起义。*

1906 年，英、法、意签署三国协定，保证埃塞俄比亚的完整性。

1907 年，莫桑比克成立政府。

1908 年，比利时统治比属刚果。

1909 年，法国和德国针对摩洛哥问题达成协议。

1909 年，利比里亚请求美国给予财政援助。

摩洛哥琵琶及其羽毛拨子

亚洲

1902 年，伊本·沙特占领利雅德，开始建立沙特阿拉伯。

1903 年，印度的英国总督（寇松侯爵）派探险队前往中国西藏。

1900 年，中国爆发义和团运动。*

1900 年，沙皇俄国强占中国东北地区。

1902 年，英日同盟成立。

这个西藏克朗（Kyelang）据称可以治疗神经错乱

色彩夺目的朝鲜魔鬼面具

1905 年，日本迫使朝鲜同意由日本"保护"朝鲜。

1905 年，日本海军在对马海峡打败俄国舰队。*

1907 年，朝鲜高宗皇帝退位，他的儿子纯宗即位。

1908 年，光绪皇帝和慈禧太后逝世。

欧洲

1900 年，德国海军法制定了公海舰队20 年建设方案，以与英国海军抗衡为目的。

1901 年~1905 年，法国政教分离。

1901 年，俄国建立社会革命党。

1903 年，塞尔维亚国王亚历山大被杀。

1903 年~1905 年，比利时人统治刚果自由国的丑闻在比利时曝光。

1904 年，英法签署《挚诚协定》。*

1904 年~1905 年，日俄战争。

日俄战争中，日本人与俄国骑巡队在朝鲜边界附近发生冲突

1905 年，沙皇俄国发生革命。

1905 年，挪威脱离瑞典统治，哈康七世当选国王。

1906 年，英国自由党政府执政，推行一系列改革。

大约 1906 年，海军军备竞赛升级。*

1908 年，青年土耳其党人发动"土耳其革命"。

1908 年，葡萄牙卡洛斯一世被暗杀。

1908 年，奥地利强占波斯尼亚和黑塞哥维那。

1908 年，斐迪南一世成为保加利亚皇帝。

波斯尼亚的镀金十字架是为了放置耶路撒冷的一块真十字架而制

美洲

1901 年~1909 年，西奥多·罗斯福成为美国总统，他致力于改革商业和铁路，禁止使用童工，保护自然资源。*

1903 年，巴拿马在美国的支持下脱离哥伦比亚统治。

1903 年，加拿大和美国之间的阿拉斯加边界争端得到解决。

1904 年，太平洋战争后，玻利维亚和智利争端终于得到解决。

1904 年~1909 年，伊斯梅尔·蒙特斯担任玻利维亚总统，玻利维亚进入社会和政治改革期。

铁路使美国成为工业强国

1905 年，加拿大建立阿尔伯塔省和萨斯喀彻温省。

1906 年，阿拉斯加州选举出一名代表参与美国国会。

1906 年，古巴发生自由起义后被美军占领。

1907 年，美国银行客户疯狂挤兑事件被约翰·皮尔庞特·摩根控制下来。

1908 年，亨利·福特生产出第一辆T 型车。*

人们在阿拉斯加北部发现了因纽特人制作的抹香鲸象牙雕刻

大洋洲

1900 年，英国吞并磷矿丰富的巴纳巴岛。

1900 年，新西兰强占库克群岛。

1901 年，英国控制汤加国的对外关系。

1901 年，澳大利亚联邦成立。*

1902 年，澳大利亚授予女性投票权。

1904 年，斐济代表加入斐济立法委员会。

1910 年，澳大利亚联邦首次铸造出硬币

1905 年，英属新几内亚成为澳大利亚的一部分，被称为"巴布亚岛"。

1906 年，英国和法国统治新赫布里底群岛。

1907 年，新西兰成为自治领。*

1907 年，菲律宾首次选举出国民议会。

1909 年，新西兰建立独立的工党。

新西兰惠灵顿的政府大楼

| 40000 BC | 10000 | 1000 | 500 | AD 1 | 200 |

910年

0 年，南非联盟成立。
2 年，美国向利比里亚提供新贷款，美国掌控其海关税收为条件。
2 年，法国签署《非斯条约》，把摩洛变成自己的保护国。
3 年，南非政府颁布法律，为白人保87%的土地。*
4 年，英国和法国占领德国在西非的民地。

埃及的这条由硬币和珠子串成的项链中间有一个新月和星星的饰物

尊微笑的中国人像是用木雕刻而成

1911 年~1912 年，中国发生反对清朝统治的起义。孙中山建立共和国，成为第一任总统，但随后被军阀夺权。
1912 年~1926 年，日本大正时代。
1912 年，日本建立第一支无畏战舰舰队。
1913 年，印度诗人罗宾德拉纳特·泰戈尔获诺贝尔文学奖。

0 年，葡萄牙革命结束了君制。
2 年~1913 年，巴尔干战争。*
3 年，青年土耳其党人发动土耳政变。
4 年，奥地利王位继承人被暗导致第一次世界大战爆发。
4 年，马恩河战役爆发。
4 年，德国与俄国发生坦能堡役，德国胜利。

英国士兵在西线沟渠值班

1911 年，墨西哥总统迪亚斯被推翻。
1912 年，阿拉斯加成为美国领土。
1912 年，亚利桑那州和新墨西哥州成为美国的州。
1912 年，阿根廷推行无记名投票和普选。
1913 年~1921 年，伍德罗·威尔逊成为美国总统。
1914 年，巴拿马运河开通。
1914 年，加拿大太平洋铁路竣工。

伍德罗·威尔逊（1856 年~1924 年）是美国第 28 任总统

0 年，安德鲁·费希尔率领的工党第次在澳大利亚大选中获胜。
1 年，新西兰建立全民军事训练制。
3 年，瓦利斯岛成为法国保护领地。
3 年，新西兰建立统一劳工和社会民党的联合会。

这些人在澳大利亚西部的默奇森通过风远淘法筛选黄金

1915年

1916 年，布尔领导人扬·史末资领导反德运动，从肯尼亚进入坦桑尼亚（德属东非）。
1916 年，英军与比利时军队占领德属喀麦隆首都雅温得。
1917 年，拉斯·特法里（后来叫海尔·塞拉西）成为埃塞俄比亚的摄政王。*
1917 年，德属东非的德国军队在马谢瓦对抗英军和葡萄牙军队；德国撤回到莫桑比克。

这个刻有牛的图案的葫芦在马达加斯加制造

1916 年，阿拉伯人在汉志起义，反抗奥斯曼土耳其统治。
1916 年，侯赛因宣布自己为阿拉伯国王。
1917 年，《贝尔福宣言》赞成在巴勒斯坦建立一个犹太人的民族之家。
1917 年，英军占领巴格达和耶路撒冷。
1917 年~1925 年，孙中山为获得中华民国的执政权不断努力。
1918 年，埃米尔·费萨尔攻占叙利亚，他于 1920 年当上叙利亚国王。

华南各省份发生起义，反抗清朝政府

1917 年，俄国通过这类戏剧海报宣传俄国革命

1915 年，达达尼尔战役爆发，英国试图强行前往君士坦丁堡。
1915 年，德国发动潜艇战役以封锁英伦三岛。
1916 年，英国与德国舰队发生日德兰海战，双方陷入僵局。
1916 年，爱尔兰爆发复活节起义，反对英国政府统治。*
1917 年，俄国革命分为两个阶段：二月革命（2 月）和十月革命（10 月）。*
1918 年，各国签署休战协议，第一次世界大战结束。

1916 年~1922 年，伊波利托·伊里戈延当选阿根廷总统，推行多方面改革。*
1917 年，墨西哥颁布新宪法。
1917 年，巴西向德意志宣战。
1917 年，美国向德意志宣战。
1918 年，委内瑞拉开发油田。
1918 年，美国总统威尔逊提出《十四点和平原则》，结束第一次世界大战。

墨西哥人用芦苇编织成扇子扇火

萨洛黛女王统治汤加长达 47 年

1915 年，英国吞并吉尔伯特群岛和埃利斯群岛。
1916 年~1917 年，公民投票反对澳大利亚全国征兵计划。
1917 年，菲律宾群岛建立菲律宾国民警卫队。
1918 年，萨洛黛成为汤加女王。
1918 年，西萨摩亚五分之一的人患流感而死。

1900 年~1919 年 非洲

非洲各地人民继续起义反抗欧洲统治。新世纪的前几年，马及马及起义、赫雷罗人起义以及南非动乱，都反映了非洲人对欧洲君主的不满。尽管很多非洲人内心不满，但他们仍然在第一次世界大战中为殖民统治者效力。南非政府努力巩固白人在南非的统治地位，非洲和亚洲移民也组织非暴力抗议。埃塞俄比亚仍然保持独立，并日益发展，在杰出的孟尼利克皇帝统治下，帝国疆土扩大了两倍。

非洲人的悲伤

这个面具来自刚果自由国。从 1885 年至 1908 年，比利时国王利奥波德残酷无情的统治方式导致整个刚果自由国人口减少，多达一半的刚果自由国人民死去。利奥波德只顾自己赚大钱。

优雅的鼻烟盒

这个雕刻而成的羚羊头鼻烟盒来自坦桑尼亚。非洲人经常被迫为欧洲人工作，有时候是修建公路和铁路，有时则是生产出口的棉花、咖啡或橡胶，仅只满足了欧洲人的愿望，并不是为了满足非洲人的需求。

1905 年

坦桑尼亚人用水挡子弹

整个非洲大陆的人都在抗议欧洲人的一些行为：抢他们的土地、征收新税、对他们进行羞辱、强迫他们劳动、腐败、肆无忌惮地使用暴力、强奸和剥削。在德属东非（现在的坦桑尼亚大陆），人们最痛恨征收重税、强迫他们劳动、迫使他们为政府种植用于出口的棉花。后来一位灵媒称有一种神奇的水可以挡住子弹，因此，全国人民都起来反抗。（斯瓦希里语的水是"马及"，因此这次起义又叫马及马及起义。）殖民政府为了镇压起义，杀害起义领袖，还通过让士兵烧毁农作物、谷物和村庄制造饥荒。这一系列行动导致 20 多万人死亡。

战火连连

1896 年，孟尼利克皇帝率领埃塞俄比亚军队在阿杜瓦战役击溃了想要入侵的由 1.7 万名意大利士兵组成的强大军队。

1896 年~1897 年，非洲津巴布韦人起义反抗英国统治。

20 世纪，德国镇压喀麦隆起义，英国在尼日利亚的战争继续。

1902 年~1903 年，安哥拉的奥文本杜人与葡萄牙人交战。

1904 年~1908 年，纳米比亚的赫雷罗人和纳马人造反。

1905 年，坦桑尼亚爆发起义。

1914 年~1918 年，德国与同盟国率领非洲人组成的军队在非洲作战，4.1 万名肯尼亚人牺牲，16.9 万名西非人在欧洲充当法国的兵力。

大约 1920 年，苏丹和索马里反抗英国的统治，尼日尔人反抗法国统治。

不毛之地

1904 年 1 月，纳米比亚中部的赫雷罗人起来反抗德国统治者。德国派兵镇压，把起义者赶到卡拉哈里沙漠，开枪打死所有试图回来的人。存活下来的赫雷罗人则被押至集中营，一半以上的人死在那里。纳米比亚南部养牛的纳马人十分震惊，于是在 10 月发动起义。他们都是骑马高手，起义领袖则是杰出的游击队战士。德国派了 1.4 万名士兵才将起义镇压下来，被抓获的起义者也被押往集中营。起义之前，纳马人大约有 2 万人，赫雷罗人有 8 万人，但到 1911 年，纳马人只剩 9 800 人，赫雷罗人只剩 1.5 万人。

1913 年
政府颁布法律，只为白人保留土地

　　1910 年，英国政府把开普殖民地、纳塔尔、奥兰治自由邦、德兰士瓦合并为南非独立联盟，但未强调维护南非白人以外人种的权利。相反，他们的权利被进一步践踏，因为占少数的白人加强了自己对财富和权力的掌控。1913 年颁布的《原住民土地法》为白人保留了 87% 的土地。大量的非洲人无家可归。他们别无选择，只能在欧洲人的农场、家里、地下煤矿里工作，领取微薄的工资。同年，政府试图限制印度移民，遏制他们移居南非的行为，但一场精心策划的起义，迫使政府做出让步。

由先驱

　　为统一国家，捍卫非洲人的权利，1912 年 1 月 8 日非洲人国民大会（ANC）成立。皮克斯利·塞梅（非洲人国民大会创始人之一）还非洲人创办了第一份全国性的报纸。1914 年，非洲人国大会派代表团去伦敦（上图）请求帮助，虽然他们能言辩，但仍然没有成功。

人通行证

　　为了控制非洲男性，欧洲人下通行证，命令非洲男性随身携带。有出示通行证，表明他们得到了可，才能前往其他地方，或得到分工作。1913 年，奥兰治自由邦图让非洲女性也携带通行证，但因反对而放弃。一直到 20 世纪 50 年代，女性才能携带通行证。

约翰内斯堡通行证
签发处

项链

　　这条项链来自纳塔尔，用小珠子串成。

拉斯·特法里的宗教信仰

　　当全世界无数非洲原住民遭受压迫时，拉斯·特法里，即海尔·塞拉西（1892 年~1975 年）统治的历史悠久的非洲帝国仍然在发展壮大。对于加勒比地区很多国家来说，拉斯·特法里代表着希望。他们把《圣经》故事与自己的愿望相结合，把黑人视作被上帝选中的民族，即使现在遭受着苦难，但未来一定会得到他们的弥赛亚拉斯·特法里的解救，回到非洲，过上好日子。他们根据拉斯·特法里的名字称自己为"拉斯特法里崇拜者"。20 世纪 70 年代，拉斯·特法里的崇拜者通过自己创作的雷鬼乐把他们的思想传遍世界。

忠实信徒

　　拉斯特法里教是牙买加最大的教派，其他国家也有拉斯特法里崇拜者，他们梦想被解放，过上好日子。图中的忠实信徒在庆祝海尔·塞拉西的生日。

1917 年
埃塞俄比亚的新统治者

　　20 世纪大部分时间，埃塞俄比亚都是非洲唯一独立的黑人国家。1889 年至 1913 年它一直由孟尼利克统治。曾有一段时间，欧洲人占领了非洲大部分地区，而孟尼利克却让埃塞俄比亚的领土翻了一倍，并于 1896 年在阿杜瓦打败了入侵的意大利军队。1917 年，孟尼利克的一位亲戚，拉斯·特法里掌权。他是孟尼利克女儿朱迪特的摄政王，1930 年他自己称帝，改名为海尔·塞拉西（"三一神之光"）。他改革军队，废除奴隶制，努力把埃塞俄比亚建设成一个现代化国家。1935 年~1936 年，意大利人入侵埃塞俄比亚，但是 1941 年，被英军成功驱逐，皇帝重新归位。

海尔·塞拉西

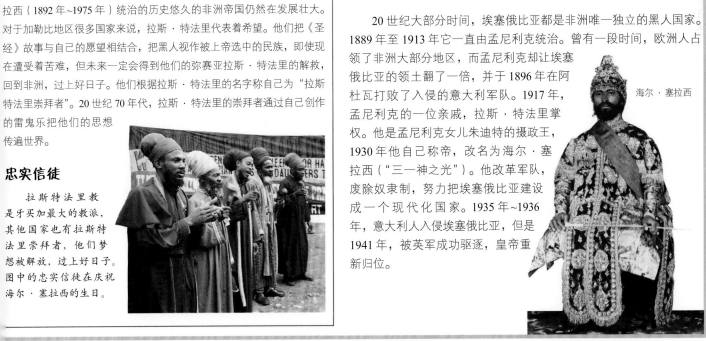

1900 年～1919 年 亚洲

欧洲商人在中国的几十年，赚取了大量财富，这激起了中国民众的愤怒和反抗，例如义和团运动。这最终导致清王朝的衰落，促成中华民国的建立。日本成为公认的亚洲第一强国，因为日本在对马海峡海战中打败了俄国舰队，成为第一个打败欧洲国家的亚洲国家。中国在第一次世界大战中向协约国输送 14 万劳工。西亚的阿拉伯地区被欧洲列强从奥斯曼帝国手里夺走。

来自清朝的"青蛙"

这个青蛙状的绿宝石鼻烟壶可追溯至清朝。

1900 年

中国义和团运动

太平天国运动（1850 年～1864 年）后，中国一蹶不振，随后几年，欧洲列强在全中国扩大通商活动，很多中国人憎恶入侵者。一些不满的年轻人为了驱逐外国人，秘密组成了义和团。义和团运动得到了很多民众的支持和清政府的默许。到 1900 年，义和团不断烧死外国传教士，杀死中国基督徒，围攻外国大使馆。6 月在中国的德国公使被杀，欧洲列强往中国派遣远征军施加武力。8 月八国联军来到北京，为被围攻的大使馆解围，镇压义和团。支持义和团运动的慈禧太后逃到西安。她很快就接受了美国、日本以及其他欧洲列强的要求，战争结束。

宣传海报

义和团海报上画的是他们正在围攻天津的外国人。

八国联军入侵中国

1900 年，外国列强入侵中国。一些国家甚至在通商口岸设立特殊贸易设施，最初主要在上海，后来扩展到至少 15 个城市。义和团攻击北京的外国大使馆，并杀死一些欧洲和中国基督徒。西方列强组成八国联军进攻北京。

孙中山 1866 年～1925 年

孙中山（右图是他与妻子的合影）是澳门附近一位农民的儿子。1905 年，39 岁的孙中山建立了同盟会。他最大的愿望是统一中国，建立一个民主的代议制政府。早在 1894 年，他就成立了一个地下革命党，希望推翻软弱的清朝。1895 年，他组织的第一次起义失败，于是他离开中国，逃往其他国家，例如英国、日本和美国，为自己的事业找寻支持。最终，1912 年，革命者们成功推翻清政府，孙中山被选为中华民国临时大总统。

1905 年

俄国在对马海峡海战中被打败

20 世纪初期，日本与俄国因双方在朝鲜和中国满洲的利益分配不均而发生冲突。满洲是在中国东北的一个地区，1898 年以后，俄国在满洲越来越占主导地位。1904 年洽谈失败后，日本海军在亚瑟港攻击俄国太平洋舰队，太平洋舰队驻扎在中国租给俄国的旅顺和大连。随后战争爆发，俄国军队组织不力，多次在海上和陆上战役中被日军击败。1905 年 5 月，沙皇尼古拉二世之前派遣的前来支援俄国太平洋舰队的波罗的海舰队，到达朝鲜与日本交界的对马海峡，但在日军的攻击下几乎全军覆没，很快战争结束。1905 年 9 月，罗斯福总统在美国组织会议，日俄双方在此会议上达成和平协议。

日本海战胜利

1905 年 5 月，俄国战舰在对马海峡被日本鱼雷袭击。这是历史上亚洲舰队第一次打败欧洲舰队。

海军上将东乡平八郎

日本舰队司令是海军上将东乡平八郎。在对马海峡海战中，他大胆调遣舰队，让舰队掉头，调整方向，与忙于逃离迷雾的俄军交战。他的策略是阻止俄军在 18 个月航行的最后阶段突破防线。

1917 年

同意犹太人建立家园

公元 1 世纪，犹太人被罗马军队赶出家乡巴勒斯坦。他们移民到很多欧洲国家，随后又移民到美国，但从未忘记自己的犹太人身份。其他种族经常迫害他们。19 世纪，这种迫害即反犹太主义，激发了犹太人要求再次在巴勒斯坦建立家园的运动，被称为"犹太复国运动"，运动得到了英国很多人的支持，1917 年，英国外交大臣阿瑟·詹姆斯·贝尔福在写给英国犹太领袖罗斯柴尔德勋爵的信中正式宣布英国政府支持犹太复国运动。这封信即《贝尔福宣言》。第一次世界大战以后，由奥斯曼帝国统治了 4 个世纪的巴勒斯坦成为英属领地。这期间，犹太人移民与在巴勒斯坦居住了几个世纪的阿拉伯人之间冲突不断。这些冲突成为该地区当今存在纠纷的根源。

犹太复国委员会

这张照片里的人是犹太复国委员会的成员，犹太复国委员会是犹太复国运动的官方组织，这些人 1918 年到达巴勒斯坦。哈伊姆·魏茨曼（1874 年~1952 年）是犹太复国委员会的会长。

上帝之手

犹太人的这个手形状的银饰品来自以色列耶路撒冷，是力量和权力的象征。

1900 年～1919 年 欧洲

导致 1914 年第一次世界大战的欧洲国家之间的矛盾在 1900 年就开始□化。法国担心德国不断增强的军国主义，与俄国，后来又与英国组成协约□刚从奥斯曼帝国独立出来巴尔干半岛各国开始出现内部分裂，导致大国各支□一方的局面。在长达 4 年的战争中，各方都有大量人员因冲突伤亡，使德□这一欧洲经济超级大国破产。而俄国的三次革命让这个国家彻底改变，成为世界第一个社会主义国家。

德军头盔

这个德国军官的头盔可追溯至大约 1912 年，头盔上的鹰代表普鲁士王室。

德雷福斯事件

阿尔弗雷德·德雷福斯（18□年～1935 年）是一名法国犹太裔□尉，因被陷害将军事秘密泄露给□国，于 1894 年被误判为叛国罪，□身监禁。他是反犹太主义的受害者□这一事件引起国际公愤。1906 年□此案复审，德雷福斯被判无罪，□复原职。

1904 年

签署《挚诚协定》

自 19 世纪 90 年代，英法两国因在西非和太平洋的领土权、在新西兰的捕鱼权，以及在埃及和摩洛哥的开发利益发生冲突以后，就一直存在摩擦。1904 年，英国国王爱德华七世顺利访问巴黎，两国签署了友好的《挚诚协定》，协议解决了两国海外争端，同意互不干预两国开拓事务。这是英法联合对付德国的第一步。

艺术解读

漫画家常常将《挚诚协定》表现为□法国女性与一名英国士兵调情的场景。

1906 年

海军军备竞赛升级

20 世纪早期欧洲的一大威胁是德国军国主义的崛起。德意志帝国的□者奥托·冯·俾斯麦（1815 年～1898 年）努力保持与欧洲大国的良好关□1890 年他被德国新皇帝威廉二世罢免后，这一谨慎政策被取消。德国皇帝□把德国建设成世界一流强国。他鼓励海军元帅提尔皮茨建立与英国海军不相□的德国海军，1906 年，提尔皮茨决心建造一艘可与英国无畏战舰媲美的军舰。□引发欧洲各国的紧张情绪，权力也逆转失衡。俄国、法国和英国组成协约国，□国家则关注巩固本国的国防。

德国工业蓬勃发展

德国军国主义的发展伴随着工业和武器的发展。上图表现的是在德国北部的一家船厂工人工作的场景。

12年

尔干半岛各国开战

1912年，保加利亚和塞尔维亚想得到马其顿，而马其顿属于居住着保加利亚人、赛尔维亚人、其顿人和希腊人的土耳其奥斯曼帝国。希腊、黑山与保加利亚、塞尔维亚结盟，形成巴尔干同一起攻击并打败了土耳其，导致其在欧洲的领土大大减少。之后出现了暂时的和平，但因四盟国争夺领土，1913年战争再次爆发。塞尔维亚希望得到阿尔巴尼亚，但是奥匈帝国担心塞亚势力增长，于是把阿尔巴尼亚变成独立国。塞尔维亚对奥地利人怒不可遏。

— 巴尔干战争以前的奥斯曼帝国

▨ 巴尔干战争以后的奥斯曼帝国

巴尔干半岛纷争

巴尔干一役使奥斯曼帝国疆土大大减少。这一伟大帝国几乎走到了尽头。

保加利亚军队

第一次巴尔干战争结束时，保加利亚领土扩张至爱琴海。1913年，保加利亚军队攻打希腊人和塞尔维亚人，但被打败。战争最后和平结束，除保加利亚外，所有国家都获得了土地。

塞哥维那人的头饰

这个头饰来自巴尔干半岛黑塞哥维那，被人们当作护身戴在身上。

导火索

1914年，奥地利大公斐迪南和妻子被塞尔维亚人刺杀。这是第一次世界大战的导火索。

1916年

复活节起义

几百年以来，爱尔兰一直想摆脱英国统治。1914年，英国政府通过了《爱尔兰自治法案》，但是因第一次世界大战而耽搁。于是，共和新芬党要求立刻脱离英国统治。1916年复活节星期一，他们在都柏林起义，宣布建立爱尔兰共和国。经过一个星期的战斗，他们被迫投降。英国政府的残忍报复为独立提供了强有力的民众支持。1918年大选中，新芬党赢得了大多数选票。

柏林自由宫

在复活节起义中，大约有500人牺牲，都柏林很多建筑毁。英国政府无情报复，处死了15名爱尔兰领导。

爱尔兰民族主义者

约翰·雷德蒙德（1856年~1918年）是爱尔兰民族党领袖。与新芬党不同，因为他对复活节起义深感痛心，他领导下的民族党希望通过和平方式达到目的。

1917年

俄国革命

　　1905年1月，上千名示威者在圣彼得堡要求当地工厂涨工资、缩短工时，遭到军队的开枪镇压。这导致很多城市的工人罢工，包括圣彼得堡大罢工。示威者随后还要求政府结束与日本的战争，颁布宪法，普及免费教育，进行税收改革。农民也起来反抗地主，陆军和海军也发生兵变。沙皇被迫向杜马（议会）提议颁布宪法，但动乱和罢工仍持续了一段时间。同时，1917年，俄军在第一次世界大战中失去了500多万士兵。1917年3月，圣彼得堡（已改名为彼得格勒）发生新动乱，沙皇被迫退位，临时政府成立。很快，列宁领导的布尔什维克党就开始反对临时政府。9月，临时政府宣布成立俄罗斯共和国，但10月，列宁发动武装起义，夺取政权，并建立了苏维埃政权。

名誉扫地的统治者和他的儿子

　　沙皇尼古拉二世（1868年~1918年）不受臣民的爱戴。1917年3月，他被迫退位。

俄国革命

1905年1月，工人到圣彼得堡冬宫抗议。

1914年，沙皇俄国被卷入第一次世界大战。

1915年8月，尼古拉二世担任军队的最高指挥。

1917年2月，彼得格勒面包短缺，引发工人抗议游行。

1917年10月，列宁命令占领冬宫，布尔什维克夺取政权。

1918年7月，沙皇与家人被判死刑。

革命武器

　　俄国人在第一次世界大战时期买来的日本海军步枪曾在1917年革命时使用。

占领冬宫

　　1917年10月，布尔什维克占领彼得格勒（原名圣彼得堡）的冬宫，临时政府掌权时曾把它作为议会大厦。

列宁（1870年~1924年）

　　弗拉基米尔·伊里奇·列宁出生于伏尔加河畔的辛比尔斯克。列宁从小就有政治头脑，但他被大学开除，1895年在监狱被关了14个月，后来又因为反叛罪被流放到西伯利亚。此后，他便开始读书自学，主要阅读马克思的著作。1903年，他成为布尔什维克领袖。俄国社会民主党中布尔什维克意为"多数派"。1917年冬宫被占领后，全俄苏维埃代表大会召开，授予布尔什维克（后来叫共产党）在俄国的行政权，因为他们给国家带来了"和平、土地和面包"。工厂的权力也交给工人，1918年签署的《布列斯特－立陶夫斯克条约》结束了在"一战"中与德国的战争，新的苏维埃宪法问世。列宁成为世界上最大国家的领袖。

1900 年~1919 年 美洲

这段时期美国工业快速发展。虽然同情英国和法国，但美国仍然不打算参与第一次世界大战，直到 1917 年，德国潜艇攻击美国，迫使美国参战。南美洲和中美洲的很多国家对美国的干涉日益不满。在阿根廷，激进的改革因腐败和领导无能而失败。

纽约欢迎你

纽约的埃利斯岛是大多数移民进入美国的第一站。

1901 年

白宫里的"狂野骑士"

西奥多·罗斯福（1858 年~1919 年）在不同时期曾做过牧场工人、职业狩猎人、探险家和政治家。他以改革派共和党的身份在纽约学习政治，后来在 1898 年的美西战争中率领"狂野骑士"志愿军一战成名。同年年底，他当选纽约州长，1901 年当选副总统。1901 年 9 月，麦金利总统被杀，罗斯福成为总统，1904 年再次连任。他的政府推行长期改革，重大贡献包括遏制大企业权力，首次采取措施保护美国自然资源。他禁止铁路肆意扩展，限制合法童工的工作时间。在海外，他支持巴拿马脱离哥伦比亚独立，赢得巴拿马运河的修建权。

合适的时间，合适的人选

罗斯福才华横溢、个性张扬、充满活力，非常受欢迎。因出面调解了 1904 年 5 月的日俄战争，他还获得了诺贝尔和平奖。

铁路时代

铁路连接美国各个地方。截至 1900 年，美国拥有长达 402 500 千米的铁路。

繁荣与信心

1900 年，美国成为世界领先的工业国，但是繁荣背后却隐藏着因工资低和工作环境恶劣导致的社会动乱。

"美国梦"

截至 1904 年，每年都有 100 万移民来到美国。但是和以往来自北欧的信仰新教的技术移民不同，后来移居美国的大多数都是追求"美国梦"的南欧非技术类天主教移民，他们希望摆脱赤贫，获得财富和幸福。

| 1400 | 1600 | 1700 | 1800 | 1900 | 2000 |

1908年

福特给世界装上了轮子

　　亨利·福特是美国工业家，他大批量生产汽车以降低汽车的价格。他推行标准化零件，这样普通工人也能快速组装；他采用流水装配线生产汽车，每个工人只需重复一项工作。这将汽车生产时间从几天缩短至12小时或更短。他的生产技术被全世界厂家模仿。1903年，福特在底特律建立自己的汽车公司。5年后，即1908年，他发明一款新型小车——T型车。这款车结实可靠，价格便宜，引领了交通运输革命。到1914年，福特已经在美国和国外建立了45家工厂，以连续流水线作业的方式生产汽车。

　　1920年，世界上有一半汽车都是福特T型车。福特还是一位创新的雇主，1914年，他制定了每天8小时工作制，每天5美元的最低工资标准，并对员工采用分红制。

T型车

亨利·福特希望生产一辆大众型汽车，他成功了。1908年，美国拥有汽车的人还不到20万；1930年，国内外销售的T型车已超过1 500万辆。

亨利·福特（1863年~1947年）

狂野奔放的骑士

　　加乌乔牧人，即阿根廷和巴西南部大草原上的骑兵，是民族英雄。现代农业技术让阿根廷成为世界上最大的食品出口国，尤其是肉类出口，却让大部分加乌乔牧人失业。

阿根廷的另一面

　　通过出口牛肉和农产品致富的人有闲暇享受布宜诺斯艾利斯的林荫大道，但也有很多人非常贫穷。

1916年

伊里戈延——"穷人之父"

　　1912年，阿根廷出台一系列选举改革措施，让民众感受到了民主的到来。这一系列改革背后的政治家之一是一位激进的律师伊波利托·伊里戈延，他是一位出色且健谈的民主人士，1916年当选阿根廷总统。他推行了一系列社会改革，例如强制缴纳养老金，规范工作时间，改善工厂环境，因而被称为"穷人之父"，但是不善于管理国家经济的助手们并不支持他。伊里戈延在第一次世界大战中保持中立。"一战"后，阿根廷加入国际联盟，但是于1921年退出。1922年，伊里戈延卸任，1928年再次当选总统。但因他手握太多大权，最终引发了军事政变。进一步改革的希望被扼杀。

喜忧参半

伊波利托·伊里戈延（1852年~1933年）是一位出色的政治组织者，深受穷人爱戴，但是他的管理方式是独裁式的。虽然为人诚实，但他领导的政府混乱不堪、腐败成风。

1900 年~1919 年 大洋洲

　　1901 年，6 个英国殖民地统一为在一个联邦政府管理下的澳大利亚联邦。1907 年，新西兰成为英国的自治领。新西兰政府推行开创性的社会和政治改革，但澳大利亚原住民和新西兰毛利人仍然受到白人的压迫。

头饰

　　这根原住民额带由红色种子和贝壳制成，原住民将其戴在额头上作为装饰。

工会会员罢工

　　富裕的澳大利亚人把自己视为英国人，而贫穷的工人则忠于澳大利亚本身。强势的工会代表工人推进民族主义政策的实施和工作环境的改善。

1901 年

澳大利亚殖民地统一

　　1880 年，澳大利亚分裂成 6 个殖民地，每个殖民地有自己的行政部门，但都受制于英国。很多家庭四代都生活于此。澳大利亚人开始摆脱与英国文化的联系，培养自己的国家认同感，创作自己的艺术，甚至派板球队与英格兰球队比赛。工会召开第一次会议，要求改革，例如制定最多 8 小时工作制。殖民地最终同意统一起来。1901 年统管澳大利亚联邦的政府建立，而每个殖民地又有一个区域政府。联邦政府仍然受制于英国，但后来越来越独立。

民族英雄

　　在布尔战争中，澳大利亚"驯马手"莫兰特为英国效力。在 1979 年的同名电影中，由爱德华·伍德华德饰演驯马手莫兰特。

1907 年

新西兰成为自治领

　　1852 年，英国通过了英属新西兰的宪法，将新西兰分成 6 个省。1856 年英国成立政府来管理各省，新西兰自治了近半个世纪。这些年里，其社会政策是世界上最先进的政策。新西兰是第一个授予女性投票权的国家，也是首批授予老人养老金的国家之一。1901 年，新西兰拒绝加入澳大利亚新联邦。1907 年，新西兰成为英国的官方自治领。

闲暇时间

　　工业和农业增长对很多人来说意味着舒适的生活。新的休闲活动包括在新修建的电影院看无声电影，乘坐汽车、巴士和火车参加橄榄球比赛、赛马比赛或去沙滩野餐。

议会大厦

　　惠灵顿是新西兰的首都。议会就在这里举行。

进料斗

在盛大的仪式上，毛利人领袖在文身以前会通过料斗喝一种特殊的液体。

恢复失去的权利

18世纪末期英国移民来到澳大利亚以前，原住民已经在这里生活了4万年。移民围剿并杀害原住民男性、女性和小孩，还没收幸存者的土地。20世纪第一代联邦政府建立，但是福利法却把原住民排除在外。在公共场合，原住民与澳大利亚白人被隔离开来。1967年转机出现，积极的活动者们说服政府就原住民权利问题举行全民投票。近90%的澳大利亚人为政府投票，授予政府为原住民制定法律的权力，第一次让原住民成为真正的公民。1992年，总理保罗·基廷代表澳大利亚白人为200年以来原住民受到的不公平待遇道歉。1992年6月，高等法院批准原住民开垦1788年被移民占领的土地。

毛利人争取权利平等

虐待原住民也是新西兰面临的一大问题。毛利人已经在此生活了差不多1000年，直到18世纪末期，欧洲移民到来。1900年，被打破的土地条约和冲突让大部分毛利人的土地落入移民手里。19世纪90年代和20世纪的政府福利计划仅限于欧洲家庭。毛利人要求自治，要求受法律的保护，但到20世纪30年代，移民和毛利人的生活水平差异显著。几乎一半的失业人员都是毛利人，毛利人死于疾病的人数是白人的3倍。后来，毛利人要求得到更好的待遇，被移民占领的土地已经退还给毛利人。1987年，毛利语还被视为新西兰的官方语言。

返璞归真

原住民人恢复祖先的习俗。在传统的哀悼仪式上，女性戴上类似这样的臂饰。

社区聚会

毛利人采用一种传统的方式——"鼻触礼"来问候朋友。他们聚在图腾雕塑前，互压对方的鼻子，这些图腾雕塑是当代艺术家雕刻的古代毛利人图案。

阿佩拉纳·恩加塔（1874年~1950年）

阿佩拉纳·恩加塔是一位出色的律师，是为毛利人争夺权利的领袖。他成为青年毛利党的秘书，该党派希望通过向聚落引入公共卫生服务和现代化的耕作方法来复兴毛利社会。1905年，恩加塔成为议会一员，是4位毛利议员之一，并担任了40年之久，他还于1928年成为原住民事务部部长。他一直在为提高人民的生活水平而不懈努力，在20世纪30年代的经济萧条期也非常积极。失业的毛利人无权领失业救济金，为了不被饿死只能吃野生动物。恩加塔建立了一个大农场，为毛利人提供工作，帮助他们挽回尊严。他的努力得到了英国政府的肯定，1927年被授予爵位。

原住民的刀

1900年，殖民者对土地的需求仍然影响了当地许多太平洋岛屿聚落。在制作这种刀的塔希提岛，法国移民在塔希提居民的土地上种植经济作物。塔希提居民要求他们归还土地。岛屿上响起了"塔希提是塔希提居民的"呼声。

第一次世界大战

1914 年 6 月，塞尔维亚民族主义者刺杀了奥地利王储斐迪南大公。7 月 28 日，奥地利向塞尔维亚宣战。而欧洲各国之间组成的联盟让它们都被卷入危机当中。沙皇俄国出动奥地利和德国边界上的军队帮助塞尔维亚。德国向沙皇俄国及其盟国法国宣战。为了进入法国，德国军队入侵比利时。英国承诺保护比利时的中立地位，于是 8 月 4 日向德国和奥地利宣战。战争迅速蔓延到世界各地的欧洲殖民地。

动员群众

在欧洲大街上，爱国人士热切地听着与战争相关的消息，但很少有人会想到即将来临的恐怖遭遇。

比利时，真棒！

在入侵演习时，每天有 550 多辆载有德国军队的列车驶入比利时。这幅英国卡通画赞扬了比利时军队出人意料的顽强抵抗。

开辟西方前线

德军很快就占领了比利时大部分地区，越境进入法国西北部，英军于 8 月 23 日被迫退回到蒙斯。9 月 5 日，协约国在巴黎北部的马恩河反攻，迫使德军退回到埃纳河。德军的积极性并未完全恢复。年底，双方都挖了一条 650 千米长的战壕，从比利时海岸的尼乌波尔特一直挖到瑞士前线。这个区域成为西方前线。

枪林弹雨

在为期 4 天的坦能堡战役中，德国机枪手射倒了一波又一波的俄军。

东部前线战火连连

德军攻击法军时，沙皇俄国也向德国东普鲁士省发起进攻，但在 1914 年 8 月的坦能堡战役中被打败。沙皇俄国再也没有入侵德国，尽管他们占领了奥地利的加利西亚省，并管理了一段时间。但是，惨重的损失激起了 1917 年的俄国革命。新的布尔什维克政府很快求和。

被分裂的大陆

第一次世界大战期间，大部分欧洲国家加入到同盟国或协约国的阵营。全欧洲的年轻人都准备好随时应战。

□ 同盟国
□ 协约国
□ 中立国

1914 年

8 月 1 日，德国向沙皇俄国宣战。

8 月 3 日，德国向法国宣战，入侵比利时。

8 月 4 日，英国向德国宣战。

8 月 23 日，德国军队在比利时蒙斯把英国击退。

8 月 26 日~8 月 30 日，兴登堡率领德军在坦能堡打败俄国，带回 12.5 万名战俘。

8 月 30 日，德国飞机第一次轰炸巴黎。

8 月 30 日，新西兰军队占领德属萨摩亚。

9 月 5 日~9 月 13 日，马恩河会战：英国和法国打败德国。

9 月 6 日~9 月 15 日，德国在马祖里湖战役中打败沙皇俄国。

9 月 21 日，澳大利亚人占领德属新几内亚。

10 月 20 日~11 月 11 日，协约国在伊珀尔战役中顶住德军的进攻。

11 月 5 日，德国在德属东非（今坦桑尼亚）大胜英国。

11 月，土耳其苏丹向所有敌方，

包括英国、法国和沙皇俄国，发动圣战。

12 月 8 日，英国在马尔维纳斯群岛海战中大胜德国。

12 月 17 日，土耳其攻击沙皇俄国–亚美尼亚镇卡尔斯。

12 月 21 日，英国多佛第一次遭遇空袭。

挖壕工具

这个工具可用来挖战壕。

战壕里的生与死

战壕是一道防御工程，类似有土墙壁垒的大沟。敌对双方相隔不远，但任何一方都不会往中间的无人地带前进几千米。战壕里的生活条件很恶劣：粮食短缺、虱子和老鼠猖獗、常有毒气袭击、寒冷而潮湿，还有未及时移出的恶臭的死尸。遇上强降雨，战壕就会变成泥塘，战士执行任务时必须蹚过没膝深的水。

跃出战壕

当上级命令士兵"跃出战壕"，袭击敌人时，士兵几乎必死无疑。

铁丝网可用来防御敌人

士兵爬上战壕，跑过危险的无人区，向敌人冲去

毒气警器

毒气报警

遇上毒气袭击，士兵就会戴上这种毒面具。空气通过中和有害气体的器后再被吸入人体。

下一个

征兵后，新兵排成一队，逐个接受测量后领取新制服。

用沙袋加固战壕壁

征兵制度与宣传海报

最初，双方都有几十万人自愿参军，为国战斗。政府为了呼吁更多人加入，张贴美化战争的海报。两年后，推行征兵制度成为一种必要，法律规定男性必须入伍。有些和平主义者拒绝入伍，就会被拘留。

前线需要你们

像图中美国海军征海报，把战战斗描绘成英勇爱国的行

1915 年		1916 年	
1 月，德国飞艇第一次空袭英格兰。	4 月 25 日，澳大利亚、英国和新西兰登陆加里波利岛，试图占领君士坦丁堡，但是失败了。	2 月 21 日，法国东部凡尔登要塞镇开始长期战役，战争持续近一年，凡尔登始终未被德军占领。	6 月 4 日，勃鲁西将军率领俄军发起攻势战告捷，但俄军也伤亡 100 万此后俄军的士气逐渐下降。
2 月，德国海军开始潜艇战，袭击来往英国的船只。5 月 7 日，"卢西塔尼亚"号被击沉，近 1 200 人死亡。	5 月 2 日，奥地利-德国联军从加利西亚发起进攻。	5 月 31 日~6 月 1 日，丹麦西北部的日德兰海战开始，英国和德国舰队陷入僵局。	7 月 1 日，法国西北部的索姆役打响。战争持续了几个星期军第一天就损失惨重。
4 月 22 日~5 月 25 日，第二次伊珀尔战役爆发。	10 月，英国与法国联军登陆马其顿，帮助塞尔维亚人和希腊人。		

40000 BC		10000	5000	1000	500	AD 1	200

战争中使用的可怕新武器

交战双方都在战争中使用了可怕的新式武器。1915 年春天，德国最先向协约国的壕释放毒气，1916 年在凡尔登战役中使用喷出可燃烧液体的火焰喷射器。专制作的飞机飞往城镇和前线丢炸弹，或在空中击落敌机。德国发明了可发水雷的 U 型潜艇，主要向横跨大西洋从北美运输食物和急需用品的英国船发射。1916 年最后一个月，法国前线出现了英国人发明的坦克。这种移动的装甲堡垒可以承受威力最强的重机枪扫射，挣脱铁丝网的缠绕。克里面的士兵则用大火力机枪进行射击。

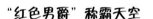

"红色男爵"称霸天空

第一批真正成功的战斗机是 1915 年发明的德国福克战斗机，该战斗机的前方有一把机枪。德国 LVG CV1（上图）战斗机也有后部机枪。这批英勇的飞行员，例如曼弗雷德·冯·里奇特霍芬，绰号叫"红色男爵"，是广受欢迎的英雄人物。

重的陆地船

一位德国人这样形容见到坦克时的恐惧之"那些怪物爬出战壕，用机枪疯狂扫射。"

性劳动力

战区急需士兵，导致工厂几乎没有男性用。也使得社会上开始首次大规模雇用女劳动力在工厂、农场、邮局和救护车驾驶公共服务部门工作。

后方的艰辛

不仅仅前线的男人冒险受罪，留守在家的人们也承受着危险和痛苦。平民被空中炸弹炸死，沿海城镇的居民遭受海上的炮轰。补给舰被击沉导致食物短缺。商店外面排起了长队，却几乎没有商品可卖。很快，人们只能领到固定量的食物。在前线作战的士兵们的妻子和家人整天都担惊受怕，害怕士兵们死亡或受伤。几乎所有人都参与到这场战争中，因此被称为全面战争。

"卢西塔尼亚"号被击沉

1915 年 5 月，一艘英国轮船"卢西塔尼亚"号被德国 U 型潜艇击沉。1 200 多人阵亡。其中 190 余名是美国人，包括一些著名人物，例如百万富翁阿佛列·范德比尔特。美国公众被激怒，这也促使美国加入战争。

1917 年		1918 年	
日，美国加入协约国一方。	7 月 6 日，托马斯·爱德华·劳伦斯上校率领阿拉伯人进攻土耳其，占领阿卡巴。		内托战役：意大利击败奥地利。
俄军在加利西亚发起攻势，	10 月~12 月，意大利在卡波雷托战役中被奥地利打败。	4 月 23 日，英军袭击德国潜艇基地。	10 月 28 日，基尔水兵起义。
渐渐下降。	11 月 20 日，西方战线康布雷战役中，德军被近 400 辆英国坦克袭击。	5 月~7 月，鲁登道夫率军在西线发起最后一次大攻势。	10 月 30 日，土耳其被艾伦比率领的英军打败后投降。
月，英军在伊珀尔附近进成效甚微，40 万人伤亡，很帕斯尚尔战役。	12 月 15 日，苏俄与德国签订停战协定。	7 月，英国、法国和美国军队在协约国司令福煦的率领下反攻胜利。	11 月 11 日，德国与协约国签订停战协定，战争结束。
		10 月 24 日~11 月 4 日，维托里奥·维	

600	800	1000	1200	1400	1600	1700	1800	1900	2000

胜利者要求和平

1918 年 11 月，德国已经精疲力竭：基尔发生水兵起义，德国皇帝退位逃往荷兰。新共和国政府安排 11 月 11 日签署停战协议，随后又签署了一系列和平协议，战败国受到重罚，重新划分各国在欧洲的势力范围。1919 年，协约国与德国在巴黎附近的凡尔赛签署协议，协议规定德国向协约国交出所有海外殖民地和欧洲部分领地，并向被德军摧毁的国家，尤其是向法国，支付赔款。德国军队被限制不得超过 10 万人，不得拥有现代武器。

巴黎和会

美国、英国、法国和意大利这几个协约国的政治家们在巴黎和会上拥有决定权。

付出生命的代价

世界大战持续了四年零四个月。这段时期，大约 1 000 万人在陆战、空袭、海战中牺牲，2 000 万人多次受伤。600 多万军人、水手、飞行员和平民被俘，其中有些人回家后因这段战争经历而受疾病困扰。德国与奥匈帝国的伤亡人数最多，有约 300 万人死亡，近 800 万人受伤，差不多影响了整整一代年轻人。被人牢记的不仅是战争中的暴动和分歧，还有那些胜利与战败的时刻。例如，1917 年，一些法国士兵在行进中像羊一样轻声哭泣，他们知道自己像羊羔一样，正走向一场屠杀。

艰难返乡

幸存下来的士兵通常很难适应正常生活。很多人由于战斗时精神紧张而出现炮弹休克症、失明或失忆的后遗症。

纪念死者

战争墓地中那一排排残酷的墓碑总能提醒现在的参观者，战争中有这么多宝贵的生命牺牲。

集体安全

该组织是世界上第一个永久性国际组织。1945 年被联合国代替。

国际联盟

1919 年战争结束后，国际联盟成立，其目的是维护世界和平，通过协商解决争端。美国拒绝签署《凡尔赛条约》，也拒绝加入国际联盟。这对于倡导和平执法的国际联盟来说是一个糟糕的开端。实际上国际联盟解决了一些小问题，却无法解决大问题，例如 1931 年日本入侵中国和 1935 年意大利入侵埃塞俄比亚的事件。在第二次世界大战期间国际联盟破裂，1946 年解体。

1919 年

1 月~7 月，协约国与德国签署《凡尔赛条约》。

4 月，国际联盟总部设在中立国瑞士的日内瓦。

6 月，德国海军船员在苏格兰海岸外的斯卡帕湾把船凿沉。

9 月，协约国与奥地利签署《圣日耳曼条约》，承认南斯拉夫、波兰、匈牙利和捷克斯洛伐克独立，奥地利帝国领土减少了三分之二。

11 月，协约国与保加利亚签署《纳伊条约》：保加利亚将领土割让给希腊、罗马尼亚和南斯拉夫。

1920 年

1 月，荷兰政府拒绝将已退位的德国皇帝交给协约国审判。

6 月，协约国与匈牙利签署《特里亚农条约》：匈牙利领土减少到原来的四分之一，罗马尼亚、捷克斯洛伐克和南斯拉夫获得匈牙利割让的领土。

7 月，斯帕会议：德国同意向英国、比利时、法国、意大利和更小的国家支付巨额赔款。

8 月，协约国与土耳其签署《色佛尔条约》，土耳其丧失了大部分领土。土耳其民族主义者不接受该条约，所以条约未得到批准。

第十九章

1919 年 ~1946 年

和平与战争

第二次世界大战中使用的布伦轻机枪

1919 年~1946 年 世界情况概述

第一次世界大战结束后，世界暂时和平，但人们仍然心有余悸。经历 4 年战争后，满目疮痍的欧洲已经精疲力竭，而在俄国，1917 年共产党革命后便又开始了内战，实力耗尽。奥斯曼帝国的衰落让整个西亚陷入不稳定的局势。日本作为协约国一员，对胜利后微薄的殖民利益表示不满。只有美国战后实力更强，成为世界上最富有的国家。这段时间，中国和印度为争取独立而奋斗。中国反抗日本侵略，印度则抵抗英国持续的殖民统治。非洲国家仍然处于殖民统治下，南非白人实力进一步增强。

世界经济

战后经济出现短暂繁荣，但很快开始衰退，很多国家存在严重的通货膨胀。1929 年，纽约证券交易所崩溃之后，美国经济迅速下滑。人们对世界经济的信心崩溃，导致严重的经济衰退和政治动荡。1933 年，阿道夫·希特勒率领的德国极端民族主义纳粹党上台，发誓推翻战后解决方案，恢复德国实力，并相继与意大利以及日本结盟。1939 年，纳粹德国让全世界再次燃起战火。

北美洲

20 世纪 30 年代，美国中部发生干旱，田地变成风沙侵蚀区，很多农民被迫离开自己的土地。

落基山脉

墨西哥

纽约

1943 年，盟军舰队在大西洋海战中击败德军潜艇。

1938 年，墨西哥政府夺回了英国和美国在墨西哥的石油利益。

南美洲

安第斯山脉

秘鲁

巴西

大西洋

太平洋

1932 年，查科战争爆发，玻利维亚和巴拉圭为了争夺争议领土而战。

智利

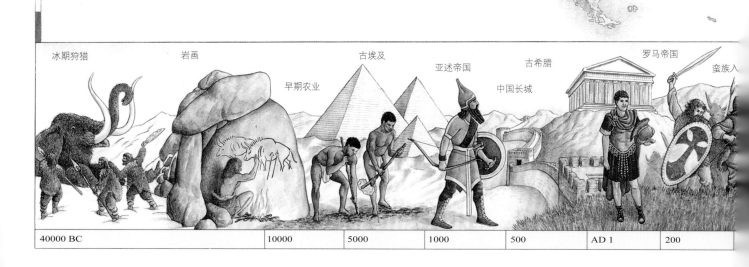

冰期狩猎		岩画		古埃及	亚述帝国	古希腊		罗马帝国	
			早期农业			中国长城			蛮族入侵
40000 BC			10000	5000	1000	500		AD 1	200

1939 年，德军使用"闪电战"战术入侵波兰。

1935 年，斯大林把数百万人送去"古拉格"——环境恶劣的劳教所。

苏联

1945 年，美国轰炸机在日本广岛扔下第一枚原子弹。

亚洲

欧洲

中国

土耳其

叙利亚

伊拉克

1934 年，毛泽东带领中国共产党和工农红军长征，为了在中国西北部建立革命根据地。

阿姆利则

日本

1941 年，同盟国与轴心国在北非沙漠开战。

印度

香港

非洲

菲律宾

泰国

1942 年，美军在太平洋中途岛附近的海战中打败日军。

第一非洲东西竣工，铁于拉直达亚的斯亚贝巴

埃塞俄比亚

肯尼亚

1930 年，莫罕达斯·甘地发动"食盐进军"，这是他反对英国统治印度所组织的非暴力不合作运动。

印度尼西亚

安哥拉

莫桑比克

大洋洲

澳大利亚

，南非保留的种族隔离制多非洲人被迫那户区。

印度洋

北

20 世纪 40 年代，澳大利亚军队英勇反抗日本入侵。

墨尔本

新西兰

对外争

玛雅帝国

蒙古人向外扩张

修建城堡

欧洲人移民北美洲

莫卧儿帝国

贸易扩张

革命时代

工业革命

维京人航行

| 600 | 800 | 1000 | 1200 | 1400 | 1600 | 1700 | 1800 | 1900 | 2000 |

1919年

1926年

这条十字吊坠来自埃塞俄比亚

非洲

1919年，非洲民族议会（ANC）示威抗议德兰士瓦颁布法律。

20世纪20年代，更多英国人和印度人移民肯尼亚。*

1921年~1926年，阿卜杜勒·卡里姆率领柏柏尔人和阿拉伯人反抗南非的欧洲人。*

1922年，在福阿德领导下，埃及摆脱英国统治。

1923年，埃塞俄比亚加入国际联盟。

彩色的柏柏尔茶壶

1930年，南非白人女性被授予投票权。

1930年，拉斯·特法里被加冕为埃塞俄比亚皇帝，改名为海尔·塞拉西。

1931年，第一条横跨非洲的铁路竣工，从安哥拉直达莫桑比克。*

亚洲

1919年后，甘地告诉印度人要被动但坚定地反对英国统治

1919年，英国军队在阿姆利则屠杀了300多名印度平民。*

1920年，巴勒斯坦成为英国保护地区。

1920年，印度领导者甘地领导非暴力不合作运动来反对英国统治。

1923年，穆斯塔法·凯末尔成为新土耳其共和国总统。*

1924年，中国国民党举行第一次全国代表大会。

这个玩具是在泰国首都曼谷制造的

1927年，国民党领导人蒋建立南京国民政府，共产党统治构成威胁。

1928年，日本军队谋杀中国军首领。

1930年，英国政府与印度召开届圆桌会议。

1931年，日本占领中国东北。*

1932年，泰国国王的绝对统治他接受新宪法。

欧洲

[1]1919年，欧内斯特·卢瑟福第一次实验将原子分裂。

1921年，列宁在苏联推行新经济政策。

1922年，爱尔兰自由邦成立。*

1922年，墨索里尼成为意大利首相，1925年成为独裁者。

1923年~1930年，普里莫·德里维拉在西班牙开始独裁统治。

1924年，英国工党在第一次大选中获胜。

1924年，弗拉基米尔·列宁逝世。

1925年，欧洲各国签订《洛迦诺公约》，希望保持和平稳定。

1925年~1943年，贝尼托·墨索里尼是意大利法西斯独裁者

[1]1926年，英国人约翰·罗杰·贝尔德发明电视机。

1928年，法国开始在德国边界设防，修建马其诺防线。

1928年，斯大林推行"五年计划"来发展苏联工业。*

1931年，国王阿方索十三世退位后，西班牙宣布建立共和国。

1931年，《威斯敏斯特法令》宣布英帝国自治领自治。

苏联农场由农民集体控制

美洲

美国警方查获违规的酒精饮料，1920年~1933年这段禁止制造、贩卖和运输一定浓度酒类的时期叫"禁酒时期"

1919年~1920年，美国国会拒绝承认国际联盟。

1919年~1930年，奥古斯托·莱基亚担任秘鲁总统期间，秘鲁人民的物质生活有了很大的改善。

1920年~1930年，美国实施禁酒令。

1921年~1925年，玻利维亚胡安·巴蒂斯塔·萨维德拉总统的改革派政府执政。

[1]1922年，美国制造了第一台便携式收音机和第一台车载收音机。

此项链出土于格兰查科平原

1926年，巴拿马与美国达成在战时保护巴拿马运河的共识。

1929年，美国华尔街证券交易所崩溃，大萧条时期随之而来。*

1930年，热图利奥·瓦加斯成为巴1937年开始独裁统治。*

1932年，民主党人富兰克林·德斯福当选美国总统。*

1932年~1935年，玻利维亚和巴拉圭战争。*

大洋洲

1919年，夏威夷美国领土上的珍珠港修建了干船坞。

1920年，新西兰占领萨摩亚。

1920年，澳大利亚建立联邦乡村党。

1920年，新西兰加入国际联盟。

1921年，澳大利亚统治德属新几内亚。

典型的萨摩亚人使用的梳子

1927年，堪培拉成为澳大利亚联邦首都。

1929年，萨摩亚马乌人起义，反抗新西兰政府的统治。

1931年，澳大利亚联合党（UAP）成立。

这支斐济球棒上缠有椰壳纤维

年~1936年，英属加纳殖民政府镇
进的非洲批评家。

5年，《原住民法案》表示不给南非黑
何争取政治平等的机会。*

6年~1936年，墨索里尼率领意大利
侵并吞并了埃塞俄比亚。

20世纪30年代，肯尼
亚艺术家为游客制作的
雕刻品

1939年，第二次世界大战刚刚拉开序幕，
南非向德国宣战。
1941年，隆美尔指挥德军攻击南非英国人。
1941年，英国人帮助埃塞俄比亚摆脱意大利
统治，承认其为独立国。
1942年，英军在埃及阿拉曼战役中击败德军。
1943年，德国人和意大利人被赶出北非。

这条项链是用玻璃珠、黄
铜珠与大型猫科动物（可
能是狮子）的牙齿串成

4年，毛泽东和朱德率领红军长征。*
4年，从基尔库克（伊拉克）到的黎
里（叙利亚）的英国石油管道开通。*
5年，《印度政府法》通过；从1937
，英属印度地区获得了自治权。
5年，叙利亚大罢工；法国授予叙利
治权。

1937年~1938年，
犹太人与阿拉伯人在巴勒
斯坦发生冲突。
1937年~1945年，中国进行长达8年的
抗日战争。

日本剑

1941年~1942年，日本占领东南亚大部
分地区。
1945年，世界犹太复国主义者会议主张
在巴勒斯坦建立一个犹太人的国家。*
1945年，美国向日本广岛和长崎投下原
子弹。

原子弹炸死了广岛8万多人

1939年，斯大林和希特勒同意瓜分波兰。
1939年，德国入侵波兰，第二次世界大
战爆发。
1 1940年，英国科学家发明雷达。

1933年，纳粹领导人希
特勒被任命为德国总理；纳
粹开始有组织地迫害犹太人。*
1934年，墨索里尼与希特勒会面。*
6年，德国入侵法国和比利时边境上
茵兰。
6年~1939年，西班牙发生内战。*
7年，埃蒙·德·瓦莱拉成为爱尔
首相。
8年，希特勒迫使奥地利与德国结为
盟（"德奥合并"）。
8年，慕尼黑危机：法国与英国同意把
瓦斯洛伐克的苏台德地区分割给德国。

这是一件纳粹制服，制服的臂章上有一
个纳粹的标志

在第二次世界大战中，
英国士兵使用这种机枪

1940年，法国向德国投降。
1 1941年，英国与德国发明喷气式飞机。
1943年，德国第六军团没能占领苏联
的斯大林格勒（今伏尔加格勒），向苏
军投降。
1944年，同盟国攻入法国，开始夺回
欧洲。

加斯重建了首
里约热内卢的
多地区

1933年，秘鲁总统桑切斯·塞罗被"阿
普拉党"一位成员暗杀。*
1933年，美国推行新政，例如颁布《国
家工业复兴法》，来促进经济复苏。
1935年，美国《社会保障法》颁布，这
是建立福利国家的第一步。
1937年，美国颁布《国家劳工关系法》。
1938年，墨西哥接管美国和英国在墨西
哥的石油公司。*

天主教教会的重要成员曾戴过这条危地
马拉头巾

1941年，美国国会通过《租借法案》，
同意将价值几十亿美元的军事装备租给
同盟国。
1944年，危地马拉首次自由选举总统。
1 1945年，美国科学家制造第一颗原
子弹。

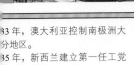

33年，澳大利亚控制南极洲大
分地区。
35年，新西兰建立第一任工党
府，接着推行多项改革。*
36年，新西兰仲裁法庭为有妻
和三个孩子的工人定基本工资。
37年，新西兰国家党成立，与
党对立。

迈克尔·乔瑟
夫·萨文奇成
为新西兰第一
任工党首相

1939年，罗伯特·孟席斯成为澳大利亚
首相。*
1941年，日本偷袭夏威夷珍珠港的美国
舰队，美国加入第二次世界大战。
1942年，美国舰队在太平洋中途岛打败
日本舰队。

澳大利亚人随着同盟国到处征战，本图
是澳大利亚军队前往巴勒斯坦

600	800	1000	1200	1400	1600	1700	1800	1900	2000

1919年~1946年 非洲

在两次世界大战之间的和平期，殖民大国不顾非洲频繁爆发的抵抗运动，加强了对非洲的控制。商品出口量剧增，很多人为了更高的收入去迅速发展的城镇工作。由受过教育的非洲人组成的一支小而重要的群体开始传播自己的观点。第二次世界大战末期，一些非洲领导人迫切要求自治或独立。

争夺控制权

法国和西班牙都急于将图中首饰的制造地——摩洛哥开辟为殖民地。1912年，他们达成一致：南方为法国保护区，北方为西班牙保护区。

流离失所的流浪者

20世纪初期，马赛牧牛人被逐出肯尼亚大部分地区，以便为移民修建农场留出空间。很多马赛人抵制白人文化的影响，仍然像祖先一样生活。

20世纪20年代
肯尼亚土地争端

到1905年，肯尼亚主要受英国控制。英国和南非白人移民驱逐马赛人、南迪人和基库尤人，获得了大量在肥沃的高地上开辟的耕地和牧场。很快，这些移民在英国殖民事务管理上的影响力扩大。同时，很多定居肯尼亚的印第安人成为商店老板和商人。他们对白人的土地权和日益强大的政权恨之入骨。英国政府不希望白人移民或印第安人发展强大，1923年，殖民总督秘书宣布以非洲人的利益为重，但政府没能制定出符合非洲人利益的经济发展计划，白人移民也强烈抵制改变土地分配现状的要求。

基库尤人用珠子装饰葫芦

20世纪20年代初期，基库尤人协会就土地损失、强制劳动以及白人政府增加税收等事项进行抗议活动。

1921年
西班牙的摩洛哥之劫

从16世纪起，西班牙人就在摩洛哥地中海沿岸建立了两个前哨。这成为1912年西班牙保护区的基地，随后，西班牙人搬到里夫山脉南部，但遭到生活在里夫山脉的穆斯林柏柏尔人的反对。1921年，在穆罕默德·阿卜杜·克里姆的率领下，里夫山脉人在阿努瓦勒战役中打败了西班牙军队，占领了两个前哨，缴获很多枪支，并补充了其他军事资源。一直到1925年，里夫山脉人攻击法国控制的摩洛哥地区，才被法军与西班牙联合军队打败。

阿努瓦勒战役

阿卜杜·克里姆曾描述阿努瓦勒战役中的子弹像粮食一样漫天飞舞。有超过1.2万名西班牙士兵伤亡，司令官也自杀身亡。

| 500 | AD 1 | 200 |

1931 年
穿越非洲的铁路

　　瓜分完非洲后，欧洲各国为了增进贸易来往，在非洲当地新建了多条公路和铁路。工程师们想开辟一条从南非开普敦通往埃及开罗的路线。但是欧洲各国认为没有必要修建一个综合铁路网，甚至在统一轨距的问题上都未达成一致意见，因此不同地区的铁路根本无法连通。

　　但是，1931 年，从安哥拉海岸本吉拉到扎伊尔铜矿山的铁路竣工。这条铁路与另一条通过赞比亚和津巴韦，一直到莫桑比克海岸的贝拉城的铁路相连，第一条横跨非洲东西大陆的铁路出现。

力

　　铁路建设项目为数千非洲人提供了工作。在乌干达，承包商还雇了亚洲工人，在铁路竣工后，他们又回到了亚洲。

巴拉巴拉鼓

　　横跨非洲的铁路并没有盈利，因为它经过的大片区域居住的是像巴拉巴拉人这样的非洲人，而他们对铁路的需求不大。

1936 年
非洲黑人丧失政权

　　南非联盟政府从一开始就将该国所谓的各个"种族"——白人、印第安人、"有色人"和非洲黑人隔离开来。1912 年，《原住民土地法》规定非洲人拥有的土地不能超过全国土地的13%。由于非洲人拥有的土地属于不毛之地，他们不得不为了微薄的工资在白人的农场、房子和工厂里工作。在"居留地"以外的地方，非洲人必须携带通行证，进出城镇也会受到严格监控。白人能做的很多工作不让黑人去做。从 1936 年起，少数拥有开普省投票权的非洲人被规定只能在特别选举中投票，这种选举最终选出三名白人代表进入议会。扬·史末资领导的南非党通过了这项法律，但 1948 年南非党输给国家党，国家党决定推行一项更加严格的种族分离制度，即"种族隔离"。

扬·史末资（1870 年~1950 年）

　　史末资是布尔人，是布尔战争（1899年~1902 年）中的一名大将。1910 年，他创立了南非联盟，1919 年~1924 年以及1939 年~1948 年担任南非总理。第一次世界大战期间，他在东非对德军作战，后来帮助建立了国际联盟。他在第二次世界大战期间支持同盟国，引起了南非白人的反亢。其他白人则谴责他为改善非洲有色人的生活环境所做的努力，1948 年，他败给了维护白人利益的国家党。

工业革命

　　南非产业以黄金和钻石开采为主，1930 年到 1950 年之间，产值增长了 600%。但只有通过使用廉价的非洲劳工才能实现这样的增长率。

保护特权

　　1922 年，矿主扬言要雇用工资比白人低的非洲人为技术工人，然而白人工人为了控制技术工作，精心组织罢工，计划被迫取消。

| 600 | 800 | 1000 | 1200 | 1400 | 1600 | 1700 | 1800 | 1900 | 2000 |

第一次世界大战后签署的和平协议导致地中海东部出现了很多题，尤其在巴勒斯坦，犹太人建立犹太之家导致他们与阿拉伯人之间战争爆发。土耳其奥斯曼君主的统治被推翻后，凯末尔·阿塔蒂尔克始激进的西化统治。日本企图控制中国更多的地区，与中国的战争达高潮。英国统治印度面临的压力越来越大，因为追求独立的国大党在消抵抗的领导人莫罕达斯·甘地的领导下日益强大。

翩翩起舞的湿婆

这尊青铜雕像来自印度南部，雕像是舞王湿婆。湿婆、梵天和毗湿奴是印度教三大主神。另一种样貌的湿婆也是伟大的时间之神。甘地的许多年轻追随者都信奉湿婆。

食盐进军

1930 年，甘地选择了数名信徒去海边收集盐。这是一次象征性的行动，因为它无视政府颁布的法律，是群众不合作运动的第一步。如甘地所愿，此次运动吸引了全世界的关注。

1919 年

旁遮普的阿姆利则惨案

英国在印度建立的政府颁布反恐法，打击第一次世界大战期间印度民族主义者的持续威胁，该法律得罪了不少印度人。莫罕达斯·甘地，一名民族主义领袖，劝说自己的支持者罢工抗议。1919 年 3 月，阿姆利则发生罢工，罢工领袖被逮捕，这一事件引发民众不满。最后，戴尔司令禁止公众集会，但一大群民众仍聚集在有围墙的地区——札连瓦拉园。戴尔率 50 名士兵来到此地，命令他们向人群开枪，300 多人被杀，引发旁遮普的暴动。甘地是印度国民大会党中调查此次屠杀的重要人物。1920 年 6 月，他下决心以消极抵抗的方式对抗英国颁布的政策。

阿姆利则金

旁遮普的阿姆利则镇克教的宗教圣地。

手纺

甘地鼓励村民自给自足。人们开始自己纺织，比买进口物料便宜很多。

戴尔名誉扫地

雷金纳德·戴尔将因阿姆利则惨案遭到了严的谴责。1920 年，他被军开除。

40000 BC				10000	5000	1000	500	AD 1	200

伟大的改革者

穆斯塔法·凯末尔·阿塔蒂尔克（1881~1938 年）出生于希腊萨洛尼基。作为一名土耳其人，他曾在马其顿、利比亚和叙利亚服兵役，并参与了巴尔干战争（1912~1913 年）。第一次世界大战期间，他指挥奥斯曼军队在加里波利打败协约国（1915 年）。他当选土耳其新共和国的总统，残忍无情，独裁专制。他的改革政策后来被称为"凯末尔主义"。

1923 年
土耳其共和国成立

第一次世界大战意味着奥斯曼帝国的终结。其在阿拉伯地区建立的各个省宣布独立，除了君士坦丁堡以外，奥斯曼失去了在欧洲东南部的所有领地，1923 年，奥斯曼末代皇帝穆罕默德六世退位，逃离首都。1923 年 10 月，共和国宣布成立，曾在战争结束后组织了一次民族主义运动的军官穆斯塔法·凯末尔被选为第一任总统，并于 1927 年、1931 年和 1935 年再次当选总统，他被赐予阿塔蒂尔克一姓，意为"土耳其人之父"。这些年里，他为了建设现代化国家推行全面改革，改革包括颁布新宪法、新的民事和刑事法律，废除一夫多妻制，授予女性投票权，采用拉丁字母，鼓励土耳其人穿欧洲风格的衣服，启动一个为期 4 年的经济计划。1938 年，凯末尔逝世。

1931 年
日本与中国开战

1912 年清廷退位后，中国就被试图掌权的几大军阀瓜分。日本为发展在中国东北部的满（今东北三省）的产业投入巨大力量。北洋军阀张作霖鼓励日本行为，并允许日本派兵保护铁路和设备。1928 年，日本军官杀害张作霖，因为日本人认为他会向希望统一中国的国民党投降，交出东北地区的控制权。日本政府鉴于日本少壮军人在本国的势力而无视军官们的行为。三年后，也就是 1931 年 9 月，奉天（今沈阳）附近的铁路被炸毁，日军占领省会奉天，于 1932 年成立"伪满洲国"。1937 年，日本与中国开战，战争一直持续至 1945 年日军正式投降。

日本进军上海

1932 年 1 月日本空袭上海，数百人死亡。1937 年 11 月，日军占领上海，12 月，占领中国国民党所在地南京。

苏联

满洲（伪满洲国）

蒙古

奉天（沈阳）

日本海

中国

朝鲜

日本

黄海

太平洋

南京·

上海

末代皇帝

溥仪（1906 年~1967 年）是清朝最后一位皇帝，他 2 岁时继位。1934 年，他成为"伪满洲国"的傀儡皇帝，但他只不过是一位有名无实的统治者。

傀儡国

1932 年，日本在中国东北成立"伪满洲国"，以巩固对满洲的控制。第二次世界大战结束后，"伪满洲国"瓦解。

| 600 | 800 | 1000 | 1200 | 1400 | 1600 | 1700 | 1800 | 1900 | 2000 |

中国长命锁

中国的小孩 1 岁时会戴这种挂锁状饰物，以锁住他的灵魂不被魔鬼偷走。

1934 年
长征

20 世纪 20 年代，国民党在南京建立国民政府之前，中国政局很不稳定，数百万人没有土地或其他的谋生手段。很多人居住在江西省和旁边的福建省。1931 年，在毛泽东和朱德的领导下，中国共产党在江西建立中华苏维埃共和国，粉碎了国民党的多次"围剿"。但是他们在 1934 年最终被迫撤出江西省，大约 10 万人前往西部地区，希望在那儿建立根据地。1935 年，大军到达陕西省，毛泽东在此建立根据地，继续反抗国民党。1937 年，日本已经占领了华北地区，于是国共两党达成共同抗日的协定，也标志着抗日战争的开始。

国民党领袖

蒋介石（18□年~1975 年）是民党创立者孙□山的早期拥护者□孙中山逝世后，□介石成为国民□的领袖。1934 年□蒋介石率军攻□了共产党的江西□命根据地。

迂回路线

红军结束长征到达陕西省时，士兵数量已经从原来的 10 万减少到 2 万。他们一路上经过了 62 座城市，翻过 18 座山脉，蹚过 24 条河流。国民党军队几乎每天都在围追堵截他们。

毛泽东

毛泽东（1893 年~1976 年）出生于湖南的一个农民家庭。他接受马克思主义，并建立了共产党。他与其他党员在湖南、江西建立农村革命根据地，并确立了自己在党内的地位，于 1935 年被选为共产党领袖。长征胜利让他消除了党内错误路线，召集人民"奋勇前进，全力抗日"。

危险的旅□

长征途中红军战士面临的最大的敌人是环境，□的沼泽、高山和恶劣的天气夺走了许多人的生命。

1934年

从基尔库克到的黎波里的石油管道开通

很早以前人们就知道西亚石油资源丰富，但一直到20世纪初期，石油才成为工业界的重要商品，提取石油的方法也被发明出来。1908年在伊朗发现了第一处大油田（地表下有大量石油）。伊拉克也发现丰富的石油资源，但直到第一次世界大战后，伊拉克石油公司才开始钻探石油。1927年在基尔库克地区又发现大量原油。石油生产需要铺设从伊拉克和其他地区到地中海港口的石油管道。1934年7月，一条从基尔库克到利比亚的黎波里港的石油管道开通，接着1935年，又有一条从基尔库克到巴勒斯坦海法港的石油管道开通。尽管石油管道的铺设进展顺利，但是亚洲石油生产的速度仍然十分缓慢，1939年只占世界产量的6%。第二次世界大战后，阿拉伯国家的石油产业大规模扩张。这些国家变得富裕强大，并利用强大的经济实力达到在该地区的政治目的。

石油资源丰富的城市

巴格达位于伊拉克底格里斯河的两岸，因石油业暴富。巴格达现在是伊拉克的首都，也是伊拉克最大的城市。

石油运输

骡子是伊拉克人常用的运输工具，人们用它来运输石油供国内使用。

1945年

世界犹太复国主义者会议

1917年《贝尔福宣言》发表后，犹太人本应在巴勒斯坦建立国家，但是巴勒斯坦却成为英属托管地（1920年）。在犹太人与阿拉伯人发生冲突后的很长一段时间里，骚乱、暴动和恐怖主义持续不断。1937年，英国建议把巴勒斯坦分为两个国家，一个给犹太人，另一个给阿拉伯人，但遭到阿拉伯人的拒绝。后来第二次世界大战发生，这期间，欧洲数百万犹太人在纳粹集中营和毒气室被杀害。1945年"二战"结束后，"世界犹太复国主义者会议"召开，世界各地的犹太领袖聚会，呼吁巴勒斯坦接纳100万犹太人，其中很多是犹太难民。美国总统杜鲁门敦促英国即刻对第一批10万犹太人开放巴勒斯坦。英国也愿意建立一个犹太国，却担心埃及、伊拉克和叙利亚等阿拉伯国家的战争威胁。犹太人进入巴勒斯坦后没多久，当地再度兴起恐怖主义。英国将巴勒斯坦问题提交给联合国，并于1948年结束了在当地的托管。

耶路撒冷的恐怖主义

1946年，犹太恐怖分子轰炸英国在耶路撒冷国王大卫酒店的基地，造成91人死亡。

以色列第一任总统

哈伊姆·魏茨曼（1874年~1952年）是一位忠实的犹太复国运动拥护者。1948年犹太国以色列独立以后，他成为以色列的总统。

终于返乡？

纳粹大屠杀幸存的犹太难民乘坐拥挤的船只来到巴勒斯坦，英国却拒绝让一些人登陆。

| | 1200 | 1400 | 1600 | 1700 | 1800 | 1900 | 2000 |

1919 年 ~1946 年 欧洲

恐怖的第一次世界大战结束后的几年，人们对和平极其向往，但国际联盟也无法保证世界的和平。很多国家尝试了新的政府形式，例如苏联的社会主义，德国的纳粹主义以及意大利和西班牙的法西斯主义。这些国家的独裁者控制着人们生活的方方面面。德国独裁者阿道夫·希特勒是纳粹党领袖，他决心建立一个强大的德意志帝国。德国的扩张对捷克斯洛伐克和奥地利这些小国构成了威胁。法国和英国注意到了这点却没有出手干预，但它们于 1939 年被迫参战阻止德国的侵略，世界陷入了另一场灾难性战争。

成功销售

20 世纪 20 年代出现图中的这种广告用来说服消费者购买国内或国外的商品。

国家分裂

爱尔兰的 26 个天主教县组成爱尔兰自由邦。而北爱尔兰（紫色区域）的 6 个新教县则加入联合王国。爱尔兰岛上的政治分裂依然是该地区局势紧张、发生冲突的原因。

1922 年

爱尔兰自治

第一次世界大战以后，爱尔兰摆脱英国统治的问题变得很严峻。爱尔兰共和新芬党成员在 1918 年英国大选中获得大多数爱尔兰席位。他们在都柏林建立自己的议会下院，宣布爱尔兰独立。新芬党与英国的战争爆发。迈克尔·柯林斯是新芬党军事机构（后来被称为爱尔兰共和军）的领袖，他建立了情报网，游击战效率很高，使得 1921 年英国签署条款，同意 1922 年接受下院。爱尔兰东北部的 6 个县也有自己的议会，但加入了英国，成为联合王国的一部分。爱尔兰其他地方则被授予自治领地位，成为爱尔兰自由邦。1949 年，爱尔兰自由邦断绝与英国的一切联系成为爱尔兰共和国。

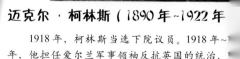

武装支持

美国同情新芬党寄钱，支持他们购买武器，这些武器在战后很容易买到。

黑棕部队

1920 年，英国派兵前往爱尔兰，由于他们的制服颜色是黑色和棕色，因而被称为黑棕部队。几次血腥暴行后，他们成为最令人讨厌的英国压迫的象征。

迈克尔·柯林斯（1890 年~1922 年

1918 年，柯林斯当选下院议员。1918 年~年，他担任爱尔兰军事领袖反抗英国的统治。年被暗杀。

一战后二战前时期的情况

1918 年 "一战" 结束后，欧洲人对未来感到迷茫。战争期间贸易几乎终止，日本和印度等海外市场发展了自己的工业；而协约国在 "一战" 期间向美国借了巨款，如今负债累累，最终导致 20 世纪 20 年代欧洲出现严重的通货膨胀和高失业率。德国经济因巨额的赔款而崩溃。一些人责备领导人和政治制度，欧洲许多国家也变得动荡不安，尤其当政府试图降低商品价格，并通过降低工资增加出口时。1926 年，英国发生大罢工。1929 年，美国经济崩溃，导致世界经济大萧条：银行倒闭、工厂关门、失业率飙升。许多欧洲人厌倦了贫穷和不稳定，便求助于承诺恢复国家繁荣的独裁领导人。

大罢工

1926 年，英国煤矿主威胁要降低矿工本来就微薄的工资，引发矿工罢工，其他工人为声援矿工也举行罢工，英国几乎瘫痪。志愿者们站出来保证国家公共服务系统的正常运转。本图是一名警察保卫一位公交车司机志愿者。

女职工

男人打仗时，女人则接替他们在国内的工作，且做得很成功，于是，她们开始要求在以前只让男人从事的职业上做出一番成就。她们的穿着也变得更便捷，衣服底边高了，头发短了。

消费者协会

20 世纪 20 年代中叶，美国投资者为欧洲工业投入数百万美元。欧洲人制造并开始购买美国人认为是理所当然的消费品，如洗衣机、电话和吹风机。美国经济崩溃后，投资者撤回对欧洲的贷款，导致欧洲银行和企业倒闭。整个欧洲大陆的生活水平迅速降低。

流动性增加

汽车制造业蓬勃发展。战争发生以前，美国就开始大量生产汽车。战争结束后，欧洲工厂模仿他们的做法生产小型汽车，例如法国生产雪铁龙，英国生产奥斯汀，意大利生产菲亚特。

德国经济危机

1922 年，德国无法支付战争赔款金额。德国的大债主法国于 1923 年占领了莱茵河沿岸的鲁尔工业区。德国经济崩溃，钱变得一文不值，买一条面包就要用几百万元。后来德国签署新条约，重新整理了赔款债务，货币才稳定下来。20 世纪 30 年代，欧洲所有国家都遭遇经济萧条，但是德国尤其严重。1932 年，近一半的劳动力处于失业状态。

1928 年

苏联五年计划

　　苏联布尔什维克夺取政权后，国际支持的国内反对革命的势力向苏维埃进攻，内战爆发。苏联领导人列宁按照马克思的公有制原则，把苏联的所有私营工业和土地纳入国家控制之下。虽然苏联共产党在内战中获胜，但很多人觉得列宁的措施过于严厉。1921 年，列宁推行新经济政策，允许小部分自由贸易的进行。1924 年列宁逝世后，共产党三大领袖共同执政，其中包括约瑟夫·斯大林，但不包括列宁雄心勃勃的同事托洛茨基。1928 年，斯大林独自掌权，他推行"五年计划"来发展国有农业和工业。这段时期的工业发展速度比苏联历史上任何时候都快。

列夫·托洛茨基（1879 年~1940 年）

　　托洛茨基以世界性的革命为先，而斯大林则以苏联共产党的发展壮大为先。列宁逝世后，托洛茨基的影响力下降。1922 年斯大林成为共产党总书记后影响力扩大，有机会将他的某些计划付诸实践。1928 年，托洛茨基被流放到中亚哈萨克斯坦，后被驱逐出苏联。1940 年，他在墨西哥被斯大林派遣的特工暗杀。

集体农庄

　　一些海报把斯大林（中间）置于农民之中，以促进其制定的农业计划的实施。各个农场，包括农场中的牲畜全部合并为一个集体。在大型国有农场，农民领取固定工资。其他农场由农民集体所有。由于大部分农民拒绝放弃个人所有的农田和牲畜，引发社会混乱。政府没收粮食，导致了 20 世纪 30 年代初期出现饥荒，数百万人饿死。

恐怖浪潮

　　在 1935 年至 1938 年，斯大林试图消除一切可能的敌人，加重了社会的恐怖和暴力。

国有化

　　五年计划要求大幅度增加重工业（煤炭、铁、机械等）产量。工人生活很艰难，工作有时也很危险。当超过工作定额时，人们会庆祝活动，但是，表现不好或批判制度的工会被当成罪犯。对日常用品，例如图中这种的生产则相对遭到忽视。

40000 BC		10000	5000	1000	500	AD 1	200

1933年

希特勒成为德国总理

德国在第一次世界大战中被打败后,《凡尔赛条约》削减了其领土和军队数量。很多德国人认为这是国耻,德意志国家社会主义工人党(纳粹党)领袖阿道夫·希特勒也感到丢脸。纳粹党把大部分责任归于犹太人。20世纪20年代末期,德国经济衰退、失业率高。纳粹党承诺会挽回民族尊严,提供工作机会,因而得到人们的支持。1933年,总统兴登堡任命希特勒为总理;1934年,兴登堡逝世后,希特勒成为德国元首。他重建经济,在军队建设和公共工程方面投入大量资金。纳粹对人民进行全面控制。他们取缔其他政治党派,并建立一支党卫军,迫害少数民族和社会主义人士,尤其是犹太人。

阿道夫·希特勒
(1889年~1945年)

希特勒出生于奥地利,第一次世界大战时为德军效力,后来加入德国纳粹党,成为纳粹党领袖。1923年,他因试图推翻德国南部的巴伐利亚政府而被捕入狱。希特勒在监狱里写了《我的奋斗》一书,阐述了他建立德意志帝国的梦想。

纳粹宣传

收音机、报纸和艺作品全部被当成强化国人纳粹信念的工具。粹标志"卐"遍布全,甚至出现在小孩的具上。纳粹党焚烧了有宣扬民主主义、斥战争的书籍,以及犹作家所著的书籍,出一些"科学"书籍,扬德国人是雅利安人裔,有金黄色头发和色眼睛,是"优等民的象征"。

新信仰

由于希望国家繁荣,工人和企业家一直忠实于希特勒。中产阶级相信希特勒可以保护他们不被大企业吞并,也不会走向俄式共产主义。在大集会上,希特勒催眠般的演讲让人们甘愿为纳粹事业而奉献。

大众"甲壳虫"汽车

希特勒对发展大众汽车很感兴趣,将其纳入复兴德国的工业计划之列。这种车在英国被称为"甲壳虫",成为全世界最受欢迎的汽车之一。

反犹太主义

1935年的法律剥夺了犹太人的德国国籍。犹太人被当众奚落,学生被赶出学校,工人则被公司开除。1938年,纳粹破坏犹太人的房子和商店,并放火焚烧犹太教会堂。数千名犹太人在"水晶之夜"(也叫"碎玻璃之夜")被杀或被逮捕。

1936 年

"罗马-柏林" 轴心

意大利在第一次世界大战时属于协约国阵营，但它从和平条约中获利很少。很多人责怪政府，国家差点儿发生内战。由贝尼托·墨索里尼率领的法西斯主义新运动在城市发展起来。法西斯主义者是一帮决心改变的人，他们民族自尊心强，对领袖忠诚。他们攻击共产主义以吸引上流人士和中产阶级。1922 年，5 万名法西斯主义者前往罗马，墨索里尼成为首相。他开始进行独裁统治，推行侵略性的外交政策。他最初厌恶德国独裁者希特勒，担心德国入侵奥地利，但 1935 年当他入侵埃塞俄比亚时又寻求希特勒的帮助。1936 年，墨索里尼与希特勒签署条约，成立"罗马-柏林"轴心。

两位独裁者

这张海报是为了庆祝 1938 年墨索里尼与希特勒的会面制作。两位统治者都是独裁统治者，他们镇压政治反对派，建宏伟的公共建筑，来美化自己和所领导的运动。但在意大利企业家、教会和军队保留了一些自主权，犹太人也没有像在纳粹德国那样受到攻击。

法西斯主义者入侵

法西斯主义者坚定不移地扩大意大利在国外的势力。1935 年，意大利不顾国际联盟的反对，入侵并吞并东非的埃塞俄比亚。这支枪就是 1939 年为东非的意大利总督制造的。

偏袒一方

这张海报把法西斯主义画成死亡天使。设计者在战争期间设计这张海报是为了说服西班牙人对抗佛朗哥。西班牙共和党政府得到了工人、共产主义者，以及加泰罗尼亚和巴斯克地区人员的支持，因为这两个地方的人想与西班牙其他地方独立开来。高级军官、地主、牧师和法西斯长枪党成员则支持佛朗哥。

1936 年

西班牙发生内战

1931 年，西班牙共和党人士流放国王阿方索十三世。新的共和政府推行社会主义政策，例如土地国有化，限制教会和军队权力。1936 年，一些支持法西斯长枪党的西班牙军官造反。将军佛朗哥成为领袖，他领导西班牙全国起义，导致西班牙发生可怕的内战。法西斯意大利派兵德国派飞机支援佛朗哥。共产主义苏联则寄钱并派兵支援共和政府，但是，1939 年 3 月底，佛朗哥占领了西班牙大部分地区，成为独裁者，只允许长枪党这一个政党执政。

弗朗西斯科·佛朗哥
(1892 年-1975 年)

佛朗哥是一名出色的组织者，他步步高升，1935 年成为参谋长。他参加 1936 年的起义后，得到意大利和德国的支援，并因此升为军队总司令和国家元首。他计划了多次进攻，为起义军赢得了胜利，后来成为西班牙独裁者。

共和党人的手枪

数千名有理想的欧洲年轻人和美国年轻人认为这是一场法西斯主义攻击民主主义的战争，于是成群结队地来到西班牙加入共和党的国际纵队。战争很残酷，有 100 多万人牺牲，其中国际纵队占 1 万多人。

1919 年~1946 年 美洲

第一次世界大战后的几年，美国物质生活飞速进步，后来因粮食和其他商品生产过剩，导致农业衰退，价格降低。纽约证券交易所崩溃，经济开始萧条，影响波及全世界。在拉丁美洲，像墨西哥和秘鲁这样的国家试图摆脱美国统治，而其他国家则推行广泛的经济和社会改革。巴西因咖啡和橡胶这两大资源市场的不景气而遭受严重打击，试图在热图利奥·瓦加斯专政下解决此问题。

降价处理

华尔街股灾后，很多人破产。为了筹集现金，人们以超低价格出售汽车和其他资产。

1929 年

大萧条

第一次世界大战时期，美国成为超级大国，开始向被战争摧残的欧洲出口大量商品，但很快出现生产过剩、供大于求的现象，最终导致农业衰退。出口量开始减少，工厂生产速度减缓，运输能力下降，不久，数百万人被解雇，同时，金融家和银行家继续进行投机活动。1929 年 10 月，纽约华尔街证券交易所开始出现恐慌，数百万股票一瞬间售出导致银行破产，公司倒闭，财富流失。人们对于金融体系的信心在一夜之间消失得无影无踪。恐慌迅速蔓延，很快全球都陷入大萧条。欧洲各个政府采取不同方式应对经济萧条。德国经济萧条和高失业率使阿道夫·希特勒和纳粹党得到了民众的支持。

艾尔·卡彭 (1895 年~1947 年)

1920 年，美国颁布禁酒令，禁止生产或销售酒，导致贩卖私酒的行为和相关帮派出现。帮派之间为了控制市场而斗殴，警察却视而不见。帮派领导艾尔·卡彭数年来一直控制芝加哥的贸易，没有受到任何干涉。大萧条时期，市民将矛头指向这些恶棍，卡彭被判入狱。

养活国人

大萧条导致很多人失业，无家可归。很多大城市设有施粥场，可以为饥饿的穷人提供免费食物，就像芝加哥的这种。

普天同庆

帮派暴力持续数年后，1933 年禁酒令撤销。国民普天同庆。

罗斯福"新政"

大萧条影响了整个美国，农民遭受的打击尤其严重。20 世纪 20 年代，农业不景气，加上这个时期的全国大旱，又增加了农民的烦恼。很多人被迫离开家乡。一直到 1933 年，新总统富兰克林·德拉诺·罗斯福上任，情况才有所好转。罗斯福颁布新政，保留现有的经济体制，同时制订今后几年实施的完整的改革计划。新政通过修建庞大的公共建筑，增加了数百万新工作岗位，以促进产业发展，缓解失业情况。还为农民提供低息贷款，鼓励农业复兴。推行养老保险和失业保险，计划清除城镇和城市贫民窟，工人获得了更多关于工作环境的话语权。

富兰克林·德拉诺·罗斯福
（1882 年~1945 年）

田纳西河谷

美国建立田纳西河谷管理局是为了开发水系，便于农业生产、航运、防洪，并建立水力发电站。政府建立了 20 多座公有大坝，20 世纪 60 年代，美国 60% 的电力来自这里。

前往加利福尼亚

美国中西部大旱，田地扬起沙尘，数千名农民为债务所逼，前往加利福尼亚州找工作。约翰·斯坦贝克在作品《愤怒的葡萄》中描写了他们的困境，后来这部作品被拍成电影。

新政方案

罗斯福一上任便开始推行新政，缓解大规模失业造成的困境。1933 年通过了《农业调整法》。为农民提供补贴，限制农产品产量。还颁布了新的社会保障和劳动法以改善工作环境。罗斯福还成立民间资源保护队，让年轻人造林。但最成功的项目是田纳西河谷管理局的建立。田纳西河谷管理局建立于 1933 年，为数千人提供了工作机会，它把田纳西河整个流域变成了一个广阔的富饶之地。

米德湖

电梯井通往发电厂

大坝顶部的道路

水沿着管道流入水力发电站

大坝建设

水力发电计划有助于复苏国家经济。巨大的胡佛水坝位于科罗拉多河，1936 年竣工。

娱乐项目

电影院的有声电影刚好在大萧条时期出现，对很多人来说，电影院是逃避艰难无趣日常生活的最省钱方式。电影杂志市场很繁荣。魅力四射的大明星的虚构生活公众幻想自己也能实现"美国梦"。

新款摄影机

这个沉重的色带彩色电影摄影机拍摄了第一部彩色电影，大获成功。

巴西咖啡太多?

18世纪初期咖啡传入巴西，很快成为该国经济的重要组成部分。1900年，全世界75%的咖啡来自巴西。圣保罗位于巴西咖啡产业的中心，周围的土地肥沃，贫民窟有大量廉价劳动力，这些有利条件促进产量的不断提高。1927年与1929年咖啡大丰收，巴西咖啡协会限制销售咖啡的计划失败。咖啡充斥世界市场，价格暴跌。

咖啡豆

1930年
巴西爆发革命

巴西在世界橡胶贸易中的主导地位因亚洲加入竞争而受到严重影响。20世纪20年代末期，世界咖啡价格暴跌，而巴西人口却不断增长，最终导致企业倒闭，食物短缺，引发全国性社会动乱。1930年，革命爆发，南里奥格兰德州的州长热图利奥·瓦加斯夺取政权，成为总统。最初他行事温和，但后来逐渐变得专制。1938年，他暂停了选举制，正式开始独裁统治，并一直持续到1945年。他外柔内刚，为让巴西变得现代化和改善穷人生活付出了很多心血。1942年，他向轴心国宣战，1943年向意大利派遣巴西军队支持同盟国。

热图利奥·瓦加斯
(1883年~1954年)

1945年，瓦加斯败选，但1950年再次当选，开始了一段短暂而不光彩的执政时期。这位曾经的国民偶像因腐败和对经济形势的把控不当而被谴责。1954年，瓦加斯自杀。

1932年
查科战争爆发

玻利维亚和巴拉圭从19世纪中叶起就因查科地区的主权问题争论不休。查科是一块面积为25万平方千米的荒地，位于玻利维亚与巴拉圭之间。20世纪20年代，因为传说这里石油矿藏丰富，全世界都对其虎视眈眈。1928年，巴拉圭与玻利维亚发生了军事冲突，人口和面积都处于劣势的巴拉圭请求国际联盟仲裁，多次谈判失败后，于1932年爆发大规模战争。巴拉圭被多国认为是无责任的一方，很快占了上风。一位评论员曾这样描述："此次战争以每平方千米牺牲3个玻利维亚人和2个巴拉圭人为代价。"战争历经3年，双方都已精疲力竭，最终在国际调停下休战，于1938年签署条约。查科被一分为二，较大的一部分归巴拉圭所有。

代价惨重的战争

该区域的地形使战争形势严峻。有时，双方各有5万人在茂密的丛林、灌木丛或被淹没的沼泽地里战斗。在干燥的季节，几乎没有一滴水。患疟疾和痢疾而死的人数与被枪弹杀死的人数一样多，并且由于毒蛇很多，死亡人数持续上升。

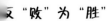

反"败"为"胜"

无能的军事领袖恩里克·佩尼兰达后来成为玻利维亚总统。

1933 年

秘鲁总统被杀

　　秘鲁与智利之间爆发的太平洋战争（1879 年~1884 年）让秘鲁损失惨重，花了好几年才恢复过来。20 世纪 20 年代，乔瑟·卡洛斯·马希亚德基（1895 年~1930 年）与维克托·劳尔·阿亚·德拉托雷领导了新的革命运动。1923 年阿亚被流放，1924 年，阿亚在墨西哥成立美洲人民革命联盟（以下简称阿普拉党），其目的是反对美帝国主义，进行土地和产业国有化，以及将整个拉丁美洲的印第安人团结起来。阿普拉党成员遍布南美，但运动只在秘鲁进行。1930 年，阿亚回到秘鲁，作为阿普拉党代表参加总统选举。他的对手桑切斯·塞罗胜出，却在 1933 年被阿普拉党支持者杀害。历届政府和阿普拉党之间的冲突持续了数年。

选举老手

　　阿亚·德拉托雷（1895 年~1979 年）持续不断地参加秘鲁总统选举，一直到 20 世纪 60 年代。尽管得票数每次都和竞争对手相差不多，但阿普拉党却没有一次在总统竞选中获胜过。

非法组织

　　阿普拉党在秘鲁广受欢迎，但有几年被定性为威胁社会安定的非法组织，受到军队和警察的镇压。然而，它却成为秘鲁历史上存在时间最长的政党。

秘鲁首都利马

　　利马拥有宽广美丽的林荫大道和广场。在 1945 年的总统选举中，利马人拥护阿普拉党支持的候选人何塞·路易斯·布斯塔曼特，使他最终胜出。阿亚·德拉托雷虽然没有执政，却控制了政府两年，这是在他漫长的职业生涯中离掌权最近的一次。

1938 年

墨西哥接管美国的石油利益

　　第一次世界大战结束后，美国，美国政府，大企业，工业、商业和社会都更为强大，让拉美各个国家政府感到担忧。在墨西哥，美国石油公司对墨西哥石油生产投入巨资，权力大到可以限制墨西哥政府的土地改革方案，甚至武装干涉墨西哥内政。1934 年，墨西哥新总统拉萨罗·卡德纳斯上任，推行大规模土地改革，包括分配公有的 16.2 万平方千米土地。1938 年，卡德纳斯接管了美国和英国石油公司所有权，这一举动受到墨西哥人的赞成。虽然英国和美国进行外交报复，并要求补偿，但卡德纳斯立场坚定，转而与意大利和德国等其他国家进行石油贸易谈判。

拉萨罗·卡德纳斯
（1895 年~1970 年）

　　卡德纳斯是一位伟大的社会改革家。他出生于一个贫穷的农村家庭，且从没忘记自己的根。他推行农业土地改革，大规模修建乡村学校，让许多农村人过上了好日子。

保持警惕

　　夺取油井并划归墨西哥控制后，墨西哥害怕美国和英国会进行报复。

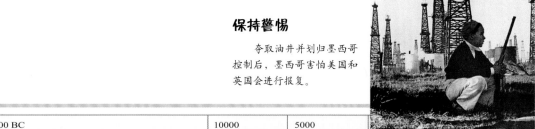

1919 年~1946 年 大洋洲

　　澳大利亚最初也受到了大萧条的严重影响，但因为它的黄金资源丰富而很快恢复。新上任的总理罗伯特·孟席斯提倡维持与英国的关系。在新西兰，大萧条使社会压力增大，但在新工党政府的大胆治理下有所缓解。殖民大国将有限形式的分权制度带到太平洋岛国。

乳品业

工党为新西兰奶农的产品制定固定价格。

霍罗霍罗（Horohoro）当地学校

　　新工党政府认为，毛利人应当与其他人一样享有教育、住房和社会福利等权利。原住民事务部部长与毛利学生一起在校门口拍了这张照片。

1935 年

新西兰工党赢得选举

　　20 世纪 20 年代开始的大萧条严重扰乱了新西兰经济。出口价格几乎下跌一半，国家需要钱但无法借贷，失业率剧增。执政的政府似乎对此无能为力，所以在 1935 年大选中，新西兰工党首次赢得选举。工党承诺能缓解国家的困境，因而以绝对优势胜出。很快，政府就获得大笔贷款，议会颁布法律，为农民的产品制定固定的价格，并规定每周 40 小时工作制。1938 年通过的一项社会保障法为所有市民提供最低生活标准的保障。

成名史

　　罗伯特·孟席斯（1894 年~1978 年）来自墨尔本，是一名成功的律师，当选总理时年仅 44 岁。

1939 年

孟席斯当选澳大利亚总理

　　黄金价格上涨和 1933 年后羊毛价格的上涨，使澳大利亚比世界其他国家更快地从大萧条中恢复过来。1931 年，由旧工党和国家党组成的澳大利亚联合党共同组建政府。3 年后，澳大利亚联合党与乡村党合作建立联合政府。1937 年，联合党在大选中顺利胜出，1939 年，罗伯特·孟席斯当选总理。当时，英国作为大英帝国的主要力量即将与德国开战。孟席斯最关注的就是帮助"祖国"，因此，他上任后的前几个月一直在训练澳大利亚军队，改善其防御方式。9 月，第二次世界大战爆发，澳大利亚迅速加入英国一方，不遗余力地提供帮助。

全力抵抗

第二次世界大战期间，澳大利亚士兵帮助英军在利比亚北部的图卜鲁格对抗德军。

第二次世界大战

第二次世界大战的起因是阿道夫·希特勒的军事扩张和外交政策。1936年，他再次占领法国和比利时之间的非军事区——莱茵兰。1938年3月，他迫使奥地利与德国联合，然后占领捷克斯洛伐克部分地区。每一次，英国和法国都没有采取任何反抗行动。他们的这种不干涉政策被称为"绥靖主义"。1939年9月1日，希特勒入侵波兰，同意与苏联瓜分波兰，但他没料到英国和法国会帮助波兰。9月3日，英法对德宣战。两年后，日本加入德国一方。

波兰骑兵最后一次猛攻

波兰有一支庞大的军队，但是其装备和战术都不敌德国。

恐怖手段

斯图卡俯冲轰炸机十分可怕。

闪电战，速战速决

德军的突击方式是先派坦克和其他装甲车深入敌区进行猛攻，然后步兵从后方上来包围敌军，进行扫荡，全过程会有空军掩护。这种作战方法被称为"闪电战"，这种战术让德军战无不胜。1939年9月结束之前波兰就被打败了。战事平息了6个月后，希特勒开始攻打比利时、荷兰、丹麦、挪威和法国。1940年6月中旬，这几个国家均被打败，只剩下孤立无援的英国。

大不列颠之战

希特勒计划1940年入侵英国，7月到9月这段时间，他安排了大规模空袭，先炸毁海船、机场、港口和城镇以削弱英国的实力，再派遣登陆艇。但是，小规模的英国皇家空军以双倍的摧毁力攻击德国飞机，成功为被击落的英国飞机报仇，希特勒被迫放弃入侵计划。

他日再战

法国被打败以前，法军和英军因被德国提前切断去路而被困在法国敦刻尔克海滩上，因此开始安排大规模的撤退。英国可用的每一艘船，包括小游艇，都被用来拯救士兵，20多万英军和12万法军被解救出来。

丢下一切

在欧洲，许多家庭在战乱中家破人亡，数百万人无家可归。在英格兰，孩子们都从城市撤离。

1939年	1940年		
9月1日，德军入侵波兰。	4月9日，德国入侵并很快占领丹麦，随后入侵挪威，挪威人坚决抵抗，但5月被迫投降。	6月4日~6月5日，德军快速进攻，英军和法军（约32万人）从敦刻尔克撤回英格兰，但失去了所有装备。	9月13日，意大利进攻英国控制的埃及；12月，英国将意大利军队逐出埃及，并且攻入利比亚。
9月3日，英法对德宣战。		6月10日，贝尼托·墨索里尼率领意大利军队对英法宣战。	10月28日，意大利入侵希腊，被击败。
9月17日，苏联军队从东部入侵波兰，经过两个星期的密集轰炸后，华沙被占领，波兰彻底被打败。	5月10日，德军入侵比利时和荷兰；丘吉尔成为英国首相。	8月，在大不列颠战役中，德国空军对英国机场和城镇进行大规模轰炸。	
	5月12日，德军攻入法国，7个星期后，法国投降（7月22日）。		

世界大战

1941 年 6 月，德国与意大利组成的轴心国已占领南斯拉夫、阿尔巴尼亚和希腊，并说服罗马尼亚、匈牙利和保加利亚加入轴心国阵营。6 月 22 日，德国大规模入侵前盟国苏联。9 月，希特勒军队围攻列宁格勒（今圣彼得堡）。俄国冬天到来时，德军陷入困境。12 月，已经占领大半个中国的日军偷袭珍珠港，迫使美国加入战争。几天后，日本盟国德国与意大利向美国宣战。日本迅速占领整个东南亚，并进一步威胁到澳大利亚和印度。

飞行帽

美国陆军航空队队员曾戴过这顶独特的帽子。

宣而战

1941 年 12 月 7 日，日本没有提前宣战就偷美国在夏威夷的军事基地珍珠港。5 艘美国军和 15 艘船被击沉或受到严重损坏。

天空死神

空袭在第二次世界大战的战役中起了很大作用。大型飞携带着几吨重的炸弹轰炸敌方的工厂、铁路、电力设备石油装置、水坝、船坞以及机场，但是空袭不仅针对军，还使普通民众受到伤害。德国轰炸了欧洲多座城市。1942 年，同盟国开始袭击德国城市，一袭击就投下 1 000 枚炸弹。1945 年轰炸德累斯时，一夜之间，大约 8 万平民被炸死。

战火如雨

这些德国炸弹是燃烧弹，投到哪里，哪里就发生火灾。

处可逃

轰炸机转而轰炸在家和正工作的平民。

1941 年

月，美国签署租借协定，帮助英攻击德国。

月 3 日，德国将军埃尔温·隆美向北非英军发动攻击。

月 6 日，同盟国夺回意大利占领埃塞俄比亚的亚的斯亚贝巴。

4 月 6 日，德军入侵南斯拉夫，进入希腊。

5 月 27 日，英军在大西洋击沉德国"俾斯麦"号战舰，1 000 名船员中大部分死亡。

6 月 22 日，300 多万士兵组成的德国大部队入侵苏联，战线从北到南长达 3 200 千米。

9 月 4 日，德国围攻苏联的列宁格勒，市民英勇抗敌 900 天，后米围攻者被赶走。

9 月 19 日，德军占领苏联基辅。

10 月，德军开始进攻莫斯科，急于在冬天到来之前占领莫斯科；

12 月，苏联反攻。

12 月 7 日，日本偷袭夏威夷珍珠港的美军舰队，美国立即对日本宣战。

12 月 25 日，英国殖民地香港落入日本之手；在接下来的几个月，日本占领了东南亚大部分地区，包括新加坡、缅甸和菲律宾。

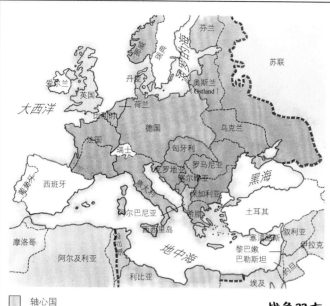

"沙漠之狐"

1941年，埃尔温·隆美尔（1891年~1944年）成为非洲军团司令。他越来越怀疑希特勒的作战方向，并于1944年被卷入一场颠覆领导人的阴谋中。

非洲沙漠里的战争

截至1940年，战争已扩展到北非，利比亚的意大利军队袭击英国保护下的埃及。于是，英国人把意大利人赶出埃及，德国因此派支援意大利军队。在隆美尔将军的率领下，德军又把英军赶出埃及。这场斗争持续不断，直到1942年10月至11月，蒙哥马利将军率领英军在埃及阿拉曼取得了决定性胜利。随后，蒙哥马利即刻穿越利比亚与经登陆阿尔及利亚和摩洛哥的英军、美军会合。轴心国军队被同盟国军队围困，于1943年5月投降。

战争双方

- 轴心国
- 轴心国控制的区域
- 同盟国
- 同盟国控制的区域
- 中立国
- -- 德国军事占领范围

截至1942年11月，欧洲大部分地区被德国和意大利占领。苏联和英国也焦急万分，一直到1941年底美国加入战争，并站在它们这边，情况才有所好转。

希特勒的 "最终解决方案"

1943年对每一个战区的德军来说都是灾难的一年，而在德国国内，炸弹持续袭击他们的城市和工厂，严重削弱了他们的战斗力。除此之外，在全德国和被占领的欧洲地区，集中营（用于关押和大批量处死犹太人及其他囚犯的地方）的杀戮和酷刑愈演愈烈。集中营是纳粹计划消灭犹太人的重要部分。

犹太人的黄色星星标志

德国人强迫犹太人佩象征犹太人身份的徽章。

纳粹大屠杀遇难者

数百万犹太人在集中里做苦工，他们在那里食果腹，遭受严刑拷打，一到最终死去。

华沙犹太人区爆发犹太人起义

1939年，德国占领波兰首都华沙。犹太人被限制在城市的一个小区域（犹太人区）内生活，且每天受到纳粹的恐吓。1943年，他们起来反抗。但是，犹太人区的4万名犹太人几乎全部被杀。

1942年

2月15日，日本从英国手里夺走新加坡。

4月18日，美国战斗机轰炸日本东京。

6月3日~6月6日，中途岛海战，美国战斗机打败日本海军。

7月2日，德国占领克里米亚的塞瓦斯托波尔。

7月17日，德国进攻斯大林格勒。

11月，苏联军队反击。

10月/11月，英国第八军团把德国赶出阿拉曼。

11月8日，英军和美军在法属北非登陆。

1943年

1月23日，盟军占领的黎波里，这是最后一个意大利占领的非洲城市。

2月2日，德国第六军团被困斯大林格勒，饥饿的士兵被迫投降，苏联城市开始解放。

5月，德军和意大利军出北非。

7月，苏联军队在库尔斯克会大规模坦克战中获胜。

7月10日~7月11日，同盟国西西里岛，8月，攻陷西西里岛

7月25日，意大利独裁者墨索被迫退位。

9月2日，盟军进攻意大利本土

本与太平洋海战

欧洲本土的战争让英国、法国和荷兰在亚洲和太平洋的殖民处于无防卫状态。1941 年与 1942 年，日本利用其地理位置优占领了多个国家和多个太平洋岛屿。1942 年，美国海军在珊瑚海战和中途岛海战中获胜，这两次重要胜利标志着同盟国对日首次胜利，这打破了日本占领澳大利亚和夏威夷群岛的计划，也使美国反击日本的基地遭到破坏。

苏联　朝鲜　日本
中国　中途岛
太平洋　夏威夷群岛
缅甸　菲律宾
马来亚　新加坡
所属巴布亚新几内亚
珊瑚海
澳大利亚

■ 1942 年日本控制的区域
-- 日本扩张范围

命运逆转

1942 年早期，日本占领东南亚。但同盟国海军在太平洋战胜日军，阻止了日本的进一步进攻。

中途岛海战

美国的鱼雷轰炸机击沉了日本船。

维埃党员在丛林里聚会

盟军在比利时、捷克斯洛伐克、南斯拉夫、希腊、兰以及苏联后方受到了地区和国家性抵抗运动的大支持。

盟军登陆诺曼底海滩

1944 年，德国对欧洲的控制力下降。1944 年 6 月 6 日，同盟国开始进攻欧洲，英国、美国、加拿大和其他国家军队在美国艾森豪威尔将军的率领下大规模强攻诺曼底海滩。他们很快建立桥头堡，经过艰苦战斗后，美军和英军突破了德军防线。8 月，军队登陆法国南部，并向北进攻。巴黎市民将德国士兵赶出巴黎。一个月以后，法国几乎所有地方都被解放。1945 年 4 月，美军和英军顺利进入德国中部和南部。

岛原子弹爆炸，"二战"接近尾声

1943 年，美军夺回一些岛屿，标志着战争开始转向太平洋，44 年，美军和英军通过几场陆地战役夺回菲律宾和缅甸。1945 初，美军占领硫磺岛和冲绳岛。8 月 6 日，美国空军向日本广投下第一颗原子弹，8 万多人死亡，3 天后，又向长崎投下第颗原子弹。苏联也对日本宣战。这一系列进攻迫使裕仁天皇宣日本无条件投降，1945 年 8 月 14 日，日本缴械投降。

诺曼底登陆

D-Day（D 日）是诺曼底登陆的第一天 1944 年 6 月 6 日的代号。

广岛遗留的痕迹

原子弹爆炸产生的热量让 7 千米以内的所有建筑化为灰烬。

廣島行 FOR HIROSHIMA (VIA...)

1944 年		1945 年
22 日，盟军突然登陆意大利西岸的安济奥。	8 月，苏联解放东普鲁士和波兰。 8 月 24 日，巴黎市民起来反抗德国占领军，并把他们赶出巴黎。	3 月 7 日，美国第一军团越过莱茵河进入德国。
12 日，苏联军队解放克里米亚。	10 月 20 日，美军夺回菲律宾。	4 月 30 日，德国纳粹头目希特勒在柏林自杀。
4 日，英美联军进入罗马，撤退德国军队没有破坏罗马。	12 月 10 日~12 月 25 日，德军在法国阿登省攻击美军，盟军发起轰炸攻势后，德军行动失败。	5 月 8 日，欧洲战场的战争正式结束。
6 日，盟军在诺曼底登陆。		8 月 6 日，第一颗原子弹落在日本广岛。 8 月 8 日，苏联对日本宣战。 8 月 14 日，日本向同盟国投降。第二次世界大战结束。

600	800	1000	1200	1400	1600	1700	1800	1900	2000

通往胜利与和平之路

1945 年 5 月，德国向美国、英国、法国和苏联无条件投降。由三大同盟国的军队司令为首的盟国管制委员会控制德意志民族，这三个国家的司令为：美国的艾森豪威尔，英国的蒙哥马利以及苏联的朱可夫。德国被划分成四个军事区，由四个同盟国分别控制。7 月，波茨坦举行和平会议商讨德国的未来。

死亡真相

死去士兵的尸体用布包裹起来，从战场运回家乡进行安葬。

死去的数千万人

第二次世界大战的死亡人数大约是 5 000 万。苏联损失最大，约 2 000 万人牺牲（占苏联总人口的 10%）。数百万平民在轰炸中丧生，至少 1 000 万人死于纳粹集中营，其中犹太人占 600 万，还有很多人无家可归，沦为难民。

伦敦市民庆祝胜利

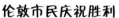

英国首相温斯顿·丘吉尔正式把 1945 年 5 月 8 日欧洲胜利日定为欧洲战争结束的庆祝之日。

苏联红军抵达柏林

1945 年 4 月 30 日，苏联军队终于抵达柏林中心，他们在被摧毁的国会大厦顶部插上红色国旗。

德国首都的分割

德国投降后，柏林被完全摧毁。希特勒在防空洞里自杀。苏联军队占领德国东部大部分地区，同盟国占领西部德国。位于民主德国的柏林市则被四个同盟国瓜分。很快，苏联与其他同盟国之间出现纠纷。

德国纽伦堡审判

1945 年 11 月，21 名纳粹首脑人物在纽伦堡国际法庭受到审判。他们均被指控犯罪，少则一项罪行，多则四项：发动战争罪、战争罪、破坏和平罪和反人类罪。不太重要的德国官员也受到审判，尤其是集中营的司令官和高级官员。

最终裁决

在被起诉的 21 名纳粹战犯中，11 名被处绞刑，其他人被判处监禁，只有两位被无罪释放。许多纳粹战犯逃脱，并没有受到惩罚。

1945 年

9 月 1 日英军占领中国香港，9 月 5 日占领新加坡。

9 月 2 日日本正式签署投降协议，日本置于美国占领军的管制之下，但裕仁天皇仍然是日本元首。

9 月 8 日，朝鲜被一分为二，一部分由苏联控制，另一部分由美国控制。

10 月 24 日，联合国正式成立。

11 月 20 日，21 名德国纳粹战犯被审判，审判在纽伦堡举行，由英国、法国、苏联和美国法官主持。

1946 年

1 月 7 日，奥地利被一分为四，分别由同盟国占领（美国、英国、法国和苏联）后，同盟国正式承认在 1937 年的边界以内成立新奥地利共和国。

7 月~10 月，抗击德国的 21 国召开巴黎和平会议。1947 年 2 月签署条约。

10 月 15 日，纳粹军官赫尔曼·戈林在被处死前自杀。

11 月 4 日，美国和中国国民党政府签署友好条约。

第二十章

1946 年至 21 世纪

同一个世界

从太空看地球

1946 年至 21 世纪 世界情况概述

　　1945 年 8 月，美国在日本广岛和长崎投下两枚原子弹，第二次世界大战结束，随后的和平期依然不稳定，因为"二战"的两大战胜国——美国与苏联为争夺霸权而斗争。两个超级大国都建立了大型兵工厂制造核武器及其他武器，与世界多国结成军事和经济联盟。两国之间的这种对立持续了 40 年之久，由于双方都不直接诉诸武力，因而称之为"冷战"。然而，当朝鲜、越南、中东和非洲发生战争时，两国都会各自为战争一方提供援助。

冷战结束

　　军备竞赛让美国和苏联都付出很高的代价。由于美国拥有巨额财富，因此美国花在武器和技术方面的费用比苏联多。1988 年，贫困的苏联共产党政府撤出对东欧的支援，导致欧洲共产主义瓦解以及苏联最终解体。胜利的美国随后在世界各地树立威信。在此期间，大多数人仍然非常贫穷，富国和穷国的差距越来越大。人们首次关注资源开采会导致环境灾难的问题。

北美洲

加拿大

20 世纪 60 年代，马丁·路德·金领导美国的民权运动。

1969 年，阿波罗登月飞行，宇航员尼尔·阿姆斯特朗成为登上月球的第一人。

1962 年，古巴导弹危机，赫鲁晓夫从古巴撤走武器，勉强避免了核战争。

南美洲

巴西

1979 年，哥伦比亚政府与反政府武装还有贩毒集团发生内战。

太平洋

NIÑOS DESAPARECIDOS

20 世纪 80 年代，阿根廷妇女拿着亲人的照片游行，照片上的都是被政府暗杀机构逮捕并杀害的人。

阿根廷

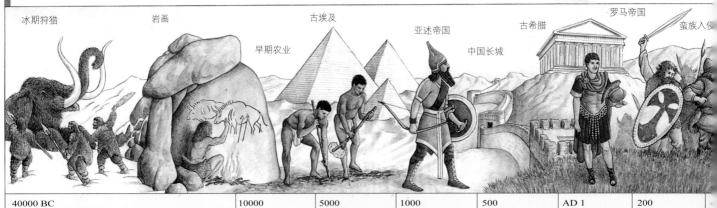

冰期狩猎　　岩画　　古埃及　　亚述帝国　　古希腊　　罗马帝国

早期农业　　中国长城　　蛮族入侵

| 40000 BC | | 10000 | 5000 | 1000 | 500 | AD 1 | 200 |

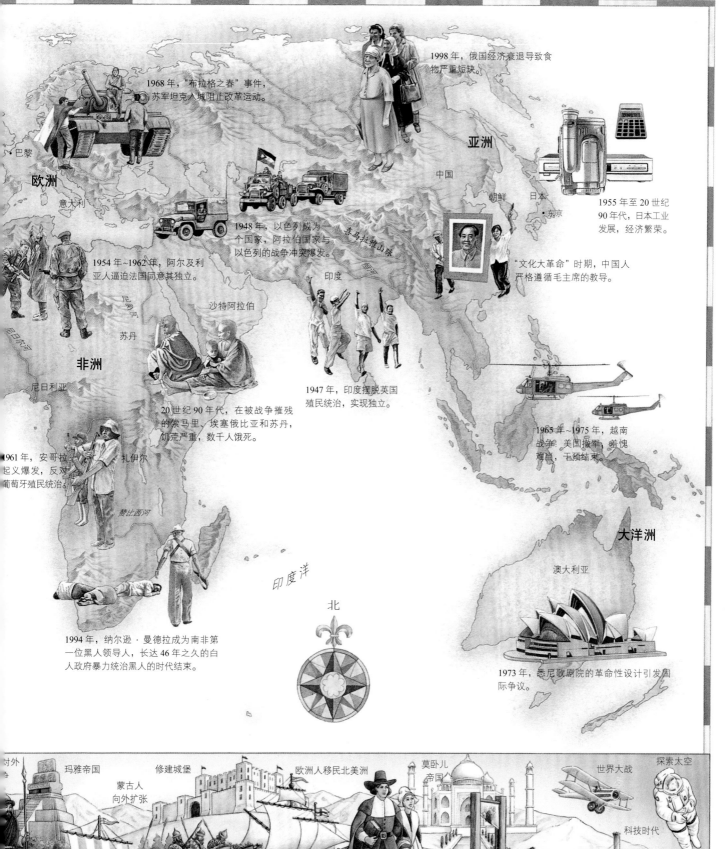

1968 年，"布拉格之春"事件，苏军坦克入城阻止改革运动。

1998 年，俄国经济衰退导致食物严重短缺。

亚洲

巴黎

欧洲

中国

意大利

朝鲜

日本
东京

1955 年至 20 世纪 90 年代，日本工业发展，经济繁荣。

1948 年，以色列成为一个国家，阿拉伯国家与以色列的战争冲突爆发。

喜马拉雅山脉

恒河

1954 年~1962 年，阿尔及利亚人逼迫法国同意其独立。

"文化大革命"时期，中国人严格遵循毛主席的教导。

尼罗河

沙特阿拉伯

苏丹

印度

巴日尔河

非洲

尼日利亚

20 世纪 90 年代，在被战争摧残的索马里、埃塞俄比亚和苏丹，饥荒严重，数千人饿死。

1947 年，印度摆脱英国殖民统治，实现独立。

1961 年，安哥拉起义爆发，反对葡萄牙殖民统治。

扎伊尔

1965 年~1975 年，越南战争，美国撤军，羞愧难当，干预结束。

赞比西河

大洋洲

印度洋

北

澳大利亚

1994 年，纳尔逊·曼德拉成为南非第一位黑人领导人，长达 46 年之久的白人政府暴力统治黑人的时代结束。

1973 年，悉尼歌剧院的革命性设计引发国际争议。

时外

玛雅帝国

修建城堡

欧洲人移民北美洲

莫卧儿帝国

世界大战

探索太空

蒙古人向外扩张

科技时代

革命时代

贸易扩张

维京人航行

工业革命

| 600 | 800 | 1000 | 1200 | 1400 | 1600 | 1700 | 1800 | 1900 | 2000 |

1946 年

1960 年

非洲

1948 年，南非国家党赢得南非统治权。*
1952 年~1959 年，茅茅组织通过游击战反对英国统治肯尼亚。
1954 年~1962 年，阿尔及利亚爆发独立战争，1962 年获得独立。*
1956 年，苏伊士运河危机，英国和法国试图从埃及手里夺回苏伊士运河的控制权，但最终失败。
1956 年，摩洛哥、突尼斯和苏丹独立。
1957 年，加纳是撒哈拉以南非洲地区第一个获得独立的国家。*
1958 年~1960 年，扎伊尔、尼日利亚、索马里独立，法国在撒哈拉以南的 13 个殖民地当中，有 12 个殖民地获得独立。

加纳国的农民。很多非洲人离开农业区，前往城市

20 世纪 60 年代，苏丹南部发生内战。
1960 年~1965 年，扎伊尔（前比属刚果）发生内战。
1961 年~1967 年，坦桑尼亚、乌干达、肯尼亚、塞拉利昂、卢旺达、布隆迪、马拉维、赞比亚、莱索托、博茨瓦纳、冈比亚、斯威士兰独立。
1963 年，非洲统一组织成立。
1965 年，津巴布韦白人政权宣告独立。
1967 年~1970 年，尼日利亚比亚夫拉战争爆发。
20 世纪 70 年代，非洲东北部和撒哈拉南端的旱情严重。

伊迪·阿明暴力统治乌干达，1 至 1979 年间大约杀害了 10 万人

亚洲

1947 年，印度独立。*
1947 年，日本新的和平宪法生效。
1948 年，以色列独立，导致第一次中东战争爆发。*
1949 年，毛泽东宣告中华人民共和国成立。
1950 年~1953 年，朝鲜战争。*
1951 年，美国及另外 48 个国家在旧金山与日本签署和平条约。
1953 年，毛泽东推行第一个五年计划。*
1954 年，越盟在奠边府打败法军。*
大约 1955 年，日本经济进入快速增长期。*

以色列军队的女兵

1964 年，阿拉伯领导人建立巴勒解放组织。
1965 年~1975 年，越南战争。*
1966 年，英迪拉·甘地成为印度总
1966 年，中国"文化大革命"开始
1967 年，以色列和周边的阿拉伯爆发"六日战争"（第三次中东战
1970 年，红色高棉共产党统治柬埔
1971 年，孟加拉国独立。*
1971 年，克什米尔冲突爆发。
1973 年，阿拉伯与以色列发生"日战争"（第四次中东战争）。

在越南战争中，伪装下的士兵向前推进

欧洲

1948 年~1949 年，柏林封锁。*
1949 年，爱尔兰成为共和国，退出英联邦。
1951 年，温斯顿·丘吉尔爵士在英国和平时期建立第一个政府。
1953 年，苏联领袖斯大林逝世，尼基塔·赫鲁晓夫上任。
1953 年，人们发现 DNA。
1955 年，签署《华沙条约》。
1956 年，苏联军队入侵匈牙利，镇压起义。*
1957 年，苏联发射第一颗人造卫星。
1957 年，签署《罗马条约》，同意建立欧洲经济共同体。
1958 年，夏尔·戴高乐当选法国总统。

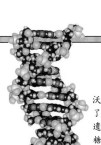

沃森与克里克发现了大多数生物体的遗传物质：脱氧核糖核酸（DNA）

1 1961 年，苏联宇航员尤里·加加林成为进入太空第一人。
1961 年，修建柏林墙，禁止民主德国人逃往联邦德国。
1961 年，女性口服避孕药进入市场。
1964 年，列昂尼德·勃列日涅夫取代赫鲁晓夫成为苏联领导人。
1968 年，巴黎学生运动。*
1968 年，捷克斯洛伐克试图启动内部改革，苏联军队进入布拉格，结束"布拉格之春"。*
1972 年，北爱尔兰伦敦德里市发生"血色星期日"示威游行，军队向争取民权的游行者开火。

苏联军队进入布拉格，强行维持苏联的统治

1962 年，古巴导弹危机。*

美洲

1947 年，杜鲁门主义，美国政府承诺对任何抵抗共产主义的国家提供援助。
1948 年~1951 年，马歇尔计划，美国援助欧洲，帮助战后欧洲尽快复兴。
1949 年，美国和西欧国家建立北大西洋公约组织（NATO），寻求集体安全。
20 世纪 50 年代，美国黑人发动民权运动。
1955 年，军官从阿根廷总统胡安·庇隆手里夺权。*

警察保护美国黑人学生乘坐的公交车

1963 年，美国总统约翰·菲茨杰德·肯尼迪遇刺。
1963 年，华盛顿特区数千人游为美国黑人争取权利。
1964 年，《美国民权法案》禁联邦资助和就业方面有种族歧视
1 1969 年，美国宇航员尼尔·阿特朗与巴兹·奥尔德林登陆月球。
1973 年，智利总统阿连德在一次事政变中被杀。*
1974 年，水门事件后，美国总克松辞职。

数百万人在电视上观看美国宇航员在月球上行走

大洋洲

20 世纪 40 年代，不说英语的欧洲人移民澳大利亚，改变国籍。
1946 年，美国在马绍尔群岛的比基尼环礁进行原子弹爆炸试验，美国与法国在太平洋进行核试验引发不满。
1959 年，《南极条约》的签署保护南极洲不被过度开发。

比基尼环礁的原子弹爆炸试验

1962 年，西萨摩亚独立。
1970 年，汤加和斐济脱离英国而独立。

南极洲的企鹅不再受干扰

40000 BC   1000   500

1975 年

1975 年，尼日利亚成为非洲领先的石油生产国。

1975 年~1991 年，埃塞俄比亚政权革命，内战爆发。

1975 年，安哥拉和莫桑比克经过长期斗争后，摆脱葡萄牙统治，获得独立。

1976 年，非洲学生在南非索韦托发动起义。

1980 年，津巴布韦通过游击战争获得独立。

1983 年起，苏丹冲突，150 多万人死亡。

埃塞俄比亚长期内战导致饥荒，后果惨痛

1975 年，红色高棉统治束埔寨，重新开始纪元。*

1976 年，周恩来和毛泽东逝世，"四人帮"被粉碎。

1979 年，阿亚图拉霍梅尼采用伊斯兰宪法统治伊朗。

1979 年，苏联入侵阿富汗，以支持共产主义政府。*

1980 年，两伊战争爆发。

1982 年，以色列军队入侵黎巴嫩。

1984 年，印度总理英迪拉·甘地被印度锡克教徒刺杀。

1986 年，菲律宾爆发革命。*

1988 年，两伊战争停火。

沙特阿拉伯延布的精炼厂提纯石油

1976 年，赫尔辛基人权协议通过。

1977 年，240 名捷克知识分子签署《七七宪章》，称仍然没获得民主自由。

1979 年，英国选出第一位女首相：玛格丽特·撒切尔。

1980 年，波兰成立团结工会。*

1985 年，米哈伊尔·戈尔巴乔夫成为苏联共产党总书记，推行改革。*

1986 年，前苏联乌克兰切尔诺贝利核事故。*

1989 年，柏林墙被拆除。

格但斯克开始出现团结工会

1978 年，美国举行戴维营首脑会议，埃及和以色列参加。

1979 年，桑地诺夺取尼加拉瓜政权。*

1980 年，魁北克投票勉强通过留在加拿大联邦内的决议案。*

1980 年~1992 年，萨尔瓦多内战。

1981 年，美国出现艾滋病。*

1982 年，阿根廷与英国发生马岛战争。

1982 年，墨西哥未能偿还外债，引发国际金融危机。

1983 年，阿根廷恢复文官政府，阿方辛当选总统。*

1989 年，美国士兵入侵巴拿马，罢免其领导者。*

计算机里的硅芯片

1975 年，巴布亚新几内亚脱离澳大利亚宣布独立。*

1975 年，澳大利亚发生政治危机，由于总督解散了选举出的收府，引起争议。

20 世纪 70 年代中叶，亚洲移民到澳大利亚的数量大幅增加，澳大利亚变得更加多元化。

1984 年，新西兰宣布成为无核区。

1985 年，"彩虹勇士"号被炸。*

《拉罗汤加条约》签署，在太平洋建立无核区。

巴布亚新几内亚的少年

1990 年

1990 年，纳米比亚独立。

1990 年，利比里亚发生内战。*

1990 年，纳尔逊·曼德拉在南非出狱，开始废除种族隔离制度。

1991 年，索马里分裂。

1993 年，厄立特里亚脱离埃塞俄比亚，后殖民时代的非洲首次成功脱离彼此的国家。*

1994 年，非洲人国民大会（ANC）在南非首届多民族大选中获胜。

1994 年，胡图人杀害总统后，卢旺达发生种族灭绝事件。

1997 年，扎伊尔总统蒙博托被推翻。

2003 年，利比亚结束非法武器计划，联合国进行制裁。*

1994 年，纳尔逊·曼德拉当选南非总统

1990 年，伊拉克入侵科威特，美军及盟军出兵前往海湾地区，海湾战争开始。*

1991 年，盟军解放科威特。

1997 年，中国从英国手中收回香港，对香港恢复行使主权。

1999 年，欧洲在亚洲的最后一个殖民地澳门回归中国。

2001 年，美国入侵阿富汗，驱逐支持恐怖主义的塔利班政权。*

2002 年，东帝汶脱离印度尼西亚，获得独立。

2003 年，美国和英国入侵伊拉克，推翻了萨达姆·侯赛因。

2004 年，印度洋海啸吞噬了成千上万人。*

2006 年，朝鲜核弹爆炸。*

1990 年，民主德国和联邦德国统一。

1990 年，英国的玛格丽特·撒切尔卸任。*

1991 年，苏联解体，戈尔巴乔夫辞职，叶利钦当选俄罗斯总统。*

1991 年，南斯拉夫解体，爆发血腥内战*。

1998 年，北爱尔兰签署《耶稣受难日协定》。*

1999 年，科索沃战争。*

2003 年，普京当选俄罗斯总统。*

2007 年，欧盟扩大。

民主德国和联邦德国统一

1990 年，让-贝特朗·阿里斯蒂德当选海地总统。

1992 年，洛杉矶暴动。*

1992 年，地球高峰会议在巴西举行。

1999 年，弹劾美国总统比尔·克林顿的议案未被国会通过。*

2000 年，美国在纽约峰会上制定新千年计划。*

2001 年，美国拒绝《京都议定书》。*

2001 年 9 月 11 日，基地组织恐怖分子攻击世界贸易中心。*

2002 年，卢拉当选巴西总统。*

2005 年，飓风卡特里娜摧毁新奥尔良。*

飓风卡特里娜在墨西哥湾风力增强

1993 年，澳大利亚原住民获得土地权。*

1997 年，珍妮·希普利成为新西兰首位女总理。*

1999 年，澳大利亚拒绝成立共和国。*

2000 年，悉尼成功举办奥运会。

悉尼歌剧院上空燃放烟花庆祝新千年

| 600 | 800 | 1000 | | 1600 | 1700 | 1800 | 1900 | 2000 |

1946 年至 21 世纪 非洲

1956 年至 1968 年的 12 年间，政治和经济变革大潮席卷非洲，非洲大多数国家获得独立。到 1978 年，已完全摆脱了欧洲统治，但南非花了较长时间才摆脱少数白人的统治。新独立的国家对未来寄予很高的希望，但国内受过教育的人很少，经济欠发达，人口快速增长，民主体制和平发展的环境不稳定，很多政府腐败成风，压迫百姓，经常发生领袖独裁及军官夺权事件。战争摧毁了许多国家。近几年，艾滋病已夺走非洲大陆数百万人的生命。

北非人的外衣别针

1951 年利比亚独立，成为第二次世界大战以后第一个实现独立的非洲国家。

分开洗

种族隔离影响着日常生活的方方面面，甚至包括公共便利设施。种族隔离理论是指每个民族都可以独立且平等地发展。但实际上，好处却被数量相对较少的白人占尽。

1948 年
南非开始实行种族隔离制度

1948 年 5 月，以丹尼尔·马兰博士为首的国家党凭借种族隔离政策在南非大选中获胜。种族隔离政策禁止跨种族通婚，在社交场合，不同种族人士也不允许待在一起。小镇和城市都按照种族进行划分，黑人往往离工作地很远的乡镇。医疗、教育、交通上都实行区别对待。在 1960 年沙佩维尔惨案中，67 名非洲人在游行时被当局杀害。1976 年，至少 176 名非洲人在索韦托被杀。这两次事件引发民众对种族隔离的强烈反对。国际上的反对也导致南非越来越孤立。

1954 年
阿尔及利亚战争

1950 年，阿尔及利亚的欧洲移民有近 100 万，其数量远远超过除南非以外的其他国家。为了保护这些移民，法国殖民政府禁止阿尔及利亚独立。于是，阿尔及利亚民族主义者成立了民族解放阵线（FLN），发动武装起义。法国派遣 50 万军人进行残酷镇压，100 多万阿尔及利亚人牺牲。1958 年，法国政府崩溃，阿尔及利亚军队要求戴高乐将军掌权。戴高乐不顾移民的反对与阿尔及利亚民族主义者谈判，1962 年，终于同意阿尔及利亚独立。

欢庆时刻

阿尔及利亚独立日庆祝活动并没有持续很久。国家领袖在和平时期的治理能力不如战争时期。愤怒而贫困的阿尔及利亚人不顾残酷的军事镇压，相继加入伊斯兰激进分子的阵营。

非洲独立

1956 年，突尼斯与摩洛哥独立。
1962 年，阿尔及利亚独立。
1957 年，加纳是撒哈拉以南非洲第一个获得独立的国家。1968 年，英国在非洲的其他殖民地获得独立。
1958 年~1960 年，法国在撒哈拉以南 13 个殖民地当中，有 12 个获得独立。
1974 年~1975 年，发生多次流血事件后，葡萄牙的 5 个殖民地获得独立。
1980 年，发动反对少数白人政权的游击战后，津巴布韦独立。
1990 年，纳米比亚脱离南非获得独立，时间的战争结束。
1993 年，厄立特里亚独立。
1994 年，南非举行首届多种族大选。

艰难的开始

新独立的非洲国家因为过去受到了殖民者的粗暴统治而伤痕累累。匆忙之下，一些国家尝试建立欧式政府，但缺少民主传统这一根基。殖民统治者曾绘制的国界，让很多国家四分五裂，国民最初只忠实于国内的众多民族之一，而不忠实于国家。基于此，许多新政府试图控制国民生活的方方面面，镇压一切反对势力。待政府权力完备后，它们开始越来越腐败。由于富国的干扰阻碍了发展，加上干旱、饥荒和战争的严重打击，人口增长速度超过了经济发展速度，多项经济发展计划弊大于利等原因，2003 年，全球五大最贫穷的经济体都位于非洲。

暴政之王

1950 年至 2000 年间，非洲至少发生了 70 场政变，大部由军队发动。一般情况下，军人并不善于执政，但很少有人像让–贝德尔·博卡萨这样糟糕。1965 年至 1979 年，让–贝德尔·博卡萨统治中非共和国。1976 年，他自立为皇帝（上图）。其他非洲之外的国家为了控制或增加自己在非洲的影响会支持非选举产生的领导人，这一现象在美国和苏联冷战期间尤为普遍。

大陆全民教育

从 20 世纪 60 年代起，撒哈拉以南的非洲地区人口剧增，到 20 世纪 80 年代，一半人口未满 16 岁。同时期，接受小学教育的儿童比例翻了不止一番，受中学和大学教育的人数也猛增。然而，由于缺乏投资，最关键的是缺乏工作机会，让很多受过教育的人跑去国外工作。

非洲企业

本图是赞比亚卢萨卡的某个场景，整个非洲都无止境地重复着这样的生活。新旧建筑共存。在新城市的摩天大楼附近，人们在露天集市上卖传统食品和手工艺品。虽然希望屡次破碎，同时面临着新的悲剧，例如越来越多的人因艾滋病而死，但非洲人民对国家发展有很强的信心，这让他们能勇敢面对国家面临的困境。

1957 年

加纳独立

1948 年，平静的加纳（曾一度被称为黄金海岸）被反抗英国殖民统治的暴动打乱。后来新宪法颁布，让非洲人获得有限的自治权。以夸梅·恩克鲁玛为首的大会人民党接受了这一宪法，1951 年，大会人民党在大选中获胜，恩克鲁玛建立了非洲政府，6 年后带领国家获得完全独立。加纳的发展很不容易，然而，恩克鲁玛变得越来越专制。1966 年，军队夺权，一直统治到 1992 年。这一年，加纳开始实行多党选举。

领导天赋和远见卓识

夸梅·恩克鲁玛（1909 年~1972 年）率领加纳争取独立。他呼吁非洲团结，这一观点启发了很多人，但实现起来却困难重重。

新曙光

加纳的部落首领等待第一届加纳议会的召开。首领们都是传统的非洲领导人，加纳独立后，他们对这个新国家依然有重要影响力。

天灾人祸

近几年非洲大旱，非洲部分地区灾情严重。撒哈拉沙漠南部边缘的萨赫勒地区受到的影响尤其严重，而人口剧增让情况更加糟糕，土地大面积被侵蚀。安哥拉、扎伊尔等地的战争导致大量人口食不果腹，即使雨水充足也吃不饱饭。苏丹和埃塞俄比亚的饥荒反映了干旱和战争造成的严重创伤。萨赫勒地区的人们正努力处理土地侵蚀问题，而撒哈拉以南的前战区，例如莫桑比克，正从独立后的第一个真正的和平时期中受益。

无辜者的苦难

非洲饥荒，儿童饿死无数。电视把他们的苦难转播给全世界的观众。

与沙漠斗争

撒哈拉沙漠边缘的土地被侵蚀，沙漠化的情况越来越严重。图中的苏丹南部村民正在种植树苗，以保护土地不被前进的沙子吞噬。

饱受战争摧残的国家

20世纪90年代早期，利比里亚内战爆发期间，西非部队试图维持这里的和平。

1990年
利比里亚内战爆发

利比里亚位于西非，是非洲最古老的共和国，由19世纪被解放的美国奴隶建立。他们的后裔统治着这里，一直到1980年，克兰部落的首领塞缪尔·多伊发动军事政变。部落之间的战斗迅速升级，1990年，国家爆发内战，陷入无政府状态。1991年，多伊被杀，一直到1996年国家才恢复和平。第二年，主要交战方的领袖查尔斯·泰勒当选总统，但因腐败而遭到叛军的反对。2000年，独裁统治者再次发动武装力量镇压反对者，随后在美国重压下，泰勒于2003年下台，被流放到尼日利亚。

1991年
索马里分裂

1969年，总统西亚德·巴雷在非洲东北部的索马里建立军事独裁统治政权。1988年，索马里民族运动（SNM）发动武装起义反对巴雷统治。政府军队残酷镇压起义，但不断有其他群体加入到起义队伍中。1991年，起义军占领首都摩加迪沙，巴雷逃往肯尼亚。索马里四分五裂，分别由各个氏族控制，各氏族之间的暴动引发内战，数千人死亡或逃往埃塞俄比亚。干旱影响了农业产量，大约150万索马里人面临饥饿。联合国组织了一次大规模的救援行动，但交战氏族掠夺了食品运输船。2001年，索马里人努力建起了一个新政府，但在促使国家统一和结束内战方面收效甚微。

索马里起义者

瓦解

1991年，索马里北部的伊萨克氏族宣布独立，建立索马里兰，东北部也独立，形成邦特兰。2004年，两国都没得到国际承认，也未重新与索马里合并。

1993 年

厄立特里亚独立

厄立特里亚从 4 世纪起就与埃塞俄比亚合为一体，成为意大利殖民地一段时间后，1962 年它再次成为埃塞俄比亚一部分。然而统一后，厄立特里亚人民解放阵线开始为独立而战。1991 年，厄立特里亚人民解放阵线推翻埃塞俄比亚马克思主义政府，在厄立特里亚建立临时政府，1993 年终于获得独立，这是后殖民史上，非洲国家首次成功脱离另一个国家。厄立特里亚的未来看起来很安全，但 1998 年，与埃塞俄比亚的边界争端又导致战争爆发。

新南非，新希望

纳尔逊·曼德拉作为政治犯被关押 27 年后终于出狱，并成为南非的希望焦点。正如他自己所说，生命在于奋斗。1993 年，曼德拉和总统德克勒克一起获得诺贝尔和平奖。

1994 年

曼德拉当选总统

整个 20 世纪 80 年代，废除南非种族隔离制度的压力越来越大。1989 年，执政的国民党选举弗雷德里克·威廉·德克勒克为总统。1990 年初，他释放了非洲人国民大会的领袖纳尔逊·曼德拉，承认了非洲人国民大会以及其他 30 多个反对党的合法性。通过谈判同意实施多种族民主，种族隔离制度被废除。南非新宪法颁布，并于 1994 年举行第一届多种族大选。非洲人国民大会以绝大多数选票获胜，纳尔逊·曼德拉成为南非的第一位黑人总统。种族隔离制度严重影响了南非社会发展，让大部分财富和权力集中于少数白人手中。为了弥补这种创伤，新政府成立了真相与和解委员会，由大主教德斯蒙德·图图领头调查在种族隔离制度笼罩下的罪行。1999 年曼德拉卸任总统一职，由塔博·姆贝基继任。

非洲艾滋病

从 20 世纪 80 年代艾滋病（获得性免疫缺陷综合征）第一次出现起，全球受影响最严重的地方是撒哈拉以南的非洲地区。在这里，患有艾滋病的人数为 2 700 万，大约占总人口的 8.5%，导致人均寿命从 1990 年的 50 岁缩短至现在的 46 岁（欧洲人均寿命为 69 岁）。2003 年，1 100 万儿童成为孤儿。一些国家，尤其是乌干达，试图通过大型公众教育活动应对这一危机，而南非一直到 21 世纪初期才开始正视艾滋病问题。

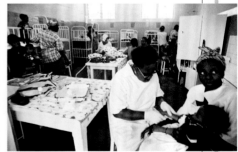

艾滋病诊所

虽然图中所示的喀麦隆诊所有一些现代化的设施，但是艾滋病患者数量太多，非洲的医疗设备远远不足。

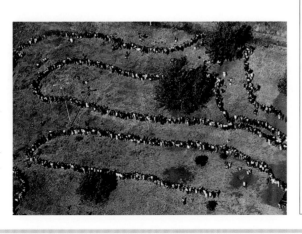

排队投票

1994 年 4 月举行的多种族选举持续了　天。1 600 万黑人、900 万白人、亚洲人　及其他种族的人在投票站外排了几千米长　为队伍等待投票。

1994 年

卢旺达种族灭绝事件

在卢旺达历史上，胡图人与图西人的关系一直很紧张。1962 年卢旺达独立后不久，便连续发生暴力事件。1990 年和 1991 年，以图西人为首的卢旺达爱国阵线（RPF）从附近的乌干达入侵卢旺达。两个民族准备分权，但是 1994 年，哈比亚利马纳被胡图极端分子杀害，胡图民兵于是开始灭绝图西族和温派胡图族的行动，杀害了 75 万人，这是自"二战"大屠杀以来最极端的种族灭绝事件。

难民

卢旺达种族灭绝事件导致大量难民逃往邻国，尤其是扎伊尔。当时卢旺达爱国阵线已经打败胡图族民兵，建立了政府来恢复秩序，200 多万卢旺达人被流放。2000 年，温和的图西族领袖保罗·卡加梅当选总统，但是他建立的政府为了结束冲突而把难民带回国的决策，受到褒贬不一的评论。

1997 年

扎伊尔领导人蒙博托被推翻

1960 年，比属刚果脱离比利时获得独立，蒙博托将军夺取了刚果政权，1971 年将国名改为扎伊尔。在他的腐败统治下，扎伊尔沦为非洲最穷的国家。1997 年，起义军推翻蒙博托，推选洛朗·德西雷·卡比拉为领导人，然而，卡比拉没有推行民主政治，1998 年，同盟国乌干达和卢旺达讨伐他。其他 6 个非洲国家受到该国巨大的财富潜力吸引，派兵支持扎伊尔政府。尽管英国试图调和，但刚果民主共和国（现在的国名）内部分歧仍然非常严重。

蒙博托将军

蒙博托将军统治刚果民主共和国（扎伊尔）长达 32 年，通过剥削国民积累了巨额财富。

2003 年

利比亚不再受冷落

整个 20 世纪 80 年代，西方国家都指控利比亚使用丰富的石油资源支持国际恐怖组织。1988 年，泛美航空公司的飞机在苏格兰洛克比上空爆炸，所有乘客全部遇难，利比亚被指控为幕后指使人。1992 年，利比亚拒绝交出两名应该受审的嫌疑犯，联合国对其进行了制裁。随后，利比亚在国际上被孤立，但 1999 年，利比亚终于交出嫌疑犯，将其送往荷兰受审。4 年后，利比亚同意为恐怖暴行的受害者支付补偿金，并终止了秘密研发大规模杀伤性武器的计划。

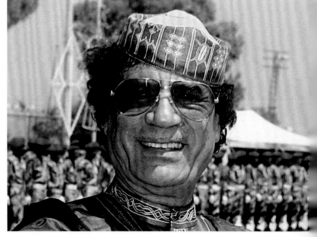

卡扎菲上校

1969 年，上校穆阿迈尔·卡扎菲在一次军事政变中夺权，并从此统治利比亚。他没有官方头衔，只是按照他自己所著的《绿皮书上的信念进行专制统治，此书融合了伊斯兰教、社会主义和贝都因传统思想。

1946 年至 21 世纪 亚洲

第二次世界大战后，亚洲殖民地纷纷独立。印度摆脱英国统治，分裂成两个国家——印度和巴基斯坦。中国共产党努力振兴经济，提高人们的生活水平。日本成为世界经济大国。以色列国成立后，引发了长达 50 多年的中东战争。中东石油的发现创造了巨大财富，同时也引来大国对该地区事务进行干涉。

尼赫鲁与真纳

贾瓦哈拉尔·尼赫鲁（1889 年~1964 年）是印度第一任总理，1947 年上任，一直到 1964 年逝世退位。图中是他与穆罕默德·阿里·真纳（1876 年~1948 年），现代巴基斯坦的创立者。

博帕尔工厂

总理尼赫鲁希望把印度建设成西方工业大国。20 世纪 50 年代，在英国、联邦德国、苏联这三国的帮助下，三个巨大的钢铁厂在印度建成。20 世纪 70 年代，印度次大陆部分地区实现了核能供电。20 世纪 80 年代，印度成为全球第十大工业生产国，但这一成就的取得也付出了代价。1984 年，博帕尔大型农药厂气体泄漏，导致 2 000 人死亡，这是印度最严重的工业事故。

1947 年

印度独立

印度国民大会党领袖，如莫罕达斯·甘地，希望建立一个独立统一的印度，让印度教徒和穆斯林和谐相处，但大部分穆斯林仍希望建立属于本教的独立国家。由于印度人坚持国家独立行动，英国在"二战"后决定让印度独立。尽管原本的计划是建立统一的印度，但是印度教徒和穆斯林之间的派别冲突证明这个计划不太可能成功。英国政府和印度领导人达成协议，英国于 1947 年 8 月撤出印度，印度分成两个独立国家。贾瓦哈拉尔·尼赫鲁成为印度教印度的总理，而穆罕默德·阿里·真纳成为穆斯林巴基斯坦的首任总督。巴基斯坦分为西巴基斯坦和东巴基斯坦，印度处在中间。西巴基斯坦的富有和强大引起东巴基斯坦的反感，导致双方关系恶化。1971 年，内战爆发，东巴基斯坦在印度的帮助下建立孟加拉国。

印度服务

20 世纪 90 年代，印度开发计算机软件和信息技术产业。这些产业为印度南部城市数千名技术人员提供了工作岗位，其中很多岗位需要女性。

宗教冲突

虽然印度是一个包容多种宗教的世俗国家，但是印度教徒与穆斯林之间的紧张关系经常引发暴乱。2002 年，一群印度教徒在古吉拉特被赶下火车，同时被穆斯林极端分子杀害。以穆斯林为主的 2 000 多人在后来的暴乱中被杀。

600	800	1000	1200	1400	1600	1700	1800	1900	2000

难民营

无家可归的巴勒斯坦人逃到黎巴嫩、约旦、加沙和叙利亚的难民营。1964年，一些人成立巴勒斯坦解放组织（PLO）向自己的国家施压，必要时还会采取武力。

1948年

犹太人的国家在巴勒斯坦建立

1947年，联合国同意在巴勒斯坦成立独立的犹太国家和阿拉伯国家。1948年5月14日，以色列犹太国成立，但相邻的阿拉伯国家拒绝承认它的合法性，并在第二天就对它发起攻击。在随后的战争中，以色列占领了巴勒斯坦很多土地，导致60多万巴勒斯坦人无家可归。以色列拒绝向巴勒斯坦赔款，阿拉伯国家又拒绝承认以色列，这导致了1956年、1967年和1973年发生的中东战争。在1967年的战争中，以色列占领叙利亚的戈兰高地、约旦河西岸地区，以及埃及的加沙地带和西奈半岛。1979年与埃及签署和平条约后，以色列终于在1982年将西奈半岛还给埃及，但至今还未与叙利亚达成长期和平的协定。1993年，以色列和巴勒斯坦正式相互承认，同意建立巴勒斯坦民族权力机构，授予加沙地带有限的自治权。然而，该条约不断受到巴勒斯坦激进分子的挑衅，1987年他们发动群众起义，反对以色列占领其领土。

黎巴嫩冲突

2000年，一个名为真主党的伊斯兰激进组织控制了黎巴嫩南部地区，威胁到以色列的安全。2006年，以色列攻击真主党基地，导致1 000多人死亡，对大型电站的空袭导致了大规模污染（右图）。

和平进程

1993年，巴勒斯坦解放组织（PLO）主席亚西尔·阿拉法特（右边）和以色列总理伊扎克·拉宾（左边）在美国总统克林顿（中间）的见证下签署条约，同意巴勒斯坦一些区域实行自治。很多人希望这一突破能为该区域带来长久的和平。

伊斯兰宗教激进主义崛起

20世纪末期，很多穆斯林回归伊斯兰最本真、最基本的信仰。这一群人的精神领袖是伊斯兰神学家阿亚图拉霍梅尼。1963年，他发起运动推翻伊朗腐败和亲西方的沙阿。1979年推翻沙阿后，霍梅尼建立了伊斯兰共和国，严格推行伊斯兰教法。他还相信，伊朗肩负着在阿拉伯世界传播教义的责任，这加深了北非和中东的亲西方政府及伊斯兰群体之间的矛盾。

阿亚图拉霍梅尼

1962年，鲁霍拉·霍梅尼成为大阿亚图拉，伊斯兰教什叶派的精神领袖。1979年伊斯兰革命后，他开始统治伊朗，一直到1989年他逝世。有100多万人参加了他的葬礼（见上图）。

穆斯林女性

在伊斯兰世界，各国的女性境况均不相同。一些国家认为伊斯兰教法并不鼓励女性参与政治。从20世纪50年代起，大部分伊斯兰教国家的女性获得投票权。科威特女性一直到2005年才拥有投票权，而沙特阿拉伯女性至今仍无投票权。

1953 年

毛泽东推行五年计划

1945 年，中国抗日战争结束后，毛泽东领导的共产党对国民党进行了三年的解放战争。1949 年，共产党解放了大陆地区，国民党败退台湾岛。10 月 1 日，毛泽东宣布中华人民共和国成立。战争导致中国金融秩序混乱，于是毛泽东于 1953 年推行五年计划来发展国民经济。政府对民族资本主义工商业实行公私合营，进行土地改革，没收地主的土地，分给农民以集体生产合作社的形式耕种，经济有所改善。1958 年，共产党推行第二个五年计划，即"大跃进"，其目的是增加工业和农业产量，但计划失败，还导致全国饥荒。1966 年，开始进行"文化大革命"。1976 年毛泽东逝世后，新的领导班子开始采取新的市场经济政策来重振落后的经济。

朝鲜战争 1950 年~1953 年

1945 年，朝鲜分为苏联控制的北朝鲜（今朝鲜）和美国控制的南朝鲜（今韩国）。1948 年，两个国家政府都自称是朝鲜唯一的合法政府。1949 年占领军撤退后，边境冲突不断，1950 年 6 月战争全面爆发。美国为首的联合国军在仁川登陆支援南朝鲜，中国应朝鲜请求组成中国人民志愿军，赴朝参战，抗美援朝，保家卫国。经过历次战役最终将战线稳定在三八线一带。截至 1953 年签署停战协议时，大约 400 万人牺牲。50 多年过去了，朝鲜与韩国的和平协议还有待签署。

坦克进攻

1950 年，美军仁川登陆后向北进攻，在朝鲜首都平壤的街道上向前推进。

工厂工作

毛泽东倡导在农村建立小工厂，希望工业产值翻一番，但是工厂没有能力达到这个目标。

上海天际线

1978 年，中国新一代领导人邓小平推行了一系列经济改革政策，希望建立社会主义市场经济体制。他鼓励外国投资，放松对工商业的控制。中国的经济呈现一片繁荣，许多城市尤其是上海（下图），迅速发展起来。

1954年

越南独立同盟在奠边府粉碎法军

截至1893年，法国已经在柬埔寨、老挝和越南建立殖民地。1941年至1945年日本占领该区域后，越盟宣布越南独立。越盟是胡志明于1941年建立的越南独立同盟会。法国很快重申其对越南共和国的控制，并试图强迫越盟接受法国为首的三国联盟。1946年双方爆发战争，直到1954年5月，武元甲率领越盟在奠边府战胜法军。1954年7月，双方在瑞士日内瓦签署了和平条约，法国承认老挝和柬埔寨独立。越南被一分为二，越南民主共和国由胡志明建立的共产党政府领导，越南共和国则由美国支持的越来越压制的政府控制。由于越盟游击队试图推翻越南共和国政府，导致南北关系恶化。

奠边府的法军

1953年11月，法军在越盟心脏地带——奠边府建立防守据点。1954年3月至5月，他们被越盟围攻。

大约1955年

日本进入经济快速发展期

多年的战争让日本变得一贫如洗。从1945年至1951年，美国将军道格拉斯·麦克阿瑟担任驻日本占领军司令，他负责帮助改革和重建日本这个被战争摧残的国家。重振日本经济，不让日本走向共产主义，同时减少美国纳税人的占领成本是很有必要的。朝鲜战争爆发时，美国借助日本提供战争物资。为了供应军事装备，日本制造业发展起来，经济开始腾飞。日本继续通过工业创造财富，国内经济快速发展。20世纪70年代，日本成为全球第二大经济体，并将这一成绩保持了多年。东亚的其他国家，尤其是韩国的经济也实现了快速发展。

东京夜景

第二次世界大战中，东京被空袭大规模摧毁。日本按照西欧和美国商业城市的风格对东京市中心进行了重建，霓虹灯遍布，现代高楼耸立。现在东京有3 400万常住人口。

越南战争 1965年~1975年

1961年，美国政府担心共产主义在东南亚的传播，于是派兵支援越南共和国，帮助其击退越南民主共和国支持的越盟（或越共）游击队。1965年年初，美军首次登陆越南共和国，1966年底，大约40万美国人、澳大利亚人和新西兰人参加越南战争。1968年，越盟在越南共和国发动规模空前的春节攻势。尽管攻势失败，但是让美国公众认识到越南战争注定失败。一年后，美军开始撤军，1973年进行停火谈判。1975年4月，越南民主共和国政府统一越南。此次战争中，200多万越南人牺牲，很多是被卷入战争的平民百姓。

越南士兵

越南民主共和国士兵脚穿凉鞋，在脖子上挂着粮食，他们很擅长游击战。

日本的技术

日本电子行业在微芯片和数字技术方面投入巨资。日本生产计算机、电视、DVD录像机、家庭用品，甚至机器宠物，例如这只狗。然而，从1990年起，日本经济出现停滞。印度和中国这两个强大的对手夺走了日本传统的出口市场。

1960年
全球第一位女总理

贝娜齐尔·布托

1948年，锡兰脱离英国获得独立后，由自由党领袖所罗门·班达拉奈克统治。1959年，班达拉奈克被暗杀后，他的妻子西丽玛沃（左图）成为自由党领袖，并在1960年的大选中获胜。班达拉奈克的夫人是全球第一位女总理，她上任后推行社会主义政策。她支持岛上占多数的佛教徒僧伽罗人，反对占少数的印度教徒和穆斯林泰米尔人，并试图把僧伽罗语而非英语作为官方语言，这导致泰米尔人暴动。1965年班达拉奈克夫人败选，1970年再次胜选，她于1972年颁布新宪法，宣布建立共和国，将锡兰改名为斯里兰卡。1977年败选后，她被指控贪污腐败，1980年被逐出议会。

英迪拉·甘地

英迪拉·甘地是印度政治家贾瓦哈拉尔·尼赫鲁的女儿。1966年，她当选印度总理。她致力于解决贫困问题，并支持计划生育以限制人口增长。她在第二次选举中以多票胜选，但于1975年被指控贿选。她没有放弃，而是宣布国家进入紧急状态，进行几近独裁的统治。1984年，她被信仰锡克教的保镖暗杀。

贝娜齐尔·布托（上图）是巴基斯坦总理佐勒菲卡尔·阿里·布托的女儿，1979年军政府把她父亲的统治推翻并将其父亲处死后，她进入政界。1988年，她当选巴基斯坦总理，成为当时伊斯兰世界的第一位女总理。1990年布托败选，她组建的政府因腐败而被巴基斯坦总统解散。1993年，她再次出任总理，但1996年又因腐败而被总统解职。

71年
什米尔冲突

1947年印度分治后，北方以穆斯为主的克什米尔地区被并入了信仰度教的印度，而不是并入巴基斯坦伊斯兰国家，导致了印巴冲突。9年，印度与巴基斯坦瓜分克什尔。1965年两国又因边界问题发生1966年经国际干预才恢复和平。1年第三次战争发生，尽管双方972年签署了《西姆拉协定》，克尔地区形势仍然很不稳定。1989克什米尔激进分子为了克什米尔基斯坦的统一而发动起义，导致和巴基斯坦之间爆发核战争，当德里的印度国会大厦被克什米尔炸。

《西姆拉协定》

1971年，印度和巴基斯坦因东巴基斯坦的未来发展而发生冲突，冲突蔓延到克什米尔。1972年6月，双方会谈，达成和平协议，制定新的印巴控制线，把更多领土分给印度。虽然2004年，印度和巴基斯坦承诺和平解决争端，但冲突依然未得到解决。

边界巡逻

数千名印度和巴基斯坦士兵在距离克什米尔争议区740千米的印巴控制线上巡逻，枪击和炮击事件时有发生。在某些地方，两军相隔只有几米。在锡亚琴冰川上，军队戴着氧气面罩，以便在高海拔地区作战。从1989年那次起义发生以来，已有3万多人牺牲。

1971 年
孟加拉国诞生

1947 年，印度分治，分裂成两个独立的国家——印度西北部的巴基斯坦和印度东北部的印度联邦。但是巴基斯坦的西部与东部领土相隔 1 600 千米。这种地域划分导致东西巴基斯坦关系紧张，因为东巴基斯坦抱怨西部政府对他们进行经济剥削，且不重视他们。从 1954 年起，穆吉布·拉赫曼领导的人民联盟要求东巴基斯坦自治。1970 年，联盟因获多数选票而胜选，但是西巴基斯坦拒绝授予他们独立权。很快内战爆发，导致 1 000 万孟加拉人逃往印度。印度军队进行干预，与巴基斯坦短暂交战。巴基斯坦军队很快投降，1972 年，拉赫曼领导的独立的孟加拉国建立。

国家贫穷

1.2 亿孟加拉人生活在全球最贫穷最脆弱的国家之一。孟加拉湾的龙卷风经常登陆孟加拉国，导致低洼的恒河三角洲被淹，国家闹饥荒，很多人无家可归。

1975 年
红色高棉统治柬埔寨

1975 年 4 月，红色高棉共产党推翻了朗诺上将的军事政府，统治柬埔寨。为了重写历史，他们把 1975 年定为零年。波尔布特的红色高棉政府实施政治再教育方案，他清空城市，把人们送到乡下工作。违抗者格杀勿论，并被埋葬在乱葬岗。1977 年，与越南的边界争端演化成战争。1979 年，越南人推翻波尔布特政府。1998 年，波尔布特逝世后，红色高棉对新政府的漫长抵抗才结束。

杀戮场

据估算，1975 年~1979 年，约 200 万人在红色高棉起义中牺牲，占柬埔寨人口总数的四分之一。

1979 年
苏联入侵阿富汗

1978 年，阿富汗共和政府被左翼革命委员会推翻，反对新政权的民族主义者和宗教人士让国家陷入无政府状态。1979 年 12 月，苏联军队入侵阿富汗，支持处境艰难的政府。但苏联这一行动遭到了国际谴责，各国联合抵制 1980 年莫斯科奥运会。美国和西方其他国家向穆斯林游击队，即圣战组织，提供经济和军事援助。对多山国家地形的了解让圣战组织比苏联军队更占优势。1988 年，苏联开始撤军（见上图），阿富汗由纳吉布拉领导的共产党政府统治。

1986 年

菲律宾革命

从 1965 年起，费迪南德·马科斯就一直统治着菲律宾，他的压制主义导致国家贫困，引发了民众的不满。1983 年，马科斯的对手贝尼格诺·阿基诺被马科斯支持者暗杀。随后，阿基诺妻子科拉松（右图）领导起义。1986 年，马科斯操纵大选结果，但由于军队发动叛乱，他被迫逃往美国。阿基诺夫人接管政府，又在次年的大选中赢得压倒性胜利，1992 年，她辞去总统一职。

站岗

2001 年，一名美国士兵在阿富汗站岗。

2004 年

印度洋海啸

2004 年 12 月 26 日，印度尼西亚苏门答腊西海岸发生海底地震。此次地震有里氏 9.2 级，成为有史以来的第二大地震。地震引起的海啸（潮汐）高达 30 米，整个印度洋都受其影响。23 万人死亡，对印尼、泰国、斯里兰卡，甚至是东非的索马里沿海社区都造成了严重的破坏。

海啸造成的破坏

海啸彻底摧毁整个城镇，如印尼的班达亚齐。

2001 年

美国入侵阿富汗

1992 年，阿富汗总统纳吉布拉把政权交给圣战组织，但是 1996 年，圣战组织的政权又被好战的伊斯兰塔利班夺走。塔利班严格推行伊斯兰教法，并奉行反西方政策。2001 年 9 月 11 日，基地组织攻击美国后，美国指控塔利班庇护基地组织及其领导奥萨马·本·拉登。11 月，国际联盟入侵阿富汗，并推翻了塔利班政权。2004 年 1 月，民主宪法通过，但是，后来塔利班东山再起。

2006 年

朝鲜核弹爆炸

2006 年 10 月 9 日，朝鲜宣布进行第一次地下核试验。此次核试验意味着朝鲜成为全球继美国、俄国、英国、法国、中国、印度、巴基斯坦和以色列之后第九个拥有核武器的国家。金正日（右图）统治的朝鲜是一个贫穷的社会主义国家，与世界各国隔离。国际社会谴责此次试验，联合国还通过了对朝鲜的经济制裁。

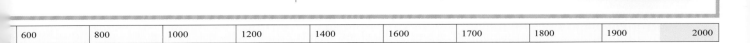

| 600 | 800 | 1000 | 1200 | 1400 | 1600 | 1700 | 1800 | 1900 | 2000 |

海湾冲突

　　1979 年，萨达姆·侯赛因取代艾哈迈德·哈桑·贝克尔，成为伊拉克总统。他实施以镇压为主要手段的独裁统治，并建立了无情的情报网，监禁和杀害对手，企图粉碎所有反对其统治的人。上任后的几个月，侯赛因为了夺取伊朗的石油财富，率领伊拉克攻打伊朗。在这漫长的战争中，伊拉克使用化学武器对付伊拉克北部的伊朗和库尔德叛军。战争结束后，破产的伊拉克于 1990 年入侵石油资源丰富的科威特，试图夺取其财富。以美国为首的军队解放科威特，迫使伊拉克撤军。随后，联合国下令伊拉克放弃其核武器和化学武器计划，因为美国及其盟国怀疑伊拉克储存了大规模杀伤性武器（WMD），有可能会用于空袭。2003 年 3 月，美国和英国入侵伊拉克，推翻侯赛因政权，并于 12 月逮捕了侯赛因。

两伊战争

　　1980 年，伊朗和伊拉克发生战争，伊拉克试图占领波斯湾源头的阿拉伯河这一战略位置。战争很快就陷入了僵局。除了重型武器装备以及伊拉克使用的毒气，双方都不敢轻举妄动。1988 年，战争结束，100 多万人牺牲，10 万伊拉克妇女和 82 000 名伊朗妇女变成寡妇。

海湾战争

　　伊拉克急于控制科威特的巨额石油财富，于是重申对科威特的控制权，并于 1990 年 8 月入侵科威特。1991 年 2 月，由 29 个国家组成的多国部队在美国的率领下把伊拉克逐出科威特。仅仅战斗了 100 个小时，伊拉克就接受了停战协议。

第二次海湾战争

　　2003 年，美军和英军对伊拉克发动了大规模空战，入侵伊拉克，并推翻萨达姆·侯赛因的政权。英国和美国政府担心伊拉克拥有大规模杀伤性武器，即使伊拉克不打算使用，也有可能出售给恐怖分子，但是美国一直未在伊拉克国内找到大规模杀伤性武器。

推翻萨达姆

　　很多人庆祝萨达姆·侯赛因政权垮台，尤其是曾被他迫害的库尔德人和什叶派穆斯林、以及在他的暴行下失去亲人的人。萨达姆在全国各地的雕像都被推倒，宫殿被洗劫一空。然而，对美军占领的抵抗很快就让伊拉克陷入动荡局面。

现代伊拉克

1979 年，萨达姆·侯赛因在美国的支持下当选伊拉克总统。

1980 年~1988 年，两伊战争。

1990 年，伊拉克入侵科威特。

1991 年，海湾战争中，多国部队把伊拉克军队逐出科威特；联合国出面制裁，强迫其裁军。

1998 年~1999 年，联合国武器核查人员被拒绝进入该国。

2003 年，在第二次海湾战争中，美国和英国入侵伊拉克，推翻了萨达姆·侯赛因的政权。

2006 年，萨达姆·侯赛因被判危害人类罪，被处死。

40000 BC		10000	5000	1000	500	AD 1	200

1946 年至 21 世纪 欧洲

截至 1950 年，苏联和美国出现了思想和政治冲突，即"冷战"，这把欧洲与世界分隔开。在接下来的 40 年里，几个东欧国家试图摆脱苏联的控制，但一直到 1989 年，欧洲共产主义政权被推翻，这些国家才获得独立。

柏林空中补给

空中补给持续了 15 个月之久。

1948 年

苏联隔离柏林

1945 年，德国被分为四个区域，分别由英国、法国、美国和苏联管理。柏林也按四种方式划分，但其本身处于苏联控制的区域。1948 年，苏联封锁西柏林，用这种方式来镇压要求西部统一且由一个政权来管理的抗议游行。美国、英国和法国通过空运必备用品破坏苏联封锁，避免整个城市落入苏联之手。西部的三个区域和西柏林后来成立了联邦共和国，定都波恩；苏联控制区则成立民主共和国，定都东柏林。

柏林墙

1961 年，民主德国政府在柏林城修建了一道墙，把民主德国与联邦德国分开。民主德国人逃往西方的路被阻断。

签署条约

在华沙签署的条约，使欧洲的社会主义国家建立军事同盟。

军事同盟

北大西洋公约组织（NATO）：1949 年，西欧几个国家、加拿大和美国成立了一个军事互助同盟，即北大西洋公约组织，来抵御外来国家的侵略。

《华沙条约》：为了应对北大西洋公约组织的建立，苏联于 1955 年组建了欧洲社会主义国家联盟，叫"华沙条约组织"。该条约允许苏联在条约国驻军。

1956 年

匈牙利起义

在第二次世界大战期间，苏联的人力和资源都遭受沉重损失，为了不被入侵，以及日后建立新的工业基地的需要，苏联决定在东欧留驻。在政治和军事的双重压力下，苏联在东欧建立一系列人民共和国来支持苏联政权。1956 年，波兰和匈牙利要求更大程度的自主权。在波兰，军事威胁和给予自由的承诺平息了波兰的局势，但是在匈牙利，这种自治的需求发展成一种反共情绪，于是匈牙利决定退出华沙条约组织。11 月 4 日，苏联军队进入布达佩斯，残酷镇压解放运动，并处死了解放运动的领袖。北大西洋公约组织国家虽然非常生气，但没有采取任何措施。

追求自由

匈牙利人的英勇引起了全世界人民的同情。

| 600 | 800 | 1000 | 1200 | 1400 | 1600 | 1700 | 1800 | 1900 | 2000 |

1957 年

欧洲共同体

3 月 25 日，法国、联邦德国、意大利、比利时、荷兰和卢森堡这 6 个国家在罗马签署条约，决定建立欧洲经济共同体，或共同市场。《罗马条约》取消了这 6 个国家之间的关税，成员国之间，工人、资本和货物可自由流通。1967 年，欧洲经济共同体与其他欧洲机构合并，成为欧洲共同体（European Community）。20 世纪 70 年代，它成为世界上最强大的自由贸易区之一。

议会大厦

欧洲经济共同体（今欧盟）的议员会议在法国斯特拉斯堡召开。议会立之初，会员国从自己的国民议会成员选出欧洲议会议员。1979 年，第一进行欧洲议会议员的直接选举。

街头路障

巴黎索邦大学的学生上街游行，并在街道上放置路障。戴高乐由于镇压学生暴动失去了民众的支持，于一年后辞职。

1968 年

巴黎学生暴动

第二次世界大战后，很多欧洲国家的大学入学人数迅速增加新学生要求教育和社会改革，挑战传统价值观。法国发生了严的动乱。学生走上街头，抗议政府在国防上的高开支，要求政在教育方面投入更多，还要求增开新课程。巴黎学生的游行被察镇压，导致暴动。工人支持学生开始大罢工，抗议法国总统戴高乐将军的政策。戴高乐被迫让步，承诺学生进行教育改革，并为工人设定最低工资标准。

红头发丹尼尔

左翼的丹尼尔·孔—本迪是法国学生运动的领袖。

1968 年

"布拉格之春"

1968 年初期，亚历山大·杜布切克（1921 年~1992 年）担任捷克斯洛伐克共产党第一书记，捷克斯洛伐克是受苏联控制的中欧国家。杜布切克有步骤地改革政府，改组机关，奉行独立自主的外交政策，并鼓励知识分子数量的增长。尽管他向莫斯科保证，捷克斯洛伐克不会离开华沙条约组织，但 1968 年 8 月，苏联坦克驶入首都布拉格。市民游行遭到苏联红军的镇压。

被开除的领导人

苏联坦克进入布拉格之前，杜布切克已被解除职务，1989 年再次复出。

抵挡

手无寸铁的布拉格市民无力抵挡苏军的坦克。

1980 年
团结工会起义

　　20 世纪 70 年代，东欧国家越来越讨厌苏联干预其内政。在波兰，格但斯克造船厂的电工莱赫·瓦文萨建立了一个独立的工会，即团结工会。团结工会在天主教会的支持下组织工人罢工，导致整个国家陷入瘫痪。政府被迫同意改革，但在 1981 年 12 月 14 日执行戒严，取缔了团结工会，还把瓦文萨和其他领导人监禁了一段时间。接下来的 10 年里，团结工会和波兰政府的对抗继续，一直持续到 1989 年，团结工会被解禁，工会候选人在大选中取得了令人瞩目的成就。苏联解体，团结工会掌权，1990 年，瓦文萨当选波兰独立国的总统，一直到 1995 年。

团结工会斗争

　　议会中的大多数团结工会成员的期都很短。他们因没有能力推行经改革而被撤职。

1986 年
切尔诺贝利爆炸事件

　　1986 年 4 月，在苏联西部的切尔诺贝利，一个核反应堆爆炸，使得核辐射进入大气。此次爆炸是由于科学家进行未经授权的实验，且在出错后没有采取安全措施关闭反应堆，最终反应堆被炸毁。两个星期的时间，盛行风把微尘吹遍了全世界，对北欧造成严重影响。30 多人在爆炸中死亡，20 世纪末，数百人患癌症而死。切尔诺贝利核事故是史上最严重的一次核事故，引起人们对未来世界各地核电厂安全问题的关注。

1985 年
戈尔巴乔夫领导苏联

　　1985 年 3 月，米哈伊尔·戈尔巴乔夫出任苏联共产党中央委员会总书记。他急于改革苏联社会和经济。他承诺重建苏联，推行开放政策，让苏联人民看到世界发生了怎样的改变。戈尔巴乔夫执政时，苏联与西方国家的关系得到改善。1987 年，戈尔巴乔夫与美国总统罗纳德·里根会晤，这是具有重大历史意义的时刻，它促进了重要的《中程核力量条约》的签署，该条约限制了美国和苏联的核武器库规模。在苏联，他释放持不同政见的人，并放松了审查制度。

最后一次离开

　　1990 年 11 月 28 日，玛格丽特·撒切尔不情愿地辞去首相职务，含泪离开了唐宁街 10 号。

1990 年
撒切尔离任

　　1979 年，玛格丽特·撒切尔带领保守党在大选中获胜，成为英国第一任女首相。她把国有企业私有化，卖掉了议会的房屋，并削减工会权力。20 世纪 80 年代末期，英国经济取得了巨大成就，让撒切尔仕 3 次大选中接连胜出。但是她也树立了很多政敌。1990 年 11 月，她对保守党失去信心，被迫辞职。

欧洲新形势

　　1985 年后米哈伊尔·戈尔巴乔夫在苏联推行的经济和政治改革对东欧盟国产生了深远的影响。共产党政府鼓励本国改革经济，对外开放。1988 年，戈尔巴乔夫明确表示，不能再依靠苏联军队镇压持不同政见者，达到政权专制的目的。匈牙利和波兰利用这些新自由权允许反对党的组建，并举行多党选举制度。捷克斯洛伐克、保加利亚和罗马尼亚发生群众游行，推翻了当时的共产党政府，开始了多党民主制的统治。在民主德国，大型街头抗议导致政府垮台，柏林墙倒塌，1990 年，德国实现统一。新成立的后共产主义政府都面临着严重的经济和社会问题。

柏林再统一

　　柏林墙自 1961 年建立起就成为欧洲分裂的主要标志。它阻碍了共产主义东柏林与资本主义西柏林的自由往来。然而，1989 年 5 月，匈牙利开始移除与奥地利的边境设防，允许民主德国难民穿越匈牙利前往联邦德国。强硬的民主德国政府拒绝进行改革，导致群众抗议。民主德国政府垮台后，民主德国与联邦德国的边界于 1989 年 11 月 9 日开放。数千名柏林人爬上柏林墙庆祝自由。

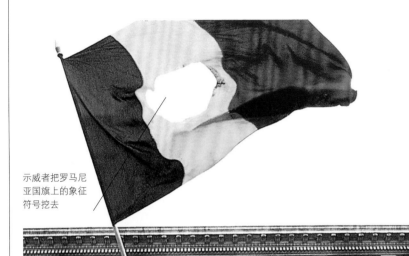

示威者把罗马尼亚国旗上的象征符号挖去

罗马尼亚暴动

　　在罗马尼亚，尼古拉·齐奥塞斯库领导的共产党政府想尽办法掌握国家的权力，但是 1989 年 12 月，当局试图逮捕反对派领袖时，人们发生暴动。齐奥塞斯库和妻子在圣诞节当天被审判并公开处死。1990 年，罗马尼亚举行多党选举。

阿尔巴尼亚难民

　　随着整个东欧共产主义的衰落，阿尔巴尼亚在经历了 45 年与欧洲其他国家的自我隔绝后，开始走向民主。1991 年，阿尔巴尼亚举行第一届多党选举，但是新政府并没有改善欧洲最贫穷人民的生活。很多人沦为难民逃往意大利。其他人则投资不着边际的"金字塔"存储计划，此计划于 1997 年崩溃。联合国出面干预后，阿尔巴尼亚才结束了这种无政府状态。

欧洲新局势

1985 年 3 月，在苏联，戈尔巴乔夫开始执政。

1988 年 12 月，戈尔巴乔夫给东欧"自由选择权"，苏联开始撤军。

1989 年 1 月，匈牙利同意举行多党选举。

1989 年 9 月，东欧出现非共产党政府，这是自 1948 年起共产党在波兰建立政权以来，东欧地区出现的第一个非共产党政权。

1989 年 11 月，柏林墙被推倒。

1989 年 12 月，"天鹅绒革命"结束共产党统治后，捷克斯洛伐克开始自由选举。

1989 年 12 月，罗马尼亚的齐奥塞斯库政府被暴力推翻。

1990 年 6 月，保加利亚进行自由选举。

1990 年 10 月，德国回归统一状态。

1991 年

苏联解体

1989 年，米哈伊尔·戈尔巴乔夫带来的广泛的政治和经济变化横扫东欧，造成苏联 15 个共和国发生大规模骚乱。一些共和国开始争取独立。尽管戈尔巴乔夫在国外广受好评，并于 1990 年获得诺贝尔和平奖，但因粮食分配失衡，物价飙升，导致他在国内失去支持。1991 年 8 月，一群强硬派共产党人发动政变反对戈尔巴乔夫，但是政变被苏联其中的俄罗斯共和国的主席鲍里斯·叶利钦镇压，他取缔了共产党，同时也意味着苏联的终结。随着各个加盟共和国纷纷宣布从苏联独立，戈尔巴乔夫的政权垮台。1991 年圣诞节，他辞去苏联总统一职，第二天，苏联解体。

叶利钦执政时的俄罗斯

俄罗斯的新领导人是鲍里斯·叶利钦，他试图按照西方国家的模式改革俄罗斯。但这些改革导致国家贫困，犯罪率上升，很多人希望回归旧的共产主义秩序。1994 年 10 月，共产党人发动反叶利钦政变，占领了白宫（见右图），即俄罗斯议会大厦。政变虽然被镇压了下来，但共产党势力仍然很强大，在 1996 年的总统选举中，共产党的候选人得票位居第二，排在叶利钦之后。

俄罗斯国旗，而不是苏联国旗，采用白、蓝、红三色旗

反对政变

1991 年 8 月，强硬的共产党发动政变反对戈尔巴乔夫，但被鲍里斯·叶利钦公开阻止。他站在停在苏联议会大厦外面的坦克上向莫斯科市民发表演讲。4 个月以后，苏联解体，叶利钦成为独立后的俄罗斯的领导人。

车臣

1991 年苏联解体后，曾是其最大加盟共和国的俄罗斯正式独立，其他一些加盟共和国也要求独立。位于高加索地区的俄罗斯南部边境的车臣于 1991 年宣布独立。1994 年 12 月，俄军进攻车臣，在第二个月把车臣的首都格罗兹尼（见下图）炸成一片废墟。1995 年 ~1996 年，游击战持续，9 万多人死亡。尽管 1996 年签署了和平条约，但 1999 年战争再次爆发，一直延续至今。

独立

脱离苏联的呼声最响亮的是 3 个波罗的海沿岸共和国，尤其是立陶宛，该国于 1990 年第一个宣布独立（见右图）。戈尔巴乔夫试图阻止苏联解体，但失败了。1991 年，15 个国家独立。

新国家

在独立的 15 个国家中，爱沙尼亚、立陶宛和拉脱维亚这 3 个波罗的海沿岸国家建立了强大的民主制度和经济。其他国家，尤其是白俄罗斯一直在努力独立。格鲁吉亚、亚美尼亚和阿塞拜疆这 3 个高加索国家发生政治动乱，爆发内战。5 个中亚国家选出独裁领导人。在俄罗斯，市场经济导致社会动荡，腐败和犯罪率剧增。

| 600 | 800 | 1000 | 1200 | 1400 | 1600 | 1700 | 1800 | 1900 | 2000 |

1991 年

南斯拉夫解体

自 1944 年约瑟普·铁托和共产党赶走纳粹解放南斯拉夫后，他们就一直领导着南斯拉夫。1980 年铁托逝世后，国家经济萧条，导致南斯拉夫社会主义联邦 6 个共和国之间的关系紧张。在塞尔维亚，斯洛博丹·米洛舍维奇的政府对周边共和国构成威胁。由于担心塞尔维亚入侵，克罗地亚、斯洛文尼亚和马其顿纷纷于 1991 年宣布独立，脱离南斯拉夫联盟的统治。塞尔维亚军队入侵克罗地亚，占领其大片领地。波斯尼亚和黑塞哥维那共和国担心被攻击，于是 1992 年宣布独立。由于波斯尼亚试图划清与塞尔维亚和克罗地亚的界限，导致战争肆虐了 3 年。这是继第二次世界大战之后发生在欧洲的最残酷的战争。塞尔维亚军队采取"种族净化"政策，赶走非塞尔维亚人，杀害了很多波斯尼亚穆斯林。1995 年，该地区终于恢复和平，但波斯尼亚仍然被穆斯林克罗地亚联邦和塞尔维亚共和国分别占领。

莫斯塔尔

莫斯塔尔的中世纪桥是在波斯尼亚战争中被摧毁的众多古老历史遗迹之一。

难民危机

25 万人在波斯尼亚战争中被杀，几十万人无家可归。难民逃往邻国或逃到受联合国保护的地方。然而，联合国未能捍卫这些地区，导致 8 000 名波斯尼亚穆斯林在 1995 年被塞尔维亚军队杀害。

1999 年

科索沃战争

1989 年，塞尔维亚总统斯洛博丹·米洛舍维奇结束了科索沃的自治权（半独立），使之完全成为塞尔维亚的一个地区，这里阿尔巴尼亚族和穆斯林占多数。阿尔巴尼亚族人与塞尔维亚族人关系紧张，导致 1997 年阿尔巴尼亚人组成了科索沃解放军（KLA）来反对塞尔维亚的攻击。1998 年，双方发生冲突，在巴黎的和平谈判失败。1999 年 3 月，北约飞机轰炸塞尔维亚，迫使其从科索沃撤军。塞尔维亚的新种族净化政策导致 60 万阿尔巴尼亚族人被流放。6 月，米洛舍维奇接受和平条约，把科索沃交由北约组织控制。现在，科索沃已经独立。大部分阿尔巴尼亚族人结束流放回到家乡，但很多塞尔维亚族人由于担心阿尔巴尼亚族人报复而逃走。

南斯拉夫解体

1980 年，铁托逝世。

1987 年，米洛舍维奇上任。

1988 年，南斯拉夫经济萧条。

1991 年 5 月，塞尔维亚拒绝让克罗地亚人担任南斯拉夫总统。斯洛文尼亚和克罗地亚宣布独立。塞尔维亚入侵这两个国家。9 月，马其顿宣布独立。

1992 年，波斯尼亚和黑塞哥维那宣布独立，波斯尼亚战争爆发。

1995 年，双方签署代顿和平协定，波斯尼亚战争结束。

2006 年，黑山脱离塞尔维亚，成为独立国家。

米洛舍维奇受审

1999 年，位于荷兰海牙的国际刑事法院指控米洛舍维奇犯有战争罪。2001 年，米洛舍维奇被逮捕送审，但在 2006 年判决出来之前便逝世。

北爱尔兰

　　1921 年爱尔兰分治后，多数新教徒（联合主义者或效忠派）占领着英国控制下的 6 个北爱尔兰郡。天主教徒遭受歧视，没有权力选举代表参加斯托蒙特的北爱尔兰国会。1968 年~1969 年，天主教徒在全省各地游行，抗议这种歧视。游行被新教示威者阻止，导致暴乱。1969 年 8 月，为了维持和平，英军介入干预。起初，英军受到北爱尔兰人的欢迎，但发生了"血色星期日"的枪击事件后，天主教徒开始公开反对英军。爱尔兰共和军（IRA）是一支准军事组织，它承诺用武力统一爱尔兰，开始在北爱尔兰和英国本土进行枪击和爆炸活动，忠实的准军事组织成员开始对天主教徒进行报复。1972 年，英国政府取消了北爱尔兰议会，进行直接统治。北爱尔兰忍受了长达 25 年的政治暴力，3 600 多人在暴力中丧生。1998 年《耶稣受难日协定》签署，恢复了该地区的和平，尽管这种和平不堪一击。

血色星期日

　　1972 年 1 月 30 日星期日，英军向北爱尔兰伦敦德里的民权示威者开枪，13 人死亡，17 人受伤。这些手无寸铁的平民之死导致军队与天主教徒的冲突加深。

绝食抗议者

　　1980 年，北爱尔兰的爱尔兰共和军囚犯绝食抗议，要求恢复自己作为公民的政治权利。包括巴比·桑德斯在内的 10 名囚犯饿死，他曾于 1981 年在牢房当选为英国议会议员。

壁画

　　新教徒和天主教徒都用精心绘制的壁画来装饰房子的端墙，而壁画上写的则是重要历史事件和政治口号。这幅天主教壁画画的是一只戴着手铐的手，手铐上印有"英国制造"字样。双方的政治版图用国旗、彩色的灯柱和路边石标记。

和平进程

　　1985 年 11 月，英国和爱尔兰政府签署《英爱条约》，让爱尔兰共和国成为英国治理北爱尔兰时的咨询方。1993 年 12 月，两国政府签署了一项声明，通过政治谈判来结束暴力。1994 年爱尔兰共和军及忠实的准军事组织停火，迎来了 20 世纪 60 年代末期的首次和平。2005 年，爱尔兰共和军宣布武装斗争结束，并销毁了所有武器，为永久的和平带来了希望。

《耶稣受难日协定》

　　1998 年耶稣受难日当天，爱尔兰总理伯蒂·埃亨（左）和英国首相托尼·布莱尔（右）签署了和平协议，实现了和平，但是联合主义者和共和新芬党之间的不信任导致和平进程中止。

2003 年

普京当选俄罗斯总统

　　尽管鲍里斯·叶利钦（图左）在 1991 年俄罗斯的独立上发挥了关键作用，但他却是一个软弱的总统。1998 年俄罗斯经济萧条导致物价飙升，腐败成风，犯罪率升高。1999 年，叶利钦把政权移交给他的总理，情报部前部长，弗拉基米尔·普京（图右）。2000 年，普京当选俄罗斯总统。他清除"寡头"势力，即接管了原国家产业的富裕商人的势力，复兴经济。他继续攻打车臣，削弱地方省市的权力。普京是一位强大的领袖，他于 2003 年 12 月再次当选总统。

2007 年

欧洲联盟再次扩大

　　欧洲经济共同体的原 6 个成员国是法国、联邦德国、意大利、荷兰、比利时和卢森堡。1973 年，英国、爱尔兰和丹麦加入。1986 年，西班牙和葡萄牙加入。1995 年，奥地利、芬兰和瑞典加入。原为共产主义体制的民主德国与联邦德国合并后也于 1991 年加入了欧洲联盟。成员国共同签署的《马斯特里赫特条约》确定成立经济与货币联盟后，欧洲共同体于 1993 年发展为欧洲联盟。2004 年，7 个前共产主义东欧国家、马耳他、塞浦路斯和斯洛文尼亚加入。2007 年，保加利亚和罗马尼亚加入，欧洲联盟再次扩大。克罗地亚、马其顿和土耳其也申请加入欧盟。为了应对这种大规模扩张，成员国提议颁布新的欧洲宪法，选举更强大的主席来管理欧盟。2005 年，法国和荷兰全民公投否决了新宪法，导致欧盟的管理系统陷入尴尬的局面。

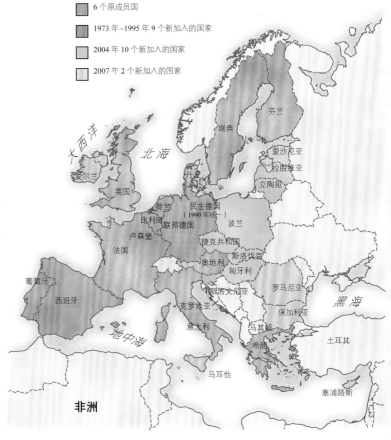

6 个原成员国

1973 年~1995 年 9 个新加入的国家

2004 年 10 个新加入的国家

2007 年 2 个新加入的国家

大西洋　北海　芬兰　瑞典　爱沙尼亚　拉脱维亚　立陶宛　爱尔兰　英国　丹麦　荷兰　民主德国（1990 年绘）　波兰　比利时　联邦德国　卢森堡　捷克共和国　斯洛伐克　法国　奥地利　匈牙利　罗马尼亚　黑海　葡萄牙　斯洛文尼亚　克罗地亚　西班牙　意大利　马其顿　保加利亚　希腊　土耳其　地中海　马耳他　塞浦路斯

非洲

波兰农民

　　新成立国家的大部分公民同意加入欧盟，但有些公民又担心更高效的生产商抢走他们的工作。波兰农民（左图）关注的是他们的产品在欧洲其他国家出售的代价是否太大。

欧元

新的欧元硬币

　　1991 年签署《马斯特里赫特条约》后，欧洲成员国同意建立一个货币联盟，使用一种货币。2002 年 1 月 1 日，12 个国家使用欧元。只有英国、丹麦和瑞典拒绝使用欧元。这 12 个国家的旧硬币和旧纸币，包括法国法郎和德国马克，都被欧元所取代。

1946 年至 21 世纪 美洲

当拉美国家正努力通过各种方式建立强大的经济体时，美国已成为世界上最富有的国家。但是在美洲，财富分配不均导致了大多数人的贫困，社会动荡不安，尤其是城市内部。拉丁美洲，软弱的民主政府通常被独裁甚至是凶狠的军事政权推翻，并开始很长时间的统治。

美洲黑人

尽管 20 世纪 60 年代要求平等权利的运动频繁发生，黑人中产阶级也迅速崛起，很多美国黑人仍然面临经济和社会歧视。

1955 年
阿根廷军事政变

从殖民时代起，每一个拉美国家的经济发展都依赖于在全球市场销售某一种产品，如咖啡。1940 年至 1960 年，一些国家的政府推行生产各种工业制成品的方案，让国家经济实现自给自足。于是富裕的企业家出现，工人阶级也不断壮大。政治权力被工人和企业家组成的民粹主义联盟夺走，由联盟领导掌权，如阿根廷总统庇隆（1895 年~1974 年）。在萧条时期，企业家和工人的利益发生冲突，民粹主义联盟也解体。1955 年发生的军事政变推翻了胡安·庇隆政府，使阿根廷处于军队掌控之下。1964 年，巴西民选政府也被军方推翻，智利也遭遇类似的情况。

伊娃·庇隆

伊娃·庇隆是胡安·庇隆的妻子，她是一名女演员，个性张扬，非常受穷人的欢迎。她推行教育改革，为女性争取到了投票权。1952 年伊娃逝世，享年 33 岁。她的逝世让她丈夫的支持率大大降低。

街头流浪儿童

人口迅速增长导致拉丁美洲的贫困。农业和工业的增长速度都无法满足人口增速的需求，无法为所有人提供工作。至今还有数百万人生活在贫困之中，而数千名儿童，例如这些巴西儿童，只能睡在海滩或大街上。

游击战

20 世纪 60 年代，拉丁美洲一些政治团体坚信只有游击战才能推翻军事独裁政权，防止他们获得美国这些外国列强的支持。游击队绑架外国外交官，要求用政治犯作为交换，并攻击美国的资产。1959 年，阿根廷共产党员切·格瓦拉帮助古巴游击队推翻古巴独裁者，然后前往玻利维亚发动革命。切·格瓦拉被军队杀害后，被世界各地的革命者尊为烈士。

600	800	1000	1200	1400	1600	1700	1800	1900	2000

20 世纪 50 年代
美国黑人要求平等

20 世纪 50 年代，美国黑人加紧争取公民权利，包括社会、经济和政治权力。数百万人参加反对种族隔离的和平抗议活动。其中最著名的是 1955 年至 1956 年亚拉巴马州举行的长达一年的抵制公交车种族隔离的活动，此次活动由浸信会牧师马丁·路德·金领导。1963 年，金与其追随者日复一日地在亚拉巴马州的伯明翰市政府前游行，即使被当局的警犬和消防车洒水驱赶也不放弃。1963 年年底，20 万民权示威者在华盛顿特区游行示威，这是华盛顿历史上最大的一次示威活动。迫于公众压力，美国国会于 1964 年至 1965 年通过公民权利系列法案，禁止就业、教育和公共住房方面的种族歧视，保护黑人的投票权。

马丁·路德·金

1929 年，马丁·路德·金出生于佐治亚州亚特兰大。他是一位牧师，一个很有说服力的公众演说家。金受到了甘地的启发，于是说服美国黑人有尊严地举行和平游行示威。他亲自参加游行示威活动，不惧监禁（坐牢次数超过 16 次），因此被尊为黑人权力的最佳捍卫者。1968 年金被杀后，民众愤怒，举行抗议，导致 125 个城市发生暴动。

平等梦遥不可及

20 世纪 50 年代与 60 年代，百万名黑人移民美国北部和西部。他们很难找到好工作，而他们定居的内陆城市经济也开始下滑。一些人求助于像马尔科姆·X 这样的领袖，马尔科姆·X 相信黑人应当控制当地商业和学校，反对警察暴力。1965 年~1968 年，许多城市发生暴动，但政府却没有采取任何措施来改变这种不平等的现状。现在，黑人组织仍在为平等而斗争。上图的抗议者要求把路德·金的生日定为全国节日，以铭记他的名言："我梦想有一天，这个国家将会奋起，实现其立国信条的真谛，我们认为这些真理不证自明——人人生而平等。"

小石城事件

1954 年，黑人组织说服最高法院做出黑人小孩和白人小孩应上同一所学校的判决。在密西西比州，白人殴打黑人学生，一位 14 岁的黑人学生被杀。1957 年，在阿肯色州的小石城，州长动用国民警卫队来维持秩序，禁止黑人学生入学。总统派联邦部队保护黑人学生乘巴士到学校，并确保他们在没有受到恐吓的情况下上课。

妇女运动

20 世纪 60 年代，黑人争取平等的运动也引发其他人群抗议社会的不公。1966 年美国全国妇女组织成立，女性联合起来为了同工同酬、就业机会、更好的医疗保健和堕胎的权利而斗争。新法律废除了就业中的性别歧视。1970 年，有 47% 的女性找到工作，有些担任高层职位，但大部分人担任初级职位，同样的工作，女性工资仍低于男性。1972 年禁止性别歧视的《平等权利修正案》由于没有得到足够数量的州的支持，没有成为宪法的一部分。

埃莉诺·罗斯福

埃莉诺·罗斯福是富兰克林·德拉诺·罗斯福总统的妻子，她是妇女权利的坚定支持者，1933 年至 1945 年，她在担任第一夫人期间促进了男女平等。

女性权利

很多女性上街游行，争取自己的权利。她们把女性工资低于男性的工厂和办公地用尖桩围住，并要求所有雇主都提供平等的工作机会。

962 年

古巴导弹危机

1945 年，美国在日本的广岛和长崎投下原子弹，导致两座城市均被毁灭，证明了核武器威力之恐怖。第二次世界大战很快结束，但是美国和苏联对彼此的敌意增加，对世界和平构成威胁。美国人心怀疑忌地看着苏联控制东欧。1947 年，美国承诺将支持所有反对苏联的国家。两大强国都制造昂贵的破坏力极大的核武器，没有一个国家敢攻击它们。这种"恐怖平衡"帮助维持了和平局面。1959 年，菲德尔·卡斯特罗领导古巴，加强与苏联的联系，并在 1961 年美国训练的古巴流亡者企图入侵古巴时，向苏联寻求保护。苏联在古巴部署导弹，美国坚持要求撤除导弹而引发危机。肯尼迪总统派美国海军封锁了岛屿，全世界都屏住呼吸，担心核战争爆发，但苏联同意了撤走导弹核武器。世界各国的领导人意识到这种敌对关系的危害后于 1963 年签署条约来限制核试验，这是实现和平的第一步。

约翰·F·肯尼迪（1917 年~1963 年）

肯尼迪英俊而迷人，家财万贯，他是美国历史上最年轻的总统（1960 年当选）。他在美国推行了一项重大改革方案——新边疆政策，但是有许多新的立法被国会搁置。肯尼迪大部分时间都在处理对外事务，在古巴导弹危机期间坚决反对共产主义，并帮助越南共和国统治者对抗共产党游击队。1963 年肯尼迪被刺杀，震惊中外，但他的远见和魄力却被人们永远铭记。

危险的货船

这张照片是美国侦察机在导弹危机前一周拍摄的。照片是一艘船载着 8 辆导弹运输车和用帆布覆盖的导弹，从古巴回到苏联。

969 年

宇航员登陆月球

几个世纪以来，人类一直梦想去太空旅行。从 17 世纪起，科学家们就通过望远镜研究宇宙，直到第二次世界大战以后，火箭技术的发展才让太空探索成为可能。1957 年，苏联向太空发射了第一颗人造卫星，斯普特尼克号，然后发回常规无线电传输。这严重打击了美国的民族自豪感，美国人担心这个运载卫星的巨型火箭会跨越大西洋发射核弹。于是，两国的"太空竞赛"拉开帷幕。1961 年，苏联宇航员尤里·加加林成为环绕地球第一人，但 1969 年，美国宇航员尼尔·阿姆斯特朗成为登陆月球第一人。从那时起，美国科学家便开始发射卫星来执行一系列任务，例如观测天气、跟踪环境变化、辅助全球通信、探索太阳系。

人类的一大步

1969 年 7 月 21 日，尼尔·阿姆斯特朗在数百万名电视观众的关注下走出登月舱，来到月球。他说："这是一个人的一小步，却是人类的一大步。"他和宇航员同伴巴兹·奥尔德林收集月球上的灰尘和岩石样本，并在返回登月舱之前把美国国旗插在月球上。

旅行者号探测器经过土星

空间探测器是没有宇航员的宇宙飞船，用来收集太阳系信息。1977 年，美国发射两个旅行者号探测器。两个探测器分别经过木星和土星，旅行者 1 号运行到太阳系的边缘来探索星际空间。

信息革命

电视使观众能够观看自己认为很重要的政治、体育赛事和娱乐节目。电视让世界都变小了。现在，几乎每个美国家庭都拥有一台电视机，人均看电视的时间超过 4 小时。

富裕社会

1945 年至 1970 年，美国经济增长了 4 倍，美国家庭的实际收入平均增加了一倍多。美国人能购买更多的东西。每年新建的房子数量超过 100 万，尤其在大城市的郊区。汽车销售额增加了一倍，美国国会批准修建了数千千米的高速公路。美国人购买了价值数十亿美元的消费品，如洗衣机、电视机、洗碗机、照相机等。但也并非所有公民都从这种繁荣中受益。每个城市都有贫民窟，农业收入的下降也导致农村贫困。

硅芯片

1959 年，美国科学家学会了如何在微小的硅芯片上蚀刻电路。如今，电脑、工业机器人以及众多家居用品都在使用这种芯片。

1973 年

阿连德被推翻

1970 年，萨尔瓦多·阿连德在智利总统大选中胜出，成为世界上第一个民选的马克思主义领导人。他试图在智利建设一个社会主义社会，同时保持民主政府。然而，美国特勤局、中央情报局（CIA）支持的商界人士反对他。1973 年，工业动乱导致了大罢工。1973 年 9 月 11 日，由中央情报局支持的奥古斯托·皮诺切特将军率领军队推翻了阿连德政府，阿连德在战乱中牺牲。皮诺切特解散了所有政党，并拷打、残杀对手。直到 1990 年，他才把政权移交给新的民主政府。2006 年，皮诺切特逝世。

1979 年

桑地诺统治尼加拉瓜

中美洲国家面临的很多问题是相同的：经济单一、行业有限、依赖外国资本、贫富分化严重。这些问题成了变革的导火索，也是美国和苏联相互影响的全球冲突的主要领域。1979 年，尼加拉瓜的桑地诺游击队推翻了独裁者安纳斯塔西奥·索摩查·德瓦伊莱。他们开始没收富人的土地，分给农民，并改善医疗和教育。美国政客视桑地诺为共产党人，于是派送武器援助反政府分子，并实施贸易抵制，迫使桑地诺摆脱对苏联的依赖。1990 年，桑地诺在混乱中丧失政权，但是 2006 年又在总统大选中获胜。

萨尔瓦多冲突

1979 年，军队在萨尔瓦多夺权，他们镇压反对派，杀害反对派领袖主教罗梅罗（上图）。随后战争爆发，并一直持续到 1992 年，和平条款签署，战争才结束。

单一经济

许多中美洲国家的经济依赖咖啡或香蕉出口。一旦这些作物的国际价格下跌，就会导致失业、生活贫困等问题。为了降低尼加拉瓜对咖啡销售的依赖，桑地诺政府发展了多种农作物产业。

980 年

北克投票留在加拿大

魁北克是加拿大最大的省，这里住着 500 多万讲法语的加拿人，其中大部分是罗马天主教徒，而加拿大其他地区的人则说语，是新教徒。魁北克曾是法国殖民地，1759 年又被英国占领，于 1867 年成为独立后的加拿大的一部分。1976 年魁北克分裂控制省议会，立即把法语定为该省的官方语言。1980 年，该党魁北克的独立问题发动全民公投，但是 59% 的投票人拒绝此建。加拿大经历了 10 多年的宪法风暴后，1995 年再次举行公投。议再次被否决，但是这一次只差了 1%，大多数人担心分离后会致经济受损。

1981 年

美国出现艾滋病患者

20 世纪 80 年代，美国社会被一种新疾病震撼。曾经健康的人患上一些罕见的癌症和不寻常的感染性疾病。1981 年，这些症状正式出现在美国医学杂志上。1982 年，人们给这种新疾病取了一个名字：获得性免疫缺陷综合征或艾滋病。艾滋病导致的死亡人数飙升。截至 2004 年，全球有 2 800 多万人患艾滋病而死，4 000 多万人感染了人类免疫缺陷病毒，这种病毒会破坏人体免疫系统。医生最初在同性恋和双性恋男子身上发现了艾滋病，很快又在注射毒品使用者、血友病患者和输了艾滋病患者血液的人，以及艾滋病患者的性伴侣身上发现艾滋病。通过血液和性接触传播是感染这一疾病的原因，科学家还在试图找出艾滋病的发病原因。

强意识

20 世纪 80 年代，活动家想办法提高人们对艾滋病认识。艾滋病患者的亲属和朋友在纪念用的布板上刺，再把所有布板缝在一起，形成一个巨大的被子。

治艾滋病

艾滋病已被证明是最难治愈疾病之一，目前没有办法阻止体免疫系统内的病毒繁殖。人通过合并用药来控制疾病的传，让艾滋病患者继续生存。然，这些药物对于大部分贫穷国的人民来说太贵了。为了解决一问题，非洲和其他国家正引更廉价的药物。

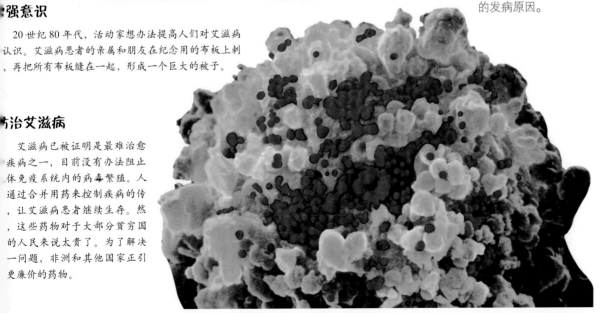

600	800	1000	1200	1400	1600	1700	1800	1900	2000

1982年

马岛战争

英国和阿根廷一直在因南大西洋马尔维纳斯群岛的主权问题而争执。1982年4月，阿根廷军政府出兵占领马岛，虽然联合国、美国和秘鲁试图和平解决这一问题，但英国出动了30艘军舰和6 000名士兵夺回马岛。4月25日，南乔治亚岛被阿根廷再次占领，6月14日，英国夺回主岛。由于战争，英国一直在岛上大规模驻军。渔业和石油勘探许可证的出售改变了这里的经济，随着马岛与阿根廷的关系有所改善，定期航班被允许来往于两地。

海战

在长达10个星期的海战中，近1 000名英国和阿根廷军人牺牲。英国鱼雷杀死了"贝尔格拉诺将军"号的368名船员。导弹摧毁了两艘英国驱逐舰、两艘护卫舰和一艘集装箱船（左图）。

失踪的阿根廷人

在长达7年的军事统治中，多达3万人被敢死队逮捕、拷打、杀害，很多时候连尸体也找不到。失踪人员的母亲拿着心爱的孩子的照片上街游行，表达她们的悲伤。

1983年

阿根廷恢复文官统治

英国从阿根廷手里成功夺回马岛后，总统加尔铁里将军羞愧难当，被迫辞职。国家的军事控制放松，各政党恢复活动。在1983年举行的大选中，民粹文官政府在17年里首次掌权。新上任的总统劳尔·阿方辛出台严格的经济政策，来应对上一届军政府遗留下来的金融灾难。前任军事领导人因侵犯人权而被审判，尽管多名领导后来被赦免。然而，为了给他们报仇，国内发生了3次反阿方辛的军事政变，但都没有成功。虽然在争取民主方面很成功，但阿方辛的经济政策失败了。截至1989年，一个月的通货膨胀率达200%，因为粮食问题而发生的暴动很普遍。1989年5月，卡洛斯·梅内姆当选为总统。他推行了全新的财政计划，卖掉国有企业，削减补贴。1995年，梅内姆再次当选。然而，2001年~2002年，阿根廷陷入更严重的经济混乱。

毒品大战

20世纪60年代以前，西方限制非法使用消遣性毒品。然而，20世纪60年代，随着大麻、可卡因和麦角酸二乙基酰胺（LSD）的使用，毒品亚文化兴盛起来。从那以后，许多国家开始流行非法用毒，尤其是在美国。可卡因的生产对南美洲部分地区的政治和经济生活起了重要的作用。可卡因是一种古柯植物的提炼物，安第斯山脉地区的秘鲁、玻利维亚和哥伦比亚（右图）人种植并收获古柯植物，然后提炼出可卡因并销往北美和欧洲市场。20世纪80年代和90年代，对这一暴利的毒品交易的控制手段被证明是有问题的，也遭到了有影响力的暴力毒贩的阻拦，例如哥伦比亚的麦德林贩毒集团。种植古柯是很多穷人的一项重要基本收入，玻利维亚和秘鲁政府试图鼓励民众种植其他经济作物来取代古柯，美国则提供减少毒品贸易的援助款项。这两项措施都取得了一定成效。

哥伦比亚的可卡因

哥伦比亚是全球最大的可卡因生产国，美国大部分的可卡因来自这里。1989年，哥伦比亚政府打击毒品交易。1991年，最大的毒贩巴勃罗·埃斯科瓦尔被捕，后来他越狱逃出，被枪击中身亡。

1989 年

美国入侵巴拿马

自 1914 年以来，美国一直控制着连接加勒比海和太平洋的巴拿马运河的航运利益，但是 1999 年，美国将其归还给了巴拿马。因为这一点和其他战略原因，巴拿马必须由为美国利益着想的领导人来控制。曼纽尔·诺列加总统是一位有名的毒贩，前中情局特工。1989 年，他取消了对美国的支持，并在竞选中弄虚作假以继续执政，于是美军入侵巴拿马，抓捕诺列加，并把他带回美国受审。他因贩卖毒品罪和其他罪行被判处 40 年监禁，而巴拿马被交给与美国合作的有钱人来统治。

军力

1989 年 12 月 20 日美国首次轰炸巴拿马城市，导致数百名甚至是数千名百姓被杀。这是继越南战争后美国发动的最大的一次军事行动。数千名美军进入首都巴拿马城，并迅速将其占领。

让–贝特朗·阿里斯蒂德

美国干预

1991 年反对总统阿里斯蒂德的政变成功后，联合国对海地进行制裁，邻国也开始抵制它。1994 年，联合国授权以美国为首的部分国家入侵海地，并推翻当地军事政权，恢复了阿里斯蒂德的统治。

1990 年

海地选举阿里斯蒂德为总统

海地是加勒比最贫穷的国家。"爸爸医生"弗朗索瓦·杜瓦利埃是一位残酷的独裁者，他从 1957 年起执政，一直到 1971 年逝世。他的儿子让·克洛德·杜瓦利埃继位，但没有进行改革。20 世纪 80 年代，国家发生暴动，反抗长期的镇压和腐败。罗马天主教神父让–贝特朗·阿里斯蒂德是主要领导人之一。美国取消对海地的援助后，杜瓦利埃于 1986 年逃亡。随后发生一系列军事政变，但是绝望的经济形势和日益严重的动荡终于导致军事政府垮台。1990 年，在海地首届民主选举中，阿里斯蒂德大获全胜。他的第一项运动就是清洗军队，但是他的改革激怒了上流社会的精英，仅维持了 9 个月就发生了军事政变，迫使阿里斯蒂德流亡国外。1994 年，阿里斯蒂德恢复统治，1996 年卸任总统一职，2000 年又再次上任。由于无法让国家和平繁荣，2004 年他再度卸任。

1992 年

洛杉矶暴动

20 世纪 80 年代末期，美国经济衰退，种族间的关系再度紧张。1992 年，4 名白人警官被指控殴打一位名叫罗德尼·金的年轻黑人男子，虽然有录像为证，但白人陪审团仍然无罪释放了这名警察，这导致加利福尼亚州洛杉矶发生暴动。中南部地区城市发生了为期两天的骚乱，造成近 60 人死亡，超过 2 000 人受伤。

种族关系

1992 年的骚乱是近 30 年以来美国爆发的最严重的一次种族暴动。这表明种族关系比大部分人想象的情况要更不稳定。全国范围内的调查都批评洛杉矶警方滥用暴力。

600	800	1000	1200	1400	1600	1700	1800	1900	2000

1992年

里约热内卢地球峰会

　　亚马孙雨林覆盖了巴西四分之三的领地，全球90%的植物和动物物种都生长在这里。大面积森林遭遇急剧破坏引起了全球关注。1988年，巴西政府试图阻止砍伐森林的行为，但成效甚微。1992年，里约热内卢举行了联合国首届地球峰会，让人们意识到地球所面临的环境问题。峰会涉及的问题繁多，包括森林砍伐、可持续发展和生物技术。会议签署了《21世纪议程》，此议程阐明了治理全球环境的方法，鼓励在不危害自然的前提下发展工业和运输业。

奇科·蒙德斯被杀

　　1988年，奇科·蒙德斯（弗朗西斯科·埃尔维斯·蒙德斯·菲尔霍）在亚马孙的沙普里镇被牧场工人杀死。蒙德斯是一名割胶工，沙普里镇农民工会联盟的主席。为了保护依靠雨林生存的数千名割胶工，以及在雨林生活和工作的巴西当地人的利益，他率先发起保护雨林运动。他的行动让他荣获国际赞誉，但最终也导致了他的死亡。

燃烧的热带雨林

　　1970年起，因耕作、采矿、伐木和放牧毁掉的亚马孙雨林面积达60万平方千米。这占了整个雨林的15%以上。

1999年

克林顿幸免于弹劾

　　1998年，美国总统比尔·克林顿被指控与白宫实习生莫尼卡·莱温斯基的行为不轨。他起初否认这一指控，但后来经联邦大陪审团调查后，特别检察官肯尼思·斯塔建议对克林顿进行弹劾（国会审判）。众议院发现克林顿犯了妨碍司法公正罪和伪誓罪（誓言中说谎）。但参议院不同意，并赦免了他。克林顿是继1868年的安德鲁·约翰逊之后第一位面临弹劾的总统。

Clinton Impeached
Split House Votes to Send Case Against President to Senate for Trial; Livingston to Leave Congress

科菲·安南

　　加纳外交官科菲·安南于1997年至2006年担任联合国秘书长。他改革联合国，并攻克了许多世界难题。2001年，他和联合国被授予诺贝尔和平奖。

2000年

联合国庆祝新千年

　　世界各地的人都在燃放烟花，举行街头派对来庆祝新千年的到来。在英国，伦敦南部格林威治的千禧穹顶内举办了展览。2000年9月，联合国举行了一次千年首脑会议，会议上，成员国商讨了如何加强联合国的世界维和角色，以及如何更有效地消除贫困和疾病。

2001 年

美国拒绝签署《京都议定书》

　　1997 年，联合国在日本京都举行会议，继续 1992 年里约首脑会议的工作。联合国成员国同意签署《京都议定书》，履行到 2010 年将温室气体排放量减少 30% 的承诺，以此减缓全球变暖进程。但是 2001 年，美国总统乔治·沃克·布什考虑到此议定书对经济造成的潜在损害而拒绝签署。虽然美国的居住人口只占全球人口的 4%，但美国的温室气体排放量达全球的四分之一。

第四次和第五次胜选

　　卢拉是左翼工人党的前领导人，他曾在 1989 年、1994 年和 1998 年 3 次参加大选，均败选，但最终在 2002 年和 2006 年胜选。

2002 年

卢拉在巴西大选中获胜

　　经过长达 21 年的军事独裁统治后，巴西终于在 1985 年恢复文官统治，但是新的民主政府软弱无能。1992 年，科洛尔·德梅洛因陷腐败丑闻被弹劾，并辞职。尽管巴西是南美洲最大的经济体，但一直被高通货膨胀率所困扰。1994 年，费尔南多·卡多佐当选总统，并推行大规模经济改革。2002 年，他下台，由路易斯·伊纳西奥·达席尔瓦（卢拉原名）接任，卢拉是巴西历史上第一位工薪阶层总统。他承诺解决每一个巴西人的温饱问题，不再挨饿，并给数千名没有土地的农民分配土地。2006 年，卢拉再次当选，他加入了日益壮大的南美洲左翼领袖队伍，主要成员是委内瑞拉总统乌戈·查韦斯和智利首位女总统米歇尔·巴切莱特。

生活在贫民窟

　　巴西有一半的贫穷人口，他们的收入只占国民收入的十分之一。许多人生活在城市之外的贫民区。

2005 年

新奥尔良被淹

　　2005 年 8 月 29 日，飓风卡特里娜在墨西哥湾北部减弱，登陆美国南部的路易斯安那州和密西西比州。该风暴在某一点可达 5 级，破坏性极大，速度为每小时 205 千米，从飓风眼或中心向外延伸 190 千米。风暴导致海水涌动，摧毁了保护新奥尔良低洼部位的堤坝（见右图），城市五分之四的面积被淹没，至少 1 836 人死亡。风暴导致的损失达 812 亿美元，是美国历史上造成损失最大的自然灾害。

| 600 | 800 | 1000 | 1200 | 1400 | 1600 | 1700 | 1800 | 1900 | 2000 |

"9·11"恐怖袭击事件及其后果

2001年9月11日，当地时间上午8点45分，美国航空公司一架被劫持的飞机撞向纽约世界贸易中心北楼。18分钟后，第二架被劫持的飞机撞向南楼。第三架飞机撞向五角大楼，即美国国防部在华盛顿特区的总部，而第四架在撞向目标建筑之前在宾夕法尼亚州的农村坠毁。此次劫持事件是破坏性最大的一次恐怖袭击，由基地组织策划。基地组织是宗教激进主义团体。随着"9·11"事件的发生和消息的广泛传播，其影响力立竿见影。美国进入永久戒备状态，政府也进行改组，以打击国内的恐怖主义，总统乔治·沃克·布什对外发起"反恐战争"。2001年10月，美国入侵阿富汗，2003年3月入侵伊拉克。

世界贸易中心

纽约世界贸易中心的双子塔是世界上最知名的建筑之一，也是美国财富和权力的象征。两架被劫持的飞机撞向靠近建筑顶部的地方，导致建筑结构变形，塔楼相继崩塌。在这里和另外两个失事地点，多达3 000人死亡，其中很多是前去解救被困人员的消防员。

归零地

双子塔曾经矗立的地方被称为"归零地"。每一块飞机残骸都从遗址中移除，送往附近的斯塔滕岛。人们在那里查找有关恐怖分子的证据，以及在袭击中死亡的人员线索。

关塔那摩湾

2001年，阿富汗遭遇某个国际联盟的攻击，因为其激进的伊斯兰政府庇护基地组织成员。被美军抓获的嫌疑恐怖分子被带到D营，这里是美国在古巴关塔那摩湾的海军基地，关押了大约775名囚犯。他们不能请律师，因此颇受外界争议，这里更因为监禁条件的恶劣，遭到国际社会的广泛批评。

总统的回应

2001年9月20日，美国总统布什在议会上发言时说："每个地区的每个国家现在要做出这样一个决定——是与美国为友还是与恐怖分子为伍。"2002年，他把伊朗、伊拉克和朝鲜称为"邪恶轴心"，因为他们被外界怀疑支持恐怖主义，且拥有大规模杀伤性武器。

1946 年至 21 世纪 大洋洲

第二次世界大战后，大洋洲大部分国家获得独立，然而，法国和美国还控制着一些岛屿。他们在这里进行核试验，美国和日本往这里扔弃核废料，引发岛民的极大不满。不同国家的移民改变了澳大利亚。原住民人获得了民权。澳大利亚和新西兰缩减了与英国和亚洲发达经济体的联系。

1975 年

新几内亚的新国家

巴布亚新几内亚（PNG）拥有 500 万常住人口，于 1975 年脱离澳大利亚，获得独立。从那时起，巴布亚新几内亚便开始迅速发展，但传统生活方式依然占主导。大部分土地由社区拥有，而不是个人所有。巴布亚新几内亚森林茂密，峰峦叠翠，但人口稀少。这里铜矿和黄金资源丰富。1998 年，布干维尔岛的分离主义者开始了长达 10 年的叛乱，最终签署停火协议才得以平息。2001 年，巴布亚新几内亚政府和布干维尔岛领导者签署和平条约，布干维尔岛获得自主权以及可能的独立。

多样的未来

巴布亚新几内亚是世界上语言最多样的国家。1 000 多个部落说的语言超过 750 种。虽然原住民人的信仰和习俗多样，但大部分人是基督徒。

1985 年

"彩虹勇士"号被轰炸

1985 年，国际环保组织绿色和平的旗舰——"彩虹勇士"号（见下图）在新西兰奥克兰港口被炸。该船本来准备带领舰队抗议法国在南太平洋进行的核试验，但被法国情报人员炸毁。这成为一桩重大的丑闻，导致法国国防部长辞职。1985 年，太平洋国家签署《拉罗通加条约》，建立南太平洋无核区。

土地权利

20 世纪 80 年代，澳大利亚原住民人的抗议活动集中在土地权利问题上。在 1788 年白人移居以前，澳大利亚是一块无主土地，不属于任何人，但是原住民人开始为了他们自古以来的所有权而斗争、示威。

1993 年

原住民人赢回土地

1992 年，澳大利亚高等法院承认了原住民人艾迪·马博在白人定居澳大利亚前所占有的国有土地所有权。1993 年，澳大利亚通过了《原住民土地权法案》，确认了原住民在大陆殖民化过程中丧失的土地的所有权。然而，1998 年颁布的第二部法律又导致人们失去了土地私有权。

1999年

澳大利亚的未来规划

自 1945 年起，澳大利亚已经与亚洲建立起密切联系，与美国成为最亲近的盟国，巩固了作为太平洋领导国家的地位。同时，它开始质疑与前殖民国英国的关系，尤其是英国君主伊丽莎白二世作为澳大利亚元首的宪法地位。20 世纪 60 年代，澳大利亚爆发了一次剧烈的共和运动。1996 年，新总理约翰·霍华德宣誓效忠伊丽莎白，但不效忠于她的接班人。1998 年，制宪会议讨论了不同形式的共和体制。1999 年，对间接选举总统代替女王的提议进行全民投票，但被投票者否决。

悉尼奥运会

2000 年，悉尼举办了第 27 届奥运会。这是澳大利亚第二次举办奥运会，第一次是 1956 年在墨尔本举行的。2000 年的奥运会取得了巨大的成功，全球数百万人通过电视观看，当年吸引了近 500 万游客来此旅游。此次奥运会最著名的是悉尼港上空壮观的烟花表演，以著名的桥梁作为背景。

澳大利亚唐人街

从 20 世纪 70 年代起，澳大利亚一半的移民来自亚洲。把这个几乎完全是欧洲血统的（原住民人只占总人口的 2.2%）国家变成了一个文化多元的社会。中国人、越南人和其他亚洲国家的人与英国和其他欧洲国家的旧移民共同生活。

共和政体的投票

1999 年，大多数澳大利亚人都赞成共和制，但是他们有些人接受制宪会议提议，即由议会选出总统，而其他人则支持直接全民投票选举总统。第二种方式没有被列入公投选项。因此，一些共和党人宁愿投票支持君主制，也不接受议会间接选举。

改变中的新西兰

1893 年，新西兰成为世界上第一个授予女性投票权的国家。国家率先建立福利体系，包括养老金和其他福利制度。然而，新西兰经济却存在着政府监管和高税收的问题。1984 年后，国家推行一系列激进的改革政策，开始削减福利，出售国有资产，振兴经济。1996 年，议会采取比例代表制，让小党派也能获得席位。新西兰甚至开始考虑选举总统来代替英国最高统治者。

女性掌权

1997 年，右翼国家党领袖珍妮·希普利（左图）当选新西兰第一任女总理。1999 年，珍妮败选，权力转交给海伦·克拉克。在海伦·克拉克的领导下，工党在 2002 年和 2005 年的大选中连续获胜。

资料页

14 世纪的英格兰圣诗集

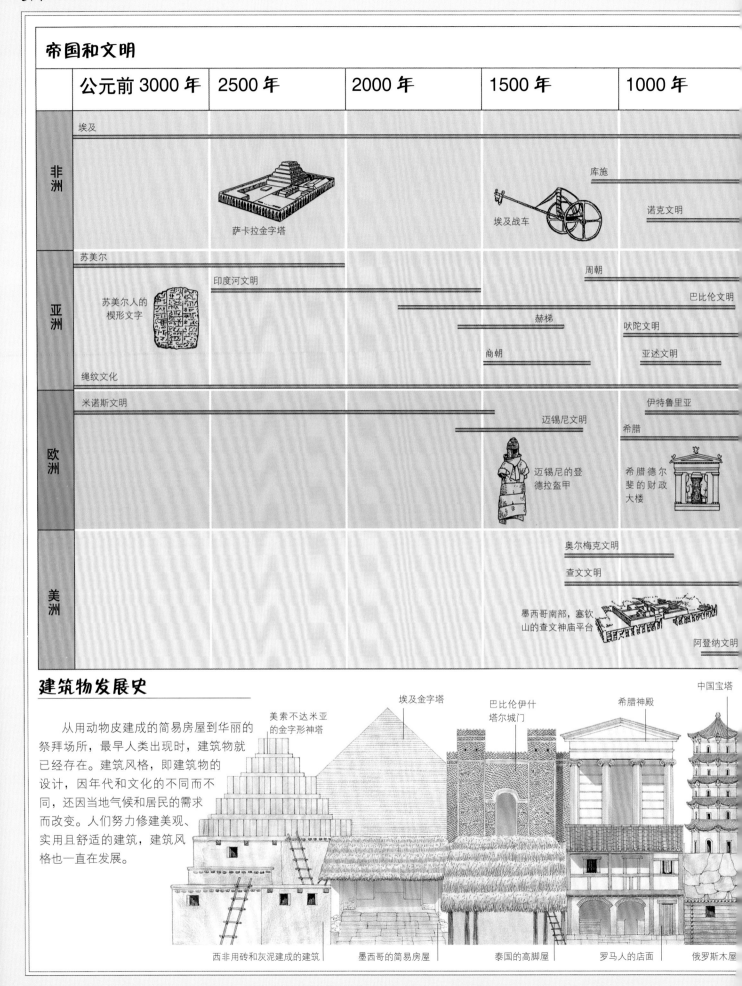

帝国和文明

	公元前 3000 年	2500 年	2000 年	1500 年	1000 年
非洲	埃及	萨卡拉金字塔		埃及战车	库施 诺克文明
亚洲	苏美尔 苏美尔人的楔形文字 绳纹文化	印度河文明		赫梯 商朝	周朝 巴比伦文明 吠陀文明 亚述文明
欧洲	米诺斯文明			迈锡尼文明 迈锡尼的登德拉盔甲	伊特鲁里亚 希腊 希腊德尔斐的财政大楼
美洲					奥尔梅克文明 查文文明 墨西哥南部，塞钦山的查文神庙平台 阿登纳文明

建筑物发展史

从用动物皮建成的简易房屋到华丽的祭拜场所，最早人类出现时，建筑物就已经存在。建筑风格，即建筑物的设计，因年代和文化的不同而不同，还因当地气候和居民的需求而改变。人们努力修建美观、实用且舒适的建筑，建筑风格也一直在发展。

美索不达米亚的金字形神塔　埃及金字塔　巴比伦伊什塔尔城门　希腊神殿　中国宝塔

西非用砖和灰泥建成的建筑　墨西哥的简易房屋　泰国的高脚屋　罗马人的店面　俄罗斯木屋

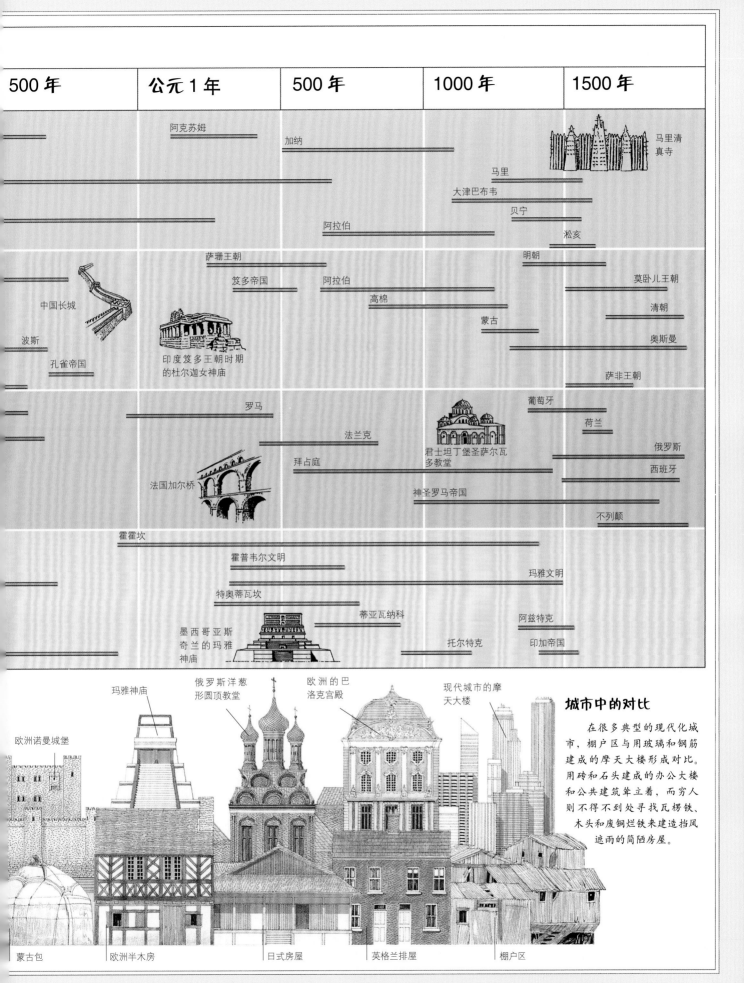

500年	公元1年	500年	1000年	1500年

阿克苏姆

加纳

马里清真寺

马里

大津巴布韦

贝宁

阿拉伯

淞亥

萨珊王朝

明朝

莫卧儿王朝

笈多帝国

阿拉伯

清朝

中国长城

高棉

波斯

蒙古

奥斯曼

孔雀帝国

印度笈多王朝时期的杜尔迦女神庙

萨非王朝

罗马

葡萄牙

荷兰

法兰克

俄罗斯

君士坦丁堡圣萨尔瓦多教堂

西班牙

拜占庭

法国加尔桥

神圣罗马帝国

不列颠

霍霍坎

霍普韦尔文明

玛雅文明

特奥蒂瓦坎

蒂亚瓦纳科

阿兹特克

墨西哥亚斯奇兰的玛雅神庙

托尔特克

印加帝国

玛雅神庙

俄罗斯洋葱形圆顶教堂

欧洲的巴洛克宫殿

现代城市的摩天大楼

欧洲诺曼城堡

城市中的对比

在很多典型的现代化城市，棚户区与用玻璃和钢筋建成的摩天大楼形成对比。用砖和石头建成的办公大楼和公共建筑耸立着，而穷人则不得不到处寻找瓦楞铁、木头和废铜烂铁来建造挡风遮雨的简陋房屋。

蒙古包

欧洲半木房

日式房屋

英格兰排屋

棚户区

人口变动

疾病随着时代的改变而改变

随着时间的推移，疾病改变了全世界人口平衡。19 世纪，肺结核和霍乱是发达国家的头号杀手，而今天，头号杀手已经变成了非感染性的"文明病"，例如心脏病。在不发达的国家，很多人还会被饿死。

黑死病是以鼠蚤为媒介而传播的致命瘟疫。通过来往于亚欧大陆的商船传播到全世界。黑死病爆发了三次，分别发生于 542 年（2 500 万人死亡），1346 年至 1353 年及 1894 年（印度有 1 200 万人死亡，欧洲仅有 91 人死亡）。在查明原因后，欧洲国家生产了疫苗来防治。

1796 年，人们发明了预防天花的牛痘疫苗。1975 年，天花最后一次爆发是在孟加拉

天花是一种古老的疾病，每年都有上千人因此而丧命或毁容。17 世纪至 18 世纪是天花发病高峰期。1979 年，天花才被彻底消灭。

疟疾是一种由疟蚊引起的古老疾病。至今仍然是全球人类最大杀手之一。

霍乱是一种通过受感染的食物和水传播的细菌性疾病。19 世纪，仅 20 年时间，霍乱就传遍了全球。全球爆发了 6 次霍乱疫情。

流行性感冒 1918 年第一次世界大战结束后，流感疫情导致全球共 2 000 万男人、女人和小孩丧命。

获得性免疫缺陷综合征是由于感染了人类免疫缺陷病毒（HIV）后引起的疾病。首例病人出现于 20 世纪 70 年代。现在已变成了一种流行病，至今没有治愈的办法。

心脏病导致的死亡人数占了富裕国家死亡人数的一半以上。在富裕国家，心脏病与不良生活方式，例如饮食和抽烟等有关。

路易斯·巴斯德（1822 年~1895 年）在巴黎建立巴斯德研究所，这是一个传染病研究中心。

听诊器发明于 1816 年，医生可用它来听心脏和肺部。如图所示的这种型号可以追溯到 1855 年。

医学的进步

因为对人体越来越了解，人们对疾病和身体失调的了解也进一步加深。随着时间的推移，人们已经找到了治疗许多疾病的方法。从 20 世纪起，人类进入了医学技术创新，尤其是诊断技术创新时代，现在的医生能够拯救很多生命。

大约 1543 年，安德雷亚斯·维萨里绘制了第一幅准确的人体解剖图，加深了人们对人体的了解。

1628 年，威廉·哈维证实了心跳和血液循环现象，为现代生理学研究奠定了基础。

1796 年，人们发明了疫苗，最先发明的是天花疫苗，对消灭和预防疾病起了很大作用，例如小儿麻痹症。

19 世纪 40 年代，美国人霍勒斯·威尔士和威廉·莫顿发明了麻醉剂，从此出现了无痛手术。

1847 年，匈牙利人伊格纳兹·塞麦尔维斯发明了消毒剂，他是首批把疾病和卫生联系在一起的医生之一。

1860 年，法国化学家路易斯·巴斯德证实了疾病由细菌引起。从 1875 年至 1906 年，20 多种疾病可通过接种疫苗预防。

1895 年，首次使用 X 射线。

20 世纪 50 年代，人们使用超声波为孕妇做孕检。

1954 年，人们发明避孕药。

这个注射器可将药物注入血液系统

1958 年，人们发明了心脏起搏器，20 世纪 60 年代首次将心脏起搏器植入人体内。

20 世纪 60 年代至 70 年代，人们发明了激光手术。

1964 年，人们发明了治疗癌症的化学疗法。

1967 年，首次心脏移植手术成功。

1978 年，首个"试管"婴儿在英格兰出生。

2003 年，人类基因组序列图完成，为预防多种遗传性疾病提供了可能。

1928 年，苏格兰的亚历山大·弗莱明发明了治疗细菌性疾病的方法

城市的发展

在河流、湖泊或海岸这些适合贸易和交通发展的天然干道上通常会出现城市。有些城市成长于有矿物资源的地方，例如建立在南非金矿区的约翰内斯堡。生活在城市内部和周边的世界人口比例正在迅速增加。1980 年，35% 的世界人口生活在城市，2007 年这一比例增长至 50%。2007 年最大的城市是日本的东京，有 2 650 万人口，第二大城市是墨西哥城，有 2 100 万人口，第三名是韩国首尔，有 2 000 万人口，第四名是巴西的圣保罗，有 1 900 万人口，第五名是印度尼西亚的雅加达，有 1 800 万人口。

城市	1890	1950	2007
墨西哥城	330 000	2 943 000	21 503 000
圣保罗	35 000	2 449 000	19 194 000
纽约	1 513 000	7 892 000	16 800 000
开罗	375 000	2 100 000	16 245 000
加尔各答	840 000	2 071 000	14 363 000
巴黎	2 344 000	4 775 000	11 367 000
北京	1 650 000	1 603 000	9 493 000
悉尼	386 000	1 484 000	4 305 000
开普敦	84 903	383 830	3 244 000

北京上下班高峰期

北京是中国的政治、金融、教育和交通中心，中国是一个拥有 13.2 亿人口的大国，人口超过 100 万的城市超过 30 个。

自然灾害

火山、地震、洪水、饥荒、火灾和疾病夺走了全球很多人的生命。加固地震危险区的建筑物和筑堤防洪这些保护措施可以减轻自然灾害造成的破坏。

365 年，克里特岛的克诺索斯地震——5万人死亡。

1346 年~1353 年，鼠疫（黑死病）——欧洲 30% 以上的人口死亡，亚洲数百万人死亡。

1664 年~1665 年，伦敦大瘟疫——7万人死亡。

1669 年，意大利埃特纳火山喷发——2万人死亡。

1703 年，日本东京大地震——20 万人死亡。

1737 年，印度加尔各答大地震——30万人死亡。

1755 年，里斯本地震——6 万人死亡。

1985 年 9 月 19 日，墨西哥大片区域在地震中变成废墟

1883 年，印度尼西亚喀拉喀托火山喷发——36 000 人死亡。

1894 年，广州和香港瘟疫夺走了 8 万至 10 万人的生命。

1902 年，西印度群岛的培雷火山喷发——26 000 人死亡。

1976 年，中国唐山地震——50 万人死亡。

2004 年，印度洋周围的海啸导致 23 万人死亡。

2005 年，克什米尔地震——10万人死亡。

公元 79 年维苏威火山喷发后，人们在庞贝的废墟中发现了这具尸体

人为造成的死亡

世界上一直存在着人类冲突，一个国家试图征服另一个国家。多年以来，武器越来越致命，杀伤力越来越大。如今，核武器的发明给人类带来巨大压力，这是一种过于危险而被禁止使用的武器。

该图画的是美国内战（1861 年~1865年）期间，1862 年 3 月 6 日至 8 日发生的皮里奇战役

1398 年，帖木儿洗劫德里时，在那里屠杀了大约 10 万信仰印度教的印度人。

1572 年，发生在巴黎和其他镇的圣巴多罗买大屠杀，导致法国 2 万新教徒死亡。

1618 年~1648 年，欧洲三十年战争：大约 20% 的日耳曼人被杀，或受伤而死。

1861 年~1865 年，美国内战：交战双方死亡人数达 60 多万。

1914 年~1918 年，第一次世界大战：大约 1 000 万人死亡。

1915 年，奥斯曼土耳其人在全球第一次种族灭绝中杀害了 100 万亚美尼亚人。

1939 年~1945 年，第二次世界大战：各国总共有 5 000 多万人死亡，其中 2 000 万是俄罗斯军民。

1945 年，2 月 13 至 14 日，同盟国空袭德国的德累斯顿，6 万至 13万人死亡。

1945 年 8 月，美国在日本广岛和长崎投原子弹，分别造成 8 万和 4 万人死亡。

1994 年，75 万图西人在卢旺达种族灭绝中死亡。

弗洛伦斯·南丁格尔在克里米亚战争（1853 年~1856 年）中救死扶伤，把死亡率从 50% 降低至2%，图中是她所用的台灯

世界人口增长

多年以来，随着健康状况和粮食供应的变化，世界人口也有起有落。食物充足时，人口就增加；饥荒或疾病夺走了很多人生命时，人口则减少。约公元 800 年以前，世界人口一直低于 2 亿，但从那以后，人口开始急剧上升，增长速度最快的时间是 20 世纪。2006年，世界人口已达大约 65.4 亿。该图显示了人口的增长，单位为 10 亿人。

北美洲

欧洲

亚洲

非洲

南美洲

大洋洲

每平方千米少于 12 人

每平方千米有 12~100 人

每平方千米超过 100 人

人口密度

世界上人口密度最大的地区是南亚、东亚和欧洲。人口增长率最高的是非洲国家和伊斯兰世界。随着财富的增加，国家公民均可享受医疗和教育，人口增长率呈下降趋势。

6

5

4

3

2

1

500　　1600　　1700　　1800　　1900　　2000

发明与发现

自古以来，不断出现的新发明和新发现改变了或改善了人类的生存条件。

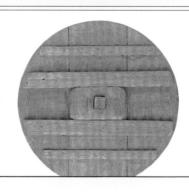

大约公元前 4000 年，埃及和亚述出产第一批砖。

大约公元前 3000 年，美索不达米亚出现轮子。

大约公元前 3000 年，埃及人和美索不达米亚人使用犁。

大约公元前 3000 年，埃及首次制造玻璃。

早期的车轮是由紧固板和木制或金属横档制成

公元前 4000 年 ➤

1827 年，涅普斯在法国成功拍摄第一张照片。

1831 年，英格兰法拉第的发明成为电气工程的基础。

1834 年，美国人发明收割机。

1836 年，美国的塞缪尔·柯尔特发明了带旋转弹膛的枪——左轮手枪。

这台 19 世纪 70 年代的圆盘发电机证明了法拉第在 1831 年进行的一次电学实验的正确性

1800 年，意大利的亚历山德罗·伏特发明了"伏特电堆"。

1805 年，英国康沃尔郡的理查·特里维西克工程师完成了高压蒸汽机。

1815 年，英国汉弗里·戴维爵士发明矿工安全灯。

1816 年，德国的卡尔·冯·绍尔布隆发明自行车。

特里维西克的蒸汽机

◀ 1820 年

1837 年，美国的萨缪尔·摩尔斯发明打印电码的电报机。

1846 年，美国人成功发明缝纫机。

1849 年，美国的沃尔特·亨特发明别针。

大约 1850 年，奥斯卡·列维·施特劳斯为加州淘金热的开拓者发明牛仔裤。

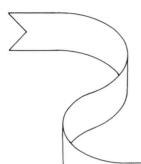

这台电报机用代码发送报文

本生灯对很多科学实验都有帮助，人们到现在还在使用它

1853 年，查尔斯·冯·葛哈德在德国发明了阿司匹林。

1855 年，德国的罗伯特·本生发明了本生灯。

1857 年，第一台供市民使用的乘客电梯在美国投入使用。

1860 年，法国的勒努瓦发明了第一台运作成功的内燃机。

◀ 1800

1840 年 ➤

1924 年，美国的伯德赛发明了食物冷冻法。

1926 年，苏格兰的约翰·罗杰尔德发明了电动机械电视系统。

1927 年，美国华纳兄弟拍摄了第一部有声电影《爵士乐歌星》。

1928 年，英国的亚历山大·弗莱明发现了青霉素。

早期的电视接收器

1901 年，英国的布思发明了真空吸尘器。

1903 年，美国莱特兄弟发明的飞机首次实现持续飞行。

1909 年，美国的贝克兰发明了酚醛塑料。

1915 年，英国的斯温顿发明了坦克履带。

莱特兄弟的第一架飞机

◀ 1920 年

20 世纪 40 年代非常流行薄尼龙袜

1930 年，英国的惠特尔开始第一次设计涡轮喷气发动机。

1934 年，英国的珀西·肖发明了猫眼，即路面反光灯。

1935 年，美国的华莱士·休姆·卡罗瑟斯发明了聚酰胺纤维（包括 1937 年的尼龙）。

1937 年，美国发明超市手推车。

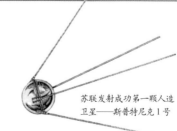

苏联发射成功第一颗人造卫星——斯普特尼克 1 号

1944 年，美国的霍华德·艾肯发明自动计算器。

1945 年，美国的珀西·斯宾塞发明微波炉。

1954 年，美国的格雷戈里·平卡斯和约翰·罗克发明避孕药片。

1957 年，苏联发射太空卫星斯普特尼克 1 号。

◀ 1900

1930 年 ➤

大约公元前 747 年，巴比伦人发明了日历。
大约公元前 700 年，伊特鲁里亚人发明了假牙，假牙用人类牙齿制成，有时也用动物牙齿。
大约公元前 600 年，吕底亚（土耳其）首次制造硬币。
大约公元前 500 年，中国出现首个算盘。
大约公元前 400 年，亚洲人发明了马鞍。

中国青铜砚：将固体墨沾水，在砚台上磨，然后用毛笔蘸所得的油墨

公元 105 年，中国人用墨水在纸浆制成的纸上写字。
大约 120 年，中国的张衡发明了地动仪。
大约 350 年，中国人发明了马镫。
大约 650 年，伊朗人使用风车。
大约 1000 年，中国人制造了火药。
大约 1000 年，中国人发明了磁罗盘。

中国人至今仍在使用的算盘

公元前 1500 年 ➤

1710 年，意大利的巴托罗密欧·克里斯多佛利制作了第一架真正的钢琴。
1712 年，英国的纽可门成功制造了第一台蒸汽机。
1757 年，英国的约翰·坎贝尔制造出六分仪。
1769 年，英国人发明机械棉纺机。
1795 年，法国的尼古拉·阿佩尔把食物保存在密封罐里。

六分仪

公元前 100 年 ➤

1455 年~1456 年，古腾堡用铅活字印刷机在欧洲印制了第一本《圣经》。
1592 年，意大利的伽利略设计了温度计。
1594 年，英国的约翰·哈林顿爵士发明了抽水马桶。
1608 年，荷兰的汉斯·利伯谢发明了望远镜。
1620 年，荷兰的范·德雷布尔发明了潜艇。

古腾堡使用的铅活字

◄ 公元 1400 年

早期的打字机很笨重

19 世纪 60 年代，外科手术首次使用消毒剂，苏格兰的约瑟夫·李斯特是先驱者。
1866 年，阿尔弗雷德·诺贝尔发明了炸药。
1870 年，法国的梅热·穆里埃发明了人造黄油。
1870 年，丹麦的曼宁·汉森发明了第一台市场所需的打字机。

这个电话箱是贝尔的早期设计

1874 年，美国发明了铁丝网批量生产的方法。
1876 年，亚历山大·格拉汉姆·贝尔意外地发明电话。
1877 年，美国的托马斯·爱迪生发明留声机。
1879 年，康斯坦丁·法赫伯格在美国发明糖精（甜味剂）。

860 年 ➤

893 年，美国的贾德森发明了拉链。
895 年，意大利的古列尔莫·马可尼发明了无线电报和无线电通信。
895 年，美国的金克·吉列发明了安全剃刀。
895 年，美国的约翰·霍兰德为美国海军发明了第一艘适航潜艇。

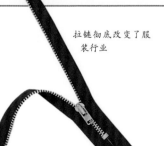

拉链彻底改变了服装行业

1870 年 ➤

1880 年，美国首次把烘豆装进罐中，这可能是最著名的罐头食品。
1880 年，美国的约翰·劳德发明了圆珠笔。
1889 年，德国的戈特利布·戴姆勒和威廉·迈巴赫发明了第一辆现代汽车。
1889 年，苏格兰兽医约翰·博伊德·邓洛普发明了充气轮胎。

早期圆珠笔的储墨器

◄ 1880 年

微小的硅芯片可以存储大量信息

1960 年，美国的西奥多·梅曼制造了激光器。
20 世纪 70 年代，美国人发明了硅芯片，彻底改变了电子行业。
1973 年，美国制造的山地自行车可以骑着爬山。
1975 年，日本公司 JVC 推出了家庭录像系统（VHS）。

光盘

1979 年，荷兰飞利浦公司和日本索尼公司共同发明了光盘。
1979 年，日本索尼公司率先生产了便携式立体音响装置——随身听。
1979 年，瑞典发明了移动电话或无线电话。
2003 年，整个人类的基因密码被破译。

1960 年 ➤   1980年 ➤

现代世界

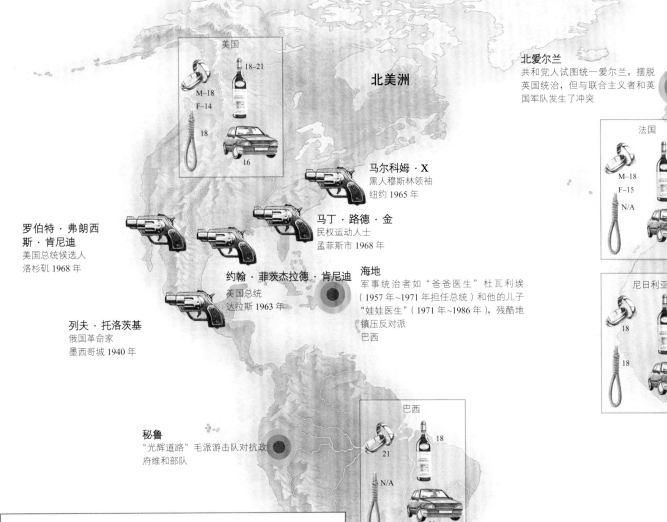

北美洲

美国

18-21

M-18
F-14

18

16

北爱尔兰
共和党人试图统一爱尔兰，摆脱
英国统治，但与联合主义者和英
国军队发生了冲突

法国

M-18
F-15
N/A

15

18

尼日利亚

18

18

18

马尔科姆·X
黑人穆斯林领袖
纽约 1965 年

马丁·路德·金
民权运动人士
孟菲斯市 1968 年

罗伯特·弗朗西
斯·肯尼迪
美国总统候选人
洛杉矶 1968 年

海地
军事统治者如"爸爸医生"杜瓦利埃
（1957 年~1971 年担任总统）和他的儿子
"娃娃医生"（1971 年~1986 年），残酷地
镇压反对派
巴西

约翰·菲茨杰拉德·肯尼迪
美国总统
达拉斯 1963 年

列夫·托洛茨基
俄国革命家
墨西哥城 1940 年

秘鲁
"光辉道路"毛派游击队对抗政
府维和部队

巴西

21

18

N/A

16

南美洲

世界领袖人物

　　两个超级大国——苏联和美国，
及这两个国家有影响力的领导人的
行动塑造了 20 世纪的历史。

苏联与俄罗斯领导人

1894 年~1917 年　沙皇尼古拉二世

1917 年~1924 年　弗拉基米尔·列宁

1924 年~1953 年　约瑟夫·斯大林

1953 年~1955 年　格奥尔基·马林科夫

1955 年~1958 年　尼古拉·布尔加宁

1958 年~1964 年　尼基塔·赫鲁晓夫

1964 年~1982 年　列昂尼德·勃列日涅夫

1982 年~1984 年　尤里·安德罗波夫

1984 年~1985 年　康斯坦丁·契尔年科

1985 年~1991 年　米哈伊尔·戈尔巴乔夫

1991 年~1999 年　鲍里斯·叶利钦

1999 年~至今　　弗拉基米尔·普京

美国总统

1897 年~1901 年　威廉·麦金利

1901 年~1909 年　西奥多·罗斯福

1909 年~1913 年　威廉·塔夫脱

1913 年~1921 年　伍德罗·威尔逊

1921 年~1923 年　沃伦·哈定

1923 年~1929 年　卡尔文·柯立芝

1929 年~1933 年　赫伯特·胡佛

1933 年~1945 年　富兰克林·罗斯福

1945 年~1953 年　哈里·杜鲁门

1953 年~1961 年　德怀特·艾森豪威尔

1961 年~1963 年　约翰·菲茨杰拉
　　　　　　　　德·肯尼迪

1963 年~1969 年　林登·约翰逊

1969 年~1974 年　理查德·尼克松

1974 年~1977 年　杰拉尔德·福特

1977 年~1981 年　詹姆斯·卡特

1981 年~1989 年　罗纳德·里根

1989 年~1993 年　乔治·布什

1993 年~2001 年　比尔·克林顿

2001 年~2009 年　乔治·沃克·布什

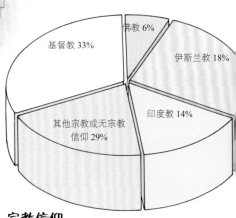

基督教 33%
佛教 6%
伊斯兰教 18%
印度教 14%
其他宗教或无宗教
信仰 29%

宗教信仰

　　征服者、殖民者和传教士将基督教和伊斯兰
教传遍世界各地。在印度，印度教仍然占主导地
位。很多宗教活动最近也开始在前共产主义国家
进行。然而，越来越多的人，尤其是欧洲人，没
有宗教信仰。

世界地图图例

法定饮酒年龄。美国不同州的法定年龄不同。N/A是指任何人喝酒都是违法的。

法定结婚年龄。M是指男性，F是指女性。

法定驾驶年龄。大部分国家是 16 岁或 18 岁。

执行死刑的法定最低年龄。N/A是该国无死刑。

许多杰出的社会和政治人物因暗杀而死。

世界许多地方发生暴力政治冲突，给人们造成极大的痛苦。

欧洲

弗朗茨·斐迪南
奥地利大公
萨拉热窝 1914 年

塔吉克斯坦
曾隶属前苏联的许多共和国都有民族和政治冲突发生

格鲁吉亚

亚美尼亚
阿塞拜疆

波斯尼亚
以色列

阿富汗

伊拉克

克什米尔

埃及
N/A
18

伊扎克·拉宾
以色列总理
特拉维夫 1995 年
18

18

苏丹

英迪拉·甘地
印度总理
新德里 1984 年

索马里
粮食短缺和内战导致许多人死亡

安哥拉

朱韦纳尔·哈比亚利马纳
卢旺达总统
飞机失事 1994 年

非洲

克里斯·哈尼
南非共产党
约翰内斯堡 1993 年

南非

德里克·维沃尔德
非总理
普敦 1966 年

亚洲

日本
M–20
F–16
M–17
F–18
20
16

印度
N/A
M–21
F–18
18
18

莫罕达斯·甘地
印度民族主义领袖
新德里 1948 年

朴正熙
韩国总统
1979 年

缅甸
军事政权残酷压制要求民主的人士

斯里兰卡
在泰米尔猛虎游击队和僧伽罗人之间的内战中，上千人死亡

所罗门·韦斯特·里奇韦·迪亚斯·班达拉奈克
斯里兰卡总理
科伦坡 1959 年

东帝汶
被印度尼西亚强制占领 27 年后，东帝汶于 2002 年成为全球最新的国家

大洋洲

澳大利亚
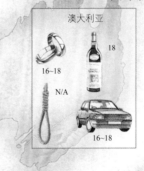
18
16~18
N/A
16~18

国际组织

ASEAN	东南亚国家联盟
AU	非洲联盟
CE	欧盟委员会
EU	欧洲联盟（前身为欧洲共同体）
G8	八大工业和政治大国
IAEA	国际原子能机构
IMF	国际货币基金组织
NAFTA	北美自由贸易协定
NATO	北大西洋公约组织
OECD	经济合作与发展组织
OPEC	石油输出国组织
UN	联合国
UNESCO	联合国教育、科学及文化组织
UNICEF	联合国儿童基金会
WHO	世界卫生组织
WTO	世界贸易组织

阿拉伯联盟
促进阿拉伯国家间的文化、经济和军事合作

大赦国际
致力于释放由于信仰而被监禁的人

英联邦国家
英国曾经统治的主权国家联盟

绿色和平组织
环保组织

国际红十字与红新月运动
为战争和自然灾害的受害者提供药品和援助

世界自然基金会
致力于保护濒危物种

北

不列颠群岛的历史

　　大约公元前 8000 年，连接英格兰与法国的陆地被淹，形成了不列颠群岛。人们陆续乘船从欧洲来到此地，包括生活在新石器时代、青铜器时代和铁器时代的人，以及大约公元前 500 年来到此地的凯尔特人。公元前 55 年，尤利乌斯·恺撒入侵肯特，几大敌对团体将岛屿瓜分。公元 43 年~78 年，罗马征服了不列颠南部地区，并一直统治到大约 410 年。后来，盎格鲁－撒克逊人入侵南方，建立了英格兰，威尔士、苏格兰和爱尔兰仍然保持各自的独立性。英格兰仍然在今天的英国占主导地位，而爱尔兰南部地区于 1922 年获得独立。

英格兰历史

　　5 世纪，罗马人离开不列颠后，欧洲西北部的朱特人、撒克逊人以及盎格鲁人相继入侵。后来的 200 多年里，当地不列颠人被赶出英格兰，去往苏格兰和威尔士，然后建立自己的王国，到 7 世纪中叶，英格兰分裂成 7 个对立的王国。威塞克斯王国在爱格伯特的率领下获胜，爱格伯特成为英格兰首位国王。11 世纪 60 年代，诺曼人征服英格兰。诺曼王朝之后，金雀花王朝的君主占领爱尔兰和威尔士。苏格兰从未被占领过，但于 1707 年加入英格兰、苏格兰和爱尔兰联合王国，并将管理所有国家的政府设在西敏寺。

大约公元前 55 年，尤利乌斯·恺撒首次入侵大不列颠。

公元 43 年，罗马军队入侵大不列颠，并统治到大约 410 年。

大约 449 年，欧洲西北部的朱特人到来后，盎格鲁－撒克逊人开始入侵大不列颠。

597 年，圣奥古斯丁把基督教传入肯特。

757 年~796 年，**麦西亚国王**奥法在英格兰与威尔士之间修筑防御堤坝（784 年~796 年）。

787 年，维京人首次袭击沿岸地区。

802 年，**威塞克斯王国爱格伯特**成为英格兰首位国王（827 年）。

871 年~899 年，**阿尔弗烈德大帝**在爱丁顿战役中打败古鲁姆率领的丹麦军，允许丹麦人占领北爱尔兰地区，但必须屈从于阿尔弗烈德大帝。

924 年~940 年，**艾塞斯坦**在布鲁南博尔战役中打败丹麦、爱尔兰和苏格兰盟军（937 年）。

979 年~1016 年，**爱塞烈德二世在位**，丹麦人的入侵严重削弱了英格兰的国力。

1016 年~1035 年，**克努特大帝**把英格兰与丹麦、挪威和瑞典统一起来。

1042 年~1066 年，**忏悔者爱德华**在位时，威塞克斯伯爵戈德温之子——哈罗德是爱德华的高级顾问（1053 年）。

1064 年，爱德华（无嗣）逝世后，哈罗德承诺帮助诺曼底公爵威廉继承英国王位。

1066 年，哈罗德被选为爱德华继承人，威廉在黑斯廷斯战役中打败哈罗德。

1066 年~1087 年，**威廉一世**打败领导盎格鲁－撒克逊人起义的领袖觉醒者赫里沃德（1071 年）。

1086 年，调查英格兰土地情况的《末日审判书》完成。

1087 年~1100 年，**威廉二世**在位时开始修建达勒姆教堂和威斯敏斯特宫。

1100 年~1135 年，**亨利一世**的儿子威廉淹死（1120 年）。

1128 年，亨利的女儿玛蒂尔达（Matilda）嫁给了安茹伯爵若弗鲁瓦（金雀花王朝）。

1135 年~1154 年，**斯蒂芬**在位时，斯蒂芬与玛蒂尔达争夺英国王位。

1153 年，签署《沃灵福德条约》。斯蒂芬同意死后将王位传给表姐玛蒂尔达的儿子。

1154 年~1189 年，**亨利二世**任命大法官托马斯·贝克特为坎特伯雷大主教（1170 年被杀）。

1164 年，《克拉伦登宪章》的颁布限制了教会的权力。

1171 年，亨利入侵爱尔兰，接受爱尔兰国王的投降，开始了英国在爱尔兰长达 750 年的统治。

1189 年~1199 年，**理查一世**组织第三次十字军东征，前往近东。

1199 年~1216 年，**约翰**在位时，贵族们逼他接受《大宪章》条款（1215 年）。

1216 年~1272 年，**亨利三世**在刘易斯战役中被贵族打败（1264 年）。

1265 年，西蒙·德·孟福尔（Simon de Montfort）是贵族领导者，他召集领主、主教、骑士和市民召开第一次英国议会。

1272 年~1307 年，爱德华一世征服威尔士（1282 年）。

1296 年，爱德华一世在邓巴打败苏格兰，俘获国王约翰·巴里奥，苏格兰成为英国的附属国。

1307 年~1327 年，**爱德华二世**在伯克利城堡被杀。

1327 年~1377 年，**爱德华三世**宣布其为法国国王，导致百年战争爆发（1337 年）。

1349 年，黑死病传入英格兰。

1377 年~1399 年，**理查二世**治国不善，被亨利（金雀花王朝）罢黜。

英国议会

　　议会从国王的各种顾问委员会演变而来。1265 年，亨利三世与西蒙·德孟福尔斗争的过程中，西蒙通过召开有各城市与自治市代表参加的议会来争取更广泛的支持，确保被召集的人能够充分代表英格兰。到了 14 世纪中叶，议会已经有了制定法律、增加税收的权力，骑士和其他代表则被纳入一个独立的机构——下议院。大多数情况下，议会都赞同国王的决议，一直到 17 世纪，议会变得尖锐、碍事。议会在内战中取得胜利（1642 年~1649 年）后，更多情况下是国王屈服于议会。这就是当今英国政治制度的开端。

1399 年~1413 年，**亨利四世**是兰开斯特王朝的第一位国王，他在舒兹伯利打败了反叛领主（1403 年）。

1413 年~1422 年，**亨利五世**重燃百年战争战火，在阿金库尔战役中打败法国（1415 年）。

1422 年~1461 年，**亨利六世**在位期间，圣女贞德把英国人逐出法国（1429 年）。

1455 年，国王的表亲约克公爵接管英格兰，玫瑰战争（兰开斯特家族对抗约克家族）开始。1461 年，亨利被约克家族的爱德华罢黜。

1461 年~1483 年，**爱德华四世**鼓励汉萨同盟与英国交易。

1483 年，**爱德华五世**被罢黜。

诺曼征服的影响

　　在黑斯廷斯战役中获胜后，威廉一世把政府、教会等部门幸存的盎格鲁－撒克逊领袖替换成诺曼领主和骑士，罢黜了许多盎格鲁－撒克逊地主，并强迫农民在新的诺曼封建土地上无偿劳动。诺曼人为了方便统治，在全国修建城堡。

1483 年~1485 年，**理查三世**在位期间在 1485 年的博斯沃思原野战役中被兰开斯特家族亨利·都铎的军队打败。

1485 年~1509 年，**亨利七世**在位期间于 1486 年迎娶爱德华四世之女伊丽莎白，约克和兰开斯特两大家族联合起来。

1509 年~1547 年，**亨利八世**在位期间迎娶阿拉贡的凯瑟琳，凯瑟琳是西班牙国王和王后的女儿（1509 年）。

1533 年，亨利离婚后，教皇把亨利逐出教会。

1534 年，亨利自立为英格兰教会的最高领袖。

1536 年~1539 年，英格兰和威尔士的修道院解散。

1547 年~1553 年，**爱德华六世**未成年时，由萨默塞特公爵统治英格兰（一直统治到 1550 年）。

1549 年，第一版《公祷书》发表，此书促进英格兰成为新教国。

1553 年~1558 年，**玛丽一世**使用恐怖手段和火刑让英格兰恢复天主教。

1554 年，玛丽嫁给西班牙国王的儿子腓力二世。

1558 年，法国从英国手中夺取加莱，这是英国在法国占领的最后一个城市。

1558 年~1603 年，**伊丽莎白一世**在位期间成为英格兰教会的最高领袖（1559 年）并决定把英格兰变成新教国家。

1588 年，西班牙无敌舰队在英吉利海峡被打败。

1600 年，皇家特许状颁发给了英国东印度公司。

1603 年，伊丽莎白一世将王位传给堂弟，即苏格兰女王玛丽的儿子詹姆斯·斯图亚特。

1603 年~1625 年，**詹姆斯一世**在位时，炸毁国会大厦的阴谋失败（1605 年）。

1625 年~1649 年，**查理一世**在位期间解散议会，11 年未召集议会（1629 年）。

1640 年，召开两次议会，第二次议会召开了近 20 年。

1642 年，国王和议会的大内战爆发。

1645 年，议会派在纳斯比战役中彻底打败保皇派。

1649 年，查理因背叛议会及叛国罪而被处死。

1649 年，英格兰共和国成立（至 1660 年）。

1649 年，国务委员会成立，奥利弗·克伦威尔为主任。

1653 年~1658 年，克伦威尔成为英格兰、苏格兰和爱尔兰的护国公。

1660 年~1685 年，**查理二世**：查理一世的儿子查理王子恢复王位，成为查理二世。

1666 年，伦敦大火。

1685 年~1688 年，**詹姆斯二世**在位期间宣布暂停实施反对天主教的法律。

内战（1642 年~1649 年）

查理一世在位时，有 11 年的时间（1629 年~1640 年）都没有召开议会，国事都由他独裁，还做了很多违反宪法的事情。1640 年，他为了筹款再次召集议会，但遭到议会的拒绝，并逼他做出改变。当查理试图逮捕 5 名反对他的国会议员时，议会忍无可忍。1642 年，战争爆发。起初国王获胜，但是亨廷顿的国会议员奥利弗·克伦威尔训练了一支新的职业军队——新模范军。1645 年，克伦威尔率新模范军在纳斯比战役中彻底打败国王。

1688 年，领导人邀请奥兰治的威廉王子取代詹姆斯，担任英国国王。

1689 年，议会、国王和女王通过《权利法案》。

1689 年~1702 年，**威廉三世与玛丽二世**（1689 年~1694 年）共同执政。

1701 年，《王位继承法》：**威廉三世**的王位由安妮继承，后来由汉诺威的索菲亚，即詹姆斯一世的外孙女继承。

1701 年，西班牙王位继承战。

1702 年~1714 年，**安妮**在位时期，伦敦出版第一份日报《每日新闻》（1702 年）。

1707 年，《联合法案》把英格兰与苏格兰合并为一个国家，并将苏格兰议会移至伦敦。

1714 年~1727 年，**乔治一世**的母亲（女候选人）死后，他继承表姐安妮女王的王位，当上英国国王。

1721 年，**罗伯特·沃波尔**成为英国第一任首相。

1727 年~1760 年，**乔治二世**在位期间参加廷根战役（1745 年），他是最后一位出现在战场上的英国国王。

1756 年，英国与盟国、法国与盟国之间发生七年战争（持续到 1763 年）。

1760 年~1820 年，**乔治三世**在位。

1775 年，英国军队和美国殖民者爆发战争。英国被打败，承认美国独立（1783 年）。

大约 1800 年，英国正在进行工业革命。

1803 年~1815 年，在英国与其他国家都爆发了拿破仑战争。1815 年，拿破仑在滑铁卢战役中被打败。

1820 年~1830 年，**乔治四世**在位期间，从斯托克顿到达灵顿的第一条铁路开通（1825 年）。

1829 年，罗伯特·皮尔建立伦敦警察厅。

1830 年~1837 年，**威廉四世**在位时颁布的《大改革法案》为 50 多万人授予投票权（1832 年）。

1837 年~1901 年，**维多利亚**在位时于 1876 年成为印度女皇。

1838 年，宪章派人士颁布《人民宪章》，要求政治改革。

1901 年~1910 年，**爱德华七世**在位。

1910 年~1936 年，**乔治五世**在位时，议会法案限制上议院的权力，让下议院拥有最高权力（1911 年）。

1914 年~1918 年，第一次世界大战。

1928 年，21 岁及 21 岁以上女性获得投票权。

1936 年，**爱德华八世**退位。

1936 年~1952 年，乔治六世在位。

1939 年~1945 年，第二次世界大战。

1948 年，英国国家医疗服务体系成立，为英国所有公民提供免费医疗。

1952 年，**伊丽莎白二世**即位。

1973 年，英国加入欧洲共同体。

1979 年，玛格丽特·撒切尔成为第一位女首相。

1997 年，英国最后一个殖民地香港回归中国。

2003 年，英国与美国入侵伊拉克。

2005 年，伦敦申办 2012 年奥运会成功。恐怖分子轰炸伦敦，导致 52 人死亡，700 人受伤。

英国历代王朝

1066 年~1154 年	诺曼王朝
1154 年~1399 年	金雀花王朝
1399 年~1461 年	兰开斯特王朝
1461 年~1485 年	约克王朝
1485 年~1603 年	都铎王朝
1603 年~1714 年	斯图亚特王朝
1714 年~1910 年	汉诺威王朝
1910 年至今	温莎王朝

英国首相

1721 年~1742 年	罗伯特·沃波尔伯爵
1742 年~1743 年	斯宾塞·康普顿伯爵
1743 年~1754 年	亨利·佩勒汉姆
1754 年~1756 年	纽卡斯尔公爵
1756 年~1757 年	德文郡公爵
1757 年~1762 年	纽卡斯尔公爵
1762 年~1763 年	比特伯爵
1763 年~1765 年	乔治·格伦维尔
1765 年~1766 年	罗金汉侯爵
1766 年~1768 年	老威廉·皮特
1768 年~1770 年	格拉夫顿公爵
1770 年~1782 年	诺斯勋爵
1782 年~1783 年	谢尔本伯爵
1783 年	波特兰公爵
1783 年~1801 年	小威廉·皮特
1801 年~1804 年	亨利·阿丁顿
1804 年~1806 年	小威廉·皮特
1806 年~1807 年	格伦维尔勋爵
1807 年~1809 年	波特兰公爵
1809 年~1812 年	斯潘塞·帕西瓦尔
1812 年~1827 年	利物浦伯爵
1827 年	乔治·坎宁
1827 年~1828 年	戈德里奇子爵
1828 年~1830 年	威灵顿公爵
1830 年~1834 年	格雷伯爵
1834 年	墨尔本子爵
1834 年~1835 年	罗伯特·皮尔爵士
1835 年~1841 年	墨尔本子爵
1841 年~1846 年	罗伯特·皮尔爵士
1846 年~1852 年	约翰·罗素勋爵
1852 年	德比伯爵
1852 年~1855 年	阿伯丁伯爵
1855 年~1858 年	帕尔姆斯顿子爵
1858 年~1859 年	德比伯爵
1859 年~1865 年	帕尔姆斯顿子爵
1865 年~1866 年	约翰·罗素伯爵
1866 年~1868 年	德比伯爵
1868 年	本杰明·迪斯雷利
1868 年~1874 年	威廉·格莱斯顿
1874 年~1880 年	本杰明·迪斯雷利
1880 年~1885 年	威廉·格莱斯顿
1885 年~1886 年	索尔兹伯里侯爵
1886 年	威廉·格莱斯顿
1886 年~1892 年	索尔兹伯里侯爵
1892 年~1894 年	威廉·格莱斯顿
1894 年~1895 年	罗斯贝利伯爵
1895 年~1902 年	索尔兹伯里侯爵
1902 年~1905 年	亚瑟·詹姆斯·贝尔福
1905 年~1908 年	亨利·坎贝尔-班纳曼爵士
1908 年~1916 年	赫伯特·亨利·阿斯奎斯
1916 年~1922 年	戴维·劳合·乔治
1922 年~1923 年	安德鲁·伯纳尔·劳
1923 年~1924 年	斯坦利·鲍德温
1924 年	詹姆斯·拉姆齐·麦克唐纳
1924 年~1929 年	斯坦利·鲍德温
1929 年~1935 年	詹姆斯·拉姆齐·麦克唐纳
1935 年~1937 年	斯坦利·鲍德温
1937 年~1940 年	内维尔·张伯伦
1940 年~1945 年	温斯顿·丘吉尔
1945 年~1951 年	克莱门特·艾德礼
1951 年~1955 年	温斯顿·丘吉尔
1955 年~1957 年	安东尼·艾登
1957 年~1963 年	哈罗德·麦克米伦
1963 年~1964 年	亚历克·道格拉斯-霍姆爵士
1964 年~1970 年	哈罗德·威尔逊
1970 年~1974 年	爱德华·希思
1974 年~1976 年	哈罗德·威尔逊
1976 年~1979 年	詹姆斯·卡拉汉
1979 年~1990 年	玛格丽特·撒切尔
1990 年~1997 年	约翰·梅杰
1997 年~2007 年	托尼·布莱尔

苏格兰历史

9 世纪时，苏格兰有 4 个王国：西部的达尔里亚达，北方的皮克特王国，西南的斯特拉斯克莱德以及东部的伯尔尼西亚（洛锡安）。9 世纪 40 年代，达尔里亚达的国王肯尼思·麦克亚尔宾统一了苏格兰北部地区，标志着苏格兰国家的建立，而他担任了第一任国王。随后进入长达几个世纪的冲突期，英格兰多次入侵，但都失败了。几位苏格兰国王被证明与欧洲国王一样出色，尤其是罗伯特·布鲁斯。1603 年，苏格兰国王继承英国王位，苏格兰和英格兰终于结成联盟。

大约公元前 450 年，凯尔特人首次定居苏格兰，他们修建了山堡以及后来的圆形石塔。

大约公元 400 年，把基督教传入苏格兰的使者圣尼尼安，在惠特霍恩建立教堂和学校。

843 年~860 年，**肯尼思·麦克亚尔宾**在位期间于 9 世纪 40 年代占领皮克特王国，统一了苏格兰北部地区。

大约 900 年，维京人占领奥克尼群岛与设得兰群岛。

1005 年~1034 年，**马尔科姆二世**在位。他是麦克亚尔宾的后裔，他吞并了洛锡安（1018 年）。1019 年，斯特拉斯克莱德也传位给他，苏格兰统一。

1057 年~1093 年，**马尔科姆三世**在位期间于 1069 年迎娶盎格鲁–撒克逊王室家族的玛格丽特。

1071 年~1072 年，征服者威廉入侵苏格兰，迫使马尔科姆承认他为霸主。

1124 年~1153 年，**大卫一世**在位期间入侵英格兰（1138 年），但在诺萨勒顿被打败。

1153 年~1165 年，**马尔科姆四世**在位期间开始修建圣安德鲁大教堂。

1165 年~1214 年，**狮子威廉**在位期间于 1173 年入侵英格兰，但被英格兰国王亨利二世俘获。

1214 年~1249 年，**亚历山大二世**在位期间于 1217 年与英格兰签约，确保了近 20 年的和平期。

1249 年~1286 年，**亚历山大三世**在位期间于 1263 年在拉格斯战役中打败维京人，并把他们逐出苏格兰大陆。

1286 年，**亚历山大**摔下悬崖死去。王位传给他的孙女挪威公主玛格丽特（一直统治到 1290 年）。

1292 年~1296 年，玛格丽特的表亲**约翰·巴里奥**在位。英格兰国王爱德华一世把他赶下台，夺走王位。

1296 年，与法国结成长期联盟（老同盟）。

1297 年，苏格兰人起来反抗英国统治，他们在威廉·华莱士的率领下，在斯特灵桥战役中打败爱德华。

1298 年，华莱士在福尔柯克会战中被打败。华莱士开始组织游击战争（一直打到 1305 年）。1305 年，华莱士被爱德华一世俘获并处死。

1306 年，罗伯特·布鲁斯不顾爱德华反对，代替华莱士在斯昆自行加冕为国王。

1306 年~1329 年，**罗伯特一世**在位期间苏格兰军队在班诺克本战役中（1314 年）彻底打败爱德华二世的英军。

1320 年，《阿布罗斯宣誓》。苏格兰的贵族和教会宣誓支持罗伯特，支持他成为国王。

1328 年，签署《爱丁堡协议》，英国正式承认布鲁斯为苏格兰国王。

1329 年~1371 年，**大卫二世**在位期间在内维尔十字之战（1346 年）败给英格兰，并被俘获和囚禁至 1357 年。

1371 年~1390 年，**罗伯特二世**在位期间率领苏格兰人在奥特本战役（1388 年）中打败英军。

1390 年~1406 年，**罗伯特三世**在位期间把政府交由新的摄政王奥尔巴尼公爵管理（1402 年）。

1406 年~1437 年，**詹姆斯一世**在位期间推行政府和法律改革（1425 年~1437 年）。

1437 年~1460 年，**詹姆斯二世**在位期间在阿金霍尔姆（Arkinholm）战役中打败贵族黑道格拉斯家族（1455 年）。

1460 年~1488 年，**詹姆斯三世**在位期间，苏格兰人吞并了奥克尼群岛与设得兰群岛（1472 年）。

1488 年~1513 年，**詹姆斯四世**在位期间于 1503 年迎娶英格兰国王亨利七世的女儿玛格丽特。

1506 年，建造"大迈克尔"号（Great Michael），这是世界上最大的船。

1507 年，安德鲁·米勒（Andrew Myllar）成立苏格兰第一家印刷厂。

1513 年，英国人在弗洛登战役中彻底打败苏格兰人。**詹姆斯四世**和大部分贵族战死沙场。

1513 年~1542 年，**詹姆斯五世**在位期间成立最高民事法院——民事审判的中央法院（1532 年）。

1542 年，苏格兰在索尔威莫斯（Solway Moss）战役中被英军打败。

1542 年~1567 年，**苏格兰女王玛丽**未成年时由摄政王统治苏格兰，而玛丽大部分时间待在法国。

1560 年，约翰·诺克斯推行议会改革，将新教定为苏格兰国教。

1561 年，玛丽回到苏格兰后又恢复天主教。

1567 年，新教领主起义，玛丽被打败，逃往英格兰，被伊丽莎白一世囚禁起来。

苏格兰民族主义

一些苏格兰人强烈反对与英格兰联合（1707 年）。他们担心苏格兰的财富会被剥削，担心在威斯敏斯特的政府会不顾他们的需求。1880 年，政府任命一名苏格兰事务大臣，但这对很多苏格兰人来说还不够，他们希望自治，因此于 1928 年成立苏格兰民族党（S.N.P）。

1567 年~1603 年，**詹姆斯六世**，即玛丽的儿子，詹姆斯在位。1584 年~1585 年，苏格兰一直由摄政王统治。

1603 年~1625 年，詹姆斯六世在伊丽莎白死后成为英格兰、苏格兰和爱尔兰的国王，詹姆斯一世。

1633 年，查理一世首次访问苏格兰。

1637 年，查理强制苏格兰采用《祈祷书》，导致爱丁堡大教堂暴乱。

土地清理

18 世纪 80 年代，尤其在苏格兰高地地区，牧羊业开始迅速取代种植业，上千名小农户被从原土地上赶走，土地则用来牧羊。很多人来到新的工业城市找工作或移民美国。其他人则继续为自己的权利而战，但这些都是徒劳的，被逮捕的人会被送往殖民地工作。这一境况一直持续到 19 世纪中叶，人们一直在遭受苦难。

1644 年，在内战的马斯顿荒原战役中苏格兰将军莱斯利加入并帮助克伦威尔，蒙特罗斯侯爵詹姆斯率领的苏格兰保皇党人试图帮助查理。

1649 年~1660 年，英格兰共和国时期。

1650 年，苏格兰保皇党人在邓巴战役中被奥利弗·克伦威尔击溃。

1661 年，苏格兰恢复主教的职位（1638 年被废除）。

1689 年，英格兰国王威廉三世应邀从詹姆斯二世手里接管苏格兰。双方的支持者爆发战争，最终威廉胜利（1690 年）。

1692 年，格伦科惨案：麦克唐纳家族迟迟不宣誓效忠威廉，被坎贝尔家族杀害。

1707 年，苏格兰议会批准《联合法案》（1706 年），并自行解散。苏格兰获得斯敏斯特议会的席位。

1759 年，斯特灵成立卡伦铁工厂（Carron Iron Works）。

1776 年，詹姆斯·瓦特生产第一台商用蒸汽机。

1802 年，苏格兰建造了世界第一艘蒸汽船，"夏洛特·邓达斯"号。

1843 年，大分裂。福音派分离出来形成苏格兰自由教会，教会分裂达到高潮。

1847 年，詹姆斯·辛普森发现氯仿具有麻醉性。

1894 年，下议院通过《苏格兰自治法案》，但政府垮台，法案被废弃。

1928 年，苏格兰民族党（S.N.P）成立。

1945 年，苏格兰民族党选出第一位英国国会议员。

1947 年，举办爱丁堡艺术节。

1966 年，苏格兰民族党首次选出女性会议员。

1974 年，苏格兰民族党在威斯敏斯特议会上赢得 11 个席位。

1999 年，在爱丁堡成立苏格兰议会。

爱尔兰历史

在公元 1 世纪没有被罗马入侵之前，爱尔兰初分成几部分并分别由不同王国统治。1002 年，一位伟大的领袖布赖恩·博鲁统一了爱尔兰，但他死后，国家再次分裂。于是，英格兰国王亨利二世乘虚而入，自立为爱尔兰领主，这标志着英爱战争的开始，英爱战争一直持续了 750 年。爱尔兰天主教与英国新教的宗教冲突始于 16 世纪。1800 年，《联合法案》统一了英国与爱尔兰议会，但 1920 年以后爱尔兰的分裂问题仍然没有得到解决。

432 年~461 年，圣帕特里克将基督教传入爱尔兰。

大约 700 年~大约 900 年，为爱尔兰艺术和文学发展的黄金期。

795 年，维京人首次偷袭。841 年，维京人建立都柏林。

1005 年，芒斯特的布赖恩·博鲁被确认为爱尔兰高王。

1014 年，布赖恩·博鲁在克朗塔夫打败维京人，却在战争中牺牲。

1152 年，阿马的大主教成为爱尔兰大主教，将爱尔兰教会与罗马教会联系起来。

1171 年，英格兰国王亨利二世入侵爱尔兰，自立为爱尔兰君主。

1297 年，爱尔兰第一次代表议会在都柏林召开。

1366 年，《基尔肯尼条约》规定强制在爱尔兰执行英国法律。

1495 年，《波伊宁斯法》(Poyning's Law) 没有得到英国议会的同意，爱尔兰不得召开议会。

1541 年，爱尔兰议会立亨利八世为爱尔兰国王。

1649 年~1650 年，奥利弗·克伦威尔在爱尔兰起义。

1689 年~1691 年，流放的詹姆斯二世与英格兰国王威廉三世在爱尔兰战斗。

1690 年，博因河战役：威廉的军队打败詹姆斯。

1691 年，英国开始没收土地。

1692 年，爱尔兰议会清除天主教徒。

1798 年，爱尔兰人联合起来反抗英国统治，以失败告终，一些起义领袖被处死。

1800 年，英国与爱尔兰签署《联合法案》，爱尔兰议会取消。

1828 年，爱尔兰天主教领袖丹尼尔·奥康奈尔当选为议会议员，尽管按照规定，天主教徒不能当选议员。

1829 年，《天主教解禁法》允许天主教徒参加议会。

1845 年~1847 年，大饥荒。马铃薯枯萎病导致严重的饥荒，100 多万人死亡。

1870 年，爱尔兰自治运动开始。

1886 年，格莱斯顿的第一版爱尔兰自治法案未通过。

1914 年，自治法案通过，但由于第一次世界大战而被搁置。

1916 年，都柏林发生复活节起义，反对英国政府的统治。

1918 年，在战后大选中，爱尔兰大多数席位被共和党候选人获得，成员们在都柏林建立自己的议会。

1919 年~1921 年，爱尔兰与英国的战争。

1920 年，《爱尔兰政府法案》同意南爱尔兰和北爱尔兰成立议会和政府。

1921 年，英国与爱尔兰签署《英爱条约》。

1922 年，爱尔兰自治州成立。

1949 年，爱尔兰共和国正式成立。爱尔兰离开英联邦。

1968 年，民权运动导致北爱尔兰发生暴力事件。

1969 年，英军试图恢复北爱尔兰的秩序。

1972 年，北爱尔兰议会被暂停，英国政府尝试直接对其统治。

1973 年，爱尔兰加入欧洲共同体。

1998 年，《耶稣受难日协定》旨在维护北爱尔兰的和平。

2005 年，爱尔兰共和军结束武装活动，将武器销毁。

爱尔兰共和国

1921 年，北爱尔兰部分地区与英国签署《英爱条约》而获得独立，建立爱尔兰自治州，成为自治领。1937 年，爱尔兰首相埃蒙·德·瓦莱拉宣布南爱尔兰为共和国，即爱尔兰共和国。1949 年，爱尔兰共和国获得正式承认，不再属于英联邦。

爱尔兰总统

1938 年~1945 年	德格拉斯·海德
1945 年~1959 年	斯恩·奥凯利
1959 年~1973 年	埃蒙·德·瓦莱拉
1973 年~1974 年	厄斯金·奇尔德斯
1974 年~1976 年	卡罗尔·奥德利
1976 年~1989 年	帕特里克·约翰·希勒里
1989 年~1997 年	玛丽·罗宾逊
1997 年~2011 年	玛丽·麦卡利斯

总理

1922 年（1 月~8 月）	阿瑟·格里菲斯
1922 年（8 月）	迈克尔·柯林斯
1922 年 9 月~1932 年	威廉·哥斯格雷夫
1932 年~1948 年	埃蒙·德·瓦莱拉
1948 年~1951 年	约翰·阿洛伊西斯·科斯特洛
1951 年~1954 年	埃蒙·德·瓦莱拉
1954 年~1957 年	约翰·阿洛伊西斯·科斯特洛
1957 年~1959 年	埃蒙·德·瓦莱拉
1959 年~1966 年	斯恩·利马斯
1966 年~1973 年	杰克·林奇
1973 年~1977 年	利亚姆·哥斯格雷夫
1977 年~1979 年	杰克·林奇
1979 年~1981 年	查尔斯·豪伊
1981 年~1982 年	加勒特·菲茨杰拉德
1982 年	查尔斯·豪伊
1982 年~1987 年	加勒特·菲茨杰拉德
1987 年~1992 年	查尔斯·豪伊
1992 年~1997 年	艾伯特·雷诺兹
1997 年~2008 年	伯蒂·埃亨

威尔士历史

大约公元前 500 年，凯尔特人移居威尔士。到公元 78 年，威尔士被罗马人占领。5 世纪罗马人撤离后，不列颠南部的凯尔特人移居威尔士，加入同族人。随后的几个世纪，各地相继建立公国，公国之间为了称霸而战斗。858 年，罗德里·马维尔（Rhodri Mawr）被公认为全威尔士的王子。他的统治一直持续到 1282 年，英格兰国王爱德华一世打败威尔士军队，把威尔士纳入英国统治之下。

844 年~878 年，**罗德里·马维尔**在安格尔西岛被维京人杀害。

916 年~949 年，**豪厄尔达（贤人）**颁布《威尔士法典》。

1068 年，诺曼人首次入侵南威尔士。

1098 年，英格兰国王威廉二世入侵威尔士。

1131 年，为西多会在此修建丁登寺。

1194 年~1240 年，**罗埃林大王**迎娶英格兰国王约翰的女儿。

1218 年，罗埃林与英格兰国王亨利三世签署《伍斯特条约》，确认罗埃林为威尔士君主。

1246 年~1282 年，**罗埃林（Llywelyn Yr Ail 末代君主）**在位期间于 1277 年被英格兰国王爱德华一世打败，被迫承认爱德华为领主。

1282 年，罗埃林起义反对爱德华一世，爱德华一世再次入侵威尔士并打败了罗埃林，罗埃林撤退到威尔士中部后被杀。威尔士正式由英格兰接管。

1401 年，末代君主罗埃林的后裔欧文·格兰道尔开始争取威尔士独立（一直到 1416 年）。他与法国签订条约寻求帮助。

1404 年，格兰道尔在马汉莱斯（Machyn-lleth）成立威尔士议会。

1536 年，英格兰与威尔士签署《联合法案》，威尔士语被禁止使用。

1588 年，《圣经》被翻译成威尔士语，帮助挽救濒临灭绝的威尔士语。

1639 年，脱离英格兰教会后，第一座威尔士教堂建立。

1893 年，威尔士大学在阿伯里斯特维斯成立。

1920 年，威尔士教会解散。

1966 年，首位威尔士党候选人赢得在威斯敏斯特的席位。

1999 年，威尔士国民议会在卡迪夫成立。

术语表

退位（abdicate）放弃权力或王位。

专制统治者（absolute ruler）或君主（monarch）权力不受任何法律限制的统治者或君主。

管理（administration）政府，尤其是其中负责执法及管理政府事务的行政部门。

结盟（alliance）两个或多个国家为了达成某一特定目标而签署的正式协议。

大使（ambassador）在国外代表本国利益的人。

无政府状态（anarchy）国家缺乏强有力的政府管理，无法无纪，混乱无序。

种族隔离（apartheid）南非政府颁布的种族分离和白人至上政策。

绥靖（appeasement）为了维护和平，对侵略者的要求做出让步的政策。

停战协议（armistice）同意和平结束战争而签署的协议。

小亚细亚（Asia Minor）欧洲和亚洲交界的半岛，位于地中海东端，今土耳其境内。

闪电战（blitzkrieg）一种突然发生且快速推进的军事攻击。该词来自德语，意为"闪电战"。

资产阶级（bourgeoisie）富裕的中产阶级。

哈里发（caliph）统治或拥有统治权的伊斯兰世界的君主头衔。

资本主义（capitalism）以财产私有、商业自由竞争为基础的经济制度。

种姓（caste）在印度教中，一个人一出生就已定下的不可改变的社会地位。

审查制度（censorship）对可能违反政治或道德秩序的工作的官方限制，尤其是艺术和媒体类职业。

许可证（Charter）授予某一群人某些权利和特权的文件。

骑士精神（chivalry）欧洲封建贵族和骑士遵守的行为守则。

公民（citizen）国家、城市或其他政治共同体的成员。

城邦（city state）由一座城市及其周边领土组成的独立国家。

温和抵抗（civil disobedience）使用非暴力手段抵抗认为不公正的法律，也被称为"消极抵抗"。

民权（civil rights）或权利（liberties）每位公民的人身权利。

公职（civil service）行使政府职能的非政治性政府部门的职位。

内战（civil war）同一国家或同一地区的团体之间的斗争。

文明（civilization）文化、政治制度、社会体系和才智发展到一定高度的人类社会。

阶层（class）按社会、经济和其他因素将社会划分成不同群体。

法典（code of laws）有序排列的一系列法律。

殖民主义（colonialism）强国控制弱小民族的政策，有时也称"帝国主义"。

侨民、殖民地（colony）生活在国外，但仍与祖国联系紧密的一群人；或指他们定居（或统治）的地方。

公社（commune）财产由社区成员共同占有的大农场或其他社会单元。

共产主义（Communism）一种旨在通过革命手段推翻资本主义，使财产公有化的政治经济学。

联盟（confederacy）几个人、社区、国家或文化团体之间的结盟。

西班牙征服者（conquistador）某个征服美洲原住民文明的西班牙征服者。

政变（coup）来源于法语词组coup d'état，暴力或非法地突然夺取政权。

十字军东征（crusade）中世纪时一系列由西欧的封建领主和骑士对穆斯林发动的侵略战争。

文化（culture）一个国家或地区人民的知识水平、价值观，以及生活方式。

三角洲（delta）河口土壤沉积形成的陆地（通常呈三角形）。

民主政体（democracy）由人民（一般通过选举代表）统治的政体。

萧条（depression）经济活动急剧下滑的一段时期，其特点是大规模失业，人民遭受苦难。

暴君（despot）办事不公，欺压百姓的统治者。

独裁者（dictator）拥有绝对权力的统治者，通常不是经选举产生，且以武力统治国家。

外交（diplomacy）政府之间的关系，尤其涉及签订协议、条约和结成联盟等活动。

君权神授（divine right）认为君主的权力由神授予，任何人不得质疑或违背。

驯养（domestication）驯服野生动物为人类所用。

自治领（dominion）英联邦内的自治国家。

王朝（dynasty）同一家族的几名统治者统治时期。

经济（economy）社会生产和销售商品与服务的系统。

法令（edict）官方命令或规定。

精英（elite）一个群体或社区中最强大、最富裕、最有天赋或是受过教育的成员。

大使馆（embassy）大使所在的总部。

帝国（empire）国家和这个国家统治的征服而来的土地。

启蒙运动（Enlightenment）或理性时代，欧洲历史上的一个时期（18世纪），当时激进的思想家试图从理性角度重新认识社会、政府、人性，并改变它们的现状。

谅解（entente）法语词，意为"谅解"。

种族净化（ethnic cleansing）把不同种族移除，使处于统治地位的民族占绝对主导的一项政策，让某地区的种族单一化。例如20世纪90年代，南斯拉夫战争中塞尔维亚人所采用的政策。

法西斯主义（Fascism）一种强调独裁主义和民族主义的意识形态，它把国家的利益置于公民的个人福利之上。

联邦制度（federal system）两级政府制度，由国家高级政府和保持地方权力的地方政府构成。

封建制度（feudalism）8世纪时在欧洲形成的一种政治制度。在封建制度下，领主把土地分给其他贵族，换取他们的忠诚、军事援助和兵役服务。在其他地方，类似的制度有时也称为封建体制。

自由贸易（free trade）不受政府干预的自由国际贸易。

种族灭绝（genocide）系统地谋杀整个民族。

犹太人区（ghetto）犹太人在欧洲城市的规定居留地，或类似的地区。

公开化（glasnost）俄语词，意为"公开化"。20世纪80年代末期，米哈伊尔·戈尔巴乔夫在苏联推行的政策中出现过这个词。

游击战（guerrilla warfare）一小群士发动突然袭击的作战方式。

行会（guild）同一行业的技术人或商人成立的组织，为了保其成员，控制行业事务（在世纪~14世纪的欧洲）。

古拉格劳改营（Gulag）苏联劳改营

希腊文化（Hellenism）古希腊的化，尤其是指传播到希腊以外区的文化。

异端（heresy）宗教团体成员的仰与该团体已形成的信仰有冲象形文字（hieroglyphics）用图片表示物体、概念或声音的古埃书写系统。

人文主义（humanism）文艺复兴期，通过回顾古希腊和古罗马品，有时是圣经，来找寻现世幸福与欢乐的一种文化运动，社会有深远的影响。

圣像（icon）宗教图像，尤其是在木板上的图像。

意识形态（ideology）一系列想法尤其是政治想法，这些想法体了一个人、一个团体或一个国的信仰和利益，并影响着他们行为。

彩色稿本手抄本（illumina manuscript）装饰华丽的手写书。

帝国主义（imperialism）帝国建政策，或为了获取经济和政治益而实行的一个国家对其他国的控制政策。

灌溉（irrigation）为土地提供通常是为了促进农作物的生长

孤立主义（isolationism）不参与际事务的政策。

圣战（jihad）阿拉伯词语，意"圣战"。

法官（judiciary）一个国家的法通常是法官这个群体的总称。

军政府（Junta）小的统治集尤其是中美或南美国家的统集团。

恺撒（Kaiser）1871年与1918间，德意志帝国皇帝的共同称

拉丁美洲（Latin America）官方为西班牙语或葡萄牙语（均属拉丁语系）的美洲地区：南美中美洲、加勒比地区和墨西哥

公使馆成员或公使馆（legation）长带领的外交使团，或部长右

...国的住所。

自由主义（liberalism）一种强调进步和改革的政治哲学。

掠夺（looting）战争或暴乱期间的抢劫，劫匪偷东西时往往会造成很大的伤害。

委托地（mandate）一些官方机构分派，并由另一个国家管理的国家或地区。

雇佣兵（mercenary）纯粹为了赚钱或其他利益而参战的士兵，通常是外国士兵。

移居（migrate）从一个地区或国家迁到另一个地区或国家定居，因此出现了迁移。

传教士（missionary）为了让他人皈依某一种宗教而游历的人。

垄断（monopoly）控制某种产品的所有（或几乎所有）生产和交易。

本土（native）出生或起源于某一地方。

纳粹主义（Nazism）德意志国家社会主义工人党的意识形态，以国家控制经济、种族民族主义和民族扩张为基础。

新石器时代（Neolithic）石器时代的最后一个阶段，这段时期，人们改进石制工具和燧石工具，生产武器，进行原始耕作。

中立方（Neutral）在战争或争执中，不支持或协助任何一方。

游牧民族（Nomad）没有固定的家，为了找寻食物和水源，从一个地方移居到另一个地方的一群人。

驱逐（Oust）把一个人或一群人从一个地方赶走。

议会（parliament）国家或其他团体的代表（通常通过选举产生）大会。

游击队员（partisan）在被占领国家或地区攻击占领军的战斗组成员。

贵族（patrician）富有的地主阶级，古罗马共和国的领袖通常属于这一阶级。

农民（peasant）许多传统社会中，生活在农村地区的普通劳动人民。

改革（perestroika）俄语词，意为"重建"，彻底的政治和经济变革，特别是共产主义或前共产主义国家的改革。

平民（plebeian）古罗马的普通人。

政策（policy）行动计划。

教宗（Papacy）教皇、罗马主教和罗马天主教教会领袖的职位。

民粹派（populist）宣称支持百姓利益的政治家或其他人。

私有制（private ownership）个人拥有和控制资金（金钱和财产）的权利，资本主义的主要特征。

宣传（propaganda）旨在说服人们相信某一特定观点的新闻和信息。

受保护国（Protectorate）受强国保护或部分控制的国家。

种族歧视（racism）认为自己的种族或民族比其他种族或民族优秀的观点。

彻底的（radical）发生极端或根本的变化。

夷平（raze）毁坏建筑物、村庄、城镇或者城市。

叛乱（rebellion）反叛，通常以暴力形式进行有组织的抵制，以反对政府或其他当权者。

宗教改革（Reformation）发生在16世纪的欧洲，反抗罗马天主教权威的运动。

摄政王（Regent）君主年幼或生病时统治国家的人。

政体（Regime）特定的政府或政府系统。

帝国（Reich）德语词，意为"帝国"。1871年，在强大的中央政府统治下，通过联合几个国家形成的德意志帝国。

文艺复兴（Renaissance）欧洲历史上的某一时期，始于14世纪，对艺术和学术思想产生了深远的影响。

赔偿（Reparations）一个国家向另一个国家赔偿在战争中摧毁的财产。

共和国（republic）在古罗马，由公民而不是君主进行管理；在现代社会，由公民选举国家领导人的民主国家。

革命（revolution）人民推翻政府。

浪人（ronin）日本封建时代失去封禄，离开主家到处流浪的武士。

保皇党人（royalist）支持君主或君主政体的人。

劫掠（sack）夺取或掠夺一个城市或大型建筑。

卫星国（satellite）依赖外国势力的王国或国家。

日本武士（samurai）日本封建社会时期的武士阶层。

脱离（secede）从一个联盟、组织、协会、国家或其他政治实体中正式退出。

农奴（serf）在欧洲，从罗马时代晚期到19世纪，受法律约束而必须留在领主庄园的农民，因此有农奴身份。

幕府时代的将军（Shogun）12世纪至18世纪，以天皇的名义统治日本的军事领袖。

围攻（Siege）通过包围、隔离和攻击的方式夺取一个设防的地区或城市。

社会主义（socialism）为了造福社会，呼吁政府或工人控制及管理商业与工业的政治和经济哲学。

主权（sovereignty）独立国拥有的最高的自由权力。

干草原（Steppes）从东欧延伸到中亚的广袤平原。

投票权（suffrage or franchise）投票的权利，尤其是立法机构或大会的代表所拥有的投票权。

超级大国（superpower）一个极其强大，世界各国都受其影响的国家。

技术（technology）工作中使用的方法、材料和工具的发展。

恐怖主义（terrorism）使用暴力，尤其是对平民随意使用暴力，以达到自己的目的或影响政府的决策，因此出现恐怖分子。

极权主义（totalitarian）通过领袖的绝对权威保证统一行动的体制。

沙皇（tsar）从15世纪到1917年，俄罗斯男性统治者的称号。女统治者则称为女沙皇。

家臣（vassal）在封建制度中，宣誓效忠封建君主，并为其服务，以换取土地和农奴的贵族。

总督（viceroy）在某些殖民体系中，在殖民地作为君主代表的人物。

伊斯兰教国家的高官（vizier）某些伊斯兰国家的高级官员。

福利国家（welfare state）政府对本国人民的社会和经济安全负重要责任的制度。

犹太复国主义（Zionism）犹太人民

在以色列建立和维护家园的运动。

此图是中亚出土的一个8世纪玛雅彩绘花瓶上的图案。画的是玛雅兔神抄写员，他手握一支笔，在美洲豹皮封面的手抄本上书写。

索引

加粗的页码代表主词条；斜体的页码代表地图和插图。

A

致谢

其他设计、编辑、制作和图片研究人员：Peter Bailey, Louise Barratt, Jacqui Burton, Simon James, Lisa MacDonald, Sandy Ransford, Julia Ruxton, Linda Stevens, Adam Thomas, Christine Webb 索引排版：Jillian Somerscales 制图：Roger Bullen专门委托摄影：Peter Anderson, Andy Crawford, Geoff Dann, Ranaki MacKechnie其他摄影：Geoff Brightling, Martin Cameron, Philip Dowell, Mike Dunning, Christi Graham, Peter Hayman, Alan Hills, Chas Howson, Colin Keates, Dave King, Liz McAylay, Andrew McRobb, Nick Nicholls, Stephen Oliver, Roger Phillips, Tim Ridley, Steve Shott, James Stevenson, Harry Taylor, Kate Warren, Barbara Winter, © Jerry Youny, Michel Zabe。其他照片摄于：大英图书馆，大英博物馆，亨特博物馆，人类博物馆。专门委托插图：Simone Boni, Stephen Conlin, Peter Dennis/Linda Rogers Associates, Luigi Gallante, Nick Harris/ Virgil Pomfret Agency 地图：世界地图，Russell Barnett；小地图，Sallie Alane Reason 其他插图：Elaine Anderson, Graham Corbett, Fiona Bell Currie, Chris Forsey, Ray Grinaway, Nick Hewetson, John Hutchinson, Sergio Momo, Anthony Morris/Linda Rogers Associates, Tony Smith/Virgil Pomfret Agency, Peter Visscher, John Woodcock。

多林金德斯利出版社要感谢以下博物馆及其工作人员提供的宝贵帮助：阿什莫林博物馆艺术与考古博物馆，牛津；剑桥大学考古学与人类学博物馆，剑桥；帝国战争博物馆，伦敦；克吕尼博物馆，巴黎；国家军事博物馆，伦敦；东方博物馆，杜伦大学；皮特河博物馆，牛津，特别感谢Sandra Dudley；苏格兰皇家博物馆，苏格兰国家博物馆，钱伯街与女王街，爱丁堡；华勒斯典藏馆，伦敦。作者向以下单位的长期宝贵帮助致以诚挚的感谢：剑桥市图书馆；萨福克郡图书馆，尤其是伊普斯威奇图书馆和圣埃德蒙伯里图书馆；剑桥大学各系图书馆，考古研究，非洲研究，哈顿图书馆（考古学与人类学），古典考古博物馆图书馆，拉丁美洲研究图书馆，现代和中世纪语言学院图书馆，南亚研究中心图书馆，拉美研究中心图书馆，沃尔森学院图书馆。然而，最要感谢的是剑桥大学图书馆及其工作人员，感激之情无以言表。

图片来源：
缩写：t=顶部；b=底部；c=中间；I=左；r=右。
Alamy Images/Steven Dusk；339br；古代艺术与建筑典藏馆：41tl, 43cl, 44bl, 46c, 57ctr, 62/3, 73bl, 74tl, 78ctr, 79ctr, 79br, 85c, 86cbl, 90cbl, 94br, 95tl, 106cr, 111bl, 120c, 120bcr, 136tr, 138tl, 139ct, 150ct, 152tl, 154br, 157tr, 186ctl, 189tr, 190cl, 190cr, 225bl, 244cr, 245cr；/D.F.HeAD 162bl；/L.Sower 145cbl；Andes Press Agency：353crb；Aquarius Picture Library：303ctr；Arxiu Mas：136bl；阿什莫林博物馆，牛津：46bl；美联社AP：341br,357cal, Manish Swarup 345br；奥克兰学院与博物馆：288ccr；澳大利亚大使馆，伦敦：232bl；Barnaby's Picture Library：123c；Bildarchiv Preussischer Kulturbesitz：278cb, 305cl；布里奇曼艺术图书馆：47cbr, 58cl, 59br, 62bl, 74bcl, 76bc, 79bl, 88cr, 89t, 101ctl, 108bl, 125cl, 134ctr, 138tr, 141cr, 146tl, 150cbr, 177r, 178bl, 191c, 194cbl, 193br, 193bl, 208tl, 213br, 220tc, 224br, 225cr, 226br, 229bl, 239hl, 240cr, 240hl, 241hl, 244cl, 248c, 248bc, 255ctr, 255cr, 257ct, 257cr, 258tl, 259tl, 260bl, 263cl, 264bl, 269br, 270cr, 274tc, 274ctl, 274cr, 275ctl, 275ctr, 277ctr, 279tl, 280ctr, 280bc, 280br, 280ctl, 282bc, 285ctr, 292c, 293ctl, 293cbl, 294tr, 296tl, 316tl；/法国国家图书馆121cr, 150ctl, 151cr；/博德利图书馆，牛津 154tr；/大英图书馆104cr, 105tl, 105bl, 135tr, 194bl, 225cr, 230cl；/环境部 156cl；/Derby Museum and Art Gallery 228cr；/菲茨威廉博物馆，剑桥大学 199br；/Giraudon 120cbl, 174tl, 190bl, 228cl, 248c, 260cr, 281ctl, 376cl；/Giraudon/Musée Condé Chantilly 106bl；/Hermitage, St.Petersburg 226cr；/上议院，伦敦 212tr, 212tc；/Philip Mould Historical Portraits，伦敦 195cr；/Musée des Beaux-Arts, Rouen 213cr；/国家艺术馆，华盛顿 212br；/国家航海博物馆，伦敦 195tl, 255ctl, 259cr, 307cbr；/Royal Geographical Society 195bl, 200tr；/Science Museum，伦敦 214bl；/Staatliche Schlosser und Garten, Potsdam 227bl；/Walker Art Gallery, Liverpool 194c British Library，伦敦：151cl, 239cr, 258bl, 258br, 259tcr, 241cr英国石油公司：319tr承襲大英博物馆的受托人，伦敦：90cr, 142tr, 159br, 206cr Camera Press：349tl；/Chris Davies 350tr/Nic Dunlop 350bl；J. Allan Cash：101tr锡安主义中央档案馆：297bl Channel 4：295bl Jean-Loup Charmet：162tr, 173cr, 211bl, 276bl Peter Clayton：38c Bruce Coleman：16cbr, 16bc /Peter Darcy 16bc；/RIM Campbell 16cbr；Colorific：372cla/John Moss 338tc；Coo-ee Historical Picture Library：288tcr, 292br, 293bc, 303ctl, 304cb, 313br, 329tr, 329tcl, 329cbl, 329br；Corbis：Francoise de Mulder 348cr, Fotomorgana 360bc, Dallas and John Heaton 347bl, Brooks Kraft 365tr, Chandler Nigel/Corbis Sygma 358tr, Thierry Orban 372tr, Henri Tullo 343br, Peter Turnley 352cl, Nik Wheeler 369tr；Crown Copyright：225br；C.M.Dixon：38ctl, 58br, 100cbr, 103tl, 109tr, 113tr；Environmental Images：Phil Cowell 368tr,Tim Lambon 343tr；ET Archive：101bc, 108cl, 109cr, 110tl, 111bcr, 194tl, 196tr, 212bl, 213bl, 214tr, 216cbr, 222bl, 228bc, 236bl, 249tl, 250tr, 250c, 254cbr, 256cr, 263bc, 264tl, 267cr, 279cl, 280tl, 280cbl, 282c, 298c, 299tr；/维多利亚和艾伯特博物馆，伦敦 208cbl；Mary Evans Picture Library：134cr, 137br, 140tl, 143tl, 154bl, 156cr, 156bl, 158tl, 158bl, 158br, 166cr, 170cr, 182br, 186ctr, 186ctr, 187ctr, 196cr, 199cr, 200bl, 205ctl, 207c, 207cl, 207ctl, 207cbl, 209bl, 216cbr, 228bl, 242bl, 244tl, 254bcl, 258c, 264cr, 265cr, 270cl, 270br, 275c, 275br, 277c, 277cr, 282c, 283ct, 283bl, 284cr, 293cr, 294br, 298cr, 298bl, 302cbl, 306br, 312ctl, 315tl, 317bl, 318tr, 320tr, 321tr, 322tr, 323c, 324tr, 324c, 324br, 325br, 327cbr, 332tr, 333cl；J.Filochowski/APA：353ctr；Dr.Josephine Flood：23bl, 27bl；Werner Forman Archive：53tc, 69cl, 96br, 101bcr, 102br, 103cr, 120cl, 145ctl, 152c, 156cr, 156bl, 166tr, 167ct, 192cl. 205ctr, 207tl, 238br；/艺术学院，芝加哥 192cr；/Courtesy David Bernstein Fine Art New York 80cr；/达拉斯艺术博物馆；亚利桑那州立博物馆 129tl, 129tr, 129c, 129cr；奥克兰学院与博物馆，新西兰 187bl；国家图书馆，马德里 137 bl；/国家图书馆Marciana，威尼斯 110br；/大英博物馆 52cl, 187tc；/Courtesy of Entwistle Gallery，伦敦 54tr；/Field Museum of Natural History, Chicago 166cbl；Gulistan Library, Tehran 187ctl；/Museum fur Islamische Kunst, Berlin 121tr；/国家博物馆，拉各斯 52tr；/皮博迪博物馆，哈佛大学 113tl；/Statens Historika Museet, Stockholm 127bl；/苏丹博物馆，喀土穆 54c，/大学图书馆，布拉格 159tr Fotomas Index：151tl, 198tl, 206br, 210br, 223cr, 240br, 308cr, 308tl Giraudon：142bl 罗纳德·格兰特档案馆：179bl, 231c, 326ctr Greenhill-S.A.C.U.：296br, 318cr Sonia Halliday：30br, 102cl, 104cl, 104bc, 120tc, 175tl；/Laura Lushington 75bl；/Jane Taylor 54br Robert Harding Picture Library：22bl, 25tl, 25ctr, 34tl, 36cbl, 38bl, 38br, 40cr, 52bl, 61bl, 68ctl, 70tl, 72cb, 88br, 90cl, 91br, 92tr, 96 tr, 101bl, 102tl, 114tr, 130ctl, 135cb, 136c, 138bc, 166ct, 166ctl, 168br, 169bc, 171cr, 171cbr, 173tl, 173tr, 188bl, 191tl, 241br, 279bc, 341c；/Mohamed Amin 107tc；/ASAP/Israel Talby 75 /Bildgentur Schuster/ Scholz 241br；/Robert Cundy 52bl；/Robert Francis 286tl；/F.Jackson 54tl；/M.Jenner 120tr；/Victor Kennett 155cl；/Photri 53tc, 70ctr；/Sassoon 124bl, 137ctl, 150/151, 171tr；/Michael Short 43tr；/Adina Tovy 113bl, 269cl；/Adam Woolfitt 44cr, 45ct；彦根城博物馆：209cr；Michael Holford：27cr, 30tr, 60tl, 71tr, 75cbr, 77cbl, 80tl, 84tr, 86cr, 94tl, 94bl, 100tcl, 100cr, 101ct, 101ctr, 101cr, 107cbr, 110cr, 123tl, 130bl, 134tr, 135c, 135cbl, 135ct, 136br, 139bc, 142c, 144cl, 167 tr, 179tr, 205cr, 206tl, 220c, 223bl, 227cr, 237br, 263tr；Lucy Horne：123bl；Getty Images：18bl, 243bc, 277bc, 282br, 295br, 299cr, 299br, 300tl, 301br, 302br, 306cr, 308cb, 308cbl, 313ctr, 313bc, 317tl, 317cr, 319bl, 320bl, 328br, 330bl, 332cl, 332bc, 333cbr, 334cttr, 334cbr, 338bc, 345tr, 345bl, 363cla, 364tl, 353tr；赫尔顿档案馆/华盖创

意：Susan Schiff Faludi 361tr; Robert Hunt Picture Library：319br; Hutchison Library：106tr, 204tc, 276cr; /Sarah Errington 107tr, 342cr, 364br; /R Francis 80c INAH c：35bc; 伦敦新闻画报：316cbr, 316br; 图片：56/57; The Image Bank：/Amanda Clement 269cr; /Steve Dunwell 215tr;/Weinburg/ Clark 107cl; Simon Williamson 339br; /Sam Zarember 205br; Images Colour Library：45tr, 45bl; 帝国战争博物馆：333br; 时事通信社，东京：241tl; David Keith Jones：170tl; Keystone：347tr; David King：264cr, 312cr, 322cl; Kobal Collection：42bl, 70bl, 109tl, 140bl, 174cr, 316bl; 康奇基号博物馆：116bc; 艺术史博物馆：121cl, 128tcl; Life File：114br, 116tl; /Selwyn Taylor 105tr; Magnum Photos：Abbas 352tr; /Bruno Barbey 141cl; /Bruce Davidson 362c; /John Hillelson 135tc, 141cl; /Thomas Hoepker 376bc; /David Hurn 304cl; /Susan Meiselas 377ctl; Mansell Collection：110tr, 122bl, 178tr, 216bl, 221c, 226cbl, 242cl, 247ctr, 249bl, 262br, 275ctr, 282tr, 305tr, 312cl, 316cr, 320br, 315cl, 316cr; /J.Thompson 124cr Mayibuye Centre, Belville, South Africa：295tl, 315cbr; Mirrorpix：Ken Lennox 355bc;Mirror Syndication：359tr; Moviestore：246ctl; NASA：338cb, 363crb, 363bl; 国家档案馆与博物馆，新西兰惠灵顿：288bl; 津巴布韦国家图书馆：168br; 文化历史博物馆，南非比勒陀利亚：256cl; 苏格兰国家博物馆：158tr; 台北"故宫博物院"172tr; 苏格兰国家肖像画廊：125c; 自然历史博物馆，伦敦：15cl; Peter Newark's Pictures：144tr, 204cl, 209cl, 211tl, 214cl, 214cr, 215cr, 226tr, 229tl, 238tl, 247tl, 247cbl, 247br, 248bl, 250bl, 255tr, 257bl, 262cl, 267bl, 268tr, 268cbr, 270bl, 281bl, 281bcl, 283tl, 285bl, 285tr, 287br, 292cbl, 293cl, 297tr, 301tl, 301ctr, 301c, 301bl, 307cbl, 308cr, 308cl, 330cr, 331tl, 333ctr, 334c, 376tc, 377ctr; North Wind：284cl; Christine Osbourne：319ctl; Panos Pictures：314cl; /Jeremy Hartley 372cl; /Rui Vieira 89cbr; PA Photos：EPA欧洲新闻图片社：344cl; Pictor International：60bl, 88bl Ann and Bury Peerless; 91c, 191bl; 费城艺术博物馆：170cr; Popperfoto.com：293br, 297cl, 299bl, 312cbl, 313cbl, 319cl, 322bl, 325tl, 325cr, 325bl, 326tl, 326c, 327tl, 327cr, 327bl, 328c, 328cbr, 328bcr, 330tl, 330br, 334tl, 341bc, 347cl, 347cr, 353cls, 348cl, 361bc, 362br; 362bl; 364cl; Public Records Office, crown copyright：142br Reuters：345bl, 368cr, Simon Baker 372br, David Gray 372c, Itar-Tass 360tl, Fayaz Kabli 349bc, Pawel Kopczynski 360bl, Pool-STR 351cr, Rickey Rogers 369cl,Goran Tomasevic 352bl; Rex Features：338ctl, 339bc, 341cl, 342cl, 344br, 348bl, 350br, 354cl, 357tr, 358b, 369bl, 369br/Action Press 339cr /Tamara Beckwith (NYP) 370tr; /Wesley Bocxe 367tr; /Pete Brooker 339tr; /Stuart Clarke 352cr; / Consolidated News Pictures Inc (CNP) 370cl; bc; Kim Ludbrook 344br;/Alisdair Macdonald 359br;/Tim Page 338tc; /Sergio Penchansky 366cl /Sipa Press 338tr, 341tr, 342tr, 348cl,349c, 351tr, 351bl, 350cr, 355cl, 357bl, 356bc, 356cl, 359clb, 361cla, 370crb/Sipa/CTK 338cr/Greg Williams 359cr /Markus Zeffler 343bc; Michael Roaf：90bl; 皇家军械博物馆：239cl; 皇室珍藏，温莎城堡，版权归女王陛下：177tl; 圣路易斯博物馆：160cr; Scala：39cl, 40tr, 61cbr, 61c, 63br, 76cr, 95bl, 176cbl, 177br, 196bl, 265cl; /圣马可图书馆，威尼斯 168tr /Philippe Plailly 338c; /圣玛丽医学院 376cr; /NIBSC 365b; 南美图片库：112bl, 114/115, 130tr, 267cr, 267br; /Kimball Morrison 112tr 南非图书馆：206bl; Frank Spooner：342cl, 346br, 350tr, /Esais Bartel 346tl, 346tr/Gamma 338br, 345cl, 361bl; Gamma/Novosti 128br/Kelvin Boyes 359cr; 356tr; /N.Pye 339cbl, /John Reader 16tr/Eslami Rad 346cbr; /L.van der Stock 346bl; John Massey Stewart：155cbl; Sygma：339tl, 340b, 344tr, 344cra, 353cl, 353br, 354cr, 354bl, 354br, 362tl, 371bl, 370cl; /D.Aubert 349tr/Bisson 355tl, /Fabian 339c, / J.Langevin 339ct, 347br; /M.Philippot 359cl, 366b/Gus Ruelas/LA Daily 358cl, 367br; /Les Store 367cl/ Olivier Strewe 371crb /A.Tannenbaum 343cl; Syndication International：134ct, 186bc, 199bl, 296bl, 268bl, 296bl, 300cr, 302ctl, 338cbl, 363tr; 索尼公司：348br; Still Pictures：CollectieBZ 340cl; Telegraph Colour Library：89bl, 95br, 364cra; /Bill Gentile/ Picture Group 339cb; Masterfile 339cbl Topfoto：368bl; AP 357cr; Katherine McGlynn/The Image Works 369cra; PA 366tr Topham Picture Point：355cr; 都柏林圣三一学院图书馆：140ctr; Ullstein Bilderdienst：305tl; Courtesy of the Trustees of the维多利亚和艾伯特博物馆，伦敦：191bc, 192br, 224cl; 华勒斯典藏馆：213cl, 227br, 228tl, 236cr;Woodfin Camp & Associates：365cr; Zefa Picture Library：/Neville Presho 181ctr; /Starfoto 56br.

封面图片来源：
正面：Ancient Art& Architecture Collection: ftr.DK Images: Alan Meek-for armour and weapons: fbr; Museum of the Order of ST John, London: tc; National Maritime Museum, London: bl; National Motor Museum, Beaulieu: br; National Railway Museum, York:tr; Royal Museum of Scotland, Edinburgh: tl; University Museum of Archaeology and Anthropology, Cambridge: ftl; The Wallace Collection, London: br. Science Photo Library: NASA:fbl ;Planetary Visions Ltd: c. Syndication International: tl. Courtesy of the Wallace Collection, London. Courtesy Of The University Museum Of Archaeology and Anthropology, Cambridge. Courtesy of the Pitt Rivers Museum, University of Oxford. 背面：The Bridgeman Art Library: British Museum, London,UK: bl DK Images: Judith Miller/Ancient Art: tl; Pitt Rivers Museum, University of Oxford: tr; The Scient Museum,London: ftr; Wallace Collection, London: tc. Science Photo Library: Planetary Visions Ltd: tr. 书脊：Science Photo Library: Planetary Visions Ltd.
所有其他图片版权归 Dorling Kindersley